# HISTOIRE
DES
# DÉCOUVERTES GÉOGRAPHIQUES
DES
## NATIONS EUROPÉENNES
dans les diverses parties du monde

PRÉSENTANT, D'APRÈS LES SOURCES ORIGINALES POUR CHAQUE NATION,
LE PRÉCIS DES VOYAGES EXÉCUTÉS PAR TERRE ET PAR MER
DEPUIS LA PLUS HAUTE ANTIQUITÉ JUSQU'A NOS JOURS,

et offrant le

TABLEAU COMPLET DE NOS CONNAISSANCES ACTUELLES SUR LES PAYS ET LES PEUPLES
DE L'ASIE, DE L'AFRIQUE, DE L'AMÉRIQUE ET DE L'OCÉANIE.

Avec un grand nombre de

CARTES GÉOGRAPHIQUES DRESSÉES SUR LES RELATIONS MÊMES DES VOYAGEURS
ET SUR LES AUTRES DOCUMENTS LES PLUS CERTAINS

et une

BIBLIOGRAPHIE COMPLÈTE DES VOYAGES.

## PAR L. VIVIEN,
MEMBRE DU BUREAU DE LA SOCIÉTÉ DE GÉOGRAPHIE, DE LA SOCIÉTÉ ASIATIQUE,
DE LA SOCIÉTÉ D'ETHNOLOGIE, ETC.

**43 vol. in-8°**
et un Atlas de 100 cartes environ format grand in-folio.

---

### PROSPECTUS.
(Extrait de la Préface générale.)

S'il est une lecture faite pour convenir également à tous les âges et à toutes les conditions, pour satisfaire à la fois tous les goûts et plaire à tous les esprits, c'est sans doute la lecture des voyages. Quelle autre, en effet, réunit au même degré la variété à l'instruction? Quelle autre étude, quel autre délassement portent avec eux, comme ce délassement sans frivolité, comme cette étude sans fatigue, une diversité de tableaux aussi éminemment propre à captiver l'imagination, et à ouvrir à l'intelligence humaine une source inépuisable de nobles jouissances? Non moins riches que les ouvrages de pure fiction en riantes peintures, en catastrophes saisissantes, en incidents inattendus, en aventures tantôt gaies, tantôt lugubres, les récits des voyageurs et des navigateurs ont souvent l'attrait du roman sans en avoir les dangereux écarts; de même que faisant tour à tour passer sous nos yeux tous les peuples et toutes les contrées de la terre, avec leur diversité infinie de mœurs et d'aspect, avec leurs traditions, leurs usages, leurs lois et leurs monuments de tous les âges, ils ont souvent aussi l'intérêt puissant et la haute utilité de l'histoire, mais de l'histoire dépouillée de son austérité et de ses formes sévères.

Cette branche aujourd'hui prodigieusement ramifiée de notre littérature moderne est d'ailleurs notre propriété exclusive, à nous autres races de l'Occident. La littérature des voyages est née de notre activité inquiète, de notre humeur un peu vagabonde, de notre insatiable besoin de tout voir, de tout étudier et de tout connaître; elle s'est surtout enrichie des conquêtes de notre cosmopolitisme commercial et de celles de notre prosélytisme civilisateur. Les nations de l'Asie, attachées comme la plante au sol qui les vit naître, ont dû rester à peu près étrangères à cette nature d'ouvrages qui suppose une curiosité que jamais elles n'éprouvèrent, ou que du moins leurs institutions ont étouffée de bonne heure; et si la littérature des Arabes en offre quelques traces, c'est que ce peuple navigateur et commerçant forme comme la transition de l'immobile Orient à l'activité des nations occidentales. Quant à nous, il est remarquable que le plus ancien monument littéraire que nous ait transmis l'antiquité profane, l'histoire à demi fabuleuse de l'Expédition des Argonautes, soit une relation de voyage; et le second des poëmes de l'immortel Homère, l'Odyssée, n'est lui-même, on le sait, que le récit des courses de quelques-uns des chefs de l'armée grecque dans toute l'étendue du monde alors connu, après la destruction du royaume de Priam.

Mais c'est surtout depuis la fin du quinzième siècle, époque mémorable où la double découverte du Nouveau-Monde et du passage aux Indes par le sud de l'Afrique fournit un plus vaste champ à la passion toujours croissante des Européens pour les entreprises lointaines, c'est surtout depuis cette époque que la littérature des voyages a pris une immense extension. Le génie des découvertes, si longtemps emprisonné dans d'étroites limites au sein de l'obscurité du moyen âge, s'élança d'un vol rapide vers les nouveaux horizons qui s'ouvraient devant lui, et plana bientôt sur le globe tout entier. Chaque année, depuis lors, la connaissance de la terre et des peuples qui l'habitent s'enrichit de quelque observation nouvelle; le nombre des voyageurs ne tarda pas à s'accroître dans une énorme proportion, et, en même temps que le nombre des voyageurs, celui des relations où beaucoup d'entre eux déposaient à leur retour le récit de leurs longues pérégrinations. Aux yeux du critique sévère, ces anciennes relations sont loin sans doute d'être toutes de même valeur; mais il en est bien peu, même parmi les plus arides, qui n'apportent leur tribut à la masse commune, et qui ne tiennent une place, si humble soit-elle, dans les archives de l'histoire géographique du monde que nous habitons.

Dans les premiers temps qui suivirent les découvertes de Christophe Colomb et de Vasco de Gama, les relations de voyages étaient loin, néanmoins, d'avoir les amples proportions que ces sortes d'ouvrages ont acquises plus tard. Les premiers *découvreurs* étaient gens plus entendus à tenir le gouvernail ou à manier l'épée qu'à se servir de la plume; et quand ils se décidaient à mettre par écrit ce qu'ils avaient vu ou ce qu'ils avaient fait, quelques pages leur suffisaient d'ordinaire pour raconter leurs courses périlleuses et leurs lointaines découvertes. Si cette méthode avait ses avantages, elle avait aussi ses inconvénients. L'un des plus grands était d'exposer ces minces volumes à se perdre ou à se détruire aisément : l'excessive rareté de ces relations originales, après un laps de trois siècles et demi seulement, nous prouve assez aujourd'hui que cet inconvénient était réel. On ne tarda pas à le sentir; et des hommes zélés pour la géographie espérèrent en prévenir les suites en réunissant ces relations éparses dans des Recueils où elles se conserveraient plus aisément. Le plus ancien de ces Recueils, imprimé à Vicence en 1507, n'est postérieur que d'une année à la mort de Christophe Colomb.

A dater de cette époque jusqu'à nos jours un nombre considérable de collections analogues, plus ou moins volumineuses, ont été publiées en Italie, en Allemagne, en Angleterre et en France. De ces diverses collections, dont il serait trop long de tracer ici l'histoire détaillée, il n'en est qu'une sur laquelle nous nous arrêterons un moment : c'est celle que publia à Londres, en 1745, le libraire Thomas Astley.

Celle-ci a pour nous un intérêt spécial, comme étant le point de départ et le modèle de toutes les *Histoires des Voyages* publiées en France depuis un siècle. L'abbé Prévost, déjà connu par le succès de ses romans et la fécondité de sa plume, se proposa, dès l'apparition des premiers cahiers de l'ouvrage anglais, d'en donner une traduction française, soutenu dans cette grande entreprise par les encouragements et les secours de tout genre du chancelier d'Aguesseau et du ministre de la marine, M. de Maurepas. Le premier volume in-4° de l'abbé Prévost parut en 1746; les autres se succédèrent sans interruption jusqu'au t. xv, qui vit le jour en 1759. Les six volumes suivants, donnés plus tard sous forme de suppléments, ne sont pas de l'abbé Prévost. Sans être injuste envers celui-ci, dont il faut louer au moins le zèle et la ponctualité, on peut dire cependant que le remarquable succès de son Histoire des Voyages tient plus à l'intérêt du sujet qu'à l'ouvrage en lui-même; car il est difficile d'imaginer un plan plus défectueux que celui des auteurs originaux, que l'écrivain français avait dû suivre pas à pas. Cet appui lui manqua d'ailleurs au milieu de la carrière, l'éditeur anglais ayant suspendu sa publication après les quatre premiers volumes, qui en avaient fourni sept à la traduction. L'abbé Prévost, livré dès lors à lui-même, n'avait pas assez de connaissances spéciales pour réformer un plan dont plus d'une fois il lui avait été impossible de ne pas reconnaître les défauts : il continua donc d'avancer sans regarder en arrière, et arriva ainsi tant bien que mal au terme qu'il s'était assigné. Rien de plus trompeur que le titre d'*Histoire générale des Voyages* que porte la volumineuse compilation de l'auteur de Manon-Lescaut. Non-seulement la plupart des relations dont elle se compose y sont entassées sans ordre et sans critique ; mais il y a dans la distribution des matières des lacunes incroyables, au point que beaucoup de régions parmi les plus intéressantes de l'ancien monde, telles notamment que la Perse, l'Asie Mineure, l'Arabie, la Syrie, l'Égypte, l'Abyssinie et les États Barbaresques, n'y sont pas même nommés. Ces lacunes ont été religieusement conservées dans l'abrégé superficiel donné en 1780 sous le nom de La Harpe. Un homme dont le nom occupe à juste titre une place éminente dans le monde savant avait entrepris, il y a dix-huit ans, de refaire et de continuer l'ouvrage de l'abbé Prévost ; et si ce travail, resté inachevé après les vingt et un premiers volumes qui renferment au plus le tiers de l'Afrique, n'a pas eu le succès que le nom de l'auteur lui devait garantir, il ne faut sans doute l'attribuer qu'au vice inhérent au plan primitif malheureusement conservé dans le nouveau travail, ainsi qu'au défaut de tempérance dans la distribution des matières, car l'étendue donnée au début de l'ouvrage n'eût pas exigé moins de trois à quatre cents volumes pour le conduire à fin dans les mêmes proportions.

On peut donc dire avec vérité que pour une histoire telle quelle des voyages, nous en sommes encore réduits à l'indigeste compilation de l'abbé Prévost et à l'abrégé de M. de La Harpe ; et cependant quel sujet était plus digne, par son intérêt immense, sa haute portée et son inépuisable variété, d'occuper une plume à la fois savante et exercée ? Si donc il ne s'est jusqu'à présent rencontré personne qui ait attaqué sérieusement une tâche si belle et si féconde, c'est, il faut le croire, qu'elle n'exigeait pas moins de dévouement que de science ; c'est qu'une vie tout entière lui devait être consacrée. En l'abordant aujourd'hui, cette tâche écrasante, on peut croire que je ne m'en suis pas dissimulé les difficultés : vingt ans d'études continues, exclusivement dirigées vers ce but de toutes mes pensées, et que des travaux littéraires d'une autre nature n'ont jamais entièrement interrompues, suffisent à peine non pour dissiper, mais pour affaiblir en moi la trop juste défiance de mes forces. Parmi les branches si prodigieusement multipliées qui composent aujourd'hui l'arbre encyclopédique des sciences humaines, il n'en est pas une, en effet, qui ne doive se présenter tour à tour sous la plume de l'historien des découvertes géographiques, depuis les plus hautes spéculations des sciences physiques qui se proposent l'explication des grands phénomènes de la nature, jusqu'aux progrès de la science astronomique si étroitement liée à l'avancement de la géographie; depuis l'histoire des antiques révolutions du globe, écrite en caractères ineffaçables dans les entrailles mêmes de la terre, jusqu'à l'étude approfondie et à l'histoire primordiale des races diverses qui en couvrent la surface. C'est par les voyages des nations européennes dans toutes les parties du monde que les sciences naturelles et les sciences historiques se sont accrues et perfectionnées : leur histoire se confond donc en quelque sorte avec l'histoire même des voyages, et l'on peut dire que rien de ce qui occupe la curiosité des hommes n'y demeure étranger. Un champ si vaste était fait pour effrayer l'œil qui osait en mesurer l'étendue. Toutefois, je me suis dit qu'un zèle que rien ne lasse ni ne rebute suppléerait jusqu'à un certain point à ce qui me manque pour fournir dignement cette immense carrière; et que si l'exécution du monument que j'entreprends d'édifier aux sciences géographiques ne répondait pas également dans toutes ses parties à la conception première, j'en aurais du moins assez bien dessiné les grandes proportions pour que des mains plus habiles en pussent ensuite sans trop de peine polir et perfectionner les détails. Enfin, je me suis dit aussi que le charme attaché au fonds des choses me serait un puissant auxiliaire; et que si parfois l'auteur faiblissait à la tâche, l'intérêt du sujet ferait aisément oublier au lecteur la faiblesse de l'écrivain.

Un problème qui au premier aspect semblait difficile à résoudre, était de donner à l'ouvrage une étendue suffisante pour que les diverses parties en fussent traitées d'une manière substantielle, sans excéder pourtant pour l'ensemble des proportions compatibles avec une lecture suivie. Quand on songe que dans son état actuel la compilation de l'abbé Prévost forme 21 épais volumes in-4°, et que non-seulement elle ne parle pas d'un grand nombre de contrées intéressantes, mais que c'est précisément depuis l'époque où elle s'arrête que les voyages les plus nombreux, les plus importants, les plus riches en résultats scientifiques de toute nature ont été exécutés dans toutes les parties du monde, il ne semble guère possible de renfermer cette masse de documents dans un espace un peu restreint sans leur enlever ce qui en fait souvent le plus grand prix, le charme ou l'importance des détails. Cette difficulté, néanmoins, était plus apparente que réelle. Ce qui donne une étendue démesurée à la plupart des compilations publiées jusqu'ici sous le titre mensonger d'*Histoire des Voyages*, en même temps qu'elles restent toujours incomplètes sur une foule de points essentiels, c'est qu'elles ne se composent que d'extraits textuellement empruntés aux relations des voyageurs, extraits choisis avec plus ou moins de goût, et placés dans un ordre plus ou moins logique à la suite les uns des autres. Or, un des moindres inconvénients de cette méthode est d'amener un nombre infini de répétitions, les retranchements ne pouvant jamais être si bien adaptés les uns aux autres qu'il ne reste dans l'ordonnance générale, à côté d'un grand nombre de lacunes, une foule d'enjambements et de superfétations. Le livre de l'abbé Prévost et ceux de ses imitateurs sont là pour montrer jusqu'où peut s'étendre cet inconvénient. Il n'existe pas dans le plan que nous nous sommes tracé. Ce n'est pas une *collection* de voyages que nous entreprenons, collection qui ne pourrait jamais être que très-incomplète, quelque nombre de volumes qu'on y consacrât : c'est l'*histoire* — mais l'histoire complète et circonstanciée — de l'exploration de toutes les contrées du monde par les voyageurs européens. Dans le nombre des voyageurs qui ont visité avec plus ou moins de détail un pays donné, tous n'y ont pas consacré le même temps ni une égale attention, tous n'y ont pas apporté non plus le même degré d'intelligence ou d'instruction préparatoire ; tous, conséquemment, n'ont pas, à beaucoup près, fourni un égal contingent à la somme de nos connaissances. Déterminer préalablement la part que chaque voyageur a eue dans l'exploration de chaque contrée est donc le premier soin imposé à l'historien des découvertes géographiques ; car c'est pour cette part, et pour cette part seulement, que chacun d'eux doit figurer dans l'histoire géographique du pays qu'il a visité. On verra ainsi s'écrouler plus d'une réputation frauduleusement édifiée ; on verra réapparaître aussi plus d'une réputation oubliée ou injustement sacrifiée à des gloires plus récentes. L'on conçoit aisément que chaque relation étant ainsi restreinte à ce qu'elle offre de véritablement neuf et de valable aux yeux de la science, un espace comparativement peu étendu pourra les réunir toutes sans qu'aucune soit privée de ce qu'elle a de réellement utile, ou même simplement d'intéressant et de propre à piquer la curiosité du lecteur. L'histoire géographique de chaque pays ou de chaque région étant d'ailleurs suivie de la nomenclature complète des voyageurs qui s'y rapportent, et de la bibliographie exacte de leurs ouvrages, même de ceux que nous n'aurons pas cru devoir mentionner dans notre exposé historique, chacun ainsi aura d'ailleurs un guide fidèle, soit pour étudier plus à fond une question spéciale, soit pour se former une bibliothèque géographique. C'est ainsi que nous aurons pu renfermer dans quarante volumes environ, sans rien tronquer ni rien omettre que ce que dédaigne l'homme instruit et ce que l'homme de goût rejette, une matière qui par son immense étendue semblait devoir en exiger un beaucoup plus grand nombre.

Le tableau qui suit, où la division de notre histoire des découvertes géographiques est exactement indiquée, avec le nombre de volumes consacré à chaque partie, nous dispense de plus longs développements à cet égard. Nous ajouterons seulement en terminant, que rien ne sera épargné pour que les nombreuses cartes qui accompagneront nos volumes soient en tout dignes de l'ouvrage dont elles feront partie. Dressées avec le plus grand soin sur les relations mêmes des voyageurs dont elles reproduiront les principaux itinéraires, ou d'après les meilleurs travaux géographiques et hydrographiques qui existent en Europe, elles formeront dans leur ensemble l'Atlas le plus complet et le plus riche en détails qui depuis longtemps ait été publié.

## Asie.

### Première série.

Ord. numer. des volumes.

Asie antérieure.

1. Introduction. Tableau chronologique de l'histoire des découvertes géographiques des Européens depuis la plus haute antiquité jusqu'à nos jours (*).

2 et 3. Aperçu général de l'histoire géographique de l'Asie.
Asie Mineure, suivie d'un appendice pour la Turquie d'Europe et la Grèce.

(*) Ce volume ne sera donné que le dernier de la série.

| Ord. numér. des volumes | |
|---|---|
| 4. | Région caucasienne. |
| 5. | Arménie Kourdistan. Irâk ou Mésopotamie. |
| 6. | Syrie et Palestine. |
| 7. | Arabie. |
| 8 et 9 | Région irânienne Perse. Beloutchistan. Afghanistan. Boukhârie. |

## Deuxième série.

*Asie méridionale et orientale. Asie centrale et septentrionale.*

| | |
|---|---|
| 10 et 11. | Hindoustan. |
| 12. | Péninsule hindo-chinoise. Ava. Pégou. Presqu'île malaise. Siam. Cochinchine. Tunkin, etc |
| 13 et 14 | Chine. |
| 15 | Asie centrale Tibet. Mongolie. Mandchourie. Corée. |
| 16 et 17. | Région septentrionale de l'Asie et de l'Europe. Sibérie. Russie Laponie, etc. |
| 18. | Japon. |
| 19. | Archipel asiatique. |

## Troisième série.
### *Afrique.*

| | |
|---|---|
| 20. | Aperçu général de l'histoire géographique du continent africain. Égypte. |
| 21. | Région supérieure du Nil. Nubie. Abyssinie. |
| 22, 23 et 24. | Région atlantique. Cyrénaïque. Fezzan. Tripoli. Tunis. Alger. Maroc. |
| 25. | Sénégambie |
| 26. | Guinée. |
| 27. | Cap. Afrique australe. |
| 28. | Nigritie. |
| 29. | Iles africaines. |

## Quatrième série
### *Amérique.*

| | |
|---|---|
| 30. | Histoire de la découverte de l'Amérique Anciens voyages des peuples du Nord. Christophe Colomb, Fernand Cortez, Pizarre, etc. Recherches sur l'origine des populations américaines. Aperçu général de l'histoire géographique des deux Amériques depuis la fin du XV$^e$ siècle jusqu'à nos jours. |
| 31 et 32. | États-Unis. |
| 33 | Canada. Terres arctiques. Histoire des voyages à la recherche du passage Nord-Ouest. Côtes nord-ouest de l'Amérique. |
| 34. | Californie. Mexique. Guatémala. |
| 35. | Antilles. |
| 36. | Vénézuéla Guyanes. |
| 37. | Brésil |
| 38. | Pérou. Chili. |
| 39. | La Plata Paraguay. Patagonie. |

**Suite de la quatrième série.**

## Océanie.

Ord. numér. des volumes

40, 41 et 42. { Histoire des voyages autour du monde. Explorations du Grand-Océan. Polynésie.

43. Nouvelle-Hollande. Nouvelle-Zélande. Nouvelle-Guinée et îles voisines. — Résumé général. Tableau de l'état actuel de nos connaissances géographiques. Découvertes qui restent à faire.

Novembre 1843.

## Conditions générales de la Souscription.

L'ouvrage sera publié par demi-volume de 240 pages environ, avec une ou plusieurs cartes. Le caractère et le papier seront en tout semblables à ceux du présent prospectus.

Le premier demi volume paraîtra à la fin de février prochain ; les autres se suivront régulièrement de six en six semaines

Le prix est de 4 fr. pour Paris, et de 4 fr. 75 c. par la poste pour les départements.

Chacune des quatre séries sera l'objet d'une souscription spéciale.

On souscrit dès à présent, sans rien payer d'avance, à la première série qui sera composée de 9 volumes qui formeront 18 livraisons.

# A PARIS,

## CHEZ ARTHUS BERTRAND, ÉDITEUR,

LIBRAIRE DE LA SOCIÉTÉ DE GÉOGRAPHIE ET DE LA SOCIÉTÉ DES ANTIQUAIRES DU NORD,

Rue Hautefeuille, 23.

*Et chez tous les principaux libraires de la France et de l'Étranger.*

# HISTOIRE

DES

# DÉCOUVERTES GÉOGRAPHIQUES

DES NATIONS EUROPÉENNES.

PARIS. — IMPRIMERIE DE FAIN ET THUNOT,
RUE RACINE, 28, PRÈS DE L'ODÉON.

# HISTOIRE

DES

# DÉCOUVERTES GÉOGRAPHIQUES

## DES NATIONS EUROPÉENNES

### DANS LES DIVERSES PARTIES DU MONDE;

PRÉSENTANT,

D'APRÈS LES SOURCES ORIGINALES POUR CHAQUE NATION,

LE PRÉCIS DES VOYAGES EXÉCUTÉS PAR TERRE ET PAR MER
DEPUIS LA PLUS HAUTE ANTIQUITÉ JUSQU'A NOS JOURS,
ET PLUS SPÉCIALEMENT DEPUIS LA FIN DU QUINZIÈME SIÈCLE;

et offrant

LE TABLEAU COMPLET DE NOS CONNAISSANCES ACTUELLES SUR LES PAYS ET LES PEUPLES

### DE L'ASIE, DE L'AFRIQUE, DE L'AMÉRIQUE ET DE L'OCÉANIE.

Avec un grand nombre

DE CARTES GÉOGRAPHIQUES DRESSÉES SUR LES RELATIONS MÊMES DES VOYAGEURS
ET SUR LES AUTRES DOCUMENTS LES PLUS CERTAINS,

ET UNE BIBLIOGRAPHIE COMPLÈTE DES VOYAGES;

PAR

## L. VIVIEN DE SAINT-MARTIN,

SECRÉTAIRE GÉNÉRAL DE LA SOCIÉTÉ DE GÉOGRAPHIE,
DIRECTEUR DES NOUVELLES ANNALES DES VOYAGES,
MEMBRE DE LA SOCIÉTÉ ASIATIQUE DE PARIS, ET DE LA SOCIÉTÉ D'ETHNOLOGIE.

### TOME II.

## PARIS.

ARTHUS-BERTRAND, LIBRAIRE-ÉDITEUR,

Rue Hautefeuille, 23.

### 1845.

PREMIÈRE SECTION.

# ASIE.

## INTRODUCTION GÉNÉRALE
## A L'HISTOIRE GÉOGRAPHIQUE DE L'ASIE.

# ASIE MINEURE.

# PRÉFACE.

Un des traits les plus frappants que présente aux méditations du penseur le tableau si vaste et si varié de l'histoire du Genre Humain, est la diversité des rôles que la Providence organisatrice semble y avoir assignés aux races différentes qui peuplent le Globe. Aux unes, engourdissement profond dont rien encore n'annonce le terme; à d'autres stagnation et immobilité après leurs premiers pas dans les voies de la civilisation; au petit nombre seulement le développement complet des facultés dévolues à l'esprit humain, avec cette activité incessante qui appelle et hâte le progrès. Là, les tribus sauvages des contrées polaires et des régions tropicales; ailleurs les hordes barbares des nations nomades et les civilisations incomplètes de l'Asie Orientale; ici les peuples de l'Europe policée. A quelle cause, primitive ou accidentelle, remonte cette diversité profonde des membres de la grande famille? Quelle loi préside à cet inégal développement de l'intelligence de l'homme dans les différentes parties du Monde? Cette cause est-elle dans l'homme même et dans les particularités d'organisme propres aux races différentes, ou ne se rattache-t-elle qu'à des influences secondaires de climat, de régime ou d'habitation géographique? — graves questions bien dignes de toute l'attention du philosophe et de l'historien, mais sur lesquelles, nonobstant des opinions anticipées, et par cela même contradictoires, la science n'a pas réuni encore assez de documents précis pour se prononcer d'une manière définitive.

Quelle que soit, au surplus, la solution réservée à ce vaste problème par les investigations rigoureuses de la moderne *Anthropologie*, le fait n'en existe pas moins, éclatant d'évidence, en tête du grand livre de l'histoire universelle, dominant de son incontestable réalité l'incertitude des interprétations et les erreurs mêmes de la science humaine. Entre toutes les races que des différences natives de couleur, de conformation et de physionomie séparent en groupes profondément distincts, la race blanche se détache par une immense supériorité; elle s'élève au-dessus de toutes les autres et les domine toutes, non par la force brute de la matière, mais par un ascendant plus puissant et plus durable, celui de l'intelligence. C'est surtout dans le sein de cette race favorisée que Dieu versa le rayon vivifiant de cette intelligence qui élève l'homme au-dessus de la nature matérielle et le rapproche de la source divine d'où il est émané. Des peuples de race différente la devancèrent dans la carrière de la civilisation; aucun n'y a marché d'un pas aussi ferme et ne s'y est avancé autant qu'elle. Douée à un suprême degré de la faculté d'assimilation, dont les autres races semblent à peine offrir quelques faibles indices, la race européenne — pour réunir dans une grande unité morale les diversités subordonnées — la race européenne, disons-nous, s'est successivement approprié les conquêtes intellectuelles des peuples qui se sont développés dans une autre sphère; et non-seulement elle se les est appropriées, mais elle y a prodigieusement ajouté de son propre fonds, elle les a perfectionnées, elle les a étendues par d'incessants efforts. Les nations de race différente — et nous entendons les plus avancées — paraissent à jamais confinées dans un cercle limité d'activité et d'intelligence ; l'Européen seul étend son intelligence et son activité jusqu'aux confins de l'infini. C'est en Europe, et en Europe seulement, que se sont accomplis les grands progrès de la civilisation ; c'est là qu'ont eu lieu ou qu'ont été portées à toute leur perfection les inventions et les découvertes qui soumettent la Nature à l'Homme et l'homme à son semblable. C'est là que les sciences ont trouvé leurs plus sublimes spéculations et leurs applications les plus utiles ; les arts, leurs plus admirables chefs-d'œuvre ; les lettres, leurs plus magnifiques inspirations : c'est là que l'esprit humain se déploie dans toute sa grandeur et dans tout son éclat.

Cette activité infatigable que l'homme d'Europe porte dans toutes les voies ouvertes à la curiosité humaine, a eu en effet l'Univers entier pour théâtre. Tout ce que l'homme peut rechercher et découvrir, tout ce qu'il lui est donné de savoir et de connaître, l'Européen a voulu le rechercher et le savoir. Sa pensée audacieuse s'est élancée dans les incommensurables profondeurs du monde immatériel, son regard a sondé les espaces infinis où gravitent les astres, ses pas ont sillonné dans tous les sens l'habitation terrestre que Dieu lui a donnée pour domaine. Les mers qui couvrent de vastes parties du Globe ont été pour lui d'impuissantes barrières ; des constructions flottantes, œuvres de son génie, l'ont transporté vers les contrées et sous les climats qui semblaient lui devoir rester à jamais étrangers. Il n'a été arrêté ni par les glaces du pôle ni par les feux du tropique ; sa curiosité, qui semble s'accroître à chaque découverte, l'a conduit partout où habitent d'autres hommes. Il a recherché sous chaque climat les productions du sol pour en enrichir sa propre patrie. Il a mesuré et décrit tous les pays qu'il a visités. Il s'est élevé sur les plus hautes montagnes pour y observer les phénomènes de l'atmosphère qui nous enveloppe ; il est descendu dans les entrailles mêmes de la terre pour en connaître la formation et en rechercher l'origine. La Nature tout entière, dans sa vaste étendue et dans son infinie diversité, est ainsi devenue pour l'Européen un immense champ d'études qu'a fécondé sa haute intelligence, et dont les limites se reculent incessamment devant lui.

Parmi toutes les nations et toutes les races qui partagent avec l'Européen l'habitation du Globe, lui seul a donc porté sa pensée et ses investigations au delà des bornes étroites de sa contrée natale. Les peuples mêmes les plus anciennement civilisés de l'Asie, les Hindous et les Chinois, n'ont jamais étendu leurs connaissances bien loin au delà des mers ou des montagnes qui les bornent : pour eux, tout l'univers est dans leur patrie. La patrie de l'Européen, c'est le monde. Isolé par sa religion et ses institutions, repoussant l'étranger qu'il craint par instinct de faiblesse et qu'il méprise par ignorance, l'Asiatique aurait pu voir s'accumuler encore des milliers d'années avant de sortir de cet isolement moral qui l'eût condamné à une éternelle enfance, si nos navigateurs n'avaient été lui apprendre qu'au delà des mers qu'il regardait comme les dernières limites du monde, il existe d'autres contrées plus vastes que celles qui lui étaient connues, et d'autres peuples plus industrieux, plus savants et plus puissants. Des mobiles de plus d'une sorte ont poussé l'Européen vers les climats étrangers. Tantôt le désir de la gloire et l'ambition des conquêtes l'ont conduit à d'aventureuses entreprises sur les pas d'un Alexandre; plus fréquemment, la puissante incitation de l'esprit de commerce lui a fait chercher au loin de nouveaux débouchés et de nouveaux éléments d'échange, ou le zèle de nos missionnaires a porté la parole de l'Évangile au milieu des peuples étrangers à notre foi ; enfin, l'amour de la science, non moins ardent et non moins intrépide, a eu comme le prosélytisme religieux ses missionnaires et ses martyrs. Mais quelle qu'ait été l'origine de nos courses lointaines, ambition, commerce, zèle religieux ou curiosité scientifique, la somme des connaissances générales s'en est incessamment accrue, et la civilisation y a gagné de nouveaux progrès. Et qu'on ne demande pas si notre apparition parmi les nations des autres parties du monde a contribué en effet à leur bonheur et au nôtre. Dieu, en jetant à la surface de notre Globe les agglomérations d'hommes qui s'y développèrent, n'a pas voulu qu'elles y demeurassent éternellement isolées : le progrès est de l'essence humaine, et la condition du progrès c'est le contact. La race qui s'est faite en quelque sorte la chaîne vivante de cette communication universelle, est donc celle qui répond le mieux aux vues éternelles de la suprême Intelligence.

Une nation orientale précéda cependant les peuples de l'Occident dans la carrière des explorations lointaines : ce sont les Arabes. Sous le nom de Phéniciens, qui appartenait à une de leurs branches, les Arabes accomplirent très-anciennement d'importantes découvertes maritimes, de même qu'après l'apparition de Mohammed ils exécutèrent de nombreux voyages dans une partie considérable du monde connu. Mais c'est que les Arabes appartiennent eux-mêmes à la souche des peuples *blancs,* en qui sont innés le besoin du mouvement et la passion des découvertes ; ce sont les Européens de l'Asie, s'il est permis de rapprocher deux dénominations qui semblent s'exclure. Toutefois, aucune des nombreuses ramifications de la race arabe ne se trouva placée sous des conditions parfaitement favorables au complet développement des qualités qui la distinguent ; l'esprit asiatique les a toujours plus ou moins comprimées, et la civilisation générale n'en a pas retiré tout le fruit qu'elle semblait en devoir attendre.

C'est en Grèce seulement, au sein de cette race hellénique si heureusement douée, que nous apparaît l'astre qui va désormais guider l'Humanité dans les voies du progrès intellectuel ; c'est là que nous voyons naître et grandir la civilisation expansive de l'Occident, devant laquelle pâliront bientôt les civilisations concentrées de l'immobile Orient. Dès leurs premiers pas dans la carrière brillante qu'ils se sont ouverte, les Hellènes montrent ce qu'ils vont être et ce que seront après eux les peuples auxquels se transmettra leur riche héritage. C'est une chose assurément digne de remarque que leur plus ancienne tradition épique, celle de l'expédition à demi fabuleuse des Argonautes, soit une relation de voyage ; et le second poëme de l'immortel Homère, l'Odyssée, n'est lui-même, on le sait, que le récit des courses de deux des chefs de l'armée grecque dans toute l'étendue du monde alors connu, après la destruction du royaume de Priam.

C'est donc à l'antiquité hellénique que remonte ce que

'on peut nommer la *littérature des voyages;* dès le 6ᵉ siècle avant notre ère, plus de 50 ans avant Hérodote, les Grecs de l'Asie Mineure, précurseurs de ceux d'Europe, avaient des *Périodes* et des *Périples* où étaient décrits les pays que des voyageurs avaient visités, et surtout ceux que fréquentaient les navigateurs. C'était principalement aux rivages de la Méditerranée, depuis les côtes phéniciennes jusqu'aux colonnes d'Hercule, que se rapportaient ces premiers monuments de la science géographique. Le nombre s'en accrut considérablement lorsque les expéditions d'Alexandre eurent ouvert l'Asie à l'avide curiosité de ses compatriotes, et plus encore après la vaste extension des armes romaines. Mais c'est surtout dans les temps modernes, depuis la fin du quinzième siècle, époque mémorable où la double découverte du Nouveau-Monde et du passage aux Indes par le sud de l'Afrique fournit un plus vaste champ à la passion toujours croissante des Européens pour les entreprises lointaines, c'est surtout depuis cette époque que la littérature des voyages a pris de larges proportions. Le génie des découvertes, longtemps emprisonné dans d'étroites limites au sein de l'obscurité du Moyen-Age, s'élança d'un vol rapide vers les nouveaux horizons qui s'ouvraient devant lui, et plana bientôt sur le Globe tout entier. Chaque année, depuis lors, a vu la connaissance de la terre et des peuples qui l'habitent s'enrichir de quelque observation nouvelle. Le nombre des voyageurs ne tarda pas à s'accroître, et, en même temps que le nombre des voyageurs, celui des relations où beaucoup d'entre eux déposaient à leur retour le récit de leurs longues pérégrinations. Aux yeux sévères de la critique, ces anciennes relations sont loin sans doute d'être toutes de même valeur ; néanmoins il en est bien peu, même parmi les moins importantes, qui n'apportent leur tribut à la masse commune, et qui ne réclament une place, si humble soit-elle, dans les archives de l'histoire géographique du Monde.

Dans les premiers temps qui suivirent les découvertes de Christophe Colomb et de Vasco de Gama, les relations de voyages étaient loin, cependant, d'offrir les amples développements que ces sortes d'ouvrages ont pris plus tard. Nos premiers *découvreurs* étaient gens plus entendus à tenir le gouvernail ou à manier l'épée qu'à se servir de la plume ; et quand ils se décidaient à mettre par écrit ce qu'ils avaient vu ou ce qu'ils avaient fait, quelques pages leur suffisaient d'ordinaire pour raconter leurs courses périlleuses et leurs lointaines découvertes. Si cette sobriété avait ses avantages, elle avait aussi ses inconvénients. L'un des plus grands était d'exposer de minces volumes à se perdre ou à se détruire aisément : l'excessive rareté de ces relations originales, après un laps de moins de trois siècles et demi, nous prouve assez aujourd'hui que cet inconvénient était réel. On ne tarda pas à le sentir ; et des hommes zélés pour la géographie espérèrent en prévenir les suites en réunissant ces opuscules épars dans des Recueils où ils se conserveraient plus aisément. Le plus ancien de ces Recueils est celui du Vincentin Montalboddo Francanzo, imprimé à Vicence en 1507, sous le titre de *Paesi novamente retrovati*, dans l'année même qui suivit la mort de Christophe Colomb. Il se compose de six morceaux traduits du portugais et de l'espagnol, et comprend les navigations des Portugais le long des côtes de l'Afrique depuis le célèbre voyage de Ca da Mosto en 1454 jusqu'à la découverte du cap de Bonne-Espérance en 1486 ; les premières navigations de la même nation dans l'Inde à partir de 1497 ; enfin, les navigations de Christophe Colomb et d'Améric Vespuce au Nouveau-Monde. Le tout ne forme encore qu'un petit volume in-4° de 126 feuillets.

Cette première collection fut suivie successivement, dans le cours du seizième siècle, de plusieurs autres Recueils analogues de plus en plus considérables. Le premier dans l'ordre des dates est celui que Samuel Grynœus donna à Bâle en 1532, sous le titre de *Novus Orbis regionum ac insularum Veteribus incognitarum*, en un volume petit in-folio. Le second, plus célèbre que les précédents, et dont le mérite, chose rare, surpasse encore la célébrité, est celui du laborieux et savant *Ramusio*, dont le premier volume parut en 1550, et les deux autres en 1556 et 1559. Le troisième est le Recueil beaucoup trop vanté des frères de Bry, publié à Francfort-sur-le-Mein de 1590 à 1634, en vingt-sept parties in-folio divisées en deux séries, l'une, dite des *Grands Voyages*, consacrée à l'Amérique ; l'autre, dite des *Petits Voyages*, à l'Afrique et aux Indes-Orientales. Enfin, un Recueil allemand, exclusivement composé de voyages par mer traduits du néerlandais et de l'anglais, fut publié à Nuremberg de 1598 à 1650, en vingt-six volumes in-4°, par le libraire *Levinus Hulsius* et ses héritiers.

Jusque-là les collecteurs avaient pu donner à leurs Recueils un certain caractère d'universalité que leur permettait le nombre encore modéré des relations publiées par les voyageurs; mais peu à peu la matière venant à déborder de toutes parts, les Collections ultérieures durent être resserrées dans de plus étroites limites. Il fallut dès lors s'imposer un choix dans le nombre toujours croissant des relations, et très-souvent en outre y faire des retranchements, déterminés ou par le goût de l'éditeur ou par la place dont il disposait. Tel est le nouveau caractère de la généralité des collections de voyages du dix-septième et du dix-huitième siècles. L'Anglais *Hakluyt*, dans ses trois épais volumes donnés en 1599 et 1600, se limita aux voyageurs de sa nation; *Purchas*, son continuateur (1625-26, 5 volumes in-folio), bien qu'ayant adopté un plan beaucoup plus étendu, ou plutôt même à raison de l'étendue de son plan, ne donna dans leur entier qu'un petit nombre de relations. Son Recueil n'en est pas moins, avec ceux de Hakluyt et de Ramusio, le plus précieux répertoire que l'on ait à consulter aujourd'hui pour l'histoire des découvertes géographiques jusqu'à la fin du seizième siècle. Nous devons réserver aussi une place fort honorable, quoique sur une ligne inférieure, à la collection française de *Melchisedech Thévenot*, publiée de 1663 à 1672 en quatre parties in-folio.

Nous n'entreprendrons pas d'énumérer tous les Recueils de voyages édités en Angleterre, en France, en Allemagne et en Hollande dans le cours des deux derniers siècles et depuis le commencement du siècle actuel; il nous suffira de rappeler, parmi les plus dignes d'attention, le *Recueil des Voyages qui ont servi à l'établissement et aux progrès de la Compagnie hollandaise des Indes-Orientales*, 1702 et années suivantes; les Collections anglaises de *John Churchill* et de *Harris*, la première donnée en 1704 en quatre volumes in-folio et augmentée de deux volumes en 1732; la seconde publiée en 1705 en deux volumes in-folio et fort augmentée en 1744; le Recueil hollandais du libraire *Van der Aa*, 1706, huit volumes in-folio; le *Recueil des Voyages au Nord*, 1715 et années suivantes ; le *Recueil des voyages faits en Asie du douzième au quinzième siècle*, publié sous le nom de Bergeron en 1729, deux volumes in-4°; la Collection anglaise de *Thomas Astley*, 1745, quatre gros volumes in-4°; les excellents recueils maritimes d'*Alexandre Dalrymple*, 1770 et 1775; l'intéressante collection allemande des Voyages au Levant, de *Paulus*, 1792 et années suivantes; enfin, pour terminer une énumération que nous n'avons pas voulu grossir de beaucoup d'ouvrages moins importants, le précieux *Recueil de Voyages, Relations et Mémoires originaux pour servir à l'histoire de la découverte de l'Amérique*, donné de 1837 à 1841 par M. H. Ternaux-Compans, en vingt petits volumes in-8°.

De toutes ces Collections plus ou moins utiles, il n'en est qu'une sur laquelle nous nous arrêterons ici plus particulièrement : c'est celle que l'on désigne communément sous le nom de l'éditeur, Th. Astley.

Celle-ci a en effet pour nous un intérêt spécial, comme étant le point de départ et le modèle de toutes les *histoires des Voyages* publiées en France depuis un siècle. L'abbé Prévost, déjà connu par le succès de ses romans et la fécondité de sa plume, se proposa, dès l'apparition des premiers cahiers de l'ouvrage anglais, d'en donner une traduction française, soutenu dans cette grande entreprise par les encouragements et les secours de tout genre du chancelier d'Aguesseau et du ministre de la marine, M. de Maurepas. Le premier volume in-4° de l'abbé Prévost parut en 1746, avec beaucoup d'estampes gravées d'après les dessins du célèbre Cochin, et des cartes géographiques dressées par M. Bellin, ingénieur-géographe de la marine. Les volumes se succédèrent sans interruption jusqu'au t. XV, qui parut en 1759; les cinq volumes suivants, donnés plus tard sous forme de supplément, ne sont pas de l'abbé Prévost. Sans être injuste envers celui-ci, dont il faut louer au moins le zèle et la ponctualité, on peut dire cependant que le remarquable succès de son Histoire des Voyages tient plus à l'intérêt du sujet qu'à l'ouvrage en lui-même ; car il serait difficile d'imaginer un plan plus défectueux que celui des auteurs originaux, suivis pas à pas par l'écrivain français. Cet appui lui manqua d'ailleurs au milieu de la carrière, l'éditeur anglais ayant suspendu sa publication après les quatre premiers volumes, qui en avaient fourni sept à la traduction. L'abbé Prévost, livré dès lors à lui-même, n'avait pas assez de connaissances spéciales pour réformer un plan dont il avait plus d'une fois reconnu les défauts ; il continua donc d'avancer sans regarder en arrière, et arriva ainsi tant bien que mal au terme qu'il s'était assigné. Rien de plus trompeur que le titre d'*Histoire générale des Voyages* que porte la volumineuse compilation de l'auteur de Manon Lescaut. Non-seulement la plupart des relations dont elle se compose y sont entassées sans ordre et sans critique, mais il y a dans la distribution des matières des lacunes incroyables, au point que beaucoup de régions parmi les plus intéressantes de l'Ancien-Monde, telles notamment que la Perse, l'Asie-Mineure, l'Arabie, la Syrie, l'Égypte, l'Abyssinie et les États Barbaresques, n'y sont pas même nommées. Ces omissions ont été religieusement conservées dans l'abrégé superficiel publié en 1780 sous le nom de La Harpe et réimprimé depuis un grand nombre de fois, dans l'absence d'une autre production qui pût le remplacer. L'estimable Recueil donné de 1822 à 1824 par M. Eyriès sous le titre d'*Abrégé des Voyages modernes*, n'en a pu remplir toutes les lacunes. Un homme dont le nom occupe à juste titre une place éminente dans le monde savant, avait entrepris, il y a dix-neuf ans, de refaire et de continuer l'œuvre de l'abbé Prévost ; et si ce travail, resté inachevé après les vingt et un premiers volumes qui renferment au plus le tiers de l'Afrique, n'a pas eu le succès que le nom de l'auteur lui devait garantir, il ne faut sans doute l'attribuer qu'au vice du plan primitif, malheureusement conservé dans le nouveau travail, ainsi qu'au défaut de tempérance dans la distribution des matières. L'étendue donnée au début de l'ouvrage n'eût pas exigé, en effet, moins de trois à quatre cents volumes pour le conduire à fin dans les mêmes proportions.

On peut donc dire avec vérité que, pour une histoire telle quelle des voyages, nous en sommes encore réduits à l'indigeste compilation de l'abbé Prévost et au maigre abrégé de M. de La Harpe ; et cependant quel sujet était plus digne, par son intérêt immense, sa haute portée et son inépuisable variété, d'occuper une plume à la fois savante et exercée ? Parmi les faces diverses sous lesquelles on peut envisager les annales de l'humanité, en est-il une qui fournisse de plus riches matériaux à une grande composition historique ? — J'ai dit à une grande composition historique, et non pas seulement à une simple compilation : car les esprits sont tellement prévenus à cet égard par la nature de tous les ouvrages, sans exception, qui ont été publiés sur ce sujet, que la première idée qu'éveille instinctivement le titre d'Histoire des Voyages est une idée de compilation. Nous ne saurions donc trop insister pour rectifier ce qu'une telle prévention aurait d'erroné, si on en voulait faire une application absolue.

Nul sujet historique, nous le répétons, ne peut fournir

des couleurs à la fois plus riches et plus variées à qu[i]
saura le mettre en œuvre. Une de ses plus sérieuses diffi[-]
cultés est dans sa richesse même. Il est peu de fai[ts]
importants dans les fastes des sociétés humaines qui n[e]
doivent y trouver place; l'histoire même de l'esprit hu[-]
main dans ses développements successifs s'y rattach[e]
étroitement. D'un côté l'aperçu des révolutions morale[s]
et politiques qui ont préparé ou déterminé à diverses épo[-]
ques, chez les peuples européens, les grandes entrepris[es]
et les grandes découvertes géographiques; de l'autre
la description incessamment variée de toutes les contré[es]
du Globe, de leurs productions et de leurs habitants[,]
c'est là nous ne dirons pas la double tâche de l'historien[,]
mais bien le double élément d'intérêt et d'instruction q[ue]
lui fournit l'inépuisable mine ouverte devant lui. Qu[e]
l'on y ajoute le récit des aventures personnelles des voy[a-]
geurs et des navigateurs, lorsqu'elles sont de nature so[it]
à éclairer les mœurs, les habitudes, le caractère, l[es]
croyances ou les superstitions des peuples au milieu de[s-]
quels ils ont pénétré, soit à mettre sous nos yeux que[l-]
ques-unes des grandes scènes de la nature, soit à fair[e]
ressortir le caractère parfois extraordinaire de ces homm[es]
qu'une vocation puissante a poussés à l'exploration d[es]
contrées lointaines, et l'on pourra se faire une juste idé[e]
de la grandeur des tableaux et de la mobilité des scèn[es]
toujours vivantes dont une telle composition est suscep[-]
tible. L'histoire des découvertes géographiques, tel[le]
qu'elle nous paraît ressortir du fond même du sujet, est [à]
la fois, dans sa plus large acception, l'histoire de l'Homm[e]
et l'histoire de la Nature.

Au milieu de la variété de tons et de tableaux qu[e]
comporte, ce magnifique ensemble a néanmoins so[n]

nité qui est en même temps pour l'esprit une direction t un point de repos : cette unité, c'est le résultat même e ces explorations multipliées dont il faut raconter les ncidents; c'est la connaissance du Globe terrestre. C'est le lien commun qui réunit et fait converger vers un même centre les innombrables rayons de ce cercle immense. Suivre à la fois dans le temps et dans l'espace la marche quelquefois lente et comme assoupie, quelquefois brusque et rapide, des événements de toute nature, des voyages, des recherches, des explorations et des découvertes qui ont élevé graduellement les connaissances géographiques des nations savantes au point où elles sont arrivées aujourd'hui; montrer d'une manière impartiale quelle a été la part de chaque peuple dans ce résultat final; faire ressortir la mutuelle influence des grandes découvertes géographiques sur le progrès de la civilisation générale et du progrès de la civilisation sur l'avancement des découvertes, et rechercher quelle action exerce cette double cause sur le bien-être individuel des peuples et sur la destinée générale de l'humanité; étudier de ce point de vue et l'histoire géographique de la Terre dans son ensemble le plus général, et successivement celle de chaque grande région en particulier; exposer enfin, comme dernier résultat, le tableau bien complet des notions de toute nature que l'Europe possède aujourd'hui sur les pays et les peuples des autres parties du Monde qu'elle a découvertes ou explorées, c'est-à-dire sur l'Asie, l'Afrique, le Nouveau-Continent et l'Océanie : tel est le plan qui nous paraît convenir à un travail de cette nature; tel est celui que nous nous sommes tracé.

En présence d'une composition si belle et si féconde, on aura lieu de s'étonner sans doute que parmi les hommes éminents qui se sont consacrés chez nous aux études géographiques, il ne s'en soit trouvé aucun qui l'ait abordée avant nous. Plus que personne nous regrettons que quelque main plus habile ne nous y ait pas devancé. Si nul, jusqu'ici, ne s'est attaqué sérieusement à une semblable tâche, c'est, il faut le croire, qu'elle n'exigeait pas moins de dévouement que de savoir; c'est qu'une vie tout entière y devait être consacrée. Quant à nous, si la pensée d'une pareille œuvre nous a dès longtemps séduit, si nous avons été irrésistiblement entraîné par l'attrait qu'éveillaient en nous ses difficultés mêmes, on peut croire que ces difficultés nous ne nous les sommes pas dissimulées. Nous ne voulons afficher ici ni une présomption déplacée ni une vaine modestie. Nous pouvons donc affirmer que vingt années d'études continues, exclusivement dirigées vers ce but de toutes nos pensées et que des travaux littéraires d'une autre nature n'ont jamais entièrement interrompues, ont à peine suffi non pour dissiper, mais pour affaiblir en nous la trop juste défiance de nos forces. Toutefois, nous nous sommes dit qu'un zèle que rien ne lasse suppléerait jusqu'à un certain point à ce qui nous manque pour fournir dignement cette immense carrière; et que si l'exécution du monument que nous entreprenons d'édifier aux sciences géographiques ne répondait pas également dans toutes ses parties à la conception première, nous en aurions du moins assez bien dessiné les grandes lignes pour que d'autres en pussent ensuite sans trop de peine polir et perfectionner les détails. Enfin, nous nous sommes dit aussi que le charme attaché au fond des choses nous serait un puissant auxiliaire; et que si parfois l'auteur faiblissait à la tâche, l'intérêt du sujet ferait aisément oublier au lecteur la faiblesse de l'écrivain.

Nous avons indiqué sommairement la disposition générale et les grandes divisions de notre travail; peut-être convient-il d'entrer ici, à cet égard, dans quelques détails plus précis.

Le premier problème qui se présentait à résoudre, et la solution semblait en être difficile, était de donner à l'ouvrage une étendue suffisante pour que les diverses parties en fussent traitées d'une manière substantielle, sans excéder pourtant pour l'ensemble des proportions compatibles avec une lecture suivie. Quand on songe que la compilation de l'abbé Prévost forme vingt épais volumes in-4°, et que non-seulement elle ne parle pas d'un grand nombre de contrées intéressantes, mais que c'est précisément depuis l'époque où elle s'arrête que les voyages les plus nombreux, les plus importants, les plus riches en résultats scientifiques de toute nature ont été exécutés dans toutes les parties du Monde, il ne semble guère possible de renfermer cette masse de documents dans un espace un peu restreint sans leur enlever ce qui en fait souvent le plus grand prix, le charme ou l'importance des détails. Cette difficulté, néanmoins, était plus apparente que réelle. Ce qui donne une étendue démesurée à la plupart des compilations publiées jusqu'ici sous le titre mensonger d'*Histoire des Voyages*, en même temps qu'elles restent toujours incomplètes sur une foule de points essentiels, c'est qu'elles ne se composent que d'extraits textuellement empruntés aux relations de voyages, extraits choisis avec plus ou moins de goût et de discernement, et placés dans un ordre plus ou moins logique à la suite les uns des autres. Or, un des moindres inconvénients de cette méthode d'abbréviation purement mécanique est d'amener un nombre infini de répétitions, les retranchements ne pouvant jamais être si bien adaptés les uns aux autres qu'il ne reste dans l'ordonnance générale, à côté d'un grand nombre de lacunes, une foule d'enjambements et de superfétations. Le livre de l'abbé Prévost et ceux de ses imitateurs sont là pour montrer jusqu'où ce vice peut s'étendre. Par son plan même, notre travail en est exempt. Ce n'est pas une *collection* de Voyages que nous avons prétendu refaire : dans l'état actuel de cette branche de la littérature en Europe, il n'y a plus d'autre collection possible que la réunion même des livres originaux qui ont été publiés ou qui se publient chaque jour en France, en Angleterre, en Allemagne, en Russie et dans les autres pays européens; et cette réunion, s'il était possible de la rendre complète, un palais suffirait à peine à la contenir [1]. Ce n'est pas non plus un *choix* de Voyages, choix nécessairement arbitraire, et pour lequel le goût de l'auteur ne saurait jamais remplacer celui du lecteur, auquel il se substitue : la pensée de notre œuvre, le but unique qu'elle se propose, est de renfermer dans un cadre assez restreint pour qu'on puisse aisément l'embrasser de l'œil et de la pensée, assez large cependant pour que rien d'essentiel n'en soit exclu, la substance, le résultat scientifique de la totalité des voyages exécutés jusqu'à ce jour dans les diverses contrées du Globe et qui ont contribué pour une part quelconque à l'avancement des connaissances générales. C'est ainsi que sans rien tronquer ni rien omettre

---

[1] Un Catalogue méthodique des Voyages auquel nous travaillons assidûment depuis vingt ans et plus, forme aujourd'hui (et cela seulement pour les pays en dehors de l'Europe, la matière d'au moins vingt forts volumes in-8°; encore n'osons-nous pas nous flatter que nos listes soient également complètes dans toutes leurs parties.

que ce que dédaigne l'homme instruit et ce que l'homme de goût rejette, nous aurons pu renfermer dans moins de quarante-cinq volumes d'un format commode une matière qui semblait devoir en exiger un beaucoup plus grand nombre.

Une Introduction générale, à laquelle sera consacré notre premier volume tout entier, est destinée à présenter dans son ensemble et dans un discours suivi la marche et le développement graduel des découvertes et des connaissances géographiques chez les nations policées, particulièrement en Europe, depuis les plus anciens temps historiques jusqu'au moment actuel. Ce volume est une introduction nécessaire à l'ensemble de notre ouvrage, dont il présente les différentes parties dans leur corrélation naturelle ; il en est aussi le résumé, puisqu'il offre en substance, et sous un point de vue synoptique, les résultats les plus généraux des voyages et des travaux de toute nature successivement exposés dans chacun de nos volumes pour les diverses régions naturelles de la Terre. Il se divise en deux parties bien distinctes. La première comprend l'histoire des voyages et des découvertes du Monde ancien et du Moyen Age jusqu'à la fin du quinzième siècle, époque marquée par les deux plus grands événements des fastes géographiques du Globe terrestre, la découverte de l'Amérique et celle du passage aux Indes par le cap de Bonne-Espérance ; la seconde, l'histoire des voyages et des découvertes modernes depuis le commencement du seizième siècle. Cette seconde période, à laquelle l'ensemble de notre Histoire des Découvertes Géographiques est le plus particulièrement consacré, ne demandait par cela même qu'un médiocre développement : il suffisait, comme nous l'avons dit, d'y résumer d'une manière claire et méthodique la marche synoptique des découvertes depuis trois siècles et demi, et les résultats généraux de ces découvertes dans l'état actuel de la science. Mais la première période exigeait une tout autre étendue. Comme la matière qu'elle embrasse forme un tout isolé, antérieur à la période moderne avec laquelle commencent les grands développements de notre travail, il convenait de la réunir, elle aussi, dans un cadre particulier, avec un détail analogue à celui de nos parties modernes. Nombre de savants distingués ont avant nous consacré leurs veilles à cette portion si pleine d'intérêt de l'histoire de l'esprit humain ; parmi les noms éminents qui se sont spécialement signalés dans l'histoire de l'ancienne géographie, nous rappellerons seulement ceux de Huet, de Sprengel, de Gossellin, de Mannert, de Clarke, de Malte-Brun, d'Ukert, de Reinganum, de Lüdde, de Cooley, de Lelewell et d'Hoffmann. Quelque justice que nous rendions au mérite de beaucoup de leurs recherches, et quoique nous n'ayons négligé d'en consulter aucune sur certains points particuliers qu'elles ont plus spécialement approfondis ou plus heureusement résolus, nous pouvons dire néanmoins que pour l'ensemble de notre propre travail celui de nos devanciers ne nous a été que d'une utilité très-secondaire. C'est aux sources mêmes que nous avons puisé ; c'est à la lecture attentive de tous les auteurs de l'antiquité sacrée et profane sans exception aucune, depuis les livres vénérables de Moïse et les monuments de la poésie homérique jusqu'aux dernières limites du Moyen-Age, que nous avons demandé les matériaux ou les indications nécessaires pour la restitution de l'ancienne histoire géographique. Si une telle méthode est longue et laborieuse ; si trois années en grande partie consacrées à ce premier volume n'ont pas même suffi encore à en réunir tous les éléments, nous osons du moins nous flatter que l'abondance et souvent aussi la nouveauté des résultats auxquels elle nous aura conduit seront pour nous un ample dédommagement de tant de soins et de veilles.

Après l'Introduction générale de notre premier volume, les grandes divisions du reste de l'ouvrage nous étaient naturellement indiquées par la division même des grandes parties du Monde. L'Asie, la plus étendue de toutes, et aussi la plus importante à bien des égards, est celle par laquelle nous avons dû commencer. Non-seulement l'Asie est la partie du Monde la plus anciennement civilisée, sinon la plus anciennement habitée par l'homme ; mais c'est en Asie qu'ont eu lieu à la fin du Moyen-Age, les premiers voyages qui ouvrent la longue série des explorations modernes. Le haut intérêt historique et géographique qui s'attache aux diverses contrées ainsi qu'aux peuples différents du monde asiatique ne nous a pas permis de lui consacrer moins de vingt volumes. Dix à peu près suffiront pour l'Afrique, autant pour l'Amérique et les voyages dans les régions polaires ; l'histoire des voyages de circumnavigation et le tableau géographique du Monde Maritime pourront se renfermer dans quatre volumes. Un aperçu général des lacunes qui resteront à combler dans nos connaissances géographiques formera le couronnement de notre travail.

L'attention de l'homme a des limites, et son esprit ne saurait embrasser à la fois, sans fatigue et sans confusion, un trop grand nombre d'objets différents. En histoire comme en perspective le point de vue s'éloigne en même temps que l'horizon s'agrandit, et pour saisir un grand ensemble il faut en sacrifier les détails. De même qu'au delà d'un certain développement on ne pourrait plus suivre simultanément la marche parallèle des voyages et des travaux de toute sorte qui contribuent, à un instant donné, à l'avancement de notre connaissance de la terre, et que pour soulager l'esprit nous avons dû partager notre sujet en groupes homogènes indiqués par les divisions naturelles d'Asie, d'Afrique, etc. ; de même, dans chacune de ces grandes divisions, il nous a fallu établir un certain nombre de coupes qui nous permissent d'en suivre tour à tour l'histoire géographique avec un détail suffisant pour en avoir une parfaite connaissance. Ces coupes, nous les avons prises non dans les délimitations conventionnelles des divisions politiques toujours changeantes, mais bien dans les divisions immuables que la Nature même a marquées. Mais de même aussi que comme introduction à l'histoire géographique des diverses parties du Monde nous aurons déroulé dans un tableau d'ensemble la marche simultanée des voyages et des découvertes dans toutes les contrées du Globe depuis les temps anciens jusqu'à nos jours, de même nous ouvrirons l'histoire géographique des différentes régions naturelles de chaque partie du Monde en particulier, de l'Asie, de l'Afrique, des deux Amériques et de l'Océanie, par un tableau général où tous les faits géographiques appartenant spécialement à chacune de ces grandes divisions de la Terre, resserrés dans un cadre peu étendu, seront présentés sous un même point de vue de manière à ce qu'on en puisse aisément apercevoir les rapports et la dépendance réciproque. Telle nous a paru être la seule méthode efficace, ou plutôt la seule possible, pour concilier la rapidité inséparable d'une exposition générale avec les détails nécessaires dans une étude approfondie; l'une planant de haut au-dessus du Globe entier ou de chacune des grandes parties du Monde pour embrasser d'un même coup d'œil l'ensemble des faits généraux qui en forment l'histoire géographique, l'autre se rapprochant du sol pour en étudier de près les accidents, l'aspect et la nature, et passant ainsi tour à tour d'une contrée à une autre contrée. C'est ainsi que dans un Atlas universel le géographe descend graduellement du planisphère à chacune des parties du Monde, puis de chaque partie du Monde aux différents pays qu'elle renferme et même aux diverses provinces de chaque pays, toujours plus abondant en détails à mesure qu'il embrasse un horizon moins étendu, et décrivant ainsi la terre d'une manière plus nette et plus satisfaisante que s'il avait voulu en resserrer les détails infinis dans le seul dessin de sa Mappemonde.

Toute relation de voyage présente deux ordres de faits bien distincts : d'une part, l'itinéraire même du voyageur et le récit plus ou moins attachant de ses aventures personnelles ; de l'autre, les résultats que fournit le voyage pour l'avancement de nos connaissances. Nous conservons, en les séparant, ces deux ordres de faits, mais sans leur accorder, on conçoit, le même degré d'importance. Il nous suffit pour l'ordinaire d'indiquer rapidement la marche de chaque voyageur dans les pays qu'il aura parcourus, afin de montrer quelles parties il en a plus spécialement étudiées ; mais c'est surtout aux résultats positifs et permanents du voyage que nous devons nous arrêter. Tout récit purement individuel n'a droit à notre attention que lorsqu'il en ressort quelque chose d'instructif soit pour l'étude morale de l'homme, soit pour l'étude physique de la Terre ; mais nous écartons avec soin cette masse d'aventures communes qui forme le fond d'un si grand nombre de relations, et d'où il n'y a à retirer ni amusement ni instruction. Quant à l'ordre même dans lequel nous présentons pour chaque contrée l'*histoire* des voyages qui y ont été faits et le *résultat* de ces voyages pour la connaissance du pays et des habitants, nous ne nous sommes formé d'avance aucun plan rigoureusement arrêté. Notre méthode a été déterminée par le sujet même. Tantôt, après avoir esquissé en traits rapides l'histoire géographique d'une région, afin d'indiquer la suite chronologique des voyageurs qui l'ont explorée et la part de chacun d'eux dans les notions que nous en avons acquises, nous réunissons ensuite dans un tableau suivi les différents faits d'ethnologie, d'antiquités, d'histoire et de géographie qui s'y rapportent, afin d'en donner ainsi la description complète dans un cadre méthodique, ayant soin de rapporter à chaque voyageur, par des citations exactes, ce qui lui appartient dans cet ensemble ; d'autres fois c'est en marchant sur les pas d'un voyageur principal que nous faisons connaître la contrée qu'il a décrite, sauf à compléter ses notions par les faits que fournissent les autres explorateurs. Encore une fois, nous ne cherchons pas à rapporter indistinctement nos récits ou nos descriptions aux compartiments symétriques d'un cadre tracé d'avance, mais nous plions notre exposition aux mille modifications que sa nature même nous indique. En ceci, notre seule étude a été de ne pas affaiblir, loin de chercher à y ajouter, l'intérêt toujours nouveau qui s'attache à l'histoire géographique de notre

Globe, et de conserver à nos tableaux la variété infinie de la Nature.

Nous n'avons pas besoin d'ajouter, sans doute, que pour la période moderne de notre travail dans toutes ses parties, de même que pour la période ancienne et celle du Moyen-Age, nous n'avons emprunté nos matériaux qu'aux sources mêmes. Ces sources sont presque toujours très-nombreuses, et nous nous sommes fait un devoir scrupuleux de n'en omettre aucune, du moins volontairement : plus d'une fois c'est à celles que l'on aurait jugé les moins dignes d'attention que nous avons dû les plus utiles documents. La série complète des voyageurs qui ont laissé des relations plus ou moins étendues sur chaque région du monde a été pour notre travail ce que les vieilles chroniques, les archives officielles, les mémoires contemporains, en un mot les monuments de toute sorte transmis de siècle en siècle, sont pour les investigations de l'historien qui entreprend le premier de tirer les annales d'une nation de cette masse de titres originaux où elles sont enfouies. Un appendice purement bibliographique que nous avons joint à l'histoire de chaque contrée, et auquel nous donnons assez d'étendue pour qu'aucun nom de quelque intérêt n'y soit omis, fournira d'ailleurs un guide fidèle soit pour étudier plus à fond une question spéciale, soit pour se former une bibliothèque géographique.

Les immenses travaux de l'érudition moderne sur les origines des peuples, sur l'affinité ou la diversité des langues, sur les migrations primordiales des races humaines, sur les rapports et la propagation des croyances et des cultes primitifs, de même que sur les époques moins reculées de l'histoire des nations et sur l'histoire physique du Globe terrestre, ces travaux d'un si puissant intérêt et qui ont acquis depuis un demi-siècle une si vaste portée, sont aussi une mine précieuse où nous avons largement puisé. Une histoire géographique de la Terre, en prenant ce beau sujet dans son acception la plus vaste telle que la lui donne notre pensée, resterait bien souvent imparfaite, si l'historien, se renfermant strictement dans le cercle des voyageurs, laissait en dehors de ses recherches les travaux de pure érudition qui expliquent, étendent ou complètent leurs indications et leurs observations directes. Les judicieuses études linguistiques ou archéologiques d'un Klaproth, d'un Abel Rémusat, d'un Burnouf, d'un Lassen, approfondissant dans la méditation du cabinet les documents rapportés par les explorateurs ou quelquefois recueillis par eux-mêmes, comparant ces documents soit entre eux soit avec l'ensemble des autres monuments connus et faisant jaillir de ces rapprochements, toujours dirigés par une saine critique, les résultats lumineux dont va s'éclairer l'histoire de toute une époque ou l'ethnologie de toute une région, ces études sont aussi de véritables découvertes, qui ne sauraient se séparer des découvertes des voyageurs.

Il est une partie trop souvent négligée dans les livres relatifs aux voyages et à laquelle nous avons attaché une très-grande importance : c'est la rédaction des cartes dont notre travail est accompagné. Nous avons voulu que chacune de ces cartes, dressée sur les relations mêmes des voyageurs et sur les meilleurs documents géographiques et hydrographiques qui existent en Europe, fût la traduction exacte, le résumé complet et palpable de la portion de notre ouvrage à laquelle elle se rapporte; nous avons voulu qu'elle montrât clairement à l'œil quelles parties d'une contrée sont bien connues, quelles parties ne le sont que d'une manière imparfaite, quelles parties sont encore ignorées; qu'elle fût, en un mot, la fidèle expression de l'état précis des connaissances géographiques acquises sur un point donné du Globe. Tel est à nos yeux le principal objet auquel doit tendre une carte réellement scientifique, bien qu'un trop petit nombre soient de nature à satisfaire à cet égard celui qui exige d'une carte de géographie autre chose que ce qu'elles sont le plus communément, le produit purement manuel d'un travail sans étude et sans critique. Une bonne carte de géographie est une œuvre plus difficile, peut-être, et certainement d'une utilité plus pratique et plus générale, que la meilleure description écrite : aussi n'avons-nous pas cru pouvoir en confier la construction à des mains étrangères, malgré l'énorme surcroît de travail qui en a dû résulter pour nous. Nous avons joint d'ailleurs à la plupart de nos cartes une analyse critique qui en expose et en discute les divers éléments, et qui met ainsi les hommes spéciaux à même d'en apprécier rigoureusement la valeur. Quant à l'exécution graphique, à cette partie, notamment, qui se propose de figurer le relief du sol, nous n'avons rien négligé pour l'obtenir d'une manière aussi approchante que possible de la nature même.

Au surplus, jamais époque ne fut plus favorable que la nôtre à l'ouvrage que nous entreprenons. Depuis un demi-siècle, les sciences d'observation ont fait d'immenses progrès, et la connaissance du Globe terrestre, en particulier, s'est enrichie d'une multitude de faits nouveaux. Préparés par de bonnes et fortes études, la plupart des voyageurs modernes explorent d'une manière généralement plus fructueuse qu'on ne l'avait fait avant eux les pays où se portent leurs pas ; et il est bien peu de contrées sur lesquelles nous n'ayons eu ainsi des observations récentes qui étendent, complètent ou rectifient les notions antérieures. Jamais les Gouvernements ne s'étaient autant qu'aujourd'hui piqués d'une noble et généreuse émulation pour l'encouragement des grandes expéditions scientifiques ; jamais non plus un aussi grand nombre de Sociétés savantes n'avaient éclairé d'une aussi vive lumière les points encore obscurs des sciences physiques, historiques et géographiques. Aussi est-il résulté, de cette simultanéité d'efforts et de travaux, une masse énorme de matériaux d'une haute valeur. Mais cette abondance même de richesses nouvelles, ajoutées à celles que nous ont léguées les siècles précédents, commence peut-être à en rendre l'usage difficile. Le moment est venu, nous le croyons, de fournir à l'étude un guide exact au milieu de cette accumulation de documents ; nos progrès sont aujourd'hui assez grands sur tous les points, pour qu'il soit devenu nécessaire de les résumer dans un cadre commode, ne serait-ce que pour indiquer nettement quels travaux ultérieurs restent encore à accomplir.

Telle a été la pensée de l'œuvre à laquelle notre vie tout entière est désormais consacrée.

Qu'il nous soit permis en finissant d'exprimer ici notre gratitude envers ceux qui déjà nous y ont prêté une utile assistance. Au premier rang après les conseils et les communications des savants qui ont pris à notre travail un intérêt dont nous les remercions du fond de l'âme et qui a été pour nous un puissant encouragement, nous devous placer le précieux secours de notre Bibliothèque Royale. Jamais établissement de ce genre n'a répondu aussi complétement que celui-ci au noble but de son institution. Admiré des étrangers qui nous l'envient, ce magnifique dépôt des productions enfantées par l'esprit humain dans tous les siècles et chez toutes les nations policées du Globe, est certainement le premier de l'Europe non-seulement par l'immense accumulation des trésors qu'il renferme, mais surtout par l'esprit libéral qui a présidé à son organisation, aussi bien que par l'empressement bienveillant et l'inépuisable complaisance du personnel nombreux des Conservateurs, occupant eux-mêmes, pour la plupart, un rang distingué dans les lettres et dans les sciences. La plus longue vie, aidée d'une fortune princière, ne suffirait souvent pas à réunir dans une collection privée l'innombrable quantité de matériaux nécessaires pour un grand travail historique ; et un ouvrage tel que le nôtre eût été à peu près impossible, si un aussi riche dépôt ne nous eût été ouvert. Nous devons une mention particulière à la division de la Bibliothèque Royale qui a spécialement pour objet les Cartes Géographiques, ainsi qu'au savant respectable si bien placé à la tête de ce département qu'il a en quelque sorte créé, et qui chaque jour encore travaille avec tant de zèle à en augmenter les richesses. Le nom de M. Jomard est connu en Europe de quiconque prend intérêt aux sciences géographiques. M. de Saulcy, de l'Académie des Inscriptions, que ses admirables travaux de numismatique et d'épigraphie orientale ont placé au premier rang des maîtres de l'érudition moderne, a bien voulu nous promettre le concours de son profond savoir pour les parties de notre travail sur lesquelles se sont particulièrement concentrées ses propres études, notamment pour les antiquités égyptiennes et phéniciennes, et pour l'histoire ethnologique des races berbères. Nous le prions d'accepter la sincère expression de notre gratitude, que nos lecteurs, nous en sommes certains, partageront avec nous. Déjà le volume que nous publions aujourd'hui a été favorisé d'observations et de notes précieuses sur plusieurs des points qui se rattachent à l'étude des populations primordiales de l'Asie-Mineure. Nous devons aussi un tribut public de reconnaissance au généreux empressement avec lequel M. Ternaux-Compans, héritier d'un nom dont la France s'honore, a mis à notre disposition son précieux cabinet géographique, où se trouve la réunion la plus complète qui existe, sans nul doute, des relations originales de nos anciens voyageurs.

Dans cette œuvre immense où nous nous engageons, puissent nos forces répondre jusqu'au bout à l'ardeur et au dévouement qui ne nous failliront pas!

Février 1845.

# TABLE ANALYTIQUE

DES MATIÈRES

# CONTENUES DANS LE TOME DEUXIÈME.

APERÇU GÉNÉRAL DE L'HISTOIRE GÉOGRAPHIQUE DE L'ASIE.

## I.

PREMIÈRE PÉRIODE.

*Temps antérieurs à Homère.*

|  |  | Pages |
|---|---|---|
| Avant J.-C. | Figure et dimensions de l'Asie. | 1 |
|  | Sa connexion avec l'Europe. | 2 |
|  | Limites. | 3 |
|  | Aspect général. Grands traits physiques. | *id.* |
|  | Grand Plateau Central. | 4 |
|  | Trois grandes zones physiques. | 6 |
|  | Aperçu général des populations asiatiques. | *id.* |
|  | Considérations morales et historiques sur l'Asie et ses anciennes civilisations. | 8 |
|  | Polygamie. | 10 |
|  | Cause principale de la stagnation des civilisations de l'Asie. | 11 |
|  | Supériorité de l'Occident. | 14 |
| 2500 à 2000. | Premières lueurs de l'histoire asiatique. Phéniciens. Sidon. | 15 |
| 2000 à 1600. | Colonies phéniciennes dans la mer Égée et chez les Pélasghes. | 16 |
|  | Conquêtes de Sésostris en Asie. | 17 |
| Vers 1645. | Asie de Moïse. | *id.* |
|  | Découvertes des Phéniciens. | 18 |

## II.

#### DEUXIÈME PÉRIODE.

*Antiquité classique, d'Homère à Ptolémée.*

|  |  | Pages |
|---|---|---|
| vers 1250. | Expédition des Argonautes. | 18 |
| 907. | Homère. Ses connaissances en Asie. | 19 |
| 11ᵉ et 10° s. | Colonies helléniques sur les côtes de l'Asie-Mineure. | 20 |
| 6ᵉ siècle. | Extension de ces colonies au pourtour du Pont-Euxin. | id. |
|  | Révolutions politiques de l'Asie occidentale. Leur influence sur l'extension des connaissances géographiques des Hellènes. | 21 |
| 511. | Scylax de Caryande. | id. |
| 510. | Hellanicus, Hécatée, etc. | 22 |
| 456. | Hérodote. Ses connaissances en Asie. | id. |
| 400. | Ctésias. L'Inde. | 24 |
| 400. | Anabasis de Xénophon, ou Retraite des Dix-Mille. | id. |
| 334. à 324. | Alexandre. Ses conquêtes en Asie. Influence de ses expéditions sur les progrès ultérieurs des connaissances sur l'Orient. | 25 |
|  | Aristote. Ses notions sur l'Asie. | 29 |
| 3ᵉ siècle. | Partage de l'Empire d'Alexandre. Les Séleucides. Les Ptolémées. Leurs relations en Asie. | id. |
|  | Tout le commerce de l'Occident se dirige vers l'Asie. | 31 |
|  | Pourquoi ces relations n'ont pas procuré à la géographie de plus rapides progrès. | 32 |
|  | Alexandrie devenue le foyer du commerce et des lumières de l'Occident. | id. |
| 200. | Ératosthènes. Étendue de ses connaissances en Asie. | 33 |
| Après J.-C. | Thinæ d'Ératosthènes. | 34 |
| 25. | Asie de Strabon. | id. |
| 50. | Hippalus découvre la périodicité des moussons. Influence de cette découverte sur les rapports entre l'Occident et l'Inde. | 35 |
| 50. | Periple de la mer Érythrée. | id. |
|  | Caravanes marchandes dans l'Asie intérieure. | id. |
|  | Sérique de Pline et de Ptolémée. | 37 |
| 170. | Asie de Ptolémée. Ses Thinæ sont la Chine | id. |
|  | Rapports politiques entre les Romains et la Chine dès le temps de Ptolémée. | 39 |

## III.

### TROISIÈME PÉRIODE.

*Moyen-Age. Période de décadence. De l'époque de Ptolémée à Marco Polo.*

| | | Pages |
|---|---|---|
| du 3ᵉ au 5ᵉ siècle. | Décroissance et chute de la puissance romaine. Irruption de l'Occident par les hordes asiatiques. | 41 |
| | Empire d'Orient. Nature de ses rapports avec l'Asie. | 42 |
| | Dépérissement des connaissances géographiques en Europe. La connaissance de l'Asie s'y perd complétement. | id. |
| 622. | Mohammed. Ère musulmane. Établissement de l'empire arabe. Splendeur du Khalifat. Géographes et voyageurs arabes en Asie. | 43 |
| | La Palestine, dernier souvenir que l'Europe eût conservé de l'Orient. Anciens pèlerinages. | id. |
| 007. | Apparition des Turks en Asie. | id. |
| 1096. à 1248. | Origine des Croisades. Leur influence sur la renaissance des connaissances géographiques dans l'Occident. | 44 |
| 1206. | Naissance de l'empire Mongol. Tchinghis-Khan. | 46 |
| | Rapports entre l'Europe et les Mongols. | 47 |
| 1245-47. | Ambassades du Pape vers les khans mongols. Jean du Plan Carpin. | 48 |
| 1248-53. | Ambassades de Louis IX au grand khan de Tartarie. Rubruquis. | 50 |
| | État des relations commerciales avec l'Asie. Le commerce de l'Orient prend la route de Constantinople. | 51 |
| | Vénitiens. Génois. Leur rivalité. | id. |

## IV.

### QUATRIÈME PÉRIODE.

*Renaissance de la géographie asiatique. De l'époque de Marco Polo à la fin du quinzième siècle.*

| | | |
|---|---|---|
| 1271-95. | Voyages de Marco Polo. | 55 |
| | La relation de Marco Polo ouvre pour l'Asie l'ère de la géographie moderne. | 57 |
| 1254-1306. | Voyageurs contemporains de Marco Polo. Haïton. Ricold de Monte-Croce. Juan de Monte-Corvino. | 58 |

| | | Pages |
|---|---|---|
| 1317 et suiv. | Voyageurs en Asie de la première moitié du quatorzième siècle. Oderic de Frioul. L'archevêque de Solthaniêh. Jourdain Catalan de Séverac. Pascal de Victoria. Juan de Marignola. Pegolotti. Mandeville............... | 5 |
| 1325-48. | Ibn-Batouta, voyageur arabe................ | id |
| | Démembrement de l'empire de Tchinghiz-Khan. Royaume de Tchagataï........................ | 5 |
| 1370. | Tamerlan. Son empire.................... | id |
| 1402. | Défaite de Baïezid à Angora. Tamerlan étend sa domination jusqu'au Bosphore................... | 6 |
| 1403-6. | Rapports de l'Europe chrétienne avec Tamerlan. Ambassade espagnole de Clavijo. Sa relation.............. | id |
| 1395-1427. | Schiltperger........................ | 6 |
| 1424-49. | Voyage de Nic. Conti dans toute l'Asie méridionale..... | id |
| 1432. | Voyage de Bertrandon de la Brocquière à la Terre-Sainte. . | 6 |
| | Résultats des voyages des 13ᵉ, 14ᵉ et 15ᵉ siècles pour la renaissance de la géographie asiatique........... | id |
| | Ce mouvement se ralentit dans la seconde moitié du 15ᵉ siècle. Voyageurs en Asie de cette époque. Caterino Zeno. Josapha Barbaro. Ambr. Contarini............ | 6 |

## V.

#### CINQUIÈME PÉRIODE.

*Voyages et découvertes en Asie depuis l'arrivée des Portugais dans l'Inde à la fin du quinzième siècle, jusqu'au milieu du dix-septième, époque de la publication de la grande carte d'Asie de d'Anville. Dernière période des voyages de découvertes.*

| | | |
|---|---|---|
| | Découvertes géographiques des Portugais dans le cours du 15ᵉ siècle........................ | 6 |
| 1497. | Cap de Bonne-Espérance franchi. Vasco de Gama...... | 6 |
| | Caractère des découvertes en Asie depuis l'époque de Vasco de Gama........................ | id |
| 1502-8. | Courses en Asie de Lodovico Barthema........... | 6 |
| 1509-11. | Les Portugais dans l'Archipel d'Asie. Lopez Sequeira. Antonio d'Abreu....................... | 7 |
| 1520. | Magellan. Les Espagnols aux Philippines par la route du Grand Océan....................... | id |
| 1516-42. | Suite des découvertes et des établissements des Portugais dans l'Asie orientale. Coelho. Antonio de Mota....... | 7 |

|        | | Pages |
|---|---|---|
|        | Aventuriers portugais dans les mers de l'Asie. Fernand Mindez Pinto. | 73 |
| 1553.  | Premières notions sur la Sibérie. | id. |
| 1553.  | Une flotte anglaise envoyée à la recherche d'une route aux Indes par le nord arrive aux côtes septentrionales de la Moscovie. | 74 |
| 1558-79. | Les Anglais en Moscovie et dans la Boukharie. Jenkinson. | id. |
| 1555.  | Caucase. G. Interiano. | id. |
|        | Naissance de ce qu'on a nommé les voyages au Levant. Baumgarten. Belon. Gyllius. Rauwolf. Nicolaï. Busbecq. De Brèves. | 75 |
| 1582-88. | Courses en différentes parties de l'Asie. Newberrie. Balbi. | 76 |
| 1591-95. | Apparition des Anglais et des Portugais dans les mers de l'Asie. | id. |
| 1595-1619. | Premiers établissements des Hollandais dans l'Archipel d'Asie. Batavia. | 77 |
| 1600.  | Les Hollandais au Japon. | id. |
| 1600-13. | Les Anglais dans l'Inde. J. Mildenhall. Th. Roe. | 78 |
| 1602-25. | Seb. Manrique. Fr. Pyrard. | id. |
| 1655-79. | Bernier et Tavernier dans l'Inde. Rob. Knox à Ceylan. | 79 |
|        | Pays Trans-Gangétiques. Alexandre de Rhodes. Baron. Ambassade française à Siam. Tachard. | id. |
| 1685   | Grands résultats géographiques de l'ambassade de 1685 à Siam. | 80 |
| 1624-61. | Tibet. Andrada. Grüber et Dorville. | id. |
| 1603.  | Benedict Goez. Intérieur de l'Asie. | 81 |
| 1685-91. | Le P. Avril cherche à pénétrer dans la Chine par terre. | id. |
|        | Efforts des missionnaires portugais pour s'ouvrir l'accès de la Chine. Ils y parviennent. Mission de la Chine au 17e siècle. | id. |
| 1656-64. | Ambassades hollandaises à la Chine. | 82 |
| 1687.  | Commencement de la mission française à la Chine. | id. |
|        | Découvertes des Russes dans la Sibérie. | id. |
|        | Khânat de Sibir. Origine du nom de Sibérie. | id. |
| 1689.  | Premier traité commercial entre la Russie et la Chine. | 84 |
| 1692.  | Ambassade russe à la Chine. Isbrand Ides. | id. |
|        | Voyages au Caucase dans le cours du dix-septième siècle. Lamberto, Zampi, Luca, Ferrand, etc. | 84 |
|        | Voyages en Perse dans le même intervalle. Teixeira, Garcia de Sylva, Olearius, Bembo, Chardin, Kœmpfer. | 85 |
|        | Voyageurs au Levant du dix-septième siècle. Sandys, Smith, Wheler, Maundrell, Deshaies, Du Loir, D'Arvieux, Des Mousseaux, Pétis de la Croix, Spon. | id. |
|        | Voyages de Pietro della Valle, de Herbert, de Fryer, de Tavernier, de La Boullaye-le-Gouz, de Jean Thévenot, en | |

|  |  | Pages |
|---|---|---|
| | plusieurs parties de l'Asie Méridionale dans le cours du dix-septième siècle. | 86 |
| 18ᵉ siècle. | Ouvrages importants des hollandais Witsen et Valentyn, qui ouvrent le dix-huitième siècle. | 87 |
| 1700. | Grande réforme apportée dans la carte de l'Asie par Guill. Delisle. | 89 |
| 1751-53. | D'Anville. Publication de ses six feuilles de la carte d'Asie. Parallèle entre D'Anville et Delisle. | id. |
| | Voyages exécutés dans les diverses parties de l'Asie dans la première moitié du dix-huitième siècle, entre l'époque de Guill. Delisle et celle de D'Anville. Paul Lucas. Tournefort. Pocockc. Desideri. Orazio della Penna. Otter. Hanway. Strahlenberg. Messerschmidt. George Gmelin. Steller, etc. | 90 |

## VI.

### SIXIÈME PÉRIODE.

### *Ère des explorations scientifiques.*

|  |  |  |
|---|---|---|
| | Nouveau caractère des voyages en Asie depuis la seconde moitié du dix-huitième siècle. | 92 |
| 1762-63. | Expédition scientifique de Niebuhr en Arabie. Inauguration de la nouvelle période. | 93 |
| 1755. | Anquétil du Perron. Son voyage et ses travaux dans l'Inde. Le Zend-Avesta. | 94 |
| 1756. | Voyages dans l'Inde du P. Thiefenthaler. | id. |
| | Expéditions scientifiques qui ont lieu à cette époque dans diverses parties du globe. | id. |
| 1768-74. | Voyages scientifiques ordonnés par la grande Catherine dans les diverses parties de l'empire Russe. Samuel Gmelin. Pallas. Georgi. Falk. Rytschkow. Lepekhin. Guldenstädt. | 95 |
| | Voyages au Levant dans la dernière moitié du dix-huitième siècle. Wood. Mariti. Chandler. Volney | 96 |
| 1757-66. | Progrès de la puissance anglaise dans l'Inde. | 97 |
| 1774-84. | Premiers rapports des Anglais de l'Inde avec le Boutan. Missions de Bogle et de Turner. | id. |
| 1782. | Voyage de George Forster de l'Inde en Europe par le Kachmir. | 98 |
| 1784. | Fondation de la Société Asiatique de Calcutta. Nouvelle ère des études asiatiques. | id. |
| 1778-96. | Exploration des côtes de l'Asie-Orientale. Cook. Billings. La Pérouse. Broughton. | 99 |
| 1787. | Voyage de Lesseps en Sibérie. | id. |
| 1781-90. | Voyages de Patrin, Schangin et Sievers à l'Altaï. | id. |

| | | Pages |
|---|---|---|
| 1776-87. | Voyages de Choiseul-Gouffier au Levant et de Lechevalier dans la Troade.. | 100 |
| 1781-97. | Voyages de M. J. Beauchamp dans la Mésopotamie et à Trébizonde. | id. |
| | Révolution française. Son influence sur les relations des peuples. | 101 |
| 1792-98. | Mission d'Olivier et Bruguière en Turquie et en Perse. | id. |
| 1792-94. | Tentatives de l'Angleterre pour s'ouvrir le marché commercial de la Chine. Ambassade de Lord Macartney. Ses résultats géographiques | id. |
| 1794. | Tentative analogue de la Hollande. Ambassade de M. Titsingh en Chine. Relations de MM. Van Braam et Gaubil fils. | 102 |
| | Progrès des travaux de la Société asiatique de Calcutta dans les dernières années du 18e siècle. | id. |
| 1800. | Voyage de G. Buchanan dans le Maïssour. | id. |
| | Travaux hydrographiques de Mac-Cluer. | id. |
| 1793-96. | Voyages de Kirkpatrik et de Hardwick dans la région de l'Himalaïa. | 103 |
| 1783-93. | Travaux de Rennell sur la géographie de l'Inde | id. |
| 1795-96. | Voyages des Anglais dans l'Arakan, le Pégou et le pays d'Ava. Symes. Coxe. | id. |
| | Relations de White, de Cordiner et de Mac-Kenzie sur Ceylan. | id. |
| | Voyages faits dans le Caucase à la fin du dix-huitième siècle. Engelmann. Reinegg. Pallas. Bieberstein. Potocki. | id. |
| 19e siéc. 1801. | Ombrages causés à l'Angleterre par la mission d'Olivier en Perse. Mission de John Malcolm. | 104 |
| 1805-6. | Ouvertures de Feth-Ali-Châh près de la France. M. Amédée Jaubert est envoyé à Téhéran. | 105 |
| 1807. | Ambassade du général Gardanne. | id. |
| 1807-11. | Efforts de l'Angleterre pour contrecarrer l'influence française en Perse. Mission infructueuse de sir John Malcolm. Nouvelle mission de sir Hartford Jones. Ambassade de sir Gore Ouseley | 106 |
| | Importance des résultats géographiques de ces conflits de la diplomatie. | id. |
| 1808-10. | Missions d'Elphinstone dans l'Afganistân, et de MM. Christie et Pottinger dans le Balouchistân. | id. |
| | Société Asiatique de Calcutta. Progrès de ses travaux. | 107 |
| 1802-14. | Explorations de la région himalaïenne par MM. Francis Buchanan, Webb, Raper, Hearsay, Colebrooke et Moorcroft. Mir-Izzet Oullâh. | 108 |
| | Progrès de la géographie de l'Archipel asiatique. Ouvrages | |

|  |  | Pages |
|---|---|---|
|  | de Marsden, de Raffles et de J. Crawfurd. | 108 |
|  | Matériaux recueillis au Japon par M. Titsingh. | id. |
| 1804. | Tentative de la Russie pour pénétrer au Japon. Ambassade infructueuse. Travaux hydrographiques de Krusenstern sur les côtes orientales de l'Asie. | 109 |
| 1811. | Relation de Golovnin sur le nord du Japon. | id. |
| 1805. | Ambassade russe en Chine. Arrêtée à Kiakhta. M. Jules Klaproth. | id. |
| 1807-8. | Voyage de M. J. Klaproth au Caucase. | 110 |
| 1810-11. | Voyages au Caucase de MM. Steven, Engelhardt et Parrot. | id. |
|  | Voyages en Asie-Mineure dans les premières années du dix-neuvième siècle. Leake. Corancez. Beaufort. Andréossy. Pertusier. Macdonald Kinneir. | id. |
| 1806-14. | Voyages de Seetzen, de Badia et de Burckhardt en Syrie et en Arabie | 111 |

## VII.

### SEPTIÈME PÉRIODE.

*Voyages exécutés en Asie depuis 1815.*

|  |  |  |
|---|---|---|
|  | Influence des événements de 1815 sur les progrès de la géographie asiatique. | 111 |
| 1816. | Nouvelle tentative de l'Angleterre pour s'ouvrir l'accès de la Chine. Ambassade de lord Amherst. | 112 |
| 1820. | Ambassade russe en Chine. Relation de M. Timkovski. | 113 |
|  | Relations du missionnaire K. Gutzlaff sur la Chine. | id. |
|  | Le Japon plus exclusif encore que la Chine dans son interdiction de ses ports aux Européens. | id. |
|  | Relations récentes que les Hollandais en ont données. MM. Meylen, Fischer et Doeff. M. Siebold | 114 |
|  | Atlas des possessions Néerlandaises dans l'Archipel d'Asie, par M. Derfelden de Hinderstein. | id. |
|  | Peu de progrès qui sont faits dans l'exploration de la région Trans-Gangétique. Derniers ouvrages sur cette région. J. Crawfurd. G. Finlayson. Le capitaine Laplace. | id. |
|  | Inde. Ouvrages d'une date récente. Reginald Heber. Tod. J. Malcolm. Elphinstone. Troyer. Travaux de la Société de Calcutta. Carte chorographique de l'Inde levée par ordre de la Compagnie anglaise. | 116 |
|  | Travaux récents sur Ceylan. Davy. Bennett. Templeton. | 117 |
|  | Explorations récentes des Maldives. | id. |

| | | Pages |
|---|---|---|
| 1816. | Voyages dans les régions de l'Himalaïa. Webb. Hogdson et Herbert en 1816. | 118 |
| 1817 et suiv. | Voyages exécutés dans la même région depuis 1816. Hogdson et Herbert, seconde expédition. Les frères Gérard. Moorcroft, second voyage. Trebeck. Will. Franklin. Lloyd. Johnson. | 119 |
| 1828-32. | Voyage de Victor Jacquemont dans le nord de l'Inde. | id. |
| | Autres voyages de plusieurs de nos compatriotes dans le Haut Hindoustan. Théroulde. Théod. Pavie. G. Robert. Ad. Delessert. | 120 |
| 1822. | Voyage dans le Petit Tibet de Csoma de Körös. | id. |
| | Travaux de MM. Hyacinthe, Klaproth et Schmidt sur le Tibet. | 121 |
| 1835-36. | Voyages de MM. Vigne et Hügel au Kachmir. | id. |
| 1831-36. | Reconnaissances exécutées sur le Sindh par Alex. Burnes et le lieutenant Wood. | 122 |
| | Relations de James Burnes et de Postans sur le Sinhhi. | id. |
| | Connaissances géographiques acquises depuis 1815 sur la région comprise entre le Sindh et la Perse, c'est-à-dire sur l'Afghanistàn et le Balouchistàn. Stirling. Arthur Conolly. Ch. Masson. Honigberger. Alex. Burnes. Expéditions des armées britanniques dans l'Afghanistàn en 1839 et 1842. Hough, Gazetteer de M. Thornton. | 123 |
| 1837. | Voyage aux sources de l'Oxus par le lieut. Wood. | id. |
| 1811 et suiv. | Voyages de MM. Rich, Vidal et Buckingham dans la région de l'Euphrate. | 125 |
| | William Heude, Whitelock, Bèke, Carter et Fontanier sur le golfe Persique. | 125 |
| | Voyages de Ker-Porter, de Kotzebue, de Fraser et de Ch. Bélanger dans la Perse occidentale. | id. |
| 1829. | Le docteur Schulz périt en explorant le Kourdistan. | 126 |
| 1831-44. | Nombreuses explorations récemment exécutées dans l'ouest de la Perse et dans la région mésopotamienne. Monteith. Gibbons. Ross. Shiel. Abbott. D'Arcy Tod. Thomson. Rawlinson. Brant. Pollington. Forbes. Chesney. Ainsworth. Lynch. Layard. Bode. Selby. Mignan. Stockeler. | 127 |
| | Voyage de MM. Smith et Dwight en Arménie. | id. |
| | Voyages récents de nos compatriotes dans les mêmes régions. Fontanier. Aucher-Éloy. Eug. Boré. | id. |
| 1839. | Ambassade française en Perse. Travaux importants qui s'y rattachent. Ch. Texier. Coste et Flandin. Beaufort. La Guiche. | 128 |
| 1843-44. | Exploration du Kourdistan par deux savants prussiens, MM. Koch et Rosen. | id. |
| | Voyages récents dans l'Asie-Mineure. Reconnaissances nauti- | |

|  |  | Page |
|---|---|---|
| | ques du capitaine français Gauttier............ | 12* |
| 1826. | Voyage de MM. Alex. et Léon de Laborde........... | id |
| 1826-33. | Voyages de MM. Prokesh et Arundell............ | id |
| 1828-29. | Les Russes aux extrémités orientales de l'Asie-Mineure... | 13* |
| 1829-30. | Voyage de MM. Michaud, Poujoulat, Callier et Stamaty... | 13* |
| 1834-35. | Voyages de M. Texier..................... | id |
| 1835-40. | Explorateurs anglais. Will. Hamilton, Ainsworth, Fellows. | id |
| 1838-43. | Voyageurs prussiens. Wincke, Fischer, Moltke, Schönborn, Koch, Löw et Kiepert.................. | 13* |
| 1835-44. | Autres voyageurs récents en Asie-Mineure. Aucher-Éloy, Brant, Boré, Russegger, Chancourtois, etc........ | id |
| | Regrets sur la lente publication des grandes explorations françaises dans ces régions................ | id |
| 1829-44. | Voyageurs récents en Syrie. Prokesh, Poujoulat, Laborde, Linant, Callier, Russegger, George Robinson, E. Robinson et Smith, Caraman, Wildenbruch.......... | 13* |
| | Fait capital des modernes observations en Syrie. Dépression de la mer Morte................... | 13* |
| | Presqu'île de Sinaï. Léon de Laborde............ | 13* |
| 1819. | Arabie. Difficilement accessible aux investigations européennes. Un seul voyageur européen, le capitaine anglais Sadlier, l'a traversée dans toute sa largeur.... | 13* |
| | Voyage antérieur de Burckhardt............... | 15 |
| 1812-41. | Une partie des nouvelles informations acquises sur l'intérieur de l'Arabie due aux campagnes du vice-roi d'Égypte contre les Ouahhâbites................ | id |
| | Voyageurs récents qui ont touché quelques points du littoral de la péninsule arabique.............. | 13* |
| 1834-36. | Relèvements nautiques de la côte méridionale par des officiers de la marine britannique.............. | id |
| | Explorations partielles de quelques parties intérieures voisines des côtes. Bové. Botta. Passama. Bird. Wellsted. Cruttenden. De Wrede. Prax. Aucher-Éloy. Arnaud. Fresnel........................... | 13* |
| | L'exploration des parties centrales et septentrionales de l'Asie principalement dévolue aux Russes, comme l'exploration des parties méridionales aux Anglais....... | id |
| 1825-44. | Explorations russes dans le Caucase. Eichwald. Expédition du maréchal Paskévitch. Mission scientifique de MM. Küpffer, Ménétriès et Lenz. Parrot. Sjögren. Nordman. Kolenati............................. | 13* |
| | Voyage du Hongrois Ch. Besse à la recherche des Madgiars. | 13* |
| 1837. | Nivellement de l'Isthme Caucasien, par MM. Fuss, Sabler et Sawitsch........................... | id |

TABLE ANALYTIQUE. XLVII

Pages

|  |  |
|---|---|
|  | Voyage de M. Dubois de Montpéreux dans tout l'Isthme Caucasien. .................. 140 |
| 818-39. | Voyages particuliers en Circassie. Taitbout de Marigny. Tausch. Bell. Longworth. ............. *id.* |
|  | Voyages dans le Lazistan. Rottiers. Fontanier. Brant. Spencer. Hamilton. Koch et Rosen. ........... 141 |
|  | Autres voyageurs récents en diverses parties du Caucase. Gamba. Göbel. Demidoff. Kohl. Hommaire de Hell, etc. *id.* |
| 818-43. | Ourals. Voyages récents dans la région ouralienne. Küpffer. Alex. de Humboldt. Khanikoff. Helmersen. Murchison et Verneuil. Sjögren. Réguly. Keyserling. ........ *id.* |
|  | Reconnaissances récentes de la Novaïa Zemlia. Carte du pilote Zivolka. ..................... 142 |
| 821-28. | Reconnaissance des côtes à l'est de la Petchora. ..... 143 |
| 821-24. | Reconnaissances des côtes septentrionales de la Sibérie, par MM. Anjou et Wrangel. .............. *id.* |
| 826. | Voyage scientifique à l'Altaï de MM. Ledebur, Meyer et Bunge. ..................... 143 |
| 828-29. | Voyages de M. Ad. Erman à travers la Sibérie. ...... *id.* |
| 829. | Voyage de MM. Alexandre de Humboldt, Ehrenberg et Rose à l'Altaï. .................... 144 |
|  | Importance de l'ouvrage publié par M. A. de Humboldt sous le titre d'Asie Centrale. .............. *id.* |
| 833-43. | Suite des explorations russes de la région altaïque. Gebler, Helmersen. Tchihatcheff, Schrenk. .......... 145 |
| 840-43. | Voyages scientifiques de MM. Ruprecht, Savelief et Middendorf dans les parties septentrionales de la Sibérie. .. *id.* |
| 844. | Mission de M. Castrèn dans les mêmes régions. Relevés hypsométriques de M. Pansner. ............. 146 |
|  | Voyages récents des Russes dans la Boukhârie et les contrées limitrophes. Nazaroff, Mouraviev, Meyendorf, Eversman, Jakovlef, Levechin, Basiener, Khanikoff, etc. ..... *id.* |
|  | Conclusion. Travaux et influence des sociétés savantes sur les progrès récents de la géographie asiatique. ...... 147 |

# ASIE-MINEURE.

PÉRIODE ANCIENNE.

---

## CHAPITRE PREMIER.

*Notions générales. — Situation, limites naturelles et aspect physique de la Péninsule désignée sous le nom d'Asie-Mineure. — Nom. — Recherches sur l'origine et l'étymologie du nom d'Asie. — Populations primitives de l'Asie-Mineure.*

|  | Page |
|---|---|
| Situation de l'Asie-Mineure. | 15 |
| Dimensions | 15 |
| Aspect physique. Plateau central. Bassins du pourtour de la Péninsule. | id. |
| Volcans. | 15 |
| Le Taurus et ses ramifications | 15 |
| Asie-Mineure. Époque où cette dénomination s'introduit dans la langue géographique. Ses acceptions diverses. Anatolie. | 15 |
| Acceptions diverses du nom d'Asie chez les anciens. Où est le berceau de ce nom. Son origine première. | 15 |
| Les Ases, ancienne nation de l'Asie intérieure. Se répandent très-anciennement vers le Caucase et jusqu'à la mer Égée. C'est à eux que remonte le nom d'Asie. | 16 |
| Les populations de l'Asie-Mineure appartiennent à deux souches principales : au nord et à l'ouest, aux peuples thraciques de race blonde ; à l'est et au sud, aux peuples araméens ou sémitiques. | 16 |
| Sur la dénomination de peuples thraciques. | id. |
| Les populations thraciques forment une chaîne continue qui enveloppe le Pont-Euxin. | 16 |
| Aperçu des peuples thraciques de l'Asie Mineure. Mysiens. | id. |
| Méoniens. | 167 |
| Communauté originaire des Mysiens, des Méoniens et des Cariens. | id. |
| La Carie anciennement occupée par les Pélasghes. | 168 |
| Bithyniens, Thyniens, Mygdoniens, Mariandyniens, peuples frères d'origine thracique. | 169 |
| Phrygiens. Portaient originairement le nom de Brighès. | 170 |
| Le nom de Brighès très-répandu dans l'ancienne Europe. | id. |
| Sa signification probable. | 171 |

# TABLE ANALYTIQUE.

|  | Pages |
|---|---|
| Antiquité des Phrygiens. | id. |
| Époque approximative de leur établissement en Asie. | 172 |
| Deviendront le peuple le plus important de l'Asie-Mineure. | id. |
| Les Troyens souvent qualifiés de Phrygiens. | 173 |
| Sur la langue phrygienne | id. |
| Les Phrygiens civilisés de bonne heure. | 174 |
| Antiques rapports entre les Phrygiens et les Arméniens. | id. |
| Askanie, nom du pays occupé par les Phrygiens en Asie-Mineure. | 175 |
| Situation de l'Askanie primitive. Extension ultérieure de ce nom. | 176 |
| Le nom d'Askân fut la dénomination nationale des Phrygiens. | 177 |
| Ce nom se retrouve chez les anciens Saxons de Germanie, et chez les Ases-Parthes. On le retrouve aussi en Arménie. | id. |
| Autres synonymies fournies avec ce nom par des tribus de l'Asie centrale. | 178 |
| Paphlagoniens. Énètes. | 179 |
| Populations barbares de la côte sud-est du Pont-Euxin. Tibarènes, Khalubes, Mosunèkes, etc. | 180 |
| Ces populations se rattachent aux peuples Géorgiens. | 181 |
| Cappadoce. Ici commence une autre race de peuples. | 182 |
| Ancienne extension du nom d'Aram sur toute la partie orientale de l'Asie-Mineure depuis le Halys. | 183 |
| Le nom de Syriens et de Leuko-Syriens ou Syriens blancs donné aux habitants de la Cappadoce jusqu'au Pont-Euxin. | 184 |
| Cataoniens et Lykaoniens. | 185 |
| Ciliciens. Origine du nom de Cilicie. | id. |
| Extension de ce nom dans le bassin de l'Euphrate et du Tigre. | 186 |
| Pisidiens. Descendaient des Solymes. | 187 |
| Pamphyliens. | id. |
| Lycie. Point de contact des races sémitique et thracique. | id. |
| Sur l'origine du nom des Lyciens. | 188 |
| Note sur l'origine du nom de la mer Égée. | id. |
| Trois populations successives indiquées dans l'ancienne Lycie. | 191 |
| Carie. Les Cariens et les Lélèghes, deux tribus distinctes, mais sœurs d'origine. | id. |
| Les Cariens thraciques mêlés dans la Carie à des tribus de sang araméen. | 192 |
| L'étude de la topographie carienne au point de vue étymologique dénote de nombreuses racines araméennes. | 193 |
| Les établissements araméens dans l'intérieur du pays et les colonies phéniciennes sur le littoral ou dans les îles ne doivent pas être confondus. | 194 |
| Les Cariens surnommés barbarophônes par Homère. Origine probable de cette épithète. | 195 |
| Lydiens. Le nom de Loud ou Lydie apporté dans la Méonie par une immigration araméenne. | id. |

# TABLE ANALYTIQUE.

Pages

Sur une difficulté qui s'attache au nom de Loud dans la Bible. . . . 190
Les Lydiens durent habiter primitivement aux confins de l'Assyrie et
de la Phénicie. . . . . . . . . . . . . . . . . . . . . . . . . . . . 192
Sur les Pélasghes de l'Asie-Mineure. Questions de critique et d'histoire auxquelles le nom des Pélasghes donne naissance. . . . . . *id*
Sur le nom d'Aôn ou Ioniens. . . . . . . . . . . . . . . . . . . . 198
Récapitulation de ce chapitre. . . . . . . . . . . . . . . . . . . . 199

NOTE de M. de Saulcy sur les Brighous de l'antique Hindoustan et
sur leurs rapports probables avec les Brighès, ancêtres des Phrygiens. . . . . . . . . . . . . . . . . . . . . . . . . . . . . . . 202

---

## CHAPITRE II.

*Exposition des plus anciennes notions historiques et géographiques que les écrivains grecs nous aient transmises sur l'Asie-Mineure. — Temps antérieurs à la guerre de Troie. — Bellérophon. — Solymes et la Chimère. — Hercule et Thésée. — Les Amazones. — Expédition des Argonautes. — Examen de la géographie orphique des côtes septentrionales de l'Asie-Mineure. — Expédition d'Hercule contre Troie. — Origines troyennes. — Faits généraux qui résultent de ces anciennes traditions.*

(XIV<sup>e</sup> et XIII<sup>e</sup> siècles avant notre ère).

L'Asie-Mineure figure dans les plus anciennes traditions héroïques
des Hellènes. . . . . . . . . . . . . . . . . . . . . . . . . . . . 203
Tradition des Amazones. . . . . . . . . . . . . . . . . . . . . . . 204
Exploits de Bellérophon contre les Solymes et les Amazones. . . 207
Le nom de Caballenses, que portaient les Solymes, est un nouvel indice de leur origine araméenne. . . . . . . . . . . . . *id.*
Fable de la Chimère. Sa signification est toute physique. . . . . 208
Expéditions d'Hercule et de Thésée contre les Amazones. . . . . 209
Ces expéditions amènent en représailles une irruption scythe dans
l'Attique. . . . . . . . . . . . . . . . . . . . . . . . . . . . . 211
Expédition des Argonautes. . . . . . . . . . . . . . . . . . . . . *id.*
Sur Orphée et l'authenticité du poëme argonautique qu'on lui
attribue. . . . . . . . . . . . . . . . . . . . . . . . . . . . . . 212
Traduction de la partie du périple orphique qui se rapporte aux
côtes de l'Asie-Mineure. . . . . . . . . . . . . . . . . . . . . 213
Note sur les Dolopes du poëme orphique, comparés aux Dolions
de la géographie historique. . . . . . . . . . . . . . . . . . . . 214
Remarques sommaires sur le périple orphique. Nouveaux indices
d'authenticité. . . . . . . . . . . . . . . . . . . . . . . . . . . 219

Pages

Idée générale que le poëme orphique nous donne du nord de l'Asie-
  Mineure. . . . . . . . . . . . . . . . . . . . . . . . . . . . . 221
Sur les villes dont la fondation fut plus tard attribuée aux Argonautes. 223
La géographie orphique de l'Asie-Mineure comparée dans ses traits
  les plus généraux à la géographie homérique. . . . . . . . . . . 224
Légende de l'expédition d'Hercule contre Troie. . . . . . . . . . . *id.*
Aperçu historique des origines troyennes. . . . . . . . . . . . . . 225
Teuker. . . . . . . . . . . . . . . . . . . . . . . . . . . . . . . *id.*
Dardanos. Le pays prend le nom de Dardanie. . . . . . . . . . . . . 226
Successeurs de Dardanos. Erichthonios. Ilos. Fondation d'Ilion. . . *id.*
Laomédon. Fondation de Pergame. Conquêtes dans la Thrace. . . . . . *id.*
Priam. Prise de Troie par les Hellènes coalisés. . . . . . . . . . 227
Les colonies dardanienne et teukrienne se rattachent aux Pélasghes;
  les Troyens et les Hellènes étaient frères. . . . . . . . . . . . *id.*
Sur l'origine thracique des Teukriens et des Dardaniens. . . . . . 228
Réflexions générales sur les anciennes populations thraciques. . . 229
Détermination du point de départ des Dardaniens de la Troade. . . 231
Les Teukriens se rattachent par leur nom aux populations teutones
  de l'ancienne Thrace. Développements à ce sujet. . . . . . . . . 232
Sur la confusion entre le nom des Troyens et celui des Phrygiens. . 237
Sur les indices de rapports très-anciens entre Troie et l'Assyrie. 238
Résumé. Aperçu général de l'état de l'Asie-Mineure à la fin du 13e
  siècle avant notre ère. . . . . . . . . . . . . . . . . . . . . 239
Pélops. . . . . . . . . . . . . . . . . . . . . . . . . . . . . . 240

## CHAPITRE III.

*L'Asie-Mineure d'Homère. — Époque de la guerre de Troie.*

(1209 ans avant Jésus-Christ.)

Remarques générales sur les connaissances d'Homère dans l'Asie-
  Mineure. Ces connaissances sont limitées au pourtour maritime,
  surtout aux pays qui avoisinent la côte occidentale, sur la mer
  Égée. . . . . . . . . . . . . . . . . . . . . . . . . . . . . . 242
Les indications géographiques d'Homère se rapportent non au temps
  où il a vécu, mais au temps même de la guerre de Troie. . . . . *id.*
La Troade d'Homère. Sur le Simoïs et le Skamandre. Ilion. . . . . 243
Localités voisines de l'Hellespont et de la Propontide. . . . . . 246
Ciliciens du Caïque. . . . . . . . . . . . . . . . . . . . . . . . *id.*
Étendue de la domination directe de Priam. . . . . . . . . . . . 248
Mysiens et Kaukones. . . . . . . . . . . . . . . . . . . . . . . *id.*
Phrygiens. . . . . . . . . . . . . . . . . . . . . . . . . . . . 249

Paphlagons, Halizônes, et pays de Alybè. . . . . . . . . . . . . . 249
Amazones, à peine mentionnées par Homère. . . . . . . . . . . . 251
Retour à la côte occidentale. Méoniens. . . . . . . . . . . . . . . 252
Cariens. . . . . . . . . . . . . . . . . . . . . . . . . . . . . . . . . . 253
Lycie. . . . . . . . . . . . . . . . . . . . . . . . . . . . . . . . . . . *id.*
Côte méridionale. Les Arimes. . . . . . . . . . . . . . . . . . . . *id.*
Sur les deux ligues opposées des Troyens et des Hellènes. . . . . 254
Homère connaît toutes les îles qui bordent l'Asie-Mineure à l'Ouest. *id.*
Cypre. . . . . . . . . . . . . . . . . . . . . . . . . . . . . . . . . . . 256
La géographie d'Homère n'a pas d'appellations génériques. Homère
    ne connaît ni le nom de mer Égée ni celui de Pont-Euxin. . . . . 257

# CHAPITRE IV.

### DE LA GUERRE DE TROIE A L'ÉPOQUE DE LA GUERRE MÉDIQUE.

*Colonies helléniques sur les côtes de l'Asie-Mineure. — Éoliens. Ioniens. Doriens. — Digression sur l'origine du nom du Pont-Euxin. — L'Asie-Mineure sous la domination assyrienne. — Empire de Lydie. L'Asie-Mineure soumise aux Perses. — Cyrus le Grand. — Anciens historiens helléniques de l'Asie-Mineure. — Hellanikos de Lesbos. Hécatée de Milet. Xanthe de Lydie. — Scylax de Kariande et son Périple de l'Asie-Mineure.*

(De l'an 1200 à l'an 500 avant Jésus-Christ).

L'âge qui suit immédiatement la guerre de Troie est pour la Grèce
    une époque d'agitation et de déplacement de populations. . . . . 259
Colonies extérieures. Éoliens, Ioniens et Doriens de la côte asiatique. 260
Sur l'origine de cette triple division de la famille hellénique. . . . . *id.*
Émigration éolienne et ses douze villes d'Asie. . . . . . . . . . . . 261
Émigration ionienne. . . . . . . . . . . . . . . . . . . . . . . . . . 262
Émigration dorienne. . . . . . . . . . . . . . . . . . . . . . . . . . 263
Sur les dialectes des grandes tribus de la famille hellénique. . . . . 264
Parallèle des Ioniens et des Doriens. . . . . . . . . . . . . . . . . 265
Prompts développements de la civilisation ionienne en Asie. . . . . 268
Navigations et colonies des Grecs d'Asie depuis les 8e et 7e siècles
    avant Jésus-Christ. . . . . . . . . . . . . . . . . . . . . . . . . . . 269
Les Milésiens couvrent de leurs établissements coloniaux le pourtour
    du Pont et la côte septentrionale de l'Asie-Mineure. . . . . . . . 270

|                                                                                                                                                                                                                                 | Pages |
| ------------------------------------------------------------------------------------------------------------------------------------------------------------------------------------------------------------------------------- | ----- |
| C'est à cette époque que le nom ancien d'Axénos que portait le Pont est changé en Euxenos ou Euxin.                                                                                                                             | 270   |
| Digression sur l'origine et la signification du premier de ces deux noms.                                                                                                                                                       | 271   |
| Crésus fonde l'empire lydien dans la partie occidentale de l'Asie-Mineure au milieu du sixième siècle avant notre ère.                                                                                                          | 272   |
| Cet empire est bientôt détruit par le Grand Cyrus, et toute l'Asie-Mineure soumise à la domination persane.                                                                                                                     | id.   |
| C'est à cette époque que les Grecs d'Ionie arrivent à leur plus haut point de splendeur intellectuelle.                                                                                                                         | 273   |
| Anciens historiens ioniens antérieurs à Hérodote, sous le nom de *logographes*.                                                                                                                                                 | 274   |
| Hellanikos de Lesbos.                                                                                                                                                                                                           | id.   |
| Hécatée de Milet.                                                                                                                                                                                                               | id.   |
| Autres logographes contemporains; Kadmos de Milet, Xanthos de Lydie, Kharôn de Lampsaque, Phérécyde, Damaste de Sigée, Denys de Milet.                                                                                           | 275   |
| Scylax de Karyande. Incertitudes qui entourent ce nom. Discussion à ce sujet.                                                                                                                                                   | id.   |
| Le Scylax mentionné par Hérodote comme contemporain de Darius est réellement l'auteur de la partie du Périple qui nous est parvenue sous son nom relative à l'Asie-Mineure. Les sources de ce Périple sont tout ioniennes, et sont antérieures à l'an 500 avant notre ère. | 279   |
| Traduction de la partie du Périple de Scylax qui se rapporte à l'Asie-Mineure. Comparaison des fragments de l'ancien Périple d'Hécatée avec celui-ci.                                                                           | 280   |
| Le Périple de Scylax ne fournit aucune lumière sur l'intérieur de la Péninsule.                                                                                                                                                 | 287   |

# CHAPITRE V.

ASIE-MINEURE D'HÉRODOTE.

(456 ans avant notre ère.)

|                                                                                                                                                                           | |
| ------------------------------------------------------------------------------------------------------------------------------------------------------------------------- | --- |
| Grands événements historiques qui font naître à Hérodote la pensée de son Histoire. Combien cet ouvrage est précieux pour la géographie des siècles anciens.              | 288 |
| Sources des notions d'Hérodote sur l'Asie-Mineure.                                                                                                                         | 289 |
| Nom.                                                                                                                                                                      | 290 |
| Mers environnantes.                                                                                                                                                       | id. |

|  | Pages |
|---|---|
| Fausses notions sur l'Isthme ou col de l'Asie-Mineure. | 292 |
| Notions physiques sur la Péninsule. Rivières. | id. |
| Division persane de l'Asie-Mineure en satrapies. | 294 |
| Contrées particulières dans l'énumération d'Hérodote. Ionie. | 295 |
| Éoliens. | 296 |
| Doriens. | 297 |
| Cariens. | id. |
| Lyciens. | 298 |
| Peuples montagnards de la Lycie. | id. |
| Pamphyliens. Hyghennéens. | 299 |
| Lydie. | id. |
| Mysiens. | 302 |
| Hellespontiens. | id. |
| Troade. | id. |
| Thraces asiatiques ou Bithyniens. | 303 |
| Peuples de la côte Nord de l'Asie-Mineure. Mariandyniens, Paphlagons, Ligyens, etc. | 304 |
| Cappadoce. | id. |
| Matiéniens. | 305 |
| Phrygiens. | id. |
| Moskhes, Tibarènes, Makrônès, Mosinèques et Marès. | id. |
| Cilicie. | id. |
| Cypre et autres îles. | 306 |
| Route royale des Perses, de Sardes à Suse. | 307 |
| Résumé. Aperçu général des connaissances d'Hérodote et de son siècle sur l'Asie-Mineure. | 311 |

# CHAPITRE VI.

### HISTOIRE GÉOGRAPHIQUE DE L'ASIE-MINEURE DEPUIS LE SIÈCLE D'HÉRODOTE JUSQU'AU TEMPS DE STRABON.

*Aperçu général de la période que ce chapitre embrasse. — Anabasis de Xénophon. Itinéraire des Dix-Mille en Asie-Mineure. — Éphore et sa Description de l'Asie-Mineure. — Théopompe. — Sur la détermination de la latitude de Byzance attribuée à Pythéas.*

*Alexandre le Grand et ses marches en Asie-Mineure. Cette époque marque une ère importante dans l'histoire géographique de la Péninsule.*

*Période grecque. — A partir du siècle d'Alexandre, l'Asie-Mineure en deçà du Halys se fait toute grecque; les pays à l'Est du Halys conservent leur type oriental. — Considérations à ce sujet. Persistance des*

*divisions naturelles des races. — Établissement des Galates en Asie-
Mineure. — Sur l'origine et la langue des Galates.— L'établissement
galate est la dernière immigration des tribus du Nord en Asie-Mineure. — Apollonius de Rhodes et la géographie de ses Argonautiques.*
Période romaine.—*Les Romains en Asie-Mineure.—État de la Péninsule
à leur arrivée. — Les guerres qu'ils y soutiennent ajoutent beaucoup
aux connaissances positives sur la géographie du pays. — Campagne
contre Antiochus. Nouvelle distribution des provinces de l'Asie-Mineure à l'Ouest du Halys — Campagne contre les Gallo-Grecs. Marches de Cn. Manlius. — Le royaume de Pergame, légué par son
dernier prince au peuple romain, devient une province de la république romaine. — Guerres contre Mithridate; longues campagnes des
généraux romains dans le nord et l'est de l'Asie-Mineure. — Réduction successive de toutes les parties de l'Asie-Mineure en provinces
romaines. Mysie et Phrygie. Bithynie. Pont. Cypre. Galatie. Cappadoce. Lycie. — Voyage de Cicéron en Asie-Mineure. Les Tiburani
du mont Amanus. — L'Asie-Mineure dans les poëtes du siècle d'Auguste. — Salluste et sa description des pays qui bordent le Pont-Euxin.
— Sur la reconnaissance géographique des parties orientales de l'empire romain attribuée à Théodote. — Description du monde romain
par Agrippa. — Asie-Mineure de Scymnus de Khios et de Denys le
Périégète.*

( De l'an 450 av. notre ère, à l'an 20 après J.-C. )

Pages

AV. J.-C. Objet général de ce chapitre. Éclaircir par l'histoire le progrès
des connaissances géographiques sur l'Asie-Mineure, depuis
le temps d'Hérodote jusqu'à celui de Pline et de Strabon. . 313

L'Asie-Mineure, après la guerre Médique, retombe sous le
joug de la Perse. . . . . . . . . . . . . . . . . . . . . . 314

Cyrus, fils de Darius Nothus, a le gouvernement de l'Asie-
Mineure occidentale. Après la mort de son père, il entreprend de détrôner son frère Artaxercès. Xénophon historien
de cette expédition et de la retraite des auxiliaires grecs qui
en fut la suite. . . . . . . . . . . . . . . . . . . . . . *id.*

Haute importance géographique de l'ouvrage (Anabasis) de
Xénophon. . . . . . . . . . . . . . . . . . . . . . . . 315

Travaux de la critique moderne sur cet ouvrage. . . . . . . *id.*

400. Récit de la marche de Cyrus, depuis Sardes jusqu'à l'extrémité orientale de l'Asie-Mineure. . . . . . . . . . . . . 316

Récit de la retraite, de Gymnias à Trébizonde. Sur l'emplacement de Gymnias. . . . . . . . . . . . . . . . . . . . 321

De Trébizonde à Sinope. Kérasous. Les Mosunèques. Les
Khalubes. Les Tibarènes. Kotyôra. Sinope. . . . . . . . 325

De Sinope à Héraklée. . . . . . . . . . . . . . . . . . . . 330

|   |   | Pages |
|---|---|---|
| av. j.-c. | De Héraklée à Kalpê. Thrace asiatique. | 331 |
| | De Kalpê à Chalcédoine, à l'entrée de la Propontide. | 332 |
| | Fin de la retraite jusqu'à Pergame, en Mysie, par la Troade. | id. |
| | Récapitulation des contrées et des peuples mentionnés dans la retraite. | 333 |
| | Éphore et ses écrits, vers le milieu du 4ᵉ siècle avant notre ère. Ses notions sur l'Asie-Mineure en particulier. | 334 |
| | Théopompe, contemporain d'Éphore, avait aussi réuni sur l'Asie-Mineure beaucoup de notions que nous n'avons plus. | 336 |
| | Sur la détermination de la latitude de Byzance faussement attribuée à Pythéas de Marseille, contemporain d'Éphore et de Théopompe. | id. |
| | Alexandre le Grand. Les monuments scientifiques de son expédition formeraient une ère notable dans l'histoire géographique de l'ancienne Asie-Mineure, s'ils étaient arrivés jusqu'à nous. | 337 |
| | Combien les marches d'Alexandre en Asie Mineure contribuèrent à en avancer la géographie. | 338 |
| 334. | Détail de ces marches. | 339 |
| 333. | Il arrive aux Pyles syriennes. Bataille d'Issos. | 344 |
| | La période des successeurs d'Alexandre n'apporte aucun fait nouveau à l'histoire géographique de la Péninsule. | id. |
| | Partages et démembrements. Royaumes divers qui se forment en Asie-Mineure. | 345 |
| | Par ses mœurs, sa civilisation et sa langue, l'Asie-Mineure se rattache rapidement au monde hellénique. | id. |
| | Distinction à cet égard. Permanence des races. | id. |
| 278. | Arrivée en Asie-Mineure de la grande immigration galate. Coup d'œil sur l'origine et l'histoire antérieure de ce peuple. | 346 |
| | Combien les Galates conservent longtemps en Asie-Mineure leur langue maternelle. | 351 |
| | L'établissement des Galates est la dernière des grandes immigrations des tribus blondes du nord de l'Europe en Asie-Mineure. | 352 |
| | Sur la géographie des Argonautiques d'Apollonius de Rhodes en ce qui regarde l'Asie-Mineure. | id. |
| 191. | Apparition des Romains en Asie-Mineure. Causes de ce grand événement. Ses conséquences au point de vue de l'histoire géographique. | id. |
| | État de l'Asie-Mineure quand les Romains s'y montrent pour la première fois. | 353 |
| 190. | Antiochus le Grand expulsé de l'Asie-Mineure. Agrandissement du royaume de Pergame allié des Romains. | 354 |
| 189. | Cn. Manlius marche contre les Galates, qui avaient prêté assistance à Antiochus. | 355 |

|      | | Pages |
|---|---|---|
|      | Détail des marches du général romain dans l'intérieur de la Péninsule. Importance de ce document géographique. . . . | id. |
|      | L'Asie-Mineure tombe peu à peu sous le joug romain. . . . . | 361 |
| 129. | Le royaume de Pergame province romaine. . . . . . . . . . | id. |
|      | Longues guerres de Rome contre Mithridate. Ces guerres contribuent à mieux faire connaître le nord et l'est de la Péninsule. . . . . . . . . . . . . . . . . . . . . . . . . . . . . | 362 |
| 75.  | La Bithynie province romaine. . . . . . . . . . . . . . . . | id. |
| 65.  | Le Pont et la Cilicie, provinces romaines après la défaite définitive de Mithridate. . . . . . . . . . . . . . . . . . | id. |
| 60.  | Les populations montagnardes du Taurus pamphylien soumises. . . . . . . . . . . . . . . . . . . . . . . . . . . . | 363 |
| 57.  | L'île de Cypre annexée à l'empire romain . . . . . . . . . . | id. |
| 25.  | La Galatie province romaine. . . . . . . . . . . . . . . . | id. |
| 17.  | La Cappadoce et la Commagène, provinces romaines. . . . . | id. |
|      | La Lycie n'est rangée parmi les provinces que 60 ans plus tard. | id. |
|      | Voyage et gouvernement de Cicéron en Asie-Mineure, de l'an 52 à l'an 50. Son expédition contre les tribus insoumises du mont Amanus. Notion intéressante. . . . . . . . . . . | 364 |
|      | L'Asie-Mineure dans les poëtes du siècle d'Auguste. . . . . | 365 |
|      | Cornélius Népos et Salluste, dans des ouvrages que nous n'avons plus, avaient traité de la géographie de l'Asie-Mineure. | 366 |
| 24.  | Description du monde romain par Agrippa. Cette description fondée sur les reconnaissances topographiques exécutées dans toutes les provinces pendant plus de vingt ans. L'Asie-Mineure est ainsi mesurée et méthodiquement décrite. . . . | 367 |
|      | Scymnus de Khios et Denys le Périégète. Leurs descriptions de l'Asie-Mineure. . . . . . . . . . . . . . . . . . . . . | 368 |

NOTE SUR LE MESURAGE GÉNÉRAL DE L'EMPIRE ROMAIN exécuté sous Jules César et sous Auguste, communiquée par M. d'Avezac. . . . . . . . . . . . . . . . . . . . . . . . . . 369

## CHAPITRE VII.

ASIE-MINEURE DE STRABON.

(Vers l'an 45 de notre ère.)

Notions générales de Strabon sur la situation, les dimensions et la figure de l'Asie-Mineure. Idées erronées sur la configuration et la direction de la côte occidentale et de la Propontide. . . . . . . . . . . . . . . . . . . . . . . . . . . . 370

Pages

Idées de Strabon sur l'aspect et la conformation intérieure de la Péninsule . . . . . . . . . . . . . . . . . . . . . . . . . 379
Le Taurus et ses ramifications. Anti-Taurus. Amanus. . . . . 380
La Comagène n'est pas comprise par Strabon dans l'Asie-Mineure. . . . . . . . . . . . . . . . . . . . . . . . . . . 382
Cappadoce. Extension de ce nom à l'époque de Strabon. Sa description. Très-peu de villes. Mazaka. Mont Argée. Le Mélas. Tyana. Komana. Grands centres sacerdotaux de la Cappadoce. . . . . . . . . . . . . . . . . . . . . . . . . *id.*
Pont. Origine de cette dénomination. Montagnes. Rivières. Populations. Villes. Acception étendue que Strabon donne au nom des Tibarênes. . . . . . . . . . . . . . . . . . . 387
Le Halys. Notions correctes sur le cours de ce grand fleuve. Fausses notions introduites plus tard par un passage de Pline. . . . . . . . . . . . . . . . . . . . . . . . . . . 392
L'Asie propre commence au Halys. . . . . . . . . . . . . . 394
Paphlagonie. Sinope. . . . . . . . . . . . . . . . . . . . *id.*
Bithynie. Héraclée. Nicée. Nicomédie. Prusa. . . . . . . . . 395
Galatie. Ancyre. Pessinûs. . . . . . . . . . . . . . . . . . 397
Lac Tatta. . . . . . . . . . . . . . . . . . . . . . . . . *id.*
Lykaoniens. . . . . . . . . . . . . . . . . . . . . . . . 398
Pisidiens. . . . . . . . . . . . . . . . . . . . . . . . . *id.*
Phrygie. Étendue de ce nom. Subdivisions. . . . . . . . . . *id.*
Réflexions sur les notions de Strabon et des autres géographes de l'antiquité au sujet des grands traits de la géographie physique. . . . . . . . . . . . . . . . . . . . . . . . . 399
Mysie. L'Olympe. Cyzique. . . . . . . . . . . . . . . . . 401
Troade. Traditions. Ruines. . . . . . . . . . . . . . . . . 402
Lydie. La Katakékauménê. Sardes. Le Méandre. Le Milyas. . 404
Ionie. Éphèse. Smyrne. . . . . . . . . . . . . . . . . . . 406
Carie. Réflexions sur la critique historique de Strabon. . . . 407
Lycie. Fédération lycienne ou corps lyciaque. . . . . . . . . 408
Pamphylie. Aspect général de la côte méridionale de l'Asie-Mineure. . . . . . . . . . . . . . . . . . . . . . . . . . 409
Cilicie. Cypre. . . . . . . . . . . . . . . . . . . . . . . 410

## CHAPITRE VIII.

HISTOIRE GÉOGRAPHIQUE DE L'ASIE-MINEURE, DEPUIS LE SIÈCLE DE STRABON JUSQU'AUX PREMIÈRES INCURSIONS DES PEUPLES MUSULMANS.

*L'Asie-Mineure dans les deux géographes latins du 1ᵉʳ siècle, Pomponius Mela et Pline. — Campagnes de Corbulon en Cappadoce et en Arménie. — Voyages d'Apollonius de Tyane en diverses parties de* l'*Asie-Mineure*. — *Séjour de Pline le Jeune en Bithynie et dans le Pont*. — *Ouvrages perdus sur l'ancienne Asie-Mineure*.

*Nouveaux périples des côtes du nord et du sud*. — *Périples d'Arrien et autres portulans du Pont-Euxin*. — *Stadiasme anonyme de la Méditerranée*.

*Asie-Mineure de Ptolémée*.

*Itinéraires romains*. — *Itinéraire d'Antonin*. — *Carte itinéraire dite de Peutinger*. — *Itinéraire de Bordeaux à Jérusalem*. — *L'origine de ces divers documents remonte au mesurage général de l'empire romain, sous Jules César et sous Auguste*. — *Leur grande importance comme base de la géographie positive des provinces du monde romain*.

*Calamités qui affligent l'Asie-Mineure à partir de la seconde moitié du 3ᵉ siècle*. — *Courses des Goths, des Huns et des Isaures*. — *Zénobie*. — *L'Asie-Mineure cesse d'appartenir à l'empire d'Occident dans le partage qui sépare l'Orient de l'Occident après Constantin*. — *Constantinople, la nouvelle capitale de l'empire d'Orient*.

*Coup d'œil sur les divisions administratives de l'Asie-Mineure à diverses époques de la période ancienne, avant et depuis Constantin*. — *Tableaux chronologiques*. — *Introduction du nom d'Asie-Mineure dans la langue géographique*. — *Conclusion*.

(De l'an 45 de notre ère à la fin du 7ᵉ siècle.)

Pages

| | | |
|---|---|---|
| AP. J.-C. | Réflexions préliminaires sur cette dernière partie de la période ancienne de l'histoire géographique de l'Asie-Mineure. Commencement de la décadence | 412 |
| 43. | L'Asie-Mineure dans les deux géographes latins du 1ᵉʳ siècle. Pomponius Mela. L'antre Corycien. | 414 |
| 77. | L'Asie-Mineure dans Pline. Nouveaux mémoires fournis sur la Cappadoce et sur les contrées voisines de l'Euphrate, par les campagnes de Corbulon, de l'an 55 à l'an 60. | 416 |
| | Apollonius de Thyane. Ses voyages en diverses parties de l'Asie-Mineure. | 417 |
| 103. | Pline-le-Jeune en Asie-Mineure. Ses lettres. | 418 |
| 106 | Voyages de Trajan et d'Hadrien en Asie-Mineure. | id. |
| à 130. | Ouvrages de cette époque sur l'Asie-Mineure, qui ont péri. | id. |
| 137. | Périple d'Arrien. | id. |
| | Autres périples des côtes de l'Asie-Mineure. | 420 |
| | Stadiasme. | id. |
| 150. | L'Asie-Mineure dans Ptolémée. | 421 |
| | Itinéraires romains. Itinéraire d'Antonin. Carte de Peutinger. Itinéraire de Bordeaux à Jérusalem (de l'an 333). | 424 |
| | Importance de ces anciens itinéraires pour le rétablissement de la géographie positive de l'époque gréco-romaine. | 426 |
| | Coup d'œil historique sur l'Asie-Mineure, sous les premiers | |

Page

empereurs et depuis Constantin. L'Asie-Mineure attribuée à l'empire grec redevient étrangère à Rome et à l'Occident. . 42?
Changements successifs introduits dans la délimitation et les dénominations des anciennes provinces de l'Asie-Mineure. . 42?

APPENDICE AU CHAPITRE VIII. — I. Tableau des anciennes divisions géographiques et ethnographiques de l'Asie-Mineure, d'après les historiens grecs antérieurs à la période romaine, et les ouvrages géographiques de Pline, de Strabon et de Ptolémée. . . . . . . . . . . . . . . . . . . . . . . . . . . . . 43?

II. — Division administrative de l'Asie-Mineure, d'après la *Notitia dignitatum imperii orientalis*, et le Συνέκδημος de Hiéroklès le grammairien, pour les temps postérieurs à Constantin et à Théodose (4ᵉ, 5ᵉ et 6ᵉ siècles). . . . . . . . . 43?

III. — Division de l'Asie-Mineure en XVII thèmes, d'après le livre Περὶ τῶν Θεμάτων de Constantin Porphyrogennète (à partir du milieu du 7ᵉ siècle). . . . . . . . . . . . 43?

# PÉRIODE INTERMÉDIAIRE.

## CHAPITRE IX.

DEPUIS L'APPARITION DES ARABES MUSULMANS EN ASIE-MINEURE JUSQU'A L'ÉPOQUE DES CROISADES.

*Les Arabes musulmans enlèvent aux empereurs grecs la Syrie et les provinces d'Afrique, dès le 1ᵉʳ siècle de l'Hégire. — Ils franchissent les frontières orientales de l'Asie-Mineure, poussent leurs courses et leurs ravages dans toute l'étendue de la Péninsule, et s'établissent à demeure dans la Cilicie orientale, la Comagène et la Mélitène, ainsi que dans l'île de Cypre. — Deux siècles plus tard, lors du déclin du khalifat, les empereurs grecs se remettent en possession de ces provinces (vers le milieu du 10ᵉ siècle).*

*Première apparition des hordes turques à l'ouest de l'Euphrate, au milieu du 11ᵉ siècle. — Sur l'origine des Turks et leurs premiers établissements en Perse. — Ramification en cinq branches des princes issus de Seldjouk, chefs d'autant de dynasties turques en Perse, en Syrie et dans l'Asie-Mineure. — Leurs conquêtes rapides à l'ouest de l'Euphrate. — Fondation du royaume Seldjoukide de Roum, ou de l'Asie-Mineure dont Nicée, et ensuite Iconium, sont successivement les capitales. — Mœurs et habitudes des Turks à cette époque. — Transformation gra* duelle qu'ils ont éprouvée depuis leur établissement en *Asie-Mineure*, tant au physique qu'au moral. — Permanence du type grec malgré le contact des *Turks*. — Cause de ce double fait. — La conquête turque marque une nouvelle ère dans l'histoire géographique de la Péninsule. — La nomenclature de l'ancienne géographie grecque s'altère ou s'efface, et elle est remplacée par une nomenclature toute nouvelle. — Quelques remarques à ce sujet. — Nouvelles colonies arméniennes en *Asie-Mineure* à la fin du 11ᵉ siècle. — Royaume arménien de Cilicie. — Notice historique.

(De l'an 700 à l'an 1100.)

Pages
Origine et rapide extension de l'empire arabe. . . . . . . . . 441
Les Arabes pénètrent en Asie-Mineure, mais ne s'établissent à demeure que dans une partie de la Cilicie, dans la Mélitène et dans la Comagène. . . . . . . . . . . . . . . . . . . . . 442
Ils en sont expulsés lors du déclin du khâlifat, au milieu du 10ᵉ siècle. . . . . . . . . . . . . . . . . . . . . . . . 443
Apparition des Turks dans l'ouest de l'Asie. Sur l'origine de cette nation et ses premiers établissements au sud de l'Oxus. *id.*
Les Turks franchissent l'Euphrate et pénètrent en Asie-Mineure, dans la seconde moitié du 11ᵉ siècle. . . . . . . . . 445
Première mention d'Erzeroum. . . . . . . . . . . . . . . 446
Les Turks du 11ᵉ siècle dépeints par un historien contemporain. *id.*
Fondation de l'empire des Seldjoukides de Roum. . . . . . . 449
L'Asie-Mineure commence à être appelée *Turquie*. . . . . 450
Sur le passage de l'ancienne nomenclature géographique de l'Asie-Mineure à la nomenclature moderne . . . . . . . . . 451
Modifications dans l'état moral et physique des populations. Transformation des Turks. Pourquoi le type grec reste à peu près inaltéré dans ce contact. . . . . . . . . . . . . . . 454
Les Arméniens de l'est de l'Asie-Mineure. Époques diverses de leurs établissements. . . . . . . . . . . . . . . . . . . . 455

## CHAPITRE X.

L'ASIE-MINEURE AU TEMPS DES CROISADES.

*L'Asie-Mineure avait toujours été, avant les croisades, la principale route suivie par les pèlerins d'Europe à la Terre sainte.—Occasion des croisades.— Renseignements que fournissent les chroniques contemporaines sur l'état de l'Asie-Mineure et sur sa géographie.—Aperçu général des routes suivies en Asie-Mineure par les armées chrétiennes* dans les expéditions de 1096 à 1101, de 1144 et de 1188. — Quelques éclaircissements sur la géographie des chroniques.—*Sources originales*. —*Travaux modernes dont cette géographie a été l'objet*.—Romanie, nom général communément employé à cette époque pour désigner l'Asie-Mineure.—*Le* Roum *des Orientaux.* — *Voie royale de l'Asie-Mineure.*— *Désolation de la Péninsule.*—*La plus grande partie des ruines qui en jonchent aujourd'hui le sol datent de cette époque.*

(XII<sup>e</sup> siècle.)

Pages

L'Asie-Mineure avait toujours été le principal chemin des pèlerinages à la Terre sainte. . . . . . . . . . . . . . . . . 458
La conquête de la Palestine par les Turks devient l'occasion des croisades. . . . . . . . . . . . . . . . . . . . . 459
En quoi les croisades intéressent l'histoire géographique de l'Asie-Mineure. . . . . . . . . . . . . . . . . . . . . . . *id.*
Nature et étendue des renseignements géographiques que l'on trouve dans les historiens originaux des croisades. . . . . . *id.*
Aperçu des itinéraires suivis en Asie-Mineure par les armées croisées dans les trois expéditions de 1096, de 1144 et de 1188. 460
Sources originales pour l'histoire et la géographie des trois premières croisades. . . . . . . . . . . . . . . . . . . 464
Travaux modernes sur la géographie des croisades en Asie-Mineure . . . . . . . . . . . . . . . . . . . . . . . 465
*Romanie*, nom habituel de l'Asie-Mineure dans les chroniqueurs latins. Le même nom en usage chez les Orientaux sous la forme de *Roum*. . . . . . . . . . . . . . . . . . . 467
Voie royale de l'Asie-Mineure. . . . . . . . . . . . . . . *id.*
État de désolation des provinces. . . . . . . . . . . . . . *id.*

## CHAPITRE XI.

### L'ASIE-MINEURE DES GÉOGRAPHES ARABES. EL-EDRISI.

*Intérêt que présente la géographie arabe de l'Asie-Mineure pour en compléter la connaissance au moyen âge.* — Edrisi. — *Il avait lui-même visité, au commencement du* 12<sup>e</sup> *siècle, plusieurs contrées de l'Asie-Mineure.*— *Ses autres sources d'informations pour cette partie de sa géographie.*—*Ses connaissances sur l'Asie-Mineure principalement fondées sur des itinéraires.*—*Indications de ces itinéraires pour la Péninsule.*— *Villes notables qu'Edrisi cite dans sa description.*—*Caverne des Sept-Dormants.* — *Edrisi compte onze provinces en Asie-Mineure.* — Énumération de ces provinces.—Ce sont les thèmes de l'administration byzantine.—Les notions d'Edrisi sur la Cilicie plus circonstanciées que sur les autres provinces.—Le Djeïhan et le Seïhan.—Notions abondantes que les historiens byzantins et les chroniqueurs latins des croisades fournissent au 12ᵉ siècle pour la géographie de la Cilicie.—Consolidation du royaume arménien de Cilicie à cette époque.

(XIIᵉ siècle.)

Pages

La géographie arabe de l'Asie-Mineure au 12ᵉ siècle complète les notions fournies par les autres sources. . . . . . . . . . . 469
C'est là que se montre de la manière la plus tranchée la transition de l'ancienne géographie gréco-latine à la géographie moderne. . . . . . . . . . . . . . . . . . . . . . . . . . *id.*
Edrisi avait lui-même visité l'Asie-Mineure au commencement du 12ᵉ siècle. . . . . . . . . . . . . . . . . . . . . . . . 470
Ses autres sources d'informations pour cette partie de sa géographie. Ptolémée. Itinéraires des caravanes arabes. . . . . *id.*
Indication des principaux itinéraires rapportés par Edrisi en Asie-Mineure. . . . . . . . . . . . . . . . . . . . . . . . 471
Caverne des Sept-Dormants, tradition fameuse au moyen âge. 47
Edrisi compte onze provinces en Asie-Mineure. Ces provinces rapprochées des thèmes byzantins. . . . . . . . . . . . . *id.*
Edrisi particulièrement circonstancié sur la Cilicie. . . . . . . 477
Les Byzantins et les chroniqueurs latins abondent aussi en notions géographiques sur la Cilicie orientale. . . . . . . . . . 478

# CHAPITRE XII.

EXTENSION GRADUELLE DES CONQUÊTES TURQUES EN ASIE-MINEURE, JUSQU'A L'ENTIÈRE EXPULSION DES BYZANTINS.

*ituation respective des Turks et des Grecs en Asie-Mineure au commencement du 12ᵉ siècle.—Conquête de Constantinople par les Latins (1204). Suites de cet événement.—Etablissement du royaume grec de Trébizonde.—L'Asie-Mineure occidentale, depuis Héraclée de Bithynie jusqu'au Méandre, continue de reconnaître l'autorité des empereurs grecs. —Nicée devient leur capitale.—Extension des Turks en Paphlagonie. —Puissance des Vénitiens sur le Pont-Euxin au 13ᵉ siècle.—Description d'une carte vénitienne de cette époque où est tracée la côte septentrionale de l'Asie-Mineure; cette carte comparée à celle de Petro Vessconte et de Freduce d'Ancône.—L'Asie-Mineure dans la mappemonde de*

*Haldingham.—Causes du progrès inégal à cette époque de la géographie nautique de l'Asie-Mineure et de sa géographie intérieure.—Voyage de Willebrand d'Oldenbourg en Cilicie (1211).—Nouveaux Turkomans en Asie-Mineure. – Ertoghrul.—Irruption des Mongols (1242).— Les sulthans d'Iconium vassaux du grand khân.—Passage de Rubruquis par l'Asie-Mineure à son retour de son voyage en Tartarie (1254). —Extinction de la famille des Seldjoukides d'Iconium.—L'Asie-Mineure morcelée en principautés turques indépendantes.—Introduction de nouvelles appellations géographiques.—Principauté d'Othman.— Notice historique sur son origine et ses accroissements.—Les empereurs grecs complétement expulsés de l'Asie-Mineure.*

(Du xii<sup>e</sup> au xiv<sup>e</sup> siècle.)

Pages

Aperçu de la situation respective des Turks, des Grecs et des Arméniens en Asie-Mineure au commencement du 12<sup>e</sup> siècle. 479

Extension du sulthanat d'Iconium aux dépens des empereurs grecs. . . . . . . . . . . . . . . . . . 480

Conquête de Constantinople par les Latins (1204). Réaction de cet événement sur l'Asie-Mineure. Fondation du royaume grec de Trébizonde dans l'ancien pays du Pont. L'empereur Lascaris, expulsé de Constantinople, se réfugie dans les provinces occidentales de l'Asie-Mineure qui continuent de reconnaître son autorité. . . . . . . . . . . . . . . . 481

Guerres entre l'empereur Lascaris et le roi de Trébizonde. Extension des Turks dans la Paphlagonie. . . . . . . . . . . *id.*

Puissance des Vénitiens à Constantinople et dans le Pont-Euxin pendant la domination des princes latins, dans la première moitié du 13<sup>e</sup> siècle. Les Génois les supplantent en 1261, lors de la restauration de la dynastie grecque. . . . . . . . . . . . 482

Connaissance exacte que les navigateurs italiens avaient du Pont-Euxin et de la Méditerranée à cette époque. Cartes du 13<sup>e</sup> siècle. . . . . . . . . . . . . . . . . . . *id.*

Carte vénitienne de la mer Majeure ou Pont-Euxin. . . . . . . 483

Atlas de la Méditerranée de Petro Vessconte. . . . . . . . . . *id.*

Carte de la Méditerranée de Freduce d'Ancône. . . . . . . . 485

Imperfection grossière des cartes terrestres du même temps. L'Asie-Mineure de la mappemonde de Haldingham. . . . . . 486

Causes de cette marche inégale de la géographie nautique et de la géographie terrestre. . . . . . . . . . . . . . . . . . 487

Voyage de Willebrand d'Oldenbourg en Cilicie (1211). . . . . 488

Apparition des armées mongoles dans l'Asie centrale. Tchinghiz Khân. Des bandes de Turkomans se réfugient vers l'Euphrate et pénètrent en Asie-Mineure (1231). Ertoghrul. 493

Passage de Rubruquis en Asie-Mineure à son retour de son ambassade en Tartarie. . . . . . . . . . . . . . . . . . . . . *id.*

|                                                                                  | Pages |
|----------------------------------------------------------------------------------|------|

Affaiblissement des Seldjoukides d'Iconium.. . . . . . . . . . . 496
Ertoghrul et ses Turkomans deviennent le noyau d'une nouvelle puissance turque en Asie-Mineure, qui rivalise avec les Seldjoukides et qui plus tard les remplacera. . . . . . . . . 497
Othman succède à son père Ertoghrul dans sa principauté. Lors de l'extinction de la famille de Seldjouk, il prend le titre de sulthan. . . . . . . . . . . . . . . . . . . . . . . . . 497
D'autres principautés turques surgissent en Asie-Mineure des débris de l'empire d'Iconium. Nomenclature de ces principautés. 498
Conséquence de cette nomenclature pour l'histoire géographique de l'Asie-Mineure. . . . . . . . . . . . . . . . . . 500
Les empereurs grecs perdent tout ce qu'ils avaient conservé jusque-là dans l'ouest de l'Asie-Mineure. . . . . . . . . . . 501
Mort d'Othman qui laisse son nom à la race des Othmanides ou Ottomans. Son fils Orkhan se rend maître de Pruse et en fait sa capitale (1326). . . . . . . . . . . . . . . . . . . . *id.*
Extension des dénominations turques en Asie-Mineure. Les noms de l'ancienne géographie tombent complètement en désuétude. 502

APPENDICE AU CHAPITRE XII. *Noms inscrits sur la côte septentrionale de l'Asie-Mineure, dans la carte vénitienne du XIIIᵉ siècle, depuis Trébizonde jusqu'à Constantinople, comparés aux noms anciens et aux noms actuels.* 504

## CHAPITRE XIII.

QUELQUES MONUMENTS GÉOGRAPHIQUES DE LA PREMIÈRE MOITIÉ DU QUATORZIÈME SIÈCLE, DANS LEUR RAPPORT AVEC L'ASIE-MINEURE.

*Portulan italien de Sanudo. — Géographie arabe d'Aboul-Féda. — Voyage de Ben-Batouta, Arabe de Tanger.*

Marino Sanudo, noble vénitien. Ses voyages à la Terre sainte. Rédige un long mémoire pour engager le pape et les princes de la chrétienté à organiser une nouvelle croisade (1306). Documents géographiques contenus dans ce mémoire. Description nautique de la côte méridionale de l'Asie-Mineure. . . . 506
Dans le même temps, Aboul-Féda, prince arabe, compose sa géographie (vers 1325). Sa description de l'Asie-Mineure. . . 509
Voyages d'Abou-Abddallah Ben-Batouta, Arabe de Tanger, en Asie-Mineure. . . . . . . . . . . . . . . . . . . . . . . 513
Intérêt de ces voyages pour la géographie de la péninsule au 14ᵉ siècle. . . . . . . . . . . . . . . . . . . . . . . . . 517

APPENDICE AU CHAPITRE XIII. *Description nautique de la côte méridionale de l'Asie-Mineure, tirée du Liber secretorum fidelium Crucis de Marino Sanudo*........ 519

## CHAPITRE XIV.

ADJONCTION SUCCESSIVE DE TOUTES LES PRINCIPAUTÉS TURQUES INDÉPENDANTES DE L'ASIE-MINEURE A LA DOMINATION OTTOMANE. VOYAGEURS DU XV$^e$ SIÈCLE EN ASIE-MINEURE.

*Orkhan et ses successeurs soumettent successivement et incorporent à leurs États toutes les principautés turques indépendantes qui s'étaient élevées en Asie-Mineure après la ruine de l'empire seldjoukide. — Formation du nouvel empire turk des Othmanides ou Ottomans. — Les sulthans Othmanides à Constantinople; fin de l'Empire grec. — Incorporation du royaume grec de Trébizonde à l'Empire ottoman.*
*Voyageurs européens en Asie-Mineure dans le cours du quinzième siècle. — Bertrandon de la Brocquière. — Description de l'Asie-Mineure d'Æneas Sylvius. — Josafa Barbaro. — Conclusion de cette seconde période de l'histoire géographique de l'Asie-Mineure.*

(De la moitié du XIV$^e$ siècle à la fin du XV$^e$).

L'histoire territoriale de l'Asie-Mineure se confond désormais avec l'histoire même des sulthans Othmanides. Aperçu général de la formation de l'Empire ottoman............ 526

Série chronologique des incorporations des principautés turques de l'Asie-Mineure sous le sceptre ottoman, jusqu'à la fin du quatorzième siècle................. 527

Irruption de Tamerlan en Asie-Mineure. Bataille d'Angora (1402). La domination des Othmanides presque détruite; les princes turks réintégrés par Tamerlan............ 529

Les Othmanides se relèvent. Les princes turks indépendants sont de nouveau subjugués et leur territoire incorporé à l'Empire ottoman (jusqu'à la seconde moitié du quinzième siècle)....................... *id*

Les conquêtes de Mahomet II achèvent de constituer l'Empire. Prise de Constantinople (1453), et de Trébizonde (1462); incorporation de la Karamanie (1464)............ 530

Bertrandon de la Brocquière, voyageur français du quinzième siècle en Asie-Mineure (1432)................ 531

|   | Pages |
|---|---|
| Sa peinture des Turkomans. | 533 |
| Jugement sur Bertrandon. | 538 |
| Ce qu'il dit des Turks. | 539 |
| Dernière pensée d'une nouvelle Croisade en Europe. Æneas Sylvius. Son tableau de l'état des chrétiens d'Orient sous les Turks. Sa description de l'Asie-Mineure. | 542 |
| Les Vénitiens cherchent des ennemis à Mahomet II. Leur ambassade à Ousoun-Hassan-Begh, prince turkoman qui régnait en Perse. Josafa Barbaro. Son passage en Cilicie. | 545 |
| Conclusion. | 547 |

FIN DE LA TABLE DU SECOND VOLUME.

# APERÇU GÉNÉRAL

DE

# L'HISTOIRE GÉOGRAPHIQUE DE L'ASIE.

Si l'on embrasse par la pensée l'ensemble des grandes masses solides du globe qui s'élèvent au-dessus de l'Océan, il en est une surtout qui frappe à la fois et par son étendue et par son homogénéité : c'est celle qui, dans ce que l'on a nommé l'*Ancien Monde*, est entièrement comprise entre l'Équateur et le 80ᵉ parallèle nord, et à laquelle l'Afrique se rattache par un isthme de quelques lieues de largeur. Le contour de cette vaste surface continentale présente la forme d'un triangle irrégulier, dont le C. Romania, le C. Oriental et le C. S.-Vincent déterminent les trois pointes extrêmes; la première au sud-est, à l'extrémité de la presqu'île de Malakka; la seconde au nord-est, sur le détroit de Behring; la troisième à l'ouest, non loin du détroit de Gibraltar. La base de cet immense triangle, entre le C. Romania et le C. Oriental, regarde l'est et plonge tout entière dans le Grand Océan; le côté nord, depuis le C. Oriental jusqu'au C. S.-Vincent, est baigné par les flots glacés de l'océan Arctique et par une portion de l'Atlantique; le côté sud, depuis le C. S.-Vincent jusqu'au C. Romania, borde successivement la Méditerranée, la mer Rouge et l'océan Indien. Ici où nous n'envisageons que la forme générale, nous n'avons dû tenir compte ni des échancrures ni des saillies parfois très-considérables des trois côtés du triangle; la vue d'une mappemonde servira mieux à cet égard que la plus longue description.

Quant aux dimensions du triangle, la ligne oblique qui en représente la base ou le côté oriental offre un développement, en ligne droite, d'environ 70 degrés de l'équateur ou de près de 1,800 de nos lieues de 25 au degré; on peut évaluer à 3,500 lieues au moins la longueur en ligne droite du côté septentrional, et à 2,500 lieues environ celle du côté qui regarde le Midi. L'aréa total, non plus calculé sur ses dimensions purement géométriques, mais en tenant compte de tous les accidents de forme et de contours, n'est pas de moins de 2,600,000 lieues carrées. C'est un peu plus du dixième de la surface totale de notre planète, et les quatre dixièmes environ de toutes les terres du globe.

Hâtons-nous de sortir de ces chiffres abstraits dont l'imagination se fatigue, et portant de nouveau nos regards sur la configuration de cette grande surface terrestre, efforçons-nous plutôt d'en saisir les traits dominants. Deux de nos parties du monde y sont comprises, l'Europe à l'occident, l'Asie à l'orient : l'Asie, qui s'assied largement sur la base du triangle et en occupe la portion la plus considérable ; l'Europe, qui s'y trouve resserrée vers le sommet, et n'en occupe que la moindre partie [1]. Dans ce premier aperçu d'ensemble, nous n'avons pas dû séparer l'Asie de l'Europe, non plus que la nature ne les a séparées ; un seul coup d'œil, en effet, montre que celle-ci n'est qu'une prolongation, un appendice de la première, et que la nature n'a pas même établi entre elles de démarcation aussi tranchée qu'elle en a mis entre plusieurs régions asiatiques. Ainsi, la Russie, dont les vastes plaines occupent toute la moitié orientale de l'Europe, tient bien plus à l'Asie par l'aspect du pays et le caractère de la généralité des habitants, que sous ce double rapport elle ne se rattache au monde occidental. L'Europe, d'ailleurs, n'a rien qui lui soit propre ; tout ce qu'elle possède, elle l'a originairement reçu de l'Asie. Ses habitants et ses idiomes vont se rattacher aux vieilles souches asiatiques ; les cultes qu'elle professe et ceux que le christianisme a remplacés, c'est aussi à l'Asie qu'elle les doit ; jusqu'aux animaux qui peuplent ses forêts ou qui aident aux travaux du laboureur, jusqu'aux plantes mêmes qui servent à la nourriture de l'homme, c'est dans les contrées de l'Orient qu'on en a trouvé les types primor-

---

[1] L'Europe est à l'Asie à peu près comme 1 est à 4. Nous employons des nombres ronds, parce que ce sont les seuls que la mémoire conserve sans peine. On peut voir les chiffres exacts dans les statistiques.

diaux. Mais aussi, tout ce qu'a reçu l'Europe elle l'a perfectionné. C'est là, et là seulement, que l'intelligence humaine s'est élevée aux plus hautes régions qu'il lui soit donné d'atteindre ; c'est là que l'homme a montré tout ce qu'il est et tout ce qu'il peut.

Cependant, si la nature n'a pas élevé entre l'Orient et notre monde européen une de ces barrières primitives qui marquent invariablement la limite des grandes régions naturelles du globe, un usage qui remonte aux temps les plus anciens n'en a pas moins établi une distinction devenue ineffaçable entre l'Asie et l'Occident. A quelle cause première se rattache cette distinction? où en fut le point de départ, et quelle marche a-t-elle suivie dans sa direction progressive vers la ligne où elle s'est fixée? ce sont là des questions assez obscures sur lesquelles nous ne répéterons pas ce que nous en avons dit précédemment [1]. Longtemps la limite orientale de l'Europe flotta, vague et incertaine, entre le Don qui se perd dans les anciennes Palus-Méotides, et l'Oural qui est un affluent de la Caspienne. C'est à ce dernier fleuve que les géographes modernes se sont enfin arrêtés. Les montagnes du même nom, chaîne dont on s'était exagéré la hauteur, et qui se prolonge du sud au nord assez régulièrement sous le 57ᵉ méridien oriental [2], continuent la limite jusqu'à l'océan Glacial ; tandis que plus au sud, entre la Caspienne et la mer Noire, elle est déterminée par le massif du Caucase.

Telles sont donc à l'ouest les limites de l'Asie ; de tout autre côté, nous l'avons vu, elle n'a d'autres bornes que les mers qui enveloppent le continent.

La nature a tout marqué à grands traits dans cette terre d'Asie ; les faits généraux de sa configuration s'y dessinent sur de vastes proportions. Quatre pentes générales versent dans les mers environnantes les fleuves qui la sillonnent dans tous les sens. L'une au nord, d'une inclinaison presque insensible, conduit lentement à l'océan Glacial les eaux de l'Ob, du Iéniseï, de la Léna, de l'Indighirka et de la Kolima ; la seconde, à l'est, verse dans le

---

[1] *Voyez* le commencement de notre premier volume.
[2] A partir du méridien de Paris, d'où nous comptons toutes nos longitudes.

Grand Océan les eaux de l'Amoûr et celles des deux grands fleuves de la Chine, le Hoang-ho et le Iang-tsé-kiang. Le Maïkang, le Ménam, le Talouaïn et l'Iraouâddi, le Brahmapoutra, le Gange et le Sindh, enfin l'Euphrate grossi du Tigre, suivent la pente méridionale et vont se jeter dans le mer de la Chine, dans le golfe du Bengale, dans la mer d'Omân et dans le golfe Persique. A l'ouest, enfin, l'inclinaison de la quatrième pente est marquée par le cours de deux fleuves, l'Amoû-daria ou Djihoûn et le Sïr-daria ou Sihoûn, connus des anciens sous les noms d'Oxus et de Jaxartes, et qui vont se perdre l'un et l'autre dans un récipient sans issue, le lac d'Aral. Le lac d'Aral devrait être compris dans le système d'eaux de l'Atlantique, si, comme l'indiquent tous les faits géologiques et l'examen attentif des lieux environnants, ce n'était, à une époque même rapprochée, qu'une dépendance naturelle de la mer Caspienne, laquelle, à son tour, aurait autrefois mêlé ses eaux à celles du Pont-Euxin.

Si l'on suit sur la carte les sources des grands fleuves que nous venons d'énumérer, on remarquera qu'elles y dessinent un contour irrégulier, lequel laisse vide entre elles un très-grand espace semé de plaines sablonneuses, de lacs sans écoulement et de rivières sans issue. Cette vaste surface, grande au moins comme le tiers de notre Europe, et qui n'appartient à aucune des quatre pentes générales du continent, forme en effet une région particulière enveloppée par les quatre autres régions, et que depuis plus d'un siècle on a nommée le Plateau Central de l'Asie. De graves erreurs ont été entretenues longtemps au sujet de ce plateau central. Comme les contrées qui s'y trouvent comprises sont exposées à de plus rigoureux hivers que ne semblerait le comporter la latitude d'une région dont la partie moyenne est coupée par le 40ᵉ parallèle, on s'était cru autorisé à en conclure pour le plateau une élévation prodigieuse; et des hommes, savants d'ailleurs, mais emportés par les écarts de leur imagination à une époque où les systèmes les plus hardis étaient le plus en honneur, n'avaient pas hésité à placer sur ce renflement supposé de la surface terrestre le siége d'un prétendu peuple primitif, dont la civilisation très-anciennement développée eût été la source commune de toutes les civilisations ultérieures des nations actuelles de l'Orient. Le progrès des sciences historiques, joint à des observations précises dont l'exactitude est aujourd'hui garantie par l'avancement des sciences physiques, ont fait justice tout à la fois et du peuple primitif et de l'élévation exagérée du centre de l'Asie. Si le Plateau, ramené aujourd'hui à ses véritables proportions, a perdu quelque chose du prestige dont l'imagination pare tout ce qu'elle touche, il n'en reste pas moins encore un des traits les plus frappants et les plus singuliers de la configuration du globe que nous habitons.

Les dimensions gigantesques que de bonnes observations ont enlevées au Plateau Central, c'est aux grandes chaînes de montagnes qu'il faut les reporter. Au nord et au sud, le Plateau s'adosse à deux de ces chaînes, les plus considérables de l'Asie, qu'elles parcourent l'une et l'autre de l'ouest à l'est dans toute l'étendue du Continent. La première, celle du nord, porte dans sa partie centrale le nom d'*Altaï*. De là elle se prolonge vers le nord-est, sous des noms différents, jusqu'au détroit de Behring; tandis qu'à l'ouest, après une dépression qui la fait presque disparaître aux yeux du voyageur, elle se relève en changeant de direction, et s'en va droit au nord, sous le nom d'*Oural*, se terminer aux rives de l'océan Arctique. C'est cette partie de la chaîne, nous l'avons vu, qui forme dans la géographie actuelle la limite commune de l'Asie et de l'Europe.

La chaîne du sud appartient à un système plus considérable encore que le précédent. La partie centrale, celle sur laquelle le Plateau s'appuie à peu près sous les mêmes longitudes que l'Altaï, a reçu des Chinois le nom de *Kouan-loun*, ou Montagnes Célestes, comme si la hauteur inaccessible de ces énormes masses en eût fait à leurs yeux les colonnes du ciel. A ce système du Kouan-loun se rattache l'*Himalaïa*, chaîne beaucoup plus célèbre et couronnée de pics plus élevés encore que ceux du Kouan-loun, bien que d'un ordre géologiquement secondaire dans cette immense ossature du continent oriental. Le Kouan-loun se prolonge d'un côté à travers le Tibet et la Chine jusqu'à l'océan Oriental; de l'autre, et du nœud même où l'Himalaïa s'y rattache, il envoie à l'ouest une chaîne interrompue qui traverse le nord de la Perse, l'Arménie et le sud de l'Asie Mineure, jusqu'aux côtes de la mer Égée. Cette chaîne est celle qui, sous le nom de *Taurus*, joua un si grand rôle dans l'ancienne géographie de l'Asie [1].

Nous avons omis dans ce grand aperçu la multitude de ramifications subordonnées qui parcourent dans tous les sens, soit les bassins maritimes, soit la surface même du Plateau. En nous attachant aux traits les plus saillants et les plus généraux du relief de l'Asie, nous avons dû être surtout frappé d'abord de ce renflement central qui se détache de tous les bassins environnants, et forme à lui seul un système si remarquable; puis de ces deux chaînes, qui, dans leur parallélisme général, parcourent toute la longueur du continent asiatique dans le sens de l'équateur. L'Altaï et le Taurus — pour appliquer à chacun des deux systèmes le nom principal qui le distingue — coupent ainsi l'Asie en trois grandes zones qui offrent pour l'histoire de l'homme d'aussi importantes considérations que pour l'histoire de la terre. De zone à zone, en effet, tout diffère de nature et d'aspect, hommes, plantes, animaux, ciel, langues, mœurs et civilisation. La première, presque sans inclinaison sensible, particulièrement dans la partie de l'ouest, s'étend de l'Altaï à l'océan Glacial : c'est la Sibérie actuelle. La seconde, de l'Altaï au Kouan-loun, comprend à l'ouest la basse région de l'Aral, occupée par le Turkestan; à l'est, le bassin de l'Amoûr, auquel correspond la Mandchourie; enfin, dans l'intervalle, la surface presque partout aride et nue du Plateau, où se trouvent le Turkestan chinois et la Mongolie. La troisième zone, entre le Kouanloun et l'océan Méridional, comprend la Chine, l'Hindo-Chine, le Tibet, l'Hindoustan, la Perse, l'Arabie, la Syrie, l'Arménie et l'Asie Mineure, les plus riches et les plus beaux pays de l'Asie.

Quatre à cinq cents millions d'êtres humains sont répandus, mais d'une manière fort inégale, dans les diverses contrées entre lesquelles se partagent les trois zones. Au nord, dans les plaines glacées de la Sibérie, qu'une double barrière isole des vents bienfaisants du midi et que rien ne défend contre le souffle mor-

---

[1] Le lecteur doit avoir sous les yeux notre carte générale de l'Asie, où ous nous sommes attaché à mettre en relief ces grands traits de la géographie naturelle.

tel des vents du pôle, une population faible et chétive est disséminée sur le bord des fleuves, où l'isolement des ces misérables tribus, vivant de chasse et de pêche, a donné naissance à huit langues entièrement distinctes : ce sont celles des Ostiaks, des Samoïèdes, des Iéniséens, des Iakoutes, des Ioukaghires, des Koriëks, des Tchoutchas et des Kamtchadales. Dans la zone centrale, où les fortes chaleurs de l'été succèdent brusquement au froid rigoureux des hivers, et dont le sol aride ou marécageux est sur de vastes espaces impropre à la culture, la population, généralement pastorale, beaucoup plus compacte qu'au delà de l'Altaï, mais infiniment moins qu'au sud du Kouan-loun, ne se répartit qu'entre quatre familles de langues, la langue turque, dont cette région est le berceau ; le mongol, qui règne presque exclusivement sur le haut plateau; le mantchou, dont le domaine s'étend en outre, avec les tribus toungouses, sur une partie considérable de la Sibérie centrale; la langue des Aïnos, parlée sur le littoral de la Mantchourie et dans toutes les îles qui sont au nord du Japon. Enfin, dix langues principales, ou plutôt dix familles de langues, se partagent l'immense population agricole de la zone méridionale : ce sont les langues sémitiques, qui possèdent toute l'Arabie, la Syrie et le bassin de l'Euphrate ; c'est la langue géorgienne et l'arménien, parlés dans la région du Caucase ; c'est la famille des langues persanes, qui s'étend du Tigre au Sindh, sur les contrées de l'ancien Irân ; c'est la famille des langues hindoues, renfermée dans la fertile péninsule qu'enveloppent au nord le Sindh et l'Himalaïa; ce sont les langues parlées dans la région alpine du Tibet et dans la péninsule Hindo-chinoise, les moins connues de toutes celles de l'Asie ; c'est la langue chinoise, celle de toutes les langues du globe qui est commune au plus grand nombre d'hommes ; c'est le koréen, dans la presqu'île de ce nom qui touche au nord-est de la Chine ; c'est enfin l'idiome insulaire des Japonais, que nous ne pouvons laisser en dehors de cette nomenclature des langues de l'Orient. C'est dans les riches et chaudes contrées où règnent ces dix familles de langues que se rencontrent les civilisations les plus développées de l'Asie; c'est là, et non dans les régions pastorales du centre du continent, que fut le théâtre des civilisations primitives.

Les trois grandes zones asiatiques peuvent être regardées comme l'image des trois grandes phases de la civilisation humaine. Les *tribus* de la Sibérie, les *hordes* de l'Asie moyenne et les *nations* du Midi nous montrent, rapprochés et contemporains, les traits distinctifs des trois périodes de la vie des peuples, celles de la vie sauvage, barbare et policée.

Séparées par le langage, mais différant à peine par la physionomie, par les mœurs, par la faiblesse du développement intellectuel, les peuplades sibériennes n'ont joué aucun rôle dans l'histoire. Leur existence n'a jamais influé sur celle des autres peuples. Il n'en est pas ainsi des hordes de l'Asie Centrale. Errantes par besoin et par habitude, mais assez avancées déjà dans la civilisation pour sentir le prix d'une vie plus douce et pour en rechercher les jouissances, ces hordes innombrables de la Scythie et du Touran ont de tout temps reflué au midi et à l'ouest vers des contrées plus riches que leur steppes natales. Antique foyer d'émigrations qui plus d'une fois ont changé la face de l'Asie méridionale et de l'Europe, ces régions centrales de l'Ancien Monde ont exercé une grande influence sur les destinées du genre humain. Une influence non moins puissante, mais d'une autre nature, a été le partage des peuples civilisés du midi de l'Asie. La première fut toute d'action : ce fut une influence extérieure et matérielle; la seconde fut une influence tout intellectuelle. Ce fut celle de l'esprit sur la force brute, de la civilisation sur la barbarie. C'est celle qu'à son tour l'esprit de l'Occident exerce aujourd'hui sur le reste du monde.

Un phénomène singulier frappe dans l'histoire des peuples de l'Asie : c'est l'uniformité — nous ne disons pas l'immobilité — qui la caractérise. On y a vu fréquemment s'élever des empires d'une immense étendue; puis on a vu ces empires s'écrouler et disparaître, remplacés par de nouvelles dominations que la même destinée attendait à leur tour. C'est le cercle éternel dans lequel roule invariablement l'histoire de la moitié du monde oriental. Mais si les dominateurs changent et se succèdent, les formes mêmes, et l'esprit, et la constitution intérieure de ces dominations éphémères n'ont jamais varié. Tels on les a connus dans les empires asiatiques de l'antiquité et du moyen âge, tels aujourd'hui nous les retrouvons aux mêmes lieux dans les monarchies contemporaines. Un écrivain profond qui avant nous a remarqué ce fait singulier, nous paraît en avoir donné une explication vraie. « La vie des peuples nomades, dit Heeren [1], en fait aisément des conquérants. Leur genre de vie les endurcit contre toutes les fatigues de la guerre ; leurs besoins bornés rendent superflus les bagages qui ralentissent les marches de nos armées régulières. Leurs nombreux troupeaux leur donnent abondamment des chevaux pour leur cavalerie, et leurs armées sont en grande partie, et souvent tout à fait, composées de cavalerie ; car même en temps de paix leur vie errante ne leur laisse presque jamais quitter la selle. Les brigandages mêmes auxquels ils inclinent d'habitude sont pour eux une école de guerre, et leur inspirent, sinon la constante bravoure de l'Europe, au moins une impétuosité dans l'attaque et une témérité qui proviennent de l'habitude du danger et de l'amour du butin. Semblables à des bandes de sauterelles destructives, ils sortent, comme les Mongols ou les Arabes, de leurs steppes ou de leurs déserts sablonneux, ou bien, comme les Parthes et les Perses, ils descendent de leurs montagnes, inondent, conquérants féroces, les plaines fertiles du midi de l'Asie, et subjuguent les nations riches et civilisées qui les habitent. Ils étendent leur domination aussi loin que peuvent atteindre leurs hordes, et deviennent ainsi les créateurs d'empires immenses, en échangeant les terres ingrates de leur patrie contre des demeures plus heureuses. Mais ici le contact des arts, du luxe et de la mollesse, joint à l'influence d'un climat plus doux, produit bientôt en eux un changement de vie. Les vainqueurs adoptent les mœurs des vaincus, ce que le nomade fait d'autant plus aisément, qu'il n'a en quelque sorte point de patrie. Il se forme ainsi parmi eux une civilisation fondée moins sur une moralité élevée que sur le luxe ; et plus est rapide la transition, plus vif est le désir de jouissances toutes sensuelles, plus aussi le luxe prend d'accroissement. Ainsi intérieurement affaiblis par l'effet même de leur victoire, les

---

[1] *De la Politique et du Commerce des peuples de l'Antiquité*, par Heeren, t. I, p. 68, trad. fr.

vainqueurs maintiennent plus ou moins longtemps leur pouvoir, selon les circonstances. Puis, tôt ou tard, de leurs anciennes demeures sortent de nouveaux peuples, qui, purs de corruption, fondent un nouvel empire sur les débris de l'ancien, et qui règnent à leur tour jusqu'à ce que les mêmes causes amènent le même résultat. »

Des empires ainsi fondés ne pouvaient être régis que par un gouvernement militaire; l'organisation hiérarchique des tribus conquérantes en renfermait d'ailleurs le principe, comme elle en présentait le modèle. De là, le gouvernement des *satrapes*, à la fois maîtres absolus de leur province comme ils l'étaient de leur tribu, et soumis au chef de l'empire comme ils l'étaient au chef de la horde. C'est ainsi que dans l'empire que lui a livré la conquête, celui-ci, selon la formule asiatique, est littéralement le *roi des rois*.

Ceci, néanmoins, ne suffit pas seul à rendre raison du triste spectacle que présente le monde asiatique, celui d'un esclavage absolu et sans bornes. Dans les contrées les plus belles, les plus riches, les plus fertiles de la terre, là où l'esprit humain aurait dû, ce semble, prendre son plus sublime essor, pourquoi les forces intellectuelles de l'homme sont-elles emprisonnées dans un cercle de fer qu'il ne leur a jamais été donné de franchir? Comment se fait-il que les habitants de ces régions favorisées, même aux périodes les plus florissantes de leur histoire, n'ont pu secouer ce joug qui les dégrade?

Aux yeux de l'écrivain que nous avons cité tout à l'heure, ce serait dans l'organisation de la société domestique qu'il faudrait surtout chercher la cause de cet affligeant phénomène. Cette organisation, en effet, est tout autre chez les Asiatiques que chez les peuples de l'Europe civilisée; la *polygamie* y a régné de tout temps, et la *polygamie*, selon Heeren, conduit naturellement à un despotisme illimité. « Cette organisation de la famille, dit le savant professeur de Gœttingue, constitue nécessairement le despotisme intérieur, parce qu'elle fait de la femme une esclave, et par cela même du mari un maître. La société des citoyens ne consiste donc plus ici en un nombre de pères de famille, mais de despotes domestiques; et ceux-ci, voulant exercer une autorité absolue, reconnaissent aussi un pouvoir despotique. Celui qui commande en aveugle ne peut qu'obéir aveuglément. »

Sans doute, il est incontestable que l'organisation bonne ou mauvaise de la société domestique doit réagir sur la constitution politique. Mais c'est aller trop loin, si nous ne nous trompons, que de faire dépendre uniquement de l'état de la famille l'esclavage civil et politique des peuples du midi de l'Asie. La polygamie était en usage chez les Phéniciens, dont le gouvernement fut une véritable république, aussi bien que chez les Babyloniens, les Persans, les Mèdes, les Hindous et les autres nations asiatiques courbées sous le sceptre d'un despote. La Grèce, antique foyer de la liberté de l'Occident, admettait aussi la pluralité des femmes, et ses philosophes eux-mêmes regardaient la femme comme un être d'une nature inférieure [1]. Cet usage exista de même à Rome et dans la république carthaginoise. La polygamie, nous ne l'ignorons pas, fut dans l'Occident un usage permis plutôt que dominant, une affaire de luxe plutôt qu'une coutume ordinaire ; mais dans l'Orient même, où la nature en fait une loi, cette loi, bien que générale, est loin d'être universelle : le nombre relatif des hommes et des femmes y met nécessairement des bornes. Et d'ailleurs, si l'Asiatique est despote dans sa famille, est-il indispensable que par cela même il se reconnaisse esclave dans l'État? Le sauvage, maître absolu de sa femme et de ses enfants, en a t-il moins le vif sentiment de son indépendance? Dans l'enfance de la civilisation, alors que la société, sans lien politique, laisse à chacun de ses membres le soin de sa propre défense et de sa conservation, l'homme estime avant tout le courage et la force physique ; faible et timide, quelle influence la femme pourrait-elle obtenir? L'homme est fort : il doit commander ; la femme est faible, elle doit obéir. Et si un climat brûlant développe de bonne heure et les désirs et les organes ; si la femme, épouse et mère à l'âge qui dans nos climats tempérés ou froids est encore l'enfance, usée bientôt par les jouissances de la maternité et par ses fatigues prématurées, perd de bonne heure aussi sa fraîcheur et ses charmes, l'homme plus robuste sentira le

---

[1] Aristote, *Polit.* lib. I, ch. 2 et 5.

besoin impérieux d'une autre compagne, et la polygamie sera pour lui une loi de nature. Dans ces chaudes contrées du tropique, la femme, vieille à vingt ans et décrépite à trente, ne peut être pour son époux ni un conseil ni une vraie compagne. Alors que ses charmes lui pourraient donner une influence salutaire, ce n'est qu'une enfant incapable d'user de son empire ; quand vient l'âge de la raison, elle a cessé de plaire. C'est dans cette imperfection, peut-être irrémédiable, que la société s'est développée dans les pays de l'Asie. La nature elle-même y a relâché ces liens de famille si forts et si puissants sous nos climats. Les sociétés asiatiques ont dû se ressentir, dans leur progrès intellectuel et moral, de ce défaut d'influence de la plus belle partie du genre humain ; les mœurs y ont été moins pures, les usages moins recherchés, l'esprit moins poli, la civilisation moins rapide. Mais cette imperfection de l'état de famille pouvait-elle amener, seule, chez les peuples méridionaux de l'Asie, l'oubli, la dégradation totale du sentiment de la dignité humaine? Nous ne saurions le croire. Cette dégradation des sociétés asiatiques nous parait avoir une cause plus profonde et plus puissante : cette cause, nous ne craignons pas de le dire, c'est l'autorité sacerdotale.

Ce sujet est vaste, et ses développements seraient étendus ; nous ne pourrons qu'indiquer en quelques lignes ce qui demanderait un livre tout entier.

C'est un fait qui ressort avec évidence de l'étude de toute l'antiquité, que les progrès des civilisations primitives ont été liés d'une manière intime au développement des idées religieuses et des formes du culte ; l'Asie surtout porte encore aujourd'hui l'ineffaçable empreinte de ce caractère religieux des anciennes civilisations. Et pourrait-on s'étonner de la haute influence acquise aux ministres du culte, dans ces temps reculés où tout respire une disposition religieuse vive et profonde? Plus rapprochées que nous de la nature, plus sensibles à ses merveilles en quelque sorte neuves encore, plus naïves aussi dans l'expression des affections de l'âme ; guidées, enfin, moins par la raison que par le sentiment, les sociétés primordiales se montrent aussi tout entières sous l'empire des idées religieuses. Alors la religion se mêle à tout, aux actes privés de la vie intérieure, aux actions communes de la vie politique : tout vient de là, et tout s'y reporte. A mesure que les ressorts de la société se compliquent, qu'une plus grande masse de lumières y pénètre, que des institutions rationnelles s'établissent, fruits lentement mûris d'une longue expérience, l'expression religieuse perd de sa force, de son énergie ; les idées religieuses, non moins profondes, peut-être, mais plus réfléchies et plus graves, exercent sur l'homme et sur la société un empire moins exclusif. Mais à l'enfance des nations, quel pouvoir, autre que la voix des dieux, eût commandé à l'homme de la nature, simple, mais énergique et féroce, à l'homme que nul frein social ne contenait encore, à l'homme en qui la raison endormie ne pouvait modérer les élans instinctifs du désir et de la volonté? Ce fut au nom de Brahma que les prêtres de l'Hindoustan promulguèrent le Code antique de leurs lois; ce fut au nom d'Ormuzd que Zoroastre annonça les siennes. De même, les vieux Pélasges encore barbares quittent leurs forêts, se rassemblent et se civilisent aux accents mystérieux de l'oracle de Dodone. Ainsi Muévès, premier législateur des Égyptiens, est inspiré du dieu Thaût; Minos, en Crète, de Jupiter; Moïse, de Jéhovah ; Numa, de la nymphe Égérie.

Mais s'il est dans la nature des choses que l'inspiration religieuse et l'autorité président aux premiers pas des civilisations humaines, c'est à la raison, à l'intelligence libre, qu'il appartient d'en diriger les progrès; autrement, il y aura stagnation et lacune. Toute civilisation sacerdotale, telle que la plupart des civilisations asiatiques, est imparfaite de sa nature. Dirigée vers un but unique, celui de l'obéissance passive, elle n'agit que dans une sphère limitée. Elle donne du ressort à certaines facultés qui conviennent à son but; elle comprime, elle anéantit les autres. Dans la civilisation sacerdotale, on verra s'élever de grands États, se former des sociétés nombreuses ; mais ce sont des corps sans force, sans mouvement vital, sans énergie. En même temps qu'elle dirige le développement social, elle arrête le développement individuel. Elle donne des sujets au prince, non des citoyens à l'État; elle fait des esclaves, non des hommes.

Voilà le vice organique des monarchies de l'Orient; nous

touchons ici du doigt le secret de cet engourdissement intellectuel et moral qui pénètre au cœur des sociétés asiatiques. Énervées par la chaleur du climat, les paisibles populations des belles contrées de l'Asie méridionale ont ployé, sans résistance, sous le joug qu'au nom de ses premiers bienfaits la Théocratie leur imposa; et ce joug, quand il a échappé aux mains du sacerdoce, est passé dans celles du chef de l'État. Là, le despotisme politique s'est enté sur le despotisme religieux. Il en a revêtu le caractère sacré, et c'est encore au nom du Ciel que les tyrans de la terre y ont rivé les chaînes de l'humanité.

La Chine seule s'est affranchie de bonne heure de la domination temporelle de ses prêtres; l'ancienne Europe pélasgique, qui avait reçu de l'Orient et de l'Égypte, avec les premiers éléments de la civilisation, les institutions théocratiques, s'affranchit bientôt aussi de leurs entraves. Mais en Chine, la théocratie périt au profit du despotisme politique; dans la Grèce et l'Italie, ce fut au profit de la liberté générale.

Et c'est ici que brille dans son plus beau jour le génie de l'Occident, si différent de celui de l'Asie. Voisins de la Méditerranée et de ses golfes nombreux qu'ils eurent bientôt appris à traverser; habitants de pays coupés de montagnes, et placés sous un ciel moins doux et moins égal que celui de la Perse, de l'Inde, de la Chine, les peuples de l'Occident furent incités de bonne heure à l'industrie, au commerce, à l'activité. Ils se rapprochèrent, confondirent leurs progrès particuliers, s'éclairèrent mutuellement; l'intelligence humaine, ainsi mise en mouvement, fit chaque jour de nouvelles conquêtes, car le progrès est de son essence. Là, du moins, l'homme sentit sa dignité et secoua bientôt les fers qu'il avait reçus de son ignorance. Les institutions civiles et politiques furent créées, et la liberté morale de l'homme en fut la base; tandis qu'en Orient, les facultés engourdies par leur inaction laissèrent croître et s'établir au sein de la société ces monstrueuses anomalies qui la défigurent, ces abus avilissants qui la dominent, cet esclavage politique, en un mot, que l'esclavage domestique fortifia sans doute, mais que seul il n'a pu faire naître et perpétuer.

Ces considérations préliminaires n'auront pas été inutiles si elles aident à nous faire mieux comprendre le caractère des populations asiatiques, et le mécanisme de leurs sociétés, et la nature des vastes empires qui s'y succèdent, et la stagnation morale dont l'esprit humain y est frappé ; car ce sont là des faits, nous le verrons, qui touchent par plus d'un point à l'histoire géographique de l'Asie.

Lorsque remontant vers les âges primitifs du monde, nous plongeons nos regards dans cette immense profondeur des siècles où se perdent les premiers pas de l'homme sur la terre, tout nous apparaît bientôt vague, confus, obscur, incertain. Aux figures historiques, aux actions possibles et réelles, succèdent graduellement des êtres surhumains, des créations gigantesques, des faits prodigieux et contraires aux lois éternelles de la nature. Des héros participant à la nature humaine et divine, des dives, des génies, peuplent la terre qu'ils remplissent de leurs exploits fantastiques ; les dieux mêmes, acteurs passionnés, interviennent à chaque instant dans les choses d'ici-bas. Comme l'enfance, qui se repaît avec avidité de contes de fées et d'enchanteurs, l'humanité, voisine encore de son berceau, se complaît au milieu des créations bizarres dont elle s'est entourée.

Tel est partout le début de l'histoire des peuples ; telles sont surtout les premières pages de l'histoire du monde asiatique. Nulle tradition certaine et suivie ne nous y montre les sociétés à leur origine, et ne nous fait assister à leurs premiers développements. Seulement, dans un lointain crépuscule où les formes historiques ne se dessinent encore qu'indécises et mal arrêtées, nous apercevons, à une époque qui remonte à plus de 2000 ans avant notre ère, quelques groupes de populations déjà réunies en sociétés régulières à l'est du Grand Plateau, où se constitue la monarchie chinoise, et, au midi, sur le plateau bactrien, dans le bassin du Gange, sur les bords du Tigre et de l'Euphrate ; enfin dans la vallée que féconde le Nil (1). Le voile qui nous dérobe les peuples de l'Asie centrale ne s'est pas encore levé pour nous. Quant aux misérables tribus de la zone du nord, en supposant qu'elles remontent jusqu'à cette haute antiquité, ce n'est que bien des siècles plus tard que leur existence nous sera révélée.

Av. J.-C.
2500
à
2000

---

[1] Nous nous conformons ici aux idées de l'antiquité, qui comptait l'Égypte parmi les contrées de l'Asie.

A une époque contemporaine des plus anciennes origines historiques de Babylone, d'Assoûr, de l'Irân, de l'Hindoustan et de la Chine, une tribu de souche schémitique ou arabe, partie des bords de la mer Érythrée d'où elle était originaire, venait fonder au fond de la Méditerranée une ville que le commerce devait élever rapidement à une haute prospérité, et à qui un rôle éminent était réservé dans l'ancien monde : cette tribu était celle des Phéniciens [1]; cette ville était Sidon. Le patriarche Jacob, à son lit de mort, fait déjà mention du commerce de Sidon [2]; et la mort de Jacob remonte au delà de 1,900 ans avant notre ère. Neuf siècles plus tard, Tyr, colonie de Sidon, supplanta sa métropole et s'éleva encore à un plus haut degré de splendeur.

Mais longtemps avant que le nom de Tyr retentît dans le monde, où il allait jeter tant d'éclat, de nombreuses colonies sorties des villes phéniciennes et des parties maritimes de l'Égypte s'étaient répandues à l'ouest dans les îles de la mer Égée et sur les côtes des pays environnants, où elles portèrent, parmi les habitants encore barbares qui y étaient venus par le nord, les premiers germes de la civilisation. Reçus et fécondés dans le sol heureux de la vieille Pélasgie, ces germes devaient grandir rapidement ; ce fut de là que sortit, au bout de quelques siècles, cet arbre majestueux de la civilisation hellé-

de
2000
à
1600

---

[1] Le nom de *Phénicie* peut signifier *Pays des Palmiers*; il peut n'être aussi qu'une transcription de l'adjectif *érythréen*, qui en grec signifie *rouge*, de même que φοινικέος. A ce nom correspond en hébreu celui d'*Édom* ou *Iduméen*, et en arabe celui des *Himyârites*, peuple célèbre de l'Arabie méridionale. Tous ces noms signifient également *Rouge*. Le nom que les Grecs ont rendu dans leur langue par mer Érythrée ou mer Rouge, et qui paraît avoir désigné dès les plus anciens temps la partie de l'Océan qui baigne le midi de l'Asie entre l'Afrique et l'Inde, ce nom vient-il d'un peuple riverain, ou le peuple a-t-il gardé le nom de la mer? — question qui mériterait examen. — Au surplus, il y a tout lieu de croire que ce nom d'Érythréens ou Phéniciens fut plutôt dans l'origine une épithète, un surnom (au moins pour les Phéniciens de Syrie), que le nom proprement dit de la tribu primitive, et que le véritable ethnique des Phéniciens fut *Khna* ou *Kananéens*. Un vieil historien grec, antérieur à Hérodote, confirme à cet égard les indications de la Géographie biblique (*Gen.* X, 6, et 15 à 19; Hecatæi *fragmenta*, ed. Müller, fr. 254).

[2] *Gen.* XLIX, 13.

unique, qui devait, à son tour, projeter ses abondants rameaux sur le reste de l'Occident.

Les courses très-anciennes des marchands de Sidon dans les mers qui baignent l'Asie Mineure et les côtes de la Grèce, leur avaient procuré de bonne heure la connaissance de ces contrées de l'Ouest, et surtout des îles nombreuses répandues au nord de la Crète. Ce fut dans le même temps que le héros de la vieille Égypte, Sésostris, parcourut en conquérant toute l'Asie antérieure, et soumit à ses armes les pays situés des deux côtés de l'Euphrate, depuis la mer Caspienne, le Caucase et le Pont-Euxin, nommé primitivement mer d'*Askhénaz*, jusqu'aux extrémités méridionales de l'Arabie. Les excursions commerciales des Sidoniens et les courses militaires de Sésostris durent procurer des notions géographiques fort étendues sur tout l'ouest de l'Asie : nous pouvons en juger par les livres de Moïse, où ces notions nous ont été conservées au moins dans leur substance. L'écrivain sacré a tracé, dans le dixième chapitre de la *Genèse*, un tableau des peuples principaux de l'Asie occidentale, dont l'admirable exactitude suppose une connaissance intime de ces peuples, et sûrement aussi de la plupart des pays qu'ils habitaient. Moïse, « élevé dans la sagesse des Égyptiens », n'a pu, en effet, emprunter ce tableau qu'aux notions géographiques des lettrés de l'Égypte; car les Hébreux n'avaient pas jusqu'alors été à même d'acquérir directement des connaissances aussi étendues. C'est donc comme un aperçu *du monde connu des Égyptiens et des Phéniciens au dix-septième siècle avant notre ère* qu'il faut envisager le tableau contenu dans le chapitre X de la *Genèse*, le plus ancien monument géographique que nous ait transmis l'antiquité, comme il en est aussi le plus complet et le plus précis.

Vers 1645.

Chaque jour le peuple phénicien étendait le cercle de ses navigations commerciales et de ses explorations; toute la partie occidentale de la Méditerranée, depuis la Crète jusqu'au détroit qui sépare l'Hispanie de l'Afrique, et, au delà du détroit, les côtes occidentales de l'Afrique et de l'Europe sur l'Océan Atlantique, lui furent connues à une époque reculée. Mais l'exposé de ces hardies navigations et de ces vastes découvertes n'appartient pas à notre sujet actuel; nous devons renvoyer aux détails où nous sommes entrés sur la Géographie phénicienne dans notre Introduction générale [1]. Les anciens monuments de cette Géographie ont d'ailleurs tous péri, et il n'est plus possible aujourd'hui de déterminer jusqu'où s'étendirent, par la suite des temps, les connaissances géographiques des Phéniciens du côté de l'Océan méridional et de l'Inde. Le nom d'Ophir même, ce but célèbre des navigations phéniciennes et juives dans les mers du Midi (vers l'an 1000 avant notre ère), est resté une énigme géographique dont les plus laborieuses investigations de l'érudition moderne n'ont pas réussi encore à donner le mot avec certitude.

On ne saurait donc dire précisément pour quelle part les connaissances des Phéniciens sur les contrées de l'Orient purent entrer dans celles des plus anciens écrivains grecs. Cette part, au surplus, ne semble pas avoir été bien importante. Les Phéniciens paraissent avoir eu la politique d'égoïsme et de mystère suivie longtemps après eux par les premières nations commerçantes de l'Europe moderne : or, ensevelir dans le plus profond secret les notions acquises sur les pays éloignés fut toujours le précepte régulateur de cette politique. L'étude des première notions géographiques des Hellènes nous permet d'ailleurs d'apprécier jusqu'à un certain point quelle influence y put avoir le contact des Phéniciens.

Ici nous entrons sur un nouveau terrain que maintenant nous ne devons plus quitter. C'est aux Hellènes que va se rattacher le fil désormais ininterrompu des découvertes géographiques des peuples de l'Occident.

## II.

Une expédition maritime, dont on ne voit pas bien clairement l'objet, mais qui n'avait probablement qu'un but de piraterie tout à fait conforme aux habitudes de cette époque reculée, est la première entreprise où les Hellènes, encore à demi-barbares, se réunissent dans un but commun. La navigation des

---

[1] *Voir* notre premier volume, *Histoire de la Géographie.*

Argonautes est aussi un des premiers hauts faits des âges hé- Vers 1250. roïques qu'ait célébrés la poésie naissante ; et ce sont les fictions dont elle l'a entourée qui ont jeté tant de nuages sur le fonds historique de l'expédition. Nous en avons étudié précédemment la géographie, telle que les poëtes nous l'ont transmise [1]. La côte septentrionale de l'Asie-Mineure y est décrite, depuis le Bosphore jusqu'au fond du Pont-Euxin, avec un détail que n'ont guère surpassé les relations des temps historiques ; mais par malheur il est difficile de discerner, dans le plus ancien poëme argonautique qui nous soit parvenu sous le nom d'Orphée, les notions qui remontent à l'âge de Jason de celles qui appartiennent à des temps moins anciens.

Longtemps encore la contrée qu'arrose le Phase et qu'avaient visitée les Argonautes figura dans les mythes de la vieille poésie hellénique ; cette contrée où le soleil se lève, dernier terme des faibles et vagues notions des anciens Grecs sur les régions de l'Orient, ne leur apparaissait qu'à travers un nuage mystérieux. C'est ainsi que trois siècles après l'époque des Argonautes le royaume d'Aétès se montre à nous dans les vers d'Hésiode ; 937. c'est ainsi qu'un peu plus tard nous le retrouvons dans ceux d'Homère [2]. 907.

Homère ! nous avons nommé le poëte immortel dont le génie rayonne à travers les siècles sans rien perdre de son éclat. L'événement fameux qu'il célébra, la guerre de Troie, n'est postérieur que de moins d'un demi-siècle au voyage des Argonautes [3] ; mais quoique le poëte lui-même ait vécu trois siècles plus tard, il est aisé de reconnaître sa constante attention à se reporter dans ses descriptions géographiques au temps même d'Achille et de Priam. Toutefois, si la géographie d'Homère, quant à la nomenclature des villes et des peuples, est bien la géographie du XIIIe siècle, il est naturel de penser, à l'égard de l'étendue même qu'il donne au monde alors connu des Grecs, que le poëte n'aura pas distingué entre les connaissances ac-

---

[1] Ci dessus, dans notre premier volume.
[2] Hésiod., *Theog.*, v. 956 et suiv.—Homère, *Odys. X*, 137.
[3] Au milieu des divergences sans nombre que présentent les opinions des chronologistes sur la date de la prise de Troie, nous nous en tenons à celle que donne l'inscription de Paros (1209).

quises de son temps et les notions antérieures. En Asie, ces
notions n'embrassent pas encore une bien grande étendue. Elles
n'ont quelque précision que pour les pays qui bordent la côte
occidentale de l'Asie-Mineure; au delà, même pour le reste de
la Péninsule, elles sont de plus en plus incertaines à mesure
qu'elles s'éloignent de la mer Égée. Le poëte connait la côte
syrienne, où il nomme la ville de Sidon; plus loin, il sait vaguement que les contrées intérieures sont habitées par la nation
des *Erembes*, dans lesquels il est aisé de reconnaitre le nom
légèrement altéré des Arabes, que l'Écriture appelle *Erabim*.
On voit que dans l'Asie occidentale la mappemonde d'Homère
est loin encore d'atteindre les limites de celle de Moïse.

Mais dans les siècles qui suivirent la guerre de Troie, des
événements se succédèrent qui contribuèrent puissamment à
agrandir le cercle jusque-là si restreint des connaissances géographiques de la Grèce. Le retour des chefs de l'armée grecque
dans leurs États, après une absence de dix années, y fut suivi
de longues dissensions intestines, et par suite de déplacements
de tribus, de refoulements, et enfin de nombreuses émigrations. La côte occidentale de l'Asie-Mineure, depuis l'Hellespont
et le Bosphore jusqu'à l'île de Rhodes, se couvrit de colonies
issues de ces émigrations helléniques. Éphèse, Smyrne, Phocée, Milet, et une foule d'autres cités devenues bientôt célèbres,
s'élevèrent alors et ne tardèrent pas à atteindre par le commerce
à un haut degré de prospérité. D'autres colonies en grand
nombre, filles de ces cités devenues trop populeuses, se pro-
pagèrent sur tout le littoral des pays qui bordent au nord la Méditerranée, et par les relations qui en résultèrent d'un côté avec
les peuples voisins, de l'autre avec les métropoles de l'Asie-
Mineure, étendirent et perfectionnèrent les notions que l'on
avait eues jusqu'alors sur ces contrées du couchant. La même
chose eut lieu pour le Pont-Euxin, dont le pourtour se couvrit,
vers le milieu du sixième siècle, d'établissements milésiens. Il
en résulta bientôt de ce côté, avec les nations nomades désignées sous le nom générique de Scythes, des rapports suivis
qui mirent les Hellènes asiatiques, et par suite ceux d'Europe,
à même de recueillir sur ces nations, répandues dans toute la
zone moyenne de l'ancien monde, des notions neuves et détail-

lées. Alors aussi on eut des notions certaines sur les peuples sédentaires qui bordaient la côte orientale du Pont-Euxin ; les vieilles fables orphiques dont ces contrées avaient été le théâtre s'évanouirent, ou plutôt—car il semble que ç'ait été un besoin pour les anciens peuples de conserver une géographie fabuleuse aux limites extrêmes de leurs connaissances positives—ces fantômes de l'imagination poétique reculèrent devant le flambeau de la réalité et furent rejetés jusqu'au cœur de l'Asie, où ils s'appliquèrent à d'autres peuples en changeant de formes et de noms.

Dans ce même temps, c'est-à-dire dans les septième et sixième siècles, l'Asie occidentale était agitée de révolutions dont le contre-coup s'étendit jusqu'aux dernières extrémités de l'Asie-Mineure. Le vieil empire assyrien, ouvrage de Ninus et de Sémiramis, s'était affaissé sous son propre poids, et de son démembrement étaient sortis les nouveaux royaumes de Médie et de Babylone; ceux-ci à leur tour, après deux siècles de durée, tombèrent sous les coups du grand Cyrus [1], chef d'un peuple de montagnards tributaire des souverains de la Médie (de 555 à 538). Avec Cyrus, le nom des Perses, jusqu'alors ignoré du monde, sortit de son obscurité et remplit tout à coup l'Asie, comme plus tard celui des Arabes sous les premiers khâlifs de Mohammed. Les rois de Lydie, dans la partie occidentale de l'Asie-Mineure, avaient poussé leur domination jusqu'au Halys, qui parcourt le centre de la Péninsule, et rendu tributaires les colonies grecques de la côte; en 544, le royaume de Lydie passa sous la loi de Cyrus, et avec la Lydie les Grecs asiatiques. Dès lors, ceux-ci durent apprendre à connaître un empire dont ils faisaient partie. L'intérieur de l'Asie, au moins jusqu'aux provinces orientales de la Perse, cessa d'être pour les Hellènes une terre inconnue; ils eurent au moins une idée générale et de l'étendue de ces vastes contrées, et des peuples qui les habitaient, et des grandes villes que l'on y rencontrait. Ce fut un Grec d'Asie, Scylax de Caryande, que Darius, vers l'année 511, chargea de reconnaître par mer les côtes méridionales de son empire; et Scylax en laissa une description

511.

---

[1] Que les Grecs prononçaient *Kouros*. L'orthographe nationale est *Khosrou*.

écrite qui se répandit chez ses compatriotes. Cette connaissance de la moitié occidentale de l'Asie chez les Grecs asiatiques — et par suite chez ceux d'Europe, en relation intime et continuelle avec leurs colonies de l'Asie-Mineure — ne put que s'accroître lors des guerres mémorables qui éclatèrent dans les dernières années de Darius, et qui remplirent presque tout le règne de son successeur Xercès (de 504 à 479), ainsi que dans les rapports de diverse nature qui en résultèrent entre les Hellènes et le grand Roi.

Tout ce qui nous reste de la littérature hellénique du sixième siècle porte témoignage de cette connaissance au moins générale des contrées de l'empire Persan, qui s'était répandue tout à coup chez les peuples de l'Occident. Déjà le poëte Anacréon, contemporain de Cyrus[1], mêle à ses vers voluptueux les noms de l'Inde, de la Parthie et de la Bactriane. On vit paraître dans ce temps de nombreux ouvrages géographiques où se trouva consigné pour la première fois l'ensemble des notions nouvellement acquises sur la partie du globe comprise entre les colonnes d'Hercule et l'Indus; des fragments plus ou moins considérables de ces anciennes descriptions géographiques sont venus jusqu'à nous, sous les noms d'Hellanicus de Lesbos, d'Hécatée de Milet, et de Scylax de Caryande[2]. Ce Scylax paraît être le même que celui qui fut chargé par Darius d'une mission exploratrice; mais ce qui nous reste sous son nom se rapporte uniquement au pourtour de la Méditerranée et du Pont-Euxin, et non aux parties méridionales de l'Asie.

Encore un demi-siècle, et un écrivain allait paraître chez les Hellènes qui laisserait loin derrière lui ces premiers essais de la géographie naissante : cet écrivain est Hérodote. Réunissant à l'ensemble déjà abondant des matériaux rassemblés avant lui les résultats peut-être plus riches encore de ses propres recherches et de ses nombreux voyages, Hérodote devait élever à la géographie, aussi bien qu'à l'histoire de l'antiquité grecque, le

---

[1] Anacréon était né à Téos, ville de l'Ionie.

[2] Hellanicus paraît avoir écrit vers 510; Hécatée est plus rapproché de nous de quelques années. Il règne beaucoup d'incertitude sur la date du Périple qui porte le nom de Scylax.

monument le plus riche et le plus complet qui existe chez aucun peuple, et sur quelque époque que ce soit des annales du monde.

Nous avons exposé ailleurs l'ensemble de la géographie d'Hérodote avec le détail que mérite un aussi précieux document [1]; il nous suffit ici de rappeler sommairement quelles étaient les limites de ses connaissances en Asie. L'Asie d'Hérodote, très-vaste si on la compare aux notions répandues chez les Hellènes antérieurement au cinquième siècle, très-restreinte si on considère l'étendue totale du continent tel que nous le connaissons aujourd'hui, était comprise tout entière entre le Pont-Euxin, le Caucase (ou plutôt le Phase), l'Araxe et la mer Caspienne au nord, le cours inférieur du Sindh (ou Indus) à l'est, la mer Érythrée au midi, et à l'ouest la Méditerranée. Dans cet espace, l'historien connaissait l'Asie Mineure, qu'habitaient trente peuples différents, la Colchide et les autres pays du Caucase, la Phénicie et la Syrie-Palestine, l'Arabie, la Babylonie, l'Assyrie, la Médie, la Perse et l'Inde. Mais il est évident que ce dernier nom désigne seulement la contrée arrosée par les cinq grands affluents du haut Sindh, c'est-à-dire le Pendj-âb de la géographie actuelle, à laquelle il faut peut-être réunir une portion de l'Irân oriental, ou ce que l'on connaît aujourd'hui sous le nom d'Afghanistân. Au delà de l'Indus, vers le levant, s'étendait, dit l'historien, un désert sablonneux et inhabitable sans bornes connues. Au nord de la Médie et de la Perse, la contrée que traversent l'Oxus et le Jaxarte, aussi bien que les pays plus orientaux parcourus par les hordes scythiques, étaient considérés par Hérodote comme appartenant à l'Europe, non à l'Asie; aussi relève-t-il fortement l'erreur de ceux qui, sous le rapport de l'étendue, n'avaient pas craint, dit-il, de mettre l'Asie en parallèle avec l'Europe. Du reste, un des points notables de la géographie de ces régions chez Hérodote, est la remarquable exactitude des renseignements qu'il avait recueillis sur la forme et la grandeur de la mer Caspienne. Sous ce double rapport, les idées d'Hérodote sont très-supérieures à celles que les géographes postérieurs prétendirent y substituer; et il faut des-

---

[1] Ci-dessus, t. I, *Histoire de la Géographie*, chapitre d'Hérode.

cendre, dans les temps modernes, jusqu'au commencement du dix-huitième siècle, pour retrouver sur les dimensions et le gisement réels de cette grande mer intérieure des notions aussi exactes que celles du vieil historien d'Halycarnasse.

Un médecin grec nommé Ctésias, qui vécut longtemps à la cour du roi de Perse un demi-siècle environ après Hérodote, et qui plus tard, de retour dans sa patrie, composa sur la Perse et sur l'Inde plusieurs traités qui ont péri, n'étendit pas, à en juger par les fragments que Photius nous en a conservés, les notions publiées avant lui par Hérodote ; seulement il donna sur l'Inde — et ici encore il faut entendre uniquement les pays compris dans le bassin de l'Indus — de nouveaux détails qu'Hérodote n'avait pas connus, ou que peut-être il avait rejetés à cause de leur nature fabuleuse. Hérodote et Ctésias, en effet, puisèrent évidemment à la même source, c'est-à-dire dans les récits que les Perses faisaient sur l'Inde depuis la conquête de Darius, ce qu'ils rapportaient de ce pays où tout s'offrait sous un aspect nouveau, hommes, plantes et animaux. Il faut dire, néanmoins, que depuis que nos propres voyageurs nous ont appris à mieux connaître cette contrée remarquable, bien des faits extraordinaires reprochés à la crédulité des deux historiens se sont naturellement expliqués, sauf pourtant la part encore assez large qu'il faut faire au penchant inné des Orientaux pour les fables et l'exagération.

L'histoire a enregistré avec honneur la retraite que dix mille Grecs, conduits comme auxiliaires par le jeune Cyrus contre le roi de Perse son frère, firent depuis le cœur des États persans jusqu'aux villes amies du Pont-Euxin. Cette retraite mémorable, exécutée devant des forces infiniment supérieures à travers des pays à peu près inconnus, et au milieu de mille dangers et de mille obstacles, est en effet un modèle de froid courage et de mâle fermeté. Xénophon, qui en fut le chef, s'en fit aussi l'historien. D'autres ont admiré dans sa relation les talents de l'écrivain et de l'homme de guerre ; nous, nous n'avons à y signaler que ceux d'un excellent observateur. La retraite des Grecs traversa les rudes vallées du Kourdistan et toute l'Arménie jusqu'à Trébizonde ; et parmi les meilleures relations modernes de ces âpres provinces, nous n'en connaissons pas qu'on puisse mettre au-dessus de celle-ci pour le tracé de l'itinéraire, l'exactitude des détails et l'intérêt des remarques sur le pays et les habitants. Si Xénophon, par cette admirable relation, ne recula pas les bornes des connaissances géographiques de ses compatriotes, il les perfectionna du moins pour les pays qu'il avait parcourus, et il laissa un excellent modèle à ceux qui viendraient après lui.

Nous touchons à un événement qui marque une grande époque dans l'histoire géographique de l'Asie, à la conquête de la monarchie persane par Alexandre. Les marches du héros macédonien ne le portèrent pas, à la vérité, sauf sa pointe malheureuse contre les Scythes au delà de l'Oxus, hors des provinces de la monarchie persane déjà décrites par Hérodote et par Ctésias; mais indépendamment de la connaissance infiniment plus précise et plus détaillée qu'en donnèrent les ingénieurs attachés à l'armée dans ce but tout spécial, le grand résultat de l'expédition macédonienne fut d'ouvrir l'intérieur de l'Asie aux Européens, et de préparer ainsi des découvertes plus faciles aux générations à venir. C'est là pour nous son caractère essentiel. Envisagé dans ses rapports avec l'histoire générale de l'humanité, cet immense événement serait fécond en considérations d'une plus vaste portée; à notre point de vue plus restreint, nous n'y devons chercher que son influence sur l'extension et le perfectionnement de la connaissance de l'Orient chez les Européens.

<small>334 à 324</small>

Nous ne suivrons pas Alexandre dans ses marches rapides du Granique à Issus, d'Issus à Memphis et au temple de Jupiter Hammon, puis de l'Égypte à Arbèles où se décida le sort de Darius, et d'Arbèles en Bactriane où la poursuite des débris de l'armée persane conduisit les Macédoniens. Les provocations des hordes scythes les attirèrent jusqu'au Jaxartes; mais leur chef avait en vue un plus noble but que le châtiment de quelques barbares. La conquête de l'Inde, de ce pays situé aux derniers confins du Levant et dont on racontait tant de merveilles, était devenue pour Alexandre une pensée dominante. L'armée repassa l'Oxus, traversa la Bactriane, franchit les montagnes du Paropamise, et atteignit enfin l'Indus. Une place nommée Taxila, que l'on a cru reconnaître dans la moderne Attok, fut choisie pour lieu de passage. Les Macédoniens étaient alors entrés dans cette contrée qui a reçu son nom hindou de *Pendj-âb* des cinq grandes rivières qui l'arrosent. Sur les bords de la première de ces cinq rivières, l'Hydaspès, Alexandre trouva un roi du pays, Porus [1], disposé à lui disputer le passage; la victoire que remportèrent les Macédoniens leur livra le Pendj-âb tout entier, et leur ouvrit le chemin du Gange. La renommée de cette rivière si célèbre dans l'Hindoustan était certainement arrivée jusqu'à Alexandre, et l'on ne saurait douter qu'il n'eût conçu le projet de comprendre les riches pays qu'elle arrose dans les limites de son empire; mais les murmures de ses soldats, excédés de fatigues au milieu de la saison des pluies où l'on était alors, le contraignirent de renoncer à son dessein. Son imagination, avide de tout ce qui était grand et hors de la ligne commune, se reporta vers les mers inconnues du midi de l'Asie. Soit qu'il eût dès lors, comme on l'a dit, le projet de jeter les fondements d'un commerce régulier entre l'Égypte et l'Inde, soit que son seul but fût de reconnaître des régions encore inexplorées, laissant aux circonstances ultérieures à fixer ses résolutions, il n'eut plus qu'une pensée : voir l'Océan. Une flotille de deux mille bâtiments de transport fut construite au lieu même où l'on se trouvait; et l'armée tout entière, embarquée après de solennels sacrifices offerts aux dieux protecteurs, descendit ainsi l'Hydaspès, l'Akesinès et l'Indus jusqu'à l'issue de l'immense Delta où le fleuve divisé se perd dans l'Océan. Après avoir joui de ce spectacle grandiose, Alexandre régla les dispositions du retour. La flotte, sous les ordres de Néarque, longerait la côte en se dirigeant à l'ouest pour gagner les bouches de l'Euphrate, tandis que l'armée, conduite par Alexandre lui-même, suivrait par terre une direction parallèle, s'éloignant aussi peu que possible de l'escadre. Le journal de Néarque, qu'Arrien nous a conservé en même temps que le récit des marches de l'armée, est un document précieux pour l'histoire de l'ancienne navigation. Les relations du peu de voyageurs modernes qui aient visité ces contrées inhospitalières, comparées à

---

[1] La véritable forme de ce nom est *Paudr*. On le trouve encore parmi les chefs de la tribu guerrière des Radjpoûts.

celle de l'historien grec, montrent que rien n'y est changé depuis deux mille ans, ni les habitants, ni le pays. Ce que les soldats eurent de souffrances à endurer au milieu des sables de la Gédrosie, sous le soleil ardent du tropique, est indescriptible; ce ne fut qu'après de grandes pertes et des privations inouïes que l'on gagna les terres moins arides de la Caramanie, le moderne Kermân. La flotte n'eut guère moins à souffrir durant son trajet de cinq mois le long d'une côte barbare et dans une mer inconnue; enfin Néarque atteignit Armozeia, à l'entrée du golfe Persique. Ici la partie pénible du voyage était terminée; le reste de la route jusqu'aux bouches de l'Euphrate, au fond du golfe Persique, longeait une côte connue, bien peuplée, et pouvant fournir abondamment à tous les besoins de l'équipage. L'amiral fut informé à Armozeia que l'armée ne se trouvait qu'à la distance de cinq journées; il se hâta de se rendre au camp. Alexandre, en l'apercevant, ne put retenir ses larmes, car depuis longtemps il désespérait du sort de la flotte, et sa première pensée fut que Néarque était échappé seul au désastre. Mais lorsqu'il apprit l'heureuse issue du voyage, les larmes de douleur se changèrent en larmes de joie, et le roi protesta que la conservation de sa flotte le rendait plus heureux que la conquête de l'Asie.

Alexandre songeait à compléter l'exploration de l'Océan méridional en faisant achever la reconnaissance du pourtour de l'Arabie et celle de la mer Rouge; mais la mort inopinée du héros arrêta l'expédition déjà commencée. L'établissement d'une navigation suivie entre l'Inde et l'Égypte était réservée aux Ptolémées.

Bien qu'Alexandre n'ait pas pénétré au delà du Pendj-âb, les observations des officiers intelligents qui l'accompagnaient donnèrent à l'Europe une idée beaucoup plus exacte qu'on ne l'avait auparavant de l'aspect du monde hindou. Ce qui semble avoir frappé d'abord Alexandre et ses compagnons est l'aspect grandiose sous lequel la nature s'y présente. L'Indus leur parut surpasser par la masse de ses eaux le Nil et le Danube, les deux fleuves les plus considérables de l'Occident; outre qu'un nombre considérable d'affluents, pouvant rivaliser avec les plus grandes rivières de l'Europe, lui apportaient le tribut de leurs eaux réunies. On disait le Gange plus large encore que l'Indus. La chaîne de l'Imaüs, et les neiges éternelles dont elle est couverte, et les pics énormes qui la couronnent, ne restèrent pas inconnus à Alexandre, quoiqu'il ne les ait pas visités. Il semble que les Macédoniens aient été particulièrement frappés de la grandeur gigantesque des arbres dont cette région est ombragée. On en citait un qui aurait pu, disait-on, abriter de ses rameaux une armée toute entière. Quelque prodigieuses que soient les dimensions de certains arbres des forêts du Haut-Hindoustan, on ne peut disculper ces rapports d'un peu d'exagération. Le cotonnier parut aussi aux Grecs un singulier phénomène; ils remarquent avec étonnement que « les arbres » fournissent l'habillement des Indiens, » et que « la laine croît » sur les arbres. » Parmi les animaux, leur attention s'arrêta particulièrement sur l'éléphant, inconnu en Europe et dans l'ouest de l'Asie, tandis que chez les Indiens ce géant de la nature animée est d'un si fréquent emploi, tant dans les armées que dans les pompes royales.

Mais parmi les indications conservées par les historiens d'Alexandre, les plus intéressantes sont celles qui se rapportent aux usages et aux institutions de la nation. Nous voyons par ces rapports que les Hindous, sur tous les points essentiels, étaient exactement ce qu'ils sont aujourd'hui. L'institution des castes, et le lien qui attache chaque individu à celle où il est né, paraissait avoir eu alors la même force que de nos jours. La prééminence de la caste sacerdotale, et les marques particulières qui la distinguent au milieu de la nation, ces deux traits qui ont longtemps prédominé dans la société hindoue, excitèrent également la surprise et la curiosité des conquérants. D'autres faits furent pareillement notés, qui montrent combien sont immuables, chez cette antique nation, certaines particularités de ses habitudes et de ses mœurs. Tel est l'usage de brûler les veuves après la mort de leur mari; le mariage des femmes dès l'âge de sept ans; le culte du Gange; l'usage exclusif des végétaux pour nourriture, et d'autres faits en grand nombre qui sont exactement aujourd'hui ce qu'ils étaient il y a vingt-deux siècles. Il ne paraît pas que dans leur passage rapide les Macédoniens aient recueilli aucune notion sur la littérature des Hindous, non plus que sur leurs livres sacrés (1).

Au nombre des fructueux résultats de l'expédition d'Alexandre pour l'avancement général des connaissances humaines, il faut accorder une large place à ceux des ouvrages d'Aristote qui ont les sciences naturelles pour objet. Précepteur de la jeunesse d'Alexandre, Aristote avait fait germer dans l'esprit de son illustre disciple un goût éclairé pour les sciences que n'étouffa pas en lui la passion des conquêtes. L'*Histoire des Animaux*, la plus belle œuvre peut-être du philosophe de Stagire, fut principalement due, on le sait, aux richesses inattendues que l'accès de l'Asie intérieure faisait entrer dans le domaine du naturaliste; on a même prétendu, non sans quelque vraisemblance, qu'Aristote avait visité, sur les pas de l'armée macédonienne, quelques-unes au moins des contrées où elle pénétra. S'il était bien établi, ce dont on a de fortes raisons de douter, que le traité attribué à Aristote sous le titre *du Monde*, περὶ Κοσμου, fût en effet de lui, au moins dans l'état où ce traité nous est parvenu, le nom du précepteur d'Alexandre se rattacherait d'une manière encore plus directe à l'histoire géographique de l'Asie; car on y trouve quelques détails qu'aucun document antérieur ne nous avait encore présentés. C'est ainsi que le nom de la Taprobane, la moderne Ceylan, s'y trouve mentionné pour la première fois. Il ne serait pas impossible, toutefois, quoique l'Inde méridionale fût restée complétement en dehors de la route d'Alexandre, que des renseignements sur ces contrées du Midi eussent été recueillis dans l'armée macédonienne. N'oublions pas qu'aucun des documents originaux de l'expédition ne nous est intégralement parvenu, et que nous ne devons qu'à des extraits plus ou moins tronqués ce qui en est arrivé jusqu'à nous.

Dans le partage des immenses conquêtes macédoniennes entre les généraux du conquérant, la haute Asie, depuis les provinces de l'Indus jusqu'à la Cappadoce, échut à Séleucus; l'Égypte, avec Chypre et la Syrie, à Ptolémée. L'un et l'autre

---

[1] H. Murray, *Historical Account of Discoveries and Travels in Asia*, t. I, p. 24.

devint dans ces riches contrées la tige d'une dynastie célèbre; tous deux, poursuivant les projets interrompus d'Alexandre, contribuèrent par leurs entreprises, ou guerrières ou commerciales, à l'avancement de la géographie de l'Orient. Une armée macédonienne, appelée dans les parties orientales du haut Hindoustan par les hostilités du roi de cette contrée, *Sandracotta*, paraît avoir pénétré jusqu'aux provinces gangétiques; malheureusement aucune relation de cette campagne ne nous a été conservée. Nous savons du moins qu'obligé de rappeler son armée dans l'ouest de l'Asie, Séleucus désigna Mégasthènes pour aller négocier la paix à la cour de Sandracotta, et que des renseignements fort étendus sur toute la péninsule de l'Inde furent le fruit de cette ambassade. Les richesses de l'empire de Sandracotta, et sa population immense, sont décrites dans les termes d'une haute admiration, ainsi que la vaste cité de Palibothra sa capitale; et l'on sait d'ailleurs que les noms de Tchandra-Goupta et de Pali-Poûtra sont en effet célèbres dans les chants historiques de l'antique Hindoustan. Patrocle, commandant de la flotte de Seleucus, donna, dans le même temps, une relation des contrées méridionales de l'Asie, où se trouve la première mention authentique de Ceylan sous le nom de *Taprobane*. La teinte fabuleuse qui avait autrefois dominé dans les récits d'Hérodote et de Ctésias n'était pas entièrement exclue de ces relations nouvelles de contrées où tout frappait, par sa nouveauté, l'ardente et mobile imagination des Grecs. Mais la philologie moderne, nous l'avons dit, jointe à l'observation attentive du pays, a donné, dans plus d'un cas, l'explication satisfaisante de prétendus faits que le bon sens rejetait comme impossibles. C'est ainsi que dans le nom des *Atchâmi*, puissante tribu qui habite un canton montagneux non loin du Gange, on a reconnu les Ἀστόμοι, ou *hommes sans bouche*, de Mégasthènes; c'est ainsi que les habitudes de quelques tribus montagnardes du nord, qui aiment à se vêtir de peaux d'animaux, et qui en conservent la tête en guise de coiffure pour inspirer plus de terreur à leurs ennemis, ont conduit à l'explication la plus naturelle de l'antique fable des Κυνοκέφαλοι, ou *hommes à tête de chien*. De même, le nom de Koûta-Bourrâka, pic élevé du Caucase indien, se transforma chez les Grecs en Κοίτη Βορέου, *la couche de Borée*; et du mont *Déva-Nichi* on fit le lieu de naissance de *Dionousos*, le Bacchus grec.

La tentative armée de Séleucus vers la région du Gange fut la dernière que firent les Grecs dans cette direction. A partir de ce jour, c'est surtout aux relations suscitées par le commerce que sont réservées les découvertes qui doivent compléter pour nous la connaissance du monde asiatique.

Dès le temps des Ptolémées d'Égypte, c'est-à-dire durant les trois siècles qui ont précédé notre ère, de notables progrès eurent lieu dans cette nouvelle voie de découvertes commerciales. Des rapports réguliers s'établirent entre l'Égypte et l'Inde peu après l'avénement de la nouvelle dynastie grecque au trône des Pharaons, et se continuèrent, sans interruption, après le passage de l'Égypte sous la domination romaine, jusqu'à l'époque où l'apparition des Musulmans sur la scène politique vint donner une nouvelle face à l'Asie occidentale. Ces rapports, il est vrai, n'eurent longtemps lieu que par l'entremise des Arabes de l'Yémen. Ceux-ci n'avaient pas cessé, depuis une très-haute antiquité, de pratiquer la navigation de l'Inde, et nous les retrouvons ici ce qu'ils avaient été au temps de la splendeur des Phéniciens, les courtiers du commerce de l'Occident avec l'Orient. Mais lorsque les négociants romains de l'Égypte connurent la nature et les époques des vents périodiques qui règnent sur la mer des Indes et sur la mer Rouge, ce qui eut lieu, dit-on, vers le milieu du premier siècle après J.-C., leurs bâtiments ne craignirent plus de s'abandonner en haute mer au souffle régulier de ces *moussons* du tropique, et leurs voyages dans l'Inde se firent dès lors sans intermédiaires. Les bénéfices s'en accrurent dans une proportion énorme, et l'activité de relations si profitables ne put que s'en augmenter.

Pendant près de neuf cents ans, depuis l'avénement des Ptolémées jusqu'à l'époque de Mohammed, le commerce extérieur de l'Occident se porta principalement sur ce point; et ce commerce avec l'Inde, qui alimenta longtemps la sensualité raffinée en même temps que le luxe presque fabuleux de Rome, fut poussé durant les derniers siècles avec une très-grande activité. On aurait donc lieu de s'étonner qu'une navigation si longtemps suivie dans ces régions de l'Inde n'ait pas amené dès lors une connaissance exacte et détaillée des parties sud-est de l'Asie, si l'on ne savait que les Anciens ne furent pas comme nous mus par ce sentiment de curiosité purement scientifique qui nous porte à étendre incessamment le cercle de nos découvertes. Chez eux, tout était essentiellement pratique ; et leurs marchands, satisfaits d'un négoce dont les profits étaient certains et très-considérables, ne songeaient pas à porter plus loin dans l'est des explorations dont le résultat commercial était inconnu. Ces explorations, d'ailleurs, étaient beaucoup plus périlleuses alors et beaucoup plus difficiles que de nos jours, où nos marins ont pour eux le secours précieux de la boussole et celui d'une navigation prodigieusement perfectionnée.

L'examen comparé des documents géographiques de cette longue période comprise entre la mort d'Alexandre et l'établissement de la puissance musulmane, permet de suivre, en quelque sorte siècle par siècle, le progrès des connaissances que les Grecs d'abord, et ensuite les Romains, recueillirent sur les parties orientales de l'Asie. Ces progrès eussent sans doute été plus rapides si l'isolement des provinces bactriennes, démembrées de l'empire des Séleucides au milieu du troisième siècle avant notre ère, n'eût élevé en quelque sorte une nouvelle barrière entre le centre de l'Asie et les contrées de l'Occident. Nous ne consignerons ici de cet examen que les résultats sommaires ; les détails ont trouvé leur place ailleurs [1].

Memphis, la vieille capitale des Pharaons, avait perdu son rang de métropole de l'Égypte, remplacée par la ville qu'Alexandre avait fondée, dans une admirable situation, à la pointe occidentale du Delta. En faisant d'Alexandrie le siége de l'Empire, les Ptolémées y appelèrent les littérateurs et les savants de toutes les parties de la Grèce ; bientôt cette ville devint le foyer des lumières de l'Occident. La science géographique, à laquelle les conquêtes macédoniennes avaient donné une puissante impulsion, y fut particulièrement en honneur, aidée surtout dans ses nouveaux progrès par les matériaux recueillis pen-

---

[1] Nous sommes fréquemment dans le cas de renvoyer le lecteur à notre premier volume, où tous les faits et tous les documents de l'ancienne géographie grecque et romaine sont classés et discutés dans un ordre rigoureusement chronologique.

dant les expéditions d'Alexandre, et pouvant compulser aussi les écrits si longtemps inaccessibles de Babylone et de Tyr, qui avaient été transportés dans la bibliothèque de la nouvelle capitale. C'est principalement comme géographes qu'Ératosthènes et Agatharchides, tous deux conservateurs de ce riche dépôt de toutes les connaissances humaines, laissèrent un nom que leurs contemporains ont transmis à la postérité. Ératosthènes tenta le premier de donner à la géographie une forme et un corps; le premier il essaya de constituer en science régulière ce qui n'avait été jusque-là qu'un amas incohérent de notions sans lien commun. Les fragments qui nous restent de sa description de la Terre montrent qu'un siècle de rapports entre l'Égypte et l'Inde n'avait encore donné, quant à la géographie naturelle, qu'une connaissance imparfaite de cette grande presqu'île. La côte orientale du Dékan forme l'extrême limite des notions positives d'Ératosthènes; encore la partie de cette côte la plus avancée au nord n'avait-elle pas été reconnue, car le géographe de Cyrène semble présumer, plutôt qu'il ne le sait positivement, que le Gange a son embouchure sur cette côte. Au delà, il croyait que le littoral extrême du continent asiatique continuait de se prolonger dans cette direction sud-nord, et que s'infléchissant ensuite vers l'ouest ou le nord-ouest, à la hauteur à peu près du nord de la mer Caspienne, elle allait plus loin se lier aux côtes septentrionales de l'Europe, qu'un navigateur marseillais, Pythéas, avait parcourues en partie peu de temps avant Alexandre. On voit que dans l'idée très-rétrécie qu'Ératosthènes se fait des bornes orientales et septentrionales du Continent, non-seulement la péninsule trans-gangétique, mais encore la Chine entière, plus de la moitié de l'Asie centrale et la vaste étendue des plaines sibériennes sont occupées par son Océan oriental. Néanmoins, malgré cet immense rétrécissement de l'Asie sur la mappemonde du géographe de Cyrène, nous serions portés à croire, avec un écrivain anglais [1], que bien que les Grecs n'eussent pas pénétré au delà des frontières de l'Inde et de la Scythie, les rapports qu'ils y eurent nécessairement avec des marchands venus par le nord du Tibet des parties plus orientales,

Vers 200.

---

[1] H. Murray, *Travels and Discovery in Asia*, I, 475.

avaient pu leur donner une notion vague de cet Océan qui limite le Continent à l'est et au nord, sans que toutefois ils eussent été à même de se former une juste idée de la forme non plus que de l'étendue des contrées intermédiaires.

Ératosthènes avait cependant appris qu'à une distance considérable au delà de l'Inde, il existait une ville nommée *Thinæ*, capitale d'une grande nation commerçante. Qu'il faille chercher sur la côte d'Ava ou de Siam l'application de ce nom qui a fort exercé la sagacité des critiques modernes, ou, ce qui paraît plus probable, que l'on doive y reconnaître le nom même de la Chine, où régnait alors la dynastie des Thsin, qui, selon l'usage invariable, avait transmis son nom à l'empire, toujours est-il que déjà de vagues indices, dus aux peuples avec lesquels les Grecs se trouvaient en contact aux limites extrêmes de leurs voyages dans l'est, révélaient l'existence de régions plus orientales. C'est la lueur encore incertaine qui précède à l'horizon la clarté du jour.

APRÈS J.-C.    Strabon, qui écrivait peu de temps après le commencement de notre ère, est ainsi postérieur de deux siècles à Ératosthènes; et cependant ses notions sur les extrémités orientales du continent asiatique n'ajoutent rien absolument à celles du géographe d'Alexandrie. Strabon, comme Ératosthènes, n'a de connaissances un peu précises que jusqu'aux bouches du Gange : encore fait-il observer que très-peu de navigateurs grecs s'étaient avancés aussi loin. Au delà, il donne à la côte asiatique la forme que lui avait supposée Ératosthènes, plaçant comme celui ci, et non moins vaguement, le nom de Thinæ à l'extrême orient de l'Asie. Comparée à l'Asie d'Hérodote, quant à l'adjonction de découvertes nouvelles, l'Asie d'Ératosthènes et de Strabon n'a d'extension que vers les deux grandes péninsules de la côte méridionale, l'Inde et l'Arabie; à l'est et au nord, les notions des deux géographes n'ont guère dépassé les limites où s'arrêtaient celles de l'historien. C'est donc moins par l'étendue que par les détails que les connaissances de Strabon dans l'Asie antérieure l'emportent sur ce que l'on en savait quatre cent cinquante ans avant lui. Mais aussi ce détail est riche de faits nombreux, puisés soit dans les relations contemporaines de l'expédition d'Alexandre pour l'Irân et l'Inde, soit à des sources plus récentes pour l'Arabie, la Syrie, la Phénicie, les pays caucasiens et l'Asie Mineure. Les campagnes des généraux romains contre le grand Mithridate avaient surtout fourni de riches matériaux pour la description de ces deux dernières régions.

Le premier siècle depuis notre ère, nous l'avons déjà fait remarquer, fut signalé par une nouvelle impulsion donnée aux relations maritimes de l'Occident avec l'Inde. C'est vers le milieu de ce siècle qu'un affranchi romain, Hippalus, fit l'importante découverte de la périodicité des moussons qui soufflent alternativement de six mois en six mois de la côte d'Afrique à celle de l'Inde, et de l'Inde à la côte d'Afrique [1]. Ce serait aussi dans le même temps, selon une opinion accréditée, qu'aurait paru un des documents les plus importants qui soient arrivés jusqu'à nous sur l'ancienne géographie de l'Inde ; nous voulons parler du *Périple de la Mer Érythrée*, attribué à un Arrien qu'il faudrait distinguer, dans ce cas, de l'auteur de la *Vie d'Alexandre*, lequel vivait dans la première moitié du second siècle. Quoique les connaissances positives de l'auteur du *Périple*, comme celles de *Strabon* et d'*Ératosthènes*, s'arrêtent en deçà des bouches du Gange; quoique le Delta que forme ce fleuve, avec un pays limitrophe que le Périple nomme Χρυσῆ, ou Région de l'Or, et une île de l'Océan renommée pour la beauté de ses tortues à carapace dorée, soient pour lui les points extrêmes des terres connues à l'orient, il sait néanmoins qu'au delà, dans la direction du nord et loin des côtes de l'Océan, il existe une grande ville nommée *Thina*, d'où l'on tire des étoffes de soie et de la soie en nature, que des caravanes apportent jusqu'à Barygaza (Baroudj), et de là dans la Limyrique (le Konkan), deux localités situées sur la côte occidentale de la péninsule hindoue, et qui étaient les principaux points d'entrepôt fréquentés par les navires d'Égypte et d'Arabie. L'auteur du Périple nous indique suffisamment la direction que suivaient ces caravanes dans l'Asie centrale, en nous disant qu'elles passaient par Bactra (la moderne Balkh), c'est-à-dire qu'elles traversaient la partie orientale de la Bactriane. Aujourd'hui encore, après dix-huit cents

Vers 50.

---

[1] *Vr.* W. Vincent, *The commerce and the Navigation of the Ancients in the Indian Ocean*, I, p. 47, 49.

ans, les caravanes de l'intérieur de l'Asie suivent exactement les mêmes routes et apportent dans l'Inde les mêmes denrées, notamment la soie écrue [1]. « Il est fort difficile d'atteindre Thina, ajoute le Périple, et bien peu de marchands vont jusque-là ; car ce lieu est situé sous la petite Ourse même (sous le pôle, aux dernières extrémités du nord [2]), et on dit qu'il confine aux contrées qui touchent au Pont et à la mer Caspienne, du côté où les Palus-Méotides se dégorgent dans l'Océan. » Non loin de Thina demeurait un peuple nommé Sèsata; c'était une race trapue, robuste, violente et grossière, avec de larges figures et des nez écrasés ;—portrait auquel on ne saurait méconnaître une tribu de sang mongol. Après quelques détails sur une sorte de foire tenue chaque année par ces Sèsata aux confins des Thinæ, l'auteur du Périple ajoute : « Les régions qui sont au delà n'ont pu jusqu'à présent être explorées, soit à cause de l'intempérie des saisons et de la rigueur du froid qui en rendent l'accès très-difficile, soit aussi que ce n'ait pas été la volonté des dieux. » L'ensemble de cet important passage, qui demanderait plus d'un commentaire dont ce n'est pas ici la place, rend évident que les informations qu'il renferme avaient été transmises par ces caravanes mêmes qui venaient de Thina à Barygaza par la route de Bactres ; et l'on ne peut se refuser à voir dans Thina la Chine septentrionale, à laquelle confinent les Mongols. Ces nouveaux détails, quoique bien imparfaits encore, peuvent néanmoins servir à fixer la vraie position de la Thinæ d'Ératosthènes, dont le nom était déjà arrivé jusqu'aux oreilles des navigateurs égyptiens près de trois cents ans avant le siècle d'Arrien.

Pline et Ptolémée, le premier contemporain de l'âge présumé de l'auteur du Périple, le second postérieur de plus d'un

---

[1] *Fr.* Vigne, *A personal Narrative of a Visit to Ghuzni, Kabul*, etc. Lond. 1843, in-8, p. 69.

[2] Il ne faudrait pas prendre dans un sens rigoureux cette expression purement métaphorique ; on la rencontre fréquemment dans les Pourânas, pour désigner les âpres et froides montagnes qui couvrent au nord les chaudes plaines de l'Hindoustan, celles, notamment, où le Gange prend sa source. *Fr.* Wilford, *On the Ancient Geographia of India*, Asiat. Res. XIV, 455. La description que donne Quinte-Curce (VII, 3) de la région Paropamisade, description confirmée de tout point par les relations modernes, était bien propre, au surplus, à donner l'idée d'une région polaire.

siècle, ajoutent l'un et l'autre de nouveaux détails à ce qu'Arrien avait rapporté du commerce par caravanes qui se faisait à travers l'Asie centrale avec la région orientale d'où venait la soie. Cette région, dans Pline et dans Ptolémée, est désignée par le nom de *Sérique*, nom déjà connu en Asie du temps de Ctésias, si le texte de cet ancien auteur, ou plutôt l'abrégé qui nous en reste, n'a pas été altéré ou interpolé. Ce nom, d'ailleurs, nous ramène encore vers le nord de la Chine ; car il a été prouvé que c'est dans la langue chinoise seulement que la soie porte le nom de *sir*, d'où il suit que le mot *Serica*, ou Région de la soie, est une simple appellation, et non une dénomination géographique. Ptolémée surtout, vers le milieu du second siècle de notre ère, a reçu beaucoup d'informations nouvelles sur les routes suivies par les grandes caravanes de l'intérieur de l'Asie, aussi bien que sur les peuples et les pays que traversaient ces caravanes. Quoique d'une nature encore vague, quant à la configuration générale de ces vastes régions intérieures, les itinéraires qui servirent à Ptolémée pour la construction des parties orientales de sa carte d'Asie lui montraient clairement, par la simple évaluation des distances, que l'Océan oriental de l'école d'Ératosthènes rétrécissait beaucoup trop les dimensions du continent asiatique ; et rejetant comme purement hypothétique l'existence de cet Océan, où nul Européen n'avait pénétré, il le bannit de sa nomenclature et se contenta de désigner comme *Terra incognita* ce qui s'étendait vers l'est et le nord au delà du pays des Sères, le dernier dont il connût l'existence dans cette direction. Plus au midi, ses renseignements sur les pays maritimes qui se prolongent à l'orient de l'Inde ont aussi reçu une notable extension, si on les compare à ceux que l'on avait même à l'époque peu éloignée du Périple d'Arrien. Le vague extrême de ces renseignements montre, toutefois, que si quelque navigation accidentelle avait permis de les recueillir, il n'en était pas résulté de rapports réguliers qui missent à même de les perfectionner. Le pays de l'Or, qui, chez l'auteur du Périple de la mer Érythrée, est contigu à la basse région du Gange, est devenu dans Ptolémée une grande péninsule, la *Khersonèse d'Or*, que le golfe Gangétique sépare de l'Inde, ce qui semble nous désigner la longue presqu'île de Malakka. Au delà de la Kher-

Vers 170.

sonèse d'Or, un enfoncement de la côte, assez étendu pour avoir reçu le nom de *Grande Baie*, ne paraît avoir de correspondance convenable que dans le vaste golfe de Siam; et la côte qui vient ensuite avec le nom de *Thinæ*, quoique mal orientée sur la mappemonde du géographe grec, s'identifierait dès lors avec celle du midi de la Chine. L'application de cette nomenclature au local actuel a donné lieu, du reste, à des systèmes fort différents; mais dans des appréciations de cette nature, quand les indications sont aussi peu précises, il nous semble qu'il importe plutôt d'en bien saisir le sens général que d'en vouloir déterminer rigoureusement les correspondances de détail. On ne saurait édifier solidement sur ce terrain mouvant, qui semble se prêter et se dérober tour à tour à toutes les démonstrations; et l'énorme différence des résultats auxquels sont arrivés des hommes d'un égal savoir au moyen de rapprochements qui semblent également spécieux, montre bien que de semblables recherches, quand on les veut pousser au delà de certaines limites d'appréciation générale, sont des jeux d'esprit et des exercices d'érudition plutôt qu'un travail sérieux susceptible de conduire à de solides résultats.

Il pourrait paraître surprenant de retrouver ici, dans une situation tout à fait méridionale, le nom de *Thinæ* que précédemment nous avons vu fort loin dans le nord. Mais ce déplacement s'explique si l'on reconnaît que ce nom de Θῖνα, qui, dans la prononciation grecque, prenait la forme de *Sina* ou *Tsina*, se rapportait moins à une ville qu'à une contrée d'une grande étendue. Il n'est même pas invraisemblable que les informations que nous trouvons dans Ptolémée sur les dernières contrées situées à l'orient de l'Inde, les Grecs d'Égypte les eussent au moins en partie reçues par l'intermédiaire des Malais, race errante répandue de temps immémorial dans toute cette région maritime du sud-est de l'Asie, soit comme marchands ou courtiers, soit comme pirates; or, depuis une époque antérieure à notre ère, les Malais n'ont connu que sous le nom de *Tchina* ce vaste empire que plus tard les Portugais d'après eux, et le reste de l'Europe moderne d'après les Portugais, ont pris et conservé l'habitude de nommer la Chine.

S'il pouvait rester quelque doute sur la connaissance de cet empire en Europe à une époque aussi ancienne que celle de Ptolémée, ce doute disparaîtrait devant un fait historique que les annales chinoises nous ont révélé : c'est l'envoi d'une ambassade romaine vers l'empereur de la Chine en l'année 166 de notre ère [1], quatre ans avant la mort du géographe d'Alexandrie. Les annales chinoises nomment *An-thun* le souverain de qui venait cette ambassade; et Marc-Aurèle-Antonin occupait en effet alors le trône des Césars, qu'il honorait par ses vertus. L'année précédente, 165, Marc-Aurèle avait conclu la paix avec les Parthes, qui depuis longtemps interceptaient les relations de commerce entre les Romains et l'intérieur de l'Asie [2]; l'objet de l'ambassade s'explique donc naturellement par le désir de renouer ces relations également favorables aux deux peuples. Les conquêtes des empereurs de la Chine dans la zone moyenne de l'Asie avaient d'ailleurs à cette époque comblé presque entièrement l'immense intervalle qui séparait les deux empires; au-dessus du pays où dominaient les Parthes, il n'y avait presque plus entre eux que la mer Caspienne. Si l'histoire de l'Occident se tait sur des rapports d'un si grand intérêt politique, de même qu'elle garde un silence presque absolu sur la guerre qui avait eu lieu avec les Parthes et sur le traité dont elle fut suivie, c'est que les maigres chroniqueurs aux mains desquels était tombée la plume émoussée de Tacite et de Tite-Live ont à peine arrêté leurs regards sur les événements de l'Orient. Que nous reste-t-il sur le règne de Trajan, sur ce règne si brillant et si bien rempli qui ouvre le siècle glorieux des Antonins?

Il est donc certain que l'on avait alors à Rome des notions au moins générales sur les contrées orientales de l'Asie; et l'on admettra difficilement que ces notions, principalement transmises par les voyageurs que le commerce y avait conduits, fussent restées étrangères à Ptolémée, placé comme il l'était au centre même des relations commerciales établies entre les deux

---

[1] De Guignes, *Hist. des Huns*, t. I, 2ᵉ part., p. lxxix. On mentionne une seconde ambassade romaine en Chine, sous la date de 638. Jacquet, dans le *Nouv. Journ. Asiat.*, t. IX, 1832, p. 463.

[2] La même circonstance se reproduisit en d'autres temps, et par la même cause. Il y a à ce sujet un passage digne d'attention dans Procope, *Guerre Persique*, liv. I, ch. 20.

extrémités de l'Ancien Monde, et que la nature de ses études portait particulièrement à ces sortes d'investigations. C'est faute de s'être suffisamment rendu compte de cet ensemble de circonstances, que des géographes modernes, dominés par une préoccupation systématique, ont voulu restreindre à la côte du Pégu d'un côté, et de l'autre au Tibet occidental et à la Petite Boukhârie, c'est-à-dire à la pente occidentale du Grand Plateau, les indications géographiques consignées par Ptolémée dans sa description de l'Asie.

En étendant comme il convient de le faire le rayon des connaissances que Ptolémée avait recueillies sur les extrémités orientales de la terre, il ne faudrait cependant pas, nous avons eu déjà lieu de le remarquer, accorder à toutes ces notions indistinctement une égale valeur. Du Pont-Euxin et du fond de la Méditerranée au golfe Gangétique, la zone oblique ayant l'Océan méridional d'un côté, et de l'autre le Paropamisus et la Caspienne, représente pour l'Asie ce que dans Ptolémée, ainsi que chez les géographes qui l'avaient précédé depuis Ératosthènes, l'on peut nommer le domaine de la géographie positive : cet espace, d'environ 60 degrés en longitude, sur une largeur moyenne de moins de 20 degrés, comprend l'Inde, l'Iran, la Mésopotamie, l'Arabie, la Syrie, les pays Caucasiens et l'Asie Mineure. Ce n'est pas le quart du continent asiatique. Au delà, soit à l'est vers la péninsule Trans-Gangétique et le grand Archipel d'Asie, soit au nord-est du côté de la Chine et des plaines élevées du Grand Plateau, soit au nord dans la basse région de l'Aral, Ptolémée n'avait que des notions généralement vagues, très-confuses et fort incomplètes. Mais enfin il n'ignorait pas que dans ces diverses directions il y avait de vastes contrées et de grandes nations; et la moitié du continent n'était plus, comme dans la Mappemonde d'Ératosthènes et de Strabon, ensevelie sous un océan imaginaire.

Il est d'autant plus important de se représenter l'étendue précise des connaissances géographiques de Ptolémée, que pour l'Asie, de même que pour le reste du monde alors connu, son ouvrage nous donne le seul tableau complet que nous ayons de l'ensemble des notions acquises par les Anciens sur les pays situés en dehors du monde romain. Quelque imparfaite qu'elle soit à bien des égards, la géographie de Ptolémée se dresse comme un phare lumineux à la limite commune de deux grandes époques : d'un côté, projetant sa clarté sur les découvertes antérieures ; de l'autre, devant éclairer plus tard les pas encore incertains de la géographie renaissante.

## III.

L'époque de Ptolémée, ou le milieu du second siècle après notre ère, marque en Asie le point culminant des connaissances géographiques des Romains, de même qu'elle est aussi celle de la plus haute splendeur de l'Empire. A partir de cette époque, une décroissance rapide succède à la longue période d'accroissement et de prospérité qui avait fait de Rome le foyer de la civilisation européenne et la dominatrice de l'Occident. Affaiblie par sa grandeur même, énervée par le luxe, rongée de corruption, livrée aux funestes désordres d'un gouvernement militaire, Rome, cette reine superbe, se vit dépouiller un à un des insignes glorieux de sa toute-puissance. Il y eut une terrible réaction au sein des nations conquises ; et l'empire des Césars, attaqué à son tour ou menacé sur toute l'étendue de ses immenses frontières, eut assez de se défendre contre les irruptions incessantes d'une foule de peuples barbares que ne contenait plus la terreur de son nom. Des guerres continuelles, non plus des guerres de conquête, mais de défense et de conservation, achevèrent ce qu'avait commencé la dégénération morale : en même temps que déclinait la puissance de Rome, le flambeau du savoir, dépérissant dans ses mains, ne jetait plus qu'à de rares intervalles une lueur affaiblie, pâle reflet de son ancien éclat. Puis un moment vint où les faibles barrières qui contenaient encore le flot des peuples du Nord furent brisées, et où l'inondation envahit jusqu'au cœur de l'Italie. Alors l'Empire d'Occident cessa d'exister, et Rome captive — terrible retour des grandeurs humaines ! — vit régner dans ses murs le chef d'une des hordes nomades que les grands déplacements de peuples qui eurent lieu durant cette période avaient arrachées du fond de l'Asie pour les précipiter sur l'Europe.

*Du 3ᵉ au 5ᵉ siècle.*

*5ᵉ siècle.*

*480.*

Un démembrement de l'Empire des Césars se maintint cependant encore durant plusieurs siècles dans les provinces orientales; l'antique Byzance, agrandie par Constantin qui lui laissa son nom, en était devenue la capitale (330). Mais quoique principalement formé des provinces asiatiques, l'*Empire d'Orient* n'était plus en position de continuer les découvertes géographiques dans l'intérieur de l'Asie. Perpétuellement harassé sur ses frontières du nord par d'innombrables essaims de peuples barbares, souvent en guerre avec la Perse qui bordait sa frontière orientale et lui interceptait l'accès du Continent, il fut d'ailleurs livré presque sans interruption à de sanglantes dissensions ou à des luttes religieuses, où s'épuisait stérilement ce qui lui restait de force et de vie.

Le peu de monuments ou d'indications que nous avons encore des connaissances géographiques de l'Europe à cette époque de dégénération, nous montre ces connaissances englouties dans le naufrage commun des lettres, des sciences et des arts. Dans toute l'Europe occidentale, et en grande partie aussi dans les provinces de l'Empire Grec, on avait perdu, en même temps que le goût et l'intelligence de la belle littérature classique, jusqu'au souvenir des ouvrages savants des Ératosthènes, des Pline, des Strabon, des Ptolémée. Des moines ignorants effaçaient l'écriture des anciens manuscrits pour y substituer d'absurdes légendes ou de lourdes homélies; et c'est un grand bonheur qu'un petit nombre de ces manuscrits des beaux siècles, obscurément enfouis dans quelques monastères, aient alors échappé à la destruction. Ce sont ces faibles débris qui hâteront plus tard en Europe la régénération de l'esprit humain, après le long assoupissement du Moyen Age.

Pendant qu'un génie funeste étendait ainsi ses ailes de plomb sur ces belles contrées où avaient autrefois brillé les immortels écrivains de l'Ionie, d'Athènes et de Rome, un coin ignoré de l'Asie voyait s'accomplir une révolution d'une autre nature, destinée, par un de ces mystérieux enchaînements marqués du doigt puissant de la Providence, à ramener plus promptement sur l'Europe l'aurore d'une civilisation nouvelle.

Mohammed, le réformateur religieux des Arabes, ouvrait aux sectateurs de son nouveau culte une carrière où l'Arabie tout entière se précipita avec la double ardeur du prosélytisme religieux et de l'entraînement des conquêtes.

A peine la voix du Prophète a-t-elle proclamé la loi renfermée dans les prescriptions du Koran, que déjà les Khalifes qui continuent sa mission ont planté son étendard victorieux sur le Liban, sur l'Euphrate et sur le Nil. Un demi-siècle à peine s'est écoulé, que la conquête de la Perse jusqu'au Sindh, et celle du nord de l'Afrique jusqu'à l'Océan occidental, ont étendu la loi musulmane sur les plus belles parties de l'Ancien Monde. L'Espagne subit bientôt après le même sort, et un moment toute l'Europe put se croire menacée de voir le symbole sacré de la Croix disparaître devant le Croissant. 634-639.

711.

Cependant les peuples de l'Europe chrétienne n'avaient pas cessé de tourner leurs regards vers la contrée que Jésus-Christ, leur divin Rédempteur, avait sanctifiée par sa naissance et par sa mort; au sein de la nuit profonde où ils étaient plongés, le nom vénéré de la Palestine était le dernier souvenir qui leur fût resté de l'Orient. Même après l'invasion de la Syrie par les Musulmans, les saints lieux continuèrent d'être pour l'Europe un but de pieux pèlerinages ; et les récits de plusieurs de ces pèlerins, récits dont quelques-uns remontent jusqu'au septième siècle, nous ont été conservés dans les légendes et dans les chroniques du temps. Ces pèlerinages devinrent de plus en plus fréquents pendant les quatre siècles qui suivirent, favorisés par les Arabes eux-mêmes à qui leur propre Loi prescrivait de respecter le tombeau de Jésus, et qui retiraient d'ailleurs de grands avantages de cette affluence de voyageurs chrétiens. Mais une nouvelle révolution politique dont l'Asie Occidentale fut le théâtre vers la fin du onzième siècle vint changer ces rapports et donner lieu à de grands événements.

Sortis de la région moyenne de l'Asie, cette inépuisable pépinière d'émigrations armées, les Turks s'étaient répandus dans l'Iran qu'ils enlevèrent aux Arabes, et où ils fondèrent les deux dynasties des Ghaznévides et des Seldjoukides. Un demi-siècle plus tard ils s'emparèrent également de la Syrie, possédée jusque-là par les sultans d'Égypte. A partir de ce moment, les pèlerins d'Europe cessèrent d'avoir un accès facile en Palestine ; pressurés et maltraités par les nouveaux maîtres du pays incompa- 907-1034.

1078.

rablement plus grossiers et plus barbares que les Arabes, ce n'était qu'au milieu de persécutions de toute nature qu'ils pouvaient maintenant accomplir le vœu qui les y avait conduits. Or, il arriva qu'en gentilhomme d'Amiens, nommé *Pierre* et surnommé l'*Ermite*, marié d'abord, puis soldat et prêtre, entreprit par pénitence, précisément vers ce temps, un pèlerinage à Jérusalem. La vue des profanations dont les Turks souillaient le Saint-Sépulcre, les souffrances des Chrétiens d'Orient dont il fut témoin, le pénétrèrent de douleur et d'indignation. Il revient en Europe, se rend près du pape Urbain II, et sollicite l'autorisation de prêcher dans toute la Chrétienté une sainte ligue contre les Infidèles. Cette ligue est proclamée au concile de Clermont-Ferrand, en l'année 1095. Pierre parcourt aussitôt la France, l'Allemagne et l'Italie, excitant partout les peuples et les princes à s'armer contre les Musulmans. Près d'un million de combattants se lèvent à sa voix ; hommes, femmes, enfants, tous les âges, tous les états, veulent prendre part à cette expédition pour laquelle le pape a promis le salut éternel.

1096-1248. Telle fut l'origine des *Croisades*, où pendant un siècle et demi tant de générations d'hommes se consumèrent sans résultat. Nous n'avons pas à en retracer les incidents ; et même sous notre point de vue tout spécial, il ne semble pas qu'elles aient eu une influence sensible sur le renouvellement des connaissances géographiques dans l'Occident. Il ne faudrait pourtant pas prendre ceci dans un sens trop absolu. Cette immense agitation matérielle de l'Europe, durant une si longue période, fut nécessairement suivie d'un grand mouvement d'idées. Les facultés endormies se réveillèrent. L'Asie musulmane s'était rapidement élevée, dans les deux premiers siècles du khalifat, à un haut degré de culture intellectuelle ; Bagdad et Samarkand eurent des poètes, des historiens, des littérateurs justement fameux. Continuellement en contact, pendant cent cinquante ans, avec les mœurs déjà raffinées des Arabes de Syrie et d'Égypte, les princes croisés et leurs barons en rapportèrent en Europe ces habitudes chevaleresques qui ont été la transition de l'ancienne barbarie à la politesse moderne. Une invisible chaîne unit entre elles toutes les puissances de l'âme ; l'homme ne saurait faire un pas dans un des mille sentiers de l'amélioration intellectuelle, que toutes ses facultés ébranlées ne s'avancent à la fois, d'une marche plus ou moins hâtive, vers le but que la grande loi du progrès leur assigne. L'adoucissement des mœurs après le siècle des Croisades a réagi sur la culture de l'esprit, et la culture de l'esprit sur l'avancement des sciences. Pour n'être pas toujours apparente dans l'histoire d'une branche isolée de la civilisation, cette vaste solidarité n'en est pas moins réelle.

L'influence de la civilisation musulmane sur le renouvellement des connaissances géographiques dans l'Occident aurait pu être plus directe et plus prompte, si l'esprit des soldats de la Croix avait été mieux préparé à recevoir fructueusement les germes que renfermait l'Orient. La géographie, en effet, fut au nombre des premières connaissances que cultivèrent les sectateurs de Mohammed après l'affermissement du khalifat; l'immense étendue de leur empire, jointe à la prescription religieuse pour tout bon musulman de visiter au moins une fois en sa vie le tombeau du Prophète, devait mettre en honneur parmi eux l'étude et la culture d'une science qui était un objet non pas seulement de curiosité spéculatrice, mais de nécessité pratique. Aussi les Arabes comptent-ils un grand nombre de géographes et de voyageurs, depuis le deuxième jusqu'au quatorzième siècle. Pour nous en tenir aux plus renommés, Masoudi et Ibn-Haukal avaient précédé les Croisades, dont l'Edrisi et Ibn-al-Ouardi furent contemporains. Aboulféda, non moins célèbre, est d'une époque plus rapprochée. Leurs ouvrages, dont celui de Ptolémée fut évidemment la base première, dépassent sur plusieurs points la limite des connaissances que le géographe grec avait sur l'Asie; en une foule d'autres points, ils étendent ou rectifient les indications de la géographie gréco-romaine. Mais cette source abondante de notions géographiques devait longtemps encore rester fermée pour l'Europe. C'est seulement à dater du dix-septième et du dix-huitième siècle, alors que la culture plus générale de la langue du Koran ouvrit enfin à nos savants les trésors de la littérature arabe, que quelques-uns des monuments géographiques de cette riche littérature purent servir parmi nous à l'avancement de la connaissance de l'Asie; ce n'est qu'à partir de cette époque que la géographie arabe, tirée par nous du cercle limité où elle restait inaccessible aux autres peuples, est véritablement entrée dans le domaine scientifique de l'Humanité. A une époque plus rapprochée, il en sera de même aussi pour la littérature d'une nation située aux dernières extrémités du monde. Plus riche encore que celle des Arabes en renseignements géographiques sur une vaste portion de l'Asie intérieure, la littérature du peuple chinois doit à nos missionnaires d'avoir franchi la barrière presque inexpugnable où elle semblait à jamais renfermée. Et qui sait si d'autres nations de cet immense continent asiatique ne réservent pas à nos actives investigations des trésors encore ignorés, destinés à grossir tôt ou tard la somme de la science universelle?

Pendant que les Croisés défendaient contre le célèbre Saladin et contre son successeur ce qui leur restait encore des principautés chrétiennes fondées en Syrie, une nouvelle puissance se formait obscurément sur la pente septentrionale du Grand Plateau central, dans une des hautes vallées de l'Altaï : — puissance destinée à s'étendre en quelques années sur la presque totalité de l'Asie, dont elle va changer encore une fois l'aspect politique. La grandeur mongole, qui faillit embrasser le monde entier, fut créée en moins de temps qu'il n'en faut d'ordinaire pour fonder et peupler une seule cité. Jamais plus faibles commencements ne furent suivis aussi rapidement d'une puissance aussi formidable. Le chef d'une tribu jusque-là faible et ignorée se fait remarquer par son audace et son courage ; en peu de temps il réunit autour de lui tout ce que la Tartarie renferme d'esprits remuants et belliqueux. Il abaisse ses rivaux et détruit ses ennemis. Les sources de l'Onoun, du Kerloun et de la Toula, non loin du lac Baïkal vers le Midi, voient naître et grandir le géant qui bientôt étendra ses cent bras sur une grande partie de l'Asie et sur tout l'orient de l'Europe. En l'année 1206, le prince des Mongols prend, en présence des chefs de cent tribus, le titre de *Tchinghis-Khâkhan* ou Grand Khan des Khans, et il établit le centre de sa domination à Kara-Koroum, ville située au sud du cours de l'Orghoun, au pied même du Khangaï qui forme de ce côté l'escarpement septentrional du Grand Plateau, presque sous la même latitude que Paris, dont 100 degrés la séparent en comptant les longitudes de l'ouest à l'est [1].

---

[1] Abel Rémusat, *Mémoires sur les Relations politiques des princes chrétiens avec les empereurs Mongols*, 1822, in-4, p. 5.

De cette époque, date la série non interrompue des conquêtes des Mongols. Chaque année voit ajouter un royaume à leur empire [1]. L'armée de Tchinghis-Khan, pareille à un fleuve immense, se partage en plusieurs bras qui inondent à la fois l'Occident et le Midi. Les Turks orientaux sont subjugués en 1208, le Tangout, qui touche au Tibet, en 1209, le nord de la Chine, en 1215, le Khârizm et tout le Turkestan en 1220, l'Irân en 1221. La mort de Tchinghis ne suspend pas ce débordement des tribus mongoles, qui rappelle les antiques invasions de peuples scythes dont la tradition s'est perpétuée à travers les siècles. Ici, comme en bien d'autres cas, les souvenirs des temps anciens s'expliquent par l'histoire mieux connue des temps modernes. Ogodaï, le successeur du Grand Khan, charge Batou de conquérir, à la tête de sept cent mille hommes, les plaines sans bornes qui s'étendent au nord de la Caspienne et de la mer Noire. Rien ne peut arrêter cette effroyable avalanche humaine. Moskou est occupée, et les grands ducs de Russie se reconnaissent tributaires, en même temps qu'un autre corps de troupes se dirige contre les deux royaumes chrétiens d'Arménie et de Géorgie (1235), et qu'une troisième armée se jette sur l'Asie Mineure, en grande partie soumise alors aux Turks-Seldjoukides d'Iconium. Les princes chrétiens attaqués ou menacés imploraient le secours de leurs frères contre ces barbares qui allaient changer l'Europe en un vaste désert. Une nouvelle Croisade fut prêchée contre ces nouveaux ennemis, plus redoutables encore et plus féroces que les Musulmans. Cependant la retraite subite de Batou, qui reprit le chemin du Volga après s'être avancé jusqu'en Hongrie (1241), calma quelque peu ces vives appréhensions; et bientôt les dispositions de l'Europe à l'égard des Mongols prirent une autre direction. Gaïouk, successeur d'Ogodaï, avait résolu de se rendre maître de la Syrie, inégalement partagée entre quelques principautés chrétiennes et les Aïoubites d'Égypte. Cette expédition, qui semblait devoir consommer la ruine des Croisés, devint au contraire une occasion inattendue de négociations. Avant d'arriver jusqu'aux Francs, les Tartares avaient à combattre les restes des Seldjoukides d'Iconium, les

---

[1] *Ibid.*, p. 6 et suiv.

rois de la race de Saladin et les autres princes musulmans, avec lesquels les Francs étaient aussi en guerre. Ceux-ci et les Mongols se trouvaient donc en quelque sorte alliés naturels. A cet intérêt commun, dont on se hâta de se prévaloir, les papes tentèrent d'en ajouter un autre, celui de la religion. Rome résolut de députer vers les chefs de l'armée du Khan des missionnaires qui seraient chargés de leur faire connaître la foi. Quelque grande que fût l'entreprise, elle ne semblait cependant pas dénuée de chances de succès. Le bruit s'était répandu que les Tartares avaient parmi eux un grand nombre de chrétiens; la fable d'un roi chrétien que l'on nommait le *Prêtre-Jean*, et qui régnait, disait-on, dans l'Asie orientale, fable fondée sur des récits mal interprétés de Syriens, qui, depuis longtemps, avaient poussé leurs courses jusqu'en Chine, était très en faveur dans toute l'Europe. D'ailleurs, les Mongols ne reconnaissaient pas Mohammed, et ils poursuivaient avec acharnement les Musulmans : c'en était assez, dans ce siècle d'ignorance, pour qu'on les regardât comme ayant fait un grand pas vers le christianisme. Les Tartares avaient été pris pour des magiciens ou des démons échappés de l'enfer [1] quand ils avaient attaqué les chrétiens de Pologne et de Hongrie ; peu s'en fallut qu'on ne les crût tout à fait convertis, quand on vit qu'ils faisaient la guerre aux Turks et aux Sarrasins.

Innocent IV, qui venait d'être promu au trône pontifical, résolut donc d'envoyer aux Mongols une double ambassade, l'une vers Batou, qui campait alors sur les bords du Volga, l'autre vers Batchou, qui commandait en Perse et en Arménie. Investis du double caractère d'ambassadeurs et de missionnaires, les envoyés devaient appartenir à l'Église : deux ordres monastiques, les dominicains et les franciscains, se partagèrent l'honneur de les fournir. Les frères Laurent de Portugal, Benoît et Jean du Plan-Carpin, tous trois de l'ordre de Saint-François, furent chargés de se rendre près de Batou ; et le pape leur recommanda

---

[1] *Tartari, imò Tartarei*, était devenu un adage européen. Et peut-être cette espèce de jeu de mots fut-il pour beaucoup dans l'altération qu'a subie parmi nous le nom réel des Mongols—ou plus exactement d'une de leurs tribus—lequel doit s'écrire et se prononcer *Tâtar*. (Abel Rémusat, *Mémoires cités*, p. 15.)

fortement de prendre sur les mœurs et les habitudes de vie des Tartares, toutes les informations possibles. La seconde mission fut confiée à quatre religieux de l'ordre de Saint-Dominique, Ascelin, Simon de Saint-Quentin, Alexandre et Albert, auxquels se joignirent en route Guichard de Crémone et André de Lonjumel. Les lettres de créance sont datées du 5 mars 1245 [1].

Les deux légations se mirent simultanément en route pour leur périlleuse mission, celle de Laurent de Portugal — dont Plan-Carpin écrivit la relation — par la Germanie, la Hongrie et les plaines sarmatiques; celle d'Ascelin par mer, pour gagner la Perse à travers la Syrie et la Mésopotamie. Celle-ci ne dépassa pas la frontière du Khârizm, où elle rencontra Batchou au milieu de son armée; l'autre, après avoir remis ses lettres à Batou non loin des bords du bas Volga, dut s'avancer, au-dessus de la mer Caspienne, par les steppes qui bordent au nord le lac d'Aral et le Turkestan, jusqu'à la résidence du Khâkhan, non loin de Karakoroum. C'était la première fois que le pied d'un Européen foulait ces régions lointaines de l'Asie centrale. La relation de Plan-Carpin forme donc une époque remarquable dans l'histoire géographique de l'Asie, non pas tant à raison de son importance propre, que par le vaste horizon qu'elle ouvrait de nouveau aux regards des peuples de l'Occident. Les Européens avaient oublié depuis si longtemps tout ce qu'avait recueilli l'antiquité sur les contrées orientales, et les expéditions à la Terre-Sainte ne leur avaient apporté à cet égard que des connaissances si vagues, si bornées et si confuses, que les récits déposés par les courageux moines entre les mains du pape, quelque pauvres qu'ils fussent si on les compare aux savantes relations des observateurs modernes, révélaient en quelque sorte tout un nouveau monde. Il est vrai qu'en ce temps d'ignorance universelle, ces notions ne se répandaient que dans un cercle bien limité. Néanmoins les copies s'en propageaient de cloître en cloître; les moines, dans leurs prédications ou dans leurs entretiens, devaient parler volontiers de faits si honorables pour leur ordre; et le peuple, alors comme aujourd'hui, prêtait une oreille avide

1245-1247.

---

[1] Abel-Rémusat, loc. cit., p. 26;—d'Avezac, *Notices sur les anciens voyages de Tartarie*, dans les Mém. de la Soc. de Géogr. de Paris, t. IV, p. 464.

à ces récits lointains, à ces légendes merveilleuses relatives à des nations inconnues, dont le nom, naguère encore, le frappait de terreur. Non-seulement les clercs, c'est-à-dire les savants de l'époque, mais les masses elles-mêmes se familiarisaient peu à peu avec les choses nouvelles que l'on racontait des pays et des peuples de l'Orient; puis un moment viendra où ces notions chaque jour plus générales, quoique bien imparfaites encore et mêlées de bien des fables, germeront dans un esprit plus hardi, plus entreprenant que la masse de ses contemporains, et le pousseront à quelque grande entreprise destinée à honorer son siècle. C'est ainsi que dans l'histoire de toutes les connaissances humaines on voit poindre et se préparer les grandes découvertes.

Les deux ambassades du pape Innocent IV n'eurent aucun résultat au point de vue politique; et il en fut de même à cet égard de deux ambassades nouvelles envoyées au grand khan quelques années plus tard par le saint roi Louis IX pendant sa croisade en Palestine. La première, en 1248, fut confiée à un moine nommé frère André; la seconde, en 1253, à un religieux franciscain dont le nom flamand de Ruysbrock a été latinisé à la mode du temps en celui de Rubruquis. L'une et l'autre allèrent jusqu'à la horde du roi tartar près de Karakoroum; la relation de Rubruquis nous a été conservée. La route qu'il avait prise à partir du Volga est à peu près la même que celle qu'avait suivie Jean du Plan-Carpin huit ans auparavant, et les détails géographiques ne sont guère plus étendus; néanmoins, nous le répétons, ces rapports fréquents avec les peuples de l'intérieur de l'Asie répandaient toujours quelque lumière sur les contrées lointaines de l'Orient. Elles apprenaient, ou plutôt elles rappelaient à l'Europe qu'au delà de ses limites il existait un autre monde plus vaste, habité par des nations riches, civilisées et populeuses; elles excitaient la curiosité sans la satisfaire, et elles préparaient les découvertes plus étendues qui devaient signaler la fin du treizième siècle.

Deux mobiles, puissants l'un et l'autre, et qui tous deux ont joué un grand rôle dans l'histoire géographique de la Terre, ont seuls présidé à ces premières entreprises d'où date pour nous la renaissance de la géographie asiatique : c'est la guerre et le prosélytisme religieux ; un autre non moins puissant et d'une action encore plus continue et plus universelle, le commerce, va maintenant s'y joindre et reprendre la tâche qu'il avait autrefois commencée. Cette tâche, au surplus, il ne l'avait jamais désertée complétement. Mais depuis plusieurs siècles les bouleversements politiques de l'Asie occidentale, s'ils ne l'avaient pas absolument interrompue, lui avaient enlevé l'extension et la suite qui seules peuvent la rendre fructueuse. L'irruption des Arabes sous les premiers khalifes avait porté un coup mortel aux relations pacifiques dont Alexandrie était le centre. Ainsi violemment repoussé de la route que le génie d'Alexandre lui avait tracée et qu'avait assurée la sollicitude éclairée des rois Lagides, le commerce de l'Inde s'était reporté vers le nord, où il avait retrouvé, par le Pont-Euxin, le Phase, l'Arménie, le nord de la Perse, l'Oxus et l'Indus, une ancienne voie de caravanes que la route maritime, plus prompte et moins coûteuse, avait fait à peu près abandonner. Constantinople recueillit alors le riche héritage de la cité d'Alexandre, et devint à son tour le marché du monde.

Constantinople, cependant, ne pouvait être sous ce rapport ce qu'avait été Alexandrie. Ni l'Orient ni l'Occident n'étaient plus dans les conditions favorables qui avaient élevé si haut la prospérité du commerce de l'Inde avant l'ère musulmane. D'un côté, la barbarie, l'ignorance et la misère où était plongée la plus grande partie de l'Europe depuis le démembrement de l'Empire Romain ; de l'autre, les violentes secousses et les guerres presque continuelles qui avaient agité l'Asie, ne laissaient au commerce ni l'étendue des débouchés ni la sécurité qui font sa vie. Les relations par terre entre l'Inde et Constantinople avaient donc subsisté depuis le septième siècle, mais de jour en jour plus languissantes, et soumises à de fréquentes interruptions.

Ce commerce était tombé tout entier dans les mains des Vénitiens. Née depuis le moyen âge au milieu des lagunes de l'Adriatique, Venise avait dû à sa position même, ainsi qu'au génie actif de ses habitants, de s'élever rapidement de l'humble situation d'une pauvre bourgade de pêcheurs au rang éminent d'une ville de commerce. Sa marine fut longtemps la seule qu'eût l'Europe. Bornées d'abord au littoral de l'Italie et aux îles de l'Archipel, ses relations s'étendirent de proche en proche et la conduisirent jusqu'à la métropole de l'Empire Grec. Elle s'y fit le facteur du négoce dont Constantinople était le dépôt. Ce que l'Italie et quelques autres parties de l'Occident consommaient encore de marchandises de l'Orient, c'était Venise qui les leur apportait. Plus tard, Gênes lui disputa ce fructueux monopole; et l'intérêt suscita entre les deux républiques une rivalité qui se changea plus d'une fois en une lutte acharnée.

Lorsqu'en 1204, à l'époque de la cinquième Croisade, les empereurs Grecs furent expulsés de Constantinople et y furent remplacés par une dynastie latine qui ne devait s'y maintenir que durant un demi-siècle, les Vénitiens, alliés des Latins qu'ils avaient aidés de leur marine, reçurent en retour des priviléges et des possessions territoriales qui semblaient les devoir mettre désormais à l'abri de toute atteinte rivale. Mais la fortune eut son retour. Venise avait été l'alliée des Latins; Gênes devait l'être des empereurs Grecs. Elle prêta son aide à ceux-ci, comme les Vénitiens aux premiers; et quand Michel Paléologue eut recouvré le trône de ses pères, les Vénitiens à leur tour furent expulsés de la mer Noire et de toutes les possessions de l'Empire Grec, où les marchands Génois les remplacèrent. Cette révolution commerciale eut lieu en 1259, dans le temps même où Rubruquis, l'envoyé de Saint-Louis, venait de parcourir la Tartarie. Les Vénitiens dépouillés se retournèrent vers le Soudan d'Égypte, et en obtinrent le renouvellement d'anciens traités destinés à rouvrir au commerce de l'Asie méridionale le débouché que lui avait fermé la destruction d'Alexandrie.

Arrivé quelques années plus tôt, l'événement qui expulsa les Vénitiens de la mer Noire aurait probablement empêché la réalisation de voyages exécutés à cette époque par trois négociants de Venise, dont l'un — c'est le plus jeune — sera toujours compté au nombre des hommes illustres qui ont le plus contribué aux grands progrès de la connaissance du globe.

Nous voulons parler de Marco Polo, que son père et son oncle avaient précédé dans la carrière aventureuse des longues courses au cœur de l'Asie.

## IV.

 Nicolao et Matteo étaient de famille noble : dans la république à la fois aristocratique et marchande de Venise, la noblesse n'excluait pas du négoce. Tous deux s'étaient rendus à Constantinople, où leur nation était encore toute puissante, vers l'année 1250 ; après y avoir placé leurs marchandises, ils y échangèrent de nouveau leurs capitaux contre un riche assortiment de joyaux, dans l'intention de se rendre près de Barkah, chef ou khan des Tartares occidentaux, qui avait sa résidence habituelle à Bolghâri sur le Volga. L'on savait que les riches produits de l'orfévrerie grecque étaient en grande faveur près des Mongols, et l'établissement important que les Vénitiens avaient à la Tana, non loin de l'embouchure du Don dans les anciennes Palus Méotides, la mer d'Azof actuelle, facilitaient cette excursion.

1250-1269.

 Les deux frères, dont la spéculation avait été des plus heureuses, se disposaient à quitter Bolghâri, quand la guerre éclata entre Barkah et son parent Houlagou, chef d'une portion de la horde. Cette guerre intestine rendait peu sûre la route de la Tana ; Nicolao et Matteo prirent la direction de l'est qui devait les ramener par un long détour. Ils passèrent au nord de la mer Caspienne et du lac d'Aral, traversèrent le Sihoùn (l'ancien Jaxartes), et arrivèrent à la grande cité de Bokhâra. Leur commerce les retint trois ans dans cette contrée. Ils étudièrent la langue et les mœurs des Tartares, et se décidèrent à se rendre près de Koublaï, Khâkhan des Mongols, dont la souveraineté s'étendait sur une grande partie de l'Asie. Ils y furent accueillis de la manière la plus favorable ; et lorsqu'ils se décidèrent au retour, Koublaï leur adjoignit un de ses officiers qu'il chargea d'une mission près du pape. Mais cet envoyé mourut en route, et les deux Vénitiens regagnèrent seuls leur patrie, où ils arrivèrent en 1269, après vingt ans d'absence.

 Leur départ de Venise n'avait précédé que de quelques mois la naissance de Marco Polo, fils de Nicolao. Marco avait perdu sa mère dès le berceau ; il voulut suivre son père et son oncle, qui se disposaient à un nouveau voyage en Tartarie. Leurs récits enflammaient sa jeune imagination ; avide de mouvement, de choses nouvelles et d'aventures, il ne redoutait pas les périls et aspirait après la renommée. Partis en 1271, nos trois voyageurs parcoururent lentement l'Asie occidentale et la Tartarie avant d'arriver à la résidence du Grand Khan ; mais les lenteurs mêmes et les retards de la route servaient les goûts et les dispositions du jeune Marco, en le mettant à même d'étudier plus à loisir les pays qu'ils traversaient, et les habitants, et les productions. Ils passèrent à Badakchân, non loin des sources de l'ancien Oxus, le Djihoûn de la géographie actuelle ; de là ils se rendirent directement à Khotan, ville située à l'extrémité occidentale du Grand Plateau ; puis ils traversèrent l'immense plaine sablonneuse de Gobi, arrivèrent au Tangout, et de là gagnèrent l'extrémité nord-ouest de la Chine, où ils se reposèrent de leur pénible voyage.

Ici on s'aperçoit que nous sommes entrés dans une ère nouvelle. Nous avons quitté le terrain de l'ancienne géographie gréco-romaine, dont les limites sont d'ailleurs dépassées ; nous sommes entrés sur le domaine de la géographie moderne.

Dès que le Grand Khan fut informé de l'arrivée des deux Polo et de leur jeune parent, il envoya au devant d'eux plusieurs de ses officiers chargés de les accompagner jusqu'au lieu de sa résidence. Il les reçut avec honneur ; le jeune Marco surtout fut de sa part l'objet d'une attention toute particulière. Non-seulement il l'entoura des marques de sa protection, mais il voulut se l'attacher en lui confiant un des hauts emplois de sa cour. Les Mongols, du moins ceux qui approchaient le Khâkhan, n'étaient déjà plus ce peuple grossier des premiers temps de Tchinghiz ; leur long contact avec les contrées civilisées de l'Irân et de la Chine avaient adouci leurs mœurs et poli leurs manières.

Dans la situation nouvelle où le plaçait la fortune, Marco Polo eut plus d'une occasion de déployer ses talents et sa capacité. Il adopta l'habillement et les manières du pays, et se rendit familières les principales langues en usage dans les immenses contrées où les Tartares étendaient leur domination. Maîtres depuis longtemps déjà de la Chine septentrionale nommée le Kathaï, les Mongols venaient de s'emparer de la partie méridionale de cette vaste région, distinguée par le nom spécial de Manghi [1]; Marco Polo fut chargé pendant trois ans du gouvernement de l'une des neuf provinces entre lesquelles le Grand Khan l'avait partagée. Une fonction si éminente le mettait à portée de bien connaître tous les ressorts de l'administration et toutes les ressources des pays soumis au sceptre mongol. Il en décrit une partie dans sa relation. Il parle des travaux entrepris pour ouvrir des communications entre toutes les parties de l'Empire. Ici, l'on avait creusé des canaux qui unissaient entre eux les grands fleuves et prolongeaient la navigation intérieure; là, des routes partaient de la capitale et divergeaient comme autant de rayons vers les pays éloignés. Des habitations s'élèvent de distance en distance; des relais y sont préparés pour les courriers et pour les envoyés chargés de missions par le Grand Khan, ou qui se rendent auprès de lui. Des barques sont placées pour le passage des fleuves. Koublaï-Khan ordonne que les routes soient plantées d'arbres; dans les déserts qu'elles traversent, il les fait jalonner par des bornes de pierre qui en marquent la direction. Il veille aux besoins des contrées qui ont été dévastées par la guerre ou affligées de quelque fléau; il fait distribuer des aliments aux pauvres de sa capitale. Plus de vingt mille enfants étaient exposés chaque année : il les fait recueillir, et on les élève par ses soins. Les riches qui n'ont pas de famille en adopteront une partie; le reste sera attaché à son service ou à ses armées.

Les impôts sur le commerce forment la partie principale des revenus du Grand Khan. D'autres tributs lui sont remis, selon l'usage universel de l'Asie, par les grands qui viennent lui rendre hommage lors des principales fêtes de l'année. Des chevaux, de riches étoffes, des pierres précieuses composent ces offrandes, qui, sous forme de présents volontaires, sont une branche importante des revenus du souverain. Le monarque répand à son tour ces présents qu'il a reçus; et cet échange de services et de libéralités devient le premier lien entre l'obéissance et le pouvoir.

[1] Pour les discussions critiques, la narration des détails, les synonymies géographiques, etc., nous devons nous en référer à l'exposé très-ample que nous avons fait des voyages de Marco Polo dans notre volume précédent.

En peignant les mœurs de la cour de Koublaï-Khan, Marco Polo n'oublie pas celles de la nation. La chasse est le premier passe-temps des peuples Tartars. Ils dressent pour cet usage des faucons et d'autres oiseaux de proie. Des meutes nombreuses sont exercées à la poursuite du sanglier, de l'ours et du cerf. De tout temps la chasse a été le plaisir favori des hordes nomades de l'intérieur de l'Asie; et là, l'immense étendue des plaines où cet exercice tout guerrier peut se déployer lui donne un appareil grandiose dont les chasses de nos contrées n'offrent qu'une image bien affaiblie.

Maître par la conquête d'un État florissant, Koublaï-Khan s'attacha surtout à ne pas en épuiser les richesses. Il favorisa les relations de commerce et les dirigea vers les provinces du Midi, plus industrieuses et plus fertiles que celles du nord, vers les îles à épiceries répandues dans la mer qui baigne au sud les côtes de la Chine, vers les rivages de la Cochinchine que ses armes lui avaient soumis. Marco Polo fut même chargé d'une mission pour ces contrées; et les notions qu'il y recueillit sur la navigation des mers orientales devinrent la principale cause de son retour en Europe, et de celui de son père et de Matteo, Koublaï leur ayant permis d'accompagner par mer jusqu'en Perse les ambassadeurs de ce royaume, qui désiraient avoir un guide expérimenté dans leur navigation.

Cette dernière partie des voyages de Marco Polo devient pour lui une source d'observations nouvelles. D'autres hommes, d'autres mœurs, d'autres productions s'offrent à ses yeux. Ce ne sont plus ces pelleteries variées, la richesse des forêts du Nord, ni ces tissus d'or et de soie, chefs-d'œuvre de l'industrieux Asiatique, ni ces vases fragiles dont l'émail transparent est rehaussé des plus riches couleurs. Une nature féconde a couvert de précieux végétaux les rivages et les îles de la mer des Indes. Tout ce qui peut aiguillonner et flatter le goût abonde dans ces brûlants climats, où les sensations émoussées ont besoin de plus vifs stimulants. C'est là le pays des aromes, des épices, que tous les peuples recherchent et qui se répandent surtout chez les nations civilisées. La terre, que le soleil des tropiques couvre d'une si riche parure, renferme encore dans son sein de nouveaux trésors. Là se trouvent la topaze, l'améthiste, l'émeraude, et les saphirs de Ceylan, et les diamants de Golconde, et les rubis du haut Hindoustan. La perle, cet ornement des reines, se pêche dans les profondeurs des eaux de Ceylan et d'Ormouz. Tous ces produits de la terre et de la mer, auxquels se joignent ceux de l'industrie des hommes, sont transportés sur d'autres rivages : le commerce de l'Inde s'étend dans un rayon immense sur tout le pourtour de l'Asie Méridionale, d'un côté jusqu'aux nombreux archipels malais et aux États de Koublaï-Khan, de l'autre jusqu'aux rives du golfe Persique et de la mer Rouge, et, plus loin encore, jusqu'aux plages de l'Afrique et de Madagascar [1].

Marco Polo, et ses deux compagnons traversèrent la Perse et l'Arménie jusqu'à Trébizonde, pour gagner de là Constantinople et l'Italie. Ils revirent enfin Venise en 1295, après une absence de vingt-quatre ans, riches d'une immense quantité d'objets précieux qu'ils rapportaient de l'Asie, riches surtout de leurs longues observations sur les peuples et les contrées de cette vaste partie du Monde, qui semblait s'ouvrir pour la première fois aux yeux de l'Europe étonnée.

Le temps, loin d'affaiblir l'immense réputation que le récit des voyages et des aventures de Marco Polo lui valut parmi ses contemporains, n'a fait que l'affermir et l'étendre. A mesure que les pays qu'il a visités ont été mieux connus, l'exactitude de ses observations s'est en général confirmée; et même ce qui avait d'abord paru impossible à croire, s'est presque constamment expliqué est vérifié. Au fronton du temple que la science élève à l'histoire géographique de la Terre, le nom de Marco Polo brillera toujours, près de celui de Christophe Colomb, parmi les noms les plus illustres des grands explorateurs du Monde.

La relation de Marco Polo ouvre pour l'Asie l'ère de la géographie moderne. La nomenclature des anciens géographes grecs et latins, et en particulier celle de Ptolémée qui les résume, est désormais reléguée dans l'histoire des siècles passés; à partir du quatorzième siècle, ce sont les indications du voya-

---

[1] Nous avons mis à profit, pour cet aperçu sommaire des voyages de l'illustre Vénitien, la remarquable Introduction que M. Roux de Rochelle a placée en tête de l'édition de Marco Polo donnée en 1824 par la Société de Géographie de Paris.

geur vénitien qui formeront pendant longtemps en Europe le fonds de la géographie des contrées de l'Orient.

La dernière moitié du siècle qui se ferme avec Marco Polo nous a légué encore trois autres relations relatives à l'Asie, celles de l'arménien Haïton — qui appartient à l'Europe par la langue française dans laquelle elle fut écrite (1254), — du moine Florentin Ricold de Monte Croce, et du franciscain Calabrois Juan de Monte Corvino (1289-1306). D'autres relations en plus grand nombre appartiennent au siècle qui commence. Le franciscain Oderic de Frioul ouvre la liste (1317), où se pressent après lui, dans l'espace d'un demi-siècle, Jean de Cor, archevêque de Solthânich, le dominicain Jourdain Catalan de Séverac, le franciscain Pascal de Victoria, le cordelier Juan de Marignola, le marchand Florentin Pegolotti, et enfin le trop célèbre Mandeville, Normand d'origine et Anglais de naissance. M. d'Avezac, dans sa très-savante Introduction à l'édition qu'il a publiée du Voyage de Plan-Carpin [1], a donné une notice succincte, mais substantielle, sur cette longue suite de voyages des treizième et quatorzième siècles. Tous appartiennent à la généralité de l'Asie par la grande étendue de pays qu'ils y embrassent; mais c'est surtout vers les parties centrales du Continent que la plupart se dirigent. Leur nombre seul montre déjà combien était active l'impulsion qui portait alors l'Europe vers ces régions naguère inconnues du monde oriental. De toutes ces relations, il n'en est pas une, assurément, qui n'ait son intérêt pour l'histoire géographique de cette remarquable époque, et toutes ont contribué, quoique dans un degré inégal, à la connaissance de l'Asie : mais leur trop grande proximité du livre bien autrement important de Marco Polo les éclipse, et il faut dire aussi que si toutes ont plus ou moins concouru à hâter, à augmenter, à rectifier pour tel ou tel point de détail les connaissances que l'Occident commençait à avoir sur les pays asiatiques, aucune ne se détache en traits saillants sur le fond un peu monotone qui leur est commun.

C'est dans le même temps aussi, de 1325 à 1348, qu'un voyageur arabe, Ibn-Batouta, dont le nom a depuis acquis en

---

[1] *Mém. de la Soc. de Géog. de Paris*, t. IV. 1839.

Europe une assez grande célébrité, parcourait la presque totalité de l'Ancien Monde, depuis l'extrémité nord-ouest de l'Afrique où il était né, jusqu'aux dernières limites de l'Asie orientale. Mais ces relations de voyageurs musulmans, écrites dans une langue que l'Europe n'entendait pas, ne peuvent être regardées, nous l'avons déjà dit, comme appartenant réellement pour nous à l'histoire géographique du globe, qu'à dater du moment où leur transcription dans une langue de l'Occident leur aura donné droit de cité en Europe. Jusque-là leur utilité pour l'avancement général de la connaissance de la terre reste très-bornée. C'est ainsi qu'autrefois les notions recueillies par les peuples de l'Asie Antérieure sur les pays plus orientaux n'entrèrent dans le domaine intellectuel de l'humanité que lorsque un Hérodote ou un Ctésias les eurent tirées des sources ignorées où elles seraient restées à jamais ensevelies, pour les livrer au génie actif de l'Occident.

L'immense empire de Tchinghiz-Khan avait eu le sort de toutes les dominations fondées sur la conquête. Trop vaste pour être longtemps régi par un seul bras et une seule volonté, il avait été, à la mort de Tchinghiz, soumis à un partage qui bientôt se changea en démembrement. Quatre royaumes ou *khânats* s'étaient ainsi formés des pays conquis par les Mongols dans toute la longueur de l'Asie Moyenne, depuis le nord de la mer Noire jusqu'à l'Océan Oriental. Koublaï-Khan, près de qui ont si longtemps résidé les trois Poli, régnait sur le plus oriental de ces quatre royaumes, auquel, nous l'avons vu, il ajouta le sud de la Chine; le royaume de Tchagataï, limitrophe à l'ouest de celui de Koublaï, avait son centre principal dans la basse région comprise entre la pente occidentale du Grand Plateau et la mer Caspienne, c'est-à-dire dans ce que nous nommons aujourd'hui le Turkestan. Les Tchagataïdes eux-mêmes n'eurent guère qu'un siècle d'existence; en 1370 les mains débiles du dernier descendant de Tchinghiz laissèrent échapper le pouvoir dont se saisit un de leurs feudataires, Timour. Celui-ci, que les Orientaux ont surnommé *lenk*, ou le Boiteux, et dont le nom s'est altéré chez nos historiens en celui de Tamerlan, avait, comme Tchinghiz, ce génie audacieux qui fait les conquérants. Le royaume de Tchagataï, dont il s'était rendu maître, ne suffisait pas à son ambition ; il voulut dominer aussi sur l'Asie. Mais ce fut surtout vers les riches contrées du Midi que se portèrent ses regards. Le Khoraçân, l'Iran oriental, la Perse, les pays voisins du Caucase, l'ancienne Assyrie, la vallée de l'Euphrate et les provinces Syriennes, enfin la partie septentrionale du Hindoustan, furent successivement soumis à ses armes. L'Asie antérieure reconnut encore une fois un seul maître. Une contrée seule y restait soumise à une autre domination : c'était l'Asie Mineure. C'était dans l'Asie Mineure qu'avait grandi la puissance des Turks Ottomans, qui maintenant s'étendait, des deux côtés du Bosphore, sur la presque totalité des provinces de l'Empire Grec, ne laissant guère aux successeurs dégénérés de Constantin que la ville même de Constantinople. Les conquêtes de Tamerlan dans l'Arménie mirent en contact ces deux puissants États. Le contact devait amener la lutte : la fierté de Tamerlan ne pouvait consentir à reconnaître un égal, et le prince turk était maintenant trop grand pour accepter un maître. La célèbre bataille d'Angora, le 20 juillet 1402, décida entre les deux princes rivaux. Le sort des armes trahit Baïézid, qui tomba captif aux mains de Timour ; et le vainqueur n'eut plus que des vassaux dans les chefs turks qui se partageaient l'Asie Mineure.

15e siècle.

Déjà le renom de Tamerlan était parvenu jusqu'aux extrémités de l'Europe ; la bataille d'Angora amena des rapports entre le conquérant tartar et les princes Chrétiens. En 1393, Henri III de Castille avait déjà pris l'initiative d'une ambassade, dont l'objet apparent était de féliciter le vainqueur des éternels ennemis de la Chrétienté, et le but réel de reconnaître la situation des vaincus, ainsi que les forces du nouveau conquérant. Deux nobles castillans, Payo Gomez de Sotomayor et Herman Sanchez Palazuelos, furent chargés de cette ambassade. Tamerlan les accueillit avec honneur, et les fit accompagner à leur retour d'un envoyé chargé de riches présents pour le roi de Castille. Une seconde ambassade castillane fut la conséquence de ces premiers rapports ; celle-ci eut pour chef Ruy Gonzalez de Clavijo. Clavijo alla jusqu'à Samarkand, dont Timour avait fait la capitale de son empire, et qui était à cette époque un centre très-important de relations commerciales entre l'Inde et la mer Noire. A son

1403.

retour, en 1406, Clavijo écrivit la relation de son voyage, qui répandit beaucoup de lumières nouvelles sur les pays qu'il avait traversés, et sur les peuples qu'il avait vus.

Aux conquêtes de Tamerlan se rattache encore une autre relation écrite vers le même temps par un allemand nommé Schiltperger ou Schiltberger. C'était un homme simple et peu lettré, mais ses récits ont un cachet de véracité qui inspire la confiance. Il était fort jeune encore quand il fut fait prisonnier par les Turks en 1395. Baïézid, qui le remarqua à cause de la beauté de ses traits, le voulut garder près de lui, et il accompagnait ce malheureux prince pendant la compagne de 1402. La défaite d'Angora lui donna un nouveau maître; dès lors il suivit Timour dans toutes ses expéditions, et après la mort du Khân en 1415, il fit encore avec d'autres chefs tartares plusieurs courses en diverses parties de l'Asie. Ce fut seulement en 1427 qu'il put revenir en Europe et rentrer dans la Bavière sa patrie, où il mit par écrit le récit de ses nombreuses aventures et la description de ce qu'il avait vu de plus curieux dans les diverses contrées qu'il avait parcourues.

1402-1427.

Vers le temps où Schiltberger allait quitter l'Asie, un noble Vénitien nommé Nicolao Conti, poussé peut-être par la généreuse ambition de marcher sur les traces de Marco Polo son compatriote, y entreprenait un voyage qui dura aussi plus de vingt années. Ce voyage, très-peu connu et fort peu cité, n'en est pas moins le plus remarquable de tous ceux du quatorzième et du quinzième siècles, et celui qui procura le plus de notions nouvelles depuis la publication des récits de Marco Polo. Parti de Damas, dans le nord de la Syrie, Conti traversa en caravane le désert qui borde au sud le cours de l'Euphrate; puis descendant le fleuve jusqu'à son embouchure, et le golfe Persique jusqu'au détroit d'Ormouz, il se rendit par mer à Cambaie, sur la côte occidentale de l'Inde. Il parcourut dans plusieurs directions diverses parties de cette vaste péninsule, dont nul Européen, depuis le siècle de Mégasthènes, n'avait vu l'intérieur avec autant de détail; ses courses le conduisirent ensuite sur différents points de la presqu'île Trans-Gangétique, dans plusieurs des îles du grand Archipel d'Asie, et jusque dans les parties méridionales de la Chine, qu'il décrit, comme Marco Polo, sous le

1424-1449.

nom de *Manghi* [1]. Nous n'avons malheureusement qu'un extrait mutilé de cette curieuse relation; telle qu'elle est, néanmoins, elle mérite encore d'occuper une place distinguée dans l'histoire géographique des contrées de l'Orient.

Il est un autre nom contemporain de celui de Nicolao Conti, et qu'un injuste caprice du sort a laissé comme celui-ci dans un oubli tout à fait immérité : c'est celui du gentilhomme bourguignon Bertrandon de la Brocquière. Ce fut un des derniers français qui portèrent en Terre-Sainte le bâton de pèlerin. Depuis cent cinquante ans les Francs avaient été forcés d'abandonner ce qui leur restait de possessions sur la côte syrienne; et le royaume de Chypre, qui seul subsistait encore, allait bientôt être perdu pour les héritiers des Lusignan. Bertrandon, après son pèlerinage, traversa dans toute sa longueur la péninsule de l'Asie Mineure, itinéraire que plusieurs armées avaient suivi à l'époque des Croisades, mais que nul chroniqueur contemporain n'avait aussi bien décrit que le fait notre gentilhomme. Quoiqu'il n'ait parcouru qu'un coin de l'Asie, Bertrandon n'en mérite pas moins, par son exactitude et la sagacité de ses remarques, d'être honorablement compté parmi les plus intéressants voyageurs du quinzième siècle.

Ainsi s'étendaient et se multipliaient de jour en jour les rapports que le douzième siècle avait rouverts entre l'Orient et l'Europe ; ainsi l'Asie devenait chaque jour moins inconnue aux peuples de l'Occident. Et dans ce contact de plus en plus intime entre les deux parties de l'Ancien Monde, combien de notions se faisaient jour par mille canaux inaperçus, que nulle relation écrite n'a jamais enregistrées, et qui ne se décèlent aujourd'hui que par l'étude attentive de la renaissance des peuples européens à la civilisation [2]! L'événement capital de cet immense mouvement intellectuel du quinzième siècle, l'invention de l'imprimerie, contribua puissamment aussi à répandre et à généraliser les connaissances rapportées par les voyageurs des

---

[1] M. Klaproth (*Nouv. Journ. Asiat.*, t. VIII, 1831, p. 419, rapproche ce mot du nom composé de *Man-tsu* qui désigne encore aujourd'hui les habitants des provinces méridionales de la Chine.

[2] On peut voir les développements où nous sommes entrés à cet égard dans notre *Histoire de la Géographie*, ci-dessus, t. I<sup>er</sup>.

contrées étrangères : l'illustre Guttemberg obtenait à Mayence, vers 1446, les premiers résultats de cette admirable invention que poursuivaient depuis longtemps ses laborieux essais, presque au moment où Nicolas Conti écrivait le récit de ses longues pérégrinations (1449). On remarquera aussi, en lisant les voyageurs de cette époque, que la teinte de merveilleux qui règne plus ou moins dans les premières relations tend à s'effacer et à disparaître : indice évident que, d'une part les contrées lointaines déjà mieux connues se dérobaient aux traditions fabuleuses ; d'autre part, que les Européens plus éclairés prêtaient une oreille moins crédule aux contes et aux exagérations qui charmaient la naïve ignorance de leurs pères.

Il ne faut pas perdre de vue, toutefois, que ces notions réunies sur l'Asie au quinzième siècle par les Européens se résumaient en une idée générale de la vaste étendue des terres de l'Orient, de la richesse merveilleuse de leurs produits et du nombre infini de peuples différents qui les habitent, plutôt qu'en une connaissance nette et précise de la situation relative des lieux et des bornes générales du Continent. L'inspection de l'Atlas nautique dessiné à cette époque par le Vénitien Biancho 1436. montre combien étaient encore grossiers les premiers essais figurés de géographie asiatique. On peut dire qu'à certains égards la renaissance de l'*ethnologie* a précédé celle de la *géographie* [1], bien que celle-ci ait ensuite marché à pas plus rapides vers son perfectionnement.

Le mouvement qui dans les deux siècles précédents avait poussé l'Europe vers les contrées orientales, s'était du reste très-ralenti ; les circonstances politiques de l'Asie occidentale à cette époque expliquent assez ce temps d'arrêt. La dernière moitié du quinzième siècle ne nous présente que trois voyages, d'un intérêt secondaire, à consigner dans l'histoire géographique de l'Asie : ce sont ceux de Caterino Zeno, de Josapha Barbaro et d'Ambrogio Contarini, tous les trois députés par le sénat de Venise vers Ousoun-Hassan, prince turkoman qui régnait alors sur la Perse. S'assurer une voie de communication avec l'Inde

---

[1] *Géographie*, Description de la Terre ; *Ethnologie*, Connaissance des Peuples.

à travers les pays qui reconnaissaient l'autorité d'Ousoun-Hassan, et susciter en même temps un ennemi au sultan des Turks Ottomans, le redoutable Mahomet II, qui venait d'effacer jusqu'au nom de l'Empire Grec par la prise de Constantinople (1453), et dont l'extension en Europe était pour les États chrétiens un sujet de juste inquiétude, tel était le double mobile de la politique vénitienne. Alors comme aujourd'hui, la géographie retirait toujours quelque fruit de ces démarches dictées par la politique.

Mais les grandes explorations de l'Asie, presque suspendues depuis un siècle, vont recevoir tout à coup un élan qu'elles n'ont jamais eu auparavant. Nous touchons à une des phases les plus importantes de l'histoire géographique du Globe ; la découverte de la route de l'Inde par le Cap de Bonne-Espérance va enfin couronner la longue persévérance des navigateurs portugais.

## V.

Un peuple pauvre, peu nombreux, sans nom dans l'histoire, relégué dans un coin de terre presque ignoré, et qui tout à coup, par sa bravoure, par l'audace et le succès de ses entreprises, répand sur son nom un impérissable éclat, et parvient au plus haut degré de puissance, de gloire et de richesses qu'une nation puisse atteindre, un tel peuple offre sans doute un spectacle bien fait pour exciter l'admiration des hommes : — c'est celui que dans le quinzième et le seizième siècle les Portugais donnèrent au Monde. Habitants de cette zone maritime, autrefois appelée *Lusitanie*, qui borde à l'ouest, sur l'Océan, la côte de la péninsule hispanique, les Portugais avaient subi au huitième siècle, avec le reste de la Péninsule, la domination musulmane; mais ce furent eux qui les premiers s'en affranchirent complétement. Non contents d'avoir expulsé les Maures du territoire lusitanien, ils les poursuivirent au delà de la mer et portèrent à leur tour la terreur des armes chrétiennes sur les plages du Maghreb. En 1415 la ville de Ceuta, sur le bord méridional du détroit de Gibraltar, fut enlevée par le roi Jean I$^{er}$ aux sultans Mérinides de Maroc; et la prise de Tanger, de Tétouan et d'autres places voisines du Détroit suivit celle de Ceuta. Ces expéditions armées sur le continent africain devinrent pour les Portugais l'occasion d'une longue suite d'explorations dans l'Océan Atlantique. L'esprit aventureux de l'époque les avait commencées ; un prince éclairé les poursuivit ; le succès le plus complet les couronna. Dans l'espace de soixante-quatorze années, toute l'étendue de la côte occidentale de l'Afrique fut reconnue, et Barthélemy Diaz atteignit enfin, en 1486, le but de tant d'efforts et de travaux, la pointe australe du Continent. Au nom de Cap des Tempêtes, *Cabo Tormentoso*, que le pilote portugais avait donné à cette extrémité des terres exposée au choc de deux océans, le roi Jean II substitua le nom plus favorable de *Cap de Bonne-Espérance*. Vasco de Gama, onze ans après Barthélemy Diaz, réalisa cet heureux augure : le redoutable cap fut 1497. franchi, et pour la première fois une flotte européenne vogua dans l'Océan Indien. De ce jour une route que nulle révolution politique de l'Asie occidentale ne lui pouvait plus fermer fut assurée au commerce de l'Europe avec les contrées de l'Orient.

De ce jour aussi les découvertes géographiques dans toutes les parties de l'Asie ont reçu une impulsion sans exemple dans les temps passés. Avec Vasco de Gama s'ouvre l'ère d'une longue génération d'explorateurs auxquels l'Europe moderne doit la connaissance qu'elle possède des pays asiatiques. Les notions bien imparfaites encore de la fin du quinzième siècle ont été rectifiées et complétées ; d'immenses lacunes ont été remplies ; de vastes contrées dont on ignorait jusqu'à l'existence ont été visitées et décrites ; les lois, les institutions, les religions, les idiomes des différents peuples de l'Orient ont été étudiés dans les sources mêmes ; un immense réseau d'observations positives s'est progressivement développé sur toute l'étendue de l'Asie, depuis les confins de l'Europe jusqu'à l'Océan Oriental, depuis les bords heureux des mers du Midi jusqu'aux plages désolées de l'Océan du Nord ; enfin, les voies ont été ouvertes et les chemins aplanis pour arriver, dans un temps plus ou moins rapproché, à la complète exploration des parties du Continent encore inaccessibles à nos investigations. L'esprit du commerce et l'esprit des conquêtes, le zèle entreprenant des missionnaires de la foi et le dévouement des missionnaires de la science se sont frayé tour à tour de nouvelles routes et ont tous apporté leur pierre à l'œuvre commune.

Les explorations dont l'Asie a été le théâtre depuis trois siècles et demi n'ont pas connu non plus ces fréquentes interruptions, ces longs intervalles qui séparaient autrefois les explorations accidentelles du Moyen Age et de l'Antiquité. A compter de 1497, où le navire de Vasco de Gama vint mouiller au port de Calicut, on trouverait difficilement une année qui n'ait pas été marquée par une découverte, une année qui n'ait pas ajouté quelque chose à nos connaissances géographiques, ethnologiques ou historiques sur les pays et les peuples du monde oriental.

Ce vaste et fécond ensemble de travaux accomplis à la fois et par l'ardeur infatigable des voyageurs, et par le patient labeur de la science, a eu néanmoins ses phases distinctes, ses périodes successives. Dans les premiers temps on est surtout impatient de prendre possession de ce monde nouveau que la découverte de la route maritime de l'Inde vient de livrer à l'Europe; on voudrait en reconnaître toute l'étendue sur cet immense Océan oriental dont l'existence même n'était jusqu'alors que vaguement connue, et qui maintenant déploie ses profondeurs infinies aux regards intimidés du navigateur. Cette première époque est une période toute de découvertes et de reconnaissances nautiques. L'immensité de ces régions, dont les limites semblent fuir devant le marin qui les poursuit, n'eût pas permis qu'on en fît dès lors un relèvement précis et détaillé, lors même que la science des observations astronomiques eût été plus avancée et d'un usage plus communément répandu. On voit donc plus de terres qu'on n'en peut décrire; on reconnaît les pays plutôt qu'on ne les étudie. Ce que l'on y cherche avant tout, ce sont les productions dont le commerce peut s'enrichir; ce sont aussi les points favorables pour la fondation d'établissements commerciaux. Ce n'est en quelque sorte qu'accidentellement et comme en passant, que le navigateur note sur son journal quelques points qui l'auront particulièrement frappé, soit dans la physionomie des populations, soit dans leurs mœurs et leurs usages, soit dans la nature et l'aspect des pays qu'il a visités.

Mais à la suite du marchand tout préoccupé de ses spéculations, vient bientôt l'apôtre de la foi chrétienne. Le prosélytisme religieux est le second trait qui domine dans le tableau de l'histoire géographique de l'Asie au seizième et au dix-septième siècle. Et il y a là déjà un très-grand progrès dans la marche de nos connaissances : on ne proclamera jamais assez haut combien les sciences historiques et géographiques doivent aux travaux si complétement désintéressés de ces saints hommes, admirables modèles de dévouement et d'abnégation. Fixés à demeure au milieu des populations qu'ils voulaient convertir, souvent contraints d'en adopter le costume et les usages extérieurs, obligés de se rendre maîtres de leurs idiomes pour prêcher la parole, ils avaient plus de facilités mille fois que n'en saurait avoir le commun des voyageurs pour étudier à loisir et bien connaître les pays et les peuples au milieu desquels les poussait leur zèle évangélique. Aussi est-ce aux Missionnaires que nous devons, aujourd'hui encore, ce que nous savons de plus certain sur quelques unes des contrées orientales de l'Asie; et là même où la marche de nos connaissances a dépassé les notions qu'ils avaient transmises à l'Europe, c'est aux moyens d'étude dont on leur est redevable que l'on a dû souvent de pouvoir aller plus loin qu'eux.

Cependant ceux-là même que les seules vues du commerce poussaient vers ces régions lointaines ne restèrent pas toujours confinés dans le cercle étroit où les premiers occupants s'étaient généralement renfermés. Il était impossible qu'un contact prolongé avec des peuples si différents de ceux de l'Occident n'étendît pas peu à peu le champ des observations. D'ailleurs les Portugais eurent des concurrents dans le commerce de l'Asie : les Anglais d'abord, et bientôt après les Hollandais, suivis un peu plus tard des Français et des Danois, vinrent partager avec eux cette riche moisson dont pendant un siècle entier les marchands de Lisbonne avaient eu le monopole. Le nombre des établissements européens se multiplia; les relations imprimées dans toutes les langues d'Europe devinrent plus nombreuses; bien des renseignements auparavant tenus secrets se divulguèrent, et nos connaissances sur l'Asie orientale, de même que sur les vastes archipels qui l'avoisinent, s'accrurent ainsi rapidement. A ces différentes sources d'informations, les relations politiques des diverses nations de l'Europe avec les gouvernements de l'Asie en ont ajouté une dont il faut tenir compte. Les Hollandais, les Anglais, et à des époques moins anciennes les Russes et les Français, ont envoyé au Japon, en Chine, dans l'Inde, dans la Péninsule Trans-Gangétique, en Perse et à d'autres souverains de l'Asie intérieure, des ambassades auxquelles la géographie a dû souvent d'utiles lumières. Enfin, parmi les causes qui depuis un siècle ont le plus activement contribué à l'extension de nos connaissances générales sur l'Asie, il faut mettre au premier rang l'établissement de la domination britannique dans l'Hindoustan.

Ce développement progressif de nos connaissances sur les parties du Globe situées en dehors de l'Europe, et en particulier sur les vastes contrées de l'Orient, a eu nécessairement une grande influence sur l'avancement de toutes les sciences d'observation parmi les nations européennes ; et par une réaction naturelle, le progrès des sciences a puissamment influé à son tour sur la marche des découvertes géographiques. A mesure que les sciences physiques, les sciences naturelles, les sciences historiques et l'astronomie, incessamment enrichies de nouveaux faits recueillis par les voyageurs, étendaient leur domaine et perfectionnaient leurs méthodes, l'art nautique en recevait des forces nouvelles pour s'élancer avec plus de confiance à de nouvelles recherches, et le voyageur mieux préparé par de fécondes études pouvait étendre ses investigations à un plus grand nombre d'objets et leur donner de plus fructueuses directions.

Tel est l'aperçu le plus général qui nous paraît ressortir de l'étude synchronique des faits de détail dont se compose depuis la fin du quinzième siècle l'histoire géographique de l'Asie. Cinq mobiles principaux s'y produisent successivement ou simultanément : les relations de commerce, le prosélytisme religieux, les intérêts politiques, les conquêtes territoriales et l'impulsion scientifique. De ces cinq mobiles, trois ont été communs à tous les temps et à tous les peuples ; mais il en est deux, celui de la religion et celui de la science, qui appartiennent exclusivement aux siècles modernes et aux nations de l'Occident. Et si l'on fait attention que ces deux mobiles de découvertes géographiques, malgré le rôle important qu'ont joué les trois autres depuis l'origine des temps connus, sont précisément les plus puissants et les plus féconds en grands résultats, on en comprendra mieux la cause de l'immense supériorité de l'Europe moderne entre tous les peuples et toutes les époques qui ont contribué pour une part quelconque à faire connaître aux hommes le Globe qu'ils habitent.

On n'attend pas de nous que descendant de ces sommités historiques nous touchions ici aux détails infinis qui appartiennent à l'histoire géographique de chaque contrée de l'Asie moderne. De tels détails ne peuvent trouver place que dans le travail spécial dont chacune de ces contrées sera successivement l'objet. Dans la rapide esquisse que nous allons maintenant tracer de ce magnifique ensemble, nous devrons nous borner aux traits saillants de chaque partie du tableau, nous attachant surtout à montrer d'époque en époque les perfectionnements apportés à la carte de l'Asie, soit par l'extension des découvertes, soit par l'amélioration des détails.

A peine établis sur la côte occidentale de la péninsule hindoue, où avait abordé la flotte de Vasco de Gama, les Portugais songèrent à pousser plus loin dans l'est leurs courses aventureuses. Ils brûlaient surtout d'enlever aux Arabes le riche commerce des épices dont ceux-ci étaient depuis des siècles les courtiers à peu près exclusifs entre les pays de production et les navigateurs de la Méditerranée, lesquels à leur tour les répandaient en Europe. Ce commerce avait été la grande source des richesses de Venise ; mais le temps était venu où ces richesses allaient passer en d'autres mains. On n'avait encore que des idées très-confuses sur les pays d'où les Arabes tiraient ces précieux produits ; cependant, un voyageur qui visita ces pays dans les premières années de l'établissement des Portugais aux Indes leur fournit à ce sujet des renseignements qui leur servirent de direction. Ce voyageur, trop peu connu quoique bien digne de l'être, était un Italien de Bologne nommé *Ledovico Barthema*. Il avait quitté sa ville natale aux premiers rapports répandus par la renommée des grandes découvertes des Portugais dans les contrées d'Orient, « curieux, ainsi qu'il le dit lui-même, de ses propres yeux voir et connaître la situation des lieux, la qualité des gens y habitant, la diversité des bêtes, la variété des arbres tant fruitiers que d'autres, la douceur des fruits et l'odeur des fleurs de toute l'Égypte, Syrie, Arabies Déserte et Heureuse, de la Perse, de l'Inde et de l'Éthiopie, espérant par ce moyen en acquérir bonne et juste connaissance, vu même qu'un seul témoignage de la vue est plus à estimer que dix oui-dire [1]. »

1502-1508. Barthema dut se mettre en route pour ses voyages dans le courant de l'an 1502; car, après avoir vu le Kaire, Alexandrie, Beïrout, la Syrie et Damas, où il fait un long séjour, il se joint, au commencement d'avril de l'an 1503, à une caravane qui allait à la Mekke. Barthema est le premier voyageur européen qui ait visité l'intérieur de l'Arabie. Il parcourut le Iémen, sur lequel il donne d'intéressants détails; puis s'embarquant à Aden, il arriva à Ormouz, à l'entrée du golfe Persique. Profitant de chaque occasion qui s'offre de voir de nouvelles contrées, notre voyageur pénètre dans l'intérieur de la Perse, qu'il traverse dans plusieurs directions, d'un côté jusqu'à la riche cité de Samarkand, capitale de la Boukhârie, de l'autre jusqu'aux bords du Tigre et de l'Euphrate. Cette partie plus rapide des courses de Barthema offre moins d'indications utiles. Il revient ensuite à Ormouz par la ville célèbre de Chiràz, et s'embarque sur un navire arabe qui le conduit à Cambaie. Barthema séjourna dans toutes les places importantes des deux côtes de la péninsule Hindoue, et visita même plusieurs points notables de l'intérieur du Dékan. La relation qu'il donne de cette riche contrée est la plus étendue qu'on en eût faite depuis les temps anciens; et ses descriptions portent en général le cachet d'un esprit judicieux.

Barthema remonta la côte orientale de l'Hindoustan jusqu'à Bengalla, près du delta du Gange; et continuant de là ses courses vers l'est et le sud-est, il pénétra plus loin dans cette direction qu'aucun des compatriotes de Gama ne l'avait fait avant lui. Il rend visite au roi du Pégu, alors en guerre avec le souverain d'Ava, et dont il vante la libéralité; touche à Ténassérim et de là à Malakka, qui était le centre d'un immense commerce; visite la partie nord de Sumatra, dont il décrit les productions;

[1] Ancienne traduction de Jean Temporal.

et franchissant le détroit qui sépare Sumatra de la terre ferme, parcourt la longue chaîne d'îles qui se prolonge à l'orient jusqu'à Banda et au groupe des Moluques, où croissent les épices. Arrivé là au dernier terme des navigations des marchands maures, Barthema revient sur ses pas, touche en passant à Bornéo et à Java, et vient de nouveau relâcher dans l'Inde où il communique au vice-roi de Portugal les importants résultats de son voyage dans l'Archipel de l'Est. Le vice-roi ne crut pas trop récompenser un tel service en conférant au voyageur des lettres de chevalerie, que confirma le roi de Portugal, lorsque Barthema, à son retour en Europe, passa à Lisbonne pour regagner l'Italie.

Les Portugais ne tardèrent pas à mettre à profit les utiles directions que venait de leur communiquer le voyageur bolonais. Dès 1509, une escadre se porta dans cette direction sous le commandement de *Lopez Sequeira*, et vint aborder à Malakka; ce ne fut néanmoins que deux ans plus tard, en 1511, que les Portugais s'en emparèrent. Maîtres de cette place importante, véritable clef de la navigation des mers de la Chine, ces intrépides navigateurs portèrent rapidement leurs explorations au sein de l'Archipel Asiatique, dans un triple but de découvertes, de conquêtes et de commerce. *Antonio d'Abreu* reçut (1511) la mission de pénétrer jusqu'aux îles à épices. En peu de temps il reconnut toutes les îles de la Sonde, les cinq Moluques, Amboine et Banda, et s'avança jusqu'à la pointe occidentale de la Terre des Papous, qui marqua la limite orientale des explorations portugaises. Des établissements coloniaux furent fondés dès lors dans la plupart de ces îles, notamment dans celles où croissent les arbres à épices, ainsi qu'à Timor et à Célèbes.

La découverte des îles qui s'étendent entre les Moluques et la Chine semblait réservée aux Portugais; mais ils y furent prévenus par une nation à laquelle le génie de Christophe Colomb venait de donner un nouveau monde. L'Amérique était découverte à peine, que déjà une flotte espagnole commandée par le célèbre Magalhaëns, dont le nom s'est adouci pour nous en celui de *Magellan*, trouvait la route occidentale de l'Inde en doublant la pointe sud du Nouveau Continent, traversait le premier le Grand Océan dans toute son étendue, et après avoir touché à une

1519-1520.

longue chaîne d'îles à laquelle on imposa le nom de *los Ladrones*, arrivait à un archipel beaucoup plus considérable qui fut nommé *îles de Saint-Lazare*, nom que remplaça plus tard celui de *Philippines*. Ce fut là que Magellan termina sa carrière, qu'il venait d'immortaliser. Ses compagnons relâchèrent aux Moluques, éloignées de 200 lieues environ dans le sud des Philippines, et revinrent en Europe par le Cap de Bonne-Espérance. C'est le premier voyage qui ait été fait autour du Globe ; il avait duré trois ans et un mois.

Pendant ce temps, une escadre portugaise remontait les côtes orientales de la grande péninsule que la presqu'île de Malakka prolonge au sud, et après avoir atterré aux rivages de Siam, où *Coelho*, le premier, révéla aux habitants l'existence du culte chrétien, venait fonder à Canton (1516) un établissement commercial qui ne devait pas avoir une longue existence. Déjà un envoyé portugais s'était rendu dans le Pégu, cherchant à nouer des relations qui furent brusquement interrompues par une irruption birmane, et peu après, un zélé missionnaire nommé *Borri* pénétrait dans la Cochinchine, où plusieurs de ses compatriotes l'avaient précédé. Déjà l'Europe recevait ainsi des notions plus positives sur ces contrées trans-gangétiques que les anciennes relations de Marco Polo et de Conti lui avaient à peine révélées.

Quelques années plus tard, en 1542, le hasard poussait dans un port du Japon un marin portugais, *Antonio de Mota*, qui avait, lui troisième, déserté son navire dans les parages de Siam, et cherchait à gagner les Moluques ou les îles espagnoles avec ses deux compagnons. Mota est le premier Européen qui ait abordé au Japon, et c'est à ce titre seul que son nom mérite d'être conservé dans les annales de la Géographie. Depuis que les Portugais avaient trouvé le chemin des îles orientales, une foule d'aventuriers de cette nation battaient ces parages encore mal connus, attirés par l'appât des richesses que rêvait leur imagination, et poursuivant la fortune à travers les hasards de la vie de pirate. Plus d'une découverte leur fut due qui aurait pu rester longtemps ignorée, si les missionnaires n'avaient été là pour en prendre possession et préparer les voies à des rapports plus réguliers. Parmi ces aventuriers, il en est un dont le nom a conservé une célébrité méritée à plus d'un égard : c'est *Fernand Mindez Pinto*. Pendant vingt années, de 1539 à 1558, Pinto courut les mers qui baignent la presqu'île de Malakka et les îles avoisinantes et celles qui enveloppent les côtes de la Chine, tantôt esclave des Musulmans ou des Malais, tantôt faisant le métier d'écumeur de mer, tantôt revêtu du titre d'ambassadeur. Il donna les premières notions que l'on ait eues sur les îles Licou Khieou, qui s'étendent en une longue chaîne entre Formose et le sud du Japon ; il vit plusieurs ports de ce dernier royaume à peu près dans le même temps que le hasard y poussait Antonio de Mota ; il voyagea dans l'intérieur de la Chine, et visita différents points de la presqu'île à l'est du Gange. Sa relation, qui nous a été conservée, est assurément l'odyssée la plus extraordinaire et la plus aventureuse que l'on ait jamais écrite. S'il n'y a pas à y puiser de bien grandes lumières pour la connaissance positive des pays qu'elle mentionne, elle n'en est pas moins pour nous d'un grand intérêt comme monument de l'histoire géographique du seizième siècle, et comme nous offrant un tableau fidèle des habitudes et du caractère de la plupart de ceux qui parcoururent les premiers ces régions lointaines de l'Orient.

Tandis que les Portugais poursuivaient l'exploration des extrémités orientales de l'Asie, quelques lueurs commençaient à poindre du sein des profondes ténèbres qui en avaient jusquelà couvert la zone septentrionale. Les grands ducs de Moscovie, affranchis de la domination des khans mongols, étendirent bientôt leur autorité sur les tribus nomades des rives de la Kama ; dès la seconde moitié du quinzième siècle, on était arrivé dans cette direction jusqu'aux bords de la Petchora et au voisinage de l'Oural. D'anciennes traditions, dont on trouve déjà la trace dans Hérodote et qui vivaient encore parmi ces pauvres tribus de la Moscovie orientale, parlaient de l'or que l'on recueillait dans les contrées qui se prolongeaient à l'orient de la Ceinture du Monde : — telle est la signification du nom des Ourals ; et un fait d'ailleurs moins incertain que ces traditions à demi fabuleuses, était la grande quantité de fourrures précieuses que les tribus ouraliennes de la Moscovie tiraient du pays situé de l'autre côté des montagnes. Incités par les récits que l'on faisait des richesses métalliques de ces régions polaires, non moins que par la certitude des richesses d'une autre nature qu'y fournissait la chasse des animaux sauvages, les grands ducs de Moscovie y envoyèrent à la découverte plusieurs expéditions. Les progrès en furent néanmoins bien lents, au milieu de ces pays marécageux ou couverts d'épaisses forêts; après plus d'un demi-siècle, en 1553, on n'avait pas encore dépassé le cours inférieur de l'Ob, le fleuve le plus occidental de la Sibérie. En cette année-là même, 1553, quelques navires anglais envoyés à la recherche d'un passage dans l'Inde par le nord atteignirent la grande péninsule qui couvre à l'ouest le large estuaire de ce fleuve. Quelque limitées que fussent ces premières découvertes, elles ouvraient la porte aux découvertes plus importantes dont elles ne pouvaient manquer d'être suivies.

La tentative de navigation au nord que venait de faire une compagnie de marchands anglais n'avait pas eu le résultat qu'on en avait attendu; mais elle en amena un auquel on ne songeait pas. Des relations, qui devinrent bientôt importantes, s'ouvrirent avec la Moscovie, dont la situation réelle et l'étendue n'étaient guère mieux connues du reste de l'Europe que celles des régions encore inexplorées de l'Asie. A Moscou, les Anglais furent informés que des communications régulières existaient entre la Moscovie et l'Asie intérieure; la Compagnie de Londres conçut aussitôt la pensée de s'ouvrir par cette voie un accès au riche commerce de l'Inde, pour lequel on ne pouvait pas songer encore à lutter avec la marine portugaise. Ce fut l'objet de plusieurs ambassades successives envoyées au khân de Boukhârie et au châh de Perse (de 1558 à 1579). Le célèbre *Anthony Jenkinson* fut chargé des deux premières, dont il a écrit la relation. Le résultat de ces ambassades ne répondit pas aux vues de la Compagnie anglaise; mais elles contribuèrent, plus qu'aucun voyage antérieur, à avancer la géographie des pays situés autour de la mer Caspienne, principalement à l'est entre cette mer et Boukhâra. Dans le même temps, vers 1555, un Génois nommé *Giorgio Interiano* parcourait, à l'autre extrémité de l'isthme caucasien, le pays des Zikhes ou Tcherkesses qui borde la côte orientale de la mer Noire, et donnait, sur les mœurs et le genre de vie de ce peuple remarquable, une des meilleures relations que l'on en ait tracées.

Avec les premières années de ce seizième siècle on voit naître une autre classe de voyageurs, qui n'a fait qu'augmenter depuis cette époque jusqu'à nos jours. Ceux-là, peu soucieux de s'aventurer au milieu des peuples barbares ou dans les régions lointaines que les découvertes des Portugais et celles des Espagnols avaient récemment fait connaître, se bornent à visiter les contrées classiques qui bordent le fond de la Méditerranée. La Basse Égypte, la Palestine et la Syrie, quelques points de l'Asie Mineure, Constantinople et la Grèce, quelquefois aussi, mais plus rarement, la zone maritime du nord de l'Afrique depuis la côte barbaresque jusqu'au Nil, voilà le cercle à peu près invariable où se renferment ces voyageurs, dont les relations ont mérité par leur nombre de former une classe à part sous le titre de *Voyages du Levant*. Cependant, pour l'époque de la renaissance intellectuelle de l'Occident, alors que ces parties du littoral méditerranéen ne nous étaient guère mieux connues que beaucoup de contrées moins rapprochées, les voyages aux pays du Levant sont loin d'être indifférents à la géographie ; et si d'ailleurs la proximité et le facile abord de ces pays baignés par la Méditerranée y ont attiré de tout temps une nuée de *touristes* sans mission, nonchalants voyageurs qui n'ont d'autre objet que de promener hors de chez eux leur ennui ou leur oisiveté, pour grossir ensuite la foule des livres inutiles, il est de nombreuses et brillantes exceptions. Le plus ancien des voyages au Levant est celui de *Baumgarten*, qui date de 1507 ; le sieur d'*Aramon*, ambassadeur de François 1er près du Grand Seigneur, parcourut l'Asie Mineure, les parties limitrophes de la Perse, la Judée, la Syrie, l'Égypte et la Grèce, de 1548 à 1550. Parmi ceux qui méritent encore d'être distingués, il faut mettre au premier rang le médecin manceau *Pierre Belon*, naturaliste instruit et très-bon observateur, qui visitait les mêmes contrées de 1546 à 1549. Deux autres naturalistes se placent à la suite de Belon : son compatriote, *Pierre Gilly*, plus connu sous le nom latinisé de *Gyllius*, et à qui l'on doit deux traités encore utiles sur Constantinople et sur le Bosphore, et l'allemand *Rauwolf*, qui s'appliqua surtout à des recherches de botanique. Le premier était au Levant dans le même temps que Belon ; le second, vingt ans plus tard, de 1573 à 1576. Il faut encore nommer le sieur *Nicolas de Nicolaï*, attaché à l'ambassade de M. d'Aramon; le baron de *Busbecq*, envoyé de Ferdinand, roi des Romains, près de Soliman II, de 1555 à 1562, et le sieur *de Brèves*, ambassadeur de deux rois, Henri III et Henri IV, près la cour Ottomane, de 1584 à 1605. Appréciateur aussi éclairé des lettres que négociateur habile, M. de Brèves tient un rang distingué dans la longue liste des ambassadeurs français qui ont su mettre à profit leur position politique pour l'utilité des sciences et l'avancement de la géographie. L'Anglais *Newberrie*, en 1582, étendait plus loin dans la Perse le cercle de ses courses qu'il aurait voulu pousser jusque dans l'Inde; et un Vénitien, *Gasparo Balbi*, portait les siennes, à peu près dans le même temps (1579-1588), jusque dans la Péninsule qui s'étend entre l'Inde et la Chine.

Les Portugais exploitaient paisiblement depuis un siècle les énormes profits du commerce de l'Orient; mais il se préparait contre eux une double rivalité qui devait renverser l'édifice si rapidement élevé de leur empire de l'Inde. Deux peuples jusque-là sans importance dans la balance européenne, les Anglais et les Hollandais, commençaient à prendre rang parmi les nations commerçantes, et marchaient à grands pas vers les hautes destinées où les appelait leur génie calculateur et persévérant. L'existence commerciale des premiers date du règne mémorable de la grande Élisabeth, et nous avons mentionné leurs premières tentatives pour s'ouvrir des communications avec les contrées orientales par le nord et par le centre de l'Asie. Les seconds, en brisant le joug espagnol (1579), avaient inscrit glorieusement leur nom sur la carte politique de l'Europe ; et contraints de demander à la mer des ressources qu'un sol ingrat leur refusait, ils avaient dès lors résolu de disputer aux Espagnols et aux Portugais une part dans le commerce du monde.

Deux flottes parties presque en même temps du Texel et de la Tamise, celle-ci en 1591, celle-là en 1595, eurent l'une et l'autre pour mission de se frayer un accès jusqu'aux sources du commerce de l'Orient. Pour la première fois les eaux de l'Archipel Asiatique virent flotter le pavillon néerlandais et le pavillon britannique. Mais leur succès dans cette première tentative fut loin d'être égal. Dès leur apparition, les Hollandais prirent pied dans l'Archipel et y jetèrent solidement les bases de leur puissance prochaine ; les Anglais, malgré le résultat assez satisfaisant de plusieurs expéditions successives, n'y déployèrent pas la même activité, et tournèrent bientôt leurs vues du côté de la péninsule même de l'Inde.

Le premier établissement néerlandais fut à Bantam, vers la pointe occidentale de Java, où le roi de ce canton leur permit d'élever une factorerie. Deux ans plus tard, en 1597, ils formèrent un second établissement dans l'île Bali ; et le siècle n'était pas entièrement expiré qu'ils avaient expulsé les Portugais des îles Banda, où croissent les muscadiers. En 1605, ils les contraignirent aussi d'abandonner l'île d'Amboine. Ces rapides conquêtes, où les Hollandais se consolidèrent par l'extermination presque entière des naturels, les rendaient maîtres des points les plus importants pour le commerce des épices. En 1613, ils y ajoutèrent la partie méridionale de Timor.

17ᵉ siècle.

Trois ans avant cette dernière époque, les Hollandais avaient transféré leur factorerie de Bantam à *Jakatra*, lieu situé sur la même côte à une quinzaine de lieues plus à l'est. En butte aux fréquentes attaques des naturels, ils durent s'y entourer de travaux de défense : telle fut, en 1619, l'origine de la cité de *Batavia*, qui devint dès lors la métropole des établissements néerlandais dans les mers de l'Inde. Une suite ininterrompue de conquêtes, soit sur les indigènes, soit sur les Portugais, donna à ces établissements une importance chaque jour croissante.

A peine établis dans l'Archipel, les Hollandais avaient poussé vers le nord leurs explorations et leurs établissements. Dès l'année 1600, ils en avaient un à Firando, dans la partie méridionale du Japon ; et depuis lors ils ont su s'y maintenir, même après que le gouvernement japonais, en haine du fervent prosélytisme des missionnaires, en eut expulsé les Portugais. Sauf les renseignements antérieurs disséminés dans les *Lettres annuelles* des missions de l'Orient, c'est aux Hollandais presque exclusivement que l'Europe doit ce qu'elle sait aujourd'hui sur l'empire des Daïris. Jusque dans la seconde moitié du dix-huitième siècle, ce fut aussi dans leurs seules relations que l'on put puiser quelques notions nouvelles sur les îles nombreuses du Grand Archipel d'Asie. Ces notions eussent été plus riches de faits, si des considérations étrangères à la science n'en eussent souvent entravé la publicité. C'est dans notre siècle seulement que les Gouvernements ont su s'affranchir complétement de cette politique de dissimulation, qui fondait sa force sur le mystère.

La Compagnie anglaise, nous l'avons dit, avait de bonne heure tourné ses principaux efforts vers l'établissement d'un commerce direct avec l'Inde, en concurrence avec les Portugais qui occupaient alors sur les deux côtes une longue chaîne de comptoirs florissants. La reine Élisabeth, et Jacques Ier son successeur, jugèrent cet objet d'une assez grande importance pour que, dans l'espace de quelques années, trois ambassades successives aient été adressées à l'empereur Djihan-Ghir, qui venait de succéder au grand Akbâr. Cette dynastie, étrangère à l'Hindoustan, descendait du célèbre Tamerlan; c'est de là qu'est venu le titre de *Grand Mogol* donné par les Européens à Djihân-Ghir et à ses successeurs. Dehli, sur le Djoumna, avait été leur première résidence; Agra, un peu plus bas sur la même rivière, le devint ensuite. C'est là qu'eut à se rendre, en 1606, *John Mildenhall*, le premier ambassadeur britannique, et après lui, en 1608 et en 1613, *Richard Hawkins* et *Thomas Roe*. On doit à ce dernier une relation encore utile à consulter. Malgré les difficultés de toute sorte que leur suscitèrent les Portugais, qui combattaient à la fois dans les nouveaux arrivants des rivaux et des hérétiques, les Anglais obtinrent à force de persévérance ce qu'ils sollicitaient de l'empereur, une égale protection et une liberté de commerce égale à celles dont jouissaient les négociants portugais. Le temps était loin encore où cette attitude alors si modeste se changerait en une souveraineté absolue sur la presque totalité de ces belles contrées, et où les rejetons détrônés de la dynastie d'Akbâr recevraient d'une compagnie de marchands l'aumône d'un peu d'or en échange de la plus riche couronne du monde.

Il est intéressant de rapprocher de la relation de Thomas Roe celle d'un missionnaire portugais, *Sebastian Manrique*, qui parcourut dans le même temps, de 1612 à 1625, une partie des provinces orientales du haut Hindoustan. Manrique pénétra aussi dans le pays d'Arakan, sur lequel on n'a guère eu pendant longtemps d'autres notions que celles qu'il en avait données. On en peut dire autant de celles qu'un Français, *François Pyrard*, né à Laval dans la province du Maine, consigna dans le récit de ses voyages sur le singulier archipel des Maldives, qui s'étend au sud-ouest du C. Comorin, et où Pyrard, qu'un naufrage y avait jeté en 1602, séjourna cinq années entières.

Le dix-septième siècle vit encore paraître sur l'Inde un certain nombre de relations anglaises, hollandaises, allemandes et françaises, dont l'utilité a été fort diminuée par les relations bien supérieures que le siècle suivant, et surtout les cinquante dernières années, nous ont données sur la même région. Néanmoins on citera toujours, non-seulement comme documents utiles de l'histoire géographique, mais encore à raison de la valeur des renseignements qu'elles fournissent sur certaines parties peu visitées depuis, celles de nos compatriotes *Bernier* et *Tavernier*, qui se trouvaient dans l'Inde, où le premier fit un assez long séjour, vers le milieu du dix-septième siècle. Bernier, particulièrement, nous a laissé sur le Kachmîr des notions que nulle relation postérieure, même parmi les plus récentes, ne peut suppléer. L'anglais *Robert Knox* est le premier qui ait donné une relation spéciale de l'île de Ceylan, où il avait séjourné depuis 1657 jusqu'en 1679.

Les contrées péninsulaires qui s'étendent par delà les bouches du Gange, entre le golfe du Bengale et la mer de la Chine, n'étaient connues encore que par quelques notices détachées dues principalement aux missionnaires portugais ; le dix-septième siècle ajouta à ces notices quelques lumières nouvelles, mais bien éloignées encore de la vive clarté qui commençait à se répandre sur la presqu'île hindoue. Un jésuite français, le P. *Alexandre de Rhodes*, visita la Cochinchine au commencement du dix-septième siècle et en donna une relation ; une description du Tunquin fut publiée en 1685 par un natif même du pays converti à la foi chrétienne sous le nom de *Baron* ; et dans cette même année 1685, une ambassade envoyée par Louis XIV au souverain du pays de Siam, ambassade où l'on avait eu en vue les intérêts combinés de la politique, de la religion et des sciences, donna naissance à plusieurs relations, entre lesquelles il faut distinguer celle du P. *Tachard*, un des missionnaires attachés à l'expédition. Le P. Tachard était naturaliste et mathématicien ; son livre, après un intervalle de plus d'un siècle et demi, est encore lu avec fruit. Il fit, dans la même contrée, deux ans plus tard, un second voyage dont il a aussi écrit la relation. Le grand résultat de l'expédition de 1685 fut de ramener à leur véritable place en longitude ces parties extrêmes du continent asiatique, que toutes les cartes antérieures depuis Ptolémée en avaient prodigieusement éloignées, en les prolongeant de plus de 800 lieues vers l'est aux dépens du Grand Océan [1].

Dans le nord-ouest de ces pays trans-gangétiques, par delà la ceinture gigantesque des monts Himalaïa qui couvre comme d'une barrière de glace tout le nord de l'Hindoustan, il est une région alpine qui paraît renfermer les plus hautes montagnes de l'Asie : cette région est le Tibet. Absolument inconnu au commencement du dix-septième siècle, l'intérieur du Tibet est encore aujourd'hui une des parties de l'Asie sur lesquelles les innombrables voyageurs qui depuis trois cent cinquante ans ont sillonné le Continent dans toutes les directions nous fournissent le moins de notions directes. Dans cette pénurie de renseignements à l'égard d'une contrée dont l'obscurité même qui l'enveloppe augmente pour nous l'intérêt, tout document devient précieux, quelle qu'en soit la date : aussi doit-on attacher un grand prix à deux relations que le dix-septième siècle nous en a laissées. L'une et l'autre sont l'ouvrage de missionnaires de la compagnie de Jésus. *Antonio d'Andrada* se rendit en 1624 des bords du Gange à H'lassa ; mais il n'est pas certain qu'il ait dépassé le bassin de la grande rivière du Tibet non loin de laquelle cette ville est située, et qui vient, après un long circuit, se perdre au fond du golfe du Bengale en confondant ses eaux avec les eaux du Gange, sous le nom vénéré de Brahmapoutra. Andrada est le premier Européen connu qui ait franchi les formidables passes de l'Himalaïa. Environ quarante ans plus tard, en 1661, deux autres jésuites, les pères *Grüber* et *Dorville*, accomplirent un voyage encore plus remarquable et que

---

[1] *Mémoires de l'Acad. de Sc.*, t. VII, 1729, p. 605 et suiv.

nul depuis eux n'a renouvelé. Partis de la frontière nord-ouest de la Chine, ils se rendirent à Bénarès en traversant les solitudes montueuses et les déserts sablonneux du Tangout, le Tibet dans toute sa largeur, puis les gorges de l'Himalaïa et les hautes vallées du Népâl, d'où ils descendirent dans les provinces gangétiques. Quelle riche moisson d'observations fournirait aujourd'hui un tel itinéraire, recommencé avec tous les secours dont la science peut munir le voyageur! Longtemps avant les PP. Grüber et d'Orville, dès l'année 1603, un autre missionnaire, le P. *Benedict Goez*, avait suivi aussi, dans le cœur même de l'Asie, une ligne non moins intéressante pour la géographie. Il n'avait pas pénétré dans le Tibet; mais dans un voyage de l'Inde à la Chine il avait contourné l'escarpement sud-ouest du Grand Plateau central, coupé le massif où l'Oxus, le Jaxartes et la rivière de Kachgar ont leurs sources, traversé Badakchân et Iarkand, Tourfan et Hami, et avait ainsi parcouru la Boukharie Orientale et tout l'intérieur de la Tartarie avant de gagner le territoire chinois. Un religieux de la même compagnie, le P. *Avril*, en cherchant à se rendre d'Europe en Chine par terre, suivit aussi, de 1685 à 1691, ou recueillit de la bouche des marchands habitués à voyager en caravanes, plusieurs itinéraires encore utiles dans l'étude géographique du centre de l'Asie.

La plupart de ces voyages, péniblement exécutés à travers des pays d'un difficile accès, avaient eu pour objet, on le voit, la recherche de nouvelles routes pour pénétrer dans la Chine. Cette vaste contrée, avec son immense population, était le grand but auquel aspiraient les missionnaires catholiques. Leurs premières tentatives d'établissement avaient été longtemps rendues infructueuses par l'interdiction du territoire de l'empire dont le gouvernement chinois s'est fait une règle à l'égard des étrangers; mais enfin leur persévérance triompha des obstacles, et ils obtinrent, en **1583**, la permission tant désirée. Les connaissances que beaucoup de religieux possédaient en mathémathiques et en astronomie les servirent puissamment dans leurs rapports avec les Chinois, près de qui ces sciences sont fort en honneur; ces connaissances ont grandement contribué aussi à rendre fructueux pour la géographie le long séjour des jésuites à la Chine. Grâces à leur admission dans l'intérieur du Céleste

Empire, et à l'accès que plusieurs d'entre eux se frayèrent aux sources historiques de la littérature chinoise, l'Europe reçut enfin, dans le cours du dix-septième siècle, des notions plus complètes, plus justes et plus étendues qu'elle n'en avait eu jusque-là sur cette grande portion de l'Asie orientale. Les travaux plus importants et plus approfondis des missionnaires du dix-huitième siècle ne doivent pas nous rendre injustes pour ceux du dix-septième, qui les premiers ont porté la charrue dans un champ d'études encore inculte : c'est donc un devoir de rappeler avec honneur les noms de *Mendoza*, de *Ricci*, de *Trigault*, d'*Alvarez Semedo*, d'*Adam Schall*, de *Navarrete*, de *Magaillans*, de *Verbiest*, et surtout de *Martini*, auteur de la *China illustrata*, l'ensemble le plus complet des connaissances réunies sur la Chine avant le grand ouvrage rédigé un siècle plus tard par Duhalde. Le désir qu'avaient les Hollandais de s'ouvrir l'accès de l'empire, dans des vues toutes de commerce, donna lieu à deux ambassades qui servirent beaucoup moins que les travaux des missionnaires à l'avancement des connaissances géographiques ; la première dont *Nieuhoff* a écrit la relation, arriva à Pékin en 1656 ; la seconde, en 1664.

L'année 1687 marque une grande époque dans l'histoire géographique de la Chine. C'est de cette année que date la mission française, dont les PP. *Tachard*, *Gerbillon*, *Visdelou*, *Lecomte* et *Bouvet* formèrent le premier noyau : mission à jamais illustre par le grand nombre d'hommes éminents qu'elle a comptés dans son sein, et à laquelle l'Europe doit une masse de documents précieux pour la connaissance historique, ethnologique et géographique des parties orientales et centrales de l'Asie.

C'est aussi dans le dix-septième siècle qu'eurent lieu les premiers rapports entre la Russie et la Chine. Depuis le milieu du siècle précédent, les chasseurs russes ou kosaques avaient continué leurs excursions à l'est des monts Oural ; et un aventurier nommé *Iermak* s'était rendu maître, en 1581, d'un khânat tartare (ou peut-être turk) dont la capitale, *Sibir*, était située sur les bords du bas Irtisch. C'est de ce khânat de Sibir, dont Iermak fit hommage au tzar Ivan IV, que les pays ultérieurement découverts plus à l'est jusqu'à la pointe extrême du Continent ont pris le nom de *Sibérie*. A partir de cette époque, les Russes s'étendirent rapidement et sans interruption dans la zone septentrionale de l'Asie. Cette extension progressive de la domination moscovite sur les plaines monotones qui se prolongent de l'Altaï à l'Océan Glacial, trouvait moins d'obstacles dans les rares tribus disséminées sur le bord des fleuves, que dans la nature même du pays. En 1596, les Ostiaks du haut Irtisch reconnurent la suprématie du tzar; deux ans plus tard, la fondation de Tobolsk amena l'abandon, et par suite la ruine de la ville tartare de Sibir. En 1614, les chasseurs ou *Promischlénis* russes, race aventureuse à laquelle on dut l'exploration successive de toute la Sibérie, s'avancèrent jusqu'au bas Iéniseï, et pour la première fois se hasardèrent sur la mer Glaciale; en 1617, ils avaient franchi la Léna et étaient arrivés sur les bords de cette portion de l'Océan oriental que nous nommons aujourd'hui mer d'Okhotsk. Une seconde tentative de navigation sur l'Océan Arctique eut pour résultat, en 1636, la reconnaissance de la côte comprise entre l'embouchure de la Léna et celle de la Kolima; le groupe d'îles qui s'étend à quelque distance au nord de cette côte, et que nos cartes désignent sous le nom de *Nouvelle-Sibérie*, ne fut aperçu que plus tard, en 1670. Longtemps avant cette dernière époque, en 1647, les Promischlénis avaient poursuivi leurs excursions maritimes à partir de la Kolima; et doublant la pointe avancée qui termine l'Asie au nord-est, ils étaient arrivés à la bouche de l'Anadir, dans le pays des Tchoutchas. On venait d'atteindre la limite extrême de l'Ancien Continent; mais on était loin de se douter alors qu'un bras de mer étroit séparait seul ce continent de celui que Colomb avait découvert.

Pour compléter l'exploration de la Sibérie, il ne restait plus à découvrir que le Kamtchatka, qui commence à peu de distance au sud de l'Anadir. Cette grande presqu'île ne fut cependant reconnue qu'un demi-siècle plus tard, en 1697.

En même temps que des partis de chasseurs achevaient l'exploration de la région glacée qui borde la mer Arctique et se prolonge jusqu'au Cap Oriental, d'autres aventuriers, pareillement encouragés par le gouvernement moscovite, pénétraient dans les parties méridionales de la même région. Dès l'année 1639, on avait eu des notions sur la Daourie, grand pays qui s'étend à l'est du lac Baïkal. Cinq ans plus tard les Promischlénis avaient reconnu le cours de l'Onoûn et du Kerloûn, deux rivières considérables sorties du massif altaïque, et qui se réunissent vers la limite orientale de la Daourie pour former l'Amour, et en 1646 ils avaient descendu jusqu'à son embouchure le cours de ce dernier fleuve, qui traverse le cœur du pays des Mandchous. Nertchinsk, sur l'Onoûn, et Selinghinsk sur la Sélinga, entre le lac Baïkal et l'Altaï, furent alors fondées pour protéger contre les tribus tartares les nouveaux établissements de la Daourie.

Les Russes étaient arrivés aux confins des pays dont les habitants, Mongols ou Mandchous, reconnaissaient la suprématie de l'empereur de la Chine. Ainsi, deux grands empires, que séparaient naguère mille lieues de déserts, se trouvaient maintenant en contact au fond de l'Asie. Les premières tentatives d'envahissement des chasseurs russes au delà du Kherloûn amenèrent quelques collisions; ces collisions furent suivies de pourparlers, qui conduisirent à un traité. Ce traité, signé le 27 août 1689, régla les frontières russo-chinoises au nord du Grand Plateau, telles à peu près qu'elles subsistent encore aujourd'hui. Trois ans après cette époque, en 1692, Pierre I$^{er}$, dont le génie méditait dès lors les grandes conceptions qui ont ouvert à sa nation le chemin de la civilisation européenne, envoya en Chine une ambassade conduite par *Isbrand Ides*, pour élargir les bases des futures relations de commerce entre les deux empires. Kiakhta, sur la Selinga, est devenu depuis cette époque le siége d'une foire annuelle très-importante; et cet établissement, situé au pied même des montagnes qui forment au nord l'escarpement du Plateau Central, a donné aux Russes, depuis cent cinquante ans, de grandes facilités pour perfectionner la géographie de ces hautes régions intérieures.

Sur un autre point des frontières de la Russie, dans les pays caucasiens, nous n'avons pas à citer de voyages qui aient notablement contribué à l'avancement des connaissances géographiques, depuis le milieu du seizième siècle jusqu'à la fin du dix-septième. Les missionnaires italiens *Lamberto* et *Zampi* ne donnent que des notions très-restreintes sur la Colchide et sur la Mingrélie; et plus tard, en 1637, *Jean de Luca* ne fournit guère plus de lumières sur les mêmes contrées. Plusieurs autres voyageurs, Pietro della Valle en 1627, Olearius en 1636 et 1638, Tavernier à peu près dans le même temps, Chardin en 1671, le P. Avril en 1686, en virent occasionnellement quelques points isolés dans le cours de leurs pérégrinations. La relation de la Circassie par le médecin *Ferrand*, en 1702, est moins instructive que celle qu'en avait donnée Interiano cent cinquante ans auparavant. Mais le temps approchait où ces contrées allaient attirer les regards du gouvernement russe. Sur ce point du Globe, de même que sur tant d'autres, la Géographie a profité des vues de la politique.

La Perse est plus riche en documents nouveaux fournis par le dix-septième siècle. L'Espagnol *Pedro Teixeira* traversa, en 1604, une portion de ce royaume à son retour des Indes en Europe; et Dom *Garcia de Sylva* donna une relation curieuse de son ambassade à la cour de Châh Abbas, en 1621, au nom de Philippe III d'Espagne. La relation d'une autre ambassade, envoyée en 1633 au successeur d'Abbas par le duc de Holstein, qui avait conçu la pensée d'établir des manufactures de soieries sur ses domaines et qui espérait tirer de la Perse la soie brute nécessaire à cette grande industrie, a été écrite par *Adam Olearius*, secrétaire de l'ambassadeur. Environ trente ans plus tard, la Perse fut visitée par un antiquaire vénitien nommé *Bembo;* malheureusement ses desseins n'ont pas été publiés, bien qu'ils existent encore, et sa relation ne nous est connue que par un insuffisant extrait. Mais tous ces noms s'effacent devant le nom d'un voyageur dont la relation est demeurée classique, malgré sa date et les excellents ouvrages qui nous ont été donnés depuis sur la même contrée : ce voyageur est *Chardin*. Chardin parcourut diverses provinces de la Perse, une première fois de 1666 à 1669, et, dans un second voyage, depuis 1673 jusqu'en 1677. Il faut assigner aussi une place distinguée aux observations recueillies par *Kæmpfer* en 1684 principalement sur quelques points de la Perse méridionale.

La classe des *Voyages au Levant* nous offre, pendant la même période, une suite de noms extrêmement recommandables. Pour nous en tenir aux plus notables, les Anglais *Sandys*, *Smith*, *Wheler*, *Maundrell*, et nos compatriotes *Deshayes*,

*Du Loir*, *d'Arvieux*, *Des Mousseaux*, *Petis de la Croix* et *Spon*, ont donné, dans le cours du dix-septième siècle, d'excellentes observations et de savantes recherches de géographie et d'antiquités sur quelques parties de l'Asie Mineure, sur les îles de la Méditerranée orientale et sur la Syrie.

Une autre classe de voyageurs que l'on pourrait nommer les *touristes* de l'Asie, comme ces derniers sont les touristes du Levant, nous reste encore à mentionner. Ceux-là, en effet, se mettent en route pour les contrées de l'Orient, généralement sans autre but que de visiter des peuples nouveaux pour eux, d'en observer les mœurs et les usages, et de voir en passant ce qu'il y a de curieux dans chaque pays. Ces odyssées ont habituellement pour théâtre l'Asie-Mineure, la Syrie, la Perse, quelquefois l'Inde ; et bien que les résultats n'en soient pas d'une bien grande importance pour l'avancement des connaissances géographiques, ils ne sont pourtant pas toujours dénués d'intérêt. L'Antiquité ne connut pas ces courses de pure fantaisie, que des rapports faciles et devenus habituels de pays à pays peuvent seuls provoquer et rendre fréquentes. L'époque immédiatement antérieure au dix-septième siècle en compte déjà quelques-unes, parmi lesquelles nous en avons cité une remarquable, celle de Lodovico Barthema ; mais c'est dans la période où nous sommes qu'elles se sont multipliées. Les noms du Romain *Pietro della Valle*, des Anglais *Herbert* et *Fryer*, de nos compatriotes *Tavernier*, *la Boullaye le Gouz* et *Jean Thévenot*, qu'il ne faut pas confondre, ainsi qu'on l'a fait souvent, avec son oncle Melchisedech, auteur d'une curieuse Collection de Voyages ; enfin, ceux du Néerlandais *Struys*, de son compatriote *Bruyn* et du Napolitain *Gemelli Carreri*, lequel n'a peut-être pas visité tous les pays qu'il décrit, mais qui en a certainement parcouru un grand nombre ; tous ces noms, dont nous aurions pu étendre la liste, ont eu et conservent encore une certaine célébrité. Nul d'entre eux n'occupe une place marquante dans l'histoire géographique de l'Asie au dix-septième siècle ; et cependant on ne pourrait les en effacer sans y laisser une lacune.

18° siècle.
De 1701 à 1755.

Le DIX-HUITIÈME SIÈCLE où nous entrons achève de fixer la géographie de l'Asie. Des reconnaissances nautiques d'une exactitude au moins approximative en ont déjà ou en auront bientôt entièrement dessiné le contour ; de bonnes observations astronomiques en ont fixé les points principaux de manière à en assurer la configuration générale et les véritables dimensions ; des explorations déjà nombreuses, ou l'étude des écrits géographiques des nations mêmes de l'Orient, vont permettre d'augmenter et de rectifier tout à la fois le détail de ces diverses contrées.

Deux ouvrages fort importants pour la géographie générale de l'Asie et pour l'histoire géographique du Continent, ouvrent la période du dix-huitième siècle : ce sont ceux des Hollandais Witsen et Valentyn. Ces deux ouvrages, presque inconnus en France et que très-peu d'écrivains ont cités, jouiraient sans nul doute d'une réputation égale à leur mérite s'ils étaient écrits dans une langue plus répandue que ne l'est le néerlandais. *Nicolaus Witsen*, bourguemestre d'Amsterdam, homme riche et instruit, qui n'avait rien épargné pour réunir une foule de documents précieux sur l'intérieur de l'Asie, publia en 1705, sous le titre de *Tartarie Septentrionale et Orientale* [1], une description des diverses contrées de l'Asie centrale, orientale et septentrionale. Son ouvrage, où l'on pourrait désirer plus d'ordre et de régularité, mais qui s'étend à un plus grand nombre d'objets que ne semble en annoncer le titre, embasse dans son cadre la totalité de l'Asie à l'exception de la zone méridionale, c'est-à-dire de l'Asie Mineure, de la Perse, de l'Hindoustan et de la région Trans-Gangétique. Celui de Valentyn, qui a pour titre *Les Indes Orientales anciennes et modernes* [2], traite précisé-

---

[1] *Noord en Oost Tartaryen ; behelzende eene Beschryving van verscheidene Tartersche en Nabuurige Gewesten, in de Noorder en Oostelyste Deelen van Aziën en Europa.* Door M. Nic. Witsen. *Amsterdam*, 1705, in-fol., 2 v., avec de nombreuses cartes et figures. L'ouvrage de Witsen, on ne sait pourquoi, avait été fort peu répandu. En 1785, un libraire d'Amsterdam acheta les exemplaires qui étaient restés déposés dans la famille et le remit en vente avec un nouveau titre qui porte cette fausse date de 1785. Mais le frontispice gravé, qui n'a pas été refait, a conservé celle de 1705.

[2] *Oud en Nieuw Oost-Indiën, vervattende een Naaukeurige en Uitvoerige Verhandelinge van Nederlands Mogentheyd in die Gewesten*, etc. Door M. François Valentyn, onlangs Bedienaar des Goddelyken Woords in Amboina, Banda, etc. *Dordrecht en Amst.*, 1724, in-fol., neuf parties ou vol. Cartes et fig.

ment de la plupart des contrées restées en dehors des recherches de Witsen. Il fut publié de 1724 à 1726 en neuf parties, formant autant de volumes in-fol. [1]. L'auteur avait passé vingt années aux Moluques comme pasteur évangélique, et y avait réuni les riches matériaux de son travail. Outre l'Archipel Asiatique tout entier (à l'exception du groupe espagnol des Philippines), Valentyn décrit tous les pays de l'Orient où les Néerlandais avaient des établissements, le Japon, Formose, la Chine, le Tunkin, le Kanbodje, Siam, Ceylan, l'Hindoustan et l'Afrique australe. Ces deux ouvrages, se complétant ainsi l'un par l'autre, présentent, à peu d'exceptions près, un tableau détaillé des connaissances acquises sur l'Asie au commencement du dix-huitième siècle.

Les explorations des navigateurs et les notions fournies par les voyageurs sur l'intérieur de l'Ancien Continent, avaient devancé la marche de cette partie importante de la science géographique qui a pour objet de représenter graphiquement sur des cartes l'image fidèle de chaque contrée du Monde. Les erreurs considérables commises par Ptolémée dans l'appréciation des longitudes avaient longtemps influé sur les travaux des premiers géographes de la Renaissance; les cartes d'Ortelius, celles de Mercator, des Sanson et des autres géographes de la même période, se bornant à fondre les anciennes indications de Ptolémée avec celles de Marco Polo et des voyageurs des quinzième et seizième siècles, continuaient invariablement de donner à l'Asie cinq à six cents lieues de trop, et même parfois beaucoup plus, dans le sens de sa longueur, depuis le fond de la Méditerranée jusqu'à l'Océan Oriental. Le peu d'observations directes fournies par les premiers navigateurs, ainsi que les mesures partielles données par leurs relèvements nautiques, pouvaient faire soupçonner l'erreur énorme commise dans les représentations figurées du Continent, mais ne suffisaient pas à en opérer la réforme. Nul, du moins, n'avait osé l'entreprendre jusqu'à la fin du dix-septième siècle. A cette dernière époque, cependant, les observations astronomiques des Missionnaires français envoyés dans les parties orientales de l'Asie étaient assez nombreuses pour

---

[1] Le titre général n'annonce que cinq parties; mais quatre de ces parties sont divisées en deux volumes.

qu'il ne fût plus permis désormais de conserver sur les cartes d'ensemble les errements anciens qui les défiguraient. Mais cette grande réforme n'était pas une tâche aisée. Les fausses données et les faits exacts, mêlés et confondus depuis deux siècles, formaient un enchevêtrement tellement compliqué, que le premier coup de marteau porté dans une seule partie de l'édifice devait immanquablement entraîner la chute de l'édifice entier. Il fallait tout reprendre en sous-œuvre, étudier chaque élément en lui-même et comparativement avec tous les autres, élaguer les hypothèses, rectifier les erreurs, dégager les données certaines, et après avoir solidement établi comme autant d'inébranlables jalons les positions rigoureusement déterminées par l'observation des astres, grouper et coordonner autour de ces points fixes les nombreux détails fournis par les journaux des marins et par ceux des voyageurs. Cette œuvre herculéenne, depuis longtemps déjà provoquée par les astronomes, ce fut un Français qui eut le courage de l'entreprendre et la gloire de l'exécuter. La Mappemonde de *Guillaume Delisle* et sa carte d'Asie, publiées l'une et l'autre en 1700 en même temps que les trois autres parties du Monde, ramenèrent enfin pour la première fois à sa véritable place et à ses dimensions réelles la moitié orientale de l'Ancien continent. Quelles que soient les améliorations de détail apportées ultérieurement à la carte de l'Asie, — et ces améliorations sont immenses, — l'honneur d'en avoir opéré le premier la réforme radicale n'appartient pas moins tout entier à Guillaume Delisle, et son nom a eu dès lors sa place marquée parmi les plus beaux noms dont se glorifie la science.

Et pourtant un nom grandissait alors qui bientôt allait éclipser dans la science toutes les renommés qui l'avaient précédé : ce nom est celui de *D'Anville*. Est-ce donc par une injustice du sort que la mémoire de Guillaume Delisle a pâli devant la gloire de son successeur? D'Anville ne doit-il qu'à une usurpation la suprématie que lui ont décernée ses contemporains, et que la postérité a confirmée?—Ce n'est pas ici le lieu d'agiter cette question, que nous avons examinée ailleurs [1]; mais qu'il nous soit permis d'ajouter qu'un jugement porté par tout un siècle et

---

[1] Ci-dessus, t. 1, dans notre histoire générale de la Géographie.

sanctionné d'une voix unanime par les générations qui l'ont suivi, ne saurait être aisément taxé d'erreur ou de prévention, et que si les travaux de D'Anville sont encore aujourd'hui sur beaucoup de points une autorité irrécusable, tandis que depuis longtemps ceux de Delisle ne sont plus considérés que comme des matériaux pour l'histoire de la science, — matériaux précieux mais sans usage actuel, — il doit y avoir à cette différence une autre cause que les trente années d'intervalle qui les séparent [1]. Pour nous en tenir à l'Asie, il n'avait pas en effet paru, dans cet intervalle de trente années, ou même si l'on veut dans les cinquante années écoulées depuis le commencement du siècle, de ces Voyages de premier ordre dont les résultats, comme ceux d'un Humboldt dans le siècle actuel, suffisent seuls pour donner une face nouvelle à la géographie de vastes régions. Pierre I<sup>er</sup>, le génie civilisateur de la Moscovie, avait fait reconnaître la mer Caspienne, dont la forme fut dès lors irrévocablement fixée ; à l'autre extrémité de l'Asie, les Missionnaires français avaient fourni de nouveaux documents pour la géographie de la Chine et de la Tartarie ; enfin *Behring*, dans trois voyages successifs ordonnés par Pierre I<sup>er</sup> et par Élisabeth (1728, 1729, 1741), avait complété l'exploration du détroit auquel il a laissé son nom, constaté la proximité de la côte américaine, et découvert la longue chaîne des îles Aléoutes, qui se prolonge en un arc immense de l'un à l'autre continent : Voilà les trois grandes acquisitions géographiques de la première moitié du dix-huitième siècle ; et encore l'une d'elles, la nouvelle carte de la mer Caspienne, fut-elle à la disposition de Delisle aussi bien qu'à celle de d'Anville. Pour tout le reste, les publications des voyageurs n'avaient été que d'une importance secondaire, au moins quant aux résultats géographiques. *Paul Lucas*, de 1699 à 1717, avait exécuté ses trois voyages dans les pays du Levant, dont la géographie n'eut pas à retirer un grand fruit ; *Tournefort*, plus instruit, avait vu les parties septentrionales de l'Asie Mineure moins en géographe qu'en botaniste. *Pococke*, de 1737

---

[1] Delisle a revu et retouché en 1723 sa Mappemonde et ses cartes générales de 1700. Les six feuilles de l'Asie de D'Anville ont été mises au jour de 1751 à 1755.

à 1739, fournit plus de lumières pour la connaissance du local ; mais ses observations, outre l'Égypte, se bornent aux parties occidentales de la même Péninsule. Nul voyageur digne de note n'avait visité l'Arabie, non plus que l'Inde et la région Trans-Gangétique : l'ouvrage de Valentyn, moins riche et moins original sur ces deux dernières contrées que sur les îles du Grand Archipel, n'y fait guère que résumer les notions antérieures. Deux nouvelles expéditions eurent lieu, à la vérité, dans le Tibet : l'une, en 1714, sous la conduite du P. *Ippolito Desideri*, qui pénétra le premier dans le Petit Tibet ou Tibet occidental; l'autre, vers 1730, sous la direction du P. *Orazio della Penna* : mais celle-ci n'est devenue publique que de notre temps. La Perse avait été l'objet de deux bonnes relations, celles de l'orientaliste français *Otter*, en 1734, et du marchand anglais *Hanway*, en 1742. L'excellent ouvrage de *Kæmpfer* sur le Japon fut publié en 1728. Enfin, dans la Sibérie, les Russes avaient continué leurs explorations et recueilli quelques nouvelles lumières sur différentes parties de cette vaste région. *Strahlenberg* avait publié, en 1730, son intéressant ouvrage sur le nord de l'Asie. *Messerschmidt* avait parcouru une partie de la Sibérie depuis 1720 jusqu'en 1725; *George Gmelin* lui avait succédé en 1733, à la fois comme géographe et botaniste, et *Steller*, en 1742, avait donné le premier des notions un peu satisfaisantes sur le Kamtchatka.

Dans ces diverses sources d'informations que nous venons d'énumérer, il y a certainement des éléments d'améliorations de détail pour plus d'un point de la géographie asiatique; mais, nous le répétons, elles sont bien loin de suffire seules à rendre compte de la prodigieuse différence qui existe — abstraction faite du contour général et des dimensions astronomiques — entre la carte d'Asie de Delisle en 1723, et celle de D'Anville en 1751. Il faut donc reconnaître, sans affaiblir en rien le mérite éminent qu'eut le premier de ces deux géographes de rompre à tout jamais avec les errements des méthodes antérieures et de poser solidement les bases de la géographie actuelle, que l'incontestable supériorité du second tient moins encore à la valeur des matériaux qu'à l'habileté de la mise en œuvre. D'Anville est d'ailleurs le premier qui ait su tirer parti des notions fournies par les géographes et par les historiens arabes, turks et persans, sur plusieurs contrées de l'Asie Méridionale et de l'Asie intérieure; ces parties de sa carte en reçurent une richesse de détails qui leur donna un aspect tout nouveau. N'oublions pas même de faire une part convenable à l'exquise délicatesse d'exécution qui distingue les cartes de ce grand géographe, exécution dont nul modèle n'existait avant lui, que nul depuis lui n'a su reproduire. Et cette remarque a son importance. Dans les arts et dans les sciences, comme en littérature, si aux yeux de quelques-uns une œuvre ne vaut que par la conception, c'est par la forme seule qu'elle vit et s'adresse à tous.

Il faut donc considérer comme marquant une ère notable dans l'histoire géographique de l'Asie l'apparition des six larges feuilles dans lesquelles D'Anville résuma l'ensemble de ses travaux de détail sur cette grande partie du monde, et qui furent successivement publiées de 1751 à 1753. Cette magnifique carte est la seule, en effet, qui présente le résultat bien complet de toutes les connaissances acquises à cette époque sur l'Asie, comme elle est aussi la seule dont on puisse faire avec sécurité un point de comparaison pour apprécier les perfectionnements ultérieurs de la géographie des diverses contrées qu'elle renferme.

## VI.

Il ne reste plus désormais de nouvelles terres à découvrir en Asie; mais il n'y a pas une seule de ses parties dont la géographie ne soit à perfectionner.

Tel est le caractère essentiel de la nouvelle période qui commence avec la seconde moitié du dix-huitième siècle. L'âge des découvertes est passé; l'âge des explorations scientifiques va s'ouvrir.

C'est maintenant à l'astronomie à multiplier ses observations, afin de donner pour chaque pays un nombre suffisant de points fixes auxquels on puisse rattacher les itinéraires des voyageurs; c'est aux voyageurs eux-mêmes à multiplier, à croiser dans tous les sens le nombre de leurs itinéraires, afin de remplir les vides encore nombreux laissés par leurs prédécesseurs. Voici de vastes contrées que nous ne connaissons guère jusqu'à présent que par les livres de la nation Chinoise, le Tibet, quelques portions de la région Trans-Gangétique, les vastes solitudes de la Tartarie, la presqu'île de Korée, la large vallée que traverse l'Amoûr et que parcourent les tribus mandchoues : c'est aux explorateurs futurs à préciser ce que les indications des géographes chinois ont de vague, à corriger ce qu'elles ont d'inexact, à suppléer à ce qu'elles ont d'incomplet. Désormais le voyageur ne devra plus fouler d'un pied rapide les pays où le portera le désir d'ajouter quelque chose aux connaissances de l'Europe; un regard superficiel jeté en passant sur la configuration du sol, sur les villes et les monuments qui le couvrent, sur les mœurs et les habitudes du peuple qui l'habite, ne répondra plus à ce que l'Europe attend de lui. Géologue et naturaliste, astronome et physicien, antiquaire et philologue, il lui faudra porter tour à tour la lumière de chacune de ces sciences sur les tableaux qu'il aura à retracer. Tous les voyageurs seront loin, sans doute, de répondre complétement à ces exigences légitimes d'une époque plus savante. Mais aussi l'attention et l'estime que tous ambitionnent ne seront plus acquises qu'à ce prix; et si la curiosité aisément trompée se laisse encore surprendre aux légères esquisses d'un touriste superficiel, l'homme que de graves et fortes études auront préparé à de fructueuses explorations pourra seul espérer de prendre rang parmi les voyageurs que notre époque avoue.

L'exploration de l'Arabie par *Niebuhr* et ses compagnons, en 1762 et 1763, inaugure dignement cette nouvelle période. Le gouvernement danois, qui ordonna cette expédition savante, eut ainsi l'honneur d'une initiative qui semblait réservée à des états plus riches; il est vrai que depuis la plupart des gouvernements de l'Europe ont suivi l'exemple que Frédéric V leur avait donné. Cette expédition, à laquelle nous devons ce qu'aujourd'hui encore nous savons de plus complet sur l'Arabie, a donc cela de particulièrement remarquable, indépendamment de l'importance de ses résultats, que c'est la première qui ait été organisée sur une grande échelle dans des vues purement scientifiques. Dans le même temps, un savant isolé, pauvre, sans secours ni encouragement, uniquement soutenu par un désir ardent de soulever un coin du voile qui nous dérobe les origines des plus anciens peuples du Monde, et par une confiance entière dans la mission que lui-même s'était donnée, exécutait avec une admirable persévérance ce que tous, lui excepté, avaient regardé comme impossible. Avons-nous besoin de nommer *Anquetil du Perron ?* Cet homme courageux, exemple bien rare de ce que peut le dévouement à la science, secondé par une forte volonté, se rendit dans l'Inde en 1755, s'y livra sans relâche à des études que nul avant lui n'avait même ébauchées, apprit une langue, le zend, dont le nom même était à peine connu en Europe, parvint, non sans des difficultés inouïes, à s'initier tout à la fois à la science et à la doctrine des prêtres parsis, ministres exilés du culte de Zoroastre, et après cinq années de travaux et de privations qui semblent dépasser les forces humaines, il rapporta en Europe le livre sacré de cette antique religion, plus riche et plus heureux mille fois de cette conquête dont il allait doter sa patrie, que s'il fût revenu chargé de tous les trésors de l'Orient. À peu près dans le même temps, en 1766, un jésuite allemand, le P. *Tiefenthaler*, parcourait la province d'Aoude, le Kémaoun et la partie occidentale du Népâl, pays alors à peu près inconnus, sur lesquels il nous a laissé d'utiles travaux.

Il y a dans toute l'Europe, à cette époque, une impulsion géographique fort remarquable. Provoquées par les sociétés savantes et soutenues par les moyens d'exécution dont les Gouvernements disposent, des expéditions scientifiques plus ou moins importantes sont dirigées sur les principaux points du Globe. C'est dans ce temps que l'astronome La Caille se rend au Cap; que Chabert, Courtanveaux, Fleurieu, Verdun et Pingré parcourent différentes mers pour la solution de problèmes utiles à la navigation et à l'astronomie; que Le Gentil et Sonnerat visitent, pour perfectionner la géographie, les Indes Orientales et les mers qui s'étendent depuis la côte orientale de l'Afrique jusqu'à la Chine; que Chappe d'Auteroche, au nom de l'Académie des sciences de Paris, va en Sibérie et en Californie. Bougainville, nom cher à l'érudition et à la géographie nautique, exécutait dans ce temps son voyage autour du Monde, et l'illustre Cook se préparait au sien.

Ce grand mouvement dont le foyer principal est en France et en Angleterre, nous le retrouvons non moins actif à l'autre extrémité de l'Europe. Une femme d'un génie peu ordinaire régnait alors sur la Russie. Catherine II avait repris les plans inachevés de Pierre le Grand, impatiente comme lui de voir son immense monarchie au niveau de la civilisation où l'Europe occidentale l'avait devancée. Mais cette monarchie, Catherine elle-même n'en connaissait qu'imparfaitement les vastes provinces. Une de ses premières pensées fut de faire exécuter simultanément dans toute l'étendue de l'Empire une exploration largement organisée. L'Académie Impériale en rédigea le plan et en désigna les membres dans son propre sein. Cette grande exploration collective commença en 1768 et se prolongea jusqu'en 1774. Les savants chargés de cette mission furent MM. *Samuel Gmelin, Pallas, Georgi, Falk, Rytschkow, Lepekhin* et *Guldenstædt*. Chacun d'eux était le chef d'une expédition distincte à laquelle avaient été adjoints autant d'aides ou d'auxiliaires que l'exigeait une aussi vaste entreprise. MM. Gmelin, Georgi, Falk, Rytsckhow et Lepekhin eurent pour mission principale la description géographique, physique et statistique des diverses provinces de la partie européenne de l'Empire. Pallas, dont le nom est le plus généralement connu chez nous, parce qu'il est le seul des membres de la pléiade scientifique à qui le hasard, plutôt qu'un choix motivé, ait valu l'honneur d'une traduction française, Pallas fut chargé de compléter sur la Sibérie les observations déjà nombreuses qu'y avaient recueillies avant lui Messerschmidt et George Gmelin, père de celui qui faisait partie de la nouvelle expédition. L'exploration des pays Caucasiens fut confiée à Guldenstædt.

Cette grande expédition de 1768 fait époque dans l'histoire scientifique de l'empire russe, et on voit qu'à plus d'un égard elle se rattache étroitement à l'histoire géographique de l'Asie. Pour la première fois l'isthme caucasien, région si intéressante à tant d'égards, allait être l'objet d'une étude régulière quant à sa structure extérieure, aux productions du sol, à la classification glossographique des populations; et la géographie encore bien incomplète des parties intérieures de la Sibérie allait s'enrichir d'un grand nombre de faits nouveaux. L'impératrice Catherine avait voulu d'ailleurs que la reconnaissance nautique de l'empire marchât de front avec l'exploration des provinces. Des navigateurs russes, également munis des instructions de l'Académie des sciences, exécutèrent dans le même temps la reconnaissance de plusieurs parties des côtes sibériennes, depuis la grande île que les Russes nomment dans leur langue la Nouvelle-Terre, *Novaïa Zemlia*, jusqu'aux rivages de la Mer d'Okhotsk. On doit dire, toutefois, que ces nouvelles reconnaissances ne changèrent notablement ni la forme ni le gisement de la côte septentrionale de l'Asie, dont le contour, aussi bien que la situation en latitude et même en longitude, se montrent déjà sur la carte de D'Anville, sauf quelques modifications de détail à peine sensibles, tels qu'on les retrouve sur les meilleures cartes russes et allemandes de la date la plus récente. La seule adjonction notable est celle de l'archipel nommé la Nouvelle-Sibérie, qui avait été signalé, il est vrai, dès la seconde moitié du dix-septième siècle, mais que depuis lors on avait perdu de vue malgré son peu d'éloignement de la côte sibérienne, et dont l'existence même semblait tellement problématique, que D'Anville ne les avait admises ni sur sa carte de Sibérie de 1753, ni sur sa Mappemonde de 1761. N'oublions pas non plus de mentionner parmi les résultats importants des explorations de 1768, les notions aussi étendues qu'instructives recueillies par Pallas sur les nations Mongoles.

Les vingt-cinq ou trente années d'intervalle que remplissent les grands travaux géographiques que nous venons de rappeler, ont ajouté quelques noms nouveaux à la nomenclature déjà si riche des voyageurs au *Levant*. L'Anglais *Wood*, en 1750 et 51, a décrit les ruines magnifiques de Tadmor et de Baalbek, et visité, les poëmes d'Homère à la main, le théâtre des combats d'Achille et celui des courses de Ménélas. L'Italien *Mariti* a donné une bonne relation de l'île de Cypre et du Liban; *Richard Chandler* a étudié en antiquaire les vestiges de l'art hellénique dans l'ancienne Ionie (1764-66); et le célèbre *Volney*, en qui les regrettables écarts de ce qu'on nommait alors l'esprit philosophique ne doivent faire oublier ni les rares qualités du profond érudit, ni celles du voyageur savant, a parcouru, de 1780 à 1785, l'Égypte et la Syrie, et laissé dans sa précieuse relation non-seulement un excellent tableau de ces deux pays, mais encore un modèle que ne sauraient trop méditer ceux qui se proposent de visiter les contrées étrangères.

Cependant une autre partie de l'Asie méridionale, l'Inde, voyait dans le même temps s'asseoir et croître silencieusement une puissance qui bientôt allait s'étendre, souveraine absolue, sur la totalité de la Péninsule. Les Anglais, sous la direction de lord Clive, commençaient à sortir de leur rôle obscur de simples marchands, et s'immisçant dans les querelles des princes indigènes, préparaient leurs propres établissements territoriaux. La mémorable journée de Placî (23 juin 1757) en posa les bases. De 1757 à 1766 la Compagnie anglaise avait acquis, à titre de cession ou de conquête, une portion considérable du Bengale. Ses nouvelles possessions au nord du Gange la mirent alors en contact avec un peuple inconnu : ce peuple était celui du Boutan. Le Boutan est une contrée qui forme, comme région naturelle, la prolongation orientale du Népâl; situé au sud de la grande rangée de l'Himalaïa, que couronne dans cette partie l'énorme pic de Djamalâri, il occupe la portion orientale d'une terrasse élevée qui forme comme un gradin intermédiaire entre les basses plaines du Brâhmapoutra et du Gange et la chaîne même de l'Himalaïa. Les Boutaniens ne ressemblaient à aucune des populations que les Anglais avaient rencontrées dans la plaine. Leur aspect farouche aussi bien que l'ensemble de leurs traits, les peaux d'animaux dont ils étaient couverts, l'arc et les flèches dont ils étaient armés, tout en eux semblait annoncer un peuple tartare. Ceux-ci, de leur côté, ne tardèrent pas à reconnaître dans les nouveaux ennemis à qui ils avaient affaire des hommes autrement redoutables que les timides Hindous qu'ils avaient toujours vus fuir devant eux. Le Boutan était soumis à la suprématie du Grand Lama, souverain à la fois spirituel et temporel du Tibet : celui-ci jugea prudent d'interposer sa médiation entre l'autorité britannique et le radjâh du Boutan. Un envoyé tibétain descendit à Calcutta, porteur de riches présents consistant en or et en poudre d'or, en musc, en soieries de la Chine et en châles du kachmîr, étoffe précieuse alors presque inconnue en Europe. Lord Hastings, qui venait de succéder à lord Clive dans le gouvernement de l'Inde anglaise, saisit cette occasion d'ouvrir des rapports directs avec le souverain du Tibet. La politique y pouvait trouver des relations profitables; la géographie devait y gagner d'utiles acquisitions. Telle fut l'origine de l'ambassade de *Bogle* en 1774, et, dix ans plus tard, de celle de *Turner*. Si ces deux expéditions, qui ne dépassèrent pas la région himalaïenne, n'ont pas donné autant de lumières qu'on l'aurait désiré sur une contrée si rarement visitée par les Européens, elles n'ont pas laissé cependant d'ajouter notablement aux notions anciennement fournies par les Missionnaires. Un voyageur anglais, *George Forster*, qui n'a de commun que le nom avec l'allemand G. Forster qui fut un des compagnons de Cook dans le second voyage autour du monde de 1772 et qui en a donné une relation aussi instructive qu'intéressante, parcourait dans le même temps (1782) quelques-unes des régions les moins visitées de l'Asie intérieure. Parti du Bengale pour gagner l'Europe par terre, Forster prit le chemin du Pendjâb, visita le Kachmîr où aucun Européen connu n'avait pénétré depuis Bernier, traversa le nord de l'Afghanistân, puis le Khoraçân dans toute sa longueur, et gagna la Russie par le sud et l'ouest de la mer Caspienne.

C'est en 1784 que fut fondée la Société Asiatique de Calcutta. Que d'événements qui ont eu un long retentissement dans l'histoire n'ont pas exercé sur la marche de l'esprit humain autant d'influence que celui-ci! De cette époque date pour l'Europe une nouvelle ère des études asiatiques. Circonscrites jusque-là dans le cercle des nations sémitiques, — cercle déjà vaste, assurément, mais qui semble bien restreint si on le compare à l'immensité du champ nouveau que se sont ouvert les orientalistes modernes, — ces études du monde oriental, appliquées désormais aux langues, aux pays et aux peuples de l'Asie entière, ont remonté à de nouvelles sources de l'histoire primordiale du genre humain. Les idées se sont agrandies en même temps que l'horizon historique; des rapports jusque-là inaperçus entre les nations de l'Ancien Continent se sont graduellement dévoilés; des données que nul ne soupçonnait sont venues préparer la solution des plus obscurs problèmes que présente la recherche de l'origine des peuples, de la filiation des races et de leurs antiques migrations. A partir de ce moment, les voyages d'exploration dans les diverses contrées de l'Orient ne pouvaient manquer de se ressentir d'une manière plus ou moins directe de cette nouvelle direction que la Société de Calcutta allait imprimer à toutes les études relatives à l'Asie.

L'immense perfectionnement que la grande navigation avait reçu depuis les premiers voyages d'exploration du capitaine Cook portait aussi ses fruits pour la géographie des parties du continent asiatique que baigne le Grand Océan. *Cook* lui-même, en 1778, lors de son troisième voyage, avait pénétré dans le Détroit de Behring et touché à quelques points de la côte orientale du Kamtchatka, dont une expédition ordonnée par Catherine II et placée sous la direction du commodore *Billings* allait bientôt après opérer une reconnaissance plus étendue. Neuf ans après Cook, notre infortuné compatriote *La Pérouse* traversa la chaîne des Kouriles, qui se prolonge entre la pointe australe du Kamtchatka et la plus septentrionale des îles du Japon, pénétra le premier dans la mer intérieure comprise entre le Japon et la côte mandchoue, prolongea toute l'étendue de cette dernière côte jusqu'à peu de distance de l'embouchure de l'Amoûr, et remplit la plus forte lacune qui fût restée sur cette partie de la carte de D'Anville, en dessinant le contour exact de ce qu'il nomma la Manche de Tartarie et celui de la grande île de Tarakaï. Enfin, en 1795 et 96, le navigateur anglais *Broughton* perfectionna notablement l'hydrographie des parages plus méridionaux où s'étendent les îles Licou-Khicou et Formose.

Un des compagnons de voyage de La Pérouse, choisi pour apporter en France des nouvelles de l'expédition, s'en était séparé à la relâche du Kamtchatka. Le retour de M. *Lesseps*, qui eut lieu par terre en traversant la Sibérie dans toute sa longueur (1787), nous a valu sur cette vaste contrée une intéressante relation de plus. Dans le même temps, trois naturalistes eurent successivement mission de l'Académie de Saint-Pétersbourg d'explorer la région de l'Altaï pour en étudier de nouveau les minéraux et les plantes. *Patrin* en 1781, *Schangin* en 1786, *Sievers* en 1790. C'est au précieux Recueil dans lequel Pallas a consigné une foule de notices sur la géographie et l'histoire naturelle des contrées du Nord [1] que nous devons la con-

[1] *Nordische Beyträge*, 1781-1796; 7 vol. in-8.

naissance de ces utiles relations, entre un grand nombre d'autres non moins intéressantes pour l'histoire géographique des parties asiatiques de l'empire russe.

Nous voudrions conserver à ce rapide tableau une unité de dessin qui nous échappe trop souvent, obligés que nous sommes d'embrasser constamment du regard l'étendue entière de l'Asie et d'y signaler les voyages qui s'y exécutent simultanément à d'immenses distances, sans autre liaison entre eux que leur commun résultat, le perfectionnement de la géographie asiatique. Ainsi l'ordre des dates nous transporte ici, des rivages de l'Océan Oriental et des gorges sauvages de l'Altaï, aux bords riants de la mer Égée. Dans ce temps, en effet, les terres classiques de cette autre extrémité du Continent étaient le théâtre de courses et de recherches dont les résultats forment une époque intéressante dans les explorations de l'Asie occidentale. M. le comte de *Choiseul-Gouffier*, ambassadeur de la Cour de France près du Grand-Seigneur, avait porté au Levant un goût éclairé pour les arts et pour les recherches de géographie classique auquel l'Europe est redevable de la belle publication connue sous le titre de Voyage Pittoresque de la Grèce. Le Voyage à l'Hellespont de *Lechevalier*, et le Voyage dans la Troade du même auteur, se rattachent aussi à cette ambassade. Ce dernier ouvrage, dans lequel Lechevalier, fort d'une longue et minutieuse étude de la plaine de Troie, mettait dans tout son jour l'exactitude admirable d'Homère dans les descriptions topographiques de l'Iliade, devint l'occasion d'une polémique dont s'émut l'Europe savante, et d'où sont sortis plusieurs ouvrages qui ont survécu à l'occasion fortuite qui les fit naître. A la même époque, de 1781 à 1790, un ecclésiastique français, habile dans les applications pratiques de l'astronomie, M. *Joseph Beauchamp*, mettait à profit son séjour dans les provinces les plus orientales de la Turquie d'Asie pour perfectionner, par des relèvements exacts et de nombreuses observations astronomiques, nos cartes des pays arrosés par la partie inférieure du cours de l'Euphrate. Un voyage que M. Beauchamp eut plus tard (1797) occasion de faire à Trébizonde a eu des résultats encore plus importants pour la géographie des côtes méridionales de la mer Noire.

Nous sommes arrivés à une de ces grandes catastrophes de l'histoire destinées à exercer une profonde influence sur l'avenir de l'Humanité. La Révolution française n'a pas seulement changé la face politique de l'Europe : son action s'est fait sentir dans les relations de l'Europe avec le reste du Monde. De nouveaux intérêts ont fait rechercher de nouvelles alliances, ou sont devenus l'occasion plus ou moins prochaine d'événements et d'entreprises dont nous ressentons, aujourd'hui encore, les contre-coups éloignés. Amis ou hostiles, ces événements et ces entreprises ont amené de nouveaux rapports avec des pays jusque-là peu connus, et de ces rapports devenus tout à la fois et plus fréquents et plus intimes qu'ils ne l'avaient été auparavant sont sorties des notions plus étendues dont le domaine de la science s'est enrichi. C'est surtout à l'Asie que ces remarques s'appliquent. En Asie, depuis cinquante ans, les intérêts politiques ont été le mobile, quelquefois patent, plus souvent secret, d'une partie des voyages qui ont le plus contribué à en perfectionner la géographie.

La mission de nos compatriotes *Olivier* et *Bruguière* en Turquie et en Perse, de 1792 à 1798, est la première qui se rattache à ce nouvel ordre d'événements. Bien que les intérêts de la géographie et du commerce en eussent été originairement les seuls mobiles, ceux de la politique, dans les graves circonstances où l'on se trouvait alors, ne pouvaient pas y demeurer étrangers. Quelles qu'aient été, au surplus, les instructions données aux deux voyageurs, ils ne restèrent pas au-dessous de leur mission, à laquelle nous devons une relation excellente, rédigée par Olivier, de l'Asie Mineure, de la Perse et du nord de la Syrie. L'Angleterre, à la même époque, cherchait par l'envoi d'une ambassade solennelle à s'ouvrir en Chine un nouveau débouché commercial. Cette ambassade, confiée à lord *Macartney* (1792-94) a donné naissance à quatre relations distinctes, remarquables à divers titres. Bien que nos connaissances sur la Chine avant cette ambassade fussent loin d'être aussi bornées que les rédacteurs de ces relations semblent le croire, et que les nouvelles lumières qu'elles nous ont fournies n'aient pas à beaucoup près le degré d'importance qu'ils paraissent y attacher, il est néanmoins juste de dire qu'on doit à cette mission plus d'une information utile. Une ambassade néerlandaise confiée à M. *Titsingh*, et qui abordait en Chine au moment où lord Macartney quittait le Céleste Empire, serait restée à cet égard, malgré la relation qu'en a donnée M. *Van Braam*, fort au-dessous de la mission de lord Macartney, si un jeune français, M. *De Guignes*, fils du célèbre auteur de l'Histoire des Huns, ne s'était fait attacher à cette mission commerciale, qui devint l'occasion d'un bon ouvrage sur la Chine publié quatorze ans plus tard sous le titre de *Voyage à Péking*.

Cependant, la Société de Calcutta se livrait avec ardeur aux recherches qui avaient été le but de sa fondation. L'Inde et ses antiquités, sa géographie et ses populations, étaient étudiées avec plus de suite et d'ensemble qu'elles n'avaient pu l'être à aucune époque. Le sanskrit, cette langue aujourd'hui éteinte qui fut autrefois celle du culte de Brâhma et des traditions primordiales de la race hindoue, et dans lequel on entrevoyait déjà avec étonnement quelques-uns des rapports aujourd'hui bien établis qui en montrent la parenté directe avec la presque totalité des langues parlées en Europe, le sanskrit était surtout l'objet d'investigations assidues. Déjà six volumes des Mémoires de la Société, qui avaient été mis au jour depuis 1788, annonçaient au monde savant ce que cette suite précieuse devait devenir bientôt, une mine d'inestimables documents pour la connaissance physique, géographique, ethnologique et philosophique de l'Hindoustan et des contrées adjacentes. En même temps, une foule de voyageurs anglais, appelés dans l'Inde où s'étendait de plus en plus leur domination nationale, soit par des intérêts de commerce, soit par le service militaire, soit par un simple mobile de curiosité ou par le mobile plus noble des intérêts de la science, commençaient déjà à sillonner la Péninsule et augmentaient chaque jour la masse des matériaux propres à en compléter la description. Parmi ces ouvrages qui appartiennent à la fin du dix-huitième siècle et à l'ouverture du dix-neuvième, il faut mettre au premier rang celui de *George Buchanan*, qui donna trois volumes pleins de renseignements substantiels sur le Maïssour et les cantons avoisinants, dans le sud de la Péninsule. Le lieutenant *Mac-Cluer*, de 1787 à 1790, en avait relevé, par ordre de l'amirauté anglaise, une partie de la côte occidentale, vers le

Goudjérât et les bouches du Sindh. *Kirkpatrick*, en 1793, donna les premières notions que l'on ait eues sur le Népâl depuis celles des anciens Missionnaires qui en avaient traversé les profondes vallées pour se rendre au Tibet. Trois ans plus tard, en 1796, *Hardwicke* remonta le Gange dans un but d'exploration scientifique ; mais il ne put s'avancer au delà de S'rinagâra, au pied des premières montagnes qui recèlent les sources du fleuve. La seule comparaison des deux éditions extrêmes du beau Mémoire de *Rennell* sur sa Carte de l'Hindoustan, la première de 1783 et la dernière de 1793, montre quels progrès, dans cet intervalle de dix années, la géographie de l'Inde avait faits en Europe. Une mission à la fois politique et commerciale envoyée en 1795 par le gouverneur-général de l'Inde anglaise au gouvernement birman, nous a valu sur l'Arakan, le Pégou et le pays d'Ava, encore si peu connus, l'intéressante relation du chef de l'ambassade, le major *Symes*, et plus tard celle de *Hiram Cox*, qui vint en 1796 exercer à Ramgoun les fonctions de résident britannique. Notons encore les relations de *White*, de *Percival* et surtout celle de *Cordiner* sur Ceylan, auxquelles il faut ajouter quelques recherches d'antiquités du capitaine *MacKenzie*, premiers fruits que recueillit la géographie du changement de domination de cette île célèbre, qui était passée en 1796 des mains des Néerlandais dans celles de l'Angleterre.

Nous ne sortirons pas du dix-huitième siècle, où nous ont longtemps retenus tant de productions utiles à l'avancement de la géographie asiatique, pour entrer dans le dix-neuvième où nous attendent des travaux plus nombreux encore et plus importants, sans mentionner plusieurs voyages intéressants exécutés dans la région du Caucase. La curiosité est puissamment excitée par tout ce qui se rapporte à cet isthme montagneux, d'un aspect si grandiose et d'un si difficile abord. Une excursion anonyme faite en 1781 de Mozdok dans quelques-unes des vallées centrales du Caucase nous a été conservée par Pallas, dans son Recueil de matériaux pour la connaissance du Nord ; c'est aussi dans la même Collection que se trouve la relation d'*Engelmann*, chef de l'escorte qui accompagnait une mission russe envoyée en Perse dans l'année 1785. Cette relation ajoute quelque chose aux notions que Guldenstaedt avait recueillies, quinze ans auparavant, sur les hautes vallées du massif central. Celle de l'allemand *Reinegg*, qui parcourut en 1790 le Caucase occidental, eût été plus fructueuse pour l'étude de ces contrées si elle eût été livrée à l'impression dans un état moins imparfait. *Pallas* lui-même, qui après l'achèvement de son premier voyage était venu habiter la Krimée, où la munificence de sa souveraine lui avait ménagé une agréable retraite, sollicité par l'irrésistible besoin qu'éprouvent certaines natures d'échapper au repos qui leur pèse, entreprit en 1793 une longue excursion dans les steppes qui bordent au nord la ligne du Caucase et dans les vallées supérieures du Kouban. Enfin deux voyages également intéressants par leurs résultats, quoique fort différents par leur caractère, ceux du naturaliste *Marschall de Bieberstein* et du savant antiquaire polonais *Jean Potocki*, signalent les dernières années du siècle. Le comte Potocki a consacré sa vie et sa fortune à d'importants travaux sur les antiquités slaves et les origines de sa patrie; son voyage dans les steppes du Caucase eut pour objet la recherche de quelques-uns des anneaux qui rattachent les origines de l'ancienne Sarmatie aux régions de l'Orient. M. de Potocki écrivit dans notre langue; et parmi les titres qui le recommandent à notre attention, ce n'est pas un des moindres d'avoir eu pour éditeur un des savants les plus justement célèbres de l'Europe moderne [1].

19ᵉ siècle.
1801 à 1815.

Le voyage officiel d'Olivier et de Bruguière à la cour de Perse avait vivement alarmé le cabinet de Londres; ces alarmes se renouvelèrent, plus vives encore et peut-être mieux fondées, lorsqu'un rapprochement aussi soudain qu'inattendu entre Paul Iᵉʳ et le héros qui venait de saisir d'une main si ferme le gouvernail de la France, donna lieu à tant de suppositions sur les projets combinés de Bonaparte et du tzar à l'égard de l'Orient. Quelque gigantesque que fût le plan d'une invasion de l'Inde anglaise par le centre de l'Asie, ce plan n'avait rien qui dépassât ce que l'on connaissait du génie audacieux du Premier Consul et de

---

[1] Le Voyage du comte Potocki aux steppes du Caucase n'a été imprimé qu'en 1829 à Paris, par les soins de M. Klaproth, qui a fait réimprimer à la suite de cette édition le meilleur des ouvrages de l'auteur, l'*Histoire primitive des peuples de la Russie*.

l'esprit aventureux de l'autocrate. Il pouvait donc y avoir là pour l'Angleterre un danger réel, et dans cette éventualité redoutable la Perse prenait tout à coup une grande importance; car selon le parti où elle serait entraînée, elle pouvait favoriser ou empêcher l'invasion. Une démarche diplomatique près du Châh Feth-Ali-Khân fut donc résolue à Londres, et le colonel *John Malcolm* désigné à cet effet. M. Malcolm se rendit de l'Inde à Téhéran dans l'année 1801. Le succès de l'envoyé britannique fut aussi complet que son gouvernement le pouvait désirer. M. Malcolm obtint du châh un traité d'alliance *perpétuelle*, dont un des articles — triste cachet d'une époque de haine acharnée! — interdisait l'entrée de la Perse à tous les Français sous peine de mort.

Mais l'homme prodigieux qui présidait alors à nos destinées portait trop haut le nom de la France pour qu'un semblable traité pût avoir une longue durée. Déjà le nom du héros d'Italie et d'Égypte remplissait le Monde. L'imagination des peuples de l'Orient, si facilement ébranlée par tout ce qui est extraordinaire, grandissait encore cette figure déjà si grande, et lui prêtait quelque chose de surhumain. Avant même que le Premier Consul n'eût revêtu la pourpre impériale et inauguré son avénement à l'empire de Charlemagne par de nouvelles victoires qui devaient frapper l'Europe tout à la fois d'admiration et de terreur, Feth-Ali-Châh déchirait, de son propre mouvement, le traité de 1801; et voulant peut-être prévenir par une démarche spontanée la vengeance qu'il pouvait redouter, il écrivait de sa main à Bonaparte pour lui demander son alliance et son amitié. Une telle ouverture était assez importante pour ne pas être négligée. Mais avant de répondre à la démarche du châh par une ambassade officielle, Napoléon voulut qu'un agent de confiance allât en Perse prendre des informations plus précises. M. *Amédée Jaubert* fut choisi pour cette mission difficile, qu'un profond secret devait envelopper. M. Jaubert se mit en route au commencement de 1805, et il était de retour à la fin de 1806. Son rapport détermina l'envoi du général *Gardanne* avec le titre d'ambassadeur. Le cabinet britannique avait inutilement tenté d'entraver ce rapprochement entre la France et la Perse; sir John Malcolm, chargé pour la seconde fois, en 1807, de se rendre près du châh, ne put même pénétrer jusqu'à Téhéran. Sir Hartford Jones, qui le remplaça, fut à la vérité plus heureux l'année suivante, et à la suite de sa mission, un ambassadeur, sir *Gore Ouseley*, arriva en Perse à la fin de 1811 ; mais il n'en est pas moins très-probable que sans les funestes événements de 1814 et 1815, qui vinrent donner encore une fois une nouvelle face à la politique des cabinets, ces efforts de l'Angleterre pour détourner le châh de l'alliance française seraient demeurés sans résultat.

Si la fibre patriotique, après un intervalle de trente années, ressent encore douloureusement l'impression de ces affreux désastres où s'engloutit l'Empire, on doit pourtant à cette longue suite de fluctuations diplomatiques des résultats d'une autre nature où l'esprit se repose avec bonheur. Les calculs de la politique changent et se modifient comme ses intérêts ; les acquisitions de la science leur survivent. Les diverses ambassades françaises et anglaises que nous venons de rappeler ont été, de 1800 à 1816, l'occasion d'un nombre considérable de relations toutes fort remarquables, qui ont amplement complété les notions déjà fournies par Chardin et Olivier. Grâce à la masse de documents réunis dans les ouvrages de *J. Malcolm* et d'*Amédée Jaubert*, du général *Gardanne*, d'*Adr. Dupré* et de *Tancoigne*, de *Morier*, de *Macdonald Kinneir*, de sir *Hartford*, de *Price* et de *William Ouseley*, la Perse nous est aujourd'hui mieux connue, l'Inde exceptée, qu'aucune autre contrée de l'Orient.

Les mêmes appréhensions qui avaient donné tant d'activité aux démarches du gouvernement anglais près du châh, déterminèrent dans le même temps deux expéditions analogues dans les pays jusque-là très-peu connus qui sont compris entre la Perse proprement dite et l'Indus. La partie septentrionale de cette région forme, depuis les premières années du dix-huitième siècle, un État indépendant qui prend quelquefois le nom de Kâboul sa capitale, et plus souvent celui d'Afghanistân d'après la race principale qui l'habite ; la partie méridionale, entre l'Afghanistân et la mer des Indes, n'est connue que sous le nom de Balouchistân ou Pays des Balouches. M. *Elphinstone* fut envoyé en 1808 dans l'Afghanistân, avec la double mission d'en concilier le chef aux intérêts britanniques et d'étudier les ressources ainsi que la topographie du pays; en 1810, MM. *Pottinger* et *Christie* parcoururent le Balouchistàn sans mission apparente, dans le but de s'assurer des facilités ou des obstacles que cette contrée presque sauvage pourrait offrir à la marche d'une armée. Nul voyageur européen, depuis le siècle d'Alexandre, n'avait pénétré dans ces solitudes arides où faillit s'engloutir l'armée du conquérant macédonien. Les relations de ces deux voyages ont jeté un jour tout nouveau sur la géographie de l'Iràn oriental, et forment aujourd'hui encore le fonds de nos connaissances sur ces régions.

Éloignée du bruit des armes qui remplissait l'Europe, et en apparence étrangère aux préoccupations politiques, la Société du Bengale poursuivait avec une activité croissante le cours de ses savants travaux. La langue sacrée, le sanskrit, n'avait plus de secrets pour les Colebrooke et les Wilkins; et l'œil avide des nouveaux indianistes pouvait déjà sonder les profondeurs de cette littérature mystérieuse qui recèle peut-être les plus anciens titres du Genre Humain. En même temps que l'étude philologique, l'étude morale, philosophique et littéraire de l'Inde faisait de rapides progrès; et la topographie des provinces se perfectionnait et s'étendait à chaque nouvelle acquisition de la Compagnie dans l'intérieur de la Péninsule. Les parties les moins connues étaient celles qui touchent vers le nord à la chaîne de l'Himalaïa; l'accès difficile de ces hautes régions, joint au caractère belliqueux des peuples indépendants qui les habitent, élevaient une barrière presque infranchissable entre elles et la curiosité européenne. Aussi le gouvernement général de Calcutta, de même que la Société Asiatique, ne laissait-il échapper aucune des chances d'exploration que le hasard pouvait offrir. Depuis Kirkpatrick et Hardwicke aucune ne s'était présentée jusqu'en 1802; à cette dernière époque, sir *Francis Buchanan* (qui porta plus tard le nom de sir *Hamilton*), dont nous avons déjà mentionné le voyage au Maïssoûr, put séjourner quatorze mois entiers à Katmandou, capitale du Népàl. Les notions que ce long séjour lui avait procurées sur le pays furent beaucoup augmentées dans un second voyage de 1814, et nous en ont valu une bonne relation. En 1808, la Société de Calcutta fit explorer par M. *Webb*, accompagné des capitaines

*Raper* et *Hearsay* et de M. *Colebrooke*, la partie supérieure du cours du Gange, dont la source, objet de longues controverses entre les géographes, fut enfin reconnue. En 1812 l'intrépide *Moorcroft*, parvenu à la haute vallée de Ladak que traverse le cours supérieur du Sindh et qui forme l'extrémité occidentale du Tibet, essaya en vain de franchir le massif des Monts Kouen-Loun qui sépare cette vallée de la Petite Boukhârie ; il ne put ni vaincre ni tromper l'ombrageuse politique, ou si l'on veut la sage défiance des agents du gouvernement chinois, qui étend son autorité jusqu'à cette limite extrême du Grand Plateau. Un musulman de Dehli, compagnon de Moorcroft, a dû à sa qualité d'Asiatique de pouvoir pénétrer dans les contrées interdites au voyageur européen. Mir-Izzet-Oullâh a visité Iarkand, Kachgâr, Kokand et Ferghâna ; et ses itinéraires ont fourni de bien précieux documents pour la géographie de ces régions centrales. *Fraser*, en 1815, parcourut le massif neigeux où le Gange et la Djemna ont leurs sources.

Les quinze premières années du dix-neuvième siècle n'ont rien ajouté aux notions acquises sur les extrémités orientales du Continent ; l'Archipel Asiatique et le Japon présentent seuls, dans cet intervalle, quelques faits nouveaux à ajouter à leur histoire géographique. La guerre européenne avait fait passer, en 1811, l'île de Java et les autres colonies néerlandaises aux mains de l'Angleterre. Cette possession, quoique momentanée, n'a pas été inutile à l'accroissement de nos connaissances sur cette région insulaire ; elle a surtout puissamment contribué à répandre en Europe les notions recueillies par les précédents possesseurs, et qui étaient restées en quelque sorte confinées dans la Néerlande. L'ouvrage de *Marsden* sur l'île de Sumatra, ceux de *Raffles* et de *John Crawfurd* sur Java et l'ensemble de l'Archipel, se rattachent à cette courte période de la domination anglaise sur les îles Asiatiques.

Le dix-huitième siècle n'avaient produit qu'un seul ouvrage notable sur le Japon, celui du botaniste suédois *Thunberg*. Un résident néerlandais, M. *Titsingh*, celui-là même qui remplit en 1794 l'office d'ambassadeur de la Compagnie Hollandaise près l'empereur de la Chine, profita d'un long séjour à Nagasaki pour y former, quarante ans après Thunberg, une riche collection de livres, de cartes et d'objets de toute nature. Malheureusement on n'a publié qu'une faible partie de ces riches matériaux. Un moment on put espérer en Europe que la sévère interdiction de l'empire japonais à tous les étrangers allait devenir moins absolue, et que de nouvelles sources d'instruction sur ce singulier empire nous seraient ouvertes : cette espérance ne tarda pas à être déçue. Le gouvernement russe, qui avait cru voir un favorable augure dans quelques rapports fortuits entre des Japonais naufragés et ses propres sujets de la Sibérie orientale, se détermina, en 1804, à envoyer une ambassade au souverain du Japon. Mais l'ambassadeur lui-même n'obtint qu'à grand'peine la permission de quitter son vaisseau, et ne put se présenter devant le souverain. Cependant, quoique la mission politique et commerciale eût complétement échoué, elle n'a pas été inutile au perfectionnement de la géographie. Le capitaine *Krusenstern*, chef de l'expédition navale qui transportait l'ambassadeur, put faire de nombreux relèvements sur les côtes japonaises, dans la mer de Tartarie précédemment explorée par La Pérouse et par Broughton, au pourtour de l'île de Tarakaï et dans l'archipel des Kouriles ; l'hydrographie de ces parages s'est ainsi notablement perfectionnée dans une assez grande étendue. Un capitaine russe nommé *Golovnin*, qui fut en 1811 retenu comme captif par les Japonais, a fourni depuis d'intéressants détails sur Matsmaï, la dernière des îles du Japon vers le nord, et sur les Kouriles méridionales.

À la même époque où avait lieu l'infructueuse démarche du gouvernement russe près de l'empereur du Japon, une mission diplomatique envoyée de Saint-Pétersbourg vers le gouvernement chinois n'avait pas un meilleur résultat. Arrêté à Kiakhta, sur la frontière russo-tartare, par quelques différents survenus avec les autorités chinoises, l'ambassadeur se vit dans la nécessité de reprendre le chemin de la Russie. De quelque peu d'utilité directe qu'ait été cette ambassade de 1805 pour l'avancement de la Géographie, elle n'en doit pas moins être comptée parmi les événements qui ont servi de la manière la plus notable au progrès de nos connaissances générales sur l'Asie. M. *Jules Klaproth*, jeune alors et qui depuis a conquis une si haute place parmi les maîtres de l'érudition orientale, était au nombre des personnes attachées à l'ambassade; et c'est de ce voyage que date sûrement la première pensée de quelques-uns de ces profonds travaux de philologie et d'histoire qui ont si puissamment contribué à débrouiller l'ethnologie des parties intérieures et septentrionales du continent asiatique.

Ce fut en effet, dans la vie scientifique de M. *Klaproth*, un grand avantage d'avoir pu visiter lui-même une partie des peuples qui devinrent l'objet de ses travaux ultérieurs. Son voyage dans le Caucase, de 1807 à 1808, valut à l'Europe la meilleure relation et la plus complète que l'on eût encore donnée sur les parties centrales de l'isthme caucasien. MM. *Steven*, en 1810, *Engelhardt* et *Parrot* en 1811, ajoutèrent de nouveaux matériaux à la géographie de cette région.

Il en est une qui lui confine et sur laquelle on ne possédait encore que des données bien incomplètes, qui commençait à attirer d'une manière plus spéciale l'attention des voyageurs instruits : nous voulons parler de l'Asie Mineure. Un savant anglais, *Leake*, en avait parcouru en 1800 quelques parties des moins fréquentées, et s'était attaché tout à la fois à l'étude de la topographie actuelle et à la restitution de la géographie classique. *Corancez*, en 1809, se rendant d'Alexandrette à Smyrne, suivit, dans l'intérieur de la Karamanie, une ligne où aucun autre voyageur ne l'avait précédé, où jusqu'à présent aucun ne l'a suivi. La côte même de cette partie méridionale de la Péninsule, sur laquelle les marins n'avaient que des cartes d'une date ancienne, fut relevée en 1811 et 1812 par M. *Beaufort*, officier de la marine britannique. Le récit des opérations de cette campagne hydrographique, rempli d'observations sur la géographie des parties littorales, est encore aujourd'hui au nombre des meilleurs ouvrages que nous possédions sur l'Asie Mineure. MM. *Andréossy* et *Pertusier* en donnèrent vers le même temps de fort estimables sur le Bosphore; et l'officier anglais *Macdonald Kinneir*, qui savait allier les études savantes avec les devoirs de son état, parcourut la Péninsule dans plusieurs directions en 1813 et 1814. Nous avons déjà cité de lui un remarquable travail sur la géographie de la Perse.

Parmi les voyageurs dont les courses n'ont eu d'autre mobile que les progrès de la science et qui y ont contribué pour une large part, il en est trois qui tiennent un rang éminent dans l'histoire géographique de cette époque : c'est l'allemand *Seetzen*, l'espagnol *Badia* et le suisse *Burckhardt*. Tous les trois appartiennent à l'Asie occidentale. Les lettres de *Seetzen* (1806-1810) promettaient de précieuses notions sur la Syrie et sur l'Arabie, et l'on ne saurait trop déplorer que sa triste fin ait privé l'Europe des journaux où il les avait consignées. *Badia*, qui s'est plu à déguiser son nom véritable et son origine sous le nom emprunté d'*Aly-Bey el-Abassi*, a perfectionné par de bonnes observations la géographie de quelques points de l'Arabie occidentale et de l'Asie Mineure ; et *Burckhardt*, dont le but principal était de visiter la Nubie, n'en a pas moins fourni sur la Syrie des notes indispensables à consulter pour la connaissance des pays compris entre Halep et la Mekke.

## VII.

Le noir génie de la Guerre qui pendant vingt ans a secoué sur l'Europe ses torches incendiaires, est enfin enchaîné ; la Paix au front rayonnant, entourée du bienfaisant essaim que forment sur ses pas les lettres et les arts, les sciences, le commerce et l'industrie, verse son baume réparateur sur nos plaies saignantes, sèche les larmes, éteint les haines, confond dans une généreuse fraternité les peuples, tour à tour vainqueurs et vaincus, qu'avaient si longtemps divisés des passions furieuses, et leur prépare, après des maux communs, une commune prospérité. La pacification générale de 1815 marque incontestablement une nouvelle ère dans l'existence intellectuelle d'une partie des nations de l'Europe, aussi bien que dans leur existence politique. La dévorante activité que vingt années de guerre universelle avaient imprimée à l'esprit humain, changeant alors d'objet et d'aliment, se tourne tout entière vers les nobles travaux de l'intelligence et les hardies spéculations du commerce. Les recherches et les découvertes qui depuis un quart de siècle avaient eu lieu en Angleterre dans le champ de la littérature asiatique se répandirent alors et devinrent en peu de temps communes à l'Europe entière. Cultivé dans un terrain

De 1816 à 1845.

plus large et fécondé par le concours d'une nouvelle génération de travailleurs, qui lui communiqueront en quelque sorte la séve dont eux-mêmes sont remplis, l'arbre y portera bientôt de nouveaux fruits, et des mains habiles sauront y greffer des pousses nouvelles. En même temps une foule d'hommes actifs, entreprenants, à l'imagination aventureuse, impatients de franchir les barrières dans lesquelles le continent européen avait été longtemps emprisonné, s'élancent vers tous les points du Globe avec une incroyable ardeur. Quelques-uns, victimes des réactions politiques, vont chercher sur les plages étrangères un asile que leur refuse leur patrie, où ils rapporteront plus tard le tribut de leurs observations. A aucune époque, peut-être, un aussi grand nombre de voyageurs n'avait sillonné dans tous les sens les mers et les continents. L'Asie, en particulier, en a vu depuis trente ans une quantité presque innombrable. Et dans cette multitude de voyageurs qui en ont visité à peu près toutes les parties, mais qui ont afflué surtout vers la région méridionale, maintenant exclusivement soumise à l'influence britannique et où les communications sont aussi plus faciles, il en est un très-grand nombre de fort remarquables par l'étendue des recherches et la précision des résultats. On pourrait dire presque sans exagération que si la totalité des découvertes antérieures était anéantie, et que nous eussions seulement celles qui ont eu lieu dans les trente dernières années, l'ensemble de nos connaissances sur toutes les contrées de l'Asie, la Chine exceptée, s'en ressentirait à peine.

Nous faisons une exception pour la Chine, parce que l'accès a continué jusqu'à présent d'en être rigoureusement interdit aux voyageurs étrangers, et que des relations publiées par des hommes qui de tout le sol chinois n'ont vu que Canton, ou tout au plus Péking à l'autre extrémité de l'empire, ne sauraient tenir lieu de celles que nous ont données dans le dernier siècle les Missionnaires qui en ont parcouru les provinces et levé la carte. Le gouvernement anglais essaya vainement en 1816 de reprendre les négociations que n'avait pu faire réussir l'ambassade de lord *Macartney;* celle de lord *Amherst*, dont nous avons deux relations, n'a pas eu un meilleur résultat. Grâce à l'exploration de quelques parties du golfe de Pé-tché-li, où jusqu'alors aucun bâtiment européen n'avait pénétré, et à la reconnaissance de la côte occidentale de la Korée ainsi que de quelques-unes des îles de Lieou-Khieou, cette expédition n'a cependant pas été stérile pour la géographie. La mission russe qui s'est rendue à Péking en 1820 et dont M. *Timkovski*, qui en avait la direction, a donné l'historique, présente moins de renseignements nouveaux sur la Chine proprement dite que sur la Mongolie. Entre plusieurs autres relations d'une moindre importance, nous nous bornerons à mentionner celles d'un missionnaire d'origine prussienne, M. *Karl Gutzlaff*, lesquelles ne fournissent néanmoins de notions dignes d'intérêt que sur quelques points du littoral. Peut-être les événements récents auxquels ont donné lieu les différents survenus entre la Chine et la Compagnie anglaise des Indes Orientales, sont-ils destinés à opérer tôt ou tard dans la politique du gouvernement chinois à l'égard des Européens un changement qui ne pourrait qu'être grandement profitable à nos connaissances sur l'Asie orientale.

Si jusqu'à ce jour le gouvernement chinois n'a ouvert aux Européens que deux points de son immense empire, d'un côté Péking, où la Russie entretient un collége de jeunes de langues, de l'autre Canton, seul port où les vaisseaux étrangers puissent aborder; si les Missionnaires catholiques qu'il tolère encore dans quelques-unes de ses provinces y sont l'objet d'une active surveillance et de restrictions gênantes, le gouvernement japonais, encore plus absolu dans son interdiction, n'ouvre au commerce étranger qu'un seul de ses ports, et n'y reçoit, nous le savons, qu'un seul peuple européen, les Hollandais. Cette faveur exclusive dont ceux-ci jouissent à Nagasaki depuis bientôt un siècle et demi ne nous avait valu de leur part, jusqu'à ces derniers temps, aucun ouvrage important pour la connaissance d'un pays sur lequel eux seuls étaient cependant à même de recueillir quelques notions : Kœmpfer était allemand, et Thunberg suédois; et c'est en se joignant aux ambassades que de temps à autre le gouvernement néerlandais envoie à Iédo, qu'ils avaient pu recueillir les données sur lesquelles se fondent leurs relations. Mais la Hollande se rachète enfin du trop long silence dont l'Europe savante était en droit de lui faire un reproche. Nous avons mentionné précédemment les intéressants ouvrages publiés depuis le commencement du siècle actuel sur les manuscrits de M. Titsingh ; trois autres Hollandais, MM. *Meylen*, *Fischer* et *Doeff* ont aussi donné sur le Japon, de 1830 à 1833, des écrits remarquables, fruit de leurs observations personnelles. Ces écrits n'ont été eux-mêmes que les précurseurs d'un ouvrage capital, qui doit effacer tous ceux qui l'ont précédé. Un savant médecin allemand, M. *Siebold*, qui a passé sept années au comptoir de Nagasaki, où il a réuni une collection plus riche encore que celle de M. Titsingh, publia, aussitôt son retour en Europe, une série de monographies d'une extrême importance ; et ces traités partiels, que leur auteur coordonne en ce moment dans un grand ouvrage d'ensemble sous les auspices du roi des Pays-Bas, composeront bientôt une des plus belles publications dont aucune contrée de l'Asie ait été l'objet. Il faut aussi reporter au gouvernement Néerlandais l'honneur des importants travaux géographiques que M. le baron *Derfelden de Hinderstein* publie sur l'Archipel Asiatique, dont la géographie s'est d'ailleurs enrichie d'un grand nombre de renseignements partiels fournis par les navigateurs.

Sans être, comme la Chine et le Japon, directement interdites à la curiosité européenne, les diverses contrées comprises dans la péninsule Trans-Gangétique n'en sont pas moins restées jusqu'à présent, nonobstant quelques relations anciennes que nous avons précédemment énumérées, au nombre des pays les moins connus de l'Asie. Les hautes montagnes qui défendent l'intérieur de la péninsule, les vastes forêts qui la couvrent, les tribus barbares qui l'habitent, en ont repoussé les plus hardis voyageurs, et ont lassé jusqu'à la constance des Missionnaires. Les parties littorales sont les seules sur lesquelles nous ayons quelques notions ; les ténèbres épaisses dont le reste est enveloppé sont à peine sillonnées çà et là de quelques lueurs incertaines, qu'y jettent les vagues indications des livres chinois ou les rapports souvent contradictoires recueillis par les voyageurs.

Nous pouvons espérer, cependant, pour un avenir peu éloigné, des connaissances plus précises et plus étendues sur quelques parties au moins de cette grande région. Des événements d'une date peu ancienne (1824) ont procuré aux Anglais des établissements territoriaux d'une assez grande étendue sur plusieurs points de la côte occidentale ; et si les obstacles qui jusqu'à ce jour ont fermé aux Européens l'accès des contrées intérieures ne sont pas au-dessus des forces humaines, nous pouvons être certains qu'ils seront surmontés par l'infatigable curiosité de cette nation exploratrice. Déjà, quelques années avant ces événements, une ambassade conduite par M. *J. Crawfurd* s'était rendue à Siam et dans la Cochinchine pour y nouer des relations de commerce (1821) ; le peu de besoins et la médiocrité des éléments d'échange de ces deux pays ont rendu cette mission sans résultat. Elle nous a néanmoins valu deux nouvelles relations qui prendront utilement place à côté des relations anciennes du P. Tachard, celle de M. Crawfurd lui-même, et celle du médecin de l'ambassade, M. *G. Finlayson*. Le même M. *Crawfurd* a été chargé, cinq ans plus tard, après la conclusion du traité qui avait mis fin à la guerre avec les Birmans, d'aller à la cour d'Ava sceller par une ambassade solennelle les nouveaux rapports établis entre le souverain birman et la nation britannique. La relation officielle de cette mission a été aussi rendue publique, et elle ajoute beaucoup à ce que le major Symes nous avait appris, trente ans auparavant, sur le même empire.

Nous pourrions citer un grand nombre de noms d'un ordre secondaire. Les Missionnaires qui bravent encore dans la Cochinchine et au Tunkin les persécutions et les supplices nous donnent fréquemment sur ces deux royaumes et sur les contrées voisines d'intéressantes notices de détail ; d'autres renseignements en grand nombre sont fournis par les voyageurs qui touchent accidentellement à quelque point de la Péninsule. Nous ne devons pas oublier le beau travail hydrographique exécuté en 1831 sur la côte de la Cochinchine par les officiers de la marine française, sous la direction du capitaine *Laplace*. Dans la région montagneuse du nord-ouest, où la presqu'île Trans-Gangétique confine à la fois au Tibet, au Boutan et aux provinces orientales de l'Inde britannique, les ingénieurs anglais ont déjà exploré des pays absolument inconnus d'une assez grande étendue, et on leur doit d'avoir enfin levé les doutes que l'on conservait encore sur la direction que prennent dans la partie inférieure de leur cours plusieurs des rivières qui ont leur source dans le haut Tibet.

L'Inde, où nous pénétrons par la vallée du Brahmapoutra, fait succéder tout à coup à une pénurie de documents géographiques qui va trop souvent jusqu'à l'indigence, une richesse qui touche presque à la profusion. Cent pages ne suffiraient pas à la simple énumération des noms à qui une publication plus ou moins importante a conquis, depuis trente ans, le droit de prendre rang parmi les voyageurs de l'Inde. Et si dans cette foule de noms, anglais pour la plupart, il en est un grand nombre sur lesquels la science n'arrêtera pas son regard, il en est beaucoup aussi qui ont notablement servi à perfectionner la géographie et l'ethnographie de la Péninsule, et quelques-uns se placent honorablement au rang des voyageurs savants qui ont le plus contribué à l'avancement de nos connaissances générales sur la configuration de l'Asie et sur la physique du Globe. Parmi ceux qui sans prétendre à cette place éminente se distinguent cependant de la foule des simples touristes, il faut citer d'abord le vénérable *Reginald Heber*, dignitaire du clergé anglican, que ses fonctions évangéliques, et plus encore la propension de son caractère, mirent pendant trois années (1824-1826) en contact intime avec la population hindoue, dont il étudia dans toutes les classes les mœurs, les croyances, l'état civil et les habitudes. Le major *Tod* et M. *John Malcolm* sont connus de l'Europe savante, le premier par son Histoire du Radjasthan et diverses recherches sur les antiquités hindoues, le second par son excellent Mémoire sur l'Inde Centrale et par d'importants travaux historiques sur la Péninsule. Déjà nous avons eu à citer de lui une Histoire de la Perse, qui seule aurait suffi pour assurer à son auteur un rang élevé dans la littérature historique de l'Asie. Nous ne pouvons pas entrer dans le détail où nous entraînerait l'indication des ouvrages purement historiques relatifs à l'Inde; néanmoins nous devons citer encore, à raison de leur importance pour les études générales, l'Histoire du Hindoustan par M. *Mountstuart Elphinstone*, et le savant commentaire que M. *Troyer* a joint à sa traduction de l'Histoire sanskrite des rois du Kachmîr. Les Mémoires de la Société de

Calcutta sont devenus d'année en année un répertoire toujours plus riche et plus varié de voyages scientifiques et de profondes recherches sur les langues, les religions, la littérature et l'organisation civile des populations de l'Hindoustan. D'autres sociétés savantes se sont organisées sur différents points de l'Inde à l'exemple de la Société du Bengale, et rivalisent avec celle-ci d'efforts et d'activité pour l'éclaircissement des nombreuses questions que cette grande région présente encore aux méditations du philologue, de l'historien et du philosophe. N'oublions pas, dans cet aperçu des travaux relatifs à l'Inde qui présentent un caractère de généralité, l'immense triangulation que la Compagnie a fait exécuter depuis le cap Comorin jusqu'à l'Himalaïa pour servir de base à la grande carte de l'Hindoustan, un des plus beaux monuments chorographiques, et certainement le plus vaste, dont aucun peuple se puisse glorifier. Le nom de MM. *Lambton* et *Everest* se rattache honorablement à ce travail gigantesque, digne complément de la belle suite de cartes hydrographiques publiées par le bureau de l'Amirauté de Londres et par le dépôt français de la Marine sur l'ensemble des mers orientales. La géographie de l'île de Ceylan s'est enrichie, dans la période que nous parcourons, des ouvrages de *Davy* et de *Bennett*, indépendamment d'une série de positions astronomiquement fixées par M. *Templeton*; et nous pourrions encore citer, comme se rattachant à l'Inde, outre les relèvements hydrographiques exécutés par *Moresby*, de 1834 à 1836, dans cette longue chaîne d'îlots d'une disposition si remarquable que l'on nomme l'Archipel des Maldives, un certain nombre d'autres travaux intéressants sur cet archipel singulier, qui ne nous était connu que par la vieille relation de notre compatriote Pyrard.

Mais c'est à l'extrémité septentrionale de l'Hindoustan, dans la région alpine de l'Himalaïa, qu'ont eu lieu depuis 1815 les explorations et les travaux scientifiques les plus nombreux, les plus suivis, ceux dont les résultats, en même temps qu'ils excitaient au plus haut point l'attention des savants, ont été plus particulièrement de nature à captiver l'intérêt général et à frapper l'imagination.

Les voyages de Colebrooke et de Webb aux sources du Gange

en 1808, ceux de Moorcroft au plateau de Ladak et de Fraser aux sources de la Djemna de 1812 à 1814, avaient confirmé par un grand nombre de faits et d'inductions ce que l'on savait déjà de la très-grande élévation des monts Himalaïa. Néanmoins aucun de ces trois voyageurs, faute des instruments nécessaires, n'avait fait à cet égard d'observations précises ; et les résultats approximatifs que les savants de Calcutta se croyaient fondés à admettre parurent tellement prodigieux, tellement hors de proportion à certains égards avec d'autres faits avérés relatifs au relief du Globe, qu'une détermination rigoureuse des hauteurs contestées devenait indispensable. Ce fut, en 1816, l'objet spécial des nouvelles expéditions de MM. *Webb*, *Hodgson* et *Herbert*. Ces expéditions, comme les précédentes, furent dirigées vers la haute région où le Gange, le Setledje, le Sindh et le Tzangbo-tchou ou Brahmapoutra, si différents dans leur cours originairement dirigé vers les quatre points de l'horizon, ont leur source presque commune : — singulier phénomène de géographie naturelle, que les Brahmanes du vieil Hindoustan consacrèrent dans leurs mythes religieux. Le doute ne fut plus possible après les mesures hypsométriques des trois observateurs ; il fut dès lors constaté que le massif himalaïen est de toutes les montagnes du Globe — de toutes celles au moins que l'homme a mesurées — le plus élevé au-dessus de l'Océan. Un grand nombre de passes conduisant des plaines cultivées aux gradins du plateau ont une élévation supérieure au sommet du mont Blanc, le point culminant des Alpes ; et ces passes elles-mêmes, où l'on trouve encore les traces de la présence de l'homme, sont dominées par des pics dont le front perdu dans les nues et couronné de glaces éternelles atteint une hauteur de 20 à 25,000 pieds. Aucun des sommets qui surmonte en Amérique la gigantesque chaîne des Cordillères n'arrive à cet énorme chiffre ; les plus hauts glaciers de nos Pyrénées, transportés par de modernes Titans sur les pics les plus élevés des Alpes, donneraient à peine une idée de ces colosses de l'Himalaïa.

Plus d'un fait important était acquis à la science ; mais l'exploration géographique de ce massif presque inaccessible était loin d'être complète. On avait à peine examiné les vallées supérieures : le revers septentrional, et le pays qui de là s'étend vers le nord et le nord-ouest, étaient encore à reconnaître. Une muraille de granit et de glace, déchirée seulement par les fissures à travers lesquelles se précipitent les fleuves qui vont plus loin arroser d'un cours tranquille les plaines unies du nord de la Péninsule; une suite de rudes vallées profondément encaissées entre des montagnes à pic; un climat polaire sous la latitude de la Syrie; des pays sans chemins frayés, où de nouvelles privations, où de nouveaux périls attendent à chaque pas celui qui ose affronter ces contrées sauvages, tout semblait défier les efforts des explorateurs : la volonté se roidit contre les obstacles; l'ardeur sembla s'accroître avec les difficultés. Depuis 1817 jusqu'en 1829 les tentatives se succédèrent presque sans interruption, et chaque nouvelle expédition ajouta quelque chose aux résultats des expéditions précédentes. MM. *Hogdson* et *Herbert*, rentrés dans la lice, les trois frères *Gérard*, qui tous trois ont péri à la tâche, *Moorcroft*, qui déjà s'était signalé par un précédent voyage, et qui devait trouver dans celui-ci une fin malheureuse, *Trebeck*, compagnon de Moorcroft et comme lui victime des fatigues et du climat, *William Franklin*, *Lloyd*, *Johnson*, athlètes nouveaux dignes de leurs prédécesseurs, figurent tour à tour dans cette périlleuse croisade de la Science contre la Nature. La région ainsi explorée et décrite ne forme qu'un point peu étendu sur la carte d'Asie; mais ce point est un des plus importants pour la solution des grands problèmes de la géographie physique. C'est le nœud d'où semblent rayonner, au sud-est par le Népâl, à l'ouest par le nord de l'Irân, à l'est entre le Tibet et la Tartarie, au nord vers Kachgar et l'Altaï, les grandes chaînes de montagnes qui forment comme la charpente de l'Asie, et qui enveloppent, entre les sources du Gange et le nord de la Chine, le renflement central que l'on a nommé le Grand Plateau.

Parmi ces noms dont s'honore l'Angleterre savante, vient se placer un nom — et ce n'est pas le moins glorieux — qui appartient à la France : c'est celui de *Victor Jacquemont*. Victor Jacquemont explora comme naturaliste de 1828 à 1832, au nom de notre Muséum d'Histoire naturelle, le haut Hindoustan et la partie occidentale de l'Himalaïa jusqu'au Kachmîr. Aux études géologiques et botaniques qui faisaient l'objet essentiel de sa mission, Jacquemont a su joindre une foule d'observations d'un autre genre, non moins précieuses pour qui cherche dans les relations des voyageurs les éléments de la connaissance des peuples. Chez lui la grâce de l'esprit n'avait pas souffert du contact sévère de la science. Tout à tour naturaliste profond et piquant narrateur, trouvant dans l'inépuisable fonds de sa gaîté toute française un auxiliaire fidèle contre les fatigues et les périls du voyage, éminemment doué de cette philosophie pratique — la bonne et vraie philosophie — qui sait s'accommoder au temps, aux circonstances et aux hommes, Jacquemont est du nombre de ces trop rares voyageurs également recherchés des savants et des gens du monde. On aime sa personne autant qu'on s'intéresse à ses travaux; et lorsqu'une mort imprévue vient briser tout à coup cette existence toute pleine de sève et d'avenir, chacun se prend à pleurer en lui un compagnon, un ami. Plusieurs autres de nos compatriotes réclament aussi une place honorable parmi les modernes explorateurs de la terre des Brahmanes. M. *Théroulde* a récemment parcouru le nord de l'Inde à la recherche des monuments de la littérature indigène; M. *Théodore Pavie* en a rapporté des impressions qu'un style chaudement pittoresque sait faire partager au lecteur. Un jeune orientaliste, le Dr *G. Robert*, a publié quelques fragments qui feraient désirer une narration plus ample, et les Souvenirs de M. *Adolphe Delessert* ne seront pas sans fruit pour les sciences naturelles.

Plusieurs des intrépides explorateurs qui depuis 1816 ont remonté le Gange et franchi la barrière qui de ce côté ferme l'Hindoustan, visitèrent, nous l'avons dit, la longue vallée que traverse l'Indus dans la première partie de son cours, avant qu'il atteigne la frontière du Kachmîr. Cette vallée du haut Indus est regardée comme appartenant au Tibet : c'est la seule portion de cette dernière contrée sur laquelle nous ayons eu quelques notions depuis l'ambassade de Turner. Moorcroft, lors de sa seconde expédition, y rencontra un voyageur hongrois non moins remarquable par l'excentricité de son caractère que par la singularité de son genre de vie : c'était Csoma de Körös. M. Csoma avait quitté sa patrie dans le seul but d'aller chercher le berceau de sa nation jusqu'au cœur de l'Asie, où il espérait en retrouver des traces. Sans appui d'aucune sorte, car il n'avait fait part de son dessein à personne, sans argent pour le voyage, sans connaître le premier mot des langues de l'Orient, M. Csoma ne s'en était pas moins mis en route avec la ferme croyance du succès, confiant dans la Providence pour subvenir à ses faibles besoins de chaque jour, et dans sa ferme volonté pour surmonter tous les obstacles. Il avait ainsi visité l'Égypte, parcouru la Mésopotamie, traversé la Perse, l'Afghanistân et la Bactriane, et était arrivé en 1822 dans le Tibet occidental. Là il crut avoir atteint le but de sa recherche. Il s'établit à demeure dans un monastère bouddhique où il séjourna neuf années entières, assidûment appliqué à l'étude de la langue tibétaine dans laquelle il avait cru reconnaître des rapports avec le magyar, sa langue maternelle. En 1831 il se rendit à Calcutta, où la Société Asiatique réussit à se l'attacher en le nommant son bibliothécaire. C'est là qu'il mit en ordre et publia ses travaux sur la langue du Tibet, travaux de la plus haute importance qui ont ouvert à l'Europe l'accès d'une littérature jusque-là non moins inconnue que le pays même auquel elle appartient. Quant à la géographie proprement dite, elle a bien peu gagné à ce voyage, et les notions que nous avons reçues sur le Tibet depuis vingt ans ont été exclusivement tirées des livres chinois. Déjà De Guignes, dans le dernier siècle, avait puisé à cette source ce qu'il dit du Tibet dans son Histoire des Huns; l'archimandrite russe *Hyacinthe*, M. *Klaproth* et M. *Schmidt* de Saint-Pétersbourg, l'ont, dans ces derniers temps, plus largement exploitée sous ce rapport.

La riche et pittoresque vallée de Kachmîr, que si peu d'Européens avaient visitée depuis notre compatriote Bernier dans la seconde moitié du dix-septième siècle, a été parcourue par plusieurs des voyageurs qui ont récemment exploré le nord de l'Hindoustan. Ce fut le dernier terme des courses savantes de Victor Jacquemont; et après lui deux nouveaux explorateurs, l'un anglais, M. *Vigne*, l'autre allemand, le baron *Karl de Hügel*, en ont aussi donné des relations détaillées. M. Vigne, que nous venons de nommer, a le premier fait connaître une portion intéressante de la vallée du haut Indus comprise dans ce que l'on nomme le Petit Tibet, et qui touche au nord à la frontière Kachmîrienne : c'est le pays d'Iskârdo. La vallée qu'arrose la rivière de Khâboul, à l'ouest du haut Indus, et la chaîne si peu connue des monts Solimâni, dans le sud de Khâboul, ont été comprises dans les explorations du même voyageur (1835-36). L'Indus lui-même, que l'on ne connaissait que d'une manière approximative, et sur lequel nul voyageur n'avait navigué depuis la mémorable descente d'Alexandre, a été complétement reconnu, ainsi que la plupart des rivières qui y affluent après avoir arrosé les plaines du Pendj-Ab, d'abord, par l'intelligent et courageux *Alexandre Burnes*, dans le cours de 1831, puis par le lieutenant de marine *Wood*, en 1836. Ces contrées riveraines du fleuve, et qui furent, il y a près de vingt deux siècles, le théâtre des marches triomphales du conquérant macédonien, sont aujourd'hui, grâce aux travaux des nouveaux maîtres de l'Inde, au nombre des pays les mieux connus du Globe. *James Burnes*, frère de celui que nous venons de mentionner, a donné en 1829 une relation spéciale du Sindhi, pays bas et souvent inondé situé à l'embouchure du fleuve dont il prend le nom ; et quelques relations plus récentes, notamment celle du capitaine *Th. Postans* (1842), ont ajouté de nouveaux faits à ces premières notions.

Les connaissances géographiques de l'Europe sur la région qui s'étend à l'ouest du Sindh depuis ce fleuve jusqu'aux frontières orientales de la Perse, se sont aussi considérablement accrues dans les dix années qui viennent de s'écouler. Ces connaissances, malheureusement, on ne les a acquises qu'au prix d'une guerre désastreuse et de la mort de plus d'un courageux voyageur. Alexandre Burnes, Conolly, d'autres encore, ont augmenté ici la liste déjà si nombreuse des illustres victimes dont, nouveau Moloch, le Génie de la Science fait trop souvent payer ses plus précieuses révélations.

Déjà, peu après les événements de 1815, des voyageurs anglais avaient reparu dans cette région intermédiaire qui est comme le boulevard de l'Inde anglaise du côté de la Perse et de la Boukhârie. Les pratiques secrètes du gouvernement de Saint-Pétersbourg dans ces deux contrées annonçaient assez la persistance des anciennes vues d'extension commerciale de la Russie vers l'Asie centrale, et suffisaient pour tenir en éveil la jalouse sollicitude du cabinet de Londres. Le plus grand nombre des voyages d'exploration exécutés depuis cette époque à l'ouest du Sindh n'ont pas eu d'autre origine ; la guerre même de 1839 n'a eu au fond d'autre mobile que ces grands intérêts commerciaux, d'une importance si capitale pour l'Angleterre.

M. *Stirling*, en 1828, et, deux ans plus tard, M. *Arthur Conolly*, traversèrent l'Afghanistân depuis la Perse jusqu'au Sindh. M. Stirling n'a publié que de courts fragments de sa relation ; celle du lieutenant Arthur Conolly se range honorablement parmi les plus instructives que l'époque contemporaine nous ait données sur ces curieux pays. Un autre de ses compatriotes, M. *Ch. Masson*, explorait dans le même temps plusieurs des parties les moins connues du Balouchistân oriental et du N.-E. de l'Afghanistân. Ses courses, commencées en 1826, se sont prolongées, sauf quelques interruptions, jusqu'en 1840. Bien qu'elles aient eu moins pour but la reconnaissance même du pays que la recherche des antiquités qu'il recèle, elles n'ont cependant pas été sans utilité pour la géographie. Un médecin allemand, le Dr *Honigberger*, qui a aussi traversé l'Afghanistân en 1833, et qui y a recueilli, comme M. Masson, une grande quantité de médailles antiques, a suivi, depuis le Sindh jusqu'à Ghazni, une route inconnue avant lui. Mais de tous les voyageurs qui depuis Elphinstone ont concouru à l'avancement de nos connaissances sur ces contrées intérieures, le plus célèbre, et celui aussi dont la célébrité est fondée sur les plus justes titres, est *Alexandre Burnes*. Burnes a visité à deux reprises les provinces septentrionales du pays Afgban, dans un but tout à la fois politique, commercial et scientifique, d'abord en 1831, lors de son grand voyage à Boukhâra, puis en 1837, lorsque les complications survenues dans la situation politique de l'Afghanistân nécessitèrent la présence à Kâboul d'un agent britannique. Un jeune officier de marine, le lieutenant *Wood*, qui était attaché à cette seconde mission d'Alexandre Burnes pendant laquelle il a exécuté cette belle reconnaissance du cours moyen de l'Indus que nous avons déjà mentionnée, eut occasion, pendant le séjour de la mission à Kâboul, de pénétrer, au delà de l'Hindou-Kôh, dans les hautes vallées de l'Oxus qu'il remonta jusqu'à la source du fleuve. M. Wood a fait connaître le premier cette région sauvage que domine la chaîne neigeuse du Bolor; le premier depuis Marco Polo il a revu le lac alpin où l'Oxus prend naissance au pied du plateau de Pamir, à une élévation de près de 15,000 pieds au-dessus de l'Océan, c'est-à-dire à la hauteur même où atteint en Europe le point culminant du massif des Alpes.

Les deux expéditions des armées britanniques dans l'Afghanistân, en 1839 et 1842, et surtout les deux années d'occupation qui les séparent, promettaient à la géographie de nouvelles et riches acquisitions sur ces contrées où l'Angleterre arborait son drapeau : cette attente n'a été ni complétement remplie ni entièrement trompée. Si de vastes étendues de la région comprise entre l'Indus et la Perse restent encore en blanc sur nos cartes, des parties très-importantes du pays, que les voyageurs précédents avaient à peine aperçues, ont été parcourues, observées et décrites avec un détail qui ne laisse rien à désirer. L'excellent journal militaire du major *Hough*, entre beaucoup d'autres que nous aurions à citer, renferme une longue suite d'observations hypsométriques qui nous donne pour la première fois le relief exact des extrémités orientales du plateau de l'Iran. Une foule de reconnaissances de détail et de relevés statistiques ont été particulièrement le fruit de l'occupation, et ont fourni, avec l'ensemble des notions précédemment acquises, les éléments d'une excellente description de ces contrées rédigée sous la forme de Dictionnaire, le *Gazetteer* de M. *Thornton*. Le cours inférieur du Helmend, notamment, a été notablement rectifié, ainsi que les contours et le gisement du lac sans issue où cette grande rivière va se perdre.

La Perse et le pays compris entre le Tigre et l'Euphrate, si riches en importants ouvrages dans le cours de la période précédente, n'ont pas discontinué pendant celle-ci de fournir un large champ aux recherches des voyageurs. Nous n'avons pas, il est vrai, à y citer depuis 1815 de ces grandes relations d'ensemble qui présentent, comme celles d'un Chardin, d'un Olivier, d'un Morier, d'un Ouseley, d'un Dupré, d'un Malcolm, le tableau complet de la géographie du royaume entier et de ses habitants; mais un grand nombre d'hommes instruits, des officiers distingués, des artistes habiles, des orientalistes éminents, se sont attachés à en étudier diverses provinces et en ont donné d'excellentes notices. La science a pour le moins autant à gagner à ces monographies savantes, où l'attention de l'explorateur, concentrée sur un moindre nombre d'objets, peut mieux approfondir ceux auxquels elle s'arrête, qu'aux relations plus vastes dans lesquelles il est difficile que les études et les appréciations du voyageur ne perdent pas souvent en profondeur ce qu'elles acquièrent en étendue.

Bien que le voyage de M. *James Rich* aux ruines de Babylone remonte par sa date (1811) à une époque antérieure à 1815, par celle de sa publication complète il appartient à la période actuelle. M. James Rich occupait à Bagdad le poste de résident de la Compagnie des Indes; son goût éclairé pour la géographie et les recherches d'antiquités sut mettre à profit les facilités d'études locales que lui donnait sa position. On a de lui en outre un voyage dans le Kourdistan jusqu'au site de l'ancienne Ninive, et une visite à Chirâz et à Persépolis. Il est à regretter que les nombreuses excursions géographiques de notre compatriote M. *Vidal*, interprète du consulat de France à Bagdad où il résidait à la même époque que M. Rich, n'aient pas été publiées dans leur entier; ce que des communications partielles en ont fait connaître promettait à la science d'intéressants matériaux. Les ruines de ces deux cités fameuses du vieil Orient, Ninive et Babylone, furent de nouveau visitées et décrites en 1816 par un autre voyageur anglais, *Buckingham*, qui venait de parcourir la Syrie dont il donné aussi une ample relation. Dans le même temps (1817), *William Heude* visitait le Golfe Persique, dont les relèvements de plusieurs officiers de la marine anglaise, notamment ceux de MM. *Whitelock, Beke* et *Carter*, ont depuis lui perfectionné l'hydrographie; et l'élégant pinceau d'un artiste anglais, M. *Ker-Porter*, figurait avec plus de précision que d'autres ne l'avaient fait avant lui les monuments et les antiquités les plus célèbres des rives du Tigre et de la Perse occidentale, secours toujours nécessaire aux meilleures descriptions, et dont aucune ne saurait tenir lieu. C'est à la même époque aussi qu'une ambassade russe qui se rendit à la cour de Perse valut à l'Europe l'intéressante relation de M. *Kotzebue*.

Un voyageur déjà connu par une excursion aux glaciers de l'Himalaïa, M. *James Baillie Fraser*, parcourut diverses parties de la Perse, en 1821 et 1822, dans un but d'exploration scientifique. Il traversa toute la largeur de l'Irân depuis le golfe Persique jusqu'à Téhérân, s'avança jusque dans le Khoraçân occidental, et n'ayant pu pénétrer jusqu'à Balk revint vers la mer Caspienne, dont il étudia les côtes méridionales que bordent le Mazandérân et le Ghilân. Cet itinéraire, d'un grand intérêt géographique, est en partie celui qu'avait tenu *Forster* en 1783, et qu'ont suivi depuis dans les mêmes provinces Arthur Conolly en 1830, et Alexandre Burnes en 1832. M. *Fraser* est retourné une seconde fois en Perse en 1834, et a vu de nouveau une partie des lieux où l'avait conduit son premier voyage. Un de nos compatriotes, M. *Charles Bélanger*, a recueilli aussi, en 1825, une ample moisson d'observations scientifiques dans un voyage au nord de l'Inde par le sud de la mer Caspienne, le Khoraçân et l'Afghanistân ; mais l'auteur n'a payé qu'à demi sa dette à la science. Un seul volume de sa relation a paru, et rien n'annonce que cette belle publication, interrompue depuis dix ans, doive être jamais terminée.

Un autre voyage dans le bassin du Tigre et dans l'ouest de la Perse a été interrompu aussi, mais d'une manière plus douloureuse : c'est celui de M. *Schulz*. M. Schulz, quoique Allemand de naissance, avait consacré à la France ses talents distingués dans la littérature orientale ; et le Gouvernement français, sur la recommandation de la Société Asiatique de Paris, l'avait jugé digne d'une mission scientifique en Orient. Déjà d'importantes découvertes avaient signalé ses premiers pas autour du lac de Vân et dans le Kourdistân (1829), lorsque le malheureux Schulz périt assassiné, victime de la cupidité féroce des tribus de cette contrée. Par bonheur ses papiers ont pu être recueillis, et la Société Asiatique, à laquelle a été confiée l'honorable tâche d'en préparer la publication, pourra bientôt, sans doute, satisfaire à l'impatience du monde savant.

Nous arrivons à une époque marquée par une longue série d'études topographiques sur celles des provinces de la Perse, de la Mésopotamie et du Kourdistân qui occupent le bassin de l'Euphrate et celui du Tigre, et qui bordent la côte septentrionale du golfe Persique. De 1831 à 1841, ces études ont fourni les plus riches matériaux pour la carte de cette portion de l'Asie. Ceux à qui elles sont dues appartiennent pour la plupart à la marine britannique ou aux régiments de la Compagnie des Indes, et elles témoignent des solides études par lesquelles les officiers de ces deux corps se préparent aux missions de cette nature qui leur sont fréquemment confiées. C'est dans le Journal de la Société Géographique de Londres, précieux dépôt des actives explorations de la nation anglaise sur tous les points du Globe, que celles-ci sont déposées ; et les noms de MM. *Monteith, Gibbons, Ross, Shiel, Abbott, D'Arcy Tod, Thomson, Rawlinson, Brant, Pollington, Forbes, Chesney, Ainsworth, Lynch, Layard, de Bode* et *Selby* y figurent avec honneur. Une partie de ces belles études sont nées d'une grande pensée commerciale, qui avait entrevu la possibilité de revenir, en la perfectionnant, à l'ancienne route du trafic de l'Occident avec l'Inde, c'est-à-dire à une communication directe avec le sud et l'est de l'Asie par la Méditerranée, l'Euphrate et le golfe Persique. Quel que soit l'avenir de ce grand projet, il n'en aura pas moins eu pour la Géographie de très-importants résultats. D'autres voyageurs ont aussi ajouté, dans le même intervalle, aux notions acquises sur la région mésopotamienne ; parmi ceux-ci nous remarquons MM. *Mignan* et *Stockeler*, qui ont l'un et l'autre parcouru les agrestes vallées du Kourdistân. Il faut même citer deux missionnaires américains, MM. *Smith* et *Dwight*, qui ont recueilli en 1830 de fort bonnes notions sur divers cantons de l'Arménie.

La France aussi tient une belle place dans l'exploration scientifique de ces régions. M. *Fontanier*, qui depuis 1827 a séjourné dans plusieurs contrées de l'Orient, a publié récemment la partie de ses intéressants voyages qui se rapporte aux pays riverains du golfe Persique. On trouve d'utiles indications dans les notes d'un voyageur naturaliste, M. *Aucher-Éloy*, qui a parcouru l'Arménie, la Mésopotamie et toute la Perse occidentale de 1834 à 1838 ; et d'excellents matériaux pour la recherche des antiquités et la connaissance de l'état actuel du pays et des habitants sont répandus dans les lettres et dans les Mémoires d'un savant orientaliste, M. *Eugène Boré*, qui, de 1838 à 1840, a visité plusieurs parties des mêmes contrées pour y étudier l'état intellectuel et religieux des populations chrétiennes de l'Asie Occidentale. Mais c'est surtout à l'ambassade française envoyée en Perse dans le cours de 1839 que se rattacheront les plus beaux titres de la France à la reconnaissance de l'Europe savante. M. *Charles Texier*, qui déjà avait pris rang par un voyage archéologique et géographique en Asie Mineure, a pu alors pousser plus loin à l'est, dans les vallées de l'Araxe et du Tigre, ses fructueuses explorations. Deux artistes des plus distingués, MM. *Coste* et *Flandin*, avaient été attachés à l'ambassade, et ont rapporté de Perse une grande quantité de magnifiques dessins où revivent avec tout leur grandiose et les sites de cette région pittoresque, et les édifices de l'architecture moderne, et surtout les restes des vieux monuments de l'ancienne monarchie de Cyrus. L'antique Persépolis, avec ses sculptures si remarquables et ses singulières inscriptions, nous est aujourd'hui aussi bien connue que pourrait l'être un monument de nos propres cités ; les archéologues ont pu enfin appuyer sur une base assurée leurs curieuses investigations, d'où sont déjà sortis tant d'importants résultats pour la restauration historique, géographique et religieuse du vieil Orient. D'habiles ingénieurs, des officiers instruits, accompagnaient aussi notre ambassadeur, M. de Sercey, et ont fourni d'excellents itinéraires qui contribueront grandement à enrichir et à préciser le tracé des cartes futures entre Constantinople et les rives du golfe Persique. M. le capitaine *Beaufort*, M. le comte de *La Guiche*, M. *Coste* lui-même, ont ainsi rendu à la géographie positive d'éminents services. Les fouilles que M. *Botta* fait exécuter encore en ce moment sur l'emplacement de l'ancienne Ninive, fouilles qui ont déjà produit tant de découvertes aussi curieuses qu'inattendues et dont le gouvernement français se propose de faire l'objet d'une grande publication, en rendront de non moins remarquables à l'archéologie asiatique. Deux savants professeurs prussiens, MM. *Koch* et *Rosen*, explorent, au moment où nous écrivons ces lignes, les vallées sauvages du Kourdistân.

Nous avons nommé M. *Texier* et l'Asie Mineure : c'est en 1834 et 1835 que notre savant compatriote a fait dans cette grande péninsule ses nombreuses excursions et ses belles découvertes. Mais depuis plusieurs années déjà d'autres voyageurs, français pour la plupart, avaient parcouru et soigneusement étudié diverses parties de la même région. L'Asie Mineure, cette contrée jadis si riche, si florissante, et qui intéresse à tant d'égards l'historien, le philologue, l'antiquaire et le géographe, était cependant restée jusqu'à ces derniers temps au nombre des pays les moins visités et les plus imparfaitement connus de l'Asie. Les difficultés qu'y opposaient au voyageur l'ignorance et la rapacité des pachas turks, jointes à l'aversion que le nom de *franc* inspirait aux populations musulmanes, expliquent seules cet abandon. Beaucoup d'Européens en avaient traversé rapidement quelques lignes battues ; bien peu s'étaient écartés de ces itinéraires tracés d'avance pour en explorer les parties intermédiaires. C'est depuis la grande réforme opérée, ou plutôt tentée par le sultan Mahmoud dans les idées anti-européennes de sa nation, que l'accès des provinces asiatiques de l'empire est devenu plus facile à nos voyageurs. On peut dire que depuis quinze ans seulement l'Asie Mineure nous a été révélée.

Dès avant cette époque, néanmoins, la marine française avait complété la reconnaissance exécutée en 1808 par les ordres de l'amirauté britannique sur la côte méridionale de la Péninsule. Le capitaine *Gauttier*, dans le cours de ses belles campagnes hydrographiques qui nous ont valu une carte complète de la Méditerranée, releva les côtes occidentales et septentrionales de l'Asie Mineure dans toute leur étendue, sur la mer Égée, la Propontide et la mer Noire, et en fixa les points principaux par une longue chaîne d'observations astronomiques. Le contour de la Péninsule, dont les formes avaient fréquemment varié sur les cartes antérieures, fut définitivement arrêté. Quelques faibles lacunes qui restaient vers la pointe sud-ouest pour relier les travaux du capitaine Gauttier à ceux du capitaine Beaufort, ont été comblées plus tard par les relevés partiels de deux officiers de la marine anglaise, les lieutenants *Graves* et *Brock*.

C'est en 1826 que commencent les grands voyages dans l'intérieur. Celui de MM. *Alexandre* et *Léon de Laborde* en ouvre la série. Ce voyage, à la fois artistique, archéologique et géographique, embrasse tout le sud et l'ouest de la Péninsule. Vers le même temps un voyageur allemand, M. *Prokesh*, visitait quelques points des provinces occidentales, et un ministre anglican, le Révérend *J. Arundell*, parcourait en antiquaire tout le bassin du Méandre, excursion qu'il a renouvelée avec plus d'étendue dans un second voyage de 1833. La guerre qui éclata en 1828 entre la Russie et la Porte, et qui eut pour théâtre en Asie les parties limitrophes du Caucase russe, a fait mieux connaître quelques cantons voisins de Trébizonde et d'Erzeroum; les principaux résultats géographiques de cette campagne ont été bien résumés dans un ouvrage spécial par M. *Fonton*.

Peu après la fin de la guerre en 1829, un homme qui avait conquis une belle place dans le monde littéraire par son Histoire des Croisades, M. *Michaud*, conçut le projet d'une expédition scientifique destinée à étudier sur les lieux et à éclaircir la géographie de l'époque des guerres saintes : ce projet, approuvé par l'administration d'alors, embrassait une partie considérable de l'Asie Mineure, toute la Syrie, la Palestine et la Basse Égypte. M. Michaud se mit immédiatement en route, accompagné d'un jeune et savant littérateur, M. *Poujoulat*, et de deux officiers d'état-major habitués aux relèvements topographiques, MM. *Callier* et *Stamaty*. Les événements de 1830, en précipitant du pouvoir les protecteurs de l'expédition, en interrompirent le cours. On lui doit cependant, quoique inachevée, de très-intéressants résultats. Outre le journal de M. Michaud, ou plutôt de M. *Poujoulat*, journal riche d'observations sur le pays, les habitants et les antiquités, les itinéraires de MM. *Callier* et *Stamaty* dans l'intérieur de l'Asie Mineure et en Syrie sont fort importants pour le tracé hydrographique et orographique de plusieurs cantons peu connus. Il est à regretter que ces résultats, n'ayant pas été coordonnées dans une publication d'ensemble, soient en partie perdus pour la science.

Ceux de la mission scientifique de M. *Texier* et des autres voyages d'exploration qui se sont succédé à partir de cette époque, peuvent cependant jusqu'à un certain point diminuer nos regrets. Au premier rang après le voyage de notre compatriote, il faut mettre ceux de M. *William Hamilton*, secrétaire de la société géologique de Londres, de 1835 à 1837; de M. *William Francis Ainsworth*, — qui avait fait précédemment partie de l'expédition scientifique du colonel Chesney à l'Euphrate, — en 1838 et 1839; de M. *Charles Fellows*, qui a exploré à deux reprises, en 1838 et 1840, les vallées à peine connues de l'ancienne Lycie; de plusieurs savants prussiens, ingénieurs, antiquaires ou naturalistes, MM. de *Vincke, Fischer*, le baron de *Moltke, Schönborn, Koch, Löw* et *Kiepert*, dont les études et les nombreux relèvements topographiques, exécutés de 1838 à 1843, ont fourni les éléments d'une nouvelle carte de la Péninsule, et complété utilement les explorations de MM. Fellows et Texier. Ces nombreux travaux, qui rachètent enfin si brillamment le long oubli où avait été reléguée l'Asie Mineure, ont fait presque constamment marcher de front les relèvements topographiques, les déterminations astronomiques, l'étude géologique du sol, celle des monuments et des antiquités. La Péninsule entière est aujourd'hui couverte d'un ample réseau d'observations positives de toute nature; et si quelques intervalles y restent encore à remplir, ces intervalles sont du moins limités et n'exigeront plus les mêmes efforts des voyageurs à venir. Déjà même beaucoup de points de détail ont été complétés par un grand nombre de relations partielles. MM. *Aucher Éloy, James Brant, Teule, Suter, Eugène Boré, Napier, Acland, Russegger, de Civrac, Hoskyn, Daniell, Spratt* et *Chancourtois*, s'ils ne tiennent qu'un rang secondaire parmi les explorateurs spéciaux de la Péninsule, y ont droit encore à une place fort honorable. Les récentes observations de M. *Lebas*, sur le sol classique de la Carie et de la Lydie, fourniront de nouveaux faits aux études archéologiques.

En ramenant nos regards sur cet ensemble de richesses géographiques que nous venons d'énumérer, une réflexion involontaire nous affecte péniblement. La France, nous l'avons dit, et cette énumération le prouve, a depuis vingt ans la plus large part dans cette belle suite d'investigations scientifiques dont l'Asie Mineure a été le théâtre; et cependant c'est aux voyageurs étrangers qu'il faut demander encore aujourd'hui les notions les plus détaillées et les plus complètes sur l'état actuel de la Péninsule. Nous avons devancé dans la carrière les explorateurs des autres peuples, et nous nous laissons primer par leurs publications. Des voyages terminés depuis quinze ans et plus sont chez nous arrivés à peine à la moitié de leur mise au jour. Au point de vue de la science, ces lenteurs sont fâcheuses; au point de vue national elles sont encore plus regrettables. Les découvertes non publiées n'existent pas. Sans doute il faut du temps pour préparer les publications splendides où sont généralement déposés les résultats de nos grands voyages; mais cette splendeur même, et les vastes proportions qu'elle entraîne, ont de sérieux inconvénients, et de plus d'une sorte. Il serait bien de concilier les exigences différentes qui se trouvent ici en présence. Pourquoi, d'ailleurs, ne pas séparer la partie purement historique et géographique des parties artistiques ou archéologiques de ces grandes publications? Pourquoi surtout rejeter à plusieurs années l'impression du texte, qui seul permet d'apprécier dans toute son étendue l'importance des résultats obtenus, et qui d'ailleurs peut seul leur assurer, parmi nous et à l'étranger, cette publicité étendue qui constate l'existence et la portée des découvertes, en même temps qu'elle est la véritable récompense de leurs auteurs?

L'Asie Mineure nous conduit naturellement en Syrie; une partie des voyageurs qui ont exploré la première de ces deux régions ont étendu à la seconde leurs courses et leurs recherches. De ce nombre sont MM. *Prokesh* en 1829, *Poujoulat* en 1830, *Aucher-Éloy* de 1831 à 1835, *Léon de Laborde* et *Linant* en 1832, *Callier* en 1833, *Russegger* en 1836 et 1837. M. *Rousseau*, avant eux, avait donné de bons renseignements sur le district dont Haleb est la capitale, et deux naturalistes allemands, MM. *Sieber* et *Scholz*, avaient étudié les productions des deux extrémités de la Syrie, tâche qu'un autre savant autrichien, M. Russegger, devait reprendre plus tard et accomplir avec plus d'étendue. Nous avons mentionné précédemment les voyages de *Buckingham*, à qui il faut assigner un des premiers rangs parmi les explorateurs de la Syrie moderne.

Une foule de noms obscurs se pressent en vain pour y obtenir une place; et si, dans une contrée si souvent parcourue, nous pouvions nous poser à un point de vue autre que le point de vue de la science, notre plume aurait à rappeler plus d'un nom d'ailleurs illustre. Terre heureuse des grands tableaux et des grands souvenirs, la Syrie est depuis longtemps le commun rendez-vous des natures les plus diverses. Le poëte y vient chercher des inspirations, l'artiste de riches modèles, le romancier des *impressions;* en même temps que le savant y trouve à chaque pas des sujets d'étude, et le pieux pèlerin des objets de méditation.

Depuis l'époque des voyages de Seetzen, de Burckhardt et de Buckingham, l'un des principaux que nous ayons à citer pour la Syrie est celui d'un Anglais, M. *George Robinson.* De 1829 à 1832, M. Robinson parcourut en observateur instruit les rives de la mer Morte, le bassin supérieur du Jourdain, les plaines de Damas, les gorges du Liban et les environs de Haleb. Ses descriptions attachent et ses remarques instruisent. Un voyageur américain du même nom, le D$^r$ *E. Robinson*, a visité plus tard (1838), ainsi que le révérend *Éli Smith*, son compatriote, le pourtour de la mer Morte et le pays qui s'étend de là au sud vers la tête du golfe Arabique. Les recherches du D$^r$ Robinson, quoique principalement dirigées vers l'éclaircissement de la géographie biblique, n'ont pas été inutiles à l'avancement de la géographie naturelle, et elles ont été jugées dignes par la Société Géographique de Londres d'une des médailles qu'elle accorde aux auteurs des découvertes ou des travaux géographiques les plus notables. On doit aussi à différents missionnaires de la communion romaine, répandus parmi les peuplades druzes et maronites du Liban, plus d'une intéressante notice sur le pays et les peuples au milieu desquels ils vivent. La même contrée, ainsi que les ruines célèbres de Tadmor, ont été l'objet d'une bonne relation de M. le comte de *Caraman;* et un jeune savant, M. *Émile Botta*, qui a parcouru récemment tout le sud-ouest de l'Asie depuis le fond de l'Arabie jusqu'aux rives du Tigre, où déjà nous avons cité ses belles découvertes archéologiques, a donné une remarquable étude sur la géologie du Liban. Il faut encore mentionner, parmi les intéressants travaux de géographie, d'archéologie et d'ethnologie dont la haute Syrie a été l'objet, les communications faites en 1841 à une société savante de Berlin par M. *Wildenbruch*, consul prussien à Baïrout.

Mais le fait capital, parmi tous ceux qui ont été signalés ou vérifiés depuis quelques années dans cette région, est l'enfoncement bien constaté du lit de la mer Morte à une profondeur très considérable au-dessous du niveau de la Méditerranée.

Un voyageur prussien, M. *Schubert*, qui parcourait dans l'année 1837 la vallée du Jourdain, éveilla le premier l'attention des physiciens sur ce fait singulier de géographie physique; MM. *Russegger*, *Moore*, *Beck* et *Bertou*, après lui, et plus récemment un officier anglais, M. *Symonds*, renouvelèrent les premières observations et constatèrent la dépression. Le chiffre seul avait présenté d'abord des divergences entre les observateurs; mais le résultat à très-peu près concordant auquel plusieurs d'entre eux sont arrivés par des méthodes différentes ne permet plus de douter que ce chiffre ne dépasse 400 mètres, et n'arrive peut-être à 430. Ainsi il est aujourd'hui bien établi que l'ancien lac Asphaltites occupe le fond d'une énorme cuve sans communication possible avec les mers environnantes, et que ses eaux reposent à 12 ou 1300 pieds plus bas que la plage où vient mourir, à 15 lieues de là dans l'ouest, le flot de la Méditerranée.

La presqu'île de Sinaï, qui se prolonge au sud de la mer Morte, et qu'enveloppent les deux bras du golfe Arabique, cette presqu'île que domine le front vénérable du mont Sinaï et à laquelle nos livres sacrés rattachent de si grands souvenirs, a été très-fréquemment visitée par les voyageurs que la curiosité, l'intérêt des sciences ou des motifs de religion ont conduits vers la Terre Sainte. M. le comte *Léon de Laborde*, dans une publication récente d'archéologie biblique, a tracé un tableau complet de la géographie de cette presqu'île, que lui-même avait soigneusement explorée lors de son voyage en Orient.

Ce coin de terre aride où s'enfonce l'extrémité septentrionale de la mer Rouge appartient à l'Arabie. Baignée de trois côtés par des mers sur lesquelles ses côtes peu découpées n'offrent au navigateur que de rares abris, n'ayant aucun de ces grands cours d'eau navigables qui servent ailleurs de communications naturelles entre les extrémités maritimes d'une contrée et ses parties intérieures, couverte dans d'immenses étendues par des déserts sablonneux où le soleil du tropique darde à plomb ses rayons dévorants, occupée, là où elle est habitable, par des tribus errantes non moins redoutables au voyageur que le vent mortel du désert, cette vaste péninsule est bien difficilement accessible, on le conçoit, à l'exploration des Européens. Aussi ceux-là mêmes qui, comme Niebuhr, ont pénétré le plus avant, n'en ont-ils vu, sauf un bien petit nombre d'exceptions, que les portions voisines des côtes, principalement à l'ouest sur la mer Rouge, au sud-ouest sur le détroit de Bab-el-Mandeb, et à l'est vers le détroit d'Ormouz. Un seul Européen, le capitaine anglais *Sadlier*, en 1819, a jusqu'à présent traversé la Péninsule dans toute sa largeur, depuis el Katif sur le golfe Persique jusqu'au port de Jambo sur la mer Rouge. De très-grandes étendues seraient absolument vides sur nos cartes, si les géographes arabes, principalement Aboulféda, ne nous fournissaient quelques indications qui servent à remplir un peu ces grandes lacunes.

Cependant l'activité européenne ne s'est pas moins déployée ici que sur tant d'autres points où de plus grands résultats en ont couronné les efforts; et si la Nature n'a pu toujours être vaincue, tout ce que la persévérance humaine pouvait obtenir a été obtenu. Des voyageurs à la fois courageux et adroits ont adopté le costume, les usages extérieurs, le genre de vie et jusqu'à la religion des Arabes, dont ils s'étaient approprié la langue par une longue pratique; et se faisant ainsi passer pour de bons musulmans, ils ont vécu au milieu même de ces populations fanatiques qu'ils voulaient apprendre à connaître. Ainsi avaient fait Seetzen et Badia; ainsi fit un peu plus tard (1815) l'intelligent *Burckhardt*, à qui on doit les notions les plus étendues que depuis Niebuhr l'Europe ait eues sur l'Arabie. Nous disons sur l'Arabie : il serait plus exact de dire sur les Arabes; car c'est moins la géographie proprement dite qui a gagné à ces remarquables voyages, que nos connaissances sur les habitants. Néanmoins, les acquisitions géographiques sont loin d'être sans importance; depuis l'époque de D'Anville, la carte de la Péninsule arabe a reçu aussi de très-nombreuses et de très-importantes améliorations.

Une partie notable de ces améliorations a été procurée par la guerre que pendant trente ans, de 1812 à 1841, les troupes du vice-roi d'Égypte ont soutenue au cœur même de la Péninsule contre les Arabes Ouahhâbites, secte moderne née dans le sein de l'Islamisme. Des Européens qui s'étaient joints à l'armée égyptienne ont pu ainsi pénétrer plus avant que ne l'avait fait aucun voyageur, étudier la topographie de districts étendus, et s'en procurer ou la carte levée avec soin, ou tout au moins des reconnaissances détaillées. Tels sont les services qu'ont rendus à la science MM. *Chedufau* et *Mary*, deux Français entrés en 1836 au service de Mohammed-Ali, où ils occupaient l'un et l'autre un poste important. Les notes et les esquisses transmises par ces deux officiers distingués ont été la base d'un travail fort remarquable de M. *Jomard* sur le pays d'Acïr, province du Hedjâz à laquelle ces matériaux se rapportaient principalement. M. *Tamisier*, qui accompagnait M. *Chedufau* comme secrétaire, a publié une relation spéciale de la campagne de 1834 dans ce pays d'Acïr.

Des voyageurs qui ne s'étaient pas proposé l'Arabie pour but spécial de leurs recherches, mais qui y ont touché dans leurs courses, ont procuré sur différents points du littoral, notamment sur celui que baigne la mer Rouge et sur quelques portions du pays d'Omân, des renseignements qui ne sont pas sans valeur. M. *Rüppell*, dans ses deux voyages en Abyssinie, en 1822 et 1831, MM. *Hemprich* et *Ehrenberg* en 1823 et 1824; *Ruschenberger* en 1835, *Rochet d'Héricourt* en 1839, ont recueilli un certain nombre d'observations de cette nature. Mais une acquisition d'une bien plus grande importance pour la géographie positive est résultée des relèvements hydrographiques exécutés par la marine britannique sur la presque totalité du pourtour de la Péninsule, en 1829 dans la mer Rouge (qui déjà avait été levée en 1786 par un officier de la marine française, M. de *Rosily*); — de 1834 à 1836 par MM. *Haines* et *Hutton*, sur toute l'étendue de la côte méridionale. Nous avons mentionné précédemment les travaux hydrographiques dont le golfe Persique a été l'objet.

Entre les grandes relations telles que celle de Burckhardt et les relevés hydrographiques qui ont fixé le contour de la Péninsule, viennent encore se placer un certain nombre de notices fournies par des Européens que des fonctions publiques appellent à résider dans un des ports du littoral arabe ou qui y ont été conduits par quelque mission accidentelle, et qui ont profité de circonstances favorables pour faire des excursions à une plus ou moins grande distance dans l'intérieur. Depuis 1830 ces sortes de notices partielles ont été assez nombreuses, et il y en a eu de très-importantes. Plusieurs naturalistes, MM. *Bové, Émile Botta, Passama*, ont ainsi vu plusieurs parties du Yémen ; l'anglais *Bird*, ses compatriotes *Wellsted* et *Cruttenden*, et un savant allemand, le baron de *Wrede*, ont visité la même contrée et d'autres parties du pourtour de la Péninsule ; M. *Prax* a traversé le Hedjâz ; *Aucher Éloy,* dans le cours de ses longues excursions botaniques et entomologiques dans les diverses contrées de l'Asie Occidentale, a visité les montagnes qui couvrent Maskât dans le pays d'Omân. Un de nos compatriotes, M. *Arnaud*, a eu le premier le bonheur de parvenir au cœur du Yémen jusqu'à la ville de Mareb, l'ancienne Mariaba, et il en a rapporté beaucoup de dessins de monuments et de précieuses copies d'inscriptions. Un autre Français, M. *Fulgence Fresnel*, a suivi les traces de M. Arnaud, et a retrouvé, non loin des vestiges de cette antique cité de Mariaba, les restes encore existants de la digue autrefois renversée par une inondation célèbre dans les fastes de l'ancienne histoire des Arabes. On doit en outre à M. Fresnel d'importants travaux sur la langue de ces vieilles inscriptions du pays des Himiârites, ainsi que d'intéressantes recherches sur l'histoire de la Péninsule avant Mohammed.

Nous sommes arrivés aux dernières limites de l'Asie occidentale. La zone méridionale que nous venons de parcourir s'est montrée à nous principalement dévolue à l'activité britannique. Non pas, à beaucoup près, que les explorations géographiques et les découvertes qui ont été accomplies depuis un demi-siècle dans cette zone appartiennent exclusivement au peuple anglais : d'autres peuples y réclament une part, et la nôtre surtout est belle et glorieuse ; mais enfin c'est aux Anglais, il faut le reconnaître, que revient la part la plus large dans ces conquêtes scientifiques de l'Europe sur toute l'étendue de l'Asie Méridionale. La position de l'Angleterre dans l'Inde, et l'importance vitale de ses rapports politiques et commerciaux avec les États du sud de l'Asie, expliquent assez cette prédominance géographique. Une tout autre influence, une action toute différente se manifestent dans les deux zones du Continent dont nous avons encore à esquisser l'histoire géographique, dans la zone centrale et surtout dans celle du Nord. Ici ce sont les Russes qui s'emparent du sceptre des découvertes, comme ils y ont la domination politique. Les Russes ont dans l'histoire géographique du centre et du nord de l'Asie, et plus exclusivement encore, le rôle que les Anglais ont pris dans l'histoire géographique du Sud.

Ajoutons qu'entre ces deux actions dominantes, l'action russe et l'action anglaise, qui, par nécessité de position se sont partagé les deux zones opposées du monde asiatique, il y a un vaste territoire intermédiaire, l'empire chinois, qui jusqu'à présent leur est resté presque absolument étranger, et que ce monde intermédiaire, dont nos Missionnaires nous ont autrefois ouvert l'accès, est devenu le domaine presque exclusif de l'érudition française.

La Russie, qui s'étend d'un côté jusqu'aux extrémités les plus reculées de l'Asie orientale, touche de l'autre par le Caucase à l'Asie occidentale. Le Caucase est une terre russe où les voyageurs munis de l'agrément du gouvernement russe ont seuls un libre et facile accès. Depuis les explorations ethnologiques et géographiques de M. Klaproth, et celles des deux savants physiciens Moritz d'Engelhardt et Friedrik Parrot antérieures à 1815, le Caucase, de même que le reste de l'Asie, a été visité, étudié, décrit sous tous les rapports qui intéressent le géographe, l'historien, le naturaliste et l'ethnologue, par un très-grand nombre de nouveaux voyageurs. Le D*r* *Edward Eichwald* a contribué par son voyage de 1825 et 1826, et par deux écrits spéciaux sur l'histoire naturelle et l'ancienne géographie de la mer Caspienne, à perfectionner nos connaissances sur cette mer intérieure, dont l'histoire ne forme pas un des chapitres les moins curieux de l'histoire géographique de l'Ancien Continent. La campagne du maréchal Paskévitch au sud du Caucase, en 1828 et 1829, a notablement contribué à l'avancement de nos connaissances positives sur l'ensemble de cette région, par les nombreuses études topographiques qui ont dû l'accompagner, ainsi que par les déterminations astronomiques qui ont été faites des principaux points de l'isthme jusqu'à Trébizonde. Nous avons eu déjà occasion de citer le livre où M. *Fonton* a réuni les résultats géographiques de cette campagne; livre d'autant plus précieux que l'auteur y a résumé aussi les notions fournies sur les pays Caucasiens par plusieurs ouvrages descriptifs publiés à S.-Pétersbourg, mais qui sont écrits en russe et conséquemment peu accessibles au reste de l'Europe. A la même époque, une commission scientifique composée de MM. *Küpffer*, *Ménétriès* et *Lenz* déterminait la hauteur du mont Elbrouz, point culminant du massif caucasien, et enrichissait par ses investigations toutes les parties de l'histoire naturelle de l'Isthme.

Un motif différent conduisait dans le même temps un savant hongrois au fond des âpres vallées du Caucase, parmi les tribus indigènes non moins rudes que leurs montagnes. M. *Charles Besse* venait chercher au milieu de ces tribus la trace des ancêtres de sa patrie, les Madgiars, comme Csoma de Körös avait été chercher leur berceau au cœur de l'Asie.

D'autres voyages scientifiques ont encore ajouté, de 1830 à 1840, aux notions acquises par tant de remarquables travaux sur l'ensemble des pays caucasiens. M. *Friedrik Parrot*, dont les sciences ont eu à déplorer la perte prématurée, reprenant pour le compléter son premier voyage de 1812, a pénétré jusqu'à l'Ararat dont il a fait le premier l'objet d'une étude particulière, et dont il a constaté la nature volcanique. M. *Sjögren* a exploré en 1836 les profondes vallées du massif central, pour y reprendre les études philologiques de Guldenstädt et de Klaproth; et le Dr *Nordman*, en 1837, a parcouru en naturaliste les provinces qu'arrose le Phase, et qui bordent le fond de la mer Noire. Le Dr *Kolénati* explore en ce moment la Géorgie et d'autres parties du Caucase, en naturaliste et en ethnologue. Les recherches de ces différents voyageurs ont été dirigées par les instructions de l'Académie Impériale des Sciences de St-Pétersbourg. C'est aussi sous l'inspiration de cette compagnie savante, qui a pris un haut rang parmi les académies de l'Europe par l'importance de ses travaux aussi bien que par leur activité, qu'une commission a été formée en 1837 pour fixer, au moyen d'un nivellement prolongé dans toute la largeur de l'Isthme entre la mer Noire et la mer Caspienne, les incertitudes qui existaient encore sur le niveau relatif de ces deux mers. Cette commission était composée de MM. *Fuss*, *Sabler* et *Sawitsch*. Elle a complètement répondu à la confiance de l'Académie, et le problème paraît enfin résolu. Il résulte des opérations de MM. Sabler et Sawitsch que le niveau de la mer Caspienne est de 75 pieds, ou un peu moins de 25 mètres, au-dessous des eaux de la mer Noire. Disons cependant qu'un voyageur plus récent, M. Hommaire de Hell, a contesté la rigoureuse exactitude de ce résultat final.

Dans le temps même où ces importants travaux s'accomplissaient simultanément, un voyageur isolé recueillait avec une rare constance, par une longue suite de courses successives dans toutes les parties de l'Isthme, les matériaux de l'ouvrage le plus étendu, le plus riche de faits et le plus complet qu'on eût encore publié sur les pays du Caucase. Ce voyageur est M. *Dubois de Montpéreux*. Son livre, aujourd'hui publié, ne forme pas moins de six forts volumes accompagnés d'un atlas très-considérable. La Société de Géographie de Paris a jugé ce voyage digne de sa grande médaille d'or, et jamais récompense ne fut mieux justifiée par l'importance de l'ouvrage qui en fut l'objet. Géographie, ethnologie, antiquités, histoire naturelle dans ses différentes branches, le livre de M. Dubois embrasse tout; et il n'est aucune de ces diverses ramifications du savoir humain qu'il n'ait perfectionnée dans ses détails ou enrichie de nouveaux faits.

Un nombre assez considérable de voyages plus restreints, bornés à quelques-unes des contrées particulières que l'Isthme renferme, ont complété les lacunes que des travaux d'une nature plus générale laissent inévitablement sur quelques points d'un grand ensemble. Le pays des Tcherkesses, qui s'étend le long de la côte orientale de la mer Noire depuis le Kouban jusqu'à la Mingrélie, a été particulièrement favorisé sous ce rapport. MM. *Taitbout de Marigny* et *Tausch* en 1818, *Stanislas Bell* et *Longworth* de 1836 à 1839, en ont donné d'excellentes relations. Grâces surtout au livre de M. Bell, les pittoresques vallées de la Circassie, et les mœurs du peuple singulier qui les habite, sont aujourd'hui aussi parfaitement connus qu'aucun des pays de l'Europe elle-même. La zone maritime où demeurent les Lazes, entre le Phase et Trébizonde, a été partiellement parcourue, indépendamment des explorations de M. Nordman, par le colonel *Rottiers*, par M. *Fontanier*, par MM. *James Brant*, *Edmund Spencer* et *William Hamilton*, par un voyageur allemand, M. *Köler*, et plus récemment encore par deux savants prussiens que nous avons déjà cités, MM. *Karl Koch* et *George Rosen*. Ces derniers ont reconnu, plus en détail qu'aucun de leurs prédécesseurs, la vallée où le Tchorok roule ses eaux, depuis Ispir jusqu'à Batoun. M. *Gamba*, notre compatriote, a fourni de bonnes notions sur les pays de l'ancienne Colchide, ainsi que sur la Géorgie. Ce dernier pays a été l'objet de travaux philologiques et historiques d'autant plus importants, que la Géorgie est le seul de tous les États Caucasiens qui ait des annales écrites, et que son histoire, liée à celle de toutes les populations environnantes, devient en quelque sorte l'histoire du Caucase tout entier. M. *Brosset*, digne continuateur de Klaproth, a rendu et rend chaque jour encore à cet égard d'imminents services à l'étude de cette région. Les steppes qui bordent au nord la chaîne caucasienne et qui s'étendent jusqu'au bas Volga, ont été visitées, ainsi que les hordes kalmouques qui les parcourent et que *Benjamin Bergmann*, au commencement du siècle actuel, avait bien fait connaître, d'abord par trois missionnaires protestants, MM *Swick*, *Schill* et *Glen*, puis par M. *Bélanger*, par les docteurs *Göbel*, *Claus* et *A. Bergmann*, par M. *Demidoff*, par M. *Kohl*, et en dernier lieu par M. *Hommaire de Hell*.

Les monts Oural, qui forment la ligne de séparation entre la Russie et la Sibérie, appartiennent à la fois à l'Europe et à l'Asie. On n'avait guère sur cette chaîne, remarquable à plus d'un titre, que les notions données dans le dernier siècle par Pallas; mais depuis quinze ans elle est infiniment mieux connue, grâces aux travaux de plusieurs savants qui en ont fait un objet d'étude spécial au point de vue géographique et géologique. Le docteur *Kupffer* l'avait parcourue avant d'entreprendre son voyage à l'Elbrouz; après lui, en 1829, elle a été explorée par MM. *Alexandre de Humboldt*, *Ehrenberg* et *Rose*, et plus tard encore par MM. *Khanikoff*, *Helmersen*, *Murchison* et *Verneuil*. Un savant déjà connu par des travaux approfondis sur les langues finnoises et par son voyage ethnologique au Caucase, M. *Sjögren*, a reçu en 1841, de l'Académie Impériale de Saint-Pétersbourg, la mission de visiter les peuplades de l'Obdorie, sur les deux versants de l'extrémité septentrionale de la chaîne ouralienne; et un Hongrois, M. le comte de *Réguly*, y est venu étudier les tribus Vogoules et Tchérémisses répandues dans l'ancienne Ougorie, à laquelle les annalistes du moyen âge rattachent les Madgiars de la Hongrie moderne. Un géologue allemand, M. le comte de *Keyserling*, a examiné le premier la branche de l'Oural qui va se terminer vers le N.-O. à l'extrémité de la presqu'île Kanïn.

Vis-à-vis de la côte froide et nue où viennent s'appuyer les derniers contre-forts de la chaîne ouralienne, dans cette mer brumeuse qui baigne au nord les côtes de la Sibérie, s'élève une île dont les glaces perpétuelles de ces tristes régions défendent presque partout l'approche, terre désolée où semblent expirer les forces créatrices de la nature, et que jamais n'habita aucun être humain : c'est la *Novaïa Zemlïa* des Russes, appellation dont l'ignorance a fait chez nous le nom défiguré de Nouvelle Zemble. Si l'exploration de cet inutile annexe de l'empire des Tzars ne pouvait être d'aucune utilité directe et pratique, cette exploration devait profiter aux sciences physiques; c'en était assez pour que le gouvernement russe s'associât aux vues manifestées par l'Académie de Saint-Pétersbourg. Depuis 1819 jusqu'en 1838, une suite presque ininterrompue d'expéditions maritimes, successivement conduites par MM. *Lazareff*, *Lütke*, *Pakhtousoff*, *Zivolka* et *Siebolski*, a été dirigée vers cette région; un membre de l'Académie impériale, M. *Baer*, s'est joint en 1837 à une de ces expéditions, sur laquelle il a fourni d'intéressants détails. Aucune n'a pu réussir à effectuer le périple de l'île; pendant vingt ans, elles ont inutilement lutté contre les glaces et les tempêtes de cet affreux climat. Quoique la portion supérieure de la côte orientale n'ait pu être reconnue, les résultats obtenus par cette longue suite d'efforts ne sont cependant pas sans quelque importance. Toute la côte occidentale a été rangée, le cap extrême du nord a été atteint, le détroit qui partage l'île en deux, ou plutôt qui en fait deux îles distinctes, a été exploré, quelques parties intérieures ont été visitées, et le pilote Zivolka a pu construire une carte qui donne à l'ensemble de l'île une configuration toute nouvelle. La partie des côtes continentales que couvre au nord la Novaïa Zemlïa, c'est-à-dire l'espace compris entre l'embouchure de la Petchora et l'immense estuaire où l'Ob verse ses eaux, a été aussi reconnue et levée, de 1821 à 1828, par un pilote russe nommé *Ivanoff*.

Une entreprise plus vaste se préparait dans le même temps pour l'exploration des parties les moins bien connues de la côte sibérienne ; MM. *Anjou* et *Wrangel*, officiers distingués de la marine russe, en eurent la direction. La relation détaillée de cette expédition, qui se prolongea de 1821 à 1824, a été rédigée par M. Wrangel ; les résultats ont complétement répondu aux désirs de l'Académie. Non-seulement de nombreuses reconnaissances et de bonnes déterminations astronomiques ont fixé et complété le tracé de la côte sur l'Océan Arctique, mais de très-intéressantes observations ont été recueillies parmi les peuplades du nord de la Sibérie, particulièrement chez les *Tchouktchas*, qui occupent les dernières extrémités du continent sur le détroit de Behring.

Peu après le retour de cette expédition boréale, trois naturalistes, chargés d'une mission organisée au sein de l'Académie, se dirigeaient vers l'Altaï (1826). MM. *Ledebury, Meyer* et *Bunge* étudièrent de nouveau cette grande région du massif central de l'Asie, où plusieurs générations d'explorateurs les avaient précédés, ou d'autres encore devaient les suivre sans épuiser le champ d'observations qu'elle présente sur une vaste étendue. MM. Fuss et Bunge pénétrèrent vers le sud dans les steppes élevées de la Mongolie, et en fixèrent l'altitude par des observations répétées.

A partir de cette époque jusqu'au moment actuel, une nombreuse succession de voyages scientifiques, ordonnés ou favorisés par le gouvernement russe, a continué l'œuvre d'exploration. C'est à la Science qu'il appartient de rattacher à l'Europe cette immense région des frimas polaires, que la Nature semble avoir isolée du monde civilisé. En 1828 et 1829, un savant prussien, M. *Adolphe Erman*, traversa la Sibérie dans toute sa longueur, depuis les Oural jusqu'à la mer d'Okhotsk, recueillant, dans cet itinéraire de 1000 à 1200 lieues, une riche moisson d'observations précieuses sur le climat, la géographie du pays, les productions du sol, les mœurs et le genre de vie des habitants. Dans le même temps, en 1829, M. *Alexandre de Hum-*

*boldt*, accompagné de deux naturalistes éminents, M. *Ehrenberg* et *Rose*, visitait aussi le centre et le sud de l'Oural, puis les chaînes et les vallées de l'Altaï jusqu'à la Dzoûngarie, et les steppes qui déroulent leur surface monotone au nord du lac Aral depuis le haut Irtisch jusqu'à la Caspienne. Le nom de l'illustre auteur du *Voyage aux Régions Équinoxiales*, et son savoir immense qui embrasse le champ tout entier des connaissances humaines, dont il a tant contribué à reculer les bornes, promettaient à l'Europe de grands résultats de cette exploration : l'attente de l'Europe a été dignement remplie, si elle n'a été dépassée. Un des compagnons de M. de Humboldt, le docteur *Rose*, a donné la relation historique du voyage et en a particulièrement exposé les résultats géologiques et minéralogiques; la partie zoologique et botanique a été spécialement attribuée à M. *Ehrenberg*; M. de *Humboldt* s'était réservé les hautes considérations de géographie physique et de climatologie. Un premier aperçu de ce précieux travail fut publié en 1831 sous le titre de *Fragments de géologie et de climatologie asiatiques*; l'ouvrage entier vient d'être enfin livré à l'ardente impatience du monde savant (1843). Le titre d'*Asie Centrale*, inscrit au frontispice, en annonce assez la généralité sans en révéler encore toute l'importance. On peut dire, en effet, que l'Asie tout entière est comprise dans cette riche composition, quoique les parties centrales du continent en soient le sujet principal. Réunissant à ses observations personnelles celles des principaux voyageurs qui l'avaient précédé et dont beaucoup n'avaient jamais été publiées, M. de Humboldt a tracé un tableau complet de la structure et de la nature physique de toute la zone centrale de l'Asie depuis la mer Caspienne jusqu'à l'Océan Oriental, en y rattachant une foule de faits accessoires et de considérations importantes sur la zone du sud et sur celle du nord. Pour la première fois le relief du continent asiatique a été dessiné d'une manière nette et précise, au moins dans ses formes dominantes et dans ses linéaments essentiels. Nous connaissons enfin ce Plateau Central auquel un ingénieux système historique avait autrefois valu une célébrité qu'il a conservée, et dont des observations fautives du siècle dernier avaient fort exagéré l'altitude;—nous connaissons aussi cette région déprimée qui lui confine à l'ouest, région dont le fond est élevé de quelques pieds à peine au-dessus du niveau de l'Océan, et dont à une ancienne époque les eaux s'écoulèrent dans la mer Caspienne, bien qu'aujourd'hui le lac Aral en soit le réceptacle commun. Autour de ces grandes ondulations de l'Asie intérieure, nous voyons se dessiner les chaînes de montagnes qui les coupent et les enveloppent. M. de Humboldt interroge la géologie pour apprécier l'âge relatif de ces grandes chaînes ; il s'étaye de toutes les observations connues, souvent épurées au creuset d'une critique sûre, pour en déterminer les hauteurs respectives ; il en montre l'enchaînement, la direction, les ramifications ; il étudie leur double influence dans la distribution de la nature animée et dans l'histoire même de l'homme. Ces grandes et belles recherches abondent en faits nouveaux, en aperçus ingénieux, en vues larges et fécondes ; la main libérale de l'auteur y verse à flots les trésors de sa vaste érudition. Un tel livre est de ceux qui classent et caractérisent une époque.

Chaque exploration nouvelle semble accroître, loin de le ralentir, le zèle des savants de Saint-Pétersbourg pour une exploration toujours plus complète des parties éloignées de l'empire. L'Altaï surtout, cette région si abondante en inépuisables sujets d'observation pour le géographe, le physicien, le géologue et le naturaliste, ne cesse pas d'attirer les regards. Les richesses minérales que recèlent ces montagnes aurifères sont pour le gouvernement un stimulant de plus. A peine une expédition scientifique a-t-elle achevé ses travaux, qu'une autre expédition lui succède. M. *Gébler*, en 1833, étudia de nouveau les gradins et les vallées du système altaïque, ainsi que la contrée basse et plate où nomadisent les Kirghiz au nord du lac Aral. C'est encore l'Altaï qui a été l'objet principal des études géographiques, minéralogiques, botaniques et zoologiques de MM *Helmersen* en 1837 et 38, *Tchihatcheff* de 1841 à 1842, *Schrenk* en 1843. Les autres parties de la Sibérie n'ont pourtant pas été déshéritées de cette sollicitude du gouvernement et de l'Académie. MM. *Ruprecht* et *Savelief* en 1840, et en 1843 le professeur *Middendorf*, ont été chargés de continuer les observations de leurs devanciers sur le climat, les phénomènes physiques, la géographie et la botanique des basses régions voisines de la mer Glaciale ; et tout récemment, en 1844, M. *Castrén* vient d'être aussi chargé d'une mission plus spécialement ethnologique et linguistique pour les parties du nord et du centre, moins fréquemment étudiées que celles du sud. Les travaux et les observations hypsométriques de M. *Pansner* fournissent d'importants matériaux pour la détermination du relief de l'empire russe en général, et de la Sibérie en particulier.

C'est aussi presque exclusivement aux voyageurs russes que l'Europe doit ses connaissances actuelles sur la région comprise entre le massif altaïque et la mer Caspienne, c'est-à-dire sur cette contrée basse où le lac d'Aral reçoit le Sir-Daria et l'Amou-Daria, le Jaxartes et l'Oxus des Anciens, contrée que nos géographies désignent communément sous le nom très-impropre de Tartarie Indépendante, et à laquelle convient beaucoup mieux celui de Turkestan. La Boukhârie, le Khokand et Khiva sont les trois principaux États de cette contrée. Les voyageurs anglais, notamment *Fraser, Moorcroft, Alexandre Burnes* et *Wood*, ont fourni, nous l'avons vu, des notices nouvelles sur les parties méridionales, contiguës à l'Afghanistân et au Khoraçân, et on doit même à plusieurs d'entre eux de notables découvertes dans les hautes vallées du bassin de l'Oxus ; mais ces découvertes et ces notices sont loin d'égaler en importance et en étendue celles que l'on a reçues par l'intermédiaire des Russes. Les vues commerciales et politiques du gouvernement de Saint-Pétersbourg sur les pays du centre de l'Asie ont été ici le principal, sinon le seul mobile des découvertes géographiques. C'est surtout à partir de 1813 qu'elles ont eu une activité soutenue. *Nazaroff*, à cette époque, se rendit près du prince de Khokan, chargé d'une mission diplomatique de sa cour ; et il rapporta de ce voyage des notions détaillées sur les pays que traverse le Sir et sur la Boukhârie. L'ambassade de M. de *Mouraviev* à Khiva en 1819, et celle de M. de *Négri* à Boukhâra en 1820, dont la relation a été écrite par M. de *Meyendorf*, nous ont valu sur ces deux États de bons renseignements, auxquels il faut joindre ceux que nous devons à MM. *Edward Eversman* et *Jakovlef*. Des reconnaissances militaires commencées vers le même temps, et continuées à diverses reprises dans un espace consécutif de quinze années, ont procuré des notions précises sur tout le littoral oriental de la mer Caspienne, et sur le pays occupé par quelques rares tribus Turkmènes, qui s'étend entre cette mer et le lac d'Aral. C'est depuis lors seulement que les géographes ont pu fixer leur opinion sur l'ancien écoulement de l'Oxus dans un golfe avancé de la mer Caspienne; c'est à ces travaux que l'on a dû aussi la première connaissance positive du massif montagneux qui couvre au nord les steppes de l'Aral entre ce lac et Orenbourg, et qui renferme la source de l'Emba, le dernier cours d'eau notable que reçoive la mer Caspienne à l'orient du fleuve Oural. L'intéressant ouvrage publié par M. *Lévechin* sur les steppes du nord-est de la mer Caspienne, est en partie fondé, ainsi que la carte qui l'accompagne, sur les résultats géographiques fournis par ces diverses reconnaissances militaires. MM. *Helmersen* et *Baer*, dans un des volumes de leur excellente Collection de Matériaux pour la Connaissance de l'Empire Russe et des contrées limitrophes en Asie, ont réuni plusieurs relations intéressantes sur Khiva, Boukhâra et les cantons voisins. L'expédition russe à Khiva, en 1840, a procuré à la géographie de nouveaux renseignements, qui ont été recueillis par le lieutenant *Zimmermann* dans un ouvrage spécial publié à Berlin, et auquel est jointe une excellente carte qui donne, outre le lac d'Aral et la Khivie, le contour entier de la mer Caspienne. Le docteur *Basiener* a fait en 1843 un voyage botanique à l'Aral, et M. *Khanikoff*, qui a longtemps séjourné dans les pays de l'Oxus, vient de publier une description complète du Khânat de Boukhâra. N'oublions pas de rappeler que dans son dernier ouvrage, M. *Alexandre de Humboldt* a donné une nombreuse suite d'itinéraires presque tous inédits, précieux pour la géographie des portions les moins connues du Turkestan oriental et des parties limitrophes de la Tartarie chinoise.

Nous avons parcouru dans toute son étendue le tableau où nous nous étions proposé de tracer, depuis les plus anciens temps historiques jusqu'à nos jours, et en quelque sorte année par année, la succession chronologique des événements, des voyages, des découvertes, des travaux de toute nature qui ont contribué à faire connaître à l'Europe l'Asie et les peuples qui l'habitent. La grandeur même du sujet nous faisait une loi de n'en toucher que les sommités ; et cependant nous aurions voulu n'omettre aucun fait important et caractéristique, aucun nom signalé par une découverte notable. Nous croyons avoir rempli à cet égard l'obligation que nous nous étions imposée ; mais aurons-nous réussi de même à nous préserver du double écueil dont nous étions incessamment menacés? Aurons-nous toujours pu, sans nous abandonner à des développements prématurés, qui eussent rompu les proportions d'un aperçu général, éviter de rester superficiel à force de concision, et de tomber dans la sèche monotonie d'une simple nomenclature? Nous avions à parcourir un espace de plus de trois mille ans, en même temps que nous embrassions dans son ensemble non-seulement la plus vaste des parties du monde, mais encore celle dont l'histoire géographique est le plus riche de faits, et qui est liée à notre Europe par les rapports les plus nombreux et les plus intimes. Plus d'une fois, nous l'avouerons, nous avons trouvé difficile de renfermer cette tâche, telle que nous nous l'étions tracée, dans le cadre étroit d'un petit nombre de pages. Au surplus, notre but aura été atteint si nous avons réussi, malgré la rapidité obligée de notre marche, à donner au moins une idée de ce magnifique ensemble de l'histoire géographique de l'Asie, et à faire pressentir l'intérêt puissant qui s'attache à chacun des groupes dont elle se compose.

Une dernière obligation nous reste à remplir, et en même temps un dernier hommage à rendre. Après avoir rappelé dans cette immense galerie qui vient de se dérouler aux regards du lecteur tous les noms qui ont à revendiquer une part quelconque dans l'avancement de nos connaissances sur les pays de l'Asie, pouvons-nous passer sous silence le nom des hommes éminents qui se sont placés depuis le commencement du dix-neuvième siècle à la tête des diverses branches de l'érudition orientale, et leur ont imprimé la direction féconde où elles sont entrées? *Abel Rémusat, Sylvestre de Sacy, Chézy, Wilson, Saint-Martin, Eugène Burnouf, Grotefend, Lassen, Benfey, Tychsen, Neumann, Brosset, Dorn, Édouard Biot, Dorow, Raoul-Rochette, Letronne, de Saulcy, Charles Lenormant, Stanislas Julien*, et tant d'autres savants que nous pourrions nommer encore, unis par la fraternité scientifique, quoique séparés de langue et de patrie, sans qu'aucun d'eux, que nous sachions, ait jamais visité l'Asie, n'ont pas moins puissamment concouru à en avancer l'exploration. En expliquant, en complétant souvent par leurs profondes recherches les indications philologiques ou les monuments archéologiques décrits ou rapportés par les voyageurs, ils se sont légitimement associés à leurs découvertes. Oublierons-nous les sociétés savantes qui depuis vingt ans se sont formées en France, en Angleterre et en Allemagne, dans le but spécial d'activer les études géographiques en général, et en particulier les études relatives à l'Asie? Quels services les sociétés asiatiques et géographiques de Londres et de Paris n'ont-elles pas rendus sous ce rapport, par leurs utiles publications, par les prix qu'elles ont fondés, par l'influence morale qu'elles ont exercée? Ce n'est pas trop dire, que d'attribuer en très-grande partie à cette influence le zèle et l'activité qui depuis vingt ans se manifestent de toutes parts pour l'étude approfondie de la terre et des peuples, ainsi que le caractère éminemment scientifique des explorations actuelles et la richesse imprévue de leurs résultats.

Il est temps de sortir des généralités de l'histoire géographique de l'Asie, et d'aborder les faits plus développés que nous fournira l'étude de chacune de ses grandes régions. L'Asie-Mineure, cette terre si féconde en souvenirs et toute chargée de monuments, va nous introduire dans l'intérieur de ce continent où nous attendent tant de monuments des peuples éteints, tant de souvenirs des anciens temps.

# ASIE-MINEURE.

# HISTOIRE
### DES
# DÉCOUVERTES GÉOGRAPHIQUES
### DES NATIONS EUROPÉENNES.

## ASIE-MINEURE.

### PÉRIODE ANCIENNE.

#### CHAPITRE PREMIER.

Notions générales.—Situation, limites naturelles et aspect physique de la péninsule désignée sous le nom d'*Asie-Mineure*.— Nom.— Recherches sur l'origine et l'étymologie du nom d'*Asie*.—Populations primitives de l'Asie-Mineure.

Presque au centre de l'Ancien Continent, à l'extrémité orientale de cette vaste mer intérieure que nous nommons la Méditerranée, s'étend une contrée de forme péninsulaire, que quatre mers, la Méditerranée propre, l'Archipel, la mer de Marmara et la mer Noire, baignent au sud, à l'ouest, au nord-ouest et au nord, et dont la partie supérieure du cours de l'Euphrate forme du côté de l'est la limite principale. Cette contrée est celle que nous désignons communément sous le nom d'*Asie Mineure*. Située entre le 36e et le 42e parallèles N., c'est-à-dire sous le ciel privilégié de l'Andalousie, de l'Italie et de la Grèce, l'Asie Mineure jouit comme elles, dans une grande partie de son étendue, des dons réservés à ces heureux climats de la zone tempérée. C'est surtout aux plages occidentales de la Péninsule, baignées par les flots de la mer Egée, que la nature s'est plu à prodiguer ses dons les plus rares ; aussi les poëtes de l'antiquité et les voyageurs des temps modernes ont-ils célébré comme à l'envi les charmes enivrants et les molles langueurs du climat parfumé de l'Ionie.

De l'ouest à l'est, depuis l'Archipel ou mer Egée jusqu'au cours moyen de l'Euphrate, l'Asie-Mineure a une étendue de 225 lieues environ, mesurées à l'ouverture du compas [1]; du nord au sud, entre le cap Kérempèh sur la mer Noire et le cap Anémour sur la Méditerranée, sa plus grande largeur est de 160 lieues. Sa moindre largeur, du golfe de Kérésoun au fond du golfe de Skandéroun, ou de l'embouchure de la Sakaria au fond du golfe de Satalièh, est de 110 lieues; on peut compter 130 lieues pour sa largeur moyenne. C'est à peu près, en y comprenant les îles qui bordent au sud et à l'ouest les côtes de la Péninsule, la grandeur de la France [2].

Tracer dès à présent un tableau détaillé de l'aspect physique de l'Asie-Mineure, ce serait devancer les notions que la suite seule nous doit fournir à cet égard ; il nous suffira d'en esquisser les traits principaux, afin de ne pas demeurer tout à fait étrangers à la configuration générale d'une région dont nous avons à rechercher la population primitive et à suivre l'histoire géographique à travers l'antiquité et le moyen âge, avant d'arriver au récit des explorations modernes dont elle a été l'objet et qui nous l'ont mieux fait connaître.

Un vaste plateau d'une élévation considérable forme le centre de la Péninsule; sillonnée sur différents points par des rides ou par des montagnes plus ou moins saillantes, la surface de ce plateau n'offre, dans une partie notable de son étendue, que des plaines découvertes ou des lacs sans écoulement. Les bords extrêmes de cette haute région centrale, tantôt découpés en arêtes plus ou moins abruptes, tantôt se dessinant en gradins superposés ou s'abaissant en pentes insensibles, tantôt enfin s'appuyant sur des chaînes de montagnes élevées, dominent du côté du levant les plaines de la Mésopotamie, et font face

---

[1] Nous comptons toutes nos distances en lieues de 25 au degré.

[2] Il est à peine nécessaire d'avertir que ces détails de géographie positive ne peuvent être lus d'une manière utile qu'en ayant sous les yeux la carte de l'Asie-Mineure qui accompagne ce volume.

des trois autres côtés aux mers qui baignent le pourtour de la Péninsule. On a comparé ces hautes plaines du centre de l'Asie Mineure à un large cône tronqué vers sa base, et déchiré sur ses flancs par des vallées plus ou moins profondes qui s'ouvrent toutes sur l'Euphrate ou sur la mer : cette comparaison ne manque pas de vérité, et peut donner une idée assez juste de la configuration de l'Asie-Mineure.

Envisagée ainsi dans son aspect le plus général, abstraction faite des modifications de détail qu'un examen plus attentif y ferait apercevoir, la Péninsule se partage naturellement en un certain nombre de régions physiques nettement tranchées et parfaitement distinctes. Le plateau central constitue la première de ces régions; les autres sont formées par chacune des grandes pentes, qui, des bords du plateau où elles s'adossent vont se terminer ou à la mer ou à l'Euphrate, et que sillonnent divers systèmes d'eaux courantes formant autant de bassins généraux. On peut ainsi distinguer une pente inclinée au nord, portant à la mer Noire le Thermèh ou Thermodon, l'Iris ou Iékil-Ermak, le Halys ou Kizil-Ermak, le fleuve le plus considérable de la Péninsule, le Parthénios ou rivière de Bartïn, et le Sangarios ou Sakaria; une seconde pente inclinée dans la même direction, et conduisant à la mer de Marmara ou Propontide, dont elle est tributaire, les eaux classiques du Rhindaque, de l'OEsepe et du Granique; une troisième pente dirigée à l'ouest, et fournissant à la mer Egée les eaux non moins célèbres du Caïque et du Hermos, du Caïstre et du sinueux Méandre; une quatrième pente inclinée au sud, et portant à la Méditerranée proprement dite les eaux torrentueuses du Xanthos, du Kataraktès, du Kalukadnos, du Kudnos ou rivière de Tarsous, du Saros et du Pyramos, aujourd'hui déguisés sous les noms turks de Sihoun et de Djihoun; enfin, une cinquième pente générale inclinée à l'est, entre le plateau et le cours de l'Euphrate, fournissant à ce dernier fleuve, entre autres affluents moins notables, la rivière de Dévriki et l'ancien Mélas, aujourd'hui connu sous le nom local de Tokmah-Sou.

Dans cette succession de bassins contigus qui forment une zone circulaire autour du plateau central, chacune des régions naturelles que nous venons d'énumérer se distingue par des traits qui lui sont essentiellement propres. De région à région, le climat et les productions ne diffèrent pas moins que l'aspect et la configuration du sol. Tandis que le plateau lui-même doit à son élévation, et peut-être aussi à d'autres causes locales dont la géographie physique ne s'est pas suffisamment rendu compte, un climat généralement plus froid pendant l'hiver que ne semblerait l'indiquer la latitude ; tandis qu'au nord-est, sur les côtes de la mer Noire, plusieurs rangées parallèles de montagnes chargées de forêts séculaires, font régner sur les profondes vallées de cette région sauvage un ciel âpre comme le sol et les habitants ; tandis qu'au sud, la ceinture des montagnes gigantesques qui forme de ce côté, sous le nom de mont Taurus, l'escarpement du plateau central, laisse entre elles et la côte cilicienne une suite de plaines alluviales exposées pendant les longs mois d'été aux feux d'un soleil dévorant, les larges et fertiles vallées de l'ouest, doucement inclinées entre la mer Égée et les hautes terres qui les dominent, jouissent presque sans interruption d'une admirable température. C'est là, nous l'avons déjà dit, qu'il faut chercher ce tiède et beau climat d'Ionie aux douces influences duquel se sont autrefois si rapidement développées, dans la poésie, la littérature, la philosophie et les beaux-arts, les rares qualités de l'esprit hellénique.

Un autre trait saillant de la géographie naturelle de cette grande région est le nombre considérable de volcans éteints qu'elle renferme. La disposition même de ces anciens volcans est remarquable. On les voit non pas jetés au hasard dans l'intérieur de la Péninsule, mais bien rangés en ligne continue au pourtour même du plateau central, qu'ils enveloppent en quelque sorte d'une ceinture de cratères ignées. Le géant de l'Asie Mineure, le mont Argée, dont le front neigeux se projette en pic isolé à une hauteur de plus de 4000 mètres vers l'extrémité orientale du plateau, les domine tous de son énorme masse trachytique. L'imagination ne se reporte qu'avec une sorte de terreur religieuse vers ces époques de l'histoire de notre globe antérieures à l'histoire de l'homme, où le plateau qui forme le noyau de la Péninsule, alors immédiatement baigné par les eaux de la mer, n'offrait encore qu'une large masse volcanisée dont les vingt cratères vomissaient à la fois contre le ciel les feux arrachés aux entrailles de la terre. A quelque date que remonte l'extinction de la plupart de ces volcans, il en est plusieurs au moins dont les dernières éruptions ont dû être contemporaines de la présence de l'homme, car on retrouve dans les traditions cosmogoniques attachées à ces régions la trace de ces antiques convulsions de la nature, symbolisées, selon le génie des âges primitifs, dans la fable du géant Typhon.

C'est au sud de la ligne méridionale des volcans du plateau, entre cette ligne et la mer de Cypre, que s'élève le mont *Taurus*, cette immense chaîne de montagnes que les anciens prolongeaient, sous des noms différents, jusqu'aux extrémités orientales de l'Asie. Quelle que soit l'importance du Taurus dans la configuration actuelle de l'Asie-Mineure, la science géognostique n'en a pas moins démontré que son origine n'appartient qu'aux époques secondaires de l'histoire de la terre, et que les couches argilo-calcaires qui en constituent la masse étaient encore ensevelies sous les eaux où elles se sont formées, alors que le noyau de la Péninsule, composé de roches primitives, dominait déjà ce vaste océan des premiers âges du monde. Le Taurus commence dans l'angle sud-ouest de l'Asie-Mineure, et se prolonge directement à l'est, à une distance moyenne de 15 à 20 lieues au nord de la côte, jusqu'au large coude que forme l'Euphrate sous le 38° degré de latitude. Parmi ses embranchements et ses ramifications nombreuses, il nous suffira de mentionner celle qui se détache de son extrémité orientale pour aller se lier, en suivant une direction N.-E. sur la droite de l'Euphrate, à la haute région où ce fleuve a sa source : cette branche encore imparfaitement connue, qui peut-être forme l'escarpement oriental du plateau, est celle que l'ancienne géographie désignait sous le nom d'*Anti-Taurus*. Du côté de l'ouest, le plateau s'appuie sur un massif considérable d'où s'écoulent vers des mers différentes le Sakaria, le Rhyndaque, l'Hermos et le Méandre, et auquel se rattachent un grand nombre de ramifications secondaires principalement dirigées vers les côtes de la mer Égée.

Quelque rapide et quelque incomplet que soit ce premier aperçu de la configuration physique de l'Asie-Mineure, il importait d'en donner dès à présent une idée au moins générale ; plus d'un fait obscur de l'ethnographie de la Péninsule et de son histoire géographique en recevra par la suite une utile lumière (1).

Parmi ces obscurs problèmes de l'ancienne histoire ethnographique de l'Asie-Mineure, il faut mettre en première ligne le nom même du pays. Ce nom d'*Asia Minor*, ou Petite Asie, évidemment employé par opposition au reste du continent asiatique, ne paraît être entré dans la langue géographique que vers le quatrième ou le cinquième siècle de notre ère; du moins est-ce dans l'historien chrétien Paul Orose, lequel écrivait au commencement du cinquième siècle, que ce nom se rencontre pour la première fois (2). Isidore de Séville, vers la fin du sixième siècle, et Constantin Porphyrogénète, au milieu du dixième, emploient la même dénomination, l'un dans son livre des Origines (3), l'autre dans son traité des Provinces de l'empire grec (4) : « Par rapport à nous autres Européens qui demeurons à Byzance, dit l'écrivain impérial, cette province (ou *thème*), est dite Anatolique ou Orientale ; mais par rapport à ceux qui habitent la Mésopotamie, la Syrie et la *Grande Asie*, patrie des Indiens, des Éthiopiens et des Égyptiens, elle est occidentale, et qualifiée d'*Asie Mineure*. » Nous avons à dessein rapporté textuellement ce passage, parce qu'indépendamment de son utilité pour la définition précise du terme *Asia Minor*, on y trouve aussi l'origine d'une autre dénomination, celle de *Natolie*, ou plus exactement *Anatolie*, fort employée dans la géographie moderne, quelquefois sous la forme turque *Anadoli*, pour désigner la Péninsule. Le grec *Anatolé*, exactement traduit par le terme latin *Oriens*, répond donc précisément, dans son acception un peu vague, à notre mot *Levant*, fréquemment usité pour désigner la généralité des

---

1 Les principaux traits de cet aperçu général, qui sera repris et complété lorsque nous aurons à exposer les résultats des explorations les plus récentes de la Péninsule, sont tirés de Texier, *Description de l'Asie Mineure*, Introduction ; — Hamilton, *Researches in Asia Minor*, t. I, p. 105 et 312 ; II, 324 ; — Ainsworth, *Res. in Assyria, Babylonia and Chaldæa*, p. 22, 313 et suiv. ; — Brant, dans le Journ. of the Geogr. Soc. of Lond., VI, 187 ; — Félix de Beaujour, *Voy. milit. dans l'emp. ottoman*, II, 132 et suiv., etc.

2 Adversùs Paganos Historiæ, lib. 1, c. 2.

3 Isid. Hispal. de Origin. lib. XIV, c. 3.

4 Constant. Porphyrogen. De Thematibus, lib. I, them. 1 ; ap. Banduri, Imper. Orient. t. I.

pays baignés par l'extrémité orientale de la Méditerranée. Il convient toutefois de remarquer que dans la nomenclature de Constantin Porphyrogénète, le *thème anatolique*, restreint dans des limites beaucoup plus étroites, est même loin de s'étendre à la totalité de ce que l'usage actuel embrasse sous l'appellation d'Asie Mineure, puisque sur quatorze provinces qu'y comptait la géographie grecque et romaine, il n'en comprend que quatre, la Phrygie, la Lycaonie, la Pisidie et la Pamphylie [1]. L'acception plus large et plus géographique qu'Orose et Isidore donnent à leur dénomination d'*Asia Minor*, y fait entrer la totalité du pays compris entre le cours du Halys et la mer Égée.

Cette frontière naturelle, formée par le cours du Halys, bien que laissant en dehors la totalité de la Cappadoce et du Pont, c'est-à-dire la moitié de l'Asie-Mineure, fut cependant admise par toute l'antiquité comme la limite orientale de la Péninsule. Les Romains, qui comptèrent cette grande région au nombre de leurs provinces, en distinguaient la portion comprise entre le Halys et la mer Égée sous la dénomination spéciale d'*Asie Citérieure*, *Asie en deçà du Taurus*, ou seulement *Asie* dans un sens absolu [2]; de même qu'Hérodote avait distingué ce qui est en

---

[1] Il est bon, pour la clarté de ce chapitre et de toute la partie de ce volume qui se rapporte à la période ancienne, que le lecteur ait sous les yeux notre carte du Monde connu au temps de Strabon et de Ptolémée (n° 4 de notre Atlas).

[2] Tite-Live emploie fréquemment dans ce sens l'expression d'*Asia Cis-Taurum* (vid. lib. XXXVIII, c. 38, 59). Strabon, contemporain de Tite-Live, parle de cette dénomination d'*Asie en deçà du Taurus* comme étant de son temps la plus générale et la plus usitée (*Geogr.* lib. XII. p. 534, edit. Casaub., Paris, 1620, in-f°. Cf. lib. XIII, p. 587, et XVII, 840; add. Cicer. *pro P. Sextio*, 27, et *pro Dejotaro*, 13); et il fait de cette Asie en deçà du Taurus ou à gauche du Halys, une de ses grandes divisions du continent asiatique alors connu (lib. XI, p. 492). La dénomination d'Asie en deçà du Taurus désigne proprement les portions de la Péninsule situées sur le bassin du Pont-Euxin, de la Propontide et de l'Égée, par opposition aux provinces comprises entre le Taurus et la mer de Cypre, notamment la Cilicie, laissées au pouvoir des rois de Syrie après la guerre contre Antiochus. Dans un autre passage (lib. II, p. 126) Strabon donne le nom d'*Asie*, sans autre distinction, à l'ensemble de la Péninsule. Varron, un peu antérieur aux deux écrivains précédents, reconnaît au mot *Asia* deux acceptions distinctes: l'une générale, embrassant toute une partie du monde; l'autre spéciale, désignant particulièrement notre péninsule (*de Linguâ latinâ*, lib. IV, c. 3). Cicéron (*pro Flacco*, 27; Cf. *in Cæcil.* 2, et XI° *Philippicca*, 12) mentionne aussi une *Asia* prise dans

deçà ou à l'ouest du Halys de ce qui est au delà ou à l'est[1]. Quelquefois cette *Asie* propre, ainsi distinguée de la grande Asie, est prise par les historiens et par les géographes dans un sens plus restreint [2], comme s'appliquant seulement au pays arrosé par le bas Hermos, c'est-à-dire à l'ancienne Lydie ; et c'est évidemment dans ce sens qu'il faut entendre le nom d'*Asie* employé au chapitre XVI des Actes des Apôtres [3].

Suivant ainsi de proche cette dénomination d'*Asie* graduellement resserrée dans un cercle toujours plus circonscrit, nous nous trouvons conduits aux lieux mêmes qui en furent le berceau. Il est certain, en effet, que ce fut en Lydie que ce nom prit naissance comme désignation de contrée. Homère, 900 ans avant J.-C., connaît les *prairies d'Asias*, « baignées par les ondes du Caïstre [4]; » et le judicieux Hérodote, à qui nous devons tant de notions précieuses sur l'ancienne histoire des peuples, rapporte que de son temps encore (dans le cinquième siècle de notre ère) les Lydiens revendiquaient l'honneur d'avoir autrefois donné le nom à l'Asie, alléguant en preuve le nom d'*Ase* qu'avait, disaient-ils, porté un de leurs premiers rois, et celui d'*Asiadè* que con-

---

ce sens, mais où il ne fait entrer que la Carie, la Lydie, la Phrygie et la Mysie, c'est-à-dire la moitié seulement des provinces comprises entre la mer Égée et le Halys. Ce qui donne une importance particulière à la délimitation indiquée par Cicéron, c'est qu'on la retrouve exactement dans Ptolémée (*Geograph.* lib. V, c. 2), qui en fait une des divisions de son Asie générale sous le titre spécial d'*Asie propre*, ἰδίως Ἀσία. On trouve aussi la dénomination d'*Asie inférieure*, Κάτω Ἀσία, employée ici par opposition à la Haute-Asie. (Arrian. *Exped. Alex. Magn.*, lib I, c. 20, edit. Raphel.)

[1] *Histor.* I, 72. Cf. I, 28.

[2] Voyez les passages de Cicéron et de Ptolémée allégués dans la note 2 de la page précédente.

[3] Acta Apostol. XVI, 6 à 8; Cf. XX, 16 à 18. Voy. la Dissertation d'Usserius intitulée *Geographica et historica Disquisitio de Lydiana sive Proconsulari Asia, et de septem Metropolicis urbibus in illa comprehensis.* Londin. 1687, in-8° (La 1re édit. est de 1641). On trouve une bonne analyse de cette dissertation dans Meusel, *Bibliotheca historica*, t. II, 1re part., p. 69.

[4] *Iliade*, chant II, v. 461 ; Cf. Strabon, lib. XIII, p. 616, et Eustathe, sur le vers 836 de Denys le Périégète. On a aussi allégué l'autorité d'Eschyle (à peu près contemporain d'Hérodote), qui n'ajoute rien à celle d'Homère (Bacchis, v. 64. Dans la traduction du P. Brumoy, t. VIII du théâtre des Grecs, p. 194 et 193, le passage est inexactement traduit.) On sait par Suidas (voce Ἀσία) qu'il y avait en Lydie, au pied du mont Tmolos, et conséquemment dans

servait une de leurs tribus à Sardes [1]. Rapproché du vers d'Homère que nous avons cité, ce passage du père de l'histoire donne à l'origine proposée au moins une très-grande probabilité; mais il paraît moins aisé de comprendre comment le nom particulier d'un petit canton baigné par le Caïstre a pu s'étendre—et s'étendre assez rapidement, car dès le temps d'Hérodote l'application du nom d'Asie à tout le continent était devenue d'un usage général parmi les Grecs, — comment, disons-nous, ce nom particulier a pu s'étendre à une des trois grandes divisions du monde. Le docteur Cramer, auteur d'une savante description de l'Asie-Mineure ancienne [2], conjecture avec beaucoup de probabilité que les Grecs ioniens, lors de leur première arrivée, au onzième siècle, sur les rives du Méandre et du Caïstre où ils vinrent fonder plusieurs colonies, trouvant le nom d'*Asie* attaché au pays, l'adoptèrent et le communiquèrent à leurs compatriotes d'Europe. Ceux-ci apprirent ainsi à appliquer ce nom d'abord à la région maritime qui leur était le mieux connue, puis, de proche en proche, aux cantons intérieurs, et finalement à l'ensemble des pays situés à l'orient de la mer Égée. Cette extension d'un nom particulier à la totalité d'une grande région n'a rien, d'ailleurs, qui ne soit dans l'ordre nécessaire des choses; l'histoire géographique des divers pays du globe nous en offrira par la suite de nombreux exemples. Les deux plus frappants sont ceux d'Europe et d'Afrique, le premier sorti d'un canton presque ignoré de l'ancienne Thrace, au fond de la mer Égée [3], le second d'un petit pays voisin de Carthage [4], destinés l'un et l'autre à grandir rapidement à mesure que l'homme connut mieux la terre qu'il habite, et à s'étendre enfin sur toute une partie du monde.

les lieux mêmes où furent les *prairies d'Asios* d'Homère, une ville du nom d'*Asia*. Add. Eustat. ad Dionys. Perieg. v. 634.

[1] Herodot. *Histor.* lib. IV, c. 45.

[2] A Geographical and Historical Description of Asia Minor. Oxford, 1832, in-8°, 2 v. t. I, p. 2.

[3] D'après un passage d'Homère (*Hymne à Apollon*, v. 250), il est évident qu'avant d'avoir été étendue à tout le continent occidental, cette appellation d'*Europe* avait reçu au nord du Péloponèse, qui en était alors distinct, une application beaucoup plus restreinte.

[4] Voy. notre 1ᵉʳ volume.

Nous connaissons donc, avec autant de certitude que le comportent l'éloignement des temps et le caractère des premières traditions historiques, le point de départ de la dénomination d'Asie-Mineure, et, par extension, du nom même d'Asie appliqué par les peuples d'Europe à la plus grande des trois divisions de l'ancien continent. Mais est-ce assez pour nous, et ne pouvons-nous faire un pas de plus? Des bords du Caïstre d'où nous voyons ce nom d'Asie se porter graduellement vers les régions orientales, ne pouvons-nous remonter à l'origine première du nom lui-même? Il nous semble que ce qui reste des monuments ethnographiques des anciens âges nous permet encore cette recherche; — recherche qui sera ici d'autant moins hors de propos qu'elle contribuera à jeter quelque lumière sur les investigations auxquelles nous allons être conduit pour tâcher de retrouver sur le sol de l'Asie-Mineure les traces presque effacées de ses populations primitives.

Nous savons en effet, depuis que les sources historiques de la littérature chinoise nous sont ouvertes, que les *Ases* ont joué autrefois un grand rôle parmi les peuples nomades du centre de l'Asie d'où ils sont originaires, et qu'à diverses époques de l'antiquité des essaims de cette race ont porté leurs courses vers les régions de l'occident. Branche importante de cet immense rameau des peuples blonds dont les racines touchent à l'Himalaïa et la tête aux extrémités occidentales de l'Europe, les Ases ne furent à la vérité connus sous ce nom ni des plus anciens géographes de la Grèce ni de ses premiers historiens. Le seul nom qui durant plusieurs siècles frappa l'oreille des Hellènes fut celui de Scythes, — ou plûtot, pour rétablir la véritable prononciation grecque dénaturée par une transcription vicieuse, le nom de Skouts, Σκυθοι, — qui paraît avoir été l'appellation la plus générale de la race, ou peut-être celle d'une tribu autrefois dominante [1]. Cependant le nom des Ases ne resta pas si com-

---

[1] Sous une question de synonymie, il y a là de très-importantes questions d'histoire générale et d'ethnologie. Nous ne pouvons nous y arrêter ici. Ces questions seront abordées, et, nous l'espérons, plus complétement résolues qu'elles ne l'ont été jusqu'à présent, lorsque nous aurons à nous occuper des pays et des peuples de l'Asie Centrale. Voy. aussi, au t. IV ci-après, les prolé-

plètement étranger aux anciens Grecs qu'ils n'en aient vaguement connu l'existence vers la région du Caucase, qui confine au N.-E. à l'Asie-Mineure. Les antiques traditions de la mythologie hellénique donnaient pour femme à Prométhée Asia[1], et cette tradition nous reporte vers le Caucase. Or nous savons d'ailleurs qu'à des époques très-reculées des tribus d'Ases s'établirent en effet dans cette région montagneuse, laquelle devint à son tour un centre ultérieur d'excursions d'où les Ases ou Scythes portèrent leurs courses dévastatrices ou leurs nouveaux établissements tantôt vers le midi, dans les plaines fertiles qu'arrose l'Euphrate, tantôt vers l'ouest, jusqu'aux extrémités de l'Asie-Mineure et au pourtour de la mer Égée. Enfin, un très-ancien poëte élégiaque, Callinos, disait que lorsque les Scythes-kimmériens vinrent ravager la Lydie (dans le huitième siècle avant J.-C.), ils y trouvèrent établie une tribu d'*Asions* qui déjà avant eux possédait Sardes, la capitale du pays. Cette importante donnée historique, que Strabon nous a conservée[2], se lie à la fois au passage d'Homère et à celui d'Hérodote que nous avons précédemment rapportés[3], et ne permet guère de douter que l'*Asia* du Caïstre, qui donna plus tard son nom au reste de la péninsule et au continent oriental, ne dût ce nom à une tribu détachée de la grande nation scythique des Ases.

Cet établissement des Ases sur le Caïstre, établissement dont on ne peut préciser la date, mais qui remonte certainement à plus de 1300 ans avant notre ère, est-il le seul que les nations

---

suivantes de notre travail sur le Caucase. — De Guignes fait l'observation importante que parmi les nations nomades du centre de l'Asie, il a été d'usage dans tous les temps que lorsqu'une horde acquiert la suprématie politique, elle donne son nom à toute la nation. (*Hist. génér. des Huns*, t. I, 2ᵉ part., p. 367.)

[1] Hérodote, IV, 45. On donne encore deux autres femmes à Prométhée, Hésioné et Axio-théa, deux noms qui ne sont évidemment que celui d'Asia, diversement altéré ou modifié.

[2] *Geogr.* lib. XIII, p. 627. Cp. Hérod. 1, 6. et Callimaque, hymne à Diane, v. 252. Il y avait en Phrygie, au rapport d'Eudoxe, une ouverture naturelle du sol que l'on nommait vulgairement *le trou des Kimbres*, βόθυνος κιμβρικός. Antigonus, *Rer. Mirabil. Collectanea*, c. 135, ed. Beckmann. *Lips.* 1791, in-4°.

[3] Ci-dessus, p. 16, notes 2 et 3.

blondes de l'Asie Centrale aient formé dans la Péninsule? Nous ne possédons plus aujourd'hui de données historiques qui permettent une réponse directe à cette question; mais l'exposé que nous allons faire des notions qui nous restent sur l'ensemble des populations primordiales de l'Asie-Mineure mettra, nous le croyons, à même de se former à cet égard une opinion suffisamment motivée.

Si l'on groupe sous un point de vue ethnologique les notions éparses dans les historiens, dans les poëtes, dans les géographes de l'antiquité grecque et latine sur les différents peuples qui se partageaient l'Asie-Mineure, on est conduit à cette conclusion déjà reconnue par de savants écrivains[1], que ces peuples viennent se ranger sous deux catégories générales. A l'une appartiennent les tribus que leur langue rapproche de la souche araméenne ou sémitique; à l'autre celles qui se rattachent à la souche des populations thraciques. Les premières occupent en général l'est et le sud de la Péninsule; les secondes, l'ouest et le nord. Telle est la vue d'ensemble qui domine les détails où nous allons entrer. Ces détails, nous les rendrons aussi succincts que possible; cependant, la matière dont nous traitons ici est d'un tel intérêt ethnologique, et elle est restée jusqu'à présent si incomplétement éclaircie; d'un autre côté, les résultats auxquels cette discussion doit nous conduire se lient si étroitement à toute la période ancienne de l'histoire géographique de la Péninsule, qu'il ne nous est pas permis de passer légèrement sur ces faits préliminaires, dont la généralité des historiens ne tient pas assez compte.

Nous avons, avec plusieurs savants, désigné sous le nom de populations *thraciques* celles qui occupaient dès la plus haute antiquité la zone septentrionale de l'Asie-Mineure et une portion considérable de la zone occidentale. Nous employons cette qualification déjà consacrée, mais sans rien préjuger sur sa valeur absolue. Une question plus intéressante est de savoir à quelle souche originelle, parmi les grandes races primordiales répan-

---

[1] Il suffit de citer ici Heeren, *De la Politique et du Commerce des peuples de l'Antiquité*, t. I<sup>er</sup> de la trad. fr. p. 127; Cramer, *Asia Minor*, t. I, p. 15; et plus récemment Grotefend, dans le *Zeitschrift für die Kunde des Morgenlandes*, t. IV, p. 300.

dues sur l'Ancien Continent, se rattachent les populations que leur séjour historiquement connu dans l'ancienne Thrace a fait désigner par l'épithète de thraciques. Or c'est un des faits de l'ancienne histoire européenne aujourd'hui le plus solidement établis, tant sur des considérations tirées de ce que l'on sait de leur conformation physique que de l'étude comparée de ce que l'on connaît de leurs langues, qu'elles appartiennent à l'immense famille des peuples à cheveux blonds qui constitue la masse de ce qu'un savant moderne a nommé le groupe indo-germanique [1]. Les populations thraciques sont donc sœurs de ces tribus ases, qui font partie, nous l'avons vu, et une partie très essentielle, de cette vaste famille des peuples blonds. Cette étroite parenté des peuples thraciques et des Ases pourrait être corroborée d'un grand nombre de faits historiques et ethnologiques, si c'était ici le lieu d'aborder une telle discussion, qui trouvera sa place ailleurs [2]. Nous nous bornerons à rappeler une antique tradition ionienne que nous avons citée plus haut [3], qui semblait reporter

---

[1] Klaproth, *Asia Polyglotta*, p. 42. Cf. Vater, *Mithridates*, t. II, p. 339 et suiv. Nous ne pouvons qu'admettre ici les classifications les mieux établies; nous aurons lieu d'en discuter quelques parties dans le cours de notre propre travail.

[2] Particulièrement dans notre volume consacré à l'Asie Centrale. — Il ne serait même pas impossible de retrouver la trace du nom des Ases dans la géographie primitive des pays pélasgiques. Voy. entre autres Hellanicus, fragm. 37, p. 49 des *Fragmenta historicorum græcorum* édités par MM. Didot.

[3] P. 163, note 1. Quel que soit le sens qu'il faille attacher au mythe de Prométhée, toujours est-il que d'une part ce nom se lie au Caucase dans les traditions helléniques, et que d'un autre côté la famille hellénique remonte jusqu'à Prométhée par Dorus, Xuthus et Œolus, les trois fils d'Hellen, fils de Prométhée, fils de Japhet. Apollod. *Biblioth.* lib. I, c. 7, § 2. Add. Hellanicus, fragm. 10 (*Fragmenta historic. græcor.* ed. Didot, p. 47); — le scoliaste d'Apollonius de Rhodes, sur le v. 1252 des Ἀργοναυτικα; — Herod. I, 56-58; — Thucyd. I, 3. — Nous touchons ici à une des questions les plus intéressantes, sans contredit, et aussi des plus mal éclaircies malgré les innombrables écrits auxquels elle a donné lieu : nous voulons parler des rapports qui existaient entre les populations helléniques et les mystérieux Pélasghes. Dans cette question, comme sur tant d'autres points de l'histoire primitive, l'érudition moderne nous paraît ne s'être si souvent égarée dans ses laborieuses investigations que faute d'avoir eu suffisamment égard à *tous* les éléments du problème. Il y en a ici d'essentiellement *ethnologiques* que l'on a trop négli-

vers le Caucase le berceau de la famille hellénique. Or les Hellènes eux-mêmes sortaient du milieu de ces anciennes populations thraciques dont ils n'étaient pas originairement distincts; et conséquemment l'on serait fondé, lors même que cette conclusion ne serait pas appuyée sur d'autres considérations plus concluantes et moins contestables, à reporter vers l'orient du Pont-Euxin le séjour originaire de cet ensemble de populations blondes établies plus tard depuis le bas Danube jusqu'à l'extrémité méridionale de la péninsule grecque.

Nous ne pousserons pas plus loin ces considérations qui ne se lient qu'indirectement à notre sujet actuel; tout ce que nous voulions indiquer, c'est qu'une chaîne de peuples à cheveux blonds, parlant des langues dont la souche commune appartient au groupe indo-germanique, enveloppait le Pont-Euxin à l'est, au sud et à l'ouest. Nous n'avons pas à nous occuper en ce moment du côté septentrional. Pour nous renfermer dans l'Asie-Mineure, il paraît que parmi les tribus à cheveux blonds qui en couvraient la zône du nord et de l'ouest, une partie y était entrée par la pointe de Thrace, en traversant soit le Bosphore, qui verse les eaux du Pont dans la Propontide, soit l'Hellespont, par lequel la Propontide se déverse dans la mer Égée; les autres s'y étaient sûrement avancées de l'est à l'ouest, en longeant les bords du Pont.

Nous allons d'abord nous occuper des premières, qui sont à la fois les plus considérables et les mieux connues.

L'angle nord-ouest de la Péninsule, baigné de trois côtés par la Propontide, l'Hellespont et la mer Égée, était occupé dès l'antiquité la plus reculée par les *Mysiens*, Μύσοι, race agreste que Strabon, judicieux investigateur des antiquités de l'Asie-Mineure, qualifie de peuple thrace[1]. Leur parenté avec les *Mysi* ou *Mœsi* du bas Danube a été en effet regardée de toute l'antiquité comme un fait incontestable. Dans le pays des My-

---

gés, et qui devaient cependant servir avant tout de fil conducteur. Cette portion importante de l'histoire primordiale du midi de l'Europe sera de notre part l'objet d'un travail spécial.

[1] Lib. I, p. 6, et lib. XII, p. 566 et 571, edit. Paris. 1620. fol. Cf. lib. XIII, p. 628.

siens, non loin de l'embouchure du Caïque [1], se trouvait un canton dont le nom de *Teuthranie* est d'autant plus remarquable par sa forme teutone, que près de là s'élevait l'antique cité de *Pergame*, dont le nom est aussi purement germain [2].

A la Mysie, du côté du sud, confinait la Lydie, région délicieuse renfermant les belles vallées du Hermos et du Caïstre, et dont la partie maritime, baignée par la mer Égée, reçut le nom d'Ionie des colonies helléniques qui vinrent s'y établir. C'était dans la Lydie, nous l'avons vu, que se trouvaient ces célèbres prairies d'Asios dont le nom fut appliqué progressivement à toute la Péninsule, et de là au reste de l'Asie. La Lydie, au rapport d'Hérodote [3], avait primitivement porté le nom de *Méonie* (ou *Méionie*), nom qui lui était jusqu'à un certain point commun avec la Mysie [4], et le seul qu'ait connu Homère [5]. Que les Lydiens eussent une origine commune avec les Mysiens, de même qu'avec les Cariens dont le pays limitait au sud la Lydie, c'est ce que prouve la communauté religieuse établie entre ces trois peuples comme consécration de cette communauté d'origine. « Il y a un temple, dit Strabon [6], sous le nom de Jupiter Carien, lequel est commun à tous les Cariens, qui y admettent aussi les Lydiens et les Mysiens, à cause du lien de fraternité qui les unit à ces deux peuples. » La fondation d'un temple commun aux différentes divisions d'un même peuple était un usage général de l'antiquité; on en citerait de nombreux exemples. Il paraît donc hors de doute que des tribus de même sang, c'est-à-dire de souche thracique, s'étaient très-anciennement répandues sur toute la côte occidentale de la Péninsule, depuis la Propontide jusqu'à la naissance du mont Taurus ; cette consécration religieuse d'une antique fraternité d'origine a plus de force à nos yeux que n'en sauraient avoir les arguments produits pour at-

---

[1] Strab. lib. XII, p. 571, et XIII, 615. Add. Plin. V, 33.

[2] Nous reviendrons avec plus de développements sur ces aperçus dans le chapitre suivant.

[3] Lib. I. c. 7; VII, 74.

[4] Strab. lib. XII, p. 572; XIII, 625 et 628.

[5] Il. ch. II, v. 864.

[6] Lib. XIV, p. 659. Cf. Herod. I, 171.

tribuer aux Lydiens une origine exclusivement sémitique [1]. Au surplus, il nous paraît aisé de concilier en ceci les opinions différentes ; il suffit d'admettre dans la population lydienne deux éléments distincts, l'un thracique, c'est le plus ancien, représenté par les *Meones;* l'autre plus moderne, se rattachant en effet à la souche araméenne, et qui apporta avec lui le nom même de *Loud*, sous lequel disparut le nom antérieur de Méonie. Si les témoignages directs de cette double origine des habitants de la Lydie nous manquent aujourd'hui, que les documents originaux de l'histoire lydienne ont tous péri [2], il subsiste cependant encore un assez grand nombre d'indices historiques propres à justifier notre supposition.

C'est donc à la division araméenne des populations de l'Asie-Mineure que se rattache directement le nom de Lydie ; nous aurons à y revenir tout à l'heure en nous occupant de cette division, afin de ne pas scinder les faits qui s'y rapportent.

Ce que nous disons ici de la Lydie, nous pouvons le dire aussi de la Carie, qui lui était limitrophe au sud ; nous pouvons le dire encore de la Lycie, qui touchait à la Carie du côté du sud-est. Il paraît indubitable que des tribus de sang thracique, principalement connues sous le nom de *Lélèghes*, s'établirent en Carie après avoir séjourné dans quelques-unes des îles de l'Archipel, d'où elles furent expulsées par Minos, roi de Crète; il n'est pas douteux non plus que des colonies de même origine ne se soient établies dans la Lycie, qui leur doit son nom. Mais, comme la Lycie et la Carie reçurent aussi, à une époque probablement antérieure, des habitants de sang araméen, c'est en traitant de ceux-ci que nous nous occuperons plus spécialement de ces deux contrées.

Si le mélange, ou du moins l'agglomération de populations de diverse origine dans les parties sud-ouest de l'Asie-Mineure est

---

[1] *Voy.* Théod. Mencke, *Lydiaca*, *Dissertatio ethnographica.* Berolini, 1843. in-8°.

[2] Xanthos, Lydien d'origine et plus ancien qu'Hérodote, avait écrit une histoire de sa patrie dont il ne nous reste que de minces fragments. Ces fragments ont été réunis parmi les *Fragmenta historicorum græcorum*, édités par MM. C. et Th. Müller, dans la Bibliothèque Grecque de M. Didot. Paris, 1841, gr. in-8°, p. 36 et suiv.

de nature à jeter quelque confusion dans les recherches ethnologiques qui se rapportent à cette portion de la Péninsule, il n'en est plus ainsi quand nous nous reportons au nord vers la Propontide et le Pont-Euxin. La Bithynie, grande région maritime qui formait la frontière orientale de la Mysie, devait son nom à un peuple dont l'origine thracique ne fut jamais mise en doute par l'antiquité [1]; les géographes et les historiens grecs ne le désignent presque jamais sans accoler à son nom l'épithète de *thrace* [2]. La Thrace, de même que l'Asie-Mineure, avait aussi ses *Bithyni* et ses *Thyni* [3]; ou plutôt le peuple désigné sous ces deux dénominations s'étendait à la fois sur l'Asie-Mineure et sur la Thrace, des deux côtés du Bosphore [4]. Le passage des Bithyniens en Asie, ainsi que l'a bien remarqué Cramer [5], paraît être postérieur à la guerre de Troie, leur nom ne se rencontrant pas chez Homère, et celui-ci désignant constamment sous les noms de Mysiens et de Phrygiens les habitants du pays qui plus tard fut appelé la Bithynie [6]. Nous ajouterons ici qu'une autre tribu incontestablement thrace, celle des *Mygdones* [7], habitait en Mysie les bords de la Propontide, sur la frontière commune des Mysiens proprement dits et des Bithyniens. Les *Mariandyniens*, qui n'apparaissent dans l'histoire qu'à une époque moins ancienne que les Bithyniens et les Phrygiens, étaient sans aucun doute une ramification du tronc bithynien; les traditions mythologiques, les convenances de proximité et l'étymologie les y

---

[1] Hérod. VII, 75. Strab. lib. XII, p. 541.

[2] Thucyd., IV, 75; Xenoph., *Hist. gr.* I, 3; III, 2; *Anabasis*, VI, 4. Arrian. *De exped. Alex. M.*, I, 29. — Dans le langage de la fable, les Bithyniens devaient leur nom à Bithynos, fils de Jupiter et de la nymphe Thrakè (Steph. Byz. v. Βιθυνία).

[3] Strab. XII, 541; VII, 295.

[4] Déjà Homère avait dit (Iliad., ch. II, p. 57 de la trad. de M. Dugas-Montbel): « Acamas et le héros Piroüs conduisent les Thraces, *que sépare l'orageux Hellespont.* »

[5] *Asia Minor*, t. I, p. 67.

[6] *Iliad.* II, *ad fin. Voy.* ci-après, chap. III. Comp. Strab. XII, p. 565.

[7] C'est sans aucun doute à la tribu thrace des Mygdoniens que la Macédoine dut son nom, ce nom que devait illustrer plus tard le conquérant de la monarchie perse.

rattachent également[1]. Etienne de Byzance, dans sa compilation géographique où nous ont été conservées tant d'indications tirées d'auteurs aujourd'hui perdus, rattache les Mariandyniens à la souche éolique, c'est-à-dire à une des grandes divisions de la nation Pélasgbe [2].

Le pays où les Bithyniens vinrent s'établir au midi du Bosphore était occupé avant eux par un autre peuple célèbre dans l'antiquité, par les Phrygiens. Comme les Bithyniens et les Mysiens, les Phrygiens étaient originaires de la Thrace. « Suivant ce que les Macédoniens rapportent, dit Hérodote, les Phrygiens portèrent le nom de Brighès, pendant tout le temps qu'ils demeurèrent en Europe et habitèrent dans le voisinage de la Macédoine. En passant en Asie, ils changèrent également de contrée et de nom, et prirent celui de Phrygiens[3]. » Telles étaient, au rapport du père de l'histoire, les plus anciennes traditions de la nation phrygienne. Quelque succinct que soit ce récit, c'est à peu près tout ce que nous savons de certain sur les origines de ce peuple, qui joua cependant en Asie-Mineure un rôle important.

Le nom de *Brighès*, Βρίγες, qu'il portait avant son passage en Asie-Mineure, ou plutôt qui fut le nom réel de la tribu, dont celui de Phrygiens, Φρύγες (dont la prononciation réelle pouvait être Phrughès ou Phroughès[4]), ne fut qu'une altération, ce nom paraît aussi avoir été très-répandu dans les contrées qu'occupait en Europe la famille indo-germanique. Non seulement la Thrace avait conservé ses *Brukès*[5], et la Macédoine ses *Brughès*[6]; mais la Germanie avait ses *Bruk-tères*[7], la Gaule, comme le

---

[1] *Voy.* Clavier, *notes sur Apollodore*, p. 181; et Des Brosses, Acad. des Inscr., t. XXXV, p. 477.

[2] *Voce* Μαριανδυνία.

[3] Herod. VII, 73. Comp. Conon, *Narrat.* I<sup>a</sup>, dans Photius, Μυριόβιβλον, p. 423, édit. Hœschel. 1753, in-fol. — Strab. lib. VII, p. 295; XII, 572; XIV, 680.

[4] *Voy.* Cicero, *Orator*, 48.

[5] Herod. VI, 45; VII, 85. Steph. Byz. v. Βρύκης.

[6] Scymnus de Khios, v. 433; Steph. Byz. v. Βρύξ.

[7] Ici la première partie du nom, *Brouk* ou *Brough*, en est certainement le radical, attendu que la terminaison *tère* se reproduit fréquemment dans d'autres noms germaniques. Dans la syllabe *bé* ou *bi* des mots Bé-bryks et Bi-thyni, corrélatifs de Bryghès et de Thyni, ne faudrait-il pas voir la particule explétive si fréquente dans les langues teutoniques, et emportant consé-

Pont, ses *Bebruks*[1], ses *Lato-brighès*, ses *Nisio-brighès* et ses *Allo-broghes*, dont le nom se trouve aussi écrit *Allo-brughès*[2]; la Bretagne ses *Brig-antes*[3], de même que l'Hibernie et la Gaule occidentale; enfin, la région des Alpes, ses *Brighiani* : — synonymie que nous pourrions encore étendre[4]. C'est donc par un rapprochement accidentel que quelques savants, après Bochart[5], ont cru voir dans la nature volcanique du territoire occupé par les Phrygiens de l'Asie-Mineure l'origine de leur nom.

On connaît la tradition que nous a transmise Hérodote d'après le récit que lui avaient fait les prêtres de Memphis sur la haute antiquité de la race dont les Phrygiens étaient issus[6]. En dégageant cette tradition de ses accessoires évidemment fabuleux, il n'en reste pas moins ce fait constant, que, dans l'opinion des lettrés de l'Égypte, les Phrygiens descendaient d'une race dont l'antiquité surpassait celle de tous les autres peuples. Il est à remarquer que Justin, l'abréviateur de l'Histoire Universelle de Trogue-Pompée, attribue aux Scythes ce qu'Hérodote avait dit des Phrygiens[7].

Un passage d'Homère[8] semblerait autoriser à placer l'arrivée

---

quemment l'idée de commandement, de prédominance ? Dans quelques-uns des idiomes parlés au centre de l'Asie, le mot *bé* ou *bi* se prend encore aujourd'hui dans le sens de chef.

[1] Scymnus de Khios, v. 200, et Steph. Byzant. *voce* Βεβρύκοι; César (*Commentar.* V, 21), écrit Bibroks.

[2] Apollodore, dans Stephan. Byz., *v*. Ἀλλόβρυγες.

[3] Le grammairien Hérodien nommait aussi Brigantes les Brigiens de la Thrace. Vid. Steph. Byzant. *v.* Βρίγες.

[4] Il semble que ce nom, de même que tant d'autres ethniques, ait été dans l'origine une qualification honorifique. Juba (dans Hesychius, *v.* βρίγες) rapportait que le mot *brig* ou *briga* était usité chez les Lydiens dans le sens d'*homme libre* (comp. l'allemand *frei* et surtout l'ancienne forme du haut allemand *frig*, et le gothique *frija*). Ne serait-ce pas là la source première de notre mot *brigand*, sans famille ascendante dans notre langue, et qui a bien pu ne désigner dans l'origine qu'un montagnard vivant de rapines, l'homme libre par excellence, le Klephte des tribus albanaises? *Voy.* le tableau qu'en trace Pouqueville, *Voy. de la Grèce*, t. IV, p. 36.

[5] *Phaleg*, lib. III, c. 8. Φρύγος, φρύγια, *comburus, arida*; de φρύγειν, brûler.

[6] *Historiar.* lib. II, c. 2.

[7] Justini *Historiar.* lib. I, c. 1.

[8] Il. III, v. 184 et suiv.

des Phrygiens en Asie un demi-siècle environ avant la guerre de Troie. Voici les paroles que le poëte met dans la bouche du vieux Priam : « Autrefois j'allai dans la Phrygie, fertile en vignes ; là je vis la foule des Phrygiens, habiles à diriger les coursiers, peuple d'Otrée et de Mygdon, semblable aux Dieux. *Ils avaient posé leur vaste camp sur les rives du Sangarios* ; et moi, je me trouvai avec eux comme allié, quand vinrent les belliqueuses Amazones..... » Déjà Strabon [1] s'était avec raison autorisé de ces vers du chantre d'Achille pour combattre l'opinion de Xanthos, l'historien de la Lydie, qui faisait l'immigration phrygienne postérieure à cette époque mémorable de la prise de Troie. Peut-être même serait-on fondé à reconnaître plusieurs immigrations successives des Brighès ou Phrygiens de Thrace en Asie. Il est certainement impossible aujourd'hui de prétendre déterminer avec une rigueur historique les antiques déplacements de ces tribus encore nomades, mobiles comme les vagues d'une mer agitée, et pas plus qu'elles, souvent, ne laissant la trace de leur passage. Cependant nous verrons plus tard que déjà les Brighès occupaient le pays qui borde l'Hellespont du côté de l'orient, quand Dardanos vint de la Samothrace y fonder la colonie à laquelle il laissa son nom et dont Troie fut un peu plus tard la capitale. Ainsi les Dardaniens avaient établi leur domination sur une tribu de sang phrygien. (Ci-après, ch. II.)

Plus considérables qu'aucune des tribus thraciques qui franchirent à diverses époques le Bosphore ou l'Hellespont, les Phrygiens s'étendirent au loin dans le centre de la Péninsule, où ils occupèrent non-seulement tout le bassin du Sangarios, mais encore les hautes vallées des divers affluents de la mer Égée et de la Propontide. On peut supposer que l'immigration bithynienne, en enlevant aux Phrygiens les cantons maritimes où ceux-ci avaient d'abord *posé leur camp*, contribua à les refouler vers le cœur du pays. Quoi qu'il en soit, il paraît que les chefs phrygiens acquirent bientôt une grande prépondérance dans le pays qui s'étend jusqu'au Halys, et qu'ils y fondèrent une monarchie dont la puissance porta haut parmi les Hellènes d'Europe la renommée du nom phrygien. Dans les ouvrages des

[1] Lib. XIV, p. 681.

trois grands tragiques grecs, Eschyle, Sophocle et Euripide [1], les peuples du roi Priam sont toujours qualifiés de Phrygiens par une évidente anticipation historique. Homère n'avait pas commis la même confusion; et l'on trouve même, dans une des hymnes qui lui sont attribuées [2], une distinction positive entre la langue du peuple de Troie et celle des Phrygiens. Quoique cette distinction ne fût que celle de deux dialectes de la même souche, elle n'en devait pas moins être bien réelle. Quant à la langue phrygienne proprement dite, le peu de mots que les anciens nous en ont transmis appartient, comme on devait s'y attendre, à la famille indo-germanique [3], et se retrouvent à la fois, plus ou moins modifiés quant aux formes extérieures, dans le grec, dans le vieux latin, dans les dialectes teutons et dans l'arménien. « Les remarquables inscriptions copiées par le colonel Leake sur les tombeaux des rois de Phrygie (*Tour in Asia Minor*, p. 23 de l'édition in-8° 1824) sont certainement en vieux grec; et il est extrêmement probable que la langue des Bryghès, importée de Thrace ou de Macédoine, était ce que peut-être on pourrait nommer un dialecte de l'ancien pélasghe. Mais, dans la suite du temps, elle doit s'être mêlée avec les restes des idiomes asiatiques parlés plus anciennement dans l'Asie-Mineure, de manière à en faire une langue barbare qui devait être inintelligible aux Grecs du siècle de Xénophon et de Platon [4]. » Au surplus, les Phrygiens firent de bonne heure des pas rapides dans la civilisation; c'était à eux, ainsi qu'aux Lydiens, que les Ioniens d'Asie reconnaissaient devoir une partie de leurs progrès dans les arts, qu'à leur tour ils transmirent à leurs compatriotes de la Grèce euro-

---

[1] Ils écrivaient de l'an 500 à l'an 450 avant notre ère. Hérodote est à-peu-près contemporain de cette dernière époque.

[2] Hymne III, v. 113.

[3] *Voy.* Potocki, *Hist. primit. des peuples de la Russie*, p. 254 et sq., réimpression de Klaproth. *Paris*, 1829, in 8. Comp. les remarques peut-être plus ingénieuses que solides de M. d'Ansse de Villoison, dans Chevalier, *Voy. à la Troade*, 3ᵉ édit., t. II, p. 145; et celles de Müller, *Dorians* (trad. angl.), t. I, Introd., p. 9 et 10.

[4] Cette note est du docteur Cramer, *Asia Minor*, t. II, p. 5. Cf. Letronne, dans le *Journ. des Sav.* 1820, p. 626, et Walpole, *Travels in various countries of the East*, p. 526.

péenne[1]. Une ancienne tradition donnait aux Dactyles une origine phrygienne. On sait qu'à ces dactyles était attribuée la découverte de l'art de travailler les métaux[2]. Une telle invention, en effet, semble naturellement appartenir aux habitants d'un pays renommé de tout temps pour la richesse de ses mines. Le contact des Syriens de la Cappadoce ne fut sûrement pas sans influence sur le développement intellectuel de la nation phrygienne : au moins cette influence est-elle manifeste dans le développement religieux. Ce que nous savons de la religion phrygienne nous montre, à côté de rites et de croyances qui nous reportent vers la Thrace, de nombreuses affinités avec les cultes araméens[3].

Il vient d'être fait allusion aux langues asiatiques parlées avant l'arrivée des Brighès de Thrace dans le pays qu'ils vinrent occuper en Asie-Mineure : plus d'un indice conduit en effet à admettre que les colonies thraces, quelle qu'ait été leur importance dans la formation de la nation phrygienne, n'en furent pas le seul élément. Tout porte à supposer qu'il y en eut un antérieur, et que ce premier élément fut purement asiatique. Un mot d'Hérodote nous peut mettre ici sur la voie. « Les Arméniens, dit-il dans son énumération de l'armée de Xercès, marchaient vêtus et armés comme les Phrygiens dont ils ne sont qu'une colonie[4]. » Il ne faut assurément pas prendre à la lettre cette assertion fort étrange ; mais elle indique, selon toute probabilité, d'anciens rapports entre les deux peuples, et des rapports assez intimes pour avoir donné lieu à la tradition, tout erronée qu'elle était au fond, au moins dans la généralité que l'historien lui donne. Nous savons d'ailleurs, et nous verrons bientôt que l'Arménie s'était autrefois étendue à l'ouest jusqu'au Halys ; il est donc aisé de comprendre que des tribus de sang

---

[1] *Voy.* à ce sujet Chr. Meiners, *Hist. des sciences dans la Grèce*, trad. fr. t. I, p. 278.

[2] Fréret, *Recherches pour servir à l'histoire des Cyclopes, des Dactyles*, etc., dans les Mém. de l'Acad. des Inscr., t. XXIII, *Histoire*, p. 27.

[3] Strab. lib. X, p. 466 et suiv. Creuzer a consacré aux cultes de l'Asie-Mineure le 4e livre de son admirable ouvrage sur les Religions de l'Antiquité (t. II de la trad. fr., p. 18 et suiv., particulièrement p. 76).

[4] Hérod. VII, 73.

arménien eussent franchi le fleuve à une époque reculée, et se fussent établies dans les plaines occidentales du plateau de la Péninsule, où elles auraient été forcées, lors de l'apparition des Brighès, de subir la loi des nouveaux arrivants. L'assimilation dut être d'autant plus facile que les tribus qui avaient formé, dans l'origine, le noyau de la nation arménienne, appartenaient comme les Brighès à la grande famille indo-germanique, et que des rapports de plus d'une sorte, quelque ancienne que fût déjà, au treizième siècle avant notre ère, la séparation des deux races, devaient subsister entre les rameaux d'une même souche originaire[1]. Il se peut d'ailleurs qu'à leur tour quelques tribus brighès aient été s'établir, à la droite du Halys, sur le territoire soumis à la domination arménienne.

Homère[2] nomme *Askanie* la contrée d'où les Phrygiens d'Asie étaient venus au secours de Troie : « Accourus de la lointaine Askanie, les Phrygiens ont suivi Phorkus et Askanios semblable aux dieux. » Ce nom présente, dans l'étude des premiers temps de l'Asie-Mineure, une sorte d'énigme géographique qui mérite de nous arrêter un instant. Il est certainement d'une haute antiquité, car on le trouve dans la géographie du chapitre X de la Genèse, comme un des fils du japétique Gomer, c'est-à-dire comme représentant une des branches de la nation scythique des Kimris, sœur des Gètes et des Mèdes[3]. L'ordre dans lequel le range l'écrivain sacré lui assigne nécessairement sa place parmi les peuples répandus au nord des nations schémitiques, vers la région du Caucase ; mais rien n'indique précisément que ce soit à la partie septentrionale de l'Asie-Mineure qu'il faille le rapporter, ou qu'il faille le rapprocher davantage du massif caucasien. Il demeure donc incertain si ce nom d'*Askan* ou *Askénaz* existait dans l'intérieur de la Péninsule avant l'arrivée des Phrygiens, ou si ce furent les tribus brighes qui l'y importèrent avec elles : car ces tribus avaient pu séjourner anciennement

---

[1] Nous devons renvoyer pour les développements à notre travail sur l'Arménie.

[2] Il II, v. 862.

[3] Et Gomer eut trois fils, Aschkénaz, Riphat et Thôgarmâh (Gen. X, 3). Add. Jérémie, LI, 27. Cf. 28.

près du Caucase avant de venir s'établir en Thrace d'où elles passèrent en Asie-Mineure.

Quoi qu'il en soit, l'Askanie d'Homère était à une assez grande distance de Troie; le terme de *lointaine*, même en faisant la part de l'amplification poétique, ne permet pas le doute à cet égard. D'un autre côté, nous avons vu Priam indiquer la demeure des Phrygiens sur les rives du Sangarios : on est donc naturellement amené à placer l'Askanie dans la région que ce fleuve arrose. Les notions positives fournies par la géographie d'un âge moins reculé confirment jusqu'à un certain point cette induction. Diverses localités auxquelles est attaché le nom d'Askania dans les écrivains grecs et latins des siècles voisins de notre ère, sont situées pour la plupart soit dans la région du bas Sangarios, soit dans la partie occidentale du plateau où ce fleuve prend naissance, et que traversent ses affluents supérieurs [1]. Il convient pourtant de remarquer que ces localités auxquelles des écrivains comparativement récents ont attribué le nom d'Askanie ne se renferment pas dans les limites où doit être certainement restreinte l'Askanie homérique. Pline et d'autres auteurs connaissent une ville d'Ascanie dans la plaine même de Troie, et sur la côte troyenne un port et une île du même nom. On sait qu'Ascanius est le fils du troyen Énée, et que si d'anciennes traditions le faisaient aborder avec son père en Italie, après la ruine d'Ilium, d'autres versions historiques le faisaient régner, lui et ses descendants, pendant une longue suite de générations, dans les pays qu'avait gouvernés Priam [2]. Nous ne nous arrê-

---

[1] La Bithynie occidentale, entre la Propontide et le bas Sangarios, avait un lac, une ville, une rivière et un canton du nom d'Askanie; c'est peut-être par une confusion entre deux provinces contiguës que des auteurs ont aussi placé en Mysie une rivière, une ville, un canton et un lac du même nom. Askanie est en outre le nom d'une rivière et d'une ancienne ville de Phrygie; enfin, dans Arrien, l'historien d'Alexandre, un lac situé à l'extrémité méridionale de ce dernier pays, sur les confins de la Pisidie, est désigné sous le nom d'Ἀσκανία λίμνη, lac d'Askanie.

[2] Conon, XLI° Récit, dans Photius, p. 447. Cf. XLVI° Récit, *ibid.*, p. 454. Dionys. Halyc., lib. I, c. 11 et 12. Steph. Byz. v. Ἀσκανία. Cf. Bochart, *Num Æneas unquam fuerit in Italia*, et une Dissertation de l'abbé Valb sur la même question, dans les *Mém. de l'Acad. des Inscr.*, t. XVI, p. 412.

terons pas sur ces rapprochements, qui nous entraîneraient, nous le craignons, dans un trop vaste champ de recherches; mais des quelques points que nous venons d'indiquer on peut toujours conclure, ce nous semble, que l'Askanie d'Homère n'avait pas, dans la géographie de l'Asie-Mineure, l'extension que cette dénomination paraît avoir acquise à des époques moins anciennes. Peut-être cette extension suivit-elle celle des Phrygiens eux-mêmes dans l'intérieur de la Péninsule, soit comme peuple, soit comme puissance politique. Dans ce cas, il faudrait admettre, ce que du reste confirment beaucoup d'autres notions et ce qu'aucune ne contredit, que le nom d'*Askanie* était particulier à la race brighe ou phrygienne, peut-être celui d'une tribu autrefois dominante. Remarquons qu'Askanios est dans Homère le nom de l'un des deux chefs sous lesquels marchent les Phrygiens, de même qu'en Troade, où tout semblerait révéler une antique fraternité avec les tribus phrygiennes, nous retrouvons ce même nom attribué à la lignée royale. Divers indices qui se font jour à travers l'obscurité de ces temps primitifs ne permettent pas de douter que ce nom d'*Askân* ne fût en effet pour les Phrygiens une appellation tout à fait nationale. Ce qui achève de nous le démontrer, c'est que la religion même l'avait consacrée.

L'on connaît des médailles où le dieu Lunus, dont le culte, d'origine persane [1] avait pour centre principal en Asie-Mineure la Phrygie, est représenté la tête surmontée du bonnet phrygien, avec l'inscription ΜΗΝ ΑΣΚΗΝΟΣ, *le dieu Lune askénien* [2]. Askên est bien évidemment ici une distinction de race, une qualification nationale [3].

Nous ne rappellerons pas comme autorité la tradition rabbinique qui a constamment appliqué aux peuples germains le nom d'Askanatz [4]; mais il est certainement remarquable de voir le

---

[1] Il y a un passage curieux à ce sujet dans Quinte-Curce, lib. IV, c. 10.
[2] Une autre médaille porte Μὴν Ἀσκαῖος. *Voy.* Freret, *de l'Année cappadocienne*, dans les Mém. de l'Acad. des Inscr., t. XIX, p. 84.
[3] *Voy.* Bochart, *Phaleg*, IV, 38; Potocki, *Histoire primitive des peuples de la Russie*, p. 253, édit. Klapr.
[4] Notons encore, sans en tirer quant à présent aucune conséquence, que l'on voit figurer le nom d'*Askanaz* dans quelques chroniques arméniennes (voy. *Nouv. Journ. Asiat.*, 3ᵉ série, t. I, 1836, p. 233, note). Enfin, à une

nom d'Askanius figurer, comme celui de leur premier roi, dans les vieilles traditions saxonnes que les chants populaires ont conservées [1]. Si nous pouvions entrer dans cette voie, nous nous trouverions ramenés au point où d'autres rapprochements nous ont déjà conduits, nous voulons dire aux intimes analogies qui paraissent avoir autrefois existé entre les tribus de race blonde établies en Thrace et les tribus teutones répandues de l'autre côté du Danube. Notons enfin, sans toutefois y attacher trop d'importance, le rapport que le nom de plusieurs tribus scythes de l'Asie Centrale semble offrir avec celui d'Askan ou Askèn. Ainsi, dans Ptolémée, nous trouvons inscrits, au voisinage des Souebi et des Sasones, les *Askankai* ou *Askatankai*. Peut-être ce dernier nom est-il pour *Askantikai*; car on lit dans Pline *Ascantici*. Trois sources de méprises et d'erreurs rendent trop souvent vagues, incertaines ou trompeuses les notions que les anciens nous ont transmises sur les pays et les peuples placés en dehors de leurs rapports habituels : c'est, en premier lieu, la difficulté qu'ont toujours eue les étrangers à saisir le vrai son de beaucoup de noms asiatiques ; c'est ensuite la difficulté non moins grande de plier les sons d'une langue à un alphabet étranger ; ce sont enfin les altérations des manuscrits. Si des mots courts et d'une articulation facile n'ont pas toujours échappé à ce triple écueil qui se dresse entre l'antiquité et nous, avec quelle circonspection défiante ne devons-nous pas recevoir les noms que leur contexture barbare rendait à la fois et plus difficiles à saisir, et plus antipathiques à l'oreille dédaigneuse des Hellènes ?

Nous avons dû nous étendre sur un peuple qui est le plus considérable de l'Asie-Mineure ancienne au point de vue géographique ainsi qu'au point de vue historique ; nous aurons peu de détails à ajouter sur le reste des habitants des parties littorales du nord de la Péninsule jusqu'aux confins de la Colchide. Le premier pays immédiatement contigu sur la côte à la Bithynie

époque comparativement récente, la nation des Parthes, que l'on sait avoir été un des rameaux de la grande famille des peuples blonds de l'Asie centrale, a eu aussi une dynastie d'*Aschkaniens*.

[1] Voy. le *Recueil des Traditions allemandes* de Grimm, t. II, p. 72 de la trad. fr.

et à la Phrygie, est la *Paphlagonie*. « Les Paphlagoniens sont venus du pays des Énètes, où naissent les mules sauvages, » dit Homère dans son énumération des alliés de Priam ; et le pays des Énètes du poëte est situé non loin du Parthenios, dans l'emplacement même où les géographes postérieurs ont tous connu la Paphlagonie. Les Paphlagoniens, dans ce passage, sont évidemment distingués du pays qu'ils habitent ; et dans le sens de la phrase, les *Énètes* leur sont antérieurs. Ceux-ci, dont le nom est plus fréquemment écrit avec l'aspiration rude, *Hénètes*, avaient, dans l'opinion de l'antiquité, une commune origine avec les Vénètes établis en Italie vers l'extrémité septentrionale de l'Adriatique [1]. Ces derniers nous reportent vers d'autres *Vénètes* ou *Vénèdes* septentrionaux que les Romains trouvèrent dans le nord-ouest de la Gaule [2] ; et de ces Vénètes de la Gaule nous sommes ramenés vers les *Vénètes*, *Vendes* ou *Antes* de la mer Baltique et des Palus Méotides : nouveaux anneaux de cette longue chaîne de peuples blonds qui commence au fond de l'Asie et s'étend jusqu'aux dernières extrémités de l'Europe, enveloppant de ses nombreux replis et les plaines de l'ancienne Sarmatie, et les antiques forêts de la Germanie, et les froides contrées scandinaves, et les régions montueuses de la Thrace et de l'Hellénie, et le sol même de notre Gaule. Nous n'entrerons pas dans les discussions auxquelles ont donné lieu l'origine, l'affinité et jusqu'au nom de ces Hénètes [3] ; il nous suffira de faire remarquer que, quelle que soit leur parenté

---

[1] Cornel. Nepos, *Fragmenta*, p. 156 de l'édit. ad us. Delph. ; Tit.-Liv. I, 1. Cf. Strab. III, 150, XII, 543 ; et Caton, dans Pline, III, 23.

[2] *Voyez* à ce sujet les observations de Marcus, *Hist. des Wandales*, *Paris*, 1838, in-8, note 24.

[3] Outre les deux Dissertations bien connues de Gatterer sur la parenté originelle des peuples slaves et des peuples lettiques (dans les Mémoires de la Soc. de Göttingue, t. XI, XII et XIII) ; outre l'*Histoire de Wandales* déjà citée de M. Marcus, et les travaux plus anciens de Jordan, de Leherschnik, de Thunmann, de Suhm et de Bohusz, il faut voir sur cette intéressante question d'ethnologie F. G. Eichhoff, *Hist. de la langue et de la littérat. des Slaves*, etc. Paris, 1839, in-8 ; —J. L. Parrot, *Versuch einer Entwicklung der Sprache, Abstammung, Geschichte, Mythologie und bürgerlichen Verhæltnisse der Liwen, Lætten, Eesten*. Berlin, 1839 (n. Ausg.) in-8 ; —Kaulfuss, *Die Slawen in den æltesten Zeiten*. Berlin, 1841, in-8 ; —et surtout P.-J. Schafariks *Slawische Alterthümer*. Leipz., 1843,

immédiate dans les grandes familles entre lesquelles se partage le groupe hindo-germanique, qu'ils appartiennent à la race teutone, ou, ce qui paraît plus probable, à la race sarmate ou slave, ils n'en font pas moins partie d'une même famille originaire, dont les Slaves, les Thraces, les Germains, les Goths, ainsi que les Celtes nos premiers aïeux, ne sont que des rameaux plus ou moins anciennement séparés du tronc. Quant aux *Paphlagons*, qui étaient venus, à ce qu'il paraît, s'établir postérieurement aux Hénètes dans le pays déjà occupé par ceux-ci, une vieille tradition conservée par les poëtes les faisait originaires de l'Arcadie, un des plus anciens centres des populations pélasgiques; et leur nom, en effet, que l'on pourrait soupçonner n'être qu'une altération de celui des Pélagons de la Thrace, Πελάγωνες, semble les rattacher à la tige des Pélasghes.

Depuis la rive droite du Halys, dont le cours inférieur servait de limite à la Paphlagonie, jusqu'aux confins méridionaux de la Colchide, les âpres vallées qui bordent la côte du Pont-Euxin, ainsi que la triple rangée de montagnes suréchelonnées qui les dominent, étaient occupées par plusieurs peuples, ou plutôt par des tribus à demi-sauvages et à peine connues. C'est là, dans les vallées du Thermodôn, qu'autrefois avaient demeuré ces mystérieuses Amazones, que leur nom, aussi bien que leurs mœurs guerrières, rattachent aux tribus scythiques de la Haute Asie [1]. Après les vallées du Thermodôn, venaient les *Tibarènes*, les *Khalubes*, les *Mosunèkes* ou *Moskhes*, les *Héniokhes*, les *Tzanes*, et plusieurs autres peuplades plus obscures. Dans les premiers temps de l'antiquité, jusqu'au troisième siècle avant notre ère, cette partie maritime de la Péninsule qu'habitent les peuplades que nous venons d'énumérer et qui fut désignée plus tard sous le nom de *Pont*, n'a pas de dénomination générique; c'est seulement après la mort d'Alexandre que ce nom de Pont, que devait illustrer Mithridate, apparaît dans l'histoire.

Les anciens, nous l'avons déjà dit, n'avaient que des notions très-bornées sur cette portion presque inaccessible de la Péninsule; quant à la parenté originaire des tribus elles-mêmes, ils

---

in-8, 2 vol., t. I, p. 69 et suiv. Il faut lire aussi les savants prolégomènes dont M. G. Moke a fait précéder son *Histoire des Francs*.

[1] Ce sujet sera traité plus amplement dans le chapitre suivant.

se bornaient en général à leur assigner une origine scythique, appellation à laquelle il ne faudrait pas attacher ici un sens trop précis [1]. On peut dire, au reste, que depuis les plus anciens temps jusqu'à notre époque, rien n'est changé dans l'état des montagnards de la côte pontique. Tels les a mentionnés Homère, à qui était arrivé un lointain écho de leur nom ; tels, bien avant le chantre d'Achille, les a connus la géographie de Moïse ; tels, depuis lors, et à des époques diverses, les ont représentés les poëmes argonautiques, Hérodote, Xénophon, Strabon, et les autres historiens ou géographes d'un âge plus rapproché ; tels les voyageurs nous les dépeignent encore aujourd'hui : ce sont les mêmes traits, les mêmes mœurs, à peu près la même barbarie, en partie les mêmes noms. Ici donc les observations modernes viennent éclaircir, en les complétant, les notions anciennes. Ainsi nous savons, ce que les anciens ignoraient, que ces peuplades grossières qui se prolongent le long de la côte jusques vers les bouches du Halys, appartiennent pour la plupart, sinon exclusivement, à la race arméno-géorgienne. Un voyageur récent, dont les recherches contribueront puissamment à l'avancement de l'ethnologie caucasique, a cru reconnaître le nom des *Khalubes*, renommés dès la plus haute antiquité pour leur habileté à travailler les métaux, dans celui de *Koulp* que porte encore une des exploitations métallifères les plus renommées de l'Arménie Centrale [2] ; et les *Tibareni*, tribu voisine des Khalubes, en même temps que leur nom se retrouve dans le *Tubal* caucasique de la géographie de Moïse, vivent encore dans le nom même de la division occidentale de la Géorgie, Iméreth [3], quelque éloignée que l'analogie paraisse au premier coup d'œil à qui n'a pas étudié de près la loi de la transformation des mots dans ces langues du Caucase. Les *Sanni* ou *Tzanni* se retrouvent sous les noms à peine altérés de Djanik,

[1] Il est vrai que plus tard on connut dans ces montagnes des *Skutini* ou Petits Scythes. *Voyez* ci-après, ch. 6, la relation de Xénophon.

[2] Dubois de Montpéreux, *Voyage autour du Caucase*, t. IV, p. 138 et 139. Cf. t. II, p. 74. — Add. Am. Jaubert, *Voyage en Arménie et en Perse*, p. 103, etc., etc.

[3] *Voy*. Brosset, *Aperçu général de la langue géorgienne*, dans le Nouv. Journ. Asiat., t. XIV, p. 372, 1834.

Dchanni, Ichanéthi et Soanes, répandus le long de la côte sud-est de la Mer Noire jusqu'aux pentes occidentales du massif caucasien [1]. Enfin, pour ne pas pousser plus loin un détail de nomenclature qui n'entre pas dans notre objet actuel, la dénomination de Keldir que conserve encore aujourd'hui une des agrestes vallées de ce pays sauvage [2], nous retrace à la fois et le nom de *Kaldi*, sous lequel les Khalubes sont souvent désignés [3], et celui de *Khaldia*, tel que l'écrit au dixième siècle Constantin Porphyrogénète, intermédiaire entre l'ancienne géographie et la géographie moderne [4].

Les montagnes escarpées qui dominent au sud les vallées que nous venons de parcourir, séparaient cette région maritime des hautes terres comprises entre l'Euphrate et le Halys, et bornées au sud par la chaîne du Taurus : ce pays élevé, occupant ainsi toute la partie orientale du plateau central, est la Cappadoce. Ici nous entrons dans un autre monde. Langues, physionomie, origine, traditions, caractère de la civilisation et du culte religieux, tout est autre que dans les parties occidentales et septentrionales de l'Asie-Mineure. Tandis qu'au nord, dans la zone pontique, le caractère agreste et encore à demi-barbare des populations que nous avons énumérées, en harmonie avec l'aspect âpre et sauvage du pays, conservait l'empreinte de leur origine scythique ; tandis qu'à l'ouest, sur les bords de la mer Égée, les germes de civilisation venus de l'Orient s'imprégnaient bientôt d'un caractère essentiellement européen, — ou, pour parler plus exactement, d'un caractère essentiellement hellénique, car l'Europe alors était encore tout entière dans l'Hellénie, — la civilisation cappadocienne, émanation affaiblie de la haute culture intellectuelle de Ninive et de Babylone, gardait

---

[1] Dubois de Montpéreux, t. III, p. 10.

[2] D'Anville, *Géographie ancienne abrégée*, t. II, p. 38.

[3] Dans la géographie hébraïque ce nom prend la forme de כשדים, Khasdim. *Voyez* les remarques de Bochart, *Phaleg*, lib. I, c. 3. Il paraît, au reste, y avoir eu ici une confusion que nous examinerons ailleurs.

[4] Tout ceci sera repris avec plus de détail dans la suite de l'*Histoire géographique de la Péninsule*. On peut voir le 4ᵉ livre de l'Asie-Mineure de Mannert, ch. 6 et 7, *Geographie der Griechen und Rœmer*, t. VI, 2ᵉ part., p. 407, 1ʳᵉ édit.

sans altération sa physionomie tout asiatique. Ce fut, nous l'avons dit, au contact de la Cappadoce que se développa la civilisation phrygienne : c'est ce qu'attestent, dans la rudesse et dans la roideur de leurs formes, les curieux monuments de l'art phrygien découverts en diverses parties de la Péninsule par les savantes investigations de voyageurs récents, parmi lesquels les noms de nos compatriotes MM. de Laborde et Texier se placent au premier rang.

Il paraît qu'à une époque reculée le nom d'*Aram* s'étendit sur la partie orientale de l'Asie-Mineure, en même temps que sur l'ensemble des pays qui bordent le fond de la Méditerranée jusqu'à l'Euphrate et au Tigre. Ce nom, évidemment tiré de la nature montagneuse de ces pays profondément accidentés [1], fut connu des deux pères de la poésie grecque, Hésiode et Homère [2]. Si l'on en croit les annales arméniennes [3], les premiers souverains d'Arménie (à une époque antérieure à la guerre de Troie) étendirent leur domination sur ce qui plus tard fut appelé la Cappadoce ; et, en effet, le nom de l'ancienne capitale de ce pays, Mazaca, est purement arménien, ainsi que la dénomination des monts Moschiques désignant une des hautes chaînes qui bordent au nord-est, vers Trébizonde et la frontière Colchique, l'escarpement du plateau central [4]. Mais quand plus tard,

---

[1] En hébreu, *har*, הר, montagne, d'où le pluriel הרים, *harîm*, montagnes, lieux montagneux, et l'adjectif *arîm*, élevé. Ce nom d'*Aram* ou *Arîm* convenait parfaitement à la nature des pays situés à l'ouest de l'Euphrate, jusqu'au fond de la Méditerrannée et à l'escarpement oriental du plateau de l'Asie-Mineure. C'est là aussi selon toute apparence, pour le dire en passant, l'origine du nom de l'Arménie, qui n'est pas, au fond, différent de celui d'Aram, et que les Arméniens eux-mêmes conviennent avoir reçu de leurs voisins.

À ces remarques, nous ajouterons la note suivante qu'a bien voulu nous communiquer M. de Saulcy : En Phénicien le mot רם, Ram, signifie élevé, très-haut ; d'où avec l'article phénicien et punique א, le mot ארם, l'Élevé, le Très-Haut. Le sens de ce mot s'est étendu au figuré à la sublimité morale : c'est ainsi que sur les monnaies bilingues du roi de Mauritanie Juba, nous lisons d'un côté *Rex Juba*, et de l'autre Ioubaï Ram Melkad, Juba chef de l'empire, יובעי רם מלכת.

[2] Hésiod., *Theogon.*, v. 304 ; Hom., *Iliad.* II, v. 783.

[3] Potocki, *Hist. primit. des peuples de la Russie*, p. 271 et suiv., édit. Klapr. Cf. p. 16.

[4] Sur Mosokh, le Mesek de la géographie de Moïse et les Μόσχοι de la géo-

c'est-à-dire vers le commencement du huitième siècle avant notre ère [1], les souverains de Ninive étendirent leur domination jusqu'au Halys, et peut-être même jusqu'à l'extrémité occidentale de la Péninsule [2], le nom des Assyriens s'étendit avec eux sur les peuples incorporés à leur empire; assimilation qui dut être d'autant plus facile, au moins pour les Araméens habitant à l'est du Halys, que leur origine, leurs mœurs et leur langage établissaient une confraternité d'origine avec le peuple conquérant [3]. L'usage des dialectes syriens ou sémitiques a depuis longtemps disparu de l'ancienne Cappadoce, d'abord remplacé, après la conquête d'Alexandre, par celui de la langue grecque, puis par le turk, maintenant à peu près exclusif. La domination des Assyriens dut s'étendre sur le pays maritime vers les bouches du Thermodòn et du Halys, car on trouve le nom de côte assyrienne appliqué à cette partie du littoral [4]; aussi Strabon remarque-t-il [5] que l'idiome parlé de son temps dans la Paphlagonie était mêlé d'un grand nombre de mots de la langue cappadocienne. D'après le témoignage d'Hérodote [6], ce furent les Perses qui introduisirent à l'est du Halys la dénomination de Cappadoce [7]; or, les Perses acquirent l'empire de l'Asie, que leur donna Cyrus, dans la seconde moitié du sixième siècle avant notre ère. Mais les Grecs continuèrent d'appliquer aux ha-

---

graphie grecque, nous devons renvoyer à notre volume consacré à la région caucasienne.

1 De 780 à 770, selon Volney, *Recherches Nouvelles sur l'histoire ancienne*, ch. XIX, p. 242, édit. de 1825.

2 A une époque beaucoup plus reculée, une partie de l'Asie-Mineure avait déjà été comprise dans le premier empire assyrien fondé par Ninus, et agrandi par Sémiramis. *Voyez* ci-après ch. 2.

3 Posidonius, ap. Strab., lib. 1, p. 41, édit. Casaub. *Voyez* ci-après le volume où nous traitons du Kourdistan, l'ancienne Assyrie.

4 Hecatée de Milet, ap. Steph. Byz. v. Τείρια; Scylax Caryand. *Peripl.* 88, ed. Gail; Apollon Rhod., *Argonaut.*, lib. II, v. 965; Dionys., *Periegesis*, v. 772 et 973 à 975. Cf. Hérod. I, 76, et II, 17. Add., Strab., lib. XVI, p. 737.

5 Lib. XII, p. 553.

6 Lib. I, c. 72; VII, 72. Cf. Plin. VI, 3.

7 Ce nom a été récemment trouvé sur une inscription koufique de Persépolis. *Voyez* à cet égard une savante dissertation de M. Chr. Lassen, *Die Altpersischen Keilinschriften von Persepolis*, 1836, et les remarques d'un jeune orientaliste trop tôt enlevé à la science, M. Jacquet, sur cette partie de l'in-

bitants de cette contrée le nom de *Syriens*, en les distinguant par l'épithète de Syriens-Blancs, Λευκό-Σύροι, des peuples basanés de la Syrie propre [1]. Ce fut aussi sous la domination persane que la partie de l'Asie-Mineure à l'est du Halys fut distinguée en deux provinces ou satrapies ; l'une formée de la Cappadoce proprement dite, l'autre de la région montagneuse comprise entre la Cappadoce et l'Euxin. C'est cette dernière province que les Romains désignèrent plus tard sous la dénomination de *Pontus*, par abréviation de *Cappadocia Pontica* ou Cappadoce maritime.

Deux peuples particuliers qui confinaient à la Cappadoce, les *Kataoniens* et les *Lykaôniens*, ceux-ci à l'ouest du côté de la grande Phrygie, les premiers au sud dans les hautes vallées du Saros et du Pyramos, se rattachent par leur nom au groupe nombreux des populations thraciques ou pélasgiques de l'Asie-Mineure, quoiqu'un long contact avec les tribus araméennes eût introduit dans leur langue assez d'éléments étrangers pour effacer en partie leur individualité originaire. Les Cataoniens, en particulier, avaient fini par adopter entièrement la langue cappadocienne [2].

Au midi des Cataoniens et de la Cappadoce, dont la séparait la chaîne du Taurus, s'étendait, entre cette montagne et la mer, une contrée qui dut à la nature du sol son nom de Cilicie. Le mot hébreu dont ce nom dérive [3] a été exactement traduit par les épithètes de τραχεῖα et τραχειῶτις, *âpre*, que les Grecs appliquèrent plus tard à la partie la plus montagneuse de cette région maritime [4]. Les Ciliciens, peuple belliqueux comme tous les montagnards du midi de la Péninsule, parlaient autrefois la même langue que les Cappadociens et les Syriens méridionaux, de même qu'ils avaient une commune origine ; un passage d'Hérodote prouve que de son temps la tradition en était encore vi-

---

scription, dans le *Nouv. Journ. Asiat.*, 3ᵉ sér., t. VI, p. 385 et suiv.

[1] Hécatée, cité note 4 de la p. précéd.; Strab., XII, 544.

[2] Strab., lib. XII, p. 533.—Sur les Lycaoniens, *voy.* Jablonski, *De lingua lycaonica disquisitio*, ap. ejusd. Opusculor. t. III, p. 125, et Joh. Frid. Guhlingius, *Diss. de lingua lycaonica à Pelasgis Græcis ortâ. Vitemb.* 1726, in-4°.

[3] חלק, hhalek ou khalek, pierre, *caillou*; pluriel הלקים, khalékîm. Comp. le grec χάλιξ, et le latin *silex*.

[4] *Voy.* Strab., lib. XII, p. 568.

vante (1). Dans le langage métaphorique de la mythologie grecque, Cilix est frère de Phœnix (2). Aussi les Ciliciens et les Cappadociens ne formaient-ils ensemble qu'une même province sous la domination des Mèdes et des Assyriens. L'arménien est aujourd'hui l'idiome dominant de l'ancienne Cilicie ; mais l'introduction de ce nouveau langage ne remonte qu'au commencement du onzième siècle de notre ère, époque à laquelle des colonies arméniennes, fuyant la domination des Turks Seldjoukides qui se jetaient sur l'Arménie, vinrent en grand nombre se fixer dans les vallées ciliciennes (3).

L'ancienne géographie connaît plusieurs autres contrées du nom de Cilicie. Dans l'Assyrie, les *Silici* occupaient les hautes vallées qu'arrose le Lykos ou Zâb, un des affluents gauches du Tigre. L'*Akilisène* était un canton de l'Arménie-Majeure, vers le point de jonction des deux bras supérieurs de l'Euphrate. Il y avait aussi une *Cilicie* dans la Haute-Cappadoce, aux environs du mont Argée. Enfin, plus célèbre que les précédentes, la *Cilicie* mysienne, que mentionne Homère (4), occupait le fond du golfe d'Adramyttéion, au revers sud-est du massif de l'Ida troyen. Selon quelques auteurs, nous dit Strabon (5), les Ciliciens de la Troade, obligés de s'expatrier par suite des bouleversements politiques qui suivirent la chute de Troie, allèrent s'établir à l'autre extrémité de l'Asie-Mineure, où ils s'emparèrent, sur les Syriens, de cette étendue de pays qu'on nomma depuis, d'après eux, la Cilicie. Cette tradition est en elle-même bien peu vraisemblable ; car on admettra difficilement qu'un canton de très-peu d'étendue, telle qu'était la Cilicie mysienne, ait pu fournir, après une guerre désastreuse, un assez grand nombre d'émigrants pour aller, loin de là, s'emparer sur une nation puissante d'une contrée assez vaste à laquelle ils auraient donné leur nom. Ce nom, nous l'avons vu, est indubitablement d'origine araméenne. Il n'a donc pu être

---

[1] VII, 91. Cf. Arrian. *De Expedit. Alex. M.*, lib. II, c. 5, édit. Raphel.
[2] Apollod., lib. III, c. 1, § 1.
[3] Saint-Martin, *Mémoires sur l'Arménie*, t. I, p. 197.
[4] Iliad., VI, v. 397 et suiv.
[5] Lib. XIII, p. 627.

attribué à un pays dont il dépeint la nature physique que par les Araméens avoisinants ; et si nous le retrouvons hors des pays où règnent les langues sémitiques, il est bien plus naturel de penser qu'il y aura été porté par des émigrants de la Cilicie araméenne. Poursuivons notre marche à l'ouest en longeant les côtes méridionales et occidentales de l'Asie-Mineure, et nous allons retrouver à chaque pas des vestiges de cette antique extension des tribus de sang araméen.

La frontière occidentale de la Cilicie touchait à la *Pisidie*, que la Phrygie bordait au nord, et à l'ouest la Lycie et la Carie. La Pisidie était une région non moins montagneuse que la Cilicie ; les habitants étaient cités comme une race à la fois grossière et belliqueuse [1]. La tradition constante de l'antiquité les identifie avec les *Solymes* mentionnés dans Homère, et dont Bochart a bien prouvé la parenté avec les Phéniciens, conséquemment avec les Araméens qui appartenaient à la même famille [2].

Le nom de *Pamphylie* que portait la partie maritime de la Pisidie ne désignait pas proprement un pays distinct. Hérodote rapporte l'origine du peuple qui l'habitait à des fugitifs échappés à la ruine de Troie [3] ; leur nom même atteste que ce peuple n'était qu'un mélange d'hommes d'origine probablement diverse [4].

La *Lycie*, qui dans notre périple succède à la Pisidie, occupait cette presqu'île montagneuse que projette sur la Méditerranée la côte sud-ouest de l'Asie-Mineure, et où l'on fixait le point de départ de la longue chaîne du Taurus. Aucun passage des anciens ne peut nous éclairer directement sur la langue lycienne ; mais les explorations d'un voyageur moderne ont fourni quelques lumières à cet égard [5]. Il a été reconnu que

---

[1] Strab., lib. XII, p. 570. Arrian. *Exped. Alex. M.*, lib. I, c. 28. Tit.-Liv., lib. XXXVIII, c. 15.

[2] *Chanaan*, lib. I, c. 6. — Nous reviendrons sur ce sujet, ci-après, ch. 2.

[3] Lib. VII, c. 91.

[4] C'est ce qu'exprime le mot Παμφύλιοι.

[5] Ch. Fellows, *A Journal written during an Excursion in Asia-Minor*, 1838. Lond., 1839, in-8 ; et du même : *An Account of Discoveries in Lycia*, 1840, Lond., 1841, in-8. Sur ces deux relations, particulièrement remarquables au point de vue archéologique, voy. un savant article philologique de M. Grotefend, dans le *Zeitschrift für die Kunde des Morgenlandes* de

par son alphabet, de même que par ce que l'on connaît de son vocabulaire, le lycien se rattachait aux dialectes parlés anciennement sur toute la côte méridionale de l'Asie-Mineure, dans la Pisidie et la Cilicie. De nombreuses synonymies dans la nomenclature géographique ont confirmé ce résultat [1]. Toutefois, il ne faudrait pas prendre cette donnée générale dans un sens trop exclusif. Si, comme tout l'indique, la langue araméenne dominait dans la Lycie [2], il y avait certainement eu là, de même que dans les pays avoisinants, d'autres éléments de population distincts de l'élément araméen. Que les tribus dont nous avons signalé précédemment l'extension sur toute la côte ouest de la Péninsule se soient anciennement avancées jusque dans les vallées de la Lycie et même de la Pisidie, c'est ce qui nous paraît hors de doute, tant y sont nombreux les indices de leur présence. Le nom même de la contrée nous reporte vers la Thrace, vers ce foyer d'où rayonnèrent à la fois et les vieux cultes pélasgiques et les migrations de la race blonde sur le pourtour entier de la mer Égée [3]. Mül-

---

C. Lassen, t. IV, p. 281 et suiv. Comp. Saint-Martin, dans le *Journal des Savants*, 1821, p. 235 et suiv.

[1] Grotefend, art. cité, p. 300. Cp. Raoul-Rochette, dans le *Journ. des Sav.*, juillet 1842, p. 387.

[2] Il paraît qu'une portion de la Lycie, aux environs de la rivière de Limyra, avait gardé le nom de Terre des Phéniciens, Φοίνικος ἔδος (Quint. Smyrn., Posthomeric. VIII, 106. Strabon connaît dans le canton un mont Phœnicum (lib. XIV, p. 666 C).

[3] Les érudits ont beaucoup discouru sur l'étymologie du nom de la mer Égée (*Voir* Sam. Bochart, *Canaan*, lib. I, c. 13. Cf. Varro *De linguâ latinâ*, lib. VI, 2); il nous paraît que c'était aller chercher bien loin ce qui s'offre de soi-même. Αἰγαῖον se rattache évidemment à un radical commun à toutes les langues de la famille hindo-germanique, et qui signifie *eau*. Le grec primitif avait ἄχα (Scaliger, ex. 725), en rapport étroit avec l'*aqua* des Latins et ses nombreux dérivés, parmi lesquels notre mot *aiguière* conserve une forme très-rapprochée de l'*aïgaïon* hellénique. Le grec classique a de nombreux dérivés de l'ancien radical : αἰγιαλὸς, plage, αἰγὶς, tempête, αἶγες (dorique), *vagues* de la mer (allem. *wogen*; — comp. notre mot *voguer*). Πελ ἄγια est la haute mer, l'*æquor* des Latins. On le retrouve encore dans la première syllabe du nom même de l'Océan, Ὠκ-εανὸς, nom dont la plus ancienne forme paraît avoir été Ὠγ-ὴν (Lycophron *Cassandra*, v. 230 ; Hesychius : Ὠγὴν, Ὠκεανὸς), d'où peut-être ὀγή, haie, défense, clôture, *ce qui ceint, ce qui entoure* ; le

...[1] a rapporté au culte d'Apollon l'origine de ce nom de Lycie (Λύκια, que l'on prononçait *Lukia* ou *Loukia*) et des autres dénominations géographiques qui eurent pour base le même radical λύκ, *luk* [2] ; peut-être ce rapprochement ainsi généralisé s'étend-il trop loin, et le nom du loup, λύκος (*loukos*) a-t-il servi dans plus d'un cas à désigner directe-

même radical se montre encore, sous cette forme ὀγ, dans ὤγ-υρις, étang ; de même que sous sa forme éolique ou latine il existe pur dans *l-ac*, l'eau par excellence. Diodore dit qu'Ὠκεανὸς fut originairement le nom de l'eau dans son acception la plus générale. (*Biblioth*. I, 12). N'oublions pas de remarquer que Αἰγαῖος, l'Aquatique, était un des surnoms du Neptune hellénique (Phérécyde, dans le Schol. d'Apoll. I, v. 831), et qu'Αἰγαίων (vulgairement Ægæon) était aussi un des noms du Titan Briarée, *qui demeurait dans la mer* (Schol. Apollon. Rhod. I, v. 1165). Si maintenant nous remontons vers la source d'où les langues du Midi de l'ancienne Europe durent tirer ce radical *ak* ou *og* (que l'on a cru reconnaître aussi dans les langues sémitiques ; v. à ce sujet Bochart, *Chanaan*, c. 36), nous trouvons d'abord, dans les groupes intermédiaires, le vieil allemand *ach*, *auch*, aujourd'hui inusité, mais qui se montre dans une foule de composés géographiques ; l'islandais *aïg*, l'irlandais *uisg*, les particules anglaises *isk*, *ex*, *ac*, *usk*, attachées à une foule de noms de rivières ; le gothique *ahwa* ; puis enfin, centre commun de ces nombreuses dérivations, le sanskrit *ogha*, eau, fleuve, torrent. *Ogha*, dans la mythologie pourânique, est l'Océan (Ὠγήν, Ὠκεαν-ὸς), le père commun des eaux sacrées qui descendent du Mérou (Wilford, dans les *Asiat. Res*. VIII, 321, 350). *Ough*, *âg*, *âoug*, ou *ôy*, eau, existent encore dans quelques-uns des dialectes grossiers de dérivation sanskrite qui se parlent dans les montagnes du N.-O de l'Inde (Burnes, *Voy. à Boukhâra*, t. III de la trad. fr., p. 165 ; T. Vigne, *Travels in Kashmir*, *Ladak*, *Iskardo*, vol. II, p. 436-37. Cf. les vocabulaires annexés par le lieutenant R. Leech à son *Epitome of the Grammairs of the Brahuiky, the Balochky and the Panjâbi languages*, dans le *Journ. of the Asiat. Soc. of Bengal*, t. VII, 1838, p. 728, 731, 782 et 784). Enfin (nous devons cette remarque à M. Troyer, le savant traducteur des annales du Kachmîr), le sanskrit lui-même a encore, avec la même signification, le mot *oud-ak-oum*, remarquable en ce qu'on y retrouve à la fois l'ὕδωρ des Grecs et le *aq* des langues teutoniques et pélasgiques. Nous laissons à ceux qui font de la philosophie des langues une étude spéciale à montrer par quel lien *ogha* se rattache au sanskrit *agh*, aller, se mouvoir (comp. le grec ὠκὺς), et à rechercher par quelle loi de transformation le primitif *ogh* ou *agh* s'est changé en *ap* ou *ab* dans une foule de langues intermédiaires.

[1] *Dorians*, t. I, p. 248. Nous citons la traduction anglaise, où il y a d'importantes additions fournies par l'auteur lui-même.

[2] Λύκαιος, loukaïos, était un surnom d'Apollon ; l'origine en est incertaine. L'étymologie qui rapproche cette épithète du mot λύκη, aube du jour, lumière, *lux*, est assurément la plus vraisemblable.

ment un canton où les *loups* abondaient [1]. Ce qui est certain, au surplus, c'est que les noms de rivières, de montagnes, de villes et de cantons formés du radical λύκ se reproduisent en grand nombre partout où les tribus pélasgiques de la Thrace ont porté leurs migrations [2]. Ceci est un point qui demanderait, comme tout ce qui se rattache aux questions encore si obscures des origines helléniques, de profondes recherches et de longues discussions étrangères à notre sujet actuel. Au surplus, voici sur les origines lyciennes le rapport d'Hérodote, que rien ne nous autorise à rejeter, au moins dans ses circonstances essentielles; seulement il ne faut pas perdre de vue que ce récit traditionnel remonte jusqu'aux temps mythologiques. « Les Lyciens, dit l'historien, sont connus de toute antiquité pour être originaires de Crète, car il est certain que cette île fut autrefois occupée entièrement par des barbares. Dans la guerre qui éclata entre les deux fils d'Europe, Sarpédon et Minos, pendant qu'ils se disputaient la royauté, Minos, vainqueur, chassa de l'île Sarpédon et son parti. Ceux-ci passèrent alors en Asie, et vinrent habiter le territoire de *Milyas* [3], celui positivement que les Lyciens occupent aujourd'hui et qui autrefois s'appelait ainsi. Les Myliens ont aussi porté le nom de *Solymes;* mais pendant le temps que Sarpédon régna sur cette contrée, ils prirent celui de *Termiles*, sous lequel les Lyciens sont encore connus des peuples qui leur sont limitrophes. Enfin,

---

[1] *Voy.* un passage de Théocrite, *Idyl.* XXV, v. 184.

[2] Dans la *Lycie* troyenne (ci-après, ch. III), dans la *Lykaonie* (ou plutôt Lukaonie), dans la *Lukorie* du Parnasse, dans la *Lucanie* de l'Italie ancienne, etc., etc., toutes localités originairement peuplées par les Pélasges. (*Voy.* Apollodore, liv. III., ch. 8, § 1). Les *Lupercales* de Rome, ou fête des Loups, selon l'interprétation latine, étaient originaires de l'Arcadie, région pélasgique (Tit. Liv. I, 5). Le même radical se reproduit dans une foule de noms de villes et de rivières de l'Asie-Mineure, de la Grèce, de la Thrace et de l'Italie; mais pour plusieurs au moins des rivières dans le nom desquelles on le rencontre, il paraît avoir emporté seulement l'idée de force et d'impétuosité (*Voy.* un passage de Quinte-Curce, liv. III, ch. 1). C'est ainsi qu'en une foule d'endroits, l'expression λύκοι, les loups, est employée par Lycophron dans le sens d'hommes féroces, rapaces, sanguinaires. *Cassandra*, v. 12, 48, 1203, 1309, etc.

[3] Bochart nous semble dériver fort heureusement le nom de Milyas de l'araméen מיליא, lieux montagneux. *Chanaan*, lib. I, c. 6.

lorsque Lycus, fils de Pandion, fut à son tour chassé d'Athènes par son frère Ægée, et vint se réfugier chez les Termiles, près de Sarpédon, les Termiles finirent par adopter de Lycus le nom de Lyciens..... (1) » Voici trois populations successives positivement indiquées : l'une, la plus ancienne, se rattachant aux Solymes que nous savons être de souche araméenne; l'autre, sortant de l'île de Crète et imposant aux habitants antérieurs le nom de Termiles; la troisième, enfin, venue du continent pélasgique et apportant avec elle le nom le plus récent, celui de Lycie. La parenté ethnologique de celle-ci ne saurait être douteuse; mais il reste incertain, au milieu de l'obscurité de ces vieilles traditions où la mythologie se mêle à l'histoire, si la seconde appartenait aux Phéniciens qui occupèrent primitivement la Crète, ou aux tribus de souche hellénique qui s'y établirent à une époque moins ancienne[2]. Quoi qu'il en puisse être, il n'y a toujours en présence ici que deux races, la race du nord et celle du midi, que nous voyons en contact dès les plus anciens temps dans toute la région de la mer Égée, où les avait amenées leur extension simultanée vers de nouveaux établissements. Il y a apparence aussi que des tribus de la côte nord-est de la Péninsule avaient poussé jusqu'en Lycie leurs courses vagabondes; car on y voit un peuple de *Lasons* [3], dont le nom semble nous reporter vers les Halysons de la haute Cappadoce, sinon jusqu'aux Lazes de la côte pontique.

La Carie succède immédiatement à la Lycie vers l'ouest, occupant l'angle extrême de l'Asie-Mineure, sur les deux mers dont l'île de Rhodes marque ici la limite, au sud la Méditerranée proprement dite, à l'ouest la mer Égée. Au nord, la Carie est séparée de la Lydie par la moitié inférieure du cours du Méandre.

Les Cariens, au rapport d'Hérodote et de Thucydide, avaient d'abord occupé sous le nom de *Lélèghes* les îles de la mer Égée;

---

[1] Herod. I, 173. Cf. Strab. lib. XII, p. 573.

[2] Sur les premiers temps de la Crète, on peut voir Clavier, *Hist. des premiers temps de la Grèce*, t. I, p. 6 et suiv., 276 et suiv. 1re édit.; Raoul-Rochette, *Hist. des colonies grecques*, t. II, 132; et surtout la savante monographie de Ch. Hoeck, *Kreta*, etc. Gœtting. 1823-29, in-8, 3 v.

[3] Herod. III, 90; VII, 77.

ils en furent expulsés, en partie par Minos, roi de Crète, en partie par les successeurs de ce prince, et se virent contraints de se fixer sur le continent[1]. « C'est là du moins ce que les Crétois rapportent des Cariens, ajoute Hérodote; mais ceux-ci ne sont pas d'accord avec les premiers. Ils prétendent être autochtones du continent, et avoir toujours eu le même nom qu'ils portent aujourd'hui. Ils allèguent en preuve l'ancien temple de Jupiter Carien, dans le territoire des Mylasiens, qui leur est commun avec les Mysiens et les Lyciens, comme du même sang que les Cariens, Lykos et Mysos ayant été, suivant eux, les frères de Carès. C'est par cette raison, disent-ils, que ce temple leur est commun, tandis que d'autres peuples, quoique parlant la même langue que les Cariens, ne participent point à cette communauté. » Homère nomme parmi les auxiliaires de Priam les Cariens et les Lélèghes; mais il en fait deux peuples entièrement distincts, l'un habitant, loin de Troie, les monts ombragés de Phthire, les rives du Méandre et les sommets élevés de Mycale[2]; l'autre occupant, sur la côte même de la Troade, les rives du Satnios et la ville de Pédase[3]. L'autorité du poëte, et on sait combien elle a de poids dans les recherches d'antiquités historiques, vient donc ici à l'appui de ceux des anciens logographes qui parlaient des Lélèghes comme d'un peuple différent des Cariens, bien qu'ayant été associés à ceux-ci dans leurs courses de piraterie[4]. Il est probable en effet que ce furent deux tribus originairement distinctes, quoique appartenant l'une et l'autre à la grande famille thracique. D'un côté, les premières traditions mythologiques de la Grèce rattachent Lélex, père de la tribu, à la tige des Deukalionides, d'où sont sortis les Hellènes; et d'une autre part les Cariens, on vient de le voir, se disaient eux-mêmes frères des Mysiens, dont l'origine thracique est certaine. Les traditions historiques de l'Hellénie faisaient descendre les Ætoliens des vieux Lélèghes, origine que

---

[1] Herod. I, 171; Thucyd. I, 4, 8. Add. Strab. XIV, 661, et Pausan. VII, 3. Il s'agit ici, d'après la chronologie des Marbres de Paros, d'une époque antérieure de plus de deux siècles à la guerre de Troie.

[2] Il. II, v. 867.

[3] Il. XXI, v. 87. Cf. X, v. 429.

Strab. lib. VII, p. 321.

ne démentait pas l'humeur indomptable et le penchant inné à la piraterie qui distingua longtemps les Ætoliens parmi les peuples de la Grèce [1].

Au reste, on croira difficilement qu'à leur arrivée sur le continent les Cariens aient trouvé le pays inoccupé. Quand depuis longtemps le midi de la Péninsule était couvert de tribus araméennes, la Carie seule n'était sûrement pas restée déserte. Mais ce qui ne serait, en l'absence de preuves directes, qu'une supposition plus ou moins probable, prend un caractère tout à fait certain dès que l'on étudie de près la topographie carienne pour en découvrir les origines étymologiques. Nous ne recommencerons pas ici ce travail que d'autres ont fait avant nous [2]; l'origine araméenne ou phénicienne d'une partie des dénominations de l'ancienne géographie du pays que les Cariens occupèrent des deux côtés du Méandre, n'est plus un fait douteux. Nous ne prétendons pas garantir, toutefois, et même nous sommes loin d'admettre indistinctement toutes les étymologies proposées; mais en rejetant ce qui paraît contestable, il reste encore un nombre assez grand d'applications auxquelles ne peut se refuser la critique la plus sévère, pour que notre conviction trouve à s'asseoir sur une large base. Ajoutons que la côte ionienne, où les Cariens avaient antérieurement habité, avait une ancienne ville dont le nom d'Érythraï rappelle à la fois et la plus ancienne demeure et le nom primitif des Phéniciens [3]; d'autant plus que le port d'Érythraï portait le nom particulier de *Phœnicus* [4]. No-

---

[1] Dicæarchus, *Descr. Græc.* v. 71; Thucyd. III, 94; Polyb. IV, 3, 67; XVII, 5, XXX, 14, et passim. Dionys. Halic. I, 3. Tit. Liv. XXXIV, 24; etc.

[2] Bochart, *Chanaan*, lib. I, c. 7. Dupuis, *De l'influence que les habitants des îles du golfe Persique, des côtes méridionales de la Perse et de la Caramanie ou du Kermân, jusqu'à l'Indus, ont eue sur l'Europe et sur l'Asie-Mineure.* 1800. Dans les Mém. de l'Instit., classe de Littér. et Beaux-Arts, t. V, an XII, p. 21. Il ne faut lire ce mémoire de Dupuis qu'avec une extrême circonspection.

[3] Phénicien est synonyme d'Érythréen. L'un et l'autre signifient *rouge*, et tous deux semblent se rattacher à la mer Érythrée ou mer Rouge (nom primitif de l'Océan Indien), d'où les Phéniciens étaient originaires. — L'Étolie grecque avait aussi sa ville maritime d'Érythra (Tit. Liv. XXVIII, 8); et un peu plus haut, sur la côte d'Épire voisine de Corcyre, il y avait un port de Phœnikè.

[4] Tit. Liv. XXXVI, 45.

tons encore qu'une chaîne de montagnes élevées qui couvrait la Carie du côté de l'est, portait le nom de Καδμοῦς ὄρος, mont Cadmus. En hébreu (et sans doute aussi en phénicien) *Har Kadmon*, הר קדמון, signifiait la montagne d'Orient. Cette dénomination n'avait donc pu être donnée que par les habitants de la Carie, pour qui seuls ces montagnes avaient une situation orientale ; ces habitants parlaient donc ou le phénicien ou l'araméen. Nous savons d'ailleurs que les Phéniciens avaient colonisé Rhodes et d'autres îles de la côte ; et deux anciens auteurs cités par Athénée [1] nous apprennent que la Carie avait autrefois porté le nom de Phénicie. Une place de la côte, en regard de l'île de Rhodes, est encore connue sous le nom de Phœnikè dans les derniers temps de la géographie græco-romaine.

Cette place, à la vérité, comme la plupart de celles des côtes dont le nom révèle une origine araméenne, pouvait bien n'avoir été qu'un établissement fondé par les navigateurs phéniciens, dans l'intérêt du négoce dont ils furent longtemps dans ces mers les facteurs exclusifs. Cependant on n'admettra pas aisément que des navigateurs commerçants aient pu former au loin dans les terres les innombrables établissements que l'on retrouve dans le sud et dans l'ouest de l'Asie-Mineure ; et d'ailleurs, la Phénicie était loin d'avoir une population qui pût suffire à ce qu'auraient exigé les colonies sans nombre que l'on suppose être sorties de son sein. Mais en reconnaissant avec nous une double voie de migrations araméennes, l'une par mer, celle des Phéniciens qui visitent les îles et les côtes où ils laissent de nombreux vestiges de leur présence ; l'autre par terre, celle des Araméens proprement dits, qui, marchant par troupes à la recherche d'établissements nouveaux, peuplent l'intérieur des terres et imposent aux localités remarquables des pays qu'ils parcourent ou dont ils s'emparent des noms tirés de leur langue, sœur de la langue phénicienne ; en distinguant, disons-nous, cette double source de dénominations mal à propos rapportées aux seuls Phéniciens, nous évitons les difficultés et les invraisemblances justement objectées aux recherches des *Phénicizants*.

---

[1] Corinne et Bacchilides, dans Athenæi *Deipnosoph.* lib. IV. Cf. Eckhel, *Doctr. Num.* III, 412.

Homère, lorsqu'il nomme les Cariens [1], les distingue seuls, entre tous les peuples venus au secours de Troie, par l'épithète de *barbarophônes*, au langage barbare. Une large porte a été ici ouverte aux suppositions des commentateurs. Il est naturel de penser que le poëte, né au voisinage des Cariens, dont l'idiome inculte avait dû souvent froisser son oreille habituée aux molles inflexions et aux consonnances harmonieuses de sa belle langue d'Ionie, ait été instinctivement porté à frapper cet idiome carien d'une rude épithète. On ne peut donc rien inférer de là quant à sa plus ou moins grande dissemblance avec le grec primitif que parlaient la plupart des peuples réunis devant Troie, soit dans le camp grec, soit dans le camp troyen. Il est très-probable que l'idiome thracique des Cariens avait dû se mélanger plus ou moins de celui des habitants antérieurs de la Carie; mais la même chose avait dû arriver en Lycie, en Pamphylie et ailleurs, et vraisemblablement les Cariens ne méritaient pas d'une manière plus spéciale que leurs voisins l'épithète dont Homère les a stigmatisés. Il est à regretter que jusqu'à présent aucun voyageur n'ait rien trouvé dans les vieux monuments de la Carie qui pût éclaircir cette question ethnologique [2]. Nous ajouterons, au surplus, que chez les Cariens des temps historiques, les lois, les mœurs, les usages, tout les rattache aux nations voisines de l'Euphrate [3].

Nous voici revenus à la Lydie, dont les plus anciens habitants connus, nous l'avons vu précédemment [4], étaient indubitablement de souche thracique. Ces premiers habitants étaient des Méoniens; le nom de *Loud* [5], qui remplaça plus tard sur les bords du Caïstre celui de Méonie, dut être apporté par une nouvelle immigration. Le silence d'Homère, qui ne connaît encore

---

[1] *Il.* ch. II, v. 867.
[2] Quelques remarques de l'éditeur des voyages de M. Cockerell dans le sud-ouest de l'Asie-Mineure, n'ont jeté sur cette question qu'un bien faible jour. *Voy.* le Recueil publié par M. Walpole, sous le titre de *Travels in various Countries of the East.* Lond. 1820, p. 526 et suiv.
[3] Vid. Arrian. *De Expedit. Alex. M.* lib. I, c. 23, édit. Raphel.
[4] Ci-dessus, p. 168.
[5] Telle paraît être la véritable consonnance du grec Λυδία, comme dans l'hébreu לוד.

que les Méoniens dans le pays qui fut ensuite nommé Lydie, doit faire supposer que cette immigration lydienne eut lieu à une époque moins ancienne que la guerre de Troie, c'est-à-dire au plus haut dans le douzième siècle avant notre ère; et plusieurs indices historiques autorisent suffisamment à rattacher les Lydiens à la souche des nations araméennes. A défaut d'autre autorité, celle du premier livre de Moïse, d'une si merveilleuse exactitude dans la classification des peuples de l'Asie occidentale, mettrait le fait hors de discussion. « Et les fils de Schèm, dit la Génèse [1], furent Eïlam, Aschoûr, Arpakschad, Loûd et Arâm. » Lorsque l'on étudie dans son ensemble cette géographie biblique, vénérable monument des âges primitifs, on demeure convaincu que *Loûd* ne peut désigner ici que les populations de l'Asie-Mineure [2]. Une difficulté pourtant se présente. Si les Lydiens, comme nous sommes fondés à le croire, ne s'établirent sur la mer Égée que douze cents ans au plus avant notre ère, et si de plus leur illustration historique ne date que du règne de Crésus ou du commencement du sixième siècle [3], comment Moïse, qui écrivait près de trois cents ans avant la guerre de Troie, a-t-il pu citer le nom de ce peuple encore ignoré, et non-seulement citer son nom, mais en faire le représentant de toutes les populations araméennes qui s'étendaient vers le Halys à l'ouest d'Aschoûr ou des Assyriens, et au nord-ouest d'Arâm ou des Syriens? La réponse nous paraît facile, et le texte même de la Génèse, qui donne lieu à la difficulté, doit servir à la résoudre. Nous n'avons pas même ici à concilier ce texte avec les vieux monuments helléniques de l'histoire occidentale; car les premiers historiens grecs ne nous disent pas un mot sur l'ancienne histoire des parties de la Péninsule qui s'étendent du Halys à l'Euphrate. Rien donc ne peut nous empêcher d'admettre qu'à une époque qui échappe aux appréciations de notre chronologie, un peuple du nom de *Loûd* et de race sémitique occupait, en totalité ou en partie, le pays situé à l'est du Halys, pays auquel s'appliqua plus tard par extension le nom

---

[1] Ch. X, 13.

[2] *Voy.* ci-dessus notre 1er volume, Histoire de la Géographie.

[3] De 571 à 545. Il peut y avoir sur ces chiffres des difficultés de détail.

d'Arâm, et que les temps historiques ont connu sous celui de Cappadoce. C'est à cette région primitive de Loûd que se rapporterait la mention de la Génèse, de même que c'est de là que serait partie la migration qui vint beaucoup plus tard, déterminée sans doute par un de ces refoulements si communs à cette période de l'histoire, donner son nom à l'antique Méonie. Au surplus, les traditions historiques des Lydiens eux-mêmes, quelque obscures et quelque tronquées qu'elles nous soient parvenues, concordent parfaitement avec ces indications. Parmi les premiers rois des annales lydiennes, on voit figurer les noms de Belus et de Ninus [1]; ceci nous révèle évidemment de très-anciens rapports entre les Lydiens primitifs et le premier empire d'Assyrie. Or, ces rapports deviennent tout à fait naturels, si l'on admet la résidence originaire des Lydiens là où nous l'avons indiquée, car ils s'y trouvaient en contact immédiat avec les terres d'Aschoûr. Nous en dirons autant des conquêtes que Xanthos, l'historien national de la Lydie, attribuait à un des anciens rois lydiens, et dont il plaçait le théâtre en Syrie [2]. Cette tradition semble appartenir, comme la précédente, au temps où le peuple de Loûd habitait les parties orientales de la Péninsule, sur les confins de l'Arâm.

On pourrait nous accuser d'avoir laissé une grave lacune dans cet aperçu des populations primitives de l'Asie-Mineure, si nous n'ajoutions pas quelques mots sur un peuple dont la bizarre destinée est d'être à la fois un des plus célèbres et des moins connus de la haute antiquité : on comprend que nous voulons parler des *Pélasghes*. Les anciens nous ont laissé quelques indications des établissements formés par cette race errante sur différents points de la côte occidentale de l'Asie-Mineure [3]; mais pour apprécier pleinement la nature et l'importance de ces établissements, ainsi que leurs rapports avec les autres populations de cette partie de la Péninsule, il faudrait d'abord nous former une idée juste de ce qu'étaient les Pélasghes, et c'est ce

---

[1] Herod. I, 7.

[2] Xanthos, ap. Athen. *Deipn.*, lib. VIII, c. 37.

[3] M. Raoul-Rochette a recueilli et classé ces indications dans son *Histoire des Colonies Grecques*, t. I, p. 185 et suiv. Add. 326 et suiv. Cf. Niebuhr, *Hist. Rom.*, t. I, p. 47 de la trad. fr.; et Dorfmüller, *De Græciæ primordiis*, p. 35, *Stuttgart*, 1844, in-8.

qu'aucun témoignage direct de l'antiquité ne nous apprend. Antérieurs à tous les monuments historiques des contrées qu'ils occupèrent, les Pélasghes n'ont laissé nulle part de souvenirs écrits; leur nom même s'était effacé, comme la trace de leurs pas sur la terre qu'ils avaient foulée, quand vinrent les premiers historiens des peuples de l'Occident. Les Pélasghes appartenaient-ils à cette famille populeuse des peuples blonds dont la Thrace, à une époque fort reculée, était devenue à la fois et une station et un nouveau centre de migrations? Faisaient-ils partie d'une autre race, d'une race du Midi? Par quel phénomène historique leur nom s'est-il perdu tout à coup, absorbé ou remplacé par une foule de noms nouveaux, après avoir rempli pendant des siècles les contrées péninsulaires qui entourent la mer Égée? Ce nom lui-même désignait-il une race distincte, ou du moins un groupe bien déterminé de populations de même langue et de même origine, ou n'aurait-ce été qu'une appellation qualificative d'un genre de vie particulier, susceptible de s'appliquer indistinctement à des tribus d'origine diverse? Y avait-il un rapport de parenté, une filiation directe entre les Pélasghes et les Ioniens, cette branche si importante du tronc hellénique? Enfin, pour rentrer dans les limites de l'Asie-Mineure, quelle connexité existe-t-il entre le nom d'Ioniens et le radical *aôn* que l'on y rencontre dans plusieurs localités, notamment dans le nom de la *M-aïonie* ou Méonie, dans ceux de *Louk-aonie* et de *Kat-aonie*, de même que dans une foule d'ethniques de la géographie primitive des contrées thraciques, dans la *Pa-ionia* et dans les *Kh-aones* de la Thrace proprement dite, dans la *Kh-aonia* de l'Épire, dans les *I-aones* de l'Illyrie, qui, dit-on, avaient originairement porté le nom d'Ases ou Iases [1]; enfin dans l'*Aonie* béotienne, et dans le nom de *Iaonie* qu'Homère donne à l'Attique [2]? Tous les peuples de la Thrace avaient eux-mêmes été autrefois compris, au rapport d'anciens auteurs, sous la commune appellation de *Ioniens* [3]; et le principal

---

[1] C'est ainsi que dans la fable, *Io* est fille de *Iasos* (Apollod. II, 1, § 3).

[2] *Voy.* Strab. lib. IX, p. 392 B. Comp. VIII, 371 D, où la trace du nom des Ases est signalée dans le Péloponèse, de même qu'elle se retrouvait dans l'Attique.

[3] Hesychius, v. Ἴωνες.

fleuve de l'ancienne Pélasgie thracique, le Strymon, avait primitivement porté le nom de *Iôneos*, fleuve de la Iaonie [1]. Tous ces noms ne seraient-ils en quelque sorte que les débris épars d'un nom général s'étendant primitivement sur l'ensemble des pays qui entourent la mer Égée et même sur la moitié méridionale de l'Italie, nom auquel il faudrait rapporter le *Jâvân* dont la géographie de Moïse fait une des branches de la famille de Jéphet, de même que le *Ion* des Hellènes remonte par Deukalion jusqu'au Japet caucasique ? Voilà, parmi beaucoup d'autres, les questions essentielles qui se rattachent à l'examen du problème que les Pélasghes présentent aux investigateurs des vieux âges du monde. Craignons de nous laisser égarer par des lueurs trompeuses dans ces obscures profondeurs des temps antiques; mais ne négligeons pas, cependant, de réunir les indices épars qui pourraient nous aider à reconstruire, au moins dans ses linéaments principaux, l'édifice depuis si longtemps renversé de l'histoire primitive. Un tel travail, au reste, ne peut être abordé ni en quelques pages ni d'une manière accessoire; nous laissons donc de côté cette question difficile que peut-être nous reprendrons plus tard, et sur laquelle la suite même de notre travail pourra d'ailleurs jeter quelque jour.

Nous venons de passer en revue dans notre rapide esquisse l'ensemble des premières populations historiquement connues de l'Asie-Mineure. Le sujet était vaste, et bien des points en étaient fort obscurs. Placée à l'extrémité occidentale du monde asiatique et à un de ses points de contact avec le monde européen, l'Asie-Mineure paraît avoir servi de passage, dès les plus anciens temps, à quelques-unes des nombreuses migrations que l'Asie a versées sur l'Europe. De ces migrations, plusieurs y ont laissé des traces encore reconnaissables de leur passage; plusieurs aussi s'y sont fixées. Mais toutes à beaucoup près n'y ont pas conservé la pureté de leur race. Des refoulements, des invasions, des changements de domination politique, des mé-

---

[1] Conon, 4ᵉ Narrat. dans Photius, p. 425. — *Iaôn* était aussi le nom d'une rivière de l'Arcadie (Dionys. Perieg. v. 416), et l'on sait que cette partie centrale du Péloponèse avait été dans les anciens temps l'un des centres principaux de la population pélasgique.

langes et des agglomérations, ont concouru tour à tour, et parfois simultanément, à altérer, à effacer plus ou moins les traits primitifs des peuples ou des tribus. Strabon déjà faisait remarquer que de son temps quelques peuples de la Péninsule avaient perdu, seulement depuis l'époque de la domination romaine, l'usage de l'idiome de leurs pères et jusqu'à leur nom propre.

Cependant, malgré l'obscurité de certains points de détail, il nous a été possible de reconnaître avec assez de certitude les grands faits généraux, pour nous rendre suffisamment compte de la disposition des masses. Nous avons constaté que la population de l'Asie-Mineure, envisagée dans son ensemble, se rattachait à deux souches principales, d'une part à la grande famille des peuples blonds comprise dans le groupe hindo-germanique, d'autre part à la famille non moins nombreuse et non moins importante des peuples sémitiques. Nous avons vu les tribus de la première classe, auxquelles nous avons conservé la dénomination de peuples thraciques, répandues en général dans le nord de la Péninsule, tandis que les tribus sémitiques ou araméennes en couvrent les parties du sud : conservant ainsi dans cette région, où les a poussées leur commune progression vers l'ouest, la disposition respective des deux familles-mères sur le champ plus vaste du continent asiatique.

Vainement avons-nous interrogé l'histoire sur la période primitive que nous avions à parcourir : l'histoire est restée muette, ou ne nous a rendu que des réponses obscures, toujours tronquées, souvent contradictoires. Heureusement il y a dans les grandes agglomérations d'hommes un principe d'individualité dont la nature vivace résiste longtemps à toutes les causes d'altération ; c'est par là qu'en nous éclairant des notions tirées des monuments écrits d'époques plus rapprochées, et en nous guidant par le fil des traditions ou des analogies, nous avons pu remonter le cours des siècles jusqu'aux temps qui précédèrent les âges historiques. Mais que de lacunes encore à combler, et que de mystères à éclaircir ! Qui nous dira quel peuple éleva les nombreuses villes de *Thèbes*, au nom probablement symbolique, qui forment dans tout l'ancien monde une longue chaîne dont une extrémité touche à l'Inde et l'autre à la vieille terre des Pélasghes, en passant à la fois par le cœur de l'Arabie et par la mystérieuse région de Méroé, et se prolongeant de là à travers le pays d'A-râm et l'Asie-Mineure? Qui nous révélera jamais à quelle race se rapportent les innombrables excavations que récèlent les parties centrales de la Péninsule, et qui semblent appartenir à une époque antérieure où l'homme plus civilisé éleva ses demeures sur le sol après en avoir habité les entrailles? Qui rendra la vie et la parole à ces muets monuments d'un âge inconnu que nous ont révélés les explorations contemporaines? Quel vaste champ encore ouvert à notre insatiable besoin de tout approfondir et de tout connaître!

Nous sortons de l'obscurité des siècles primitifs. Il nous faut encore traverser le crépuscule des âges intermédiaires, avant d'arriver aux clartés des temps historiques.

# NOTE

## SUR LES BRIGHOUS DE L'HINDOUSTAN.

La note suivante nous a été communiquée trop tard par notre savant ami M. de Saulcy, pour pouvoir être imprimée à la place où elle se rapporte (ci-dessus, p. 171).

Les Vedas citent fréquemment (*voyez* le Rig-Veda de Rosen) des Brighous, peuple que les Ariens, auxquels appartient probablement la littérature sanskrite la plus antique, avaient pour adversaire, et auquel j'ai entendu mon ami E Burnouf assimiler avec toute apparence de raison les Phrygiens des Grecs.

Les Ariens et les Brighous de l'histoire primitive de l'Hindoustan appartenaient également à des races sacerdotales, et ces deux races furent souvent divisées d'intérêts Ce fut un Brighou qui promulga les lois du Manou. Les Brighous, qui demeuraient sur l'Indus, furent les promoteurs de la guerre fameuse dans laquelle succombèrent les Kchatriyas.

Il faut noter que les Brighous des Védas sont, comme les Phrygiens d'Homère, des cavaliers par excellence.

L'époque à laquelle appartient cette lutte entre les Ariens et les Brighous est chronologiquement indéterminée; mais elle est certainement beaucoup plus ancienne que le treizième siècle avant notre ère.

A cet égard, l'expulsion supposée des Brighous du haut Hindoustan à la suite de leur lutte malheureuse contre les Ariens, pourrait se lier parfaitement avec l'apparition des Brighès, ancêtres des Phrygiens, dans les vallées de la Thrace, d'où ils passèrent en Asie-Mineure.

Plus d'un fait singulier fourni par l'étude comparée des langues et par celle des anciennes religions, trouverait ainsi une explication naturelle.

# CHAPITRE II.

Exposition des plus anciennes notions historiques et géographiques que les écrivains grecs nous aient transmises sur l'Asie-Mineure. — Temps antérieurs à la guerre de Troie. — Bellérophon. — Solymes et la Chimère. — Hercule et Thésée. — Les Amazones. — Expédition des Argonautes. — Examen de la géographie orphique des côtes septentrionales de l'Asie-Mineure. — Expédition d'Hercule contre Troie. — Origines troyennes. — Faits généraux qui résultent de ces anciennes traditions.

## 14ᵉ ET 13ᵉ SIÈCLES AVANT NOTRE ÈRE.

Aussi loin que plongent nos regards dans la profondeur des anciens temps, le pourtour entier de la mer Égée, nous l'avons vu, se montre à nous occupé par des peuples nombreux appartenant à une même race, à la race pélasgique.

Il est donc certain que des rapports fréquents existèrent dès longtemps avant la guerre de Troie, entre les diverses contrées que baigne cette mer, c'est-à-dire entre la Grèce [1] et ses îles, la Thrace et l'ouest de l'Asie-Mineure.

L'Asie-Mineure, en effet, figure dans les plus anciennes traditions héroïques des Hellènes, chez lesquels s'étaient perpétuées les traditions des vieux Pélasghes leurs ancêtres.

Ces traditions, il est vrai, primitivement consignées dans les chants des bardes nationaux, et recueillies plus tard par les poëtes de l'Ionie et de la Grèce, ne sont arrivées jusqu'à nous que tronquées et altérées ; mais quelque faible que soit la lueur qu'elles projettent sur les temps anté-historiques, elles suffisent cependant pour y faire discerner un certain nombre de faits intéressants d'histoire et de géographie, précieux pour nous au milieu de l'obscurité de ces époques reculées.

Telles sont les légendes demi-historiques, demi-fabuleuses de

---

[1] Nous employons ici, pour plus de clarté et pour éviter les périphrases, un nom qui ne fut en usage, comme dénomination générale, que longtemps après l'époque qui nous occupe.

Bellérophon, de Thésée, d'Hercule et des Argonautes. La plus ancienne, celle de Bellérophon, nous reporte à deux siècles et demi avant la guerre de Troie ; celle des Argonautes et de Jason leur chef ne remonte qu'à un demi-siècle environ avant cette ère célèbre de l'ancienne histoire hellénique [1].

Nous avons fait voir précédemment [2] quelles indications curieuses renferment ces légendes pélasgiques, auxquelles il faut joindre celle de Persée, pour l'étude des premières notions géographiques de l'Occident; sans rentrer maintenant dans ces considérations générales, nous n'avons qu'à en recueillir ce qui a trait spécialement aux contrées où se renferment nos études actuelles.

Le fait qui paraît y occuper le plus de place, celui dont semblent se préoccuper surtout les vieux chants héroïques des Pélasghes, c'est l'invasion des Amazones. C'est au prestige que cette époque fabuleuse prête à toutes les figures qu'elle a consacrées, qu'est due la célébrité encore vivante aujourd'hui de ces femmes guerrières; car les temps historiques ne les ont plus connues, et les historiens n'en ont parlé plus tard que sur la foi des anciens poètes. Chez les nations comme chez les individus, les impressions les plus durables sont celles qui se rattachent aux premiers souvenirs de l'enfance.

La saine appréciation des données historiques a réduit depuis longtemps à leur juste valeur les accessoires fabuleux dont les poètes avaient paré la tradition des Amazones. Personne n'a jamais pu croire sérieusement qu'une véritable nation de femmes uniquement vouées à la guerre ait jamais existé, ni dans la vallée du Thermodôn, sur les bords méridionaux du Pont-Euxin, ni dans les plaines de la Scythie, au nord des Palus Méotides. Ce que l'on peut conclure des indications éparses dans l'anti-

---

[1] Il ne saurait être question d'une chronologie régulière pour ces temps obscurs; l'intervalle des époques principales, et l'âge relatif des personnages héroïques, n'y sont déterminés que par une approximation fondée sur le calcul des générations. Nous avons pris ici pour guide principal, outre l'*Histoire des premiers temps de la Grèce*, par Clavier, et ses Notes sur Apollodore, l'*Examen analytique et Tableau comparatif des synchronismes de l'histoire des temps héroïques de la Grèce*, par feu M. Petit-Radel. 1827, in-4°.

[2] Ci-dessus, t. I, au commencement de notre Introduction générale.

quité au sujet des Amazones [1], c'est que la tribu à laquelle ce nom se rapporte appartenait à ces races blondes de la Scythie, dont les essaims nomades se sont répandus à diverses époques, dans les contrées méridionales de l'Asie [2]. Nous savons que l'Asie-Mineure se vit, dès les plus anciens temps, exposée à leurs incursions, et que ce fut par l'isthme caucasien qu'elles y pénétrèrent [3]. Le pays maritime qui borde au S.-E. le Pont-Euxin, depuis les confins de la Colchide jusqu'aux bouches du Halys, devint pour les Scythes un établissement fixe où la nature des lieux les confina et où se perpétuèrent leurs descendants. Chez ces nations nomades de l'Asie intérieure et de l'Europe orientale, c'était un usage universel, ou plutôt c'était une nécessité même de leurs habitudes vagabondes, que les femmes accompagnassent leurs maris à la guerre ainsi qu'à la chasse, et qu'elles s'exerçassent comme eux à l'usage du cheval et au maniement de l'arc. Si cet usage s'était perdu chez quelques tribus sédentaires [4], il se retrouve chez tous les peuples errants; les temps historiques nous en pourraient fournir de nombreux exemples. Telle fut, il est impossible d'en douter, la source première de cette fable des Amazones chez les anciens Pélasghes. Bien que les peuples thraciques, descendants eux-mêmes de ces nations errantes du centre du Continent, en eussent eu sans doute originairement les mœurs et les habitudes, fixées depuis longtemps, depuis de longs siècles, peut-être, dans la contrée montagneuse qui était devenue leur seconde

---

[1] M. Ch. Pougens, *Trésor des Origines de la langue française*, 1819, in-4°, p. 57 et suiv., a réuni ce qui a été proposé de plus satisfaisant sur l'étymologie du nom des Amazones.

[2] Hippocrate (*De l'Air, des Eaux et des Lieux*, c. 42) et Platon (*Des Lois*, liv. VII) sont les premiers parmi les écrivains grecs qui rattachent positivement les Amazones à la nation des Scythes, d'après la conformité des mœurs et des habitudes d'une partie au moins des Scythes nomades et des Sauromates avec ce que la tradition racontait des anciennes Amazones. Trogue-Pompée (dans Justin., liv. II, ch. 4) et Diodore (liv. II, c. 26 et 27) résument d'une manière encore plus explicite l'opinion de l'Antiquité à cet égard.

[3] Ci-dessus, p. 163. — Eschyle, le poète tragique, qui écrivait 500 ans avant notre ère, et qui avait fait une étude approfondie de l'antiquité héroïque, Eschyle est formel à cet égard. *Prometh. Vinct.*, v 724. Cf. v. 415.

[4] Hérodote, liv. IV, ch. 114.

patrie, elles y avaient perdu apparemment jusqu'au souvenir de leur vie primitive. De là leur étonnement à la vue de ces femmes guerrières avec lesquelles ils se seront retrouvés en contact lors d'une nouvelle irruption de tribus scythes par le sud du Pont-Euxin. Quelque circonstance particulière aura pu contribuer à cette impression. Que tous les hommes d'une tribu aient été tués dans leurs courses, et que leurs femmes, animées à la fois par le désespoir et par la férocité commune aux deux sexes, aient vengé par le carnage et la dévastation la mort de leurs époux : c'en est assez pour avoir donné naissance aux récits sur lesquels se fonda la fable des Amazones. Le penchant à l'exagération naturel chez tous les hommes, l'amour du merveilleux si fortement prononcé dans les siècles d'ignorance, auront contribué à répandre cette fable en l'embellissant ; l'imagination des poëtes aura fait le reste.

Il paraît qu'à des époques très-anciennes, les Amazones, ou plutôt les tribus scythiques auxquelles ces femmes guerrières appartenaient, avaient poussé leurs excursions et répandu la terreur de leur nom dans les parties occidentales de l'Asie-Mineure, à l'ouest du Halys. Quelques témoignages anciens, contestés par Pausanias, leur attribuaient même la fondation d'Éphèse et de son temple, dont l'antiquité se perdait dans la nuit des temps mythologiques[1]. On leur attribuait aussi la fondation de deux autres villes comptées parmi les plus anciennes de cette côte, Cumes et Smyrne [2]. Si ces traditions avaient quelque authenticité, il faudrait sûrement les interpréter d'établissements scythes formés dans ces anciens temps sur ces belles côtes de la Péninsule, aux lieux où s'élevèrent plus tard les villes ioniennes de Smyrne, de Cumes et d'Éphèse. Ce qu'on lit de l'expédition de Bellérophon contre les Amazones, entreprise sur l'ordre de Iobates roi de Lycie[3], doit s'entendre évi-

---

[1] Pausanias, VII, 2. Cf. IV, 31. — Callimachus, *Hymne à Diane*, ad fin. — Clavier, Hist. des prem. temps de la Gr., t. II, p. 69.

[2] Stephan. Byzant. v. Κύμη et Σμύρνα. D'après les autorités qu'Étienne de Byzance avait sous les yeux, ce nom de Smyrne, dont il semble que la forme primitive ait été *Samorna*, fut originairement aussi celui d'Éphèse. Id. v. Ἔφεσος.

[3] Homère, *Iliade*, VI, v. 186. — Pindare, *Olymp.* XIII.

demment de ces Amazones de la Carie, non de celles de Thermodôn.

Les exploits de Bellérophon, tels que les célébrèrent les anciens poëtes d'Ionie [1], eurent en effet pour théâtre la région sud-ouest de la Péninsule. C'est là qu'avant son expédition contre les Amazones il eut d'abord à combattre la Chimère et les belliqueux Solymes. Les Solymes, peuple d'origine araméenne [2], paraissent avoir été les plus anciens occupants du pays maritime qui borde ce vaste enfoncement que nous nommons aujourd'hui golfe de Satalieh. Refoulés dans l'intérieur par de nouvelles colonies venues de l'île de Crète, ils se retirèrent dans les montagnes difficiles qui couvrent au nord l'ancienne Lycie, et dont un canton, celui de Cabalaïs, Καβαλαίς, rappelle trop évidemment, par le sens et la consonnance, les mots arabes *Djébel* et *Gabaléh*, pour ne pas avoir tiré son nom de cette nature âpre du pays. La dénomination de *Caballenses*, qui avait aussi appartenu aux Solymes [3], signifiait donc simplement les *Montagnards*. Les Pisidiens des temps classiques étaient regardés comme les descendants des anciens Solymes, et leur humeur belliqueuse ne démentait pas cette origine [4]. Plus d'une localité de la zone maritime conservait au reste les vestiges de l'habitation originaire des Solymes sur les bords du golfe [5]. Quant à des rapports plus éloignés entre le nom de cet ancien peuple araméen et diverses dénominations de la géographie des pays Syriens, on peut voir les indications complètes que Bochart en a recueillies [6].

Si ces deux premiers exploits de Bellérophon, sa double vic-

---

[1] Homer. *Iliad.* VI, v. 179 et suiv. Cf. *Odyss.* V, v. 283. — Pindare, Loc. cit. — Add. Apollod. *Biblioth.* lib. II, c. 3.

[2] Ci-dessus, p 190.

[3] Strabo, lib. XIII, p. 630 D. — Nous avons vu précédemment qu'un autre nom des Solymes, celui de *Milyæi*, dérivé du canton de Milyas, avait selon toute probabilité une origine et un sens analogues.

[4] Tite-Live, liv. XXXVIII, ch. 13, 15. — Strab. lib. I. p. 34 D. Cf. p. 21, C; lib. XII, p. 573 A, et XIV, p. 667 B. — Plin. lib. V, c. 24. — Steph. Byz. v. Ἰσίδαι — Add. Herod. lib. I, c. 173.

[5] Strabo, lib. XIII, p. 630 D; XIV, p. 666 C. Pline cite une ville de Solyma en Lycie.

[6] *Chanaan*, lib. I, c. 6.

toire sur les Solymes et les Amazones, ont jusqu'à un certain point un caractère historique d'accord avec les autres notions que nous fournit l'antiquité classique, le troisième des travaux que les légendes poétiques lui attribuent, son combat contre la Chimère, nous paraît avoir un caractère tout physique. La Chimère, Χίμαιρα, est dépeinte par Hésiode et par Homère, ainsi que par les poëtes ou les mythologues moins anciens qui les ont suivis, comme un monstre enfanté par l'Hydre de Lerne, fruit hideux des amours du géant Typhon et de la nymphe Echidna, qui habitaient l'un et l'autre les antres profonds des Arimes[1]. Les Arimes, nous le savons, sont les nations d'Aram, ou de langue sémitique, qui peuplèrent dès l'origine, outre les parties orientales de l'Asie-Mineure, la zone maritime du sud[2]; et ce que la fable raconte de Typhon exprime sous un langage figuré les phénomènes volcaniques de la chaîne du Taurus, qui couvre cette côte dans toute sa longueur depuis les promontoires avancés de la Carie jusqu'au nord des plaines syriennes[3]. La plus grande partie de l'Asie-Mineure, nous le verrons par la suite, est une terre volcanique; et les cantons du sud, aussi bien que ceux de l'ouest, y ont été jadis livrés à de prodigieux bouleversements, dont le sol brûlé et déchiré porte encore les traces. Ces grands phénomènes de la nature, toujours si redoutés quoiqu'ils aient beaucoup perdu de leur terrible énergie, devaient surtout frapper d'épouvante la jeune imagination des hommes à ces époques plus rapprochées des périodes primitives de l'histoire du globe; et l'on ne saurait s'étonner que cette impression se reproduise sous tant de formes dans les légendes cosmogoniques de tous les anciens peuples.

La fable de la Chimère, de ce monstre dont la bouche exhale une flamme dévorante qui ne s'éteint jamais, se rapporte à un phénomène particulier de ces terrains volcaniques, dont

---

[1] Hesiod., *Théogon.* v. 306 et suiv. Homerus, *Iliad.*, ch. VI, v. 179 et suiv. — Cf. Apollodorus, *Bibliotheca*, lib. I, c. 3 et II, 3.

[2] Ci-dessus, p. 183.

[3] Ci-dessus, p. 157. — La peinture d'Eschyle est magnifique, en même temps que l'allégorie s'y montre presque sans voile (*Prometheus vinctus*, v. 351 et suiv.). Ce passage est bien rendu dans la traduction du P. Brumoy, *Théâtre des Grecs*, t. I, p. 318, édit. de 1785.

les entrailles récèlent des feux toujours prêts à briser l'enveloppe calcinée qui les recouvre. Sur plusieurs points du pourtour de la péninsule lycienne, notamment au S.-O. où s'élèvent les huit cimes du Cragus, et à l'E. où le sommet de l'ancien mont Solyma domine les champs héphestiens, des crevasses naturelles livrent passage à des feux qui brûlent perpétuellement à la surface du sol. Le même phénomène se montre en beaucoup d'autres contrées dans des terrains de même nature; les feux de Bakou, sur le bord occidental de la mer Caspienne, sont particulièrement célèbres chez les peuples de l'Asie. Ceux du Cragus et de l'Héphestiéotide lycienne ne le furent pas moins, dès les plus anciens temps, parmi les populations du pourtour de la mer Égée. Trois mille ans et plus écoulés depuis l'époque à laquelle remontent les premières traditions relatives aux feux de la Chimère (1), n'ont produit aucun changement dans l'aspect des lieux : tels ils nous sont dépeints par les premiers poëtes helléniques et par les historiens et les géographes de toute l'antiquité, tels on les retrouve aujourd'hui. Ctésias de Knide, 400 ans avant notre ère, et ceux des voyageurs contemporains qui ont visité ces localités peu fréquentées, les décrivent, on peut dire, dans les mêmes termes (2).

C'est vers les Amazones de la côte pontique que nous ramènent les légendes de l'Hercule thébain et de Thésée. Quelques-uns de ces anciens récits associaient les deux héros dans une même expédition ; d'autres en plus grand nombre ne plaçaient l'expédition de Thésée sur les côtes du Pont-Euxin qu'après celle

---

[1] Les langues araméennes fournissent une étymologie tout à fait naturelle de ce nom : *Khamirah* s'y explique par brûlée. Spanheim, *De usu et pr. num.*, cité par Walpole dans ses Remarques sur les Inscriptions découvertes en Asie-Mineure par le colonel Leake et M. Cockerell. Voy. *Travels in various countries of the East, edited by* Rob. Walpole. Lond., 1820, in-4°, p. 532.

[2] Ctesiæ *Indicarum Excerpta*, ap. Photium, cod. LXXII, p. 145. ; et Scylax, *Périple*, ci-après ch. IV.—Fr. Beaufort, *Karamania, or a brief Description of the South Coast of Asia Minor.* Lond., 1817, in-8°, p. 44 —Comparez Strabon, lib. XIV, p. 665 D, et Pline, II, 110, et V, 28, édit. Panck. Les anciens compilateurs des Choses Merveilleuses, Palæphates, c. 29, Antigonus, c. 182, etc., n'ont pas manqué de mentionner les feux perpétuels du M. Chimère.

d'Hercule[1]. Celle-ci était ainsi racontée par les poëtes et les mythographes :

« Le neuvième des travaux prescrits à Hercule par Eurysthée fut de lui apporter le baudrier d'Hippolyte, reine des Amazones, qui habitaient les bords du Thermodôn et formaient un peuple vaillant et belliqueux. Elles s'exerçaient en effet à la guerre ; et des enfants qu'elles avaient, elles n'élevaient que les filles, dont elles comprimaient la mamelle droite pour qu'elles ne fussent pas gênées en lançant leurs dards, leur laissant la gauche pour allaiter leurs enfants..... Hercule rassembla quelques hommes de bonne volonté et s'embarqua sur un seul navire. Après avoir touché à l'île de Paros, il pénétra dans la mer (le Pont) à laquelle il donna le nom d'Euxin, et vint aborder dans la Mysie, où il fut reçu par Lykos, fils de Daskule. Les Bébryks étant venus fondre sur le pays, Hercule marcha contre eux avec Lykos, en tua plusieurs, et entre autres Mygdon, leur roi, frère d'Amykos ; et leur ayant ôté une partie de leur territoire, il le donna à Lykos, qui nomma Héracléenne toute cette portion du pays.

» Il entra ensuite dans le port de Themiskur. Hippolyte vint au devant de lui ; et ayant appris quel était le sujet de son voyage, elle lui promit son baudrier. Mais Junon, ayant pris la figure d'une Amazone, souleva la multitude en disant que ces étrangers enlevaient leur reine. Elles coururent sur-le-champ au vaisseau, à cheval et avec leurs armes. Hercule, croyant qu'on voulait le trahir, tua Hippolyte et prit son baudrier ; ayant ensuite livré combat au reste des Amazones, dont il fit un grand carnage, il se rembarqua, et aborda à Troie, où Laomédon régnait alors. Ce prince ayant offensé le héros, Hercule s'éloigna en proférant des menaces de vengeance, qu'il réalisa plus tard[2]. »

Tel est le récit combiné du mythographe Apollodore, et de l'historien Diodore de Sicile, dont les écrits résument pour nous les traditions de l'antiquité hellénique. L'expédition de Thésée, soit qu'elle se confondît dans la tradition avec celle du fils d'Alcmène, soit qu'elle fût d'une date un peu moins ancienne, avait été rapportée par plusieurs historiens antérieurs à Hérodote ;

---

[1] Plut. *Thes.* c. 25.
[2] Apollodore, *Biblioth.* édit. Clavier, t. I, p. 187. — Diod. IV, 5.

Plutarque, qui les cite dans sa vie de Thésée, ne fait que mentionner, sans aucuns détails, cette partie des exploits de son héros [1]. Le récit que nous avons transcrit nous montre les deux principaux peuples thraciques qui vinrent occuper la région nord-ouest de l'Asie-Mineure, les Mysiens et les Bébryks, déjà établis sur les bords asiatiques du Bosphore et de la Propontide [2]. Quant aux Bébryks, nous verrons bientôt que, longtemps avant l'époque où se place l'expédition d'Hercule, ils étaient fixés dans les pays voisins du mont Ida, qui prirent ensuite le nom de Troade. Il semblerait aussi qu'ils eussent précédé les Mysiens sur la côte d'Héraclée, à l'orient du bas Sangarios.

Il paraît que ces courses de quelques-uns des héros de la Pélasgie ou de l'Hellénie primitive sur les côtes méridionales du Pont-Euxin amenèrent comme représailles une irruption de peuples scythes dans le pays d'Hercule et de Thésée [3]. La tradition rattachait à cette irruption le nom des Amazones ; et l'Attique, qui en avait particulièrement souffert, en garda un long souvenir. Hérodote en fait mention [4] ; l'orateur Isocrate, qui florissait à Athènes environ 400 ans avant notre ère, et qui avait fait une étude approfondie des antiquités de sa patrie, associe les Scythes et les Amazones, en rappelant cette incursion, dans la harangue célèbre que l'on connaît sous le titre de Panégyrique [5] ; enfin, plusieurs monuments d'Athènes consacraient cette tradition, dont ils attestaient au moins la haute antiquité [6]. Il est peu de faits de l'ancienne histoire dont l'authenticité repose sur des bases mieux établies.

Celui dont nous avons maintenant à nous occuper, l'expédition des Argonautes, se détache néanmoins avec bien plus d'éclat sur le fonds obscur des temps héroïques. Les vieux poëtes de la Thrace et des Pélasghes en avaient fait, longtemps avant

---

[1] Plut. *in Thes.* c. 25.
[2] Comparez Homer. *Il.* III, v. 184, déjà cité ci-dessus, p. 171.
[3] Lycophron, *Cass.* v. 1332 et suiv.
[4] *Histor.* IX, 27.
[5] T. II, p. 81, des Œuvres d'Isocrate traduites par l'abbé Auger. 1781, in-8°. Comp. p. 294 et 340.
[6] Pausan. *Attic.*, c. 1, 15 et 41. — Add. Plut. *in Thes.* c. 26 ; Diod. Sic. V, 7.

Homère, le sujet de chants devenus nationaux, comme l'avait été l'expédition elle-même ; et le nom d'Orphée s'associait glorieusement, dans le souvenir des premiers Hellènes, à la renommée de Jason et de ses compagnons, dont il avait célébré les travaux après les avoir partagés. Si le poëme qui nous est parvenu sous le nom d'Orphée appartenait en effet à ce législateur des temps primitifs, ce serait, après les livres vénérés de Moïse, le plus vieux monument de l'antiquité historique et géographique de l'Occident. Mais les anciens eux-mêmes avaient exprimé à cet égard des doutes que la critique moderne a confirmés. Il est bien reconnu que le poëme qui porte le titre d'*Argonautiques*, non plus que les hymnes et les autres écrits auxquels est attaché le nom du législateur de la Thrace, ne sauraient, sous la forme où nous les connaissons, remonter à l'époque reculée où a vécu Orphée, contemporain des Argonautes. On s'accorde généralement à attribuer la rédaction actuelle de ces différents écrits à un certain Onomacrite, qui vivait au temps de Pisistrate, de Solon et de Pythagore, c'est-à-dire vers le milieu du sixième siècle avant notre ère, ou 800 ans après l'âge d'Orphée. On sait que c'est à la même époque que furent aussi publiées pour la première fois, d'une manière authentique, les poésies d'Homère : cette coïncidence est digne d'attention, et ne nous paraît pas avoir été assez remarquée. Mais, de ce qu'Onomacrite donna une forme moderne à des poésies qui devaient sans doute avoir cessé depuis longtemps d'être intelligibles dans leur forme primitive, il ne s'ensuit pas à beaucoup près que l'œuvre dans son ensemble soit apocryphe : nous voulons croire qu'Onomacrite en rajeunit la forme, mais non qu'il donna sous un nom antique des compositions supposées. Une semblable fraude nous paraît plus qu'improbable, par cette raison surtout que les vers orphiques, objet de la vénération des siècles antérieurs, avaient été oralement transmis de génération en génération, et qu'au rapport même de Pausanias il existait encore de son temps dans la Béotie une famille sacerdotale qui conservait de mémoire les hymnes d'Orphée et les chantait dans les mystères [1].

---

[1] Pausan. *Descr. Græc.* IX, 30. Gesner, dans la préface de son édition des Argonautiques et des autres poésies auxquelles est attaché le nom d'Orphée, à

Que les siècles aient dû altérer plus ou moins des compositions ainsi transmises depuis une si haute antiquité, et que cette altération se soit encore augmentée par le rajeunissement des poésies du barde thrace, c'est ce qui nous paraît incontestable ; mais si ces poésies ont ainsi perdu en partie l'autorité historique qui n'appartient qu'à des monuments purs de toute adultération, nous croyons cependant que le fonds en remonte bien réellement au siècle d'Orphée, c'est-à-dire aux plus anciens temps de la tradition hellénique.

Au surplus, écoutons le récit que fait le poëme orphique du voyage des compagnons de Jason le long des côtes septentrionales de l'Asie-Mineure ; nous pourrons en porter ensuite un jugement plus sûrement motivé.

Dans la traduction littérale que nous allons donner du texte, nous retrancherons seulement ce qui n'est qu'ornement poétique ou accessoire mythologique étranger à la géographie.

Le navire aux formes allongées qui porte Jason et ses compagnons a quitté les rivages thessaliens où il fut construit. Les Argonautes sont entrés dans les eaux de l'Égée ; ils ont aperçu l'Athos aux épais ombrages et la divine Samothrace ; ils ont touché aux plages de Lemnos, « d'où le Zéphyre [1], continue le poëte, les pousse au matin dans l'Hellespont, ayant à leur droite, outre l'étroite Abydos, Ilion la Dardanienne et Pituéa [2], puis la terre fertile d'Abarnie et de Perkotè, qu'arrosent les ondes argentées de l'Esèpe...... [3] »

---

réuni un grand nombre d'autorités anciennes qui prouvent jusqu'à l'évidence l'accord des traditions sur l'origine antique de ces poésies rajeunies par l'Athénien Onomacrite. Bode a plus récemment repris ce sujet dans son beau traité intitulé *Orpheus poetarum græcorum antiquissimus*. Gœtting., 1824, in-4°.

[1] Ζέφυρος, vent d'ouest.

[2] Cette ville avait sûrement reçu son nom de l'abondance des pins (πιτὺς) qui croissent dans la région environnante.

[3] L'ordre dans lequel sont ici rangées ces localités paraît étrangement altéré, au moins si nous le rapprochons des notions correspondantes fournies par ce que nous connaissons des écrits des premiers logographes ioniens et par les géographes de l'époque romaine. Nous ne pouvons ni ne voulons entrer à ce sujet dans des discussions auxquelles un volume suffirait à peine, et dont il n'y aurait d'ailleurs à attendre, nous le craignons, aucun résultat positif. Ces localités décorées du nom de villes n'étaient, dans ces anciens temps, que

» Lorsque nous abordâmes à la rive sablonneuse, Tiphys, le pilote du navire, et l'illustre fils d'Æson, et d'autres encore parmi les Minyens, élevèrent à Minerve aux yeux glauques un autel formé d'une pierre pesante à l'endroit où les nymphes font courir des ondes pures sous la fontaine d'Artakè, pour remercier la déesse de leur navigation tranquille dans le large Hellespont.....

» Là, pendant que les Minyens se livrent sur le rivage élevé aux préparatifs du festin, arrive le héros Cyzikos, roi des Dolopes, qui habitent les terres voisines..... (1)

de misérables réunions de cabanes, qui, pour la plupart, avaient disparu du sol sans y laisser de traces dès l'origine des temps historiques; et l'on manque presque toujours de bases satisfaisantes soit pour en assigner l'emplacement d'une manière certaine, soit pour en déterminer la correspondance avec les villes qui s'élevèrent plus tard dans les mêmes lieux. C'est, entre autres, le cas d'Abarnie et de Pituéa. L'objet unique que nous nous proposons, et c'est aussi le seul qui importe dans un travail de la nature de celui-ci, c'est de saisir les traits généraux propres à caractériser la physionomie du pays ou des habitants, ainsi qu'à déterminer autant que possible le degré d'étendue et de précision des connaissances géographiques d'un auteur ou d'une époque. Les faits de détail ne nous intéressent qu'autant qu'ils concourent à ce double objet.

1 Les Dolopes étaient un peuple pélasghe de la Thessalie; Orphée lui-même en fait mention précédemment (v. 129), et on les retrouve à toutes les époques de l'histoire dans l'intérieur du continent hellénique. On trouve aussi des indices d'un établissement dolope dans l'île de Skyros à l'E. de l'Eubée (Corn. Nepos, *Cimon*, c. 2). Les Dolopes de la Propontide auraient eu, selon toute probabilité, la même origine. Mais il semble que leur établissement n'y fut pas d'une longue durée, car on ne les retrouve dans aucun des écrivains postérieurs, tels qu'Hécatée de Milet, qui vivait environ 500 ans avant notre ère, et l'historien-géographe Éphore, plus jeune d'un siècle et demi (Hecat. Milet. ap. Steph. Byz. v. Δολίονες; cf. v. Δολόπες; Ephor. ap. Schol. Apollon. Rhod. ad vers. 1037, lib. I. — Comp. Strab. lib. XII, p. 564 et 575, et XIV, 678'. Tous ces auteurs postérieurs à Homère nommaient *Dolions*, et non plus *Dolopes*, le peuple voisin de Cyzique. Apollonius de Rhodes, qui les a suivis dans ses Argonautiques, écrites à Alexandrie environ 200 ans avant J.-C., attribue aux Dolions (I, 947) ce que le poëme d'Orphée raconte des Dolopes. Maintenant, cette confusion provient-elle seulement d'une erreur de noms, ou aurait-elle une autre cause? Les Dolopes et les Dolions ne sont-ils en effet qu'une seule et même tribu, diversement nommée à des époques différentes, ou bien les Dolions seraient-ils venus occuper un canton que les Dolopes avaient habité avant eux? Ce problème n'a guère d'importance historique, assurément; néanmoins, la question qui s'y présente pourrait ne pas être sans valeur pour l'appréciation même du poëme orphique comme document de géographie pri-

« La journée tout entière fut consacrée aux plaisirs d'une hospitalité généreuse..... Mais quand Titan se fut précipité dans les flots de l'Océan, et que la lune eut revêtu sa sombre tunique parsemée d'étoiles, alors descendirent du haut des montagnes des hommes redoutables, pareils à des bêtes sauvages, et qui ressemblaient aux Titans robustes et aux géants. Chacun d'eux avait six bras attachés à ses larges épaules.

» Les princes invincibles se hâtèrent de revêtir leurs armes; tous les géants périrent sous les coups d'Hercule, le robuste fils de Jupiter. Mais une flèche atteignit le jeune Cyzikos, le prince des Dolopes.....; et lorsque l'Aurore, secouant les rênes dorées de ses coursiers, s'élança dans le ciel encore éclairé d'une lueur incertaine, les Minyens reconnurent sur la plage le corps du héros souillé de sang et de poussière..... Ils posèrent alors le cadavre de Cyzikos sur de grandes pierres; ils lui creusèrent un tombeau et lui élevèrent un monument..... Des jeux furent célébrés autour du tombeau, et les rois montèrent au sommet du Dindyme [1] pour apaiser Rhea par des libations.....

» Les héros ont regagné le navire et repris les travaux de la navigation..... Dès que le vent eut rempli les voiles et que nous eûmes frappé en les sillonnant les flots salés de la mer, le navire Argo bondit et s'élança, rasant les confins de la terre de Mysie. Bientôt il franchit dans sa course les bouches du Rhyndakos,

---

mitive. Si l'on fait attention qu'Homère, si exact et si minutieux dans ses énumérations géographiques, surtout pour la Troade et les contrées voisines, n'y nomme cependant ni les Dolions ni les Dolopes, et que le seul peuple qu'il mentionne sous ce dernier nom (Il. IX, 484, édit. Didot) est celui de la Thessalie, on pourra être conduit à penser que les Dolopes trouvés près de Cyzique par les Argonautes n'y demeuraient plus à l'époque de la guerre de Troie, soit qu'ils eussent été détruits, soit que d'autres peuples du voisinage les eussent expulsés, et que les Dolions qui les remplacèrent dans les mêmes localités ne vinrent s'y établir que beaucoup plus tard. Ce qui aura pu contribuer à la confusion, c'est que les Dolions, si du moins on en croit le Scholiaste d'Apollonius (ad v. 962, lib. I), étaient aussi originaires de la Thessalie, ἄποικοι Θεσσαλῶν.

[1] Le mont Dindyme, célèbre par un temple de Rhea (la Terre), s'élève dans la presqu'île même de Cyzique. Il y avait, dans l'ouest de l'Asie-Mineure et dans la mer Égée, beaucoup d'autres localités, principalement des montagnes, de ce nom de Dindyme ou Didyme.

et entrant dans le Beau Port[1] il aborda au rivage sablonneux. Autour du port se déploie l'Arganthe aux sommets élevés.....

» Lorsque le Soleil aux chevaux rapides eut atteint le milieu du jour, un vent favorable souffla de la montagne et vint enfler nos blanches voiles..... Nous arrivâmes au matin vers une terre funeste, où Amykos commandait aux Bébryks impies.

» Amykos, méprisant la vengeance de Jupiter, à qui rien n'échappe, provoquait au pugilat quiconque abordait dans le pays... Le robuste Pollux le tua en le frappant rudement à la tête de ses durs cestes. Les Minyens détruisirent par l'airain la tourbe vulgaire des Bébryks [2].

» Partis de là, nous atteignîmes à force de rames le rivage étendu où est située la grande ville des Bithyniens. Nous nous avançâmes rapidement dans la bouche du fleuve, et nous vînmes poser notre camp du soir dans les bois chargés de neige.... C'est là que le malheureux Phinée erre privé de la vue.....

» Nous laissâmes les demeures de Phinée, fils d'Aghénor; et nous abandonnant de nouveau aux plaines de la vaste mer, nous nous dirigeâmes vers les roches Kuanées[3], dont ma mère, la sage Kalliopè, m'avait souvent entretenu. Nul repos dans leur pénible labeur : continuellement livrées à l'impulsion des vents contraires, tantôt elles s'éloignent, tantôt elles se heurtent avec fureur; le fracas de l'onde agitée, des flots brisés et des vagues bouillonnantes se répand au delà des espaces du ciel et remplit la mer immense.

» Minerve aux yeux bleus, inspirée par Junon, envoya un héron qui vint se poser à la pointe d'une vergue; la frayeur alourdissait son vol. Cependant il s'élance, en tournoyant, dans l'intervalle que lui présentent les roches; mais se rapprochant rapidement et se précipitant l'une vers l'autre, elles saisissent

---

[1] Littéralement les Beaux Ports, Καλοί λιμενες. On ne peut méconnaître ici le vaste et pittoresque golfe de Moudania.

[2] Le poëte sicilien Théocrite, dans une de ses compositions si mal caractérisées pour nous par le nom d'Idylles que l'usage a consacré, a repris cet épisode et y a heureusement jeté des détails bien appropriés à l'état d'un peuple encore barbare chez lequel abordent des étrangers (Idyl. XXII).

[3] A l'entrée du Bosphore de Thrace (notre détroit de Constantinople), du côté du Pont-Euxin.

et arrachent dans leur choc l'extrémité de la queue du héron. Tiphys voyant de quelle manière l'oiseau avait échappé à sa perte, avertit les héros par un signe ; ceux-ci l'ont compris, et leur rames sillonnent rapidement la mer. Moi, par mes chants, je charmai les roches élevées. Elles s'écartèrent l'une de l'autre ; le flot se précipita avec bruit, et le navire trouva une route aisée au milieu des écueils qu'avait charmés le chant divin de ma cithare. Dès que le navire eut franchi le détroit et fut échappé aux roches Kuanées, elles se fixèrent à jamais sur leurs bases devenues immobiles. Ainsi l'avaient décrété les Parques sinistres.

» Ainsi échappés aux amères destinées du trépas, nous nous avançâmes par les bouches du *Rhebas* vers le sombre rivage, et nous atteignîmes la longue île *Thyneïs*, non loin de laquelle le *Thymbrios* poissonneux coule à pleins bords entre ses rives verdoyantes [1]. Près de là aussi le *Sangarios* [2] se précipite dans l'Euxin sans y mêler ses eaux.

» Continuant de longer le rivage à force de rames, nous arrivâmes au fleuve Lykos, où le roi Lykos, qui a pris le nom du fleuve, commande aux peuples de cette côte.....

» Après plusieurs jours d'hospitalité, nous reprîmes notre navigation sur la mer aux flots écumeux, et nous gouvernâmes vers la bouche du Parthenios que l'on surnomme Kallichoros.

» De là, franchissant la pointe avancée d'un promontoire, nous arrivâmes à la terre des Paphlagons.

» Le navire Argo l'évita en s'éloignant de la côte, et nous atteignîmes ainsi à travers les espaces de la mer les rivages Karambiens [3], où se trouve le Thermodón et le fleuve Haluos [4], qui porte à la mer le large tribut de ses eaux salées.

[1] Ce nom de Thymbrios fut transporté, dans les temps postérieurs, à une autre rivière, affluent du Sangarios, située beaucoup plus avant dans les terres.

[2] Le Sakaria. Nous ne nous attachons pas à établir une synonymie minutieuse, et qui serait souvent arbitraire, entre cette antique géographie et la géographie actuelle. Notre carte de l'Asie-Mineure, sur laquelle on peut suivre la narration orphique, suppléera aisément aux rapprochements que nous omettons. Il nous suffit de noter les repères principaux.

[3] Le cap Kérempèh garde encore aujourd'hui le nom de l'ancien promontoire Karambis.

[4] Le Halys, qui devait son nom à la salure de ses eaux. Le Thermodón,

» Un peu plus loin, dans une direction opposée aux Ourses du nord, reposent les restes gigantesques de Themiskure, fille de Doas ; non loin de là sont les villes des Amazones, habiles à dompter les coursiers. Les Khalubes, les Tibarènes et d'autres peuples voisins habitent ensemble la région de Mosun.

» De là, naviguant vers la gauche, nous touchâmes à des rivages habités par les Maours [1], voisins des Mariandures.

» Plus bas, sous l'étoile du Nord [2], se prolonge une longue crête [3], dont les pentes s'étendent au loin, entourant des vallées resplendissantes au-dessus d'un grand golfe enfoncé dans les terres. Le mont Sumès déploie ici ses larges flancs revêtus d'une riche verdure.

» Là est l'Araxe aux cours retentissant ; de ce fleuve sortent le Thermodon, le Phase et le Tanaïs [4], et sur ses bords habitent les nobles tribus des Kolches, des Héniokhes et des Araxiens. Après l'avoir dépassé, nous vînmes aux ports enfoncés dans les terres des Ouriens, des Khidnéens, des Kharandéens, des Solymes et des Assyriens [5] ; puis nous vîmes l'âpre montagne de

nommé ici avant le Halys, ne se jette dans la mer que plus loin à l'Est.

[1] Μαῦροι. Nous avons peine à comprendre comment les commentateurs se sont mis à la torture à propos de ce nom, qu'ils ont voulu changer contre toute raison tantôt en Ταῦροι, tantôt en Μάκρωνες, tantôt en Τίβαρηνοί (Vid. Gesner. ad loc. et Schœnemann Commentatio de Geogr. Argon. p. 14), quand ces Maours de la côte pontique ont été connus d'Hérodote et de l'ancien Hécatée sous le nom de Mares. — Herod. Histor. lib. VII, c. 79 ; Hecat. Mil. ap. Steph. Byz. v. Μάρες. C'est là un nouvel exemple, entre mille autres, de l'extrême réserve avec laquelle il faut toucher au texte des anciens auteurs.

[2] L'expression Νέρθε, employée ici par le poète pour désigner par une idée d'infériorité de position les contrées qui s'étendent vers le nord, est directement contraire aux notions cosmographiques qui prévalurent plus tard dans les écoles, et qui passèrent dans la langue usuelle. Vid. Arist. Meteorolog. II, 1. Comp. Gail, Essai sur les préposit. p. 17. Nous renverrons aux remarques que nous avons faites à ce sujet, et sur un autre passage du philosophe de Stagire, De Cœlo, II, 2, dans notre exposition de la géographie d'Aristote, ci-dessus, t. I, Introduction générale.

[3] Le Caucase.

[4] Nous traduisons littéralement cette étrange géographie telle que le texte la donne, sans nous livrer à des commentaires qui trouveront leur place ailleurs. Cf. Apollon. Rhod. II, 972 sqq. et IV, 132.

[5] Plusieurs de ces noms sont certainement corrompus, et le tout présente une confusion dont on chercherait vainement, en l'absence de manuscrits plus

Sinope, et les habitants de Philyra, et les villes nombreuses des Sapires [1], et les Buzères, et les tribus inhospitalières des Sighymnes [2].

« Poussé par un vent favorable, le navire Argo atteint enfin les bords riants du Phase, au moment où l'Aurore, se levant sur le monde immense, prenait sa course vers les bords occidentaux de la mer Inhospitalière [3]. »

Telle est la narration qui nous a été transmise sous le nom d'Orphée.

Nous nous bornerons à un petit nombre de remarques générales.

La première, et c'est aussi la plus importante, c'est que rien, dans la lecture de cette partie du périple des Argonautes, n'induit à en mettre en doute le caractère véritablement antique.

Personne, assurément, ne prétendra que le texte des Orphiques, tel que nous le possédons aujourd'hui, soit celui qu'enfanta, il y a trente et un siècles, le génie poétique du législateur de la Thrace. Ce texte, nous le savons, probablement confié dans l'origine à la mémoire des bardes pélasghes, et transmis ainsi, de même que toutes les poésies primitives, pendant une longue suite de générations, fut recueilli plus tard et traduit en quelque sorte dans une langue plus moderne. Ce fut là l'œuvre d'Onomacrite. Que des modifications du texte primitif, que des altérations plus ou moins graves aient été le résultat de ce re-

jours que les textes imprimés, à tirer un ordre plausible. Nous reviendrons tout à l'heure sur ce point de la narration orphique.

[1] Cf. Apollon. Argonaut. II, 395, 1243. Les Sapires sont mentionnés dans Hérodote (qui écrit Saspires) comme un peuple habitant dans l'intérieur des terres entre les Kolches et la Médie (*Histor.* I, 104; add. III, 94). Étienne de Byzance, dans son Dictionnaire géographique compilé vers la fin du 4ᵉ siècle, dit (v. Σάπειρες) que de son temps on les nommait Sabires. Leur nom se retrouve dans la géographie arménienne, et se présente fréquemment dans l'histoire de ces contrées pendant la période byzantine.

[2] Σιγύμνοι. Eschenbach, probablement avec raison, a proposé de lire Σιγύννοι, en rapprochant ce passage du vers 320, livre IV, d'Apollonius de Rhodes. Ce rapprochement pourrait donner lieu à des remarques qui seront mieux placées dans le volume où nous aurons à présenter le tableau des peuples du Caucase.

[3] Άξεινος Πόντος, nom que remplaça plus tard celui d'Εὔξεινος, Pont-Euxin (mer hospitalière). *Voy.* ci-après, ch. IV.

maniement[1], c'est ce que personne aujourd'hui ne peut ni affirmer ni nier d'une manière absolue. Mais nous disons que les présomptions sont toutes ici pour la conservation du fonds du poëme dans sa pureté originelle[2]. Quel intérêt, en effet, peut-on supposer dans l'altération volontaire de l'œuvre orphique, alors surtout que la tradition des anciens âges entourait le nom d'Orphée d'une sorte de vénération religieuse? Et si l'on prétendait, s'appuyant de quelques autorités relativement récentes, contraires au sentiment unanime de la haute antiquité, qu'Orphée est un être imaginaire ; si l'on voulait — le nom d'Homère lui-même a-t-il été à l'abri de ce scepticisme impie? — que les écrits auxquels le nom d'Orphée est attaché ne soient qu'une fraude littéraire, et que cet Onomacrite à qui on les attribue les ait non pas seulement retouchés, mais composés : hé bien, dans ce cas, ne faudrait-il pas admettre que le faussaire aurait dû, pour donner au moins quelque apparence de vérité à sa fraude, se guider sur les indications que lui pouvaient fournir les monuments des anciens âges encore existants ; et les Argonautiques, même en ne les envisageant que de ce point de vue, ne seraient-elles pas encore un document précieux pour la géographie des siècles héroïques, aujourd'hui que le temps a dévoré la presque totalité des documents propres à nous éclairer dans l'étude de ces antiques périodes?

Si, en effet, écartant toute discussion de pure controverse, nous examinons le périple en lui-même, et qu'analysant les diverses parties dont il se compose depuis la sortie de l'Egée jusqu'à l'entrée du Phase, nous cherchions ainsi à éclairer notre jugement par le fond même des choses, et non plus par des considérations accessoires, nous n'y trouvons rien, nous le répé-

---

[1] C'est ainsi qu'outre le nom d'Άξεινος, qui est véritablement le nom primitif du Pont-Euxin, on trouve dans plusieurs passages du poëme celui d'Εὔξεινος, qui ne date que d'une époque moins ancienne de plusieurs siècles que l'âge d'Orphée. Une étude attentive de la nomenclature de cette partie du poëme orphique y ferait sans nul doute découvrir d'autres anticipations analogues.

[2] Nous n'entendons pas faire entrer ici en considération les altérations évidentes, soit dans les mots, soit même dans des passages entiers, telles que transpositions de vers, etc., que présentent les manuscrits peu nombreux sur lesquels s'est exercée la sagacité des éditeurs et des commentateurs.

tous, qui ne s'accorde pleinement avec la haute antiquité à laquelle le nom d'Orphée nous reporte. Nous ne parlons ni du style, qui est ici hors de question, ni même de l'esprit général des légendes mythologiques dont la narration est entremêlée, quoique, sous ce dernier rapport au moins, le caractère d'archaïsme dont l'ensemble du poëme est empreint soit une considération importante [1]; mais une considération d'une importance encore plus directe au point de vue géographique, c'est l'idée que le récit du poëte nous donne des pays où il conduit ses héros. Des contrées encore à demi sauvages, habitées par quelques tribus aux mœurs rudes et barbares : voilà ce que le poëme orphique nous montre sur toute la côte septentrionale de l'Asie-Mineure. Les bords de l'Hellespont, couverts de villes pélasgiques, et le royaume du riche Aétès, à l'autre extrémité du Pont-Euxin, font seuls exception à ce caractère général d'une région encore incivilisée. Des témoignages historiques, dont nous aurons à discuter ailleurs la nature et l'autorité, font en effet remonter à une époque antérieure au siècle des Argonautes la civilisation de l'ancienne Colchide; et nous allons voir tout à l'heure qu'au temps où se place l'expédition des Argonautes, Ilion était déjà depuis plus d'un siècle, dans le pays que borde l'Hellespont, la métropole d'un état florissant. Entre la Troade et la Colchide, le périple ne mentionne (sans les nommer) que « la grande ville des Bithyniens [2], » et « les villes des Amazones [3]. » Toutes les autres indications se bornent à un certain nombre de peuplades ou de tribus, et à la nomenclature des principales rivières dont les compagnons de Jason apercevaient les embouchures [4]. Sous ce rapport, cet ancien monument de la géographie primitive du

---

[1] Par exemple, ces géants à six bras, habitants des montagnes de la terre des Dolopes, ne sont-ils pas, comme légende mythologique, d'une époque évidemment antérieure aux fictions de la mythologie homérique?

[2] Βιθυνῶν μέγα ἄστυ. V. 666.

[3] Ἀμαζονίδων ζαμνίππων ἄστεα. V. 738. Apollonius, plus précis, dit πόληες τρισσαὶ Ἀμαζονίδων, « les trois villes des Amazones. » (*Argonaut*. lib. II, v. 373), et plus loin (v. 995-1000) il nomme ces trois villes Them'skura, Lukastia et Khadésia (Θεμισκύρα, Λυκαστία, Χαδήσια). Cette désignation rectifie une faute du Scholiaste sur le v. 373. Cf. Plin. *Histor. Natur.* lib. VI, c. 3.

[4] Tous les détails du périple des Argonautes sont soigneusement rapportés sur la deuxième carte de notre Atlas, destinée à représenter les connaissances

Pont-Euxin présente une ressemblance frappante avec les vieilles relations des premiers navigateurs européens qui reconnurent les côtes encore sauvages des parties orientales du Nouveau-Monde. Ce caractère de simplicité antique du poëme d'Orphée se montre plus évident encore si on le rapproche des compositions savantes qu'il inspira plus tard et auxquelles il servit de modèle. Apollonius, surnommé le Rhodien, quoique natif d'Alexandrie, et qui florissait 250 ans environ avant notre ère, composa aussi un poëme des Argonautes, qui est arrivé jusqu'à nous. Disciple de Callimaque, dont il devint ensuite le rival, et l'un des écrivains les plus recommandables qu'ait produits la célèbre école d'Alexandrie, Apollonius était à la fois poëte et érudit ; son ouvrage se distingue à ce double titre [1]. Quoique Apollonius se soit évidemment étudié à se tenir aussi près que possible de l'œuvre orphique dont il suit pas à pas la marche générale et les épisodes, il a cependant introduit dans la sienne une foule de détails ignorés du premier chantre des Argonautes, détails précieux pour nous parce qu'ils nous ont conservé beaucoup de notions curieuses d'antiquités géographiques, mais qui sont évidemment, ainsi qu'un grand nombre de noms de la nomenclature géographique d'Apollonius, d'un âge postérieur à l'événement qui fait le sujet du poëme. Nous ne disons rien de Valérius Flaccus, qui n'a guère fait que mettre en vers latins, trois cents ans plus tard, l'ouvrage du poëte d'Alexandrie.

Le rôle que l'on voit jouer aux Amazones dans les plus anciennes traditions héroïques pourrait donner lieu de s'étonner du peu de place qu'elles tiennent dans le périple des Argonautes, où leur nom est à peine mentionné parmi ceux des diverses tribus établies sur la côte montueuse qui se prolonge à l'est du Halys. Les observations que nous avons présentées plus haut sur cette vieille tradition et sur les limites où il convient de la restreindre peuvent expliquer ce silence du poëme orphique. C'est

géographiques des temps héroïques de la Grèce, tels que nous les trouvons dans les trois plus anciens poëtes de l'Occident, Orphée, Hésiode et Homère.

[1] Il a été élégamment traduit en français par M. Caussin de Perceval (Paris, 1797, in-8°), et M. Frédéric Dübner a donné en 1840 une excellente édition du texte dans un des volumes de la Bibliothèque Grecque éditée par M. Ambroise-Firmin Didot.

encore, si nous ne nous trompons, un argument en faveur de la haute antiquité de ce poëme. Si, en effet, il eût été composé à une époque où la légende des Amazones avait acquis les développements que lui donnèrent les premiers poëtes ioniens qui brodèrent sur le fond des traditions pélasgiques, il semble que l'auteur, quel qu'il fût, n'eût pas négligé un épisode si bien fait pour enrichir sa composition, où il venait se placer de lui-même. Apollonius, par exemple, n'a eu garde d'y manquer.

C'est aussi aux périodes postérieures de la poésie et de l'histoire helléniques qu'appartient une autre classe de traditions ou plutôt de fables étrangères à la haute antiquité : nous voulons parler des nombreuses origines de peuples et de villes que l'on rattacha plus tard à l'expédition des Argonautes. Le poëme orphique n'offre rien de semblable. Jason surtout, s'il en fallait croire les écrivains des temps classiques qui se firent les échos de ces origines fabuleuses, Jason aurait laissé d'innombrables souvenirs de son nom et de sa présence non-seulement sur tout le pourtour méridional et oriental du Pont-Euxin, mais jusqu'au cœur des pays du Caucase [1]. Si nous nous rappelons qu'à une époque dont l'antiquité échappe aux supputations de notre chronologie, les contrées qui bordent l'Euxin à l'Orient et au Midi ont dû être occupées ou parcourues par de nombreux essaims d'une nation répandue depuis le cœur de l'Asie jusqu'à la mer Égée, la nation de Ases [2]. peut-être la présence sur ces côtes, et surtout dans l'isthme caucasien, des vestiges d'un nom que les Grecs identifièrent avec celui de Jason, s'expliquera-t-elle pour nous d'une manière à la fois plus plausible et plus naturelle.

Ce serait anticiper sur les détails où nous aurons à entrer dans le chapitre suivant, que d'entreprendre ici une comparaison, d'ailleurs intéressante pour le complet éclaircissement de la géographie argonautique de l'Asie-Mineure, entre cette géographie telle que nous la donne le poëme orphique et celle que renfer-

---

[1] *Voy.* surtout les passages de Strabon, lib. I, p. 45 D. (Cf. 48 A); lib. XI, p. 503 D, 526 B, 531 A. — Tacit. *Annal.* VI, 34; — Plin. *Hist. Nat.* VI, 4; — Justin. XLII, 3. — Comparez Diod. Sic. IV, 17.

[2] Ci-dessus, p. 162.

ment les chants d'Homère. Disons cependant que cette comparaison, instructive à plus d'un égard, ne fait que confirmer les conclusions générales auxquelles nous ont conduits les précédentes considérations. Entre la géographie d'Orphée et celle d'Homère, il y a des différences et des ressemblances : celles-ci nous montrent l'exactitude générale des deux poëtes; celles-là s'expliquent, indépendamment de l'inégalité possible de leurs informations, et par l'intervalle d'un demi-siècle qui sépare l'expédition de Jason de la guerre de Troie, et par les immigrations nouvelles ou les déplacements de tribus qui eurent lieu dans cet intervalle, et par la dissemblance même du sujet des Argonautiques et de celui de l'Iliade. L'auteur des Argonautiques est plus détaillé sur les extrémités orientales du Pont-Euxin, but de l'expédition qu'il célébrait : Homère, sur la Troade et les contrées voisines de l'Hellespont, théâtre des combats que ses vers devaient immortaliser.

Il paraît qu'une génération avant la guerre de Troie, ces contrées avaient été le but d'une expédition dorienne dirigée contre cette ville d'Ilion déjà célèbre alors, devant laquelle les Grecs coalisés devaient être un peu plus tard retenus dix années entières. Cette première expédition est celle que les mythographes attribuent à Alcide, l'Hercule hellénique [1].

Laomédon, père de Priam, régnait alors dans Troie. Les princes dont cette ville était la capitale avaient promptement acquis une grande prépondérance parmi les peuples ou les tribus de cette extrémité nord-ouest de l'Asie-Mineure; la fondation du royaume troyen n'avait en effet, d'après le passage célèbre où Homère déroule la généalogie d'Énée, le fils de Priam [2], précédé que de six générations, que l'on peut évaluer à deux

---

[1] On en peut voir les détails, tels que les avait consacrés la tradition mythologique, dans Apollodore, *Biblioth.* lib. II, c. 6, t. I, p. 213 de l'édition Clavier (Cf. p. 191), et dans Lycophron, *Cassandra*, v. 1346 et suiv. — Diodore a donné au récit de cette expédition une forme historique (*Histor. Univ.* IV, 9, 11, 13). — La réalité en est d'ailleurs consacrée par l'autorité d'Homère, *Iliad.* V, v. 638 et suiv.

[2] *Iliad* XX, 215 et suiv.; — t. II, p. 198 de l'élégante traduction de M. Dugas-Montbel.

cents ans, l'arrivée des Grecs coalisés pour venger l'injure de Ménélas [1].

Arrêtons-nous un instant sur cet intéressant chapitre des origines troyennes : elles sont de nature à ajouter quelques lumières nouvelles à celles que nous avons déjà pu réunir sur l'origine et les filiations primitives des premières populations de cette partie de la Péninsule.

Le plus ancien chef connu qui ait, dit-on, dominé sur la côte maritime de ce que plus tard on nomma la Troade, est Teuker [2], que l'on disait fils du fleuve Skamandros et de la nymphe Idaïa, c'est-à-dire, selon le langage figuré des peuples primitifs, enfant du pays même [3]. Cependant les anciens annalistes de l'Ionie, désignés sous le nom de logographes, qui les premiers recueillirent et consignèrent par écrit les traditions historiques des contrées voisines de l'Égée, faisaient venir Teuker d'au delà de la mer, les uns de l'île de Crète, d'où sortirent à des époques reculées de très-nombreuses colonies pélasgiques, les autres de l'Attique, alors pareillement occupée par les Pélasghes [4]. Teuker, selon la tradition, donna son nom aux habitants du pays. Il faut cependant observer qu'Homère n'a pas connu ce premier chef antérieur aux rois troyens, non plus que le nom de Teukriens si fréquemment employé par Virgile et qu'Hérodote a mentionné [5].

Peu de temps après l'établissement de Teuker au pied de l'Ida,

---

[1] Cette évaluation porterait les commencements du royaume de Troie sous Dardanos, vers l'an 1400 avant notre ère. Pour ces temps reculés, nous l'avous déjà dit, on ne saurait prétendre aux calculs d'une chronologie régulière; il suffit d'une évaluation approximative, qui permette d'embrasser, d'une manière suivie et vraisemblable, l'ordre et la suite des faits principaux transmis par la tradition.

[2] Telle nous paraît être l'orthographe la moins éloignée de la forme primitive du nom; celle de Teukros, Τεῦκρος, qui prévalut chez les Hellènes, n'est que la contraction du thème radical, avec la terminaison grecque. Ces remarques, on le verra tout à l'heure, ont leur importance.

[3] Le Skamandre qui traverse toute la Troade, et l'Ida dont les sommets la dominent, sont les deux grands traits physiques du pays.

[4] On peut voir les autorités recueillies par Clavier, notes sur Apollodore, p. 444-45.

[5] Lib. II, c. 118.

une nouvelle colonie étrangère, venue de l'île de Samothrace, aborda aux rives asiatiques de l'Hellespont. Celle-ci était conduite par Dardanos, fils de Jupiter et frère de Jasion. Dardanos partagea le pays avec Teuker, et bâtit sur l'Hellespont, au lieu même où il avait débarqué, une ville qui de son nom fut appelée Dardanos. Après la mort de Teuker, le nom de Dardanie s'étendit à toute la contrée.

Erichthonios, fils de Dardanos, succéda à son père dans la souveraineté de cette terre fertile. « C'était, nous dit le poète, le plus opulent des mortels : trois mille cavales paissaient dans ses gras pâturages, fières de leurs poulains bondissants. » Tros, fils d'Erichthonios, agrandit probablement le territoire de son petit État, puisque ce fut d'après lui que le pays fut désormais désigné sous le nom de Troïas ou Troade.

Ilos, un de ses fils, transporta sa résidence dans l'intérieur de la plaine, et y fonda la ville d'Ilion depuis si célèbre, mais qui est plus familièrement connue dans les langues modernes sous le nom de Troie, lequel appartient plus spécialement au territoire. Les anciens logographes racontaient ainsi la fondation d'Ilion : « Ilos, étant allé dans la Phrygie, s'y trouva à des jeux que le roi faisait célébrer et y fut vainqueur à la lutte. Il reçut pour prix cinquante jeunes garçons et cinquante jeunes filles. Le roi lui donna aussi, d'après un oracle, une vache de diverses couleurs, et lui dit de bâtir une ville dans le lieu où elle se coucherait. Cette vache le conduisit vers un endroit de la Phrygie nommé la colline d'Atè, et s'y coucha; Ilos y bâtit une ville et la nomma Ilion... » Ce récit est celui qu'a recueilli Apollodore [1]; d'autres anciens auteurs nommaient les Bébryks au lieu de la Phrygie [2], ce qui, au fond, n'est pas différent [3]. Lao-

---

[1] *Biblioth.* lib. III, c. 12, § 3; p. 354 de la trad. de Clavier. — Comp. Strab. lib. XIII, p. 593 B. Denys d'Halicarnasse fait un conte à peu près semblable au sujet de la ville bâtie par Énée à son arrivée en Italie. (*Antiq. Rom.* I, 13.). Virgile (*Æneid.* III, v. 390; VIII, 81) a consacré cette vieille tradition. Cf. Conon, XLVIe Récit, dans Photius, p. 454, où la même légende est transportée en Thrace. Il semble que le nom primitif d'Ilion ait été Atès, et que ce fut seulement plus tard que l'usage consacra la dénomination tirée du nom du fondateur (Steph. Byzant. v. Ἴλιον).

[2] Conon. *Narrat.* XII, ap. Photii *Biblioth.* p. 429.

[3] *Voy.* ci-dessus, p. 170.

médon, qui régna dans Ilion après son père Ilos, acheva ce que celui-ci avait commencé. Il construisit la citadelle, connue sous le nom particulier de Pergame, et fit entourer Ilion de fortes murailles. Ces murailles passaient pour un si merveilleux ouvrage, qu'on les disait l'œuvre des dieux. La tradition ajoutait que Laomédon avait porté les armes troyennes à l'ouest de l'Hellespont, et soumis la Thrace entière jusqu'au Pénée à sa domination [1]. Sous Priam son fils, le royaume de Troie était arrivé à son plus haut degré de puissance et d'étendue ; mais une ruine complète devait suivre de près cette période brillante de prospérité.

Nous avons fondu dans ce court exposé les notions fournies par Homère avec celles des anciens logographes conservées par divers auteurs plus récents [2]. Il est à remarquer que tous ces auteurs s'accordent entre eux et avec le poëte sur les circonstances de cette antique histoire du royaume troyen.

Voyons maintenant quelles indications elle nous peut fournir pour l'éclaircissement des origines ethnologiques de ces parties de l'Asie-Mineure voisines de la Propontide.

On nous montre deux immigrations distinctes, deux colonies venant du dehors s'établir, à des époques rapprochées, sur les rives de l'Hellespont.

Ce sont les hommes de Teuker, ou les Teukriens, et les hommes de Dardanos, ou les Dardaniens.

Ces deux colonies, on les fait sortir l'une et l'autre des pays pélasgiques : celle de Teuker, de la Crète, alors habitée par les Pélasghes ; celle de Dardanos, de l'Arcadie, qui fut un des principaux foyers des antiques migrations de ce peuple. Pour Dardanos, au moins, la généalogie que la fable lui donne confirme pleinement cette parenté, en la rattachant à Jupiter, le dieu suprême des Pélasghes, peut-être la plus ancienne personnification de la race [3].

---

[1] Hérod. VII, 20 ; Lycophron, *Cassandra*, v. 1341 et suiv.

[2] Homer. *Iliad.* XX, v. 215 à 241 ; — Apollod. *Biblioth.* lib. III, ch. 12, et les notes de Clavier ; — Dionys. Halicarn. lib. I, 14 et 15 ; — Diod. Sicul. lib. IV, c. 75. — Photius nous a conservé parmi ses extraits des Récits de Conon (le XXI⁰ et le XII⁰, *suprà cit.*), deux fragments des mêmes chroniques. Cf. Servius ad Æneid. III, v. 167 ; VII, 207, VIII, 134, etc.

[3] *Voy.* surtout le passage remarquable de Denys d'Halicarnasse (1, 14).

Les Teukriens et les Dardaniens paraissent donc avoir eu une commune origine, et aussi, probablement, une même langue et des croyances communes. La promptitude avec laquelle on les voit se rapprocher et se confondre, pour ne former bientôt plus qu'un seul peuple sous un nom commun, ne permet guère, en effet, indépendamment de toute autre considération, de les regarder que comme deux tribus sœurs.

Le peuple troyen, le peuple de Priam, né de la fusion de ces deux tribus pélasghes, était donc évidemment de même sang et de même origine que les Grecs d'Agamemnon et d'Achille, issus directement aussi de la vieille souche pélasgique, ou plutôt n'étant que la transformation et l'assimilation progressives d'une race antique sous un nom nouveau; de même qu'on a vu, à d'autres époques de l'histoire, le nom de Russes absorber celui de Slaves, et le nom d'Allemands celui de Germains. Aussi a-t-on dès longtemps fait la remarque que dans Homère les Grecs et les Troyens ne semblent réellement former qu'un seul peuple, parlant la même langue, ayant les mêmes usages et invoquant les mêmes dieux.

Cette fraternité originaire entre les Troyens et les Hellènes est déjà un fait historiquement intéressant [1]; mais ce n'est pas le seul dont les traditions que nous avons rapportées nous paraissent recéler l'indication.

On y découvre, si nous ne nous trompons, les vestiges de l'origine thracique de ces deux tribus dont se forma le peuple troyen; — vestiges obscurs, confus, à demi effacés, mais reconnaissables encore pour des yeux attentifs. C'est ainsi que souvent, un mot à demi effacé sur une pierre rongée par les siècles a mis aux mains de l'antiquaire le fil qui devait diriger ses recherches dans l'obscurité des anciens temps.

Que Teuker et Dardanos fussent partis des contrées méridionales de la Grèce pour venir se fixer sur les bords asiatiques, il n'y a rien là qui soit en contradiction nécessaire avec l'origine septentrionale que leurs noms nous paraissent révéler. Les deux ou trois siècles qui précédèrent la guerre de Troie furent marqués, une foule de faits isolés l'indiquent, par un grand

---

1 Il y a longtemps qu'il avait été signalé par Denys d'Halicarnasse, lib. I, c. 11.

mouvement, par de grands déplacements de peuples ou de tribus dans les pays qui entourent la mer Égée. L'histoire, qui n'existait pas encore, n'a recueilli plus tard que de bien vagues souvenirs de cette grande agitation dont nous ignorons les causes; devons-nous négliger les indices, si faibles soient-ils, qui peuvent, à un degré quelconque, suppléer au silence de l'histoire?

Quelles que soient les profondes ténèbres dont sont enveloppées les origines du peuple pélasghe, plusieurs faits obscurément conservés sous l'enveloppe fabuleuse de ses plus anciennes traditions s'accordent à placer dans l'Orient, en remontant vers le nord, la demeure première, le point de départ de la race, par rapport aux contrées plus méridionales qui reçurent dans la suite des temps le nom d'Hellénie. C'est vers le Caucase que résida Japet, l'ancêtre commun de la grande famille pélasgique; c'est à un des pics du Caucase qu'est enchaîné Prométhée, fils de Japet et d'Asie; c'est aussi près du Caucase que d'antiques traditions plaçaient la demeure première de Deucalion, fils de Prométhée et père d'Hellen. D'après ces traditions que nous ne pouvons que rappeler et que bien d'autres indices fortifient, les Pélasghes seraient arrivés dans la péninsule hellénique par le nord du Pont-Euxin, route commune de toutes les grandes migrations orientales, qui, à diverses époques de la haute antiquité, se sont dirigées vers l'Europe; et dans leur trajet des plaines sarmatiques aux bords de l'Égée, ils auraient rencontré les âpres montagnes et les larges vallées de la Thrace.

Tout nous prouve, en effet, les traditions historiques comme les indications géographiques, qu'à une époque quelconque, mais certainement très-ancienne, la Thrace — et sous ce nom nous entendons l'ensemble des contrées comprises entre le bas Danube, l'Euxin, l'Adriatique et l'Égée — que la Thrace, disons-nous, fut le siége principal, ou, si l'on veut, une des grandes stations de la race pélasgique. De nombreuses tribus et même de vastes cantons tels que la Péonie et la Pélagonie, y avaient gardé dans leur nom l'ineffaçable cachet de leur origine; les Macédoniens eux-mêmes, qui plus tard devaient jouer un si grand rôle dans l'histoire du monde, n'étaient qu'une ramification de la souche pélasghe. On peut donc supposer avec toute vraisemblance que ce fut de la Thrace que rayonnèrent les innombrables essaims qui se portèrent soit au sud, vers les riantes vallées de l'Hellénie méridionale et du Péloponèse, aussi bien que vers les îles qui parsèment l'Égée ; soit au sud-est, vers la Propontide et l'Hellespont; soit même à l'ouest et au nord-ouest, vers les parties supérieures de l'Italie par le pourtour de l'Adriatique. S'il en est ainsi, comme tout concourt à le prouver, on ne saurait être surpris de retrouver dans toute cette région une foule de synonymies ethnologiques, indices de parentés primitives dont souvent les traditions n'ont gardé nul souvenir. De ce que nous venons de dire, néanmoins, il ne faudrait pas conclure que tous les peuples indistinctement que l'antiquité nous montre établis dans la Thrace appartinssent à la race pélasghe proprement dite. D'autres races y furent aussi poussées et y laissèrent des vestiges de leur présence. Les populations gothiques du nord de l'Europe, les populations celtiques des dernières contrées de l'ouest, surtout les populations teutones de l'Europe centrale et les populations slaves des plaines de l'Est, y ont des représentants de leurs nationalités respectives. Et dans ce mélange de nationalités diverses, il doit être souvent d'autant plus difficile de discerner la parenté directe de telle ou telle tribu thracique, que ces grandes immigrations orientales qui sont venues peupler notre Europe à des époques inconnues, mais successives, les Celtes, les Teutons, les Goths, les Slaves, se ressemblent entre elles beaucoup plus qu'elles ne diffèrent. Leurs langues, filles d'une mère commune, ont dû offrir autrefois des analogies d'autant plus intimes qu'elles touchaient de plus près à leur commun berceau ; et par leurs traits physiques, ce caractère essentiel de la distinction des peuples, toutes ces races de l'Europe primitive appartenaient à une seule et même famille, diversement ramifiée, à la grande famille des peuples blonds. Souvent donc, nous le répétons, il doit être difficile, dans l'étude des peuples de l'ancienne Thrace, de déterminer la connexion immédiate d'une tribu avec l'une des grandes familles primitives de l'Europe, lorsque les recherches ne sont pas dirigées par quelque indice particulier ; et, dans ce cas, il faut se borner à constater la parenté générale.

Ces considérations, dont le développement toucherait à toutes les origines européennes, ne sont pas étrangères à notre sujet actuel. Toute la partie occidentale de l'Asie-Mineure, nous l'avons vu précédemment, reçut originairement sa population par la voie de la Thrace; il importe donc de se former une idée aussi nette, aussi précise que possible, de la nature de ces populations thraciques et de leur premier point de départ.

Nous n'aurons plus lieu de nous étonner désormais si, dans ces populations primitives des parties de l'Asie-Mineure comprises entre l'Égée et le Halys, nous trouvons des indices non-seulement de la présence des Pélasghes, mais aussi d'un mélange plus ou moins dominant d'éléments slaves, d'éléments celtes, et surtout d'éléments teutons. Nous savons maintenant par quelle voie ces populations diverses ont pu pénétrer et se répandre dans une contrée qui paraît tout à fait en dehors des routes qu'elles ont suivies lors de leur expansion de l'est à l'ouest.

Quoique la tradition unanime de l'antiquité attribue aux Pélasghes la colonie dardanienne de l'Hellespont, et que le Péloponèse, terre alors pélasgique, soit indiqué comme le point de départ de Dardanos, on ne sera pas surpris, d'après ce qui précède, de nous voir chercher au cœur même de la Thrace, dans le massif montagneux d'où sort l'Axios, le fleuve le plus considérable de la Macédoine, le siége plus ancien de la tribu Il existait là, en effet, en contact avec les Pélasghes de la Macédoine, une contrée dont le nom de Dardanie ne saurait laisser de doute sur l'identité. Une ville des Dardaniens, que l'antiquité a connue sous le nom de *Sintia*[1], rappelle celui des *Sintiés*, qui furent les premiers habitants de l'île de Lemnos, au fond de la mer Égée [2]; or, une circonstance particulière de la légende historique de Dardanos, c'est qu'il avait séjourné dans l'île de Samothrace, voisine de celle de Lesbos, avant son passage sur les bords de l'Hellespont [3]. A peu près inaccessible par la nature du pays, la Dardanie thracique resta presque inconnue à toute l'antiquité. On savait seulement que les Dardaniens étaient un peuple barbare et très-grossier [4]; mais ni les historiens, ni les géographes n'avaient recueilli de notions plus précises sur

---
[1] Tit. Liv. XXVI, 25.
[2] *Iliad.* XII, 281; *Odyss.* VIII, 283, 294.
[3] Apollod. III, 12, § 1.
[4] Ælian. *Variar. histor.* IV, 1; — Strab. lib. VII, p. 316 A.

la contrée sauvage qu'ils habitaient. Les uns en faisaient un peuple illyrien, d'autres le rangeaient parmi les tribus mœsiennes : nous n'hésitons pas à le rattacher à la famille pélasgique. Ce rapprochement nous paraît d'autant moins douteux, que l'Italie pélasgique avait aussi sa ville de Dardanon, au rapport du poëte Lycophron, si profondément versé dans les antiquités helléniques ; et que vers l'extrémité méridionale de l'Italie la géographie classique connaît les Calabri à côté des Dardi, de même qu'une des tribus particulières de la Dardanie thracique portait le nom de Galabriens[1]. Nous hésiterions davantage à rappeler les Dardaniens ou Dardéens que l'antiquité a connus dans l'Asie intérieure[2], si le plus grand nombre des tribus et des peuples de l'ancienne Europe en général, et de la Thrace en particulier, n'avaient en quelque sorte leurs racines au cœur même de l'Asie par de semblables homonymies.

Peut-être n'est-il pas non plus inutile de remarquer que le nom même d'Ilion, la cité célèbre des Dardaniens de la Troade, se retrouvait dans l'intérieur des pays thraces, là où on ne peut raisonnablement supposer qu'il ait été porté par les migrations troyennes qui suivirent la ruine du royaume de Priam[3].

Ce sont des rapports d'une autre sorte que nous apercevons dans la colonie teukrienne. Ici nous ne rencontrons pas de synonymies propres à nous diriger dans nos investigations ; l'ancienne géographie n'a pas connu d'autres Teukriens que ceux de la Troade. Mais ce nom même de Teukriens nous paraît re-

[1] Strabon, *loc. cit.*
[2] Les Dardanéens d'Hérodote confinent à la Médie (lib. I, c. 189) ; ceux de Denys le Périégète (v. 1137), que Strabon nomme Dardéens, habitaient au voisinage de l'Indus. Strab. lib. XV, p. 706 A. Cf. Steph. Byz. v. Δάρδαι. *Sindia*, la ville principale des Dardaniens de Thrace, rappellerait-elle le nom du Sindh ?
[3] Varro, ap. Serv. in Æneid. III, v. 349 ; Tit. Liv. XXXI, 27. Steph. Byz. v. Ἴλιον. — Les logographes qu'avait consultés Diodore pour les parties de son histoire relatives aux temps héroïques, donnaient le nom de Scythes aux sujets de Dardanos. (Diod. lib. IV, c. 43, édit. Bipont.) Les rapports originaires entre les Dardaniens de l'Hellespont et ceux du cœur de la Thrace n'étaient même pas, à ce qu'il semble, tout à fait oubliés. Seulement, par un renversement évident de toutes les probabilités historiques, on faisait des seconds une colonie des premiers. Vid. Diod. V. 48. Une vieille tradition faisait en effet régner Midas, le roi des Bryghès, sur les Dardaniens, ce qui ne peut avoir été qu'avant son passage en Asie dans le pays qui prit le nom de Phrygie (Sallust. ap. Serv. in Æneid. II, v. 325).

céler l'indice de sa propre origine et de ses affinités dans le radical *teuk*, qui n'est à nos yeux qu'une modification ou une altération de l'ethnique *Deutsch* ou *Teutch*, forme primitive de la grande appellation nationale des peuples teutons. Ce qu'un tel rapprochement pourrait avoir de hasardé au premier coup d'œil, cessera peut-être de paraître tel si on ne le sépare pas des nombreuses analogies dont il est entouré et sur lesquelles il s'appuie. Rien n'est plus commun que ce nom de *Theuth* ou *Teut* comme désignation patronymique, non plus chez les Hellènes des temps classiques, où il paraît être à peu près éteint, mais chez les vieilles familles pélasghes des temps antérieurs. Il était resté fréquent chez les peuplades de la Thrace et de l'Illyrie [1]. Teutamios, que d'autres nomment Teutamidès, est un des plus anciens rois des Pélasghes de Thessalie ; c'était, dit-on, le descendant au deuxième degré de Pelasgos, qui avait fondé Larisse, leur métropole [2]. Une des principales familles, sinon l'ancienne famille royale de la ville pélasghe d'Arisbè, sur les bords de l'Hellespont, descendait de Teuthras [3] ; et ce nom de Teuthras est, en outre, celui du roi d'un canton maritime nommé la Teuthranie, aux confins de la Troade [4]. Un des chefs de l'armée grecque porte aussi dans Homère le nom de Teuthras [5] ; et c'est d'un Teutarès qu'Hercule avait appris à tirer de l'arc [6]. Bornons-nous à ces indications, que nous aurions pu multiplier. Nous signalerons cependant encore un fait de même nature qui nous paraît particulièrement remarquable ; — c'est la famille même de Teuker qui nous le fournira. Le successeur de Dardanos comme prince des Teukriens fut Erich-

---

[1] Xénoph. *Anab.* VII, 2 et alibi ; Tit. Liv. XLII, 51, XLIV, 31, XX, 25, etc.
[2] Apollod. II, 4, § 4 ; Dionys. Halicarn. I, 28.
[3] Homer. *Iliad.* VI. 13. Cf. II, 843.
[4] Apollod. II, 7, § 4. Cf. III, 9, § 1.
[5] *Iliad.* V. 705.
[6] Callim. *fr.* 265. — Lycophron (*Alex.* v. 56 et 478) le qualifie de Scythe, peut-être parce que les Scythes passaient pour les meilleurs archers du monde. — Teutarès s'explique par Mars-Teuton ; de même que Teuker, nom du chef de la colonie teukrienne, pourrait se décomposer en Deutsch-her, Honneur des Teutons. Nous sommes persuadés que les anciennes langues gothiques ou teutoniques fourniraient pareillement l'explication étymologique des anciens noms pélasghes. Celui de Kodran, que l'on rencontre dans les vieilles sagas du Nord, rappelle le Kodros de l'histoire athénienne.

thonios, Ἐρχθόνιος; or, si nous retranchons de ce nom la terminaison grecque, il nous reste Erichthon, qui, dans le grec, doit se prononcer Erikhson. Est-ce le hasard seul qui nous amène ici un nom si commun dans l'histoire des nations du nord? On sait, en outre, qu'un des premiers rois des Pélasghes de l'Attique portait aussi ce nom d'Erichthonios ou Erikhson.

Si, même dans nos langues et dans nos habitudes modernes, la présence de noms propres dérivés de noms de peuples ou de pays, emporte à coup sûr, pour les familles où ces noms existent, une idée d'origine étrangère, combien à plus forte raison n'en devait-il pas être ainsi dans ces temps reculés et dans ces formes de société encore à demi barbares, où l'existence de chaque individu s'identifiait, se confondait en quelque sorte avec l'existence même de sa peuplade, surtout s'il s'agissait du chef de la tribu, dont il semble qu'une prérogative spéciale ait été d'en prendre le nom comme pour la personnifier en lui? A ces indices fournis par les noms propres de quelques anciennes familles pélasghes, nous pouvons d'ailleurs joindre un certain nombre de faits analogues qui paraîtront peut-être encore plus concluants.

Les noms purement géographiques dans la composition desquels se montre le radical *teuth*, ne sont pas rares dans ce que nous connaissons de la nomenclature de la vieille géographie pélasgique. L'Arcadie, un des sièges principaux de la race, avait sa ville de Teuthis[1]; d'autres parties du Péloponèse, avaient en outre une ville de Teuthronè et une rivière Teuthéas. Cette rivière arrosait un canton que l'antiquité connut sous le nom de Kaukonie[2]; de même que le nord-ouest de l'Asie-Mineure avait aussi ses Kaukones, que connut Homère et que Strabon mentionne comme de même sang que les Mysiens d'origine thracique. Faut-il rappeler ici les Kauki de l'ancienne Germanie, et la tribu du même nom que Ptolémée place en Hibernie, la moderne Irlande?

Ces analogies ne sont pas les seules que nous ayons à citer. Pergame, la citadelle célèbre d'Ilion, portait un nom purement teuton. Les villes de *Bergheim* abondent en Allemagne; et tou-

---

[1] Steph. Byz. v. Τεῦθις.
[2] Strab. lib. VIII, p. 342, 345. Cp. VII, 322, et XII, 542.

les, de même que la Pergame troyenne, sont assises sur une éminence (*berg*). C'est ce qu'exprime leur nom. L'antiquité a connu encore d'autres Pergames tant en Asie-Mineure que dans la Thrace et dans la Grèce (avec de légères modifications d'orthographe), uniformément placées dans les mêmes conditions topographiques; aussi le nom de Pergama était-il devenu une dénomination commune des anciennes citadelles [1]. Un des noms que porta autrefois la Thrace, celui de Perkè [2], s'explique naturellement par le teuton : c'est le pays des montagnes, appellation tout à fait caractéristique que les Hellènes n'ont fait que traduire sous une autre forme dans leur mot de Thrace, qui emporte la même idée. La Tyrrhénie, que l'on sait avoir reçu de très-anciennes colonies pélasghes, avait aussi son mont Perghè [3]. Une vieille tradition, consignée par Caton dans ses *Origines*, désignait sous le nom de Teutons, chose remarquable, les plus anciens habitants de l'Étrurie, ajoutant que ce peuple parlait grec [4]. Ajoutons à ces divers rapprochements, qui nous révèlent la présence de la langue teutone partout où pénétrèrent autrefois les Pélasghes, que l'île de Rhodes avait son mont Karpathe [5], comme plus tard la Sarmatie a eu aussi le sien dont le nom vit encore aujourd'hui ; et que ce même nom de Karpathos, déjà connu d'Homère [6], appartenait en outre à une île élevée, la Scarpanto de la géographie moderne, située non loin de Rhodes, entre cette dernière île et la Crète. N'oublions pas de noter encore que les plus anciens habitants de la Lydie, les Méoniens, peuple d'origine thracique, et probablement de sang pélasghe, comme son nom semble l'indiquer, donnaient à leur premier roi le nom de Manès, et le disaient fils de Jupiter et de la Terre, de même que les anciens Germains regardaient comme l'auteur de leur race Mann, fils de Tuiston, issu de la Terre [7]. Déjà l'étude que nous avons faite

---

[1] Servius, ad Æneid. II, v. 556.
[2] Eusthat. sur le vers 323 de Denis le Périégète.
[3] Lycophron, *Cassandra*, v. 805.
[4] « *Cùm antè regionem cum (Etruriam) Teutones quidam græcè loquentes possiderint.* » Ce curieux passage nous a été conservé par Servius, sur le v. 179, liv. X, de l'Énéide.
[5] Lycophron, v. 924.
[6] *Iliad.* II, v. 676.
[7] Dionys. Halic. I, 6 ; Comp. Hérodote, I, 7, 94. Tacit. *Germania*, c. 2.

précédemment des antiquités de la race phrygienne [1] nous a mis sur la trace de rapports analogues, qui concourent d'une manière frappante avec ceux auxquels nous sommes conduit ici par des recherches tout à fait indépendantes.

Nous ne voudrions pas trop presser les conclusions que l'on pourrait naturellement déduire de ces rapides aperçus; ces conclusions, pour être fermement établies — autant du moins que ce que nous connaissons aujourd'hui de ces âges reculés le comporte — demanderaient à être étayées de recherches nouvelles et entourées de développements qui ne sont pas de notre sujet actuel. Tout ce que nous voulons faire ressortir des rapprochements que nous avons présentés, c'est que des tribus teutones — teutones par le nom et la langue — ont autrefois pénétré par la Thrace sur tout le pourtour de la mer Égée, là jusqu'au cœur du Péloponèse, ici le long des plages occidentales de l'Asie-Mineure jusque dans les parties sud-ouest de la Péninsule, mais plus particulièrement dans le pays montueux qui prit le nom de Troade. Isolés, chacun de ces rapports, chacune de ces analogies pourraient sembler vagues, incertains et sans signification; réunis, ils forment un faisceau d'inductions qu'il n'est plus permis de négliger.

Si l'on nous demandait quel sens nous attachons dans notre pensée à cette marche en quelque sorte parallèle que nous croyons découvrir sur beaucoup de points entre la diffusion des anciens Pélasghes et l'extension des tribus teutones dans le midi de l'Europe, nous répondrions simplement que nous ne nous croyons pas suffisamment éclairé encore pour nous être formé à cet égard une opinion définitive. Nous avons reconnu des faits et aperçu des coïncidences qui nous ont paru remarquables; ces faits et ces coïncidences nous les avons réunis, sans opinion préconçue, sans nulle préoccupation de système. Avant d'embrasser par la pensée et de reconstruire dans ses proportions — si une telle restitution est possible encore — l'édifice depuis si longtemps écroulé de l'histoire traditionnelle des plus anciens peuples, il faut qu'une investigation patiente et labo-

—Ajoutons qu'Atys, qui figure parmi les anciens rois méoniens, est un nom thrace. C'est aussi un nom troyen.

[1] Ci-dessus, p. 178.

rieuse en recueille les débris confusément épars, qu'elle les étudie, qu'elle les compare pour les éclaircir, qu'elle s'attache enfin à les classer selon leurs rapports, ou du moins selon leurs analogies apparentes. C'est au temps, aidé de l'étude, à reconstruire ce que le temps a détruit.

Si de ces lointaines régions de l'antiquité primitive nous redescendons à l'époque contemporaine du voyage des Argonautes, nous trouvons encore, dans les récits relatifs aux premiers temps du royaume de Priam, l'explication d'une difficulté que présente l'ancienne histoire ethnologique de ces parties de l'Asie-Mineure. Une confusion perpétuelle se montre dans toute l'antiquité entre le nom des Troyens et celui des Phrygiens[1]; et cependant on n'aperçoit dans l'histoire de Dardanos et de ses successeurs jusqu'à Priam ni rapports d'origine, ni fusion de races entre les Teucriens ou les Dardaniens et la nation phrygienne. Mais on y voit qu'à l'époque de l'arrivée de Teuker et de Dardanos les Bébryks occupaient les pays que baignent l'Hellespont et la Propontide; et nous savons que les Bébryks et les Phrygiens n'étaient que deux branches d'un seul et même peuple, les Brighès de la Thrace, venues à des époques différentes se fixer en Asie[2]. C'est dans un canton du pays phrygien qu'Ilos, fils de Tros, fonda la ville d'Ilion[3]. L'Alexandrin Lycophron, qu'il faut citer non comme poète, mais comme érudit,

---

[1] Dans Callimaque (*Hymne à Pallas*, v. 18), Pâris, le fils de Priam, n'est pas autrement désigné que par l'épithète de Φρύξ, le Phrygien. Théocrite (*Idil.* XVI, v. 74) donne la même épithète à Ilos. Dans les anciens tragiques grecs, Phrygien est toujours synonyme de Troyen. Caton l'ancien, dans un fragment de ses *Origines* conservé par Servius, donne pareillement aux compagnons d'Énée, abordant en Italie après l'embrasement de Troie, le nom de Phrygiens. Denys d'Halicarnasse, laborieux investigateur des antiquités pélasgiques, dit des Troyens et des Phrygiens qu'ils avaient été réunis sous un seul et même nom. « Il faut pourtant avouer, ajoute l'historien, que plusieurs ont cru que ces deux peuples avaient la même origine, et qu'ils ne différaient que de nom (*Antiq. Rom.* I, 6). » Il serait inutile d'accumuler ici d'autres citations empruntées à des autorités moins anciennes; nous rappellerons seulement encore qu'au rapport d'Étienne de Byzance (*De Urbibus*, v. Βρίγες) les Macédoniens nommaient le pays de Troie *Brigia*.

[2] Ci-dessus, p. 170.

[3] Apollod. III, 12, § 3. — Conon (*Narrat.* XII, ap. Photii *Biblioth.* p. 430) nomme ici Bébryks le peuple que le mythographe d'Alexandrie appelle Phrygiens.

appelle terre des Bébryks le pays où s'établirent les fondateurs du royaume de Troie[1]; et dans un autre endroit, il met dans la bouche de sa Cassandra cette expression bien précise « l'antique héritage des Bébryks, » pour désigner l'empire de Priam[2]. Cet empire, en effet, ne s'était agrandi qu'aux dépens des Bébryks, frères des Phrygiens, que les successeurs de Dardanos soumirent à la domination troyenne; d'où il suit clairement que c'était par voie de conquête, et seulement parce que les rois de Troie régnaient sur la Phrygie hellespontique, comme la nomme Strabon[3], que le nom des Troyens et celui des Phrygiens vinrent à se confondre.

Des faits d'une autre nature, intéressants aussi pour l'étude de l'Asie-Mineure dans les temps anté-homériques, se montrent confusément dans les traditions à demi fabuleuses qui se rapportent aux origines troyennes. Il semble que dès cette époque antérieure à la guerre de Troie, il ait existé des rapports directs entre les extrémités occidentales de la Péninsule et les contrées de l'Orient. Les rapides développements de la civilisation troyenne doivent sûrement tenir à quelque cause ignorée. Le nom d'Assarak, l'un des trois fils de Tros, est tout oriental[4]. L'histoire légendaire du roi Laomédon racontait que Tithon, l'un de ses fils, enlevé par l'Aurore qui s'était éprise d'amour pour lui, avait été transporté par elle en Éthiopie, d'où Memnon, son fils, était venu au secours de Troie assiégée par les Grecs[5]. Cette Éthiopie homérique, située « sur les bords de l'Océan aux extrémités de la terre, » ne doit pas être cherchée en Afrique, mais dans les parties de l'Asie qu'arrose l'Euphrate et que baigne la mer Érythrée; aussi la tradition poétique le faisait-il venir non du Midi, mais de l'Orient[6]. Quelles réalités historiques se cachent sous ces fictions de la poésie ionienne? Les

---

[1] *Alexandra*, v. 1305.

[2] Παλαιὰν Βεβρύκων παγκληρίαν. *Id.* v. ult.

[3] Lib. XII, p. 571 C. Cf. X, 473 D.

[4] Quelques anciens auteurs disaient qu'il avait régné sur les Dardaniens, conjointement avec son père (Conon. *Narrat.* XII, apud Phot. suprà citat.).

[5] Homer. *Hymn. ad Vener.* v. 219, sqq.; *Iliad.* XI, 1; *Odyss.* XI, 522. Apollod. III, 12, § 4. Ce n'est pas à Diodore (lib. IV, c. 30) qu'il faut demander la solution de ce problème historique.

[6] Virgil. Æneid. I, v. 489.

Assyriens, maîtres de l'Asie, paraissent avoir, à une très-ancienne époque, étendu leur domination jusqu'aux rivages de l'Égée [1] : les vagues indices fournis par l'histoire troyenne se lieraient-ils à cette extension de l'empire d'Assyrie? Il y a d'ailleurs dans Platon un passage des plus curieux, qui affirme d'une manière positive qu'à l'époque de la guerre de Troie le royaume de Priam était sous la domination de l'empire assyrien [2].

Quelques lueurs isolées jaillissant çà et là du sein de l'obscurité : voilà l'image de nos connaissances sur l'Asie-Mineure aux époques dont nous venons d'étudier les faibles monuments. Le mouvement de populations, qui, dans le nord-ouest de la Péninsule, a versé sur les rives asiatiques de la Propontide et de ses deux détroits une partie des tribus teutones ou pélasghes, précédemment accumulées dans les vallées de la Thrace, ce mouvement se continue encore, quoique plus faiblement; les grands débordements sont à leur terme, et le flot tend à se fixer. Mais des rapports habituels entre toutes ces populations de même sang et de même langue qui bordent le pourtour septentrional de l'Égée ont été le résultat de cette diffusion des tribus thraciques depuis le fond de la Grèce jusqu'à l'entrée du Pont-Euxin ; aussi est-ce vers la Propontide et les contrées qui l'entourent que se montrent les plus anciens rapports entre la Grèce et l'Asie. Des courses d'aventuriers, dont le pillage était probablement le principal but [3], et que sans doute on ne peut mieux comparer qu'aux expéditions maritimes des pirates du Nord au Moyen-Age, occupent une grande place dans les chants traditionnels des Pélasghes : Hercule, Thésée, Jason, sont les héros de ces âges encore à demi-barbares, qui n'estiment que la force physique et ne célèbrent que les entreprises audacieuses. Les vieux chants pélasgiques, dans lesquels puisèrent largement les poëtes moins anciens de l'Hellénie et ceux de l'École alexandrine, nous ont transmis les plus anciennes notions qui nous soient parvenues sur la géographie primitive de l'Asie-Mineure.

[1] *Voy.* l'excellent *Précis de l'Hist. Anc.* de MM. Poisson et Cayx, ch. 4. Les autorités y sont citées.

[2] Plato, *De Leg.* lib. III, p. 524, Ficino interpr. 1570, in-fol. Diodore répète la même assertion, lib. II, c. 22, édit. Bipont. Cf. II, 2.

[3] *Voy.* Hérodote, liv. Ier, ch. 2 et 3 ; et surtout Thucydide, liv. Ier, ch. 5.

Ces premières notions, c'est aux côtes septentrionales de la Péninsule qu'elles se rapportent, et elles ne nous y montrent que des peuplades grossières, encore à peine fixées. Le cours inférieur du Halys est la limite à laquelle se sont arrêtées les tribus sorties de la Thrace; à l'orient du fleuve commence une longue chaîne de peuplades scythiques qui s'étendent jusque vers le Phase. Les hostilités probablement habituelles entre ces tribus scythiques et les Pélasghes sont aussi au nombre des plus anciens souvenirs transmis par la tradition, qui y rattacha la légende fabuleuse des Amazones.

Sur le reste du pourtour de la Péninsule, deux ou trois points sont à peine mentionnés. Le royaume fondé par Dardanos sur l'Hellespont, et auquel Tros donna son nom, se distingua de bonne heure parmi les petits États qui s'étaient probablement élevés le long de la côte occidentale que baigne la mer Égée. Nous y trouvons cité le royaume des Méoniens, la Lydie des temps historiques, où régnait cette Omphale dont Hercule fut l'esclave[1]. Plusieurs colonies pélasghes, venues par mer de l'île de Crète, paraissent aussi s'être déjà fixées sur cette côte, dont la richesse et l'heureux climat devaient attirer de bonne heure les établissements étrangers : peut-être même les Crétois avaient-ils pénétré, à une époque antérieure aux Argonautes, jusque dans les parties les plus reculées du Pont-Euxin.

C'était aussi de la Méonie, ou du moins de quelque canton limitrophe, qu'était originaire ce Pélops, que des troubles intérieurs obligèrent de quitter son pays et de traverser la mer pour venir se réfugier dans la grande presqu'île qui a pris de lui son nom. Pélops était contemporain de Tros, aïeul du roi Laomédon. Les poëtes postérieurs lui donnent fréquemment l'épithète de Phrygien, parce que les souverains de Phrygie régnèrent plus tard sur le pays où il était né; mais Pindare, plus exact le qualifie de Lydien[2]. La fable, en effet, le fait descendre de Tmolos, c'est-à-dire de la principale montagne de la Lydie. L'histoire de Pélops, telle qu'elle s'était conservée dans la tradition, semble annoncer que les côtes ægéennes de l'Asie-Mineure avaient déjà acquis un degré de civilisation et de richesses bien

---

[1] Diodore, liv. IV, ch. 9.
[2] Olymp. I et IX.

supérieur à celui où étaient alors arrivés les Pélasghes occidentaux. « Ceux qui, d'après les anciens, ont le mieux connu les traditions dont les peuples du Péloponèse conservent le souvenir, dit l'exact et judicieux Thucydide [1], rapportent que Pélops s'établit une puissance sur des hommes pauvres par les grandes richesses qu'il apporta de l'Asie, et que tout étranger qu'il était, il donna ainsi son nom au pays où il vint se fixer. » Cette antériorité de civilisation dans l'ouest de l'Asie-Mineure, à quelque cause qu'il faille l'attribuer, est d'ailleurs attestée par tous les témoignages de l'histoire.

Les vieilles traditions des Pélasghes du Nord mentionnaient encore le royaume de Lycie, théâtre des exploits fantastiques de Bellérophon ; elles connaissaient aussi, vers la côte méridionale, la nation lointaine des Arimes, et ses montagnes embrasées qu'agitait le géant Typhon. L'intérieur de la Péninsule était absolument inconnu, ce qui montre assez que les premières notions en furent exclusivement données par les courses maritimes.

Mais les chefs de la Grèce se réunissent à la voix d'Agamemnon pour venger l'injure de Ménélas. Déjà l'armée argienne a touché les plages de l'Hellespont et assiége dans sa capitale le vieux Priam, père du ravisseur d'Hellène. C'est à Homère, qui chanta cette guerre célèbre, que nous allons demander de nouveaux détails sur la géographie et les peuples de l'Asie-Mineure, à cette époque encore antérieure de plusieurs siècles aux commencements de la période historique.

[1] Lib. I, ch. 9.

# CHAPITRE III.

### L'Asie-Mineure d'Homère. — Époque de la guerre de Troie.

(1209 ans avant Jésus-Christ.)

Quoique les notions fournies par Homère sur la grande région qui fut nommée dans la suite Asie-Mineure soient, dans leur ensemble, plus étendues, plus détaillées et plus précises que celles dont l'exposé est contenu au chapitre précédent, elles peuvent néanmoins donner lieu à la même remarque générale : c'est qu'à peu près exclusivement limitées au pourtour maritime de la Péninsule, elles ne pénètrent pas encore dans l'intérieur. Né dans l'Ionie, sur les bords de l'Égée, Homère connaît surtout la côte si pittoresquement découpée que baigne cette mer depuis l'Hellespont jusqu'à Rhodes. Au delà de l'Hellespont, sur les parties du nord que bordent la Propontide et l'Euxin, ses informations s'affaiblissent à mesure qu'elles s'éloignent des pays occupés par les peuples thraciques ou pélasgiques ; au Midi, sur la mer de Cypre, elles sont plus vagues encore et plus incertaines.

Il ne faut pas perdre de vue que ces notions, et les limites où elles se renferment, appartiennent à l'époque de la guerre de Troie, et non au temps même du poëte. Homère, qui vivait trois cents ans après les événements que ses chants ont immortalisés, qui, de plus, demeurait au centre des villes commerçantes de la côte ionienne, et qui avait lui-même voyagé dans plusieurs parties de la Méditerranée orientale, Homère devait connaître les côtes méridionales, et peut-être aussi quelques parties intérieures de la Péninsule, plus particulièrement que ses vers ne l'indiquent. Mais par un admirable sentiment de la vérité historique, il n'a consigné dans ses poëmes que les notions propres au siècle d'Achille, de même que dans tous les détails de sa nomenclature géographique il se reporte avec soin aux mêmes temps, faisant complètement abstraction des changements que trois siècles avaient opérés dans l'état des contrées qu'il décrit. C'est ainsi, parmi d'autres exemples, qu'on ne trouve ni dans l'Iliade ni dans l'Odyssée nulle trace des colonies helléniques que les côtes ægéennes de l'Asie-Mineure avaient vues se former au milieu des troubles dont la Grèce fut agitée dans le siècle qui suivit la guerre de Troie.

C'est sur le théâtre même des combats de l'Iliade, sur la plaine troyenne et les cantons limitrophes, que les ouvrages d'Homère fournissent surtout de riches détails. A la touche vivante et pittoresque du poëte, Homère joint ici la scrupuleuse exactitude du géographe. Il ne décrit pas, il peint; mais les tableaux que son pinceau trace sont toujours d'une admirable fidélité. Chez lui, l'imagination sait tout embellir sans rien altérer. Pas un trait qui ne sorte du fond des choses; pas une épithète qui ne soit fournie par la nature même. Tous les voyageurs ont d'une voix unanime rendu témoignage de cette exactitude minutieuse des descriptions de l'Iliade; et l'on peut dire avec vérité que les connaissances que même aujourd'hui nous possédons sur la Troade ne dépassent pas celle qu'Homère en avait acquise.

La plaine fertile à laquelle la ville de *Troie* donne son nom [1], et les vallées qui versent leurs eaux dans l'Hellespont, sont dominées par les crêtes de l'*Ida*, chaîne aux mille sources dont les gorges profondes nourrissent des animaux féroces [2]. Le pic élevé du *Gargare* couronne les sommités de l'Ida, — le Gargare, autel parfumé de Jupiter, séjour aimé du redoutable dieu aux foudres retentissantes [3]. Une chaîne boisée qui s'adosse au Gargare vient aboutir au Lekton, promontoire avancé que le pays

---

[1] *Iliad.* IX, 329.
[2] *Id.* II, 821; XI, 183; XII, 20; — VIII, 47; XIV, 157; — XV, 151. Le nom d'*Ida*, qui appartenait aussi à une montagne célèbre de l'île de Crète, dérive évidemment d'une racine qui se retrouve à la fois et dans l'*Adon* des Phéniciens, seigneur, maître (Adonaï), et dans l'Εἶδος des Grecs, forme, beauté, stature; — dans les deux cas, emportant l'idée de ce qui domine, de ce qui excelle par la puissance ou la grandeur.
[3] *Il.* XIV, 292; VIII, 48; XV, 152.

troyen projette sur la mer Égée, vis-à-vis de la vaste Lesbos [1].

De nombreux fleuves — pour employer le langage du poëte — se précipitent du haut de l'Ida et vont porter leurs eaux rapides aux mers environnantes [2]. Homère nomme le *Rhèsos*, l'*Heptaporos*, le *Karèsos*, le *Rhodios*, et le *Granikos* que devait plus tard immortaliser un autre Achille [3], et le noir *Aïsepos* [4], et le fougueux *Simoïs*, qui se grossit de nombreux torrents et entraine parfois dans sa course impétueuse les rochers et les arbres déracinés [5]; et le divin *Skamandre*, qui, dans la langue des dieux, se nomme *Xanthe* [6]. Le Skamandre jaillit de deux sources limpides, non loin des murailles d'Ilion; puis, après un cours ombragé de roseaux et semé de gouffres tournoyants [7], il va mêler ses eaux à celles du Simoïs dans la plaine troyenne [8]. Le poëte décrit en ces termes la double source du fleuve : « L'une des deux sources roule une onde chaude, et de son sein s'élève tout à l'entour une fumée pareille à celle d'un grand feu; l'autre, même durant l'été, coule aussi froide que la grêle, ou la neige, ou le cristal d'une onde glacée. Là furent construits de beaux et vastes bassins de pierre, où les femmes des Troyens et leurs filles charmantes venaient laver leurs vêtements magnifiques aux jours de la paix, avant l'arrivée des Grecs [9]. »

Ces indications si précises, et que l'état actuel des lieux confirme de point en point, ne peuvent laisser de doutes fondés sur

---

[1] *Iliad.* XIV, 284-5.

[2] *Id.* XII, 820.

[3] Homère, conformément à l'orthographe ionienne, écrit Grènik, Γρήνικος.

[4] *Il.* II, 825.

[5] *Id.* XXI, 311 et suiv.

[6] *Id.* XII, 820; XX, 74; — Ξάνθος, le blond, sans doute à cause de la couleur jaunâtre de ses eaux limoneuses. D'autres rivières portent le même nom dans l'ancienne géographie, probablement par une raison semblable.

[7] *Iliad.* V, 36; XIV, 434; XXI, 2, 21; XXIV, 693. — Les roseaux du Skamandre ont été illustrés longtemps après Homère par une aventure assez scandaleuse plaisamment racontée par l'orateur Eschine dans une des lettres qui nous sont restées de lui (t. II, p. 639, de la traduction de Démosthènes et d'Eschine de l'abbé Auger). Barthélemy a donné place à cette aventure dans son Anacharsis.

[8] *Il.* V, 774.

[9] *Id.* XXII, 147 et suiv. Nous suivons ici la traduction aussi élégante que fidèle de M. Dugas-Montbel, t. II, p. 241.

l'application au local des dénominations fournies par l'Iliade. Une confusion déjà ancienne entre le nom du Simoïs et celui du Skamandre, confusion dont un voyageur moderne nous paraît avoir expliqué l'origine d'une manière au moins très-probable [1], ne saurait l'emporter sur la description aussi claire que positive qu'Homère en a tracée. Le Simoïs est le fleuve qui prend au loin sa source dans les flancs de l'Ida, au pied du Gargara; le Skamandre véritable, non le Skamandre des commentateurs, mais celui d'Homère, est le cours d'eau qui se forme de la réunion de deux sources, sous les murs de l'ancienne Ilion [2].

L'emplacement d'*Ilion* elle-même, tel que le voyageur français Lechevalier l'a retrouvée à la fin du dernier siècle, répond exactement à la description qu'en donne le poëte. La capitale du royaume de Priam, — Homère la nomme indifféremment Troie [3] ou Ilion, de même qu'il appelle tantôt champs troyens, tantôt champs iliaques, la campagne environnante, — était assise sur une éminence qu'enveloppait de deux côtés, au nord et au levant, un repli du Simoïs. De ce côté où la ville regardait le fleuve, la hauteur qui lui servait de base se terminait par des rochers à pic d'un abord inaccessible; du côté du couchant seulement on y arrivait par une pente aisée [4]. Les épithètes toujours caractéristiques dont Homère accompagne fréquemment le nom d'Ilion, nous la représentent comme une grande et belle cité aux larges rues, qu'environnaient de fortes murailles flanquées de tours et percées de portes élevées. Il la nomme souvent aussi fertile Troie, par allusion à l'excellence du sol alluvial qui s'étendait de la ville à la mer [5]. L'Acropole ou citadelle, occupant le point le plus haut de la ville, portait le nom particulier de Pergame; c'était là que s'élevait le temple d'Apol-

---

[1] Choiseul-Gouffier, *Voyage pittor. de la Grèce*, t. II, 223 et 271; cité et complété par Mauduit, *Découvertes dans la Troade*, 1840, in-4°, p. 115 et suiv.

[2] Lorsque nous aurons à tracer l'historique des explorations récentes dont la Troade a été l'objet, nous entrerons à cet égard dans les détails de géographie comparée que nous ne pouvons aborder ici.

[3] Τροίη, Troïe.

[4] *Iliad.* VI, 433. — Dans une foule de passages, Homère emploie les expressions de haute Ilion, Ilion exposée aux vents. *Id.* III, 305; XV, 71, etc.

[5] *Id.* III, 74, etc. Comparez XVIII, 256.

lon, le dieu protecteur des Troyens⁽¹⁾. Une des entrées d'Ilion, située au couchant vers les sources du Skamandre, était connue sous le nom de portes *Scées*, ou plutôt portes *skaïennes* ⁽²⁾, nom que probablement elle avait pris d'un petit peuple ou d'une tribu voisine, qu'Homère ne mentionne pas, mais qui était cité par un ancien historien ⁽³⁾. Parmi les localités des environs d'Ilion, Homère nomme *Thymbrè* ⁽⁴⁾ : c'était sûrement une bourgade ou une petite ville. Un ruisseau de la plaine troyenne, que les habitants actuels du pays appellent Thumbrek-tchaï, représente probablement, par l'emplacement comme par le nom, la Thymbrè de la Troade homérique.

Les différents peuples et les petits États que le poëte énumère au voisinage de la Troade, occupent le pourtour maritime du pays depuis le fond du golfe qui prit plus tard le nom d'Adramyttion jusqu'à l'issue de l'Hellespont sur la Propontide. Les *Ciliciens* habitaient les bords orientaux du golfe adramyttique, au nord du Caïque. Lors de l'arrivée des Grecs devant Troie, ils obéissaient à deux chefs, Mynès et Aétiôn ; le premier résidait à *Lyrnésos* ⁽⁵⁾, le second à *Thébé*, au pied de la montagne boisée de *Plakos*, d'où elle avait reçu le surnom d'*Hypoplakïé* ⁽⁶⁾. Achille avait pris et saccagé ces deux villes, longtemps avant qu'Ilion ne fût tombée au pouvoir des Hellènes. Une tradition moins ancienne qu'Homère, et dont nous avons déjà fait voir le peu de fondement ⁽⁷⁾, conduisait ces Ciliciens, après la destruction de leurs villes, des frontières de la Troade aux confins de la Phénicie, où le pays maritime qui s'étend au sud du Taurus avait, disait-on, pris d'eux son nom de Cilicie. Deux villes sont encore mentionnées dans la Cilicie troyenne, *Chrysé*, qui avait un port au fond du golfe, et *Killa*, à quelque distance dans les terres ⁽⁸⁾.

---

¹ *Odyss.* VIII, 504 ; *Iliad.* V, 446.
² Σκαιαὶ Πύλαι.
³ Les Skaïens, d'après Hécatée de Milet cité par Étienne de Byzance (*voc.* Σκαιοί), habitaient entre la Troade et la Thrace.
⁴ Θύμβρη. *Il.* X, 430.
⁵ *Il.* II, 690 seqq. ; XIX, 296.
⁶ *Il.* VI, 396, 416 ; XXII, 479 ; I, 366.
⁷ Ci-dessus, p. 186.
⁸ *Il.* I, 37, 432 ; 38, 452. Cf. Strab. lib. XIII, p. 612.

On a lieu de croire que c'est aux confins méridionaux de la Cilicie Lyrnésienne, vers le cours inférieur du Caïque, qu'il faut placer un peuple qu'Homère nomme une seule fois, sans en déterminer la position, les *Kétéiens* [1].

Les *Léléghes*, limitrophes de la Cilicie, occupaient la côte septentrionale du golfe. Leur ville était *Pédasus*, non loin du *Satnioeïs*, une des rivières qui sortent de l'Ida [2]. Pédasos avait été saccagée par Achille lors de son expédition contre Thêbê et Lyrnésos.

Quoique les *Dardaniens*, au sein desquels était née la dynastie royale, fussent regardés, dans le sens le plus général, comme formant le fond de la nation troyenne, et que souvent les noms de Dardaniens et de Troyens fussent employés indifféremment l'un pour l'autre, cependant ils n'avaient pas cessé de constituer un peuple à part, dont le territoire avait sûrement pour capitale l'ancienne ville de Dardanos, à l'entrée de l'Hellespont. C'est presque toujours dans ce sens restreint que le poëte emploie le nom des Dardaniens, et on nous les montre formant un corps distinct dans l'armée troyenne [3].

Le pays qui borde l'Hellespont au-dessus du canton des Dardaniens, s'étendant de là jusqu'à l'entrée de la Propontide, formait un petit État dont *Arisbé* paraît avoir été la capitale. Arisbê, ville d'origine pélasghe située sur les bords du *Selléis*, était en effet la résidence du roi Asios, fils de Hyrtakès, qui commandait un des corps alliés de Priam. Asios comptait parmi ses possessions *Perkôtès*, *Praktios*, *Sestos* et *Abydos*, villes situées sur les bords de l'Hellespont [4].

Après le territoire du roi d'Arisbê, plus à l'Est sur les rives de la Propontide et vers les bords du Granik, venait l'*Adrêstée*, canton qui renfermait, outre la ville royale du même nom, celles d'*Apaïsos* et de *Pituéa*, assises l'une et l'autre sur la côte. Pituéa, nous l'avons vu, était déjà mentionnée dans l'ancien poëme argonautique, ainsi que plusieurs des villes de l'Helles-

---

[1] *Odyss.* XI, 521. — *Voy.* Strab. lib. XIII, p. 616 A.
[2] *Id.* XXI, 86; VI, 35; XX, 92.
[3] *Id.* II, 819 à 823. Cf. VII, 348, 368; VIII, 173, 414, etc.
[4] *Id.* II, 835 à 839. Add. VI, 13, et XII, 97.

pont. Le mont *Téreïé* s'élevait dans le territoire d'Adrêstée [1].

Au-dessus de ce territoire, en tirant à l'Est dans l'intérieur du pays, était celui de *Zéléia*, que traversait l'Aïsèpos ou Ésèpe, au revers oriental de la chaîne de l'Ida. Les Zéléiens formaient un des corps auxiliaires de l'armée troyenne, sous les ordres de Pandaros, fils de Lycaon [2]. Homère les qualifie de Troyens [3], et, dans plusieurs passages, il donne à leur territoire le nom de Lycie, *Lykiè* [4].

Les différents peuples et les territoires que nous venons d'énumérer semblent avoir relevé directement de l'autorité des derniers rois d'Ilion, « dont la puissance s'étendait depuis Lesbos, demeure de Makar, jusqu'à la Phrygie et au vaste Hellespont [5]. » Nous savons d'ailleurs que Laomédon, un des prédécesseurs de Priam, avait porté la domination troyenne au delà de l'Hellespont, sur les côtes de la Thrace; et nous voyons en effet figurer parmi les auxiliaires de Priam les Kikones, les Thraces et les Péoniens: — « les Thraces, que sépare l'orageux Hellespont [6]; » — « les belliqueux Kikones, qui habitent la ville d'Ismara [7]; » — « les Péoniens à l'arc recourbé, venus d'Amydône sur les bords de l'Axios au large cours, dont les flots limpides se répandent au loin dans les campagnes [8]. »

Les *Mysi*, dont le poëme argonautique nous a montré les demeures sur les rives de la Propontide, vers la bouche du Rhyndak, sont seulement nommés par Homère, qui n'ajoute à leur nom aucune particularité géographique [9]. Le poëte connaît aussi les Mysiens de la Thrace, souche originaire de la branche asiatique [10].

---

[1] *Iliad.* II, v. 828 à 834.

[2] *Id.* II, v. 824 à 827.

[3] *Ibid.* v. 826.

[4] *Id.* v. 105, 173.

[5] *Id.* XXIV, 543 et suiv. *Voy.* Rich. Chandler, *The History of Ilium or Troy.* Lond. 1802, in-4°, p. 10; et surtout Choiseul-Gouffier, *Voyage pittoresque de la Grèce*, t. II, ch. 14.

[6] *Il.* II, v. 846.

[7] *Id.* II, 845; *Odyss.* IX, 39 et suiv., et 164.

[8] *Id.* II, 848 et suiv.; XVI, 287.

[9] *Id.* II, 858; X, 430.

[10] *Id.* XIII, 5.

Homère s'est également borné à nommer les *Kaukones* parmi les auxiliaires de l'empire de Troie [1]; ce n'est pas de lui que nous apprenons que ce peuple, de sang pélasghe, habitait sur les rives du Pont-Euxin, aux confins orientaux du pays des Mariandyniens [2].

C'est entre les Kaukones et les Mysiens qu'il faut placer les *Phrygiens* de l'Iliade, « habitants de la fertile Askanie, vers les bords du Sangarios [3]. » Les Phrygiens, qui tinrent par la suite une si grande place dans l'histoire de l'Asie-Mineure et dans sa géographie, sont loin encore, à l'époque de la guerre de Troie, d'avoir acquis cette prééminence à laquelle ils devaient atteindre plus tard; on a même tout lieu de croire, d'après les expressions d'Homère aussi bien que d'après ce fait qu'il ne sont pas mentionnés dans le poëme argonautique d'Orphée, que leur passage en Asie, récent encore à l'époque du siège de Troie, avait eu lieu dans l'intervalle d'un demi-siècle compris entre ce grand événement et l'expédition des Argonautes.

La géographie homérique, non plus que le poëme d'Orphée, ne connaissent pas les *Bithyni*, venus se fixer plus tard dans le pays maritime qui s'étend des deux côtés du bas Sangarios. Le nom de *Thuneïs* ou *Thyneïs*, que porte déjà, dans l'ancien périple des Argonautes, une petite île de cette côte [4], donne cependant lieu de supposer qu'une tribu de la nation thracique des Thyni avait franchi le Bosphore dès longtemps avant le temps de Priam, immigration partielle, précurseur de la migration générale du gros de la nation, dont l'époque est beaucoup moins ancienne.

Au delà des Kaukones, sur la côte que baigne l'Euxin, Homère ne mentionne plus que les *Paphlagons* et les *Halizônes*. Plus loin, le royaume d'Aétès apparaît vaguement au poëte à travers le nuage des traditions mythologiques, bien que la renommée du voyage de Jason soit arrivée jusqu'à lui [5].

---

[1] *Il.* X, 429; XX, 329.
[2] Strab. lib. XII, p. 542 C; add. 544 B. *Voy.* ci-dessus, p. 234.
[3] *Voy.* ci-dessus, p. 172.
[4] Ci-dessus, p. 216. Cf. p. 169.
[5] Ce n'est pas dans l'Iliade, mais seulement dans l'Odyssée qu'Homère fait mention d'Aétès, « fils du Soleil et de Persé. » X, v. 137 à 139. Add. XII, 70. Homère ne nomme ni la Colchide ni le Phase.

Homère est plus circonstancié dans le détail du pays des *Paphlagons* que pour aucune des autres contrées qu'il nomme sur cette côte inhospitalière. Voici en quels termes il les mentionne dans son énumération des auxiliaires de Priam : « Pylaïmène, au cœur intrépide, commande les Paphlagons, venus du pays des *Enètes*, où naissent les mules sauvages; il guide aussi les hommes de *Kytôr*, et ceux qui habitent *Sésame*, et les guerriers qui possèdent les riches demeures aux rives du *Parthenios*, dans *Krômna*, dans *Aïghialos*, et sur les hauteurs d'*Erythine*[1]. Nous avons fait ailleurs sur ce passage des remarques que nous ne répéterons pas ici [2].

« Les *Halizônes*, ajoute le poëte, poursuivant son énumération [3], ont quitté la région lointaine d'*Alybè*, où naît l'argent. » Alybè ou Alubè, plus communément écrit avec l'aspiration rude, *Khalubè* (ou, selon la transcription commune, *Chalybes*), se montre déjà, nous l'avons vu, parmi les tribus nommées dans l'ancien périple des Argonautes sur la côte sauvage qui se prolonge à l'est du Halys jusqu'à la Colchide, et se retrouve d'âge en âge jusque dans la géographie contemporaine de cette région riche en métaux [4]. Plusieurs commentateurs ont dérivé le nom des Halizônes de celui du fleuve Halys, qu'Homère ne mentionne pas, mais qui est antérieurement cité dans le poëme orphique; une autre opinion, que nous inclinerions à partager, a été proposée récemment par un savant explorateur des pays caucasiens. M. Dubois de Montpéreux [5] voit dans les Halizônes un peuple sorti d'Alazan, grande et belle vallée du Kour, au cœur même de l'isthme du Caucase. La dénomination de cette vallée est ancienne en effet, car Strabon mentionne sous le nom identique d'Alazônios la rivière principale qui la traverse [6]. Hérodote cite d'ailleurs une tribu scythique d'Alazons, qui de son temps nomadisait au voisinage du Borysthènes [7];

---

[1] *Il.* II, 851 et suiv.
[2] Ci-dessus, p. 179. On peut voir aussi les commentaires de Schœnemann, *De Geographiâ Homeri*, p. 10.
[3] *Il.* II, 856.
[4] *Voy.* ci-dessus, p. 181.
[5] *Voyage autour du Caucase*, t. IV, p. 140.
[6] *Lib.* XI, p. 500 D.
[7] *Lib.* IV c. 17. — Les Alazons du Borysthènes étaient mentionnés aussi

d'où l'on pourrait inférer que les tribus d'Alazan s'étaient disséminées au loin dans le pourtour du Pont-Euxin. Ce qui fortifie surtout le rapprochement de M. de Montpéreux, c'est que le nom de Khalubê, avec les exploitations métalliques qui le caractérisent, se retrouve également, sous la forme géorgienne de Koulp, dans plusieurs parties de l'Arménie centrale et de la Géorgie, notamment au voisinage de la vallée d'Alazan. L'antiquité, au surplus, a aussi expressément mentionné des Khalubes dans ces cantons [1]. Toutefois, il ne faudrait pas inférer de là que les Halizônes venus au secours de Priam fussent partis du fond de l'Arménie; mais on en peut conclure au moins avec grande vraisemblance que ce peuple, ainsi que les Khalubes de la côte pontique, était en effet originaire des bords du Kour et de la vallée d'Alazan, d'où il serait venu s'établir dans la région du Thermodôn à une époque de beaucoup antérieure à la guerre de Troie. Il paraîtrait d'ailleurs qu'une colonie des Halizônes du Thermodôn, peut-être ceux-là mêmes que mentionne Homère parmi les auxiliaires de l'armée troyenne, s'était détachée à son tour du gros de la tribu pour se fixer à l'autre extrémité de l'Asie Mineure, où plusieurs anciens historiens citaient vers les bords du Rhyndak une ville d'Alazia qui avait pris d'eux son nom [2].

Homère nomme deux fois les *Amazones* [3], mais sans leur assigner d'habitation géographique. Il n'a pas connu non plus, ou du moins il n'a pas suivi la tradition, consacrée par d'autres poètes anciens, qui les faisait combattre sous les murs de Troie dans les rangs de l'armée troyenne [4].

par d'autres historiens anciens, notamment par Hellanicus de Lesbos et par Eudoxe (*ap.* Strab. XII, 550 B).

[1] Xenophon, *Anabasis*, lib. IV, c. 5; Pline distingue ces Chalybes d'Arménie de ceux du Pont.

[2] Strab. *lib.* XII, p. 550 D.

[3] *Iliad.* III, 189; VI, 186. Dans le premier de ces deux passages, le poëte rappelle la guerre des Amazones contre les Phrygiens nouvellement établis sur le Sangarios, longtemps avant l'arrivée des Grecs devant Troie, et le secours que Priam avait porté à ceux-ci; dans le second, la défaite des Amazones par Bellérophon (ci-dessus, p. 207).

[4] Procli *Grammatica Chrestomathia*, Arctini *Æthiop.*, dans la Bibl. Gr. de Didot, à la suite de l'Homère, p. 583.

Nous avons parcouru, sur les pas d'Homère, les côtes septentrionales de l'Asie Mineure depuis la Troade jusqu'au delà du Halys; il nous faut maintenant revenir à la côte occidentale, depuis la Troade jusqu'à la Lycie. Dans la géographie homérique, cette partie du littoral de la Péninsule se partage entre trois peuples formant autant d'États, les *Méonès* ou Méoniens, les *Karès* ou Cariens, et les *Lukii* ou Lyciens. Un quatrième peuple nominativement désigné par le poëte [1], les *Pelasghes*, occupaient probablement aussi sur cette côte, avec leur ville royale, « la fertile *Larissa*, » un territoire dont la détermination est incertaine, quoiqu'il y ait toute probabilité à le placer sur le bas Hermos, où une Larissa fut connue de l'antiquité classique.

Les *Méoniens*, peuple d'origine thracique ou pélasgique, comme tous les occupants primitifs des côtes baignées par l'Égée, habitaient, au midi des Kêtéiens et probablement aussi de ces Pélasghes, la contrée qui reçut plus tard, avec une nouvelle race d'immigrants, le nom plus célèbre de Lydie [2]. Homère, né dans le pays même, indique les principaux traits qui en déterminent l'aspect physique. Il nomme le mont *Tmôlos* aux cimes neigeuses, et le riant *Sipyle*, dont les vallées solitaires servent de retraite aux nymphes [3]. Il connaît le *Hermos* aux gouffres tournoyants, et le poissonneux *Hyllos*, et le Kaystre [4], qui arrose les prairies d'*Asios* [5]. Homère nomme encore le lac *Gugaïè* (le Gygée), situé non loin du lieu où s'éleva plus tard la riche cité de Sardes, ville royale des monarques lydiens [6]; il mentionne aussi le promontoire de *Mimas*, dont le front battu des vents regarde l'île de Khios [7]. Le poëte parle des « villes

---

[1] *Iliad.* II, 840; XVII, 301. Cf. Strab. lib. XIII, p. 620 c.

[2] Ci-dessus, p. 195.

[3] *Iliad.* II, 866; XX, 385. — XXIV, 615.

[4] Καΰστριος, Kaüstrios. Ce nom, qui fut d'abord, probablement, celui de la vallée, signifie brûlé, aride. Ce pays, en effet, est en grande partie de nature volcanique.

[5] *Ibid.* XX, 392; II, 461. — Ce sont ces prairies d'Asios qui furent pour les Hellènes la première origine du nom d'*Asia*, étendu de proche en proche à tout le continent oriental. Ci-dessus, p. 160 (où il faut corriger *Asias* en Asios).

[6] *Iliad.* II, 865; XX, 391.

[7] *Odyss.* III, 172.

populeuses de la riante Méonie (1); » mais il ne désigne nominalement que la ville opulente de *Hydè*, au pied du neigeux Tmôlos (2).

« Nastès, poursuit Homère, conduit les *Cariens* au langage barbare (3); — les Cariens qui habitent *Milet*, le mont *Phteïros* au front ombragé, les rives du Méandre (*Maïandros*) et les sommets élevés du Mycale (*Mukalè*). Amphimaque et Nastès commandent à ces guerriers : Amphimaque et Nastès, fils renommés de Nomion. Nastès marche au combat couvert comme une jeune fille de vains ornements d'or (4).... » Ce passage renferme tout ce que fournit l'Iliade sur la géographie de la région carienne et sur ses habitants.

La *Lycie*, qui lui confine au levant, occupe moins de place encore dans la nomenclature homérique. Le *Xanthe* « au cours semé de gouffres » arrose les campagnes fertiles de la « vaste Lycie (5). » C'est dans les montagnes escarpées qui couvrent le nord de la Lycie qu'habitait, nous l'avons vu, la nation belliqueuse des Solymes; c'est aussi dans la Lycie qu'il faut évidemment placer les *champs Aléiens* du poëte, où Bellérophon traîna les ennuis de sa triste vieillesse (6), et non en Cilicie où les ont transportés d'anciens commentateurs (7). Mais les montagnes ignivomes de la Cilicie, région occupée dès les plus anciens temps par des tribus araméennes, revendiquent ces mystérieux *Arimes* de la cosmogonie hellénique dont le nom se rencontre une fois dans les vers d'Homère, et chez lesquels était enseveli le géant Typhon foudroyé par le bras puissant de Jupiter (8). Il

---

[1] *Iliad.* III, 400.
[2] *Ibid.* XX, 385. — Hydè n'était plus connue dans les temps de la géographie historique. On suppose qu'elle occupait l'emplacement où Sardes fut bâtie plus tard. Vid. Strab. lib. XIII, p. 626.
[3] Sur cette épithète, *voy.* ci-dessus, p. 195.
[4] *Iliad.* II, 867 et suiv.
[5] *Ibid.* II, 876; V, 479; XVII, 172.
[6] *Ibid.* VI, 201.
[7] Strab. lib. XIV, p. 676 A.
[8] *Iliad.* II, 782; comp. Hesiod. *Theogon.* v. 304 à 320. D'autres traditions plaçaient les antres de Typhon vers le Caucase ou au midi de la Phénicie, régions qui présentent aussi de nombreux vestiges de l'action des feux volcaniques. Apollon. Rhod. *Argonaut.* II, v. 1210 à 1214.

n'est pas improbable, au surplus, comme nous l'avons montré précédemment, que dans les siècles qui précédèrent et dans ceux qui suivirent immédiatement la guerre de Troie, cette vague appellation d'*Arim* désigna sans application précise, chez les anciens Hellènes d'Europe et de la côte asiatique, les contrées inconnues pour eux qui s'étendaient à l'orient du Halys, et que nous savons avoir été peuplées dès l'origine par les nations d'Aram [1].

Tous ces peuples que nous venons d'énumérer d'après Homère, depuis les Halizônes de la terre d'Alybê jusqu'aux habitants de la Lycie, composaient le corps des auxiliaires du roi de Troie contre l'armée des Grecs. Tout l'ouest et le nord de l'Asie Mineure forme ainsi, avec les parties de la Thrace qui bordent le fond de l'Égée, une ligue opposée à la ligue que commande Agamemnon. S'il nous était parvenu sur cette époque mémorable autre chose que deux admirables poëmes et des traditions misérablement tronquées; si le flambeau de l'histoire projetait sa clarté sur ces temps que l'antiquité même regardait comme enveloppés de ténèbres, ces deux grandes confédérations de peuples, tous unis entre eux par la fraternité d'origine, cette première lutte de l'Europe contre l'Asie, et les causes qui la suscitèrent, et les intérêts qui s'y trouvèrent engagés, nous apparaîtraient sûrement tout autres que ne nous les a montrés la magnifique épopée dont ils sont devenus le sujet. Au delà des passions du cœur humain dont vit la poésie, il y eut sans nul doute, au fond de cette grande lutte, des mobiles plus étendus et plus puissants, dont la connaissance nous initierait complétement à l'état ancien de la moitié occidentale de l'Asie Mineure et de ses populations.

Il est à remarquer qu'à l'exception de *Lesbos*, qui appartenait à l'empire de Priam [2], aucune des îles nombreuses dont la côte asiatique est bordée ne fait partie de la confédération troyenne. Aucune, du moins, n'y était nominativement comprise par le poëte, et plusieurs, au contraire, étaient entrées dans la ligue des Hellènes. La « populeuse et riche Lesbos » est qualifiée de

---

[1] *Voy.* ci-dessus, p. 183.
[2] *Iliad.* XXIV, 544; IX, 129.

demeure de *Makar* [1], en mémoire d'un de ses anciens rois, disait la fable, mais plus probablement du nom de quelque tribu pélasgique qui l'aurait primitivement peuplée; car ce nom de Makar se reproduit plusieurs fois dans la nomenclature géographique des pays occupés par les Pélasghes. Lesbos avait une ville que le poëte qualifie de bien construite [2].

La petite île de *Tenedos*, sur la côte troyenne, avait été occupée par les Grecs dès le début de la guerre; c'était une des nombreuses localités de la côte asiatique et de l'archipel égéen où le culte d'Apollon était particulièrement en honneur [3]. Homère connait et nomme toutes les îles répandues dans la mer Égée, depuis la montueuse *Samothrace* couverte de forêts, et la fertile *Imbros* aux âpres rochers, et la populeuse *Lemnos* aux côtes privées de ports [4], jusqu'à Rhodes et Karpathos, les plus méridionales des îles asiatiques. Lemnos, ainsi qu'Imbros, avaient chacune une ville de même nom; et Homère nous apprend que les premiers habitants de Lemnos avaient été les *Sintiès*, « au langage barbare [5]. » L'île que nous nommons Samothrace était appelée proprement la *Samos Thracienne*, Θρηϊκίη Σάμος, pour la distinguer de la Samos méonienne, et quelquefois simplement *Samos* comme celle-ci [6].

Homère mentionne à peine, et encore n'est-ce pas dans l'Iliade, deux îles considérables de la côte méonienne, *Khios* et *Samos* [7], la première vis-à-vis de la grande péninsule qui abrite le golfe de Smyrne, la seconde non loin de l'embouchure du Méandre. *Psirié*, petite île voisine de Khios, est nommée dans l'itinéraire d'Ulysse après la prise d'Ilion [8].

Les îles *Kalydnœ*, sur la côte carienne, celles de *Kôs* et de *Nisyros*, voisines des précédentes, reconnaissaient l'autorité d'un prince de la famille d'Hercule; celles de *Krapathos* et de

---

[1] *Eod. loc.* Add. Hymn. ad Apoll. v. 37. Cf. Dionys. Halicarn. I, 3.
[2] *Odyss.* XVII, 133.
[3] *Iliad.* I, 38; 452.
[4] *Iliad.* XIII, 12; — *id.* 33, et XIV, 281; — XXI, 40; XXIV, 753. *Hymn. ad Apoll.* v. 34-36.
[5] *Iliad.* XII, 281; *Odyss.* VIII, 283, 294.
[6] *Iliad.* XIII, 12; XXIV, 78, 753.
[7] *Odyss.* III, 170-172; *Hymn. ad Apoll.* v. 38, 172 et 141.
[8] *Odyss.* III, 171.

*Kasos*, au milieu de la mer qui sépare la côte carienne de la pointe orientale de l'île de Crète, obéissaient à un autre prince de la même famille [1]. Tous ces noms vivent encore dans les noms actuels de Kaso, de Karpantho, de Nisyro, de Kos et de Kalimno. Comme Homère ne fait nulle mention de Leros, de Lepsia et de Pathmos, îles assez remarquables qui se prolongent dans le nord de Kalydna, on peut supposer que chez le poëte le nom de *Kalydnœ*, ainsi employé au pluriel, est une expression collective qui embrasse le groupe entier.

L'île d'Ikare, à l'ouest de Samos, n'est pas nommée, quoique l'expression de *mer Ikarienne* se rencontre dans l'Iliade pour désigner cette portion de l'Égée [2].

La petite île de *Symê*, peu éloignée de Rhodes sur la côte de la Carie, avait envoyé au secours de Priam trois navires que commandait le roi Niréus : — « Niréus, le plus beau des Danaens, après Achille, qui vinrent devant Ilion, mais dont les mœurs sont efféminées et les guerriers peu nombreux [3]. »

C'est encore un Héraclide qui commande aux guerriers de Rhodes. « Le grand et fort Tlêpolême, fils d'Hercule, parti de *Rhodes* avec neuf vaisseaux, mène au combat les fiers Rhodiens. Divisés en trois tribus, les Rhodiens habitent *Lindos*, *Iélusos* et la blanche *Kameïros*... Tlêpoléme, le fils d'Hercule, était arrivé dans Rhodes après avoir longtemps erré et souffert de grands maux. Son peuple, partagé en trois tribus, était aimé du puissant Jupiter, qui versait sur eux d'abondantes richesses [4]. »

Cypre (*Kupros*), l'île parfumée de Vénus, à l'extrémité opposée de la côte méridionale de l'Asie-Mineure, n'avait pas pris part à cette guerre qui partageait en deux camps tout le monde occidental; mais elle était dès lors bien connue des Hellènes, soit par leurs propres navigations, soit par le rapport des marchands de Sidon. Kinyre, un des rois de Cypre, instruit par la renommée des grands préparatifs des Hellènes contre Troie, avait fait présent à Agamemnon d'une riche armure comme souvenir

---

[1] *Iliad.* II, 676 à 680.

[2] *Ibid.* II, 145.

[3] *Iliad.* II, 671 à 675.

[4] *Ibid.* 653 à 670. Cf. Conon, XLVII° Récit, dans Photius, p. 454, et Strabon, liv. XIV, p. 655.

d'hospitalité [1]; et lorsque Ulysse, de retour à Ithaque, raconte aux prétendants les aventures supposées de sa vie, il feint d'arriver de Cypre dont il parle comme d'une contrée familièrement connue [2].

Une dernière observation — et elle est essentielle — à laquelle peut donner lieu l'ensemble de la géographie homérique de l'Asie-Mineure, c'est qu'on n'y rencontre aucune de ces appellations génériques qui embrassent sous une commune dénomination, soit les peuples divers d'une même contrée, soit une grande contrée elle-même prise dans ses limites naturelles, soit enfin les mers qui en baignent les côtes. Ces grandes appellations géographiques, dans lesquelles viennent se fondre et se généraliser les notions de détail, les seules que connaisse la géographie primitive de tous les peuples, supposent à la fois et une cohésion politique, et une étendue de notions acquises, et un développement d'idées générales auxquels les Grecs de cette période n'étaient pas arrivés encore. Non-seulement Homère n'a pas de nom commun pour les différents peuples de la ligue hellénique, non plus que pour la grande région qui ne fut connue que beaucoup plus tard sous la dénomination d'Asie-Mineure; mais il n'a pas même de nom distinctif pour les différentes mers qui entourent la Péninsule. Le nom d'Égée, qui, dans sa signification primitive ne veut dire autre chose que *la grande eau, la mer* [3], n'avait pas encore reçu l'acception spéciale que nous lui trouvons dans la géographie des temps postérieurs; les noms de Propontide et de Pont Euxin n'existent pas non plus dans la nomenclature homérique. L'Iliade [4], de même que le poëme orphique des Argonautes, paraît étendre le nom d'*Hellespont* (*mer des Hellènes*), qui désigne proprement ce que nous appelons aujourd'hui détroit des Dardanelles, à l'espace maritime plus ouvert qui reçut par la suite la dénomination de Propontide ou d'Avant-mer (par rapport à l'Euxin). Les expressions de *Pontos*, de *Hals*, de *Thalassa*, dont les nuances sont effacées par notre

---

[1] *Iliad.* XI, 20 et suiv.

[2] *Odyss.* XVII, 442 à 448. — Ajoutez la Description des délices de Paphos, VIII, 362 et suiv.

[3] *Voy.* ci-dessus, p. 188.

[4] Surtout au ch. XXIV, v. 545.

mot *mer* qui les réunit toutes, sont du reste les seules qu'emploie Homère pour désigner les grands espaces d'eau qui séparent les terres [1]; seulement, alors comme aujourd'hui, certaines parties de la mer étaient distinguées dans l'usage commun par le nom particulier du canton dont elles baignaient la côte ou de l'île qu'elles entouraient. C'est ainsi que les noms de *Mer de Thrace* et de *Mer d'Ikare* s'appliquent à des parties spéciales de la mer Égée.

[1] *Iliad.* XXIII, 230 ; II, 145.

## CHAPITRE IV.

DE LA GUERRE DE TROIE A L'ÉPOQUE DE LA GUERRE MÉDIQUE.

Colonies helléniques sur les côtes de l'Asie-Mineure. — Éoliens, Ioniens, Doriens. — Digression sur l'origine du nom du Pont-Euxin. — L'Asie-Mineure sous la domination assyrienne. — Empire de Lydie. — L'Asie-Mineure soumise aux Perses. — Cyrus le Grand. — Anciens historiens helléniques de l'Asie-Mineure. Hellanikos de Lesbos. Hécatée de Milet. Xanthos de Lydie. Scylax de Kariande et son Périple de l'Asie-Mineure.

### DE L'AN 1200 A L'AN 500 AVANT JÉSUS-CHRIST.

L'âge qui suivit immédiatement la guerre de Troie fut pour la Grèce[1] une époque d'agitation, de révolutions intérieures et de déplacements de populations. Des tribus de sang pélasghe, précédemment établies dans les districts montagneux voisins de ce que plus tard on nomma la Macédoine, quittèrent leurs rudes et froides vallées pour se porter au sud vers le Péloponèse; et cet afflux de populations pesant du nord sur le midi fut suivi de refoulements divers, dont le résultat final fut une longue suite de migrations helléniques au dehors de la Péninsule. De ces migrations, les unes se portèrent dans l'ouest vers la Sicile et l'Italie inférieure; d'autres plus nombreuses se répandirent à travers la mer Égée, et vinrent chercher des établissements nouveaux

---

[1] Nous répéterons ici une observation essentielle, que nous avons déjà faite précédemment : c'est que ce nom de *Grèce*, ainsi employé pour les époques reculées dont nous nous occupons, est un terme doublement inexact; d'abord, en ce que le nom de *Grecs*, employé par les Romains de qui nous l'avons reçu, est parfaitement étranger au peuple même qu'il désigne, lequel ne se donna jamais d'autre appellation générale que celle d'*Hellènes;* en second lieu, parce que dans les siècles voisins de la guerre de Troie, et longtemps encore après cette époque, la région péninsulaire comprise entre la mer Ionienne et l'Égée n'avait pas de dénomination commune, ni pour le pays, ni pour les habitants. Ceci posé, il est bien entendu que nous ne nous servons des mots de Grèce et de Grecs que par égard pour nos habitudes classiques, et pour éviter les circonlocutions.

sur ces belles côtes de l'Asie-Mineure dont l'expédition de Troie leur avait rendu la route familière. Quelques-unes paraissent même avoir poussé jusqu'à l'île de Cypre[1], depuis longtemps couverte de colonies phéniciennes, et avec laquelle, nous l'avons vu, les contemporains d'Ulysse avaient déjà des relations.

On peut remonter par des conjectures plus ou moins plausibles à la cause première de ce grand mouvement des populations pélasghes ou helléniques après le retour de Troie; mais nul témoignage historique de l'antiquité ne nous fournit à cet égard de données complètes. Hérodote se tait sur cette période des origines grecques, et Thucydide y consacre à peine quelques lignes [2].

Les tribus qui vinrent ainsi s'établir sur la côte occidentale de l'Asie-Mineure, depuis l'Hellespont jusqu'aux parties du littoral qui regardent l'île de Rhodes, appartenaient à trois branches distinctes de la souche hellénique : c'étaient des *Éoliens*, des *Ioniens* et des *Doriens*.

L'histoire est muette aussi sur l'origine de cette triple division de la famille des Hellènes, division qui va se perdre dans les âges obscurs de la mythologie héroïque, et qui paraît seulement se rattacher à l'époque indéterminée où le nom des Pélasghes s'efface et disparaît presque complètement depuis la Thessalie jusqu'aux extrémités du Péloponèse, remplacé par de nouvelles dénominations qui devaient se confondre plus tard dans la commune appellation d'Hellènes. Ce que l'on peut regarder comme certain, c'est que ce changement de noms, indice de révolutions inconnues opérées au sein des Pélasghes méridionaux, ne devint prédominant que dans le siècle qui suivit immédiatement la guerre de Troie; car si les vers d'Homère offrent déjà la trace des noms d'Hellènes, d'Éoliens et surtout d'Akhéens, ces noms, sauf peut-être le dernier, ne s'y montrent nullement avec l'importance qu'ils vont acquérir bientôt dans l'histoire, et ceux des Ioniens et des Doriens n'y sont pas prononcés.

---

[1] Pind. *Nemes.* IV; Strab. lib. XIV, p. 682 c.

[2] Lib. 1, c. 12. — M. Poirson, dans son savant *Précis de l'Histoire Ancienne*, a indiqué sur ce sujet, ainsi que sur d'autres points des origines helléniques, plus d'une vue nouvelle digne d'attention. *Introd.* p. 211, et p. 250 du texte; 3ᵉ édit. 1831.

Dans le langage symbolique de la mythologie, qui présente invariablement sous forme de généalogies individuelles la descendance et les ramifications des plus anciens peuples et des tribus primitives, Hellen, fils de Deukaliôn et arrière-petit-fils de Japet, ont pour fils Dôros, Xouthos et Aïolos. Dôros et Aïolos régnèrent dans la Thessalie qu'ils se partagèrent, et Xouthos fut s'établir plus au midi, dans l'Attique ou le Péloponèse, où il eut deux fils, Akhaïos et Iôn, qui donnèrent à leurs peuples les noms d'Akhéens et d'Ioniens, comme les deux autres fils d'Hellen avaient fait prendre à leurs sujets ceux de Doriens et d'Éoliens. Tel était le récit des anciens poëtes, premiers dépositaires de ces vieilles traditions auxquelles les mythologues et les historiens des temps postérieurs donnèrent une forme plus suivie [1]. La réalité historique perce confusément sous cette enveloppe du mythe primordial; et quelles que soient les causes premières et les circonstances de l'antique séparation des grandes tribus du tronc hellénique, le fait lui-même est historiquement constaté par la continuité de cette distinction d'Éoliens, de Doriens, d'Ioniens et d'Akhéens, distinction fondée à la fois et sur la tradition conservée par chaque peuple, et sur la différence de leurs dialectes.

La première des migrations helléniques qui vinrent chercher une nouvelle patrie sur les rivages de l'Asie fut celle des *Éoliens*. Cette migration eut pour cause les refoulements occasionnés par la conquête dorienne du Péloponèse, événement que les historiens ont nommé le Retour des Héraclides, et que l'on s'accorde à placer quatre-vingts ans après la prise de Troie. Beaucoup de Péloponésiens expulsés, après avoir traversé la Béotie et la Thessalie, où il paraît que des Éoliens en plus grand nombre se joignirent à eux, et longé ensuite les côtes de la Thrace, franchirent enfin l'Hellespont (vers 1120), inondèrent la Troade, et se répandirent jusqu'à Cyzique, pendant que d'autres essaims de même nom, conduits par des chefs différents, abordaient plus loin au sud sur la même côte, et se répandaient jusque vers l'embouchure du Hermos. C'est entre cette rivière et le fond

---

[1] Hesiodi *Fragmenta* XXIII et XXIV, ed. Lehrs, Bibl. Gr. Did.; Apollod. I, 7, § 3, et les notes de Clavier. Cf. Strabon, lib. VIII, p. 383; voyez aussi Mitford, *History of Greece*, t. I, p. 207. 1795.

du golfe d'Adramyttion, sur cette partie de la côte qui s'étend des deux côtés du Kaïque vis-à-vis l'île de Lesbos, que se concentrèrent les principaux établissements éoliens ; c'est là que s'élevèrent les douze cités de la confédération, Smyrne (Smurnê), la plus méridionale, Cume (Kumê), la plus grande et la plus belle, Larissa, Neon-Teikhos, Têmnos, Killê, Notion, Aïghiroëssa, Pitanê, Aïgaïai, Myrina et Gryneïa. Ces douze villes, dont Smyrne cessa par la suite de faire partir, constituèrent bientôt exclusivement le corps éolique ; dans lequel l'histoire ne comprend pas les établissements fondés sur l'Hellespont et la Propontide, non plus que ceux qui s'étaient portés sur les côtes de la Carie. Les Éoliens occupaient en outre la grande île de Lesbos, et celle de Tenedos sur la côte troyenne [2].

La migration ionienne est de quarante ans postérieure à celle des Éoliens (vers 1080). De même que celle-ci, elle se rattache à l'envahissement du Péloponèse par les Doriens sous la conduite des Héraclides. La dénomination d'*Ioniens* ou *Iaônes*, que tout indique avoir été, sinon la plus ancienne, au moins la plus générale de la race, depuis son établissement au pourtour de l'Égée, avait conservé une grande extension dans la péninsule hellénique même après l'époque où les noms d'Hellènes, de Doriens, d'Akhaïens et d'Éoliens commencèrent à dominer concurremment avec le nom même d'Ioniens, chez différentes fractions de la famille pélasghe ; il paraît que dans le siècle qui suivit la prise de Troie, il s'étendait, des deux côtés de l'isthme corinthien, d'une part sur ce que plus tard on nomma l'Attique et la Béotie, d'autre part sur la totalité du Péloponèse, quoique cette dernière contrée ait vu aussi régner l'appellation d'*Akhéens*. Mais on a tout lieu de croire que ce nom d'Akhéens ne désignait dans l'origine, de même que celui d'*Aïghialaïens* ou *Agialéens*, que certaines tribus *littorales* du peuple ionien.

Les Ioniens du Péloponèse, contraints d'abandonner leurs habitations devant l'invasion dorienne, avaient franchi l'isthme et s'étaient réfugiés chez leurs frères de l'Attique, au milieu des-

---

[1] Hérod. I, 149.

[2] On peut voir Mitford, t. I, p. 392 ; Poirson et Cayx, *Précis*, p. 250, 3ᵉ édit. ; Raoul-Rochette, *Hist. des colonies grecques*, t. III. Sur les limites que les anciens attribuaient à l'Éolide, *voy.* Strab. lib. XIII, p. 582 D ; Cf. 586 D.

quels ils séjournèrent pendant près de deux générations. Mais soit qu'une province naturellement peu fertile n'ait pu suffire plus longtemps à cet accroissement de population, soit, comme le rapportaient les chroniques athéniennes, que des rivalités et des dissensions eussent déterminé quelques-uns des chefs à aller chercher au dehors une nouvelle patrie, il est certain qu'une nombreuse émigration, principalement composée d'Ioniens, traversa l'Égée environ cent trente ans après la guerre de Troie, et vint aborder sur les rivages de l'Asie au sud du territoire déjà occupé par les Éoliens.

L'établissement ionien sur la côte asiatique s'étendit depuis le Hermos jusqu'au Méandre, bordant ainsi tout le territoire méonien, qui prit plus tard le nom de Lydie. Cette côte était déjà en partie couverte de peuplades cariennes, que les nouveaux arrivants refoulèrent ou exterminèrent. Maîtres de ce beau pays, ainsi que des îles avoisinantes de Khios et de Samos, les Ioniens s'y bâtirent douze villes, en mémoire, dit Hérodote, des douze cités qu'ils avaient autrefois habitées dans le Péloponèse. Ces douze villes ioniennes, qui devaient s'élever rapidement à un haut degré de splendeur et de richesse, furent Éphèse, Milet, Muous, Lebedos, Kolophôn, Priênê, Téôs, Érythrées (Éruthrai), Phocée (Phôkaïè), Klazomenes, Khios et Samos : les dix premières sur le continent, toutes au voisinage de la côte; les deux dernières dans les deux îles du même nom (¹). Plusieurs existaient avant l'arrivée des Ioniens; ceux-ci les agrandirent sans doute, ou les relevèrent de leurs ruines. Smyrne et Magnésie, enlevées à la ligue éolienne, furent comptées par la suite au nombre des villes de l'Ionie.

Moins considérable que les deux précédentes, la troisième immigration est aussi d'une date un peu moins ancienne. Quoique depuis le commencement du onzième siècle des colonies isolées de race dorienne, exilées par diverses causes du continent hellénique, eussent abordé à des époques successives sur les côtes de la Carie, ce fut seulement trois générations environ après la migration ionienne, ou vers l'an 1000 avant notre ère,

---

¹ Herod. VII, 94; I, 142, 145, 146; Pausan. lib. VII, c. 1 à 5. Raoul-Rochette, *Hist des colonies grecques*, t. III, p. 93.

que s'y forma le gros de l'établissement dorien. On y comptait six villes principales, fondées ou agrandies par les Doriens: Knide et Halicarnasse sur le continent, Iélusos, Kameïros et Lindos dans l'île de Rhodes, et Kôs dans l'île du même nom.

Ainsi, dans l'espace de deux siècles, à partir de l'ère célèbre que marque la guerre de Troie au sein des temps héroïques, la côte occidentale de l'Asie-Mineure s'est couverte dans toute son étendue de colonies sorties de l'Hellade et formant une triple confédération sous les noms d'Éoliens, de Doriens et d'Ioniens, les premiers au nord, les seconds au sud, les derniers au centre de la côte. Chacune des villes qui composaient ces trois fédérations helléniques de l'Asie formait un petit État indépendant et tout à fait distinct, se gouvernant par ses propres lois et par ses magistrats, soit sous la forme monarchique qu'une partie au moins d'entre elles conserva dans les premiers temps de la migration à l'exemple de la mère patrie, soit sous la forme démocratique ou oligarchique que toutes ne tardèrent pas à adopter. Le lien qui unissait respectivement entre elles les cités des trois fédérations avait un caractère plus religieux encore que politique; ou plutôt le lien politique n'était ici que l'extension et le résultat du lien religieux. Ce caractère primitivement religieux se manifeste dans le nombre *douze* qui préside aux premiers établissements des Éoliens et des Ioniens[1]: nombre mystique qui réglait de même l'organisation fédérale des Pélasghes-Akhaïens du Péloponèse, et que les Pélasghes-Tyrrhéniens avaient aussi porté avec eux au fond de l'Italie. Le même caractère se retrouve dans la forme des assemblées générales des trois fédérations; c'est un temple commun qui, pour chacune d'elles, en est à la fois le centre et le symbole[2]. Longtemps avant elles, les Mysiens, les Cariens et les Lyciens, premiers habitants thraciques de cette région de la Péninsule, avaient aussi, nous l'avons vu, consacré par la communauté du temple et du sacrifice le souvenir de leur fraternité originaire.

Nous avons dit que la diversité des dialectes était un des traits

[1] L'histoire ne nous dit pas par quelle cause la fédération dorienne s'arrêtait à la moitié de ce nombre.

[2] Herod. I, 143 à 148. L'historien ne fait cependant pas mention d'un temple commun pour les Éoliens. *Voy.* c. 157.

distinctifs des trois immigrations helléniques de l'Asie. Les Éoliens, les Ioniens et les Doriens avaient en effet conservé, dans leurs nouveaux établissements, les particularités d'accent et de dialecte qui distinguaient leurs tribus dans le corps de la nation pélasghe, et qui dominaient en Béotie, dans l'Attique et dans la Laconie lors de leurs émigrations respectives. Les Béotiens et les Lacédémoniens, qui revendiquaient la priorité ceux-là du nom éolien, ceux-ci du nom dorique, conservèrent avec peu de changement leurs anciens dialectes; mais les Athéniens, doués d'un esprit plus vif et plus enclin aux innovations, modifièrent leur orthographe et leur prononciation au point d'établir une distinction très-notable entre eux et leurs frères de l'Ionie : d'où il s'ensuivit que la même langue originelle se trouva par la suite des temps modifiée en quatre subdivisions ou dialectes, encore reconnaissables dans les restes précieux de la littérature des Hellènes. Ajoutons que le nom d'*Ioniens*, ce dernier vestige de la dénomination primitive de la race pélasgique, répudié par le peuple de l'Attique qui sans doute y voyait un souvenir de l'antique barbarie, ne se conserva que chez les Ioniens de l'Asie qui le réclamaient au contraire comme un titre d'honneur, et qui bientôt l'entourèrent de tout l'éclat d'une haute civilisation [1].

C'est un fait bien remarquable dans l'histoire des branches diverses du tronc hellénique, que la différence d'aptitude aux perfectionnements de la civilisation qui se manifeste dès les plus anciens temps chez les deux divisions principales de la race, les Ioniens, d'une part, et de l'autre les Doriens, auxquels, sous ce rapport, on peut assimiler les Éoliens. Cette différence, il est plus aisé d'en reconnaître les caractères que d'en discerner la cause avec certitude; mais elle est d'autant plus frappante, qu'elle se reproduit également et avec les mêmes oppositions chez les deux groupes fixés des deux côtés de la mer Égée, ici entre les Athéniens et les Lacédémoniens du continent grec, là entre les Ioniens et les Doriens de la côte asiatique. Un des plus profonds historiens de l'Allemagne moderne nous paraît avoir bien saisi et parfaitement exprimé les nuances de cet antago-

---

[1] Herod. I, 143, 146. — *Voy.* John Gillies, *the History of ancient Greece*, chapt. 3; William Mitford, *the History of Greece*, ch. 3, sect. 1.

nisme national, qui eut une si profonde influence sur toute la suite de l'histoire hellénique. « La propagation des colonies doriennes vers l'orient et le couchant fut vaste et rapide, dit Heeren [1]; elles occupèrent bientôt plusieurs îles de l'Archipel, et des villes doriennes commencèrent à fleurir sur les côtes de l'Asie-Mineure, sur celles de l'Italie méridionale et de la Sicile, et même à Cyrène en Afrique. La tribu ionienne ne se soutint sur le continent de la Grèce qu'en Attique; mais l'Attique l'emporta à elle seule sur toute la Grèce par sa gloire et sa puissance. Sur la côte de l'Asie-Mineure, ses colonies jetèrent pareillement un éclat qui obscurcit toutes les autres; elles prirent la même supériorité sur les côtes de l'Italie et de la Sicile. Dès les temps les plus reculés, ces deux tribus restèrent séparées par des qualités différentes et particulières, que le progrès général de la civilisation ne put effacer. Le Dorien avait naturellement un caractère sérieux, et ce caractère se révélait dans sa langue sonore, dans ses chants, dans ses danses, dans la simplicité de ses mœurs et de ses constitutions politiques. Il conservait avec une grande prédilection les mœurs de ses ancêtres; et ce fut de ces mœurs, de ces anciennes habitudes, que sortirent presque toutes ses institutions sociales et domestiques : le législateur, aussi bien que le peuple, eut pour elles un respect religieux. L'agriculture, quoique exercée en général par les serfs, était son occupation principale. Les titres que donnait la noblesse, la famille et l'âge, avaient chez lui une grande valeur. Le gouvernement des villes doriennes était toujours plus ou moins entre les mains des familles riches et nobles; et ce fut là une des causes principales de la constance de ses institutions. On cherchait un bon conseil dans l'expérience de l'âge; là où un vieillard apparaissait, les jeunes gens se levaient. La religion n'était pas chez les Doriens un objet de luxe, mais plutôt de besoin. Jamais le Dorien ne commençait quelque chose d'important sans consulter l'oracle. Mais tout changea plus tard. Lorsque le respect des anciennes mœurs eut une fois disparu, le Dorien ne connut plus de frein: et l'on vit Tarente par son luxe, comme Syracuse par ses révolutions, l'emporter sur toutes les autres villes. — Le caractère

---

[1] *De la Politique et du Commerce des peuples de l'Antiquité*, t. VII p. 57; trad. fr.

de la tribu ionienne avait quelque chose de plus mobile, de plus irritable ; elle ne portait pas aussi loin que la tribu dorienne le respect pour les anciennes mœurs, et se montrait aisément disposée à s'en écarter lorsque son plaisir ou son inclination y étaient intéressés. Ses occupations principales étaient la navigation et le commerce. Elle voulait la jouissance de la vie, et cette jouissance elle la cherchait dans les plaisirs de l'esprit et des sens, où elle se complaisait. Elle vivait pour les fêtes ; pour elle point de plaisir sans la danse et les chants. La mollesse de sa langue rappelle à peu près les dialectes adoucis des peuples du Grand Océan ; mais aussi chez ces derniers, de même que chez les Ioniens, nous trouvons la confirmation de cette remarque, que la mollesse de la langue ne prouve nullement l'absence du courage. Ils ne tenaient pas de leurs institutions politiques des droits héréditaires ; ou du moins si ce principe exista chez eux, ils ne le conservèrent pas longtemps. La démocratie, quoique restreinte par quelques institutions, était la forme particulière de leur gouvernement. Le peuple avait la souveraineté. L'Ionien ne croyait rien au-dessus de ses forces, et par cela même il parvint souvent à faire des choses incroyables. »

On nous pardonnera de nous être arrêté un moment sur un fait qui semble ne se lier que d'une manière indirecte à l'histoire géographique de l'Asie-Mineure ; la civilisation brillante des colonies ioniennes, en si parfait contraste avec la civilisation austère et moins rapide du peuple dorien, fait réellement une partie essentielle de l'ancienne histoire de la Péninsule, de quelque point de vue qu'on l'envisage.

Sans doute les Ioniens avaient apporté d'heureux germes de la mère patrie ; ces germes féconds, le beau ciel de leur patrie nouvelle les développa avec une merveilleuse rapidité. C'est vers l'an 1080, nous l'avons vu, que les colonies d'Athènes touchent le sol de la côte asiatique ; un siècle et demi est à peine écoulé, que le plus beau génie des temps antiques, Homère, écrivait ses chants immortels sur les bords limpides du Mélès, qui baigne les murs de Smyrne, et sous les frais ombrages de l'île de Khios. Les deux poëmes du chantre d'Ilion et des courses d'Ulysse nous disent assez à quel développement la vie sociale et le raffinement des mœurs étaient arrivés dès lors chez les Ioniens. Leurs frères de l'Éolide et de la Doride avaient dû suivre, quoique à des degrés différents, la même progression. Tout indique, au surplus, que dans l'intervalle de trois cents ans qui sépare l'époque de Troie de l'âge d'Homère, un immense progrès de civilisation s'était étendu sur une partie considérable de l'Asie-Mineure. Quoique aucune lueur ne perce encore la profonde obscurité qui enveloppe l'histoire de la Péninsule jusqu'au sixième siècle avant notre ère, on a tout lieu de supposer, ou pour mieux dire on peut affirmer hardiment, en présence des vieux monuments dont les vestiges frappent aujourd'hui les regards du voyageur, que le contact de la civilisation assyrienne exerça une puissante influence sur ces premiers développements de la vie intellectuelle chez les populations de sang thracique fixées en Phrygie et dans tout le pays compris entre le Halys et la mer Égée. Les Phrygiens, à peine établis en Asie à l'époque de la guerre de Troie, nous apparaissent, dans les deux ou trois siècles qui suivent cette ère fameuse, comme jouissant déjà d'une civilisation assez avancée. Tels nous les voyons, du moins, à travers le voile encore incertain des traditions; tels aussi nous les trouvons dès que l'aube de l'histoire se lève pour nous sur ces belles contrées. Nous savons d'ailleurs par ce que la tradition nous raconte de Pélops et de Tyrrhenos [1], que longtemps avant l'apparition des colonies helléniques sur les côtes de la Lydie et de la Carie, ces provinces que baigne l'Égée étaient arrivées déjà à un degré notable de civilisation et de richesse; et cette circonstance ne fut sûrement pas non plus sans influence sur la marche rapide de la civilisation ionienne.

Maîtres d'une des plus belles côtes du monde, où de grandes rivières apportent le tribut des eaux de l'intérieur, et que la nature a découpée en ports vastes et commodes, ayant devant eux une mer parsemée d'îles sans nombre, et derrière eux les riches et populeuses nations de l'Asie, les Ioniens, de même que les autres Grecs des colonies voisines, durent tourner de bonne heure toutes leurs pensées vers le commerce et la navigation. Le génie de ce peuple si heureusement doué prit en peu de

[1] Herod. I, 94.

temps un prodigieux essor dans cette carrière que sa position lui avait ouverte. Bientôt ses principales cités, Smyrne, Milet, Phocée, Kolophôn, s'élevèrent à un degré presque incroyable de richesse et de grandeur. La population rapidement agglomérée de ces villes opulentes, non moins que le besoin de se créer des entrepôts ou des points de relâche partout où les portaient leurs courses commerciales, devinrent l'occasion d'un très-grand nombre de colonies répandues sur les rivages du Pont-Euxin et d'une grande partie de la Méditerranée. Milet et Phocée surtout se placent au premier rang parmi ces cités-métropoles qui versent au loin le trop plein d'une population surabondante. C'est vers le Couchant que se dirigent principalement les navigations des Phocéens ainsi que leurs colonies; les côtes jusque-là presque inconnues de l'Italie, de la Corse, de la Gaule méridionale et de l'Hispanie jusqu'au détroit de Gadès, apprennent à connaître le nom des Hellènes et voient s'élever des marchés florissants.

C'est vers le Nord que se portent les colonies de Milet. Dans le cours du huitième et du septième siècle, elle couvre de ses riches établissements les bords de la Propontide et du Pont. La fondation de Cyzique et de Sinope remonte au milieu du huitième siècle. A peine établis sur la côte paphlagonienne, les colons de Sinope vont à leur tour fonder Trébizonde, presque à l'extrémité du Pont-Euxin, dans la région sauvage habitée par les Khalubes, non loin de ces profondes vallées où les vieilles traditions plaçaient les Amazones. Kérasos, Amisos, et beaucoup d'autres villes des mêmes parages, datent de cette époque [1].

---

[1] Voici la nomenclature des établissements coloniaux de Milet sur le pourtour de l'Asie-Mineure. Sur les bords de la Propontide : Cyzique, Artaké, Abydos ; — sur les côtes et aux environs de l'Hellespont : Priapê, Kolonaï, Parion, Pésos, Lampsakos, Gherghêthion, Arisbê, Limnê, Perkotê ; — sur les côtes du Pont, ou à peu de distance dans l'intérieur des terres : Kios, Hérakleia, Khersonêsos, Tèion, Sinopé, Kytôrè, Kotyôrè, Sésamos, Krômna, Mastyé, Olbié, Amisos, Kherrhaïdaï, Amestris, Lykastos ou Lykastè, Karussa, Kérasous, Harmênê, Trapezous ; — en Mysie, Milétopolis ; — au pied de l'Ida, Zéléia, Skêpsis ; — près de Milet : Iasos, Latmos, Hérakleia ; — dans les îles : Ikaré, Léros. La liste des colonies de la Colchide, de la côte scythique, du Bosphore Cimmérien, de la Thrace, etc., doublerait cette nomenclature. Quand plus tard le luxe et les vices qu'il enfante eurent énervé les Milésiens, la

Dans le même temps, une ville du continent hellénique qui fut portée de bonne heure aussi par sa position aux entreprises maritimes, Mégare, fondait des établissements nombreux parmi les établissements milésiens. Héraclée du Pont (Hêrakleïa), Calcédoine (Kalkhêdoniê) et Byzance (Buzantion), lui appartiennent. Bientôt les courses des marchands milésiens s'étendirent plus loin encore; et leurs colonies couvrirent les côtes orientales, septentrionales et occidentales du Pont, comme elles en couvraient déjà les côtes méridionales [1].

Cette mer naguère encore si redoutée, et dont les rives inhospitalières n'apparaissaient aux peuples voisins de l'Égée qu'à travers les nuages des traditions mythologiques, sillonnée maintenant par les hardis navigateurs de Milet et de Mégare, est entrée dans le domaine chaque jour plus étendu de la géographie positive.

Près de six siècles s'étaient écoulés depuis les expéditions à demi-fabuleuses de Phryxos, de Jason, de Thésée et d'Hercule; si, dans ce long intervalle, des navigations helléniques avaient prélude aux entreprises des Milésiens et préparé leurs relations avec les peuples barbares des côtes pontiques, ni l'histoire ni la tradition n'en ont gardé le souvenir.

C'est à cette époque où la mer du Pont, habituellement fréquentée par les navigateurs de l'Ionie et de la Grèce, perdit ce prestige de mystérieuse terreur dont elle était environnée, que le nom de *Pontos Axeinos* s'effaça peu à peu de la langue usuelle, remplacé par celui de Pont-Euxin, *Pontos Euxeinos*, qu'elle a conservé. La tradition unanime de l'antiquité attribuait ce changement aux Milésiens [2].

Il est difficile de déterminer avec certitude l'origine du nom d'*Axeinos* que portait le Pont dans les anciens âges, et dont la tradition se conserva longtemps encore chez les poëtes et chez

---

Grèce conserva le souvenir de cette brillante période d'activité dans cet adage passé en proverbe: « Les Milésiens furent autrefois courageux, πάλαι ποτ' ἦσαν ἄλκιμοι Μιλήσιοι. »

[1] Toutes les autorités anciennes sont recueillies et discutées par le savant auteur de l'*Histoire des colonies grecques*, M. Raoul-Rochette, t. III, p. 169 et suiv.

[2] Scymnus de Khios, Περιήγησις, v. 734 sqq.; Strab. lib. VII, p. 298 D, 1020.

les historiens [1]. Il n'est pas hors de vraisemblance que ce nom ait eu un rapport originaire avec celui d'*Askhénaz* qui désigna anciennement la partie de l'Asie-Mineure où vinrent s'établir les Phrygiens, et dont la renommée s'était répandue assez loin parmi les nations environnantes pour qu'on le trouve mentionné dans les livres de Moïse [2]; mais cette origine, si elle est réelle, demeura ignorée des Hellènes. Pour ceux-ci, le nom d'Axeïnos ou Axenos (Ἄξεινος, Ἄξενος), comme qualification de la mer qui baigne au nord la côte de l'Asie-Mineure, n'eut jamais d'autre signification que celle d'*inhospitalière*, qui dans leur langue est le sens propre du mot, soit qu'en effet cette qualification ait été donnée par eux à une mer d'une navigation souvent pénible et dont les rivages n'étaient originairement habités que par des peuples barbares [3], soit que l'application leur en ait été suggérée par une consonnance accidentelle.

Ce qui est certain, c'est que les navigateurs de l'Ionie, lorsqu'ils changèrent en Euxène ou Euxin la dénomination d'Axène donnée avant eux à cette mer, ne voulurent que substituer à un nom sinistre un nom d'heureux augure [4]; de même que bien des siècles plus tard un roi de Portugal saluera du nom de Bonne-

---

[1] Pindar. *Pyth.* IV; Apollod. Rhod. II, v. 984. Cf. Diod. lib. IV, c. 40. Pompon. Mela, I, 19; Plin. VI, 1.

[2] Gen. X, 3. — Comp. Jerem. LI, 27. *Voy.* ci-dessus, p. 177.

[3] C'est ainsi que Sophocle (*OEdipus Rex*, v. 196) emploie, en parlant du rivage du Pont, l'expression d'ἀπόξενος, inhospitalier, et l'archaïque Lycophron (*Cassandra*, v. 1286) celle de Κακόξενος κλύδων, le flot *inhospitalier*. Qui ne se souvient de ces beaux vers d'Ovide, ce poëte nourri des vieilles traditions de l'Hellénie?

> Frigida me cohibent Euxini littora Ponti,
> Dictus ab antiquis Axenus ille fuit:
> Nam neque jactantur moderatis aequora ventis,
> Nec placidos portus hospita navis habet.
> Sunt circa gentes quae praedam sanguine quaerunt,
> Nec minus infida terra timetur aqua.         (Trist.)

Et l'exilé ajoute :

> Euxinus falso nomine dictus adest.

Les anciens donnaient aussi parfois au Pont-Euxin des noms tirés des contrées riveraines. Théocrite (Idyl. XVI, v. 99) la nomme *Mer Scythique*, et le tragique Sophocle (loc. cit. v. 197) *Mer de Thrace*.

[4] Πόντος Εὔξεινος, mer Hospitalière.

Espérance un cap fameux qui ouvrait à ses flottes l'entrée des mers de l'Asie, et que ses marins intimidés venaient de nommer Cap des Tempêtes.

Cependant le temps approchait où une grande révolution allait s'opérer dans l'état politique de la Péninsule. Les souverains d'Assyrie, qui avaient presque toujours compté au nombre de leurs sujets immédiats les populations araméennes de la Cappadoce, c'est-à-dire le haut pays compris entre l'Euphrate et le Halys, avaient aussi à diverses reprises, depuis les temps les plus anciens, étendu leur domination à l'ouest du Halys jusqu'à l'Hellespont et à la mer Égée, sur les peuples d'origine différente que la Thrace avait autrefois versés dans cette partie de la Péninsule. La domination assyrienne sur l'Asie-Mineure, soit à l'est, soit à l'ouest du Halys, paraît du reste avoir été soumise à des fluctuations qu'expliquent aisément l'état de civilisation peu avancé encore et le caractère belliqueux des populations tributaires, aussi bien que les phases diverses de puissance et de faiblesse de l'empire assyrien, mais dont il ne nous reste aucune notion suivie. C'est seulement à dater du milieu du sixième siècle avant notre ère que les premières clartés historiques commencent à luire sur ces contrées. A cette époque, c'est-à-dire vers 555 [1], nous voyons s'élever dans la région occidentale de l'Asie-Mineure une nouvelle puissance politique, celle des Lydiens, que Crésus leur roi porte de la mer Égée au Halys. Les villes helléniques de la côte reconnurent la suprématie du roi lydien, mais elles conservèrent ce que nous pourrions nommer leurs franchises municipales. Lorsque Cyrus (Khosrou), quelques années plus tard (547), renversa le royaume de Lydie comme il avait mis fin, sur les bords de l'Euphrate et du Tigre, aux deux monarchies de Médie et de Babylone formées des débris de l'ancien empire assyrien, l'Ionie dut subir le joug de cette nouvelle puissance persane qui s'élevait sur toute l'Asie antérieure, et réunissait encore une fois sous un lien commun les pays qu'avaient jadis conquis les armes des rois de Ninive. Mais les colonies helléniques, celles de l'Ionie

---

[1] Il y a sur la fixation précise de la chronologie du règne de Crésus une variation de quelques années dont nous n'avons pas à nous préoccuper, et qui n'importe en rien à notre sujet.

en particulier, si justement fières de leurs richesses, de leur puissance commerciale, et surtout du haut degré de culture intellectuelle où elles étaient parvenues, ne supportaient qu'en frémissant le joug des Barbares; dans leurs généreux efforts pour recouvrer leur indépendance, elles s'adressèrent aux Athéniens leurs ancêtres, et en obtinrent des secours qui devinrent l'occasion de la guerre médique, lutte mémorable, où les peuples de la Grèce, si petits par leur territoire, si grands par leur courage et leurs actions, réunis pour la première fois dans un commun intérêt depuis la guerre de Troie, déployèrent un héroïsme dont les siècles n'ont pas affaibli le souvenir.

Les époques d'agitations politiques sont fréquemment celles où les œuvres de l'esprit humain prennent leur plus rapide essor. Il semble que les facultés de l'âme, fortement sollicitées par la violence même du mouvement extérieur, acquièrent alors un ressort, une puissance, une énergie inconnus aux temps plus calmes. La seconde moitié du sixième siècle avant notre ère, c'est-à-dire la période qui commence à la conquête des colonies helléniques par Crésus, et qui vient aboutir au commencement de la guerre médique après leur soulèvement contre les Perses, est précisément celle où l'Ionie arrive à son plus haut point de splendeur intellectuelle. C'est à cette époque qu'apparurent ces chefs célèbres des premières écoles philosophiques de l'Hellénie, Anaximandre et Anaximène de Milet, Pythagore de Samos, Xénophane de Kolophôn, Héraclite d'Éphèse, Phérécyde de Scyros, Œnipode de Khios; ce fut alors aussi que l'histoire et la géographie, secouant pour la première fois les entraves de la forme poétique et de la mythologie, osèrent parler le simple langage d'une prose encore inexpérimentée, qu'Hérodote devait bientôt parer de tant de charme et de grâce. Déjà familiarisés par leurs lointaines navigations avec le pourtour entier de la Méditerranée et du Pont-Euxin, les Grecs asiatiques, successivement conquis en quelques années par Crésus, le roi de Lydie, et par le fondateur de la monarchie perse, le grand Cyrus, durent inévitablement acquérir, par suite de leurs nouveaux rapports avec les maîtres de l'Orient, des notions nouvelles sur les contrées orientales, et en particulier sur l'intérieur de l'Asie-Mineure. Ce que nous savons des premiers historiens de cette époque immédiatement antérieure à Hérodote, et du sujet ainsi que de la nature de leurs ouvrages, ne peut laisser de doute à cet égard.

Examiné dans son ensemble, ce qui nous reste de ces premiers historiens de l'Hellénie asiatique fournirait un curieux chapitre à l'histoire générale de la géographie de cette ancienne période; ici nous n'avons à nous occuper que de ce qui regarde directement l'Asie-Mineure.

Le plus ancien des *logographes* antérieurs à Hérodote est un Éolien. Hellanikos de Lesbos, de l'an 520 à l'an 500 avant notre ère, écrivit un grand nombre d'ouvrages historiques et géographiques; les uns traitaient des antiquités du continent hellénique, les autres de l'ensemble du monde alors connu, d'autres enfin de quelques contrées ou de quelques peuples de l'Asie-Mineure en particulier, tels que l'île de Khios, l'Éolide, l'île de Lesbos, la Lydie, la Troade et l'île de Cypre [1]. Parmi les livres d'Hellanikos relatifs aux contrées extérieures, un était consacré aux Scythes, un autre à l'histoire des Perses. Si nous avions de ces divers ouvrages autre chose que de rares débris sans suite et sans liaison, nous nous formerions probablement une beaucoup plus grande idée de l'étendue des connaissances historiques et géographiques acquises dès cette époque par les peuples navigateurs de l'Ionie.

Hécatée de Milet, surnommé l'Ancien, pour le distinguer d'un autre historien du même nom contemporain d'Alexandre, florissait vers l'an 500. Il avait écrit un ouvrage historique intitulé *les Généalogies*, et un grand ouvrage géographique sous le titre de *Périple de la Terre* [2]. Ce que les citations d'écrivains moins anciens nous ont transmis de ce dernier ouvrage nous montre que c'était une description du pourtour extérieur des terres connues, telle que les notes et les journaux des navigateurs en pouvaient fournir les éléments, et que nous ne pouvons mieux comparer qu'aux *Portulans* sur lesquels nos marins dirigeaient

---

[1] Müller, *De Hellanico*, en tête de l'édition des *Fragmenta Historicorum Graecorum* donnés dans la Bibliothèque grecque de M. Didot, p. XXVI.

[2] Müller, Prolegom. du Recueil cité des *Fragmenta Historicor. Graecor.* et l'ensemble des fragments réunis, p. 1 à 31 du volume; particulièrement fr. 188 à 253.

autrefois leurs courses côtières, principalement dans la Méditerranée. Bien qu'aucune partie du Périple d'Hécatée ne soit arrivée jusqu'à nous sous sa forme primitive, les citations de détail en sont assez nombreuses, et elles se suivent dans un ordre assez régulier, pour qu'il nous soit permis de juger que le pourtour entier de l'Asie-Mineure, notamment, y était décrit d'une manière très-circonstanciée. Mais rien ne nous y révèle jusqu'où les connaissances d'Hécatée et de ses contemporains s'étendaient dans l'intérieur même des terres ; ou plutôt, on peut assurer que les indications du Périple ne s'éloignaient nulle part du littoral des continents. Toutefois, il ne faudrait pas se hâter d'en conclure que les Grecs asiatiques n'avaient encore à cette époque aucune notion sur les parties intérieures de la Péninsule, depuis l'Égée jusqu'à l'Euphrate : nous serons bientôt à même d'apprécier dans quelles limites se doit renfermer notre opinion à cet égard.

Contemporains d'Hellanikos et d'Hécatée, d'autres historiens nés dans la Grèce asiatique écrivirent comme eux soit sur les antiquités de la mère patrie, soit sur l'histoire et les mœurs des contrées étrangères, principalement de la Perse, de la Phénicie, de l'Égypte et de la Libye, soit sur diverses parties de l'Asie-Mineure. Kadmos de Milet retraça l'histoire de sa ville natale et celle de toute l'Ionie [1]; Xanthos de Lydie écrivit un peu plus tard l'histoire de sa patrie [2]. Nous pourrions encore nommer Kharôn de Lampsaque, Phérécyde de Leros, Damaste de Sigée et Denys de Milet, tous antérieurs à Hérodote. Mais un autre nom plus célèbre dans les fastes géographiques mérite de nous arrêter davantage.

Ce nom est celui de Scylax de Karyande.

Scylax, et l'ouvrage géographique qui nous reste sous son nom, ont beaucoup occupé les plus savants hommes du dernier siècle et du siècle actuel. A-t-il existé dans l'antiquité un seul ou plusieurs auteurs de ce nom? S'il en a existé plusieurs, auquel convient-il d'attribuer le Périple que nous possédons encore? Enfin, à quelle époque précise doit-on reporter la rédaction de ce Périple? — telles sont les questions agitées par la critique, et sur lesquelles les commentateurs sont loin d'être d'ac-

---

[1] Vossius, *De Histor. Græc.* lib. IV, c. 1.
[2] Müller, *ubi suprà cit.* p. xx.

cord. Cette divergence d'opinions tient au vague des renseignements que l'antiquité nous a transmis.

Posons d'abord les faits.

Hérodote [1] rapporte que Darius ayant voulu faire reconnaître les mers qui baignaient les côtes méridionales de son empire, fit partir pour cette découverte des vaisseaux montés par des hommes en état de lui faire des rapports exacts, et que de ce nombre « était Scylax, citoyen de Karyanda. » L'historien ajoute que la flotte, partie de Kaspatyre, descendit l'Indus jusqu'à l'Océan et navigua de là vers l'ouest pendant trente mois, jusqu'au golfe Arabique où se termina l'expédition. Tel est le récit d'Hérodote. Il n'ajoute rien de plus au sujet de Scylax, et ne dit pas que celui-ci eût rédigé la relation de son voyage, non plus qu'il ne mentionne de lui aucun autre écrit relatif à la géographie.

On remarquera qu'Hérodote, qui écrivait au milieu du cinquième siècle, était presque contemporain du fait mentionné, puisque l'expédition ordonnée par Darius se place à peu près vers l'an 500. Il ne faut pas être surpris que le monarque persan eût choisi un Grec pour lui confier cette mission scientifique. Scylax, quoique Grec, était sujet de la Perse, puisque la Carie, dont Karyanda était un port, reconnaissait à cette époque la domination persane, de même que toute la côte ionienne; et les Grecs d'Asie étaient certainement alors les plus habiles marins de l'empire.

On ne trouve plus, depuis Hérodote jusqu'aux temps voisins de notre ère, d'autre mention de Scylax ni de ses écrits.

Mais Strabon, cinq cents ans après l'historien d'Halicarnasse, dit, en nommant la ville insulaire de Karyanda dans sa description de la Carie : « Cette ville est la patrie de l'*ancien* historien Scylax [2]. »

Et le compilateur Suidas, dont le Dictionnaire nous a conservé tant de précieuses notions sur les temps anciens [3], dit sous le mot *Scylax :* « Scylax, né à Karyanda, ville de Carie,

---

[1] *Historiar.* IV, 44.
[2] Lib. XIV, p. 658 A. 1620.
[3] On croit que Suidas vivait vers la fin du onzième siècle de notre ère.

non loin d'Halicarnasse. Mathématicien et musicien. Périple de l'Océan hors des colonnes d'Hercule. Sur Héraclide, roi des Mylassiens. Périple de la terre. Contre l'histoire de Polybe. »

Ce sont ces brèves indications biographiques qui ont servi de base à toutes les discussions de la critique moderne. S'il faut s'en tenir au texte de Suidas, un seul et même Scylax aura rédigé le périple de la mer extérieure, le périple du monde, et les remarques critiques sur l'histoire de Polybe. Mais dans ce cas ce Scylax ne peut avoir vécu que vers l'an 120 avant Jésus-Christ au plus tôt, puisque cette date est celle de la mort de Polybe, et que celui-ci composa son grand ouvrage dans les dernières années de sa vie. D'un autre côté, il a paru difficile de concilier cette date rapprochée avec l'expression d'*ancien* employée par Strabon en parlant du Scylax qu'il mentionne ; d'où l'on a été conduit à admettre l'existence de deux Scylax au moins qu'aura confondus Suidas, — et, il faut ajouter, que Strabon n'a pas connus, puisque le géographe et le lexicographe ne parlent également que d'un seul personnage du nom de Scylax. C'est par une autre supposition dont nous pourrons dans un moment apprécier la valeur, que ceux qui se sont rangés à cette opinion de deux Scylax distincts, ont identifié le plus ancien des deux avec celui qu'Hérodote avait mentionné, puisque aucun ouvrage, soit historique, soit géographique, n'est attribué à ce dernier.

Ajoutons que sous le nom de Scylax nous possédons encore aujourd'hui un Périple ou description des côtes de la Méditerranée, de la Propontide, du Pont-Euxin et des Palus-Méotides, avec une courte excursion en dehors des Colonnes d'Hercule jusqu'à l'île de Kernè. Nous n'avons aucune raison de croire que cet ouvrage ne soit pas celui-là même que Suidas a noté sous le titre de Γῆς Περίοδον, Périple de la Terre, à la suite duquel les copistes auront joint, peut-être en l'abrégeant, le Périple de la Mer Extérieure.

Tel est l'exposé complet de la question et des difficultés qu'elle soulève.

Ces difficultés, un des hommes les plus savants de notre époque, M. Letronne, les a beaucoup diminuées par des recherches marquées au sceau d'une critique sage autant que judicieuse [1]. Laissant de côté la question véritablement insoluble, faute d'autorités directes et irréfragables, de l'existence d'un seul ou de plusieurs Scylax de Karyande, et distinguant nettement deux autres faces du problème presque toujours confondues, celles de l'*époque de la rédaction* du Périple, et de la *date des matériaux* employés, M. Letronne a démontré de la manière la plus péremptoire que ces deux côtés de la question sont réciproquement indépendants, et qu'une rédaction relativement moderne du document n'est nullement contradictoire avec l'antériorité totale ou partielle des matériaux mis en œuvre. Appliquant ce principe fécond à l'examen du Périple, et en soumettant toutes les parties à une analyse pleine à la fois de sagacité et d'érudition, M. Letronne est arrivé à cette conclusion qui nous paraît désormais inattaquable, que cet ancien monument géographique est une compilation d'une date incertaine, et que les matériaux en appartiennent à des époques diverses dont on peut jusqu'à un certain point déterminer les limites extrêmes. M. Letronne croit que les matériaux les plus anciens peuvent remonter au milieu du cinquième siècle, et les plus récents descendre jusque dans la première moitié du quatrième. Quant à l'époque probable de la *rédaction*, il serait enclin, d'après l'ensemble des données fournies par le document lui-même, à la placer entre l'an 356 et la mort d'Alexandre, mais sans affirmer qu'elle ne puisse être d'une date encore plus rapprochée.

Parmi les différentes parties dont se compose le Périple, celle qui se rapporte à l'Asie-Mineure est une des plus remarquables, et par le détail et par l'homogénéité de la rédaction. M. Letronne la croit aussi la plus ancienne. Selon l'habile critique, elle appartiendrait à une époque voisine du temps d'Hérodote, c'est-à-dire à l'intervalle compris entre 400 et 450 avant notre ère [2]. Nous croyons que l'on peut aller plus loin encore, et remonter hardiment jusque vers l'an 500. Nous atteignons ainsi l'âge du Scylax d'Hérodote, le seul dont l'existence et l'époque soient authentiquement établies; et nous

---

[1] *Observations littéraires et critiques sur Scylax*, etc., en tête des *Fragments des poëmes géographiques de Scymnus de Chio et du faux Dicéarque... restitués... par M. Letronne*. Paris, 1840, in-8°, p. 165 et suiv.

[2] *Ibid.* p. 223.

avouons que cette considération a quelque valeur à nos yeux. Qu'Hérodote, en citant le Scylax employé par Darius à l'exploration de la mer Erythrée, n'ait fait nulle mention des ouvrages géographiques que ce navigateur aurait composés [1], il n'y a rien dans cette omission dont nous devions être surpris : elle est dans les habitudes de l'historien, qui jamais ne parle des écrivains antérieurs, de ceux mêmes dont les écrits lui ont été le plus évidemment utiles. Et ceci n'était ni réticence calculée ni esprit d'envie. Ce que nous nommons la méthode critique n'était pas née encore; et le naïf Hérodote, uniquement attaché aux choses, ne croyait pas qu'il pût être d'aucun intérêt d'indiquer les sources où il puisait ses récits. Nous ne voyons pas d'ailleurs quelle difficulté sérieuse on pourrait opposer à notre détermination. Le Périple d'Hécatée, qui ne paraît pas avoir essentiellement différé de celui que nous possédons sous le nom de Scylax, est certainement, nous l'avons vu, contemporain du Scylax d'Hérodote; et tous les deux trouvèrent d'amples renseignements, surtout pour l'Asie-Mineure et le Pont-Euxin, dans les journaux des navigateurs de l'Ionie, depuis longtemps familiarisés avec ces parages. Voilà la source réelle, authentique, incontestable de ces résumés géographiques désignés sous les noms de *périodes* et de *périples;* et nous n'apercevons pas ce que la critique la plus timorée peut gagner ici à marchander quelques années sur la date d'un monument dont l'origine est si évidente.

Nous nous rangeons donc au sentiment de M. Letronne quant à l'origine diverse des différentes parties dont se compose le Périple, ainsi qu'à la date approximative de la rédaction définitive du document dans l'état où nous le possédons aujourd'hui; mais nous sommes convaincu aussi que la portion relative à l'Asie-Mineure, portant, comme l'a démontré M. Letronne, tous les caractères d'une rédaction uniforme et d'une plus grande antiquité que le reste de l'ouvrage, est uniquement tirée de sources ioniennes, qu'elle est conséquemment antérieure à Hérodote, et que puisque la tradition de l'antiquité attachait le nom de Scylax à ce document, ce Scylax ne saurait

---

[1] Un passage d'Aristote (*Polit.* VII, 13) ne permet pas de douter de l'existence de ces ouvrages.

être autre que celui qui fut choisi par Darius pour concourir à une expédition de découvertes maritimes.

Si plus tard d'autres parties du Périple ont été retouchées par des mains inconnues, ces modifications partielles durent être déterminées par le progrès journalier de la navigation dans la Méditerranée ; si au contraire la description du pourtour de l'Asie-Mineure et du Pont-Euxin resta seule intacte, c'est que dès le sixième siècle avant Jésus-Christ les navigateurs de l'Ionie avaient acquis sur ces parages des connaissances pratiques qui ne furent surpassées à aucune époque de l'antiquité.

On nous pardonnera cette longue digression sur l'origine, la date et le caractère d'un document que nous regardons comme formant une des époques notables de l'ancienne histoire géographique de l'Asie-Mineure, en ce sens qu'il nous paraît avoir été la source commune et le modèle de toutes les descriptions de même nature publiées sur la Péninsule dans l'espace de plusieurs siècles.

C'est à ce titre que nous donnerons ici la traduction intégrale de la partie du Périple qui se rapporte à l'Asie-Mineure. Il sera d'ailleurs intéressant d'en rapprocher ce que nous possédons encore des autres ouvrages contemporains dus aux plus anciens historiens de l'Ionie, particulièrement les fragments du Périple d'Hécatée.

Après avoir suivi le littoral du Pont depuis l'issue du Bosphore de Thrace jusqu'aux Palus Méotides, et de là au pays des Kolches qu'arrose le Phase, le Périple poursuit de l'Est à l'Ouest la côte septentrionale de l'Asie-Mineure à partir de la Kolchide.

« Après les Kolches (Kolkhès), dit-il, on trouve les Buzères, et le fleuve Daraanôn, et le fleuve Ariôn.

» Aux Buzères succèdent les Ekékheïres, et le fleuve Pordanis, et le fleuve Arkhabis [1] ; puis la ville de Limnê, et la ville hellénique d'Odeïnios [2].

» Après les Ekékheïres sont les Békheïres, et le port Békheïrique, et la ville hellénique de Békheïrias [3].

---

[1] Le texte porte fautivement *Arabis*. On retrouve encore sur cette côte le nom d'*Arkhavi* appliqué à une petite rivière.

[2] Aujourd'hui Atina.

[3] Hécatée mentionne aussi les Békheïres aux confins d'un autre peuple, les Khoi, que Scylax ne nomme pas (fr. 190, édit. Müller).

» Après les Békheïres viennent les Makroképhales [1], et le port de Psôrôn, puis la ville hellénique de Trapézous (Trébizonde [2]).

» Après les Makroképhales viennent les Mosunèques, et le port Zéphyrios, et la ville hellénique de Khoïradès, et l'île d'Arès (ou de Mars) : ceux-ci habitent dans les montagnes [3].

» Aux Mosunèques succèdent les Tibarênes [4].

» Après les Tibarênes viennent les Khalubes, et le port fermé de Ghénêtès, et la ville hellénique d'Aménéïa, et l'acropole (ou fort) hellénique d'Asineïa [5].

» Aux Khalubes succède l'Assyrie, et le fleuve Thermodôn, et la ville hellénique de Thémiskure, et le fleuve Lykastos, avec une ville hellénique du même nom ; puis le fleuve Halys, et les villes helléniques de Karoussa, de Sinopè et de Kérasous ; puis le fleuve Okhéraïnos, et la ville hellénique de Harménê, avec un port, et la ville hellénique de Tétrakos [6].

» A l'Assyrie succèdent les Paphlagoniens. On trouve chez eux le port Stéphanè [7], les villes helléniques de Koloussa, de Kinôlis [8], de Kutôros et de Sêsamos. Viennent ensuite le fleuve

---

[1] Hécatée (fr. 191), et tous les écrivains postérieurs, nomment ce peuple Makrônes. *Makroképhalè* est un composé purement grec, signifiant Tête-Longue.

[2] Hécatée nomme en outre dans le canton de Trapézous une ville de Hermônassa (fr. 197).

[3] Hécatée (fr. 193) nommait aussi les Mossunèques, avec leur ville Khoïradès. Il mentionnait en outre, aux confins des Mossunèques, un peuple du nom de *Mares* qui rappelle les anciens *Maours*, et qu'il plaçait également au voisinage de la région de Mosun (ci-dessus, p. 217).

[4] Mentionnés par Hécatée dans la même position (fr. 193).

[5] Vossius lit *Jasonium*. — Le texte d'Hécatée (fr. 195 ; Cf. 195) nomme la ville des Khalubes Stamêné, évidemment la même qu'Aménéïa.

[6] Au lieu d'Assyria, Hécatée nommait les Leuko-Syriens, et il plaçait chez eux une ville de Tiria (fr. 194). — *Voy.* ci-dessus, p. 185. Hécatée connaissait encore ici la ville d'Amisos (fr. 200), dont notre texte de Scylax ne fait pas mention, et sûrement aussi d'autres localités de cette côte (*voy.* les fragm. 198 et 199).

[7] Hécatée (fr. 201), si la citation d'Étienne de Byzance est exacte, attribuait cette ville aux Mariandyniens. Ce serait une erreur.

[8] Correction de Vossius, d'après Strabon. Le texte porte Korônis.

Parthenios, et la ville hellénique de Téïon [1], puis le port de Psylla, et le fleuve Kallikhoros.

A la Paphlagonie succèdent les Mariandyniens. Là est la ville hellénique de Hérakleïa, puis le fleuve Lykos, et un autre fleuve du nom de Hypios.

» Aux Mariandyniens succède la nation thrace des Bithyniens, avec le fleuve Sagarios (ou Sangarios), un autre fleuve du nom d'Artanès, et l'île Thynias, qu'habitent les Hérakléotes ; vient ensuite le fleuve Rhébas. Plus loin on retrouve le détroit, et le temple élevé à la bouche du Pont. On arrive de là à la ville de Khalkédôn (Chalcédoine), puis au golfe d'Olbia. Depuis la côte des Mariandyniens jusqu'au fond du golfe d'Olbia (cet intervalle marque l'étendue de la côte de Bithynie), l'espace est de trois jours de navigation. De la bouche du Pont à l'entrée des Palus Méotides, la longueur de la navigation est la même, soit qu'on suive la côte d'Europe, soit qu'on longe la côte d'Asie.

» Après la Thrace viennent les Mysiens. Leur pays est à la gauche du golfe d'Olbia pour celui qui navigue dans le golfe de Kios jusqu'à la ville de ce nom. La Mysie est une péninsule [2]. Elle renferme les villes suivantes, d'origine hellénique : Olbia, avec un port; Kallipôlis, également avec un port. Promontoire du golfe de Kios, et à gauche la ville de Kios avec une rivière du même nom. L'étendue de la côte mysienne jusqu'à Kios est d'un jour de navigation.

» A la Mysie succède la nation Phrygienne, et les villes suivantes, toutes helléniques : Myrlea, et le fleuve Rhyndakos près duquel est l'île Besbikos et la ville de Plakiê. Kyzikos (Cyzique) est située au col même de l'isthme, dont elle ferme l'entrée ; Artakê est en dedans de l'isthme. Non loin de là est l'île de Pro-

---

[1] Autre correction de Vossius, pour Tithion que porte le Périple. Le texte de Scylax, dont on n'a plus qu'un seul manuscrit, a été livré aux critiques dans un état d'altération déplorable (Letronne, *Observations*, p. 165).

[2] Formée par les deux golfes d'Olbia (ou d'Astakos, *Astacenus Sinus*) et de Kios (le *Cianus Sinus* des Latins), qui l'un et l'autre s'enfoncent profondément dans les terres. Cette Mysie du Périple est beaucoup plus resserrée que ne nous la montrent les géographes des siècles postérieurs, et même l'ancien périple orphique des Argonautes, car ce dernier y comprenait le cours du Rhyndaque.

konnêsos, avec une ville, et au-dessus une autre île, Elaphonnêsos, pourvue de bons ports. Les Prokonnésiens en occupent l'intérieur. Sur le continent sont les villes de Priapos, Parion, Lampsakos, Perkotè, Abydos. C'est entre cette ville et Sestos qu'est la bouche de la Propontide [1].

» Ici commence la Troade, où l'on trouve les villes suivantes, colonies helléniques : Dardanos, Rhoïteïon (Rhœteum), Ilion, qui est éloignée de la mer d'une distance de 25 stades [2]; le fleuve Skamandros arrose le pays troyen. Sur cette côte est l'île de Ténédos, avec un port; c'est la patrie de l'astronome Cléostrate. On trouve encore sur le continent Sigheïon (Sigée) et Akhilleïon [3], puis Kratérès des Akhéens, Kolônai, Larissa, Hamaxiton, et le temple d'Apollon, où Chrysès immola une hécatombe [4].

» La contrée qui vient ensuite porte le nom d'Éolide (Aïolis). Les villes maritimes que l'on y trouve, et qui sont helléniques d'origine, sont Kébrên, Skêpsis, Neandreïa, Pityeïa. L'étendue par mer de la Phrygie, depuis la Mysie jusqu'à Antandros, est de......

» Non loin de cette cité est l'île de Lesbos des Éoliens, où l'on compte cinq villes : Methymna, Antissa, Eressos, Pyrrha avec un port, Mitylênè qui en a deux. Près de Mitylênè est une île avec une ville, nommée Perdosélênè. Mais je reviens au continent, d'où nous retournerons aux îles [5].

» Après Antandros et le mont Ida [6], les lieux situés plus bas appartiennent actuellement à la Lydie. La Mysie s'étendait autrefois au delà de cette montagne jusqu'aux Teuthranies; mais les Mysiens se sont reculés dans la partie supérieure du pays.

---

[1] Hécatée avait dans son Périple beaucoup plus de détails sur l'intérieur de cette contrée phrygienne, à en juger par les fragments que nous en a conservés le Dictionnaire d'Étienne de Byzance (fragm. 202 à 207).

[2] Cette circonstance prouve qu'il s'agit ici de la nouvelle Ilion (*Ilium recens*), bâtie par des colons éoliens hors de l'emplacement de la Troie d'Homère, et qui est précisément à cette distance de l'entrée de l'Hellespont.

[3] Corrections de Paulmier, pour Toïkhê et Ankhialeïon que porte le texte.

[4] Allusion à un passage d'Homère, *Iliad.* I, v. 431 et suiv. — Trois fragments conservés du Périple d'Hécatée se rapportent à la Troade (fr. 208-210).

[5] Add. Hecat. (fr. 226).

[6] Correction de Paulmier pour Indistès, nom inconnu que porte le texte.

Les villes helléniques de la Lydie sont : Astyra, où il y a un temple..., Adramytion [1]. Ce canton appartient aux Lesbiens. Au delà, est le territoire des colons de Khios, et la ville d'Atarneüs. Plus bas, en longeant la côte, on trouve le port Pitanè, et le fleuve Kaïkos (le Caïque). Après Pitanè viennent Elaïa (Elæa), et le port akhéen de Gryncïon. La tradition rapporte que c'est là que les Akhéens délibérèrent s'ils iraient ou non attaquer Téléphe [2]. Vient ensuite la ville de Myrina, avec un port; puis Kumê et son port [3]. Au delà de Kumê sont les villes helléniques d'Aïgai et de Leukai, toutes deux avec un port. Plus loin on trouve Smyrna, où naquit Homère, Phôkaïa (Phocée) avec un port, puis le fleuve Hermos, Klazoménai avec un port, Érythrai avec un port [4]. Vis-à-vis, s'étend l'île de Khios, avec un port. Je reviens au continent... La ville d'Agra, avec un port; la ville de Teôs, avec un port; Lebedos; Kolophôn, dans l'intérieur; Notion, avec un port; le temple d'Apollon Klarien; le fleuve Kaüstros (le Caïstre); Éphèse, avec un port; Marathêsion, et dans l'intérieur des terres la ville hellénique de Magnêsia; Anaïa, Paniônion, Erasistratios [5], Kharadros, Phughéla [6], Akadamis, Mykalê. Toutes ces villes sont situées dans le district des Samiens. Vis-à-vis de Mykalê est l'île de Samos, qui a une ville et un port fermé. Mais je reviens au continent dont je m'étais écarté. Non loin de Mykalê est la ville de Priênê, avec deux ports, dont l'un fermé. Puis le fleuve Maïandros (le Méandre). L'étendue de la Mysie [7] et de la Lydie, depuis Astyra jusqu'au Méandre, est de deux jours et une nuit de navigation [8].

---

[1] Toute cette partie du Périple est très-corrompue, et il y a des lacunes. — On y apprend d'ailleurs une circonstance que nul autre monument de l'antiquité ne nous fait connaître, à savoir, le point précis jusqu'où s'étendit sur cette côte la domination lydienne.

[2] Ceci est une des traditions qui se rattachent à la guerre de Troie. Cf. Hecat. fr. 211.

[3] Comp. Hecat. fragm. 212 et 213.

[4] Il semble qu'il y ait ici quelques transpositions dans le texte du Périple.

[5] Ville d'ailleurs inconnue, ainsi que la suivante.

[6] Correction de Gronovius, pour Phokaïa.

[7] C'est-à-dire de cette partie de la Mysie comprise entre Astyra et le Caïque, et qui avait fait partie de la Lydie.

[8] Comp. Hecat. fr. 214 à 224.

» A la Lydie succède la Carie, où l'on trouve les villes helléniques suivantes : Hêrakleïa, Milêtos (Milet), Myndos, avec un port ; Halikarnassos, avec un port fermé. Il y a un autre port et une rivière non loin de l'île. Puis l'île Kalymna, l'île Karyanda, avec une ville et un port : ses habitants sont Cariens [1]. Vient ensuite l'île de Kôs, avec une ville et un port fermé. Au voisinage de ces localités et du golfe Kéramique de Carie est l'île Symê, et celle de Nisuros, avec un port [2]. Je reviens au continent. Le promontoire sacré Triopion, la ville hellénique de Knidos ; puis le district des Rhodiens, et sur le continent Kaunos, ville carienne, avec un port fermé ; puis le promontoire Kragos [3].

» Au voisinage de cette côte est l'île de Rhodes, qui renferme trois villes anciennes, Ialusos, Lindos, Kameïros. Les îles habitées des environs de Rhodes sont : Khalkeïa, Têlos, Kasos, Karpathos, qui renferme trois villes. Et l'étendue de la Carie, depuis le fleuve Méandre jusqu'au promontoire Kragos de Carie, est de deux jours de navigation. Mais je reviens de nouveau au continent, d'où je m'étais écarté.

» A la Carie succède la Lycie. Les villes des Lyciens sont : Telmissos, avec un port ; puis le fleuve Xanthos, par lequel on remonte à la ville de Patara, qui a un port. Phellos, avec un port. Proche de cette ville est l'île rhodienne de Méghisthê. La ville de Limyra, où l'on arrive en remontant la rivière. De là on trouve la ville de Ligaïa [4], puis les Khélidoines, promontoire avec deux îles, et l'île Dionysios ; puis Sidêros, port et promontoire. Au-dessus de Sidêros est un temple d'Héphaïstos (Vulcain), situé sur une montagne ; là on voit la terre vomir spontanément des flammes qui ne s'éteignent jamais [5]. Si nous quittons le rivage pour pénétrer dans les terres, nous trouvons la ville de Phasêlis, qui a un port. Plus loin est le golfe et la ville d'Idaros, l'île Lyrnatia, Olbia, Magudos, et le fleuve Kattarhaktès ; plus loin, la ville de Perghê, et le temple d'Arté-

---

[1] C'est la patrie du Scylax d'Hérodote, l'auteur présumé de notre Périple.
[2] Nous suivons ici les corrections de Vossius.
[3] Comp. Hecatæi fragmenta 225, 227 à 239. Il paraît que le Périple d'Hécatée fournissait d'amples détails sur la géographie intérieure de la Carie.
[4] Peut-être Gagaïa (Gagæ).
[5] C'est la célèbre Chimère, Khimaïra ; ci-dessus, p. 208

mis (Diane). De ce lieu à la Carie, l'étendue de la Lycie est d'un jour et une nuit de navigation. Le chemin est plus long en suivant les sinuosités de la côte [1].

» Après la Lycie commence la Pamphylie, où sont les villes suivantes : Aspendos, où l'on arrive en remontant une rivière nommée Eurymédôn. Vient ensuite la ville de Sullion, puis une autre ville, Sidê, colonie des Kuméens. Celle-ci a un port. L'étendue de la Pamphylie depuis Perghê est d'un jour et demi de navigation. Il y a encore d'autres villes dans la Pamphylie : Kibura, ensuite Korakêsion [2].

» A la Pamphylie succède la Cilicie, où l'on trouve les villes suivantes : Sélinous, Kharadrous, avec un port, Anemourion, ville et promontoire, Naghidos, ville avec une île [3]. Non loin de Sukên [4] est le port de Posideïon (Neptune); puis Salon, Muous, la ville de Kélendéris, le port Aphrodisios (port de Vénus), un autre port, la ville hellénique de Holmous, distante..... La ville de Sarpédôn; Latmos, ville et fleuve [5]; Soloi, ville d'origine hellénique; la ville de Zéphyrion, le fleuve Pyramos, la ville de Mallos, où l'on remonte par la rivière; Adanê, port marchand; Myriandros des Phéniciens; le fleuve Thapsakos. L'étendue de la Cilicie, depuis les confins de la Pamphylie jusqu'au fleuve Thapsakos, est de trois jours et deux nuits de navigation. Depuis Sinopê, qui est sur le Pont, jusqu'à Soloi, la distance d'une mer à l'autre, à travers le continent et la Cilicie, est de cinq jours (de marche).

» Non loin de la Cilicie est l'île de Kupros (Cypre). Les villes qu'elle renferme sont : Salamis, ville hellénique, avec un port fermé commode pour l'hivernage; Karpaseïa, Keruneïa, Lapéthos des Phéniciens, Soloi (qui a aussi un port commode pour l'hivernage). Marion, ville hellénique; Amathous, dont les habitants sont indigènes. Toutes ces villes ont des ports abandonnés. L'île renferme d'autres villes barbares dans l'intérieur

---

[1] Comp. Hecat. fr. 240 à 247.

[2] Conf. Hecat. *Fragm.* 245 à 250.

[3] Hécatée plaçait à Naghidos la limite commune de la Pamphylie et de la Cilicie (fr. 252. Add. 251 et 253).

[4] Correction de Gronovius, pour Sétou que porte le texte.

[5] Correction de Gronovius, pour Erémos.

des terres. Mais je reviens au continent, dont je m'étais écarté.

» A la Cilicie succède la nation syrienne..... Après le fleuve Thapsakos on trouve Tripolis de Phénicie... »

Ici se termine la portion du Périple consacrée aux côtes de l'Asie-Mineure. Ce fleuve Thapsakos, dont Scylax fait la limite de la Cilicie du côté de la Syrie, n'a été connu sous ce nom d'aucun autre géographe de l'antiquité. M. Letronne[1] pense que ce ne peut être que l'Oronte, qui forme en effet dans Hérodote, comme nous le verrons au chapitre suivant, la frontière commune de la Phénicie et de la Cilicie.

Il serait superflu d'ajouter ici aucune remarque au commentaire succinct dont nous avons accompagné notre traduction. Les indications de Scylax montrent quelle profusion de colonies helléniques couvrait, au sixième siècle avant notre ère, tout le pourtour du Pont-Euxin et la côte orientale de la mer Égée jusqu'aux confins de la Lycie; et lors même que le Périple lui-même ne serait pas là pour nous apprendre combien ces parages étaient devenus familiers aux navigateurs ioniens, cette quantité de colonies ne nous permettrait pas de douter que les parties maritimes de l'Asie-Mineure ne fussent dès lors aussi bien connues qu'elles l'aient jamais été à aucune époque ultérieure jusqu'à nos jours. Quant aux progrès que pouvaient avoir fait alors les connaissances des Grecs asiatiques sur l'intérieur de la Péninsule, le Périple ne nous fournit aucune lumière. Seulement le peu de débris parvenus jusqu'à nous des ouvrages géographiques d'Hécatée de Milet, contemporain de Scylax, nous révèlent que sur certaines provinces au moins ces connaissances étaient déjà très-circonstanciées; et le précieux ouvrage d'Hérodote, postérieur d'un demi siècle à peine à ceux de Scylax et d'Hécatée, va nous montrer jusqu'où elles s'étendaient en effet.

---

[1] Observations citées, p. 223.

# CHAPITRE V.

### ASIE-MINEURE D'HÉRODOTE.

(456 ans avant notre ère.)

De grands événements venaient de s'accomplir.

Une lutte inouïe avait mis aux prises les innombrables armées de Xerxès, le roi des rois, contre un petit peuple confiné dans un pays de montagnes, de l'autre côté de l'Égée.

Mais ces millions de soldats ne formaient qu'un lâche troupeau d'esclaves obéissant passivement à la voix d'un despote.

Mais ce petit peuple, c'étaient les Hellènes; et ils combattaient pour leur liberté, pour leurs lois, pour leur existence.

L'Asie fut honteusement vaincue dans cette lutte doublement inégale, et la Grèce libre et fière vit dès lors s'ouvrir devant elle une carrière nouvelle, que le génie hellénique a si glorieusement remplie.

Des journées de Platée et de Salamine date l'ère de l'Occident.

Le souvenir de ces mémorables actions, de ces victoires héroïques était palpitant encore, quand un homme d'un génie rare conçut la pensée d'en écrire l'histoire pour en transmettre le souvenir à la postérité. Cet homme est Hérodote.

Cette pensée était grande; l'exécution en fut magnifique. L'ouvrage d'Hérodote est une mine précieuse pour la connaissance du monde ancien des Grecs. Traditions, histoire, description des pays, mœurs et usages des peuples, il comprend tout, et fournit sur tout des notions dont la variété est inépuisable.

L'auteur a su y rattacher, par des transitions naturelles et des digressions toujours habilement liées au sujet principal, une foule de renseignements accessoires qui font parcourir au lecteur le cercle entier des connaissances historiques et géographiques de cette grande époque.

C'est ainsi que nous y trouvons un aperçu complet de la géographie de l'Asie-Mineure et des peuples qui l'habitaient au temps de la guerre médique, de 450 à 500 ans avant notre ère.

Cette description de l'Asie-Mineure appartient donc à la même époque que le Périple de Scylax et celui d'Hécatée, et ces trois documents se complètent ainsi réciproquement. Ce sont évidemment les portions concordantes d'un même corps de doctrine, les chapitres successifs, en quelque sorte, d'un même ouvrage d'ensemble, ceux-ci retraçant dans le plus grand détail le pourtour des côtes et donnant l'énumération de toutes les localités maritimes, celle-là esquissant à larges traits la position relative des peuples et des pays de l'intérieur. Quelque part que l'on fasse, en effet, aux recherches, aux observations, aux découvertes personnelles d'Hérodote, on ne saurait leur supposer la même étendue qu'aux notions déjà recueillies par ses contemporains, et répandues, lorsqu'il écrivait son immortel ouvrage, dans le commerce intellectuel de son siècle. Hérodote n'avait d'ailleurs visité personnellement aucune partie intérieure de l'Asie-Mineure; mais il était d'Halicarnasse, une des villes helléniques de la côte dorienne, et il avait certainement consulté tous les écrits antérieurs. Or, nous l'avons vu, ces écrits avaient été nombreux déjà chez les Grecs asiatiques, — et beaucoup avaient rapport à la géographie aussi bien qu'à l'histoire de plusieurs parties de la Péninsule, — de la fin du sixième siècle au commencement du cinquième, c'est-à-dire un demi-siècle à peine avant l'époque où Hérodote lui-même traçait son ouvrage. Un esprit aussi actif et aussi avide de renseignements n'avait certainement pas négligé de consulter ces écrits pour en extraire tout ce qui se rapportait à son propre sujet; et l'on peut conséquemment regarder comme un fait indubitable que la description de l'Asie-Mineure, telle que nous la fournit l'historien d'Halicarnasse, est un résumé complet des notions alors acquises chez les Grecs asiatiques sur l'intérieur de cette grande région.

Toutefois, ce n'est pas d'un seul jet, ni d'une manière que

l'on puisse appeler didactique, que l'historien nous donne sa description de la Péninsule. Il y est amené par l'enchaînement de ses récits, une fois en faisant l'énumération descriptive des grandes provinces ou satrapies entre lesquelles était alors divisée la monarchie persane, dont l'Asie-Mineure faisait partie ; une autre fois en passant en revue, à la manière d'Homère, les différents peuples représentés dans l'armée de Xerxès. Diverses notices particulières jetées par l'auteur dans le corps de son ouvrage ajoutent quelques traits de détail à ces deux notices principales, dont l'une est essentiellement géographique, en décrivant le pays même, l'autre plus particulièrement ethnologique ou se rapportant aux habitants.

C'est en réunissant ces éléments descriptifs, en les groupant dans un ordre logique, en les fondant en un ensemble régulier, que nous allons essayer de rétablir l'édifice dans ses proportions primitives. Nous nous attacherons à conserver partout autant que possible les termes mêmes de notre auteur.

Dans l'esprit d'Hérodote, comme dans la nature, la contrée que l'on désigna plus tard sous la dénomination d'Asie-Mineure, mais qui n'a pas encore chez l'historien de nom distinctif, si ce n'est celui d'Asie Inférieure, κάτω τῆς Ἀσίης [1] est une grande presqu'île qui d'un côté commence au Phase où elle touche à la Colchide, et se termine de l'autre au golfe Myryandryque [2], sur les confins de la Phénicie. Du côté du nord, elle est baignée par les eaux du Pont-Euxin et par la Propontide; du côté de l'ouest, depuis le cap Sigée (Sigheïon) dans la Troade, jusqu'au cap Triopion, par cette mer ouverte à laquelle on donne le nom d'Égée [3]. La mer qui la baigne au sud, et où l'île de Cypre est située, n'a pas de nom particulier [4].

Le Pont-Euxin, ou mer Boréenne (Βορηΐη θάλασσα) a de lon-

---

[1] Littéralement le bas de l'Asie. Vid. lib. I, c. 177 et 72.

[2] Nommé plus tard golfe d'Issos, aujourd'hui de Skanderoun.

[3] On trouve le nom de *mer d'Ionie* dans un passage d'Hérodote (lib. V, c. 50); mais ce nom, dont l'usage ne paraît pas avoir été général, ne s'appliquait sûrement qu'à la partie de l'Égée qui baignait immédiatement la côte ionienne et les îles avoisinantes. C'est par une licence toute poétique que Virgile (Æneid. I, 381) a appliqué à l'Égée la dénomination de mer de Phrygie, *Phrygium æquor*, qui, du reste, dans la pensée du poëte, ne signifie que mer troyenne.

[4] Herod. IV, 38, 85.

gueur 11,100 stades ; sa plus grande largeur est de 3,100 stades. Voici comment ces mesures avaient été prises. La route qu'un vaisseau pouvait faire dans un long jour de l'année était estimée à 70,000 mille orgyes, et pendant la nuit à 60,000. Or, de l'entrée du Pont-Euxin à l'embouchure du Phase, ce qui est la ligne de plus grande longueur de cette mer, on comptait neuf jours et huit nuits de navigation, ce qui donne 1,110,000 orgyes, ou (à 100 orgyes par stade), 11,100 stades [1]. De la contrée des Sindes jusqu'à Thémiskurè à l'embouchure du Thermodôn, intervalle qui donne la plus grande largeur du Pont-Euxin, on compte trois jours et trois nuits de navigation, c'est-à-dire 330,000 orgyes ou 3,300 stades [2]. Le Pont-Euxin tient en outre à un vaste lac qui se jette dans cette mer, et qui ne lui est pas, dit Hérodote, beaucoup inférieur en grandeur. Ce lac est connu sous le nom de Palus-Méotide, ou de Mère du Pont, Μητέρα Πόντου [3].

Le Pont-Euxin verse ses eaux dans la Propontide par un détroit qu'on nomme le Bosphore, et la Propontide communique avec la mer Égée par un autre détroit appelé l'Hellespont. Le Bosphore a 120 stades de longueur sur quatre de large ; la longueur de l'Hellespont est de 300 stades, et sa largeur de sept. Enfin, la Propontide elle-même a 500 stades de large, sur une longueur de 1,400 stades [4].

[1] IV, 85, 86.
[2] Hérodote a dit tout à l'heure 3,100. Il y a nécessairement faute dans l'un ou l'autre des deux nombres, probablement dans le premier.
[3] Hérod. IV, 85, 86. Nous n'avons pas à entrer dans les discussions auxquelles ces évaluations ont donné lieu, soit à l'égard des chiffres mêmes d'Hérodote, soit au sujet du stade qu'il emploie. On peut voir pour ces discussions Rennell, *The Geographical system of Herodotus*, p. 15, 99 et suiv. ; Breiger, *De difficilioribus quibusdam Asiæ Herodoteæ*, p. cix, ap. Herod. Schweigh. t. I. Il nous suffira de faire observer que si l'on divise en cent onze parties, sur la carte du capitaine Gaultier, l'intervalle compris (en longeant la côte) entre la bouche du Bosphore et le Phase, trente-trois de ces parties donnent assez exactement en ligne directe, comme l'indique notre auteur, la distance de l'embouchure du Thermêh (l'ancien Thermodôn), jusqu'à la côte d'Anapa, la Sindikè d'Hérodote. La proportion entre les deux nombres donnés par notre auteur, 11,100 et 3,300, ou 111 et 33, est donc aussi exacte que le comportent des mesures dans lesquelles il entre nécessairement un peu de vague et d'incertitude.
[4] Hérod. IV, 85. Toutes ces mesures, comptées en stades olympiques de 600

Hérodote comme Scylax, et sûrement d'après les mêmes sources, devait se former une idée fausse du resserrement de l'Asie-Mineure entre les deux mers qui la baignent sous le méridien de l'île de Cypre : cet intervalle, dit l'historien, est estimé à cinq journées « pour un courrier à pied qui marche bien [1]. » Cette expression indique de fortes journées, sans doute ; mais quelque rapidité que l'on suppose à ces courriers auxquels il est fait allusion, il est impossible d'admettre que leurs journées de marche pussent être de 36 de nos lieues communes, comme l'exigerait la traversée de la Péninsule en cinq jours, de Soloï à Sinopê [2]. Cet espace est de cent cinquante lieues à vol d'oiseau, et ce n'est pas trop, assurément, d'y ajouter un cinquième pour les sinuosités des chemins dans un pays fréquemment coupé de montagnes. Il y a donc là une erreur évidente, dont il est d'autant plus malaisé aujourd'hui de reconnaître l'origine que l'altération du texte est difficilement supposable, la même évaluation se reproduisant non-seulement dans deux passages différents d'Hérodote, mais encore dans le Périple de Scylax, et dans d'autres documents ultérieurs. A quelque cause qu'il faille attribuer une telle erreur, elle a dû appartenir à la source commune où l'auteur du Périple et notre historien puisèrent leurs renseignements. Cette détermination erronée de la largeur de l'isthme de l'Asie-Mineure n'en a pas moins eu, comme nous le verrons par la suite, une longue et fâcheuse influence sur le tracé des cartes de la Péninsule.

Il est à remarquer qu'Hérodote ne dit pas un mot de la configuration physique des parties intérieures de l'Asie-Mineure, ni de cette chaîne de montagnes, pourtant si remarquable, qui en domine à peu de distance la côte méridionale, et qui fut désignée par la suite sous la dénomination générique de mont Taurus. Pour Hérodote, le plus grand trait physique de la Péninsule est le fleuve *Halys*, Ἅλυς. Le Halys est en effet le cours

au degré, répondent d'une manière satisfaisante aux intervalles donnés par nos cartes modernes.

[1] Lib 1, c. 72 ; II, 34.

[2] Ce sont les deux points extrêmes expressément déterminés par Scylax (ci-dessus, p. 286), et, pour Sinopê au moins, par Hérodote lui-même dans un des deux passages cités (II, 34).

d'eau principal de cette grande région, où il marqua dès les plus anciens temps la limite commune des deux classes de populations distinctes qui s'étaient partagé la Péninsule, les Araméens, à l'Est et à l'Ouest les peuples de sang thracique ; de même que plus tard il forma la séparation du royaume de Lydie et de la domination assyrienne. Les mémoires consultés par Hérodote lui avaient donné sur le cours du Halys des notions plus justes dans leur généralité que ne le furent celles des géographes qui vinrent après lui. « Ce fleuve, dit-il, *descend des montagnes d'Arménie*, et après avoir traversé la Cilicie il coule entre le pays des Matiéniens qu'il laisse à droite et celui des Phrygiens qui s'étend sur la gauche, puis, *tournant au nord*, il sépare les Syro-Cappadociens des Paphlagons, les premiers à la droite du fleuve, les seconds à sa gauche. Ainsi, ajoute l'historien, le Halys sépare presque entièrement, depuis la mer qui regarde l'île de Cypre jusqu'au Pont-Euxin, la haute Asie de l'Asie inférieure [1]. » Le vaste coude que décrit le fleuve dans son cours, tendant d'abord à l'Ouest avant de se relever vers le Nord, est ici bien nettement indiqué ; et il n'est nullement question, on le voit, de cette prétendue branche méridionale qui n'a été effacée de nos cartes que par les explorations de ces dernières années.

Parmi les autres rivières qui vont au nord se jeter dans le Pont-Euxin, Hérodote ne mentionne que le *Thermodôn* et le *Parthenios* [2] ; il ne nomme pas le Sangarios, trop célèbre, cependant, pour qu'on puisse supposer qu'il ne l'ait pas connu. Il cite, parmi les affluents de l'Égée, outre le *Skamandros*, dont les eaux épuisées ne purent suffire à abreuver l'armée de Xercès [3], les rivières principales de la côte hellénique, le *Caïque*, le *Hermos*, le *Caïstre* et le sinueux *Méandre*. Le *Hermos*, Ἕρμος, prend sa source au mont Dindumênês, Δινδυμήνης, consacré à la mère des dieux, et vient déboucher près de la ville de Phocée après avoir reçu dans son cours un grand nombre de rivières, dont la plus considérable est le *Hyllos*, Ὕλλος, qui traverse des

---

[1] Hérod. I, 72. Notre auteur dit moins exactement dans un autre endroit (I, 6) : « Le Halys vient du Midi,...., et va se jeter au nord dans le Pont-Euxin. »

[2] Lib. II, c. 104.

[3] Lib. VII, c. 43.

plaines vastes et nues. Le Hermos reçoit aussi le *Pactôle*, Πακτωλὸς, rivière peu étendue qui descend du mont Tmôlos, d'où elle charrie des paillettes d'or, et traverse la grande place de Sardis avant d'aller se joindre au Hermos. Le *Méandre*, Μαίανδρος, prend naissance près d'un lieu nommé Kélaïnai, et il reçoit non loin de là le *Katarrhaktès*, qui a sa source au même lieu. Une autre rivière, le *Marsuès*, Μαρσύης, se joint aussi à la partie supérieure du Méandre après avoir arrosé le territoire d'Idrias [1]. Ces différents fleuves, ainsi que le Skamandre, avaient contribué par leurs alluvions à créer, aux dépens de la mer, le bas pays traversé par la partie inférieure de leur cours [2].

Hérodote dit que l'Asie-Mineure était habitée par trente peuples différents [3]; le détail qu'il en donne et où nous allons le suivre confirme en effet cette indication générale.

Dans l'organisation administrative que fit Darius de son immense empire, qui fut alors partagé en vingt gouvernements sous le titre persan de Satrapies, l'Asie-Mineure forma cinq de ces grandes juridictions. Indépendamment de son intérêt géographique, le tableau que nous en a laissé Hérodote est assurément le plus ancien relevé de statistique générale que l'histoire nous ait transmis. Ce tableau, évidemment tiré de sources originales, a tous les caractères d'un document authentique.

Les Ioniens et les Magnètes d'Asie, les Éoliens, les Cariens, les Lyciens, les Myliens et les Pamphyliens, formaient la première satrapie de l'Asie-Mineure; tous ces peuples étaient collectivement imposés à quatre cents talents d'argent. Ce gouvernement formait une zone étroite bordant la côte de la Péninsule depuis le golfe qui porte aujourd'hui le nom de Satalieh jusqu'aux confins de la Troade; toute la force et les ressources maritimes de l'Asie-Mineure étaient concentrées dans cette première division. Dans le catalogue des nations qui composaient l'armement de Xerxès, tous les peuples qui viennent d'être énumérés, sauf les Myliens, servent sur la flotte. La somme modique à laquelle ces riches provinces étaient imposées indique assez que l'obli-

---

[1] Lib. VII, c. 42; I, 80; V, 101; II, 29; V, 118; VII, 26.
[2] Lib. II, c. 10. Comp. Arrian. *De Expedit. Alex. M.* V, 2.
[3] Lib. IV, c. 38.

gation de fournir aux besoins des armements maritimes en était le complément.

Les Mysiens, les Lydiens, les Lasoniens, les Cabaliens et les Hyghénéens formaient le second gouvernement et payaient cinq cents talents. Cette division peu étendue ne touchait aux côtes sur aucun point. Son tribut était assez élevé ; mais aussi elle renfermait les territoires métallifères d'où l'opulent Crésus avait tiré ses immenses richesses.

Le troisième gouvernement, composé des Hellespontiens, des Phrygiens, des Thraces d'Asie, des Paphlagons, des Mariandyniens et des Syro-Cappadociens, était imposé à trois cent soixante talents. Cette troisième satrapie s'étendait à l'Est le long de la côte du Pont-Euxin jusqu'au Thermodon. Il est à remarquer qu'à l'exception des Syriens de Cappadoce, les ●- rents peuples de cette division formaient le gros des populations thraciques de l'Asie-Mineure.

Les Ciliciens, formant à eux seuls la quatrième satrapie, fournissaient trois cent soixante chevaux blancs, un par jour, et cinq cents talents [1].

Le cinquième gouvernement comprenait cette portion âpre et sauvage de l'Asie-Mineure qui s'étendait entre le bas Thermodon et la Colchide ; les peuples qui l'habitaient, resserrés dans les froides vallées de cette région presque inaccessible, étaient les Moskhes, les Tibarènes, les Makrônes, les Mosunèques et les Mares [2]. Ces cinq peuples, principalement adonnés aux travaux des mines, payaient ensemble trois cents talents [3].

Telle était la distribution que l'administration de Darius avait faite des peuples divers de l'Asie-Mineure. Nous allons maintenant réunir et grouper sous un même coup d'œil les notions qu'Hérodote fournit sur chacun d'eux, en suivant dans notre aperçu l'ordre même de cette énumération.

L'*Ionie* est la première province qu'y nomme Hérodote, et c'est celle aussi sur laquelle il offre le plus de détails. Le tableau

---

[1] Lib. III, c. 90. — *Voy.* Rennell, *Geograph. System of Herodotus*, p. 234 et suiv.

[2] La leçon *Mardes* que portent beaucoup d'éditions est évidemment fautive.

[3] Lib. III, c. 94.

qu'il en trace est riche de couleurs autant que fidèle. « Les Ioniens, dit l'historien, ont bâti leurs villes sous le ciel le plus pur et dans le climat le plus heureux. On ne peut comparer à l'Ionie ni les contrées situées au nord ou au midi, ni les pays qui la bornent au levant ou au couchant. Tous sont ou exposés à des froids rigoureux et à des gelées, ou dévorés par la chaleur et la sécheresse. Une douce température règne au contraire dans l'heureuse Ionie. » Hérodote ajoute que bien que les Ioniens parlent tous la même langue, cette langue, par le mode d'inflexion des mots, y présente quatre variétés principales et quatre caractères distincts. La première de ces variétés se rencontrait chez les habitants de Milet, de Muous et de Priêné, trois villes de la côte carienne voisines du bas Méandre. Les villes de la côte lydienne, Éphèse, Kolophôn, Lébédos, Téôs, Klazomènes et Phocée, en avaient une autre qui leur était commune; Érythrées se servait du troisième dialecte, et le quatrième existait dans les îles, chez les habitants de Samos et de Khios.

Les habitants de ces douze villes, fiers du titre d'Ioniens que répudiait alors la mère-patrie, avaient formé une confédération et bâti un lieu d'assemblée commun qu'elles avaient nommé le Paniônion. C'est un temple situé dans le territoire de Mykalè, vis-à-vis de l'île de Samos; ce temple est tourné vers le nord et dédié à Neptune Héliconien. Par leurs vêtements, non plus que par leurs armes, les Ioniens de l'armée de Xerxès ne différaient en rien des Hellènes d'Europe. Ils y avaient fourni cent vaisseaux [1].

Les *Éoliens* en avaient fourni soixante; leurs vêtements et leurs armes étaient également ceux des Hellènes d'Europe, leurs frères originaires. De même que les Ioniens, les Éoliens avaient eu aussi douze cités confédérées; mais Smyrne leur avait été enlevée par les Kolophôniens d'Ionie, et il ne leur était ainsi resté que onze villes. C'étaient Kumê, surnommée Phricônis, Larisse, Neon-Teïkhos, Têmnos, Killa, Notion, Aïghiroëssa, Pitanê, Aïgaïai, Myrina et Grneïrya. Ces onze cités, Smyrne ayant cessé d'en faire partie, formaient l'ancienne Éolie

---

[1] Lib. I, c. 142 et 143, 145 à 148; VII, 94.

Les villes éoliennes situées dans le mont Ida, non plus que celles de Lesbos et des îles voisines, n'étaient pas comprises dans la confédération [1].

Frères des Ioniens et des Éoliens, les *Doriens* n'avaient admis dans leur confération que six de leurs villes ; encore Halicarnasse en fut-elle exclue par la suite. Les cinq autres cités de la Pentapole dorienne, placées sous l'invocation d'Apollon Triopique, étaient Lindos, Kameïros, Iélussos, Kôs et Knide, celle-ci sur le continent, les autres dans les îles. Outre Halicarnasse, les villes insulaires de Nisyros et de Kalymna étaient aussi doriennes [2].

Les *Cariens*, originairement étrangers au continent, y étaient venus des îles de l'Égée, d'où les Doriens et les Ioniens les avaient expulsés, quoique autrefois ils y eussent été puissants. On les regardait comme ne formant qu'un même peuple avec les anciens Lélèghes, bien qu'eux-mêmes assurassent n'avoir jamais porté d'autre nom que celui de Cariens, et avoir de tout temps habité le continent. Ils alléguaient en preuve l'ancien temple de Jupiter Carien dans le territoire des Mylassiens, qui leur était commun avec les Mysiens et les Lyciens, comme de même sang que les Cariens [3]. Le pays carien se découpe en longues péninsules qui se projettent sur la mer Égée et que des golfes profonds séparent ; l'une de ces péninsules porte le nom de Bubassie ; elle est baignée d'un côté par le golfe Kéramique, de l'autre par la mer de Symê et de Rhodes. Hérodote nomme encore parmi les villes de la Carie Karyanda, Assêsos, Pêdasa, Mylassa, Terméra, Kindys, Kalymna et Kaunos. Alabanda, ville considérable qu'il attribue à la Phrygie [4], était aussi une cité carienne. Les Kauniens offrent dans leurs mœurs et dans leurs usages quelques particularités remarquables. Il en est de même des Cariens. Ceux-ci, lorsqu'ils veulent manifester une vive douleur, causée par la perte de quelqu'un qui leur était cher, vont jusqu'à se taillader le front avec des couteaux. Du reste, leurs habits et leurs armes ressemblent à ceux des Hellènes ; ils ont

---

[1] Lib. VII, c. 95 : I, 149 et 150 ; VII, 42 ; I, 151.
[2] Lib. I, c. 144 ; VII, 99.
[3] *Voy.* ci-dessus, p. 167.
[4] Lib. VIII, c. 136. Cf. Strab. lib. XIV, p. 658 D.

seulement de plus des faux et des poignards. Ils fournirent trente vaisseaux à la flotte de Xerxès [1].

Les *Lyciens* en avaient fourni cinquante. Les soldats de cette nation portaient des cuirasses, des chausses, et pour armes offensives des arcs de bois de cornouiller, des flèches de roseau sans plumes, et des javelots. Ils avaient de plus une peau de chèvre rattachée sur les épaules, et la tête couverte d'une sorte de bonnet orné d'une couronne de plumes. Outre leurs armes ordinaires, ils portaient aussi, comme les Cariens, des poignards et des faux.

Les lois des Lyciens sont empruntées partie aux Crétois, partie aux Cariens. Mais un usage qui leur est tout à fait particulier est de prendre le nom de leurs mères au lieu de celui de leurs pères. Ainsi, quand on demande à un Lycien qui êtes-vous? il répond je suis fils d'une telle, et remonte même autant qu'il le peut aux noms des mères de sa mère. D'après cela, si une femme de condition libre se marie à un esclave, l'enfant auquel elle donne le jour est reconnu libre ; et si au contraire un homme de condition libre a pour femme ou pour concubine une étrangère, ses enfants ne sont pas citoyens [2].

Hérodote ne mentionne que trois localités de la Lycie : Patara, où il y avait un oracle ; Phasélis, colonie doricnne ; et Xanthos, dont la population presque entière fut exterminée dans la guerre contre les Perses [3].

Deux peuples montagnards cantonnés dans les vallées de la haute Lycie portaient les noms de *Cabéliens-Méoniens* [4] et de

---

[1] Lib. I, c. 171, 174 ; IV, 44 ; I, 19 ; V, 121, 37, 118, 103 ; I, 172, 176 ; II, 61 ; VII, 93.

[2] La même particularité est rapportée par l'historien Nicolas de Damas (p. 148, édit. Orell.), peut-être d'après Hérodote. Au surplus, on retrouve aujourd'hui encore quelque chose d'analogue dans les coutumes d'une partie des îles de l'archipel grec. *Voy.* à ce sujet Hawkins, dans le Recueil édité par M. Robert Walpole sous le titre de *Travels in various Countries of the East*. London, 1820, in-4°, p. 392. Cette prépondérance des femmes dans la vie civile est ici un trait particulier aux races blondes du Nord, et tout à fait en opposition avec les mœurs dominantes des peuples aborigènes de l'Asie méridionale.

[3] Lib. VII, c. 92 ; I, 173, 182 ; II, 178 ; I, 176.

[4] Ce nom n'a probablement eu d'autre signification que celle de Méoniens-Montagnards ; celui de Milyens se rapporte également à la nature montagneuse du pays. *Voy.* ci-dessus, p. 207 et 190

*Milyens*. Hérodote (VII, 77) dit que le premier de ces deux peuples montagnards était connu aussi sous le nom de *Lasoniens*; quoique dans un autre endroit (III, 90) il distingue les Lasoniens des Cabéliens, ce que nous croyons plus exact. Les Cabéliens portaient, au surplus, le même vêtement et la même armure que les Ciliciens, ce qui confirme ce que l'on sait d'ailleurs de leur commune origine. Les Milyens étaient armés de lances courtes, et leur vêtement était rattaché avec des boucles. Quelques-uns portaient l'arc lycien ; tous avaient la tête couverte d'un casque de cuir [1].

Les *Pamphyliens* sont Hellènes d'origine ; aussi leur costume est-il tout à fait hellénique [2].

Le nom des *Hyghennéens*, prononcé une fois par Hérodote [3] est tout ce que l'on sait de ce peuple ; il paraît avoir habité, comme les précédents, le pays de montagnes qui couvre la Lycie au Nord et au Nord-Est.

La *Lydie* était séparée de la mer Égée par la zone maritime où les Hellènes-Ioniens avaient fondé leurs colonies et établi leur riche et puissante confédération. L'histoire longtemps obscure du pays lydien avait reçu une soudaine illustration du règne de Crésus, qui avait porté ses armes jusqu'au delà du Halys et soumis à sa domination tous les peuples de l'Asie-Mineure occidentale, les Phrygiens, les Mysiens, les Mariandyniens, les Khalubes, les Paphlagons, les Thraces d'Asie (c'est-à-dire les Thyniens et les Bithyniens, les Cariens), les Ioniens, les Doriens, les Étoliens et les Pamphyliens. Les Lyciens étaient les seuls, avec les Ciliciens, qui eussent su maintenir leur indépendance contre les armes du conquérant lydien [4].

La Lydie était une contrée particulièrement riche en or et en argent ; plusieurs de ses rivières, notamment le Pactole, roulaient dans leurs eaux des parcelles d'or détachées des montagnes d'où elles descendaient [5]. Elle offrait d'ailleurs peu d'ob-

---

[1] Lib. VII, c. 77.
[2] Lib. VII, c. 91.
[3] Lib. III, c. 90.
[4] Lib. I, c. 28.
[5] Lib. I, c. 93 ; V, 49.

jets dignes de remarque, si ce n'est un monument qui pouvait rivaliser pour la grandeur avec ceux des Égyptiens et des Babyloniens. Ce monument était le tombeau d'Alyatte, père de Crésus et son prédécesseur sur le trône de la Lydie. La base en était formée de pierres d'une très-grande dimension ; le reste était en terre amoncelée. Une des singularités de sa construction, c'est la part qu'y avait eue la prostitution des filles de Sardes. Au sommet du monument on avait élevé cinq bornes de pierre qui existaient encore du temps d'Hérodote, et sur lesquelles des inscriptions gravées indiquaient le travail de chacune des classes d'artisans qui y avaient concouru. D'après ces inscriptions, l'ouvrage fait par les filles de Sardes s'était trouvé le plus considérable : — chose peu surprenante, ajoute l'historien, puisque en Lydie toutes les filles vendent leurs faveurs pour se procurer une dot, pratique qu'elles continuent jusqu'à ce qu'elles trouvent à se marier. Un grand lac entoure le tombeau d'Alyatte ; ce lac porte le nom de Gugaïé (Gygès)[1].

Le lac de Gygès existe toujours, à quelque distance au nord de l'emplacement de l'ancienne Sardes ; les voyageurs modernes y ont retrouvé les restes du monument décrit par Hérodote. Ces tombeaux gigantesques élevés à la mémoire des rois ou des héros sont très-communs, on le sait, dans toute l'Asie occidentale ; des bords de l'Indus aux rives de l'Euphrate et du Nil, de la région de l'Euphrate aux bords du Pont et de l'Égée, les pays occupés jadis par les races irâniennes ou par les innombrables tribus des peuples blonds du Tourân, sont couverts de ces constructions tumulaires tantôt arrondies en coupoles, tantôt projetées en larges pyramides, et dont le nom de stoupas, tépèhs ou topes, sous lequel on les désigne dans une partie de l'Asie, a été récemment illustré par des découvertes curieuses et de savantes recherches.

*Sardis*, la capitale de la Lydie, est mentionnée par Hérodote comme une ville très-ancienne. Elle était située à l'entrée de plaines vastes et nues qu'arrosaient plusieurs rivières, notamment le Hyllos ; sa distance d'Éphèse était de cinq cent qua-

[1] Lib. I, c. 93.

rante stades ⁽¹⁾. Le Pactôle, rivière qui entraînait des parcelles d'or détachées du Tmôlos, traversait la ville avant d'aller se jeter dans le Hermos. Sardes avait une citadelle presque inexpugnable ; mais les maisons de la ville étaient pour la plupart construites en roseaux. Quelques-unes seulement étaient bâties en briques. Sardes, à l'époque de la splendeur de l'empire de Crésus, devint un moment le centre des richesses et des lumières de l'Asie occidentale ⁽²⁾.

Hérodote ne cite pas expressément d'autres localités de la topographie lydienne. Magnêsie, située près de la gauche du Hermos, et qui fut distinguée plus tard par le surnom de Sipylienne, était une ville ionienne ; et il est incertain si Kallatêbos, que l'historien nomme en un endroit, appartenait à la Lydie ou au territoire phrygien ⁽³⁾.

Les Lydiens étaient regardés comme une des nations les plus belliqueuses de l'Asie ; ils combattaient principalement à cheval, armés de très-longues lances, et ils excellaient dans la cavalerie. Leur équipement était du reste assez semblable à celui des Hellènes ⁽⁴⁾.

C'est principalement sur les usages, les mœurs et les habitudes de cette nation, dont il avait une parfaite connaissance, qu'Hérodote aime à s'arrêter. « Les Lydiens, dit-il, sont en général gouvernés par des lois qui diffèrent peu de celles des Hellènes, à l'exception cependant de la coutume qui autorise les filles à faire le métier de courtisanes. C'est le premier peuple, du moins à notre connaissance, qui ait frappé de la monnaie d'or et d'argent, et qui en ait fait usage. C'est aussi chez lui que les premiers marchands en boutique se sont établis..... Toutefois, ils admettent la même distinction de classes que les Égyptiens, les Thraces, les Scythes et les Perses ⁽⁵⁾ ; et, de même

---

¹ Ce sont évidemment des stades olympiques, de 600 au degré. Vingt-quatre de ces stades répondent à une de nos lieues communes.

² Lib. I, c. 15, 80 ; V, 54, 101 ; I, 84, 29.

³ Lib. III, c. 90 ; VII, 31.

⁴ Lib. I, c. 79 ; VII, 74.

⁵ Hérodote aurait pu ajouter *et les Indiens*. Cette distinction des castes ainsi répandue depuis le haut Hindoustan jusqu'en Thrace et dans l'ouest de l'Asie-Mineure, en passant par la Perse et la Scythie, est un fait digne d'attention sous plus d'un rapport.

que ceux-ci, ils tiennent comme très-supérieure à la classe vouée aux arts mécaniques celle qui n'a d'autre profession que la guerre [1]. »

Les *Mysiens* s'étendent depuis la Propontide jusqu'au golfe d'Adramytti, ayant à l'ouest la Troade et au midi la Lydie. Le haut massif de l'Olympe, qui domine le pays des Mysiens, leur faisait donner le surnom d'*Olympiens*. Les troupes qu'ils avaient fournies à l'armée de Xerxès portaient des casques d'une forme particulière à leur pays, un bouclier petit, et des javelots dont l'extrémité était durcie au feu. La *Teuthranie* était un canton de la terre des Mysiens [2].

A la Mysie confinait le territoire des Hellespontiens et celui des Bithyniens ou Thraces d'Asie. Sous le nom d'*Hellespontiens*, que nul écrivain que nous sachions n'avait employé avant lui, notre historien désigne cette longue chaîne de colonies helléniques, de famille dorienne et ionienne, qui bordait la côte asiatique du détroit depuis l'embouchure du Skamandre jusqu'à l'entrée de la Propontide. La partie intérieure du pays, que domine la chaîne de l'Ida et qui s'étend des bords de la Propontide à la mer où est située Lesbos, est la *Troade;* la Troade est ainsi bornée, là où elle ne touche pas à la côte, par la Mysie, par les Hellespontiens et par les Bithyniens.

C'est en racontant la marche de Xerxès et de son armée vers l'Hellespont, qu'Hérodote nous donne le plus de détails sur ces pays où avait autrefois régné Priam. « L'armée, dit-il, dirigea sa route de la Lydie sur le Caïque et la Mysie. En partant des bords du Caïque, elle laissa la montagne de Kanè à sa gauche et arriva par l'Atarnée dans la ville de Karinè. De là elle traversa la plaine de Thêbè, passant à côté des villes d'Adramyttéion et d'Antandros pélasgique; puis laissant le mont Ida sur sa gauche [3], elle entra dans la campagne d'Ilion, où elle fut, la première nuit qu'elle passa au pied de l'Ida, assaillie par un violent orage : le tonnerre et la foudre lui tuèrent beaucoup de monde. Arrivée sur le Skamandre, ce fleuve fut de tous ceux que l'ar-

---

[1] Lib. I, c. 94; II, 167. Nous suivons la traduction de M. Miot.
[2] Lib. VI, c. 42; VII, 74; VIII, 106; V, 122; II, 10.
Le Gargara.

mée avait trouvés sur sa route, le premier dont elle épuisa les eaux, et qui ne put suffire à désaltérer les hommes et les animaux. Lorsque Xerxès en eut atteint les bords, il monta dans Pergame, l'ancienne demeure de Priam, pour satisfaire le désir qu'il avait de visiter ces lieux. Il les vit, en effet, dans un grand détail ; et après avoir tout examiné, il sacrifia mille boeufs à Minerve-Iliade, tandis que les mages firent des libations aux héros. La nuit qui suivit ce sacrifice, une terreur panique se répandit dans l'armée; mais le jour venu elle se remit en marche, laissant sur sa gauche les villes de Rhoïtéïon (Rhoetium), d'Ophryneôn et de Dardanos, voisines d'Abydos, et sur sa droite le pays des Gherghitès-Teukriens [1]. » Les Gherghitès avaient reçu ce surnom parce que c'étaient les restes de l'ancien peuple de Teukros, dont les Éoliens avaient envahi les terres [2].

Hérodote fait aussi mention, sur la côte troyenne et sur l'Hellespont, des villes de Lampônôn, d'Akhiléïon, de Sighéïon, de Perkôtè, de Lampsakos, de Països et de Parion [3].

Un autre passage de notre auteur donne au nom d'Hellespontiens une acception beaucoup plus étendue, en y comprenant toutes les colonies d'origine hellénique qui bordaient la Propontide jusqu'à l'entrée du Bosphore. Prokonnêsos, Kyzikos ou Cyzique, Artakê, Kalkhêdoniè (Chalcédoine), et Byzance (sur la côte d'Europe), s'y trouvent ainsi comprises [4]. Les villes de Daskuléïon (Dascylium), de Plakiè, et de Skulakè, que mentionne Hérodote aux environs de la côte hellespontique [5], appartenaient sûrement à la Mysie, aussi bien que celle de Kios [6].

Les Hellesponticns de l'armée de Xerxès portaient tous le vêtement et l'armure des Hellènes. Eux et les habitants des bords du Pont-Euxin avaient fourni ensemble cent vaisseaux [7].

Sous le nom de *Thraces d'Asie*, Hérodote comprend les *Bithy-*

---

[1] Lib. VII, c. 42 et 43.
[2] Lib. V, c. 122 et 94.
[3] Lib. V, c. 26, 94 et 117.
[4] Lib. IV, c. 138.
[5] Lib. III, c. 120 ; I, 57.
[6] Lib. V, c. 122.
[7] Lib. VII, c. 95.

*niens* et les *Thyniens*. Les Bithyniens étaient originaires des bords du Strymon, en Thrace. Comme équipement de guerre, ils portaient sur la tête un bonnet de peau de renard, et avaient le corps couvert d'une tunique sur laquelle ils jetaient une zeira teinte de diverses couleurs. Leurs pieds et leurs jambes étaient enfermés dans des bottines de cuir de chevreau, et ils étaient armés, outre leurs boucliers, de javelots et de poignards courts [1]. Hérodote n'indique pas leur position précise; mais comme il attribue la ville de Kios à la Mysie [2], on doit croire qu'il les relègue entre la Propontide et le bas Sangarios.

Les *Mariandyniens*, les *Paphlagons*, les *Ligyens*, les *Syro-Cappadociens* et les *Matiéniens* sont mentionnés en groupe par Hérodote, sans autres détails géographiques. De ces cinq peuples, les trois premiers habitaient sur les bords du Pont à l'orient du Sangarios et des Bithyniens; tous se ressemblaient par les armes et par l'habillement. Ils portaient un casque en mailles de fer. Leur bouclier était petit, et leur pique de moyenne grandeur. Ils étaient en outre armés de javelots et de poignards; leur chaussure embrassait le pied et montait jusqu'à mi-jambe [3]. Il est assez remarquable de trouver ici des Ligyens au voisinage des Hénètes de la Paphlagonie, comme par delà les Karpathes sarmatiques l'ancienne géographie connut des Ligyens contigus aux Vénèdes de la Baltique. Mais après les développements où nous sommes entrés à cet égard dans nos précédents chapitres, ces antiques rapports entre des tribus éparses, même à de grandes distances, au pourtour du Pont-Euxin, n'ont plus lieu de nous étonner.

La *Cappadoce*, dont les habitants sont appelés *Syriens* par les Ioniens et les autres Hellènes [4], est une contrée riche qu'avaient successivement possédée les Assyriens, les Mèdes et les Perses. Le fleuve Halys la sépare de la Paphlagonie. Hérodote n'y nomme aucune ville, si ce n'est Kritala, dont on ignore la situation; il mentionne seulement un canton du nom de Ptérié, qui s'étendait vers le bas Halys et la côte du Pont. De toutes les

---

[1] Lib. I, c. 128; VII, 75.

[2] Au fond du golfe de Moudania actuel.

[3] Lib. VII, c. 72.

[4] *Voy.* à sujet ci-dessus, p. 184.

colonies helléniques qui couvraient cette côte en si grand nombre, Hérodote n'en cite qu'une, Sinopè, qui est située, dit-il, « presque sur le Pont-Euxin [1]. »

Il est incertain si les *Matièniens*, nommés conjointement avec les Ligyens, les Mariandyniens et les Syro-Cappadociens, étaient un peuple voisin de la grande Arménie où l'ont connu les géographes postérieurs et Hérodote lui-même dans d'autres passages de son histoire (notamment livre V, ch. 49), ou une branche détachée qui se serait avancée à l'ouest en suivant le cours du Halys.

Hérodote est très-succinct sur les *Phrygiens*. Il rappelle seulement qu'ils nourrissaient d'immenses troupeaux, et recueillaient une grande abondance de fruits. Leur costume et leur équipement de guerre ressemblaient à ceux des Paphlagons. Les seules localités qu'il cite dans cette vaste contrée sont quelques villes obscures situées vers les sources du Méandre [2].

Les *Moskhes*, les *Tibarènes*, les *Makrônès*, les *Mosinèques*, et les *Marès*, ces tribus encore barbares répandues le long de la côte pontique depuis le Thermodôn jusqu'à la frontière des Kolches, avaient tous dans l'armée de Xerxès les mêmes armes et le même costume, comme sans doute ils avaient une origine commune et parlaient des langues voisines également dérivées d'une tige caucasienne. Le casque qui couvrait leur tête était de bois; des boucliers de cuir, courts et étroits, les garantissaient seuls de l'atteinte du fer ennemi; leurs mains étaient armées de lances courtes, mais dont le fer était très-long [3]. L'historien n'a pas d'ailleurs d'autres détails sur les mœurs, les habitudes et l'histoire de ces populations obscures, non plus que sur la géographie de leur pays peu fréquenté. Il nomme cependant le Thermodôn, et la ville de Thémiskure à l'embouchure de ce fleuve [4].

La *Cilicie*, qui forme à elle seule une satrapie, est une contrée montueuse que baigne la mer de Cypre. Cette province a dans Hérodote plus d'extension que ne lui en donne la géographie

---

[1] Lib. I, c. 72 et 73; V, 49; VII, 26 et 72; I, 76.
[2] Lib. V, c. 49; VII, 73 et 26.
[3] Lib. VII, c. 78 et 79.
[4] Lib. VII, c. 78 et 79; IV, 86.

des siècles classiques voisins de notre ère : au Nord, elle paraît atteindre jusqu'au cours supérieur du Halys; à l'Est, elle est bornée par l'Euphrate; au Sud-Est, elle se prolonge sur la côte syrienne jusqu'à Posidéïon, à la gauche ou au sud de la bouche de l'Oronte [1]. Les Ciliciens avaient été autrefois connus sous le nom de *Hypakhéens* [2]; c'était un peuple essentiellement adonné à la marine. Auxiliaires douteux des Perses, ils leur avaient fourni cent vaisseaux. Ils portaient des casques d'une forme propre à leur pays, et, au lieu de boucliers, des rondaches de cuir de bœuf cru. Ils étaient vêtus de tuniques de laine. Chaque homme avait pour arme deux javelots, et une épée assez semblable à celle des Égyptiens. La seule circonstance locale qu'Hérodote mentionne dans la Cilicie est la plaine Aléienne, πεδίον Ἀλήϊον, nom déjà introduit par les mythographes dans l'antique légende de Bellérophon [3].

L'île de Cypre, Κύπρος, est située à l'opposite de la côte cilicienne. Dans l'organisation des satrapies persanes, Cypre ne formait qu'un gouvernement avec la Phénicie et la Syrie-Palestine. Avant d'avoir été soumise à la suprématie des Perses, cette île avait été tributaire du roi d'Égypte Amasis. Les Cypriens reconnaissaient diverses origines : les uns se disaient issus d'Athènes et de Salamine; d'autres de l'Arcadie, de Kythnos, de Phénicie et même de l'Éthiopie. La coiffure de leurs rois était tout orientale; elle consistait en une mitre roulée autour de la tête, ou en un bonnet haut nommé kidare [4]. Ils portaient du reste le costume hellénique. Cypre avait fourni cent cinquante vaisseaux à la flotte persane [5].

L'historien nomme plusieurs villes de l'île de Cypre : Paphos, Soloi, Salamis, Kourion, Amathous (Amathonte). Il donne aussi

---

1 Lib. II, c. 34; I, 72; V, 52; III, 91. — Comp. ci-dessus, p. 287.

2 Sûrement Ὑπὲρ Ἀχαιοί, *au-dessus* ou *au delà des Akhéens*. Ce nom, qui ne se rencontre que dans Hérodote, fut donné sans doute aux Ciliciens par opposition aux plus anciennes tribus pélasgiques ou helléniques qui se répandirent dans l'intérieur de la Péninsule.

3 Lib. VIII, c. 68; VII, 91; VI, 95.

4 Ces coiffures, que l'on retrouve sans altération chez les peuples actuels de l'Orient, ne sont que des modifications diverses du turban. Malgré la conformité des noms, la mitre de nos évêques n'en donne qu'une idée tout à fait inexacte.

5 Lib. III, c. 91; II, 182; VII, 90.

à une des pointes avancées de la côte, sans doute au cap qui se prolonge au Nord-Est, le nom de Κληῖδες τῆς Κύπρου, les Clefs de Cypre [1].

Hérodote connait très en détail toutes les îles de la mer Égée qui bordent la côte asiatique; il est surtout circonstancié sur quelques-unes des plus importantes, notamment sur Samos, Khios, Lesbos et Lemnos [2].

On trouve dans Hérodote le récit très-curieux d'une conversation entre Aristagoras, prince de Milet, et Cléomènes, roi de Sparte, qui ajoute un dernier trait au tableau que l'historien a tracé de la géographie de l'Asie-Mineure. Ce passage est trop intéressant pour que nous ne le transcrivions pas tout entier. On peut le regarder comme résumant les connaissances acquises à cette époque par les Hellènes d'Asie sur les contrées comprises entre la mer Égée et la région de l'Euphrate; et on y voit en outre la preuve directe que les colonies asiatiques de l'Hellénie, favorisées par leur position et par leurs rapports de négoce avec les autres peuples de la Méditerranée, avaient devancé leur mère patrie dans cette connaissance des contrées orientales.

Les cités et les îles de l'Ionie avaient été contraintes de subir le joug du grand roi [3]; Aristagoras de Milet, méditant un soulèvement général de toutes les villes helléniques, s'était rendu secrètement à Sparte pour gagner à ses projets les Lacédémoniens et leur roi. Reconquérir l'indépendance n'était pas son seul but : il voulait plus encore, et la conquête de la Perse lui semblait une représaille facile autant que glorieuse. Mais le temps n'était pas venu sans doute où cette grande entreprise pouvait être tentée; près de deux siècles devaient s'écouler encore avant que le fils de Philippe, réunissant dans ses mains les forces jusque-là disséminées de la Grèce entière, fît sentir à son tour à l'Asie domptée le joug que si longtemps l'Asie avait fait peser sur les fils de l'Europe.

[1] Lib. V, c. 110 et 113; IV, 162; V, 108.
[2] M. Herman Bobrik, *Geographie des Herodot* (Kœnigsberg, 1838, in-8° avec un atlas), a réuni toutes les indications du texte, — p. 45 et suiv.
[3] Il y a à ce sujet un passage intéressant dans les *Perses* d'Eschyle, v. 864 et suiv.

« Les Lacédémoniens, dit Hérodote[1], racontent que dans ses entrevues avec le roi, Aristagoras apportait avec lui une table d'airain sur laquelle était tracé le contour entier de la terre, celui de la mer et le cours de tous les fleuves. Dans la première conférence il s'expliqua en ces termes : « Cléomène, ne soyez
» pas surpris de l'empressement que j'ai mis à me rendre ici;
» je vais vous faire connaître quelles sont les conjonctures où
» nous nous trouvons, et qui m'y amènent. Si c'est pour nous une
» honte et un sujet de douleur de voir les enfants de l'Ionie es-
» claves, eux qui devraient être libres, c'en est encore un bien
» plus grand pour vous que pour tout autre peuple, pour vous
» qui êtes à la tête de l'Hellade entière. Venez donc, au nom des
» dieux, venez affranchir de l'esclavage les Ioniens nés du même
» sang que vous. Les barbares ont peu de valeur, et vous au con-
» traire vous l'emportez sur tous en vertus guerrières. Ils ne
» combattent qu'avec l'arc et le javelot court; ils se présentent
» dans la mêlée sans armes défensives, avec de longues chausses
» qui tombent sur leurs jambes, et n'ont la tête couverte que
» d'une espèce de bonnet en pointe : aussi est-il extrêmement
» aisé de les vaincre. De plus, le pays qu'ils habitent offre des
» richesses telles qu'il ne s'en présente dans aucun autre : de
» l'or, car il faut commencer par ce métal, de l'argent, de l'ai-
» rain, une variété infinie d'étoffes et de vêtements, des bêtes
» de somme et de trait, enfin des esclaves; ces biens sont tous à
» vous du moment que vous voudrez vous en saisir.

» Les contrées habitées par ces divers peuples se touchent,
» comme je vais vous le faire voir « — (Aristagoras montrait à mesure les points correspondants de la surface de la terre, gravés sur la table d'airain qu'il avait apportée). — « Contigus à
» l'Ionie, on trouve les Lydiens, qui possèdent un excellent
» territoire renommé pour ses mines d'argent. Après les Ly-
» diens, vers l'Orient, sont les Phrygiens, qui nourrissent
» d'immenses troupeaux et recueillent une grande abondance
» de fruits. Après les Phrygiens, on rencontre les Cappadociens,
» auxquels nous donnons le nom de Syriens. Les Ciliciens leur
» sont limitrophes, et habitent les bords de la mer où est située

[1] Lib. V, c. 49 sqq.

« l'île de Cypre : ils payent au roi cinq cents talents de tribut
» par an. »

Poursuivant sa démonstration pour les contrées et les peuples situés au delà de la Péninsule, entre la Cilicie et la capitale du roi de Perse, Aristagoras ajoute : « Après les Ciliciens sont les
» Arméniens, également riches en troupeaux. Les Matiéniens
» confinent aux Arméniens, et occupent cette étendue de terri-
» toire que je vous indique. La contrée qui touche à la Cilicie
» est la province de Kissiê [1], où se trouve, sur les bords du
» Khoaspès, la ville de Sousa (Suse) : elle est l'habitation du roi ;
» c'est là qu'il vit dans toute sa splendeur, et que ses trésors sont
» renfermés. Maîtres de cette ville, vous pourriez le disputer en
» richesses à Jupiter même ; et cependant, au lieu de tenter cette
» conquête, vous combattez pour un morceau de terrain qui
» vous est inutile, pour fixer les limites étroites de vos posses-
» sions ; vous combattez, dis-je, avec des peuples vos égaux en
» talents militaires, avec des Messéniens, des Arcadiens, des
» Argiens, qui ne possèdent ni or ni argent, ni rien de ce qui
» peut faire braver la mort au milieu des batailles. Comment pou-
» vez-vous préférer ce genre de guerre, quand il vous est si
» facile de vous emparer de toute l'Asie ? »

» Dans la conférence qui suivit cette première entrevue, Cléomène demanda à Aristagoras combien il y avait de chemin des bords de la mer d'Ionie à la ville royale de Darius ? Aristagoras ne chercha pas à déguiser la vérité, et répondit, comme cela est réellement, qu'il y avait trois mois de chemin. A peine avait-il achevé, que Cléomène, l'empêchant d'entrer dans les détails de la route qu'il s'empressait d'entamer, lui dit : Citoyen de Milet, avant le coucher du soleil vous sortirez de Sparte. Il est insensé de venir proposer à des Lacédémoniens de s'éloigner de la mer à une distance de trois mois de route..... Aristagoras fut ainsi obligé de quitter Sparte sans qu'il lui eût été permis d'entrer en explications sur la route à faire pour arriver jusqu'à la résidence du roi de Perse. »

Ici l'historien, quittant un moment le rôle de narrateur, prend la parole en son propre nom pour commenter les informations

---

[1] Il y aurait là matière à des observations, qui trouveront leur place ailleurs.

géographiques exposées par le roi de Milet. « Voici, dit Hérodote, ce que l'on sait sur cette route. Elle est divisée en stations (*stathmes*), à chacune desquelles on trouve des maisons appartenant au roi, et de très-belles auberges. La route passe continuellement par des lieux habités; elle est parfaitement sûre. On compte pour traverser la Lydie et la Phrygie vingt stations, qui comprennent quatre-vingt-quatre parasanges et demi. Le fleuve Halys sert de limite à la Phrygie, et avant de l'atteindre, on rencontre des pyles (ou défilés) qu'il faut nécessairement traverser pour le franchir : ces passages sont gardés avec le plus grand soin. Le fleuve franchi, on entre dans la Cappadoce; jusqu'à la frontière de la Cilicie, on compte vingt-huit stations et cent quatre parasanges. Parvenu à cette frontière, on trouve deux autres défilés (pyles) et une double garde à franchir. Continuant de s'avancer, on traverse la Cilicie, qui comprend trois stations sur une route de quinze parasanges et demi. L'Euphrate sert de limite entre la Cilicie et l'Arménie; on ne peut le passer qu'en bateau... »

La route ainsi décrite présente donc dans son développement, depuis Sardes, où Hérodote nous avertit qu'elle commence (c. 54), jusqu'à l'Euphrate, une étendue de 204 parasanges; or, d'après Hérodote lui-même (ch. 53), chaque parasange se prenant pour trente stades, et ayant à ajouter cinq cent quarante stades de Sardes à Éphèse, on trouve une longueur totale de 6,660 stades pour la plus grande dimension de la Péninsule, depuis Éphèse sur la mer Égée jusqu'à l'Euphrate.

Si, comme nous l'indique la distance bien connue d'Éphèse à Sardes, le stade employé est celui d'Olympie, que l'on évalue à six cents pour un degré de l'Équateur, le parcours de la route royale en Asie-Mineure sera approximativement de 277 de nos lieues communes.

En l'absence de toute désignation précise des stations intermédiaires, il est impossible de déterminer avec certitude le tracé de cette route sur une carte moderne; néanmoins, si nous ne nous trompons, il résulte évidemment de deux des circonstances rapportées, — le passage du Halys après avoir franchi des défilés, et l'intervalle de quinze parasanges seulement formant la largeur de la Cilicie depuis les pyles qui la séparent de la Cappadoce jusqu'aux bords de l'Euphrate, — il résulte, disons-nous, de ces deux circonstances, que la route devait traverser le cœur de la Phrygie pour atteindre le Halys à la hauteur d'Angoura, qu'elle s'infléchissait ensuite vers le Sud-Est pour gagner Mazaka, la capitale de la Cappadoce, et qu'enfin elle franchissait les défilés de la chaîne taurique à l'orient de la Mérûsch moderne pour arriver à l'Euphrate vers les points de Samosate ou de Zeugma, que nous savons avoir été dans tous les temps deux des principaux passages du fleuve. Or, ce parcours, mesuré sur la carte, nous donne à l'ouverture du compas environ 250 de nos lieues communes, ce qui nous paraît, en tenant compte des incertitudes de détail aussi bien que des sinuosités du terrain, répondre aussi exactement qu'on peut le souhaiter aux indications fournies par Hérodote, ou plutôt par le document officiel d'origine persane que l'historien n'a fait ici que transcrire.

Nous pouvons maintenant nous former une idée nette et précise de l'étendue des connaissances d'Hérodote et de son siècle sur l'ensemble de l'Asie-Mineure.

Les Ioniens, nous l'avons vu, en connaissaient le pourtour entier de la manière la plus circonstanciée, et avec une exactitude de détails qui n'a été surpassée que de nos jours.

Ils avaient aussi des notions exactes et détaillées sur les parties de la Péninsule qui touchaient à leurs propres établissements, notamment sur la Carie, la Lydie, la Mysie et la Troade, en un mot sur toute la zone occidentale arrosée par les eaux tributaires de l'Égée et de la Propontide.

Mais ces notions, à mesure qu'elles s'éloignaient de cette zone pour s'enfoncer dans l'Est, devenaient de plus en plus vagues et incomplètes. Sauf le nom des tribus qui bordaient la côte ou qui en étaient voisines, la région septentrionale que baigne le Pont-Euxin, surtout au delà du Halys en tendant vers la Colchide, était absolument inconnue même des nombreuses colonies helléniques qui couvraient cette triste côte; et ceci n'a pas lieu de nous étonner, nous qui n'étions guère moins ignorants de ce pays sauvage, il y a peu d'années encore, que ne l'étaient les Grecs asiatiques cinq cents ans avant Jésus-Christ. Il est évident enfin qu'Hérodote et ses contemporains ne connaissaient guère que de nom et les parties intérieures de la Phrygie, et surtout la vaste étendue de la Cappadoce, depuis le Halys jusqu'à l'Euphrate, et même les cantons de la côte cilicienne rapprochés de la chaîne du Taurus, qui la domine et l'isole du plateau cappadocien.

Pourtant, dès cette époque, cette partie orientale de l'Asie-Mineure était depuis longtemps couverte de villes nombreuses, qui participaient à la civilisation avancée de Ninive et de Babylone ; et les maîtres de l'Asie, dont la Péninsule à peu près entière reconnaissait la domination, y avaient fait percer de vastes et superbes voies de communication qui venaient aboutir au cœur même de l'empire. Mais les Phrygiens, quoique soumis un moment au sceptre d'un roi de Lydie ; mais les Syro-Cappadociens surtout, et les peuples de la Cilicie, séparés par l'origine, la langue, les mœurs et la religion des habitants helléniques de la région occidentale, n'avaient eu jusqu'alors que peu de rapports avec ceux-ci. Une immense barrière se dressait encore entre le monde oriental et le monde européen.

Toutefois, nous avançons rapidement vers le temps où les événements qui se pressent vont abaisser cette barrière sous le pied puissant du Génie de l'Occident, et préparer cette riche moisson de connaissances positives que nous offriront, quelques siècles plus tard, les ouvrages d'un Strabon, d'un Pline et d'un Ptolémée.

# CHAPITRE VI.

### HISTOIRE GÉOGRAPHIQUE DE L'ASIE-MINEURE DEPUIS LE SIÈCLE D'HÉRODOTE JUSQU'AU TEMPS DE STRABON.

Aperçu général de la période que ce chapitre embrasse. — Anabasis de Xénophon. Itinéraire des Dix-Mille en Asie-Mineure. — Éphore et sa Description de l'Asie-Mineure. — Théopompe. — Sur la détermination de la latitude de Byzance attribuée à Pythéas.

Alexandre le Grand et ses marches en Asie-Mineure. Cette époque marque une ère importante dans l'histoire géographique de la Péninsule.

*Période grecque.* — A partir du siècle d'Alexandre, l'Asie-Mineure en deçà du Halys se fait toute grecque; les pays à l'est du Halys conservent leur type oriental. Considérations à ce sujet. Persistance des divisions naturelles des races. — Établissement des Galates en Asie-Mineure. — Sur l'origine et la langue des Galates. — L'établissement galate est la dernière immigration des tribus du nord en Asie-Mineure. — Apollonius de Rhodes et la géographie de ses Argonautiques.

*Période romaine.* — Les Romains en Asie-Mineure. État de la Péninsule à leur arrivée. — Les guerres qu'ils y soutiennent ajoutent beaucoup aux connaissances positives sur la topographie du pays. — Campagne contre Antiochus. Nouvelle distribution des provinces de l'Asie-Mineure à l'ouest du Halys. — Campagne contre les Gallo-Grecs. Marches de Cn. Manlius. — Le royaume de Pergame, légué par son dernier prince au peuple romain, devient une province de la république romaine. — Guerres contre Mithridate ; longues campagnes des généraux romains dans le nord et l'est de l'Asie-Mineure. — Réduction successive de toutes les parties de l'Asie-Mineure en provinces romaines. Mysie et Phrygie. Bithynie. Pont. Cypre. Galatie. Cappadoce. Lycie. — Voyage de Cicéron en Asie-Mineure. Les *Tiburani* du mont Amanus. — L'Asie-Mineure dans les poëtes du siècle d'Auguste. — Salluste et sa description des pays qui bordent le Pont-Euxin. — Sur la reconnaissance géographique des parties orientales de l'Empire Romain attribuée à Zénodoxe. — Description du Monde Romain par Agrippa. — Asie-Mineure de Scymnus de Khios et de Denys le Periégète.

(De l'an 450 avant notre ère, à l'an 20 après J.-C.)

Il y a bien loin encore des notions qu'Hérodote et son siècle possédèrent sur l'Asie-Mineure, à celles que cinq siècles plus tard Strabon va nous exposer, dans son admirable ouvrage, sur toutes les parties de la Péninsule : nous nous proposons de suivre pas à pas, l'histoire à la main, les travaux, les études et les événements de toute nature, qui, dans ce long intervalle de cinq cents ans, ont préparé de siècle en siècle et lentement amassé les riches matériaux que les géographes de la période romaine devaient mettre en œuvre.

Les Grecs asiatiques, un moment affranchis à la suite des victoires de leurs frères d'Europe sur les armées du Grand-Roi, étaient bientôt retombés sous le joug de la Perse au milieu des funestes querelles d'ambition et de jalousie qui éclatèrent entre Athènes et Lacédémone. La vieille rivalité des races dorienne et ionienne s'était réveillée dans l'enivrement d'un triomphe commun, pour ne s'éteindre que dans le commun asservissement que leur préparait la fortune de Rome. A la fin du cinquième siècle avant notre ère, toutes les colonies helléniques de la côte égéenne reconnaissaient de nouveau, comme avant la guerre médique, l'autorité des monarques persans, de même que le reste de l'Asie-Mineure. Lorsque Darius Nothus mourut, en 404, toute l'Asie en deçà du Halys était sous le gouvernement du second de ses fils, Cyrus, au nom duquel l'histoire a ajouté l'épithète de *jeune*, pour le distinguer du grand Cyrus, le fondateur de l'empire des Perses. Cyrus, mécontent du partage qui avait appelé au trône son frère Artaxercès, résolut, après avoir employé vainement contre son frère de secrètes embûches, de lui disputer l'empire les armes à la main. On sait quel fut le résultat de cette tentative désespérée : les champs de Cunaxa, sur les rives de l'Euphrate, virent à la fois la défaite et la mort du prince rebelle (400).

Cet événement nous a valu un des plus précieux monuments d'histoire et de géographie que nous ait laissés l'antiquité hellénique. Cyrus avait dans son armée un corps de treize mille Grecs soudoyés ; après la déroute de Cunaxa, ce corps auxiliaire, échappé presque tout entier à la destruction du reste de l'armée vaincue, se vit dans la nécessité ou de poser les armes, ou de se frayer une retraite devant l'armée victorieuse, à travers des populations hostiles et des pays à peine connus. Quelques périls que présentât ce dernier parti, ce fut celui que les Grecs adoptèrent. Nous n'avons pas à raconter les incidents de cette audacieuse retraite : nous devons nous borner à ce que le récit que nous en a laissé Xénophon, qui en avait été lui-même un des acteurs principaux, renferme des renseignements nouveaux sur la géographie de l'Asie-Mineure [1].

L'auteur de l'*Anabasis* commence sa narration à Sardes, d'où il conduit l'armée de Cyrus jusqu'à Cunaxa à travers toute l'étendue de l'Asie-Mineure, puis par le nord de la Syrie et le long des rives de l'Euphrate; et après avoir raconté la bataille qui mit fin à l'expédition, il trace pas à pas l'itinéraire de la retraite, en remontant le Tigre dans une grande partie de son cours, en franchissant ensuite les âpres vallées et les montagnes neigeuses des Karduques, les Kourdes de la géographie actuelle, et en traversant l'Arménie pour atteindre Trébizonde, d'où les Dix-Mille longèrent, tantôt par mer, tantôt par terre, toute la côte septentrionale de la Péninsule jusqu'à la Propontide et à l'Hellespont. Si l'on songe combien étaient faibles, un demi-siècle seulement avant l'époque de cette retraite mémorable, les notions que possédaient les Grecs, même ceux de la côte asiatique, sur les parties de l'Asie-Mineure que l'expédition embrasse, c'est-à-dire sur la région du Sud et sur celle du Nord-Est, on comprendra combien l'excellente relation qui leur en fut donnée dut ajouter tout à coup à leurs connaissances sur l'ensemble de la Péninsule, aussi bien que sur les contrées plus orientales qu'arrosent l'Euphrate, le Tigre et les parties supérieures de l'Araxe.

De longues discussions de géographie comparée ne sauraient entrer dans notre cadre; il nous suffit, dans les identifications des noms anciens avec les localités actuelles, d'adopter les résultats les mieux établis, en renvoyant aux ouvrages ou aux traités spéciaux sur lesquels nous nous appuyons, pour les discussions qu'un exposé général ne saurait admettre. Pour la géographie de l'Anabasis, les commentaires sont nombreux; mais il en est un d'une date récente qui nous dispensera presque de recourir à ceux qui l'avaient précédé : c'est celui de M. William

---

[1] *L'Expédition de Cyrus dans la Haute-Asie* (Κύρου Ἀνάβασις), par Xénophon. Nos citations du texte se rapportent à l'édition qu'en a donnée M. Didot dans sa Bibliothèque Grecque.

Ainsworth. M. Ainsworth, qui a lui-même parcouru à deux reprises une grande partie des contrées que foulèrent les pas des dix mille Grecs, a sur ses devanciers, un seul excepté [1], le très-grand avantage d'avoir vu de ses propres yeux les lieux que décrit l'auteur ancien; et telle de ces descriptions qui n'est pour le commun des commentateurs qu'une lettre morte, s'animant ainsi pour lui de toute la puissance des souvenirs, prend un sens et une valeur qu'elle n'aurait eu pour nul autre. Mille circonstances auparavant inaperçues se transforment dès lors en autant de points de reconnaissances; ce qui était obscur devient clair, les incertitudes s'aplanissent et se dissipent. — Les révolutions renversent les empires; les villes mêmes disparaissent sous le souffle destructeur de la guerre : mais le sol et l'aspect des lieux, immuables au milieu des révolutions des hommes, restent pour attester l'exactitude de l'historien, et diriger les recherches de celui qui veut retrouver dans ce qui est aujourd'hui la trace et l'image de ce qui fut autrefois [2].

Nous allons maintenant laisser parler Xénophon.

« Cyrus partit de Sardes à la tête de son armée. Il traversa la Lydie, fit en trois jours vingt-deux parasanges, et arriva aux bords du Méandre. La largeur de cette rivière était ici de deux plèthres [3]; un pont formé de sept bateaux y était construit. Ayant passé ce fleuve et fait une marche de huit parasanges dans la Phrygie, il arriva à Kolossai, ville grande, opulente et bien peuplée [4]..... De là il fit vingt parasanges en trois mar-

[1] M. Macdonald Kinneir, officier instruit de l'armée britannique, pendant son voyage en Asie-Mineure, en Arménie et dans le Kourdistân, publié en 1818 sous le titre de *Journey through Asia Minor, Armenia and Koordistan, in the years 1813 and 1814, with Remarks on the Marches of Alexander, and Retreat of the Ten Thousand*, in-8°, a aussi reconnu, mais avec moins d'étendue que M. William Ainsworth, une partie des routes décrites par l'historien de l'expédition de Cyrus.

[2] L'ouvrage de M. Will. Ainsworth est intitulé *Travels in the Track of the Ten Thousand Greeks, being a Geographical and Descriptive Account of the Expedition of Cyrus, and of the Retreat of the Ten Thousand Greeks, as related by Xenophon*. Lond. W. Parker, 1844, in-12; carte. Le même travail avait été déjà publié, mais avec moins de développements, dans le t. I$^{er}$ du *Classical Museum*, pag. 170 et 299.

[3] Environ 60 mètres.

[4] Les ruines de Kolossai, au point de jonction de trois petits cours d'eau,

ches, et atteignit Kelaïnai, ville de Phrygie, grande, riche et peuplée. Cyrus y avait un palais et un grand parc (παράδεισος, un *paradis*) rempli de bêtes fauves, qu'il chassait à cheval quand il voulait s'exercer lui et ses chevaux. Le Méandre prend sa source dans le parc qu'il traverse, et coule ensuite par la ville de Kélaïnai. Dans la même ville est un autre château fortifié appartenant au Grand-Roi ; il est situé à la source du Marsyas, au pied de la citadelle. Cette rivière traverse aussi la ville et se jette dans le Méandre ; elle a vingt-cinq pieds de largeur. Ce fut là, dit-on, qu'après avoir vaincu le satyre Marsyas qui osait lui disputer la palme de la musique, Apollon l'écorcha et suspendit sa peau dans la grotte d'où sortent les sources de la rivière. Tel est l'événement qui a fait donner à cette rivière le nom de Marsyas. On prétend que Xerxès bâtit ce château et la citadelle de Kélaïnai à son retour de la Grèce où il venait d'être vaincu.....(1).

» Cyrus, ayant levé le camp, fit en deux marches dix parasanges pour atteindre Peltai, ville bien peuplée [2] ; il y séjourna trois jours... De là il fit douze parasanges en deux marches pour atteindre le Marché des Kéramiens (Κεραμῶν Ἀγόρα), ville bien peuplée, située aux extrémités de la Mysie [3]. Puis il fit trente parasanges en trois marches, et arriva à Kaystropédion (Καΰστρου-πεδίον, littéralement Plaine du Kaystre), ville bien peuplée [4] : il y séjourna cinq jours... Epyaxa, femme de Syennésis, roi de Cilicie, vint trouver Cyrus en cette ville... Il fit ensuite en deux marches dix parasanges, et arriva à Thymbrion [5], ville bien

qui, réunis, vont se jeter dans la gauche du Méandre, ont été particulièrement décrites par M. Will. Hamilton (*Researches in Asia Minor*, t. I<sup>er</sup>, ch. 28 ; t II, ch. 51).

¹ Le même voyageur, et avant lui le Rev. Arundell, ont visité le site fort remarquable où était assise la ville royale de Kelaïnai, dont les ruines mêmes ont disparu du sol (*voy.* Ainsworth, p. 18 et suiv.).

² Il y a de l'incertitude sur l'emplacement de Peltai. M. Hamilton croit, et avec vraisemblance, que cette ancienne ville est représentée par le Baklan Ovah actuel (Ainsw., p. 24).

³ Position douteuse.

⁴ M. Ainsworth croit retrouver cette ville dans la Surmench moderne, située au milieu d'une plaine élevée (Ainsw., p. 27).

⁵ Ichakli.

peuplée; là, près de la route, on voit une source qui porte le nom du roi de Phrygie Midas. On assure que ce fut en mêlant du vin aux eaux de cette source, que Midas y surprit le satyre qu'il poursuivait. De là il fit dix parasanges, et vint en deux marches à Tyriaïon [1], ville assez considérable où il demeura trois jours... Il fit ensuite vingt parasanges et arriva à Iconion [2], la dernière ville de la Phrygie. Il en partit après y avoir séjourné trois jours, et en cinq jours il parcourut trente parasanges à travers la Lycaonie. Comme cette contrée lui était hostile, il en permit le pillage aux Grecs. Il renvoya ensuite Epyaxa en Cilicie par le plus court chemin, sous l'escorte de Ménon le Thessalien et des troupes qu'il commandait. — De là il traversa la Cappadoce, fit vingt-cinq parasanges en quatre marches, et arriva à Dana, ville peuplée, grande et riche [3]. Il y demeura trois jours...

» On essaya ensuite de pénétrer en Cilicie. Le chemin qui y mène, quoique praticable aux voitures, est escarpé et inaccessible à des troupes auxquelles on opposerait la moindre résistance. On rapportait que Syennésis se tenait sur les hauteurs pour le défendre. Cyrus resta donc un jour dans la plaine; mais le lendemain on vint lui dire que Syennésis avait abandonné les hauteurs dès qu'il avait appris que Ménon, ayant passé les montagnes, était en Cilicie, et que Tamôs, qui commandait la flotte combinée de Lacédémone et de Cyrus, était parti de l'Ionie se dirigeant vers la côte cilicienne.

» Cyrus arriva sans obstacles sur les montagnes, d'où il aperçut le camp des Ciliciens. De là il descendit dans une vaste et belle plaine, entrecoupée de ruisseaux, couverte de vignes et d'arbres de toute espèce; où le sésame, le panis, le millet, le froment et l'orge croissent en abondance. Une chaîne de mon-

---

[1] Arkut-Khan. Il y a de l'incertitude sur la correspondance précise de ces dernières localités; nous suivons généralement les déterminations de M. Ainsworth.

[2] Konïèh.

[3] Dana, plus connue sous le nom de Thyana, était située au revers septentrional de la chaîne du Taurus, à peu près sous le méridien de Tarse. Un lieu nommé par les Turks Kiz-Hissar, le Château de la jeune fille, s'élève aujourd'hui sur ses ruines (W. Hamilton, t. II, ch. 47).

tagnes escarpées, et dont les deux extrémités aboutissent à la mer, enveloppe cette plaine comme d'une fortification naturelle (1).

» Descendant à travers cette plaine, Cyrus fit vingt-cinq parasanges en quatre jours et vint à Tarsos, ville grande et riche de la Cilicie (2). C'est là qu'était la demeure royale de Syennésis, roi de Cilicie; la ville est partagée en deux par le Kydnos, rivière dont la largeur est ici de deux pléthres. Les habitants, excepté ceux qui tenaient hôtellerie, s'enfuirent avec le roi dans un lieu fortifié des montagnes; mais ceux de Soloi et d'Issos, villes maritimes, ne se sauvèrent pas (3)...

» Au sortir de Tarsos, Cyrus fit dix parasanges en deux jours, et arriva au fleuve Psaros, large de trois pléthres (4). Le lendemain, en une marche de cinq parasanges, on arriva sur les bords du fleuve Pyramos, large d'un stade (5). De là on fit quinze parasanges en deux marches, pour arriver à Issos. Cette ville, la dernière de la Cilicie, est peuplée, grande, florissante, et située sur le bord de la mer (6). Une marche de cinq parasanges l'amena d'Issos aux Pyles ciliciennes et syriennes. Deux murs

---

1 Cyrus descendit du plateau cappadocien dans les plaines basses de la Cilicie par le passage que les Turks nomment aujourd'hui Gheulek Boghaz, et qui suit, au-dessous des crêtes du Taurus, le bassin de la petite rivière de Tersous, le Kydnos ou Cydnus des anciens. Ce passage est celui qui fut connu plus tard sous le nom de Portes Ciliciennes, *Pylæ Ciliciæ*. On en peut voir la description dans Ainsworth, ouvrage cité, p. 44.

2 Aujourd'hui Tersous.

3 Soloi, qui prit plus tard le nom de ville de Pompée, *Pompeiopolis*, n'existe plus; ses ruines se voient près d'un village nommé Mézetli, au S. O. de Tarse. Issos est fort loin de là dans l'Est, au fond du golfe Myriandrinien.

4 La rivière Psaros de Xénophon, plus généralement connue de l'antiquité sous le nom de Saros, est aujourd'hui le Seïhoun des Turks. Il paraît que Cyrus passa cette rivière au-dessus de l'emplacement d'Adana (Ainsworth, p. 51).

5 Environ 100 mètres. M. Ainsworth a fait voir (ouvrage cité, p. 52) que l'armée de Cyrus dut passer le Pyramos vers son embouchure, au-dessous de la ville actuelle de Missis, l'ancienne Mopsuestia. Le Pyramos porte actuellement, parmi les Turks, le nom de Djeïhoun. La partie inférieure de son cours a éprouvé de grands changements depuis l'antiquité. La rivière s'est frayé une nouvelle embouchure, assez loin dans l'Est de l'embouchure ancienne.

6 Issos (Issus avec la terminaison latine), illustrée plus tard par la victoire d'Alexandre sur l'armée de Darius, n'a pas laissé de ruines auxquelles un nom particulier soit attaché. Elle était située, comme nous l'avons dit dans une note

(τεῖχη) se présentaient : l'un en deçà, du côté de la Cilicie, était gardé par Syennésis et par ses troupes ; on disait qu'une garnison d'Artaxercès gardait celui qui était au delà, du côté de la Syrie : entre les deux, coule la rivière Karsos, large d'un plèthre[1]. L'espace d'un mur à l'autre est de trois stades. Cet étroit passage ne pouvait être forcé ; les murs descendaient jusqu'à la mer, et au-dessus étaient des rochers à pic : on avait pratiqué des portes dans les murs[2]... Cyrus s'attendait qu'Abrokomas, qui avait beaucoup de troupes à ses ordres, lui disputerait ce passage ; mais le général persan n'en fit rien. Dès qu'il sut que Cyrus était en Cilicie, il se retira de la Phénicie et se replia vers le roi, avec une armée qu'on disait être de trois cent mille hommes.

» De là, Cyrus fit en un jour de marche cinq parasanges dans la Syrie, et l'on arriva à Myriandros, place située près de la mer et habitée par les Phéniciens[3] ; c'est une ville de commerce, où mouillent beaucoup de vaisseaux marchands[4]... »

précédente, au fond du golfe de Myriandros, nommé plus tard golfe d'Issos, et aujourd'hui de Skanderoun ou Alexandrette. M. William Ainsworth a discuté d'une manière lumineuse tout ce qui se rapporte à l'ancienne géographie du pourtour du golfe (p. 53 et suiv. de l'ouvrage cité, et dans une dissertation spéciale, *Journal of the Roy. Geogr. Soc.*, t. VIII, p. 185). La confusion qu'une consonnance équivoque a occasionnée longtemps entre le site d'Issos et la moderne Aïas (autrefois *Aigai*, ou, dans la transcription latine *Ægæ*) avait jeté beaucoup de confusion dans toute cette partie de la topographie cilicienne. — D'après les indications de Xénophon, qui présente Issos comme la dernière ville cilicienne du côté de la Syrie, il paraît que depuis l'époque de la guerre médique et d'Hérodote, la limite de cette dernière province avait été avancée au Nord jusqu'au défilé que nous allons voir désigné tout à l'heure sous le nom de portes Syro-Ciliciennes. On sait qu'auparavant le pays qui est au nord de la bouche de l'Oronte était regardé comme cilicien (*voy.* ci-dessus, p. 306).

[1] Environ 30 mètres.

[2] La petite rivière de Karsos est représentée par un ruisseau aujourd'hui nommé Merkès-sou. Les portes Syro-Ciliciennes étaient ainsi un peu au nord de la ville actuelle de Skanderoun (Ainsw., p. 58).

[3] Le site de Myriandros n'a pas été jusqu'à présent déterminé avec une entière précision. L'examen attentif de la côte entre Skanderoun et le Ras-el-Khansir en fera peut-être retrouver l'emplacement et les ruines.

[4] La partie de l'itinéraire que nous venons de rapporter est comprise dans les chapitres II, III et IV, livre I$^{er}$, de l'*Anabasis*.

Ici nous abandonnons Cyrus et son armée, dont nous aurons à reprendre ailleurs l'itinéraire en Syrie et en Mésopotamie, aussi bien que celui des dix mille Grecs depuis Cunaxa jusqu'aux confins occidentaux de l'Arménie; c'est à ce dernier point seulement que nous allons le suivre de nouveau dans le Nord-Est et le Nord de l'Asie-Mineure.

Nous partirons de Gymnias pour cette seconde partie de l'itinéraire.

Gymnias était alors une grande ville, riche et peuplée, à quarante parasanges dans l'Ouest du fleuve Harpasos, l'Arpatchaï [1] de la moderne géographie arménienne. Cette distance nous conduit vers le point où la branche septentrionale de l'Euphrate a sa source, en deçà, ou à l'Ouest, de la ligne de partage d'eaux qui sépare ici le bassin de ce fleuve de ceux de l'Araxe et du Tchorok. C'est là que s'élève aujourd'hui la cité célèbre d'Erzeroum. Sans doute c'est la désignation de Gymnias comme une ville « grande, riche et peuplée, » qui a porté M. Ainsworth à l'identifier avec Erzeroum même ; mais la splendeur d'Erzeroum ne date que des temps du Bas-Empire, et nous croyons qu'un village situé près de la rive gauche de l'Euphrate, à 6 lieues d'Erzeroum vers l'Ouest, représente plus sûrement la position de Gymnias, dont il a conservé le nom presque inaltéré dans celui de Djinnis [2].

Ici nous reprenons le texte de Xénophon.

« A Gymnias, un guide envoyé par le chef de la province pour conduire les Hellènes sur le territoire de ses ennemis, vint trouver l'armée, et promit de la conduire en cinq jours à un lieu d'où elle découvrirait la mer; il consentit à être puni de mort s'il les trompait. Il conduisit en effet la troupe des Hellènes, et dès qu'il l'eut fait entrer sur le territoire ennemi il l'exhorta à tout brûler et à tout ravager, ce qui montrait assez que c'était pour seconder la haine de ses compatriotes, et non par bienveillance pour les Hellènes, qu'il les accompagnait.

» On arriva le cinquième jour à une montagne sacrée nommée

---

[1] *Tchaï* est un terme générique qui signifie rivière.

[2] M. Ainsworth ne présente d'ailleurs son rapprochement entre Gymnias et Erzeroum que comme très-incertain. « C'est une des positions, dit-il (p. 186), déterminées de la manière la moins satisfaisante dans toute l'expédition. »

Thékhès. Les premiers qui eurent gravi jusqu'au sommet aperçurent la mer et jetèrent de grands cris. Xénophon, qui les entendit, ainsi que l'arrière-garde, crut que de nouveaux ennemis attaquaient le front de l'armée; car la queue était harcelée et poursuivie par les peuples dont on avait brûlé le pays. L'arrière-garde, leur ayant tendu une embuscade, en tua quelques-uns, en fit d'autres prisonniers, et prit environ vingt boucliers d'osier recouverts d'un cuir de bœuf cru et garni de ses poils.

» Les cris augmentaient à mesure qu'on approchait. De nouveaux soldats couraient se joindre à ceux qui criaient; le nombre en augmentait, le bruit allait croissant, et Xénophon crut qu'il y avait là quelque chose d'extraordinaire. Il monte à cheval, prend avec lui Lykios et la cavalerie grecque, et longe le flanc de la colonne pour donner du secours : mais bientôt il entend distinctement le cri *la mer ! la mer !* que poussaient les soldats en se félicitant mutuellement. Alors arrière-garde, équipage, cavaliers, tous courent au sommet de la montagne. Quand les Hellènes y furent tous arrivés, ils s'embrassèrent les uns les autres les larmes aux yeux; ils sautèrent au cou de leurs généraux et de leurs officiers. Aussitôt, sans qu'on ait jamais su par l'ordre de qui, les soldats apportent des pierres et en élèvent un grand tertre; ils le couvrent de ces boucliers garnis de cuir cru, de bâtons, et d'autres boucliers d'osier pris à l'ennemi. Le guide lui-même mettait les boucliers en pièces, et exhortait les Hellènes à l'imiter. Après cela les Grecs le renvoyèrent, chargé de présents qu'on lui avait faits sur la masse commune : un cheval, une coupe d'argent, un habillement à la perse et dix dariques. Il demanda surtout des anneaux, et en obtint de beaucoup de soldats. Ensuite il montra un village où l'on pouvait cantonner, et le chemin qu'il fallait suivre à travers le pays des Makrônes; puis il attendit jusqu'au soir, et quand la nuit fut noire, il partit et quitta l'armée.

» De là les Hellènes firent dix parasanges en trois marches, à travers le pays des Makrônes. Le premier jour, ils arrivèrent à un fleuve qui séparait ce pays de celui des Scythins [1]. Sur la

---

[1] Les Scythins (Σκύθινοι, ou Petits Scythes) occupaient le pays compris entre cette rivière, qui les séparait des Makrônes, et celle de Harpasos.

droite de l'armée était une montagne très-escarpée ; à sa gauche, une autre rivière où se jetait celle qui faisait la limite du territoire des deux peuples, et qu'il fallait passer. La rive en était bordée d'une lisière de bois, qui n'était pas une haute futaie, mais un taillis fourré. Les Hellènes, s'étant avancés, se mirent à le couper. Ils se hâtaient d'autant plus, qu'ils voulaient sortir promptement d'une mauvaise position ; mais les Makrônes, armés de boucliers d'osier, de lances, et revêtus de tuniques de crin, s'étaient mis en bataille sur l'autre rive de la rivière. Ils s'exhortaient mutuellement à bien combattre, et lançaient des pierres qui retombaient dans l'eau ; ils ne purent blesser les Grecs ni en atteindre aucun.

» Alors un des soldats, qui disait avoir été esclave à Athènes, vint trouver Xénophon et lui dit qu'il savait la langue de ces hommes. — Si je ne me trompe, ajouta-t-il, ce pays est ma patrie, et si rien ne s'y oppose, je voudrais causer avec eux. — Rien ne t'en empêche, répondit Xénophon ; parle-leur, et sache d'abord qui ils sont. Le soldat leur fit cette question : ils dirent qu'ils étaient Makrônes. — Demande-leur, ajouta Xénophon, pourquoi ils sont rangés en bataille contre nous et veulent être nos ennemis ? — C'est, répondirent-ils, parce que vous envahissez notre pays. — Réplique-leur, dirent les généraux, que nous n'avons aucune intention de leur nuire : après avoir fait la guerre à Artaxercès, nous revenons dans notre pays, et nous voulons gagner la mer. Les Makrônes demandèrent s'ils voulaient engager leur foi ? — Les Hellènes répondirent qu'ils désiraient recevoir et donner des signes garants de la paix. Les Makrônes et les Hellènes échangèrent mutuellement une pique : telle était chez eux, dirent ces hommes, la manière d'engager sa foi. Des deux côtés on prit les dieux à témoin.

» Le traité conclu, les Makrônes, mêlés dans les rangs des Hellènes, se mirent avec ceux-ci à couper le taillis pour ouvrir une route et gagner l'autre rive de la rivière ; ils leur fournirent aussi pour de l'argent autant de vivres qu'ils le purent, et les guidèrent, pendant trois jours, jusqu'aux montagnes des Kolches[1]. Là était un mont élevé, mais inaccessible, sur la crête

---

[1] Il faudrait écrire et prononcer Kolkhes, Κόλχοι.

duquel les Kolches parurent en bataille..... Ils furent attaqués et mis en déroute. Comme les Hellènes gravissaient la montagne, ils trouvèrent beaucoup de villages abondamment remplis de vivres, et y cantonnèrent. Ils n'y rencontrèrent rien qui leur parût nouveau ; seulement il y avait beaucoup de ruches, et tous les soldats qui mangèrent des gâteaux de miel en furent violemment incommodés. Ils eurent le transport au cerveau, des vomissements, des évacuations, et aucun d'eux ne pouvait se tenir sur ses jambes. Ceux qui n'en avaient que goûté avaient l'air de gens ivres; ceux qui en avaient pris davantage ressemblaient les uns à des furieux, les autres à des moribonds. On voyait les soldats étendus sur la terre comme après une défaite ; et le même abattement régnait dans tout le camp. Personne, néanmoins, n'en mourut; le transport cessa le lendemain, à peu près à la même heure où il avait pris la veille. Les malades furent sur pied le troisième et le quatrième jour, aussi épuisés que s'ils eussent usé d'un remède violent.

» On fit ensuite sept parasanges en deux marches, et l'on arriva sur le bord de la mer à Trébizonde [1], ville hellénique, très-peuplée, située sur le Pont-Euxin dans la contrée des Kolches ; c'est une colonie de Sinope [2]... »

Quelques observations sur cette partie de l'itinéraire.

La troupe des Grecs, étant partie de Gymnias, ou Djinnis, sur le haut Euphrate, dut franchir l'escarpement du Kop Dâgh, descendre la Massa Déressi, ou rivière de Baïbourt, puis remonter la rivière de Balakhor jusqu'au Tékièh Dâgh, où se conserve encore le nom de Thékhès. De là ils regagnèrent la vallée supérieure de la Balakhor, qui les conduisit à la chaîne escarpée du Kolat Dâgh, évidemment la montagne des Kolches de Xénophon ; cette chaîne forme la séparation des deux versants qui conduisent leurs eaux au Sud dans le haut Tchorok ou rivière d'Ispir, au Nord directement à la mer Noire, vers

---

[1] Τραπεζοῦς. — Τραπεζοῦντα, dont on a fait Trébizonde, est la forme accusative. Cette ville devait son nom au contour trapézoïde de son enceinte. Étienne de Byzance (*sub voce* Τραπεζοῦς) nous apprend qu'elle avait porté auparavant celui de Oïzènis. La plupart de ces colonies helléniques avaient dû en effet 'établir dans des localités déjà habitées par les indigènes.

[2] Lib. IV, c. 7 et 8.

la côte de Trébizonde. Les diverses circonstances du récit ne nous paraissent pas laisser le moindre doute sur cet itinéraire, dont la nature a marqué les traits d'une manière ineffaçable dans ce pays profondément accidenté. De la vallée de Baïbourt à la côte, les passages ne sont d'ailleurs pas nombreux ; la circonstance du Thékhès fixe avec certitude celui que les Hellènes suivirent. Nous avons particulièrement insisté sur ce point, parce que le commentaire, d'ailleurs si précieux, de M. William Ainsworth ne nous paraît pas avoir ici un degré suffisant d'exactitude et de précision.

Quant à la nature presque vénéneuse du miel de ces montagnes, c'est un fait qui fut connu de toute l'antiquité, et qui a été confirmé par les voyageurs modernes.[1]

L'armée grecque resta un mois à Trébizonde : ce n'était pas trop pour se refaire des fatigues inouïes qu'elle avait éprouvées depuis son départ de Cunaxa. Mais comme les vivres manquaient pour une si grande multitude, on fit, pour s'en procurer, plusieurs excursions sur le territoire des peuplades voisines, surtout chez les Driles, tribu qui avait plus d'une fois, du haut de ses âpres montagnes, porté la guerre et le pillage sur le territoire trapézontien. C'était le plus belliqueux de tous ces petits peuples de la côte pontique. Ils étaient armés de longues piques, de jambières, de casques à la paphlagonienne, et portaient des boucliers d'osier. Une place qu'ils appelaient leur métropole, et qui était construite en bois dans une position très-forte, fut prise et brûlée [2].

Enfin les Grecs songèrent au départ. Les malades, les plus vieux soldats, les enfants et les femmes furent embarqués ; le reste se remit en route à pied. Ceux-ci arrivèrent au bout de trois jours à Kérasous, « ville hellénique, colonie des Sinopéens, située en Kolchide sur le bord de la mer [3]. »

---

[1] Aux témoignages rapportés par M. Ainsworth (p. 190), on peut ajouter une note spéciale de M. Will. Hamilton sur ce sujet (*Researches in Asia Minor*, t. II, p. 383).

[2] Lib. V, c. 2. C'est la première fois que le nom de ce peuple, ou plutôt de cette tribu, paraît dans la géographie.

[3] Lib. V, c. 3. Cette ancienne Kerasous de l'itinéraire des Dix-Mille n'est pas la Kerasous, ou Cerasus, qui devint, longtemps après, célèbre dans l'his-

L'armée se remit en marche après dix jours de repos. « Arrivée aux confins du pays des Mossunèques, elle leur députa Timésithée de Trébizonde, qui était leur hôte public, pour demander si elle devait regarder le territoire qu'elle allait traverser comme pays ami ou comme ennemi. Les Mossunèques, se fiant sur la force de leurs places, répondirent que l'on ne passerait point. Timésithée exposa alors à l'armée que les Mossunèques de l'Ouest étaient en guerre avec ceux-ci. On jugea à propos d'inviter les premiers à une alliance offensive contre les autres...... L'alliance fut proposée et conclue. Les Mossunèques de l'Ouest envoyèrent alors trois cents bateaux faits d'un seul tronc d'arbre et portant chacun trois hommes, dont deux débarquèrent et se mirent en bataille, laissant le troisième dans le bateau. Ces bateaux s'en retournèrent ainsi conduits par un seul rameur... Les guerriers mossunèques portaient tous des boucliers d'osier couverts de cuir de bœufs blancs garni de son poil, et de la forme d'une feuille de lierre. Ils tenaient de l'autre main un javelot long de près de six coudées, armé d'une pointe de fer, et du côté de la poignée terminé en boule. Leurs tuniques ne descendaient pas jusqu'aux genoux; elles étaient d'une étoffe épaisse comme des couvertures de lit. Ils avaient la tête couverte de casques de cuir à la paphlagonienne, sur le milieu desquels une tresse en crin s'élevait en spirale comme une tiare. Ils étaient aussi armés de haches de fer Un d'entre eux préluda : tous aussitôt entonnèrent un chant, et, marchant en cadence, passèrent à travers les rangs des Hellènes qui étaient sous les armes, puis s'avancèrent aussitôt contre l'ennemi vers le poste qui paraissait le plus facile à emporter. C'était un lieu en avant de la ville qu'ils nommaient leur métropole[1]. Dans cette ville était la principale forteresse des Mossunèques, cause originaire de cette guerre; la possession de

---

toire. Cette dernière, qui existe encore sous le nom de Kerasoun, était beaucoup plus loin à l'Ouest sur la côte. La Kerasous de Xénophon ne subsiste plus; mais le nom s'en est conservé dans celui de Kérasoun-Déréh que porte une petite vallée qui vient aboutir à la mer entre le cap Yoros et le cap Kéréli. *Voy.* Will. Hamilton, *Researches in Asia Minor*, t. I, p. 250.

[1] Hécatée nommait la ville des Mossunèques Khoïradès (ci-dessus, p. 281, note 3).

cette forteresse rendant, à ce qu'il paraissait, maître de tout le pays. Les alliés des Hellènes prétendaient que le parti contraire n'en était pas le juste possesseur, qu'elle devait leur appartenir en commun, et que leurs adversaires s'en étaient emparés au détriment du reste de la nation..... La première attaque fut victorieusement repoussée par les assiégés... Ceux-ci coupèrent la tête de ceux qu'ils avaient tués, et les montrèrent aux autres Mossunèques et aux Hellènes en dansant et en chantant un air de leur pays... Mais le lendemain les Grecs et leurs alliés prirent une complète revanche. La ville des Mossunèques fut emportée et livrée aux flammes... Le roi de ce peuple fait sa résidence dans une tour de bois construite sur le sommet de la montagne [1]; ils l'y entretiennent à frais communs, et lui servent de gardes. Il refusa d'en sortir et y fut consumé. Ceux qui s'étaient réfugiés dans les tours du premier poste forcé y restèrent avec la même obstination, et subirent le même sort. Les Hellènes mirent la ville au pillage. Ils trouvèrent dans les maisons des amas de pains qui se transmettaient de père en fils, à ce que dirent les Mossunèques. Il y avait aussi du blé nouveau en gerbes. La plus grande partie de ce grain était de l'épeautre (ζεά). On trouva, dans des vases de poterie, des tranches de dauphin salé. D'autres vases étaient pleins de la graisse de ce poisson, employée par les Mossunèques aux mêmes usages que l'huile d'olive par les Hellènes. Des greniers étaient couverts d'une quantité de châtaignes sans interstices, et qui, bouillies, leur tenaient lieu de pain. Il se trouva aussi du vin, qui, lorsqu'on le buvait pur, paraissait aigre à cause de sa rudesse ; mêlé avec de l'eau, il acquérait du parfum et un goût agréable.

» Les Hellènes continuèrent leur marche, après avoir remis la place à leurs alliés. De toutes les autres villes ennemies que

---

[1] Les historiens postérieurs ont dérivé le nom des Mossunèques d'un mot grec μόσυν ou μόσσυν, qui signifie une tour construite en bois, parce que ce peuple, disait-on, vivait dans des tours de cette espèce. Sauf la circonstance de la tour royale, Xénophon ne rapporte rien de semblable. Il pourrait bien en être de cette origine des étymologistes grecs comme de tant d'autres mauvaises étymologies anciennes, uniquement fondées sur des consonnances plus ou moins rapprochées. Si ce peuple avait eu un nom national autre que celui que les Grecs écrivent Mossunèques, Xénophon n'aurait sûrement pas omis une circonstance si notable.

l'on trouva sur son chemin, les moins fortes furent abandonnées par leurs défenseurs; les autres se rendirent volontairement. Voici ce que c'était que la plupart de ces villes. Elles étaient distantes entre elles d'environ quatre-vingts stades [1], les unes plus, les autres moins. En jetant des cris d'une place, les Mossunèques se font entendre de l'autre, tant le pays est élevé et creux. Quand les Hellènes furent arrivés chez les Mossunèques leurs alliés, ceux-ci leur montrèrent des enfants de gens riches nourris de châtaignes bouillies. Ils sont gras; leur peau est délicate et très-blanche. Ils diffèrent peu par l'embonpoint et la taille. Leur dos est peint de plusieurs couleurs; sur le devant du corps, ils portent des stigmates représentant des fleurs. Ils recherchaient les faveurs des femmes qui suivaient l'armée, même aux yeux de tous les soldats: telle est la coutume du pays. Hommes et femmes, tous y sont blancs. Les soldats de l'expédition disaient que, de toutes les nations qu'ils avaient vues, celle-ci était la plus barbare, et la plus éloignée des Hellènes par les mœurs. Les Mossunèques font en public ce que les autres hommes cherchent à cacher, et ce dont on s'abstient si l'on est vu. Sont-ils seuls, ils se conduisent comme s'ils étaient en société. Ils se parlent à eux-mêmes, et rient de ce qu'ils disent; ou bien ils se mettent à danser comme des gens qui veulent montrer leur agilité à des spectateurs, quoiqu'ils soient sans témoins.

» Les Hellènes employèrent huit jours à traverser le pays des Mossunèques, soit ennemis, soit alliés, et arrivèrent à celui des Khalubes. C'est un peuple peu nombreux et soumis aux Mossunèques; la plupart vivent de leur travail aux mines de fer [2].

» On trouva ensuite le pays des Tibarènes, dont le sol est

---

[1] Environ un demi-kilomètre.

[2] Telle est la puissance des localités pour déterminer, selon leur nature, le genre de vie des peuples, qu'aujourd'hui encore les habitants de quelques-unes de ces parties de la côte pontique sont exclusivement occupés, comme les anciens Khalubes, des travaux des mines et de ceux de la forge. Rien n'est changé dans cette région de l'Asie-Mineure depuis trois mille ans. — Notre historien a rencontré d'autres Khalubes fort loin de là dans l'Est, au fond des montagnes de l'Arménie; nous traiterons au long, dans la partie de notre ouvrage consacrée à cette dernière contrée, de ce qui regarde ce peuple si diversement célèbre.

plus uni, et dont les places, situées sur le bord de la mer, sont moins fortes... On marcha pendant deux jours à travers leur territoire, pour gagner Kotyôra, ville hellénique, colonie de Sinope, située dans le pays des Tibarênes... On y séjourna quarante-cinq jours... De même que Kerasous et Trébizonde, Kotyôra payait tribut à Sinope, leur commune métropole... (1) ».

La partie de la relation que nous venons de transcrire est riche en renseignements nouveaux sur la région Nord-Est de l'Asie-Mineure; bien des siècles se sont écoulés depuis le temps de Xénophon, avant que des notions plus détaillées et plus précises nous aient été données par les voyageurs sur ces pays sauvages. L'exactitude générale des documents antérieurs, depuis le périple orphique des Argonautes jusqu'à celui de Scylax, est confirmée par les indications concordantes de l'historien; mais de plus, la précision de ces indications corrige ce qu'il y avait encore de vague dans les notions précédentes. Le nom de Kolchide paraît ici étendu sur la côte jusqu'à l'ouest de Trébizonde; circonstance dont nous n'avons pas lieu de nous étonner, sachant que toutes les tribus de cette partie de la côte du Pont étaient sœurs des Kolches par la langue et l'origine.

Les Hellènes s'embarquèrent à Kotyôra sur des bâtiments fournis par les Sinopéens; des envoyés de Sinope, qui étaient venus au-devant de la petite armée pour la déterminer à ce parti, se souciant peu, sans doute, de voir leur territoire à la merci d'une troupe affamée, firent aux Grecs le tableau suivant des difficultés qui les attendaient dans les pays qu'ils auraient encore à traverser. « Je connais, leur dit l'orateur, le pays et les forces des Paphlagoniens [2]. On trouve dans leur province et de très-belles plaines et de très-hautes montagnes. Et d'abord, je sais par où il vous y faudra pénétrer. Il n'y a point d'autre chemin qu'une gorge dominée des deux côtés par des montagnes élevées. Qu'une poignée d'hommes occupe ces hauteurs, ils sont maîtres du défilé, et aucune armée n'y passerait malgré eux : c'est ce que je puis prouver à ceux que vous enverrez

---

[1] Lib. V, c. 4 et 5.
[2] C'était le premier peuple que les Hellènes allaient rencontrer en sortant de Kotyôra.

avec moi [1]. On trouve ensuites des plaines défendues par une cavalerie que les Barbares regardent comme meilleure que celle d'Artaxercès. Elle n'a point marché au secours de ce prince, quoiqu'elle en eût reçu l'ordre : celui qui la commande est trop fier pour obéir.

» Supposons que, soit en dérobant votre marche à l'ennemi, soit en le prévenant, vous puissiez passer ces montagnes, et qu'arrivés dans la plaine vous battiez cette cavalerie qui monte à plus de cent vingt mille hommes, vous arriverez à des fleuves : d'abord au Thermodôn, large de trois plèthres. Je présume que vous aurez peine à le passer, ayant en tête des ennemis nombreux, et suivis par d'autres qui menaceront votre arrière-garde. Vous trouverez ensuite l'Iris, qui a aussi trois plèthres de largeur. Le troisième est le Halys, qui n'a pas moins de deux stades de large. Vous ne pourriez le traverser sans bateaux : qui vous en fournira? Après le Halys, si vous le passez, vous arriverez aux bords du Parthenios, qui est aussi peu guéable. Je pense donc que continuer votre route par terre est un parti je ne dis pas difficile, mais absolument inexécutable ; au lieu que si vous vous embarquez, vous longerez la côte d'ici à Sinope, et de Sinope à Héraclée. D'Héraclée, vous ne serez plus embarrassés, soit pour aller par terre, soit pour continuer votre navigation, si vous l'aimez mieux ; car vous trouverez dans cette ville beaucoup de bâtiments [2]. »

Ce tableau des obstacles naturels du pays qui borde le Pont-Euxin depuis la région du bas Halys jusqu'à Héraclée, est fidèle ; ceux des voyageurs modernes qui ont visité cette partie de la Péninsule nous la représentent en effet comme difficilement praticable.

L'armée s'embarqua par un vent favorable ; on longea, pendant un jour et une nuit, la côte de Paphlagonie qui restait à gauche, et l'on arriva le lendemain à Sinope (Sinôpè) ; les bâtiments mouillèrent à Harmènê, port des Sinopéens. Sinope était une ville fondée par les Milésiens sur la côte de la Paphlagonie...

---

[1] M. Ainsworth (p. 205) croit que ce défilé est situé dans la rangée de montagnes qui se prolonge au nord pour aller former le cap Yasoun, l'ancien *Iasonium promontorium*.

[2] Lib. V, cap. 6.

De là, les navires continuèrent de longer la terre pendant deux jours. « En longeant les côtes (depuis Kotyôra), dit ici l'historien, les Hellènes contemplèrent avec un vif intérêt et la pointe Iasonia, où, dit-on, aborda le navire Argo, et les embouchures des fleuves : d'abord du Thermodôn; ensuite de l'Iris, puis du Halys, enfin du Parthenios. Lorsque nous eûmes passé l'embouchure de ce dernier fleuve, nous arrivâmes à Héraclée (Hérakleia), ville hellénique, colonie de Mégare, située dans le pays des Mariandyniens, et nous mouillâmes près de la Khersonèse d'Akhérousias. C'est là, dit-on, qu'Hercule descendit aux enfers pour enchaîner Cerbère; l'on montre encore à présent, comme monument de sa descente, un gouffre qui a plus de deux stades de profondeur... La plaine est traversée par le fleuve Lykos, large d'environ deux plèthres [1]. »

Ici les soldats délibérèrent s'ils continueraient leur route par terre ou par mer jusqu'à la sortie du Pont. A mesure que l'on se rapprochait de la patrie, les liens de la discipline se relâchaient, en même temps que s'affaiblissait le sentiment des périls de la retraite. L'armée se partagea en trois corps, qui continuèrent leur route par trois chemins différents. L'un se remit en mer sur des bâtiments de transport fournis par les Héracléens; le second côtoya le rivage; le troisième, que conduisait Xénophon, s'avança par l'intérieur du pays.

Ces trois divisions de l'armée hellénique se trouvèrent de nouveau réunies à Kalpê, port situé vers le milieu de la Thrace asiatique [2]. « Cette Thrace, dit Xénophon, qui commence à la bouche du Pont-Euxin et s'étend jusqu'à Héraclée, est à la droite de ceux qui entrent dans le Pont. De Byzance à cette ville, un long jour suffit aux galères qui ne se servent que de leurs rames. On ne trouve dans cet intervalle aucune ville hellénique ni alliée des Hellènes; tout le pays est occupé par les seuls Thraces Bithyniens. Ces peuples, dit-on, traitent cruellement les Hellènes qui échouent sur leur côte, ou qui viennent à tomber entre leurs mains. Le port de Kalpê est à mi-chemin d'Héra-

---

[1] Lib. VI, c. 2.

[2] *Ibid.* — L'emplacement de ce port est indiqué aujourd'hui par un lieu nommé Kirpèh Liman, ou Kefken Adasi, à l'ouest de l'embouchure du Sakaria (Ainsw., p. 218).

clée à Byzance pour les navigateurs. Un promontoire s'avance au milieu des flots : du côté de la pleine mer il se termine par un rocher à pic, dont la moindre hauteur est de vingt orgyies[1]. Un isthme de quatre plèthres de largeur tout au plus[2] joint ce promontoire à la terre ; et l'espace renfermé entre la mer et ce passage étroit pourrait contenir une ville peuplée de dix mille habitants. Le bassin du port est sous le rocher même ; du côté de l'Ouest un autre rivage l'environne. Près de la mer, coule une source d'eau douce très-abondante et dominée par le rocher. Les bords mêmes de la mer fourniraient une grande quantité de beaux bois de construction ; et une infinité d'autres bois garnissent le pays. La montagne, qui prend naissance au port, s'étend dans l'intérieur des terres jusqu'à vingt stades environ. L'on ne trouve point de pierres sur le terroir ; mais le côté du mont qui borde le rivage, dans l'espace de plus de vingt stades, offre une forêt touffue d'arbres de toute espèce, fort élevés. Le reste du pays est beau, spacieux, couvert de villages très-peuplés. Il produit de l'orge, du froment, toutes sortes de légumes, du panis, du sésame, et quantité de figues ; beaucoup de vigne y donne d'excellent vin. Enfin il y croît de tout, excepté des oliviers. Tels sont les environs de Kalpê[3]. »

Xénophon s'arrête avec complaisance sur la description d'un site où il avait songé à bâtir une ville pour y fonder une colonie, dont ceux de ses compagnons que la beauté du pays eût tentés auraient formé le noyau ; mais ce dessein n'eut pas de suite, et l'armée, se remettant en marche à travers la Bithynie, arriva le sixième jour à Chrysopolis de Chalcédoine (Khalkhêdonia), ville située sur la Propontide, vis-à-vis de Byzance, à l'entrée du Bosphore[4].

Nous n'avons pas à suivre la troupe des Hellènes pendant son séjour en Thrace, où elle se mit au service de Seuthès, roi du pays ; mais nous la ramènerons de Thrace en Lydie, où se termine le récit de la retraite. L'historien est très-succinct sur cette dernière partie de l'itinéraire : il s'agissait là de pays trop fami-

---

[1] De 35 à 40 mètres.
[2] Environ 120 mètres.
[3] Lib. VI, c. 4.
[4] C'est aujourd'hui Scutari, vis-à-vis de Constantinople.

liers à ses compatriotes pour que l'intérêt qui avait pu accompagner les Dix-Mille au milieu de contrées barbares et de peuples ignorés, les suivît dans des provinces amies et si bien connues. « On s'embarqua à Lampsaque (Lampsakos), dit Xénophon..... De là on marcha par la Troade; et après avoir franchi le mont Ida, on arriva d'abord à Antandros [1]. On suivit alors le rivage de la mer, et l'on atteignit la plaine de Thêbê en Lydie [2]. Puis traversant Atramyttion et Kertônos [3], on entra, près d'Atarnea, dans la plaine du Kaïque, et l'on parvint à Pergamos en Mysie [4]. »

Xénophon termine l'histoire de cette expédition mémorable par une récapitulation des grandes provinces et des différents peuples dont l'armée avait traversé le territoire pendant sa retraite; cette énumération a son intérêt. « Voici, dit-il, le nom des Satrapes qui gouvernaient les contrées que nous parcourûmes. Artimas commandait en Lydie, Artakamas en Phrygie, Mithridatès en Lykaonie et en Cappadoce, Syennésis en Cilicie, Dernès en Phénicie et en Arabie, Belesys en Syrie et en Assyrie, Rhôparas en Babylonie, Arbakas en Médie, Tiribaze chez les Phasianiens et les Hespérites. Les Kardoukhes, les Khalubes, les Khaldaïens, les Makrônes, les Kolches, les Mossunèques, les Koïtes et les Tibarênes se gouvernent eux-mêmes. Korylas avait le commandement de la Paphlagonie, et Pharnabaze celui de la Bithynie. Les Thraces d'Europe obéissent à Seuthès [5]. »

L'expédition racontée par Xénophon, depuis sa sortie de Sardes jusqu'à son retour à Pergame, n'avait pas duré moins de quinze mois; et pendant ces quinze mois de travaux, de dangers et de fatigues presque ininterrompus, l'armée avait fait, en

---

[1] Le nom d'Antandro subsiste encore sur la côte septentrionale du golfe d'Adramitti.

[2] L'usage avait continué d'appliquer à cette partie de la Mysie le nom de Lydie, que l'extension du royaume lydien, sous Crésus, y avait porté. *Voy.* ci-dessus, p. 283.

[3] *Atramyttion* subsiste toujours, sous le nom à peine altéré d'Adramitti, au fond du golfe du même nom que couvre l'île de Mytilène, l'ancienne Lesbos. On croit retrouver le site de Kertônos, la Karênê d'Hérodote, dans l'emplacement actuel de Kellès Liman, au sud d'Adramitti.

[4] Lib. VII, c. 8.

[5] *Ibid.* ad fin.

deux cent quinze marches, 1155 parasanges ou 34,650 stades, ce qui indique pour chaque jour de marche près de cinq parasanges et demi, ou environ 6 et demi de nos lieues communes.

Plus de soixante ans s'écoulent depuis le retour des Dix-Mille, sans que les monuments actuels qui nous restent de ces anciens temps fournissent aucun fait qui intéresse l'histoire géographique de l'Asie-Mineure. Ni les démêlés des Grecs d'Ionie avec le Roi, ni leurs efforts d'affranchissement toujours infructueux, ne touchent à l'objet que nous avons ici en vue. Mais, dans cet intervalle, un ouvrage parut chez les Grecs d'Asie qui nous fournirait sans doute d'utiles matériaux s'il était arrivé jusqu'à nous : cet ouvrage est celui d'Éphore. Né à Cume en Éolide, Éphore fut un des disciples du célèbre Isocrate, et florissait vers le milieu du quatrième siècle. Il avait écrit, comme Hérodote, une histoire universelle du monde connu, mais en s'arrêtant beaucoup plus que ne l'avait fait son illustre prédécesseur aux origines héroïques de l'Hellade et à la fondation des colonies helléniques après la guerre de Troie, particulièrement à celle des colonies asiatiques. Éphore s'était étendu avec une prédilection particulière sur les détails géographiques qui se liaient à son sujet : deux livres tout entiers de son ouvrage, le quatrième et le cinquième, étaient exclusivement consacrés à la description de l'Europe, de l'Asie et de l'Afrique. On peut croire que la description de notre Asie-Mineure y occupait une place notable. Cette partie des écrits d'Éphore lui avait valu, chez les anciens, un rang éminent parmi les géographes de l'école ionienne ; le savant et judicieux Polybe, et plus tard Strabon lui-même, le citent fréquemment et presque toujours avec éloge. Il nous est difficile aujourd'hui, spécialement en ce qui se rapporte à la contrée qui nous occupe, de juger par nous-mêmes jusqu'à quel point ces éloges étaient mérités, au moins quant à la nouveauté des renseignements. Une vingtaine de fragments, la plupart de très-peu d'étendue, sont tout ce qui nous reste de son Asie-Mineure [1].

---

[1] Ces fragments, recueillis pour la plupart de Strabon et du géographe Étienne, ont été soigneusement réunis par MM. Müller dans le précieux volume des *Fragmenta Historicorum Græcorum* qui fait partie de la *Bibliothèque Grecque* éditée par M. Ambr. Firmin Didot. Les fragments qui se rap-

Nous voyons par un de ces fragments [1] qu'Éphore comptait dans la Péninsule seize peuples différents, dont trois Grecs (les Éoliens, les Ioniens et les Doriens), et les autres barbares ou mélangés. Hérodote, un siècle auparavant, en avait compté trente [2] : Éphore réunissait sans doute plusieurs petites peuplades aux peuples principaux dont ils n'étaient que des subdivisions ou des tribus détachées; et d'ailleurs, par l'énumération que Strabon rapporte, nous voyons que l'historien de Cume n'étendait sa nomenclature que jusqu'au Halys. Il n'y fait entrer, en effet, ni les Cappadociens, ni les populations de la côte pontique, à l'exception, toutefois, des Khalubes, exception dont Strabon s'étonne et que rien ne nous explique [3].

Quel que fût, dans son ensemble, le mérite de la géographie d'Éphore, nous ne pouvons souscrire, au moins en ce qui regarde l'Asie-Mineure, à l'importance que lui ont attribuée quelques savants modernes. Ce qui nous reste de fragments pour cette portion de sa description de l'Asie ne permet pas, nous le répétons, de se former à cet égard une opinion suffisamment motivée. Il faudrait que nous fussions à même de comparer la description de la Péninsule telle qu'Éphore l'avait écrite, avec les descriptions et les documents antérieurs, et c'est ce que nous ne pouvons plus faire que pour une très-faible partie. Nous ne doutons pas qu'il n'eût profité des nombreux renseignements, qui, depuis le temps d'Hérodote, avaient dû se répandre parmi les Hellènes asiatiques sur les régions intérieures et orientales de la Péninsule; mais cette présomption ne s'appuie maintenant pour nous sur aucun passage, sur aucune citation directe. Ce qui est certain, c'est qu'à l'égard de la côte, la seule partie de l'Asie-Mineure à laquelle se rapporte le peu de fragments que

---

portent à l'Asie-Mineure, et dans lesquels on pourrait désirer un ordre mieux suivi, vont du n° 80 au n° 103.

[1] Fr. 80 ; ex Strabon. lib. XIV.

[2] *Voy.* ci-dessus, p. 294.

[3] Il faut remarquer aussi qu'Éphore, si le texte que l'on nous rapporte de lui n'est pas tronqué, comptait les Khalubes parmi les nations *méditerranéennes* de la Péninsule, par opposition aux peuples du littoral. Il est permis de douter que la citation soit exacte, ou même complète, puisque l'on n'y voit pas figurer les Lydiens.

l'on nous ait transmis, nous ne trouvons rien au delà de ce que nous savons par les documents plus anciens. Pour les peuples qui habitaient vers la mer entre la Colchide et le Halys, notamment les Mossynèques et les Tibarènes, Éphore avait évidemment puisé ses renseignements aux notions que Xénophon, et d'autres historiens de la retraite des Dix-Mille, en avaient données [1]; pour le surplus du littoral, sur le Pont-Euxin et les autres mers environnantes, le Périple de Scylax et les autres anciens documents ioniens, si détaillés et si précis, avaient très-probablement été ses guides. Si donc, comme on l'a dit, et comme on a tout lieu de le croire, la description de l'Asie-Mineure écrite par Éphore fut la source commune à laquelle puisèrent plus tard les auteurs d'ouvrages analogues, tels que Scymnus de Khios et plusieurs autres, il faut du moins reconnaître que cette source, à laquelle les compilateurs ont pu recourir de préférence, n'avait qu'une autorité de seconde main.

Contemporain d'Éphore, et comme lui formé à l'école d'Isocrate, qui les avait poussés l'un et l'autre dans la carrière historique, Théopompe de Khios y marcha l'égal de son condisciple. Il avait écrit, entre autres ouvrages que le temps n'a pas respectés, une histoire hellénique qui commençait ou finissait celle de Thucydide, et une histoire de Philippe, fils d'Amyntas, en cinquante-huit livres. On rapporte qu'il avait beaucoup voyagé, notamment en diverses parties de l'Asie-Mineure, et que plusieurs des nombreuses notices géographiques répandues dans ses écrits étaient le fruit de ses propres observations. La perte de ses ouvrages, dont nous n'avons que de maigres extraits et quelques fragments disséminés, est une lacune des plus regrettables dans l'histoire géographique du monde ancien. Rien de ce qui nous reste de lui n'est de nature à figurer dans celle de l'Asie-Mineure.

C'est à cette époque aussi, c'est-à dire de 350 à 340 avant notre ère, qu'il faudrait placer la détermination de la latitude de Byzance, que, sur quelques passages mal interprétés de Strabon, on avait toujours regardée comme l'ouvrage de Pythéas, si M. Le-

---

[1] *Voy.* fragm. 81 et 82, comparés à la relation de Xénophon, ci-dessus, p. 326; add. fr. 85.

tronne n'avait victorieusement démontré[1] que d'après les textes mêmes sur lesquels on s'appuie, cette détermination — fautive, on le sait, de plus de deux degrés en excès — ne saurait être attribuée à l'astronome marseillais, et s'il n'avait fait voir, par des inductions au moins très-probables, qu'elle doit être rapprochée de nous de plus d'un siècle et demi. Cette détermination erronée, qui emportait avec elle un faux gisement de la Propontide et de toute la région nord-est de la Péninsule, a eu, comme nous le verrons par la suite, une longue influence sur la géographie astronomique de ces contrées.

Le temps approchait où l'Europe, autrefois menacée dans son indépendance par les armées du grand roi, allait prendre sur l'Asie une éclatante revanche : le prince à qui les destins réservaient cette mission providentielle était né, et se préparait, par une éducation mâle et forte, aux grandes choses qui bientôt allaient étonner le monde.

Ce qu'Aristagoras avait osé concevoir plus de deux siècles et demi auparavant, ce qu'avait préparé l'habile politique de Philippe de Macédoine, son fils Alexandre allait l'exécuter.

La conquête de l'Asie par Alexandre est le fait le plus prodigieux que présentent les annales de l'ancien monde avant l'avénement de la puissance romaine : nous avons dit ailleurs combien cette expédition gigantesque servit aux progrès généraux de la géographie.

Sans doute elle ne formerait pas, dans l'histoire géographique de l'Asie-Mineure, une ère moins notable que dans celle de la généralité de l'Asie, si les monuments originaux qui en furent le fruit étaient arrivés jusqu'à nous.

Chaque nouveau pas que nous faisons dans nos études est ainsi marqué par une lacune et par un regret; nous marchons au milieu des débris d'un édifice immense, où quelques colonnes à demi-brisées qui sortent encore çà et là du sein des ruines nous aident seules à en reconnaître l'ensemble et à en restituer la disposition primitive.

---

[1] Letronne, *Éclaircissements sur les passages de Strabon relatifs à la latitude de Marseille et de Byzance, selon Pythéas et Hipparque;* dans le *Journal des Savants*, 1818, p. 691.

On sait qu'Alexandre, formé par son maître Aristote au goût éclairé des sciences d'observation aussi bien que des sciences morales, s'était fait accompagner d'hommes habiles, que dans nos langues modernes nous nommerions des ingénieurs, chargés de reconnaître, de mesurer et de décrire non-seulement les pays que traverserait l'armée, mais encore les provinces et les contrées adjacentes. Ces matériaux précieux, qui embrassèrent toute l'Asie de l'Hellespont au Gange, servirent ensuite de base à un ouvrage qui fut rédigé par ses ordres, et qui présentait le tableau le plus complet, le plus exact et le plus détaillé que l'on eût eu jusqu'alors de la presque totalité du monde connu.

Mais ni ces Mémoires géographiques, ni aucune des relations composées par plusieurs des compagnons et des généraux du conquérant, n'ont résisté à l'action dévorante des siècles ; nous n'en connaissons aujourd'hui que ce que nous en ont conservé les écrivains compilateurs, Diodore, Strabon, Pline, Arrien, Quinte-Curce, et d'autres moins importants. Quelque précieux que ces débris doivent nous paraître, combien ils sont loin de remplacer ce que seraient aujourd'hui pour nous les originaux détruits !

Pour nous renfermer dans l'Asie-Mineure, on ne saurait douter que les marches d'Alexandre, qui en sillonnèrent dans plusieurs directions toute la partie occidentale ainsi que la plupart des contrées du centre et de la zone du sud, n'aient considérablement avancé la géographie de la Péninsule ; nous croyons même qu'à l'exception de quelques provinces du nord, telles que la Paphlagonie et la région pontique, auxquelles il faut peut-être ajouter le plateau cappadocien à l'est du Halys, la topographie de l'Asie-Mineure fut dès lors aussi bien connue qu'elle a pu l'être à aucune époque de l'antiquité, depuis le siècle d'Alexandre jusqu'à la fin du Bas-Empire, et beaucoup mieux qu'elle ne l'a été dans les temps modernes jusqu'aux explorations savantes que notre époque a vu s'accomplir. A partir du temps d'Alexandre, en effet, on sent, en lisant l'histoire, que l'on marche sur un terrain devenu familier. Désormais, les notions de détail peuvent s'améliorer ; mais la connaissance de l'ensemble est fixée, et n'a plus à recevoir d'extension notable.

Présentons maintenant rapidement l'aperçu des marches de

l'armée macédonienne, depuis l'Hellespont jusqu'à Issos, aux confins de la Syrie. Ici notre principal guide est Arrien; la portion correspondante de l'histoire de Quinte-Curce est en partie perdue [1].

Les Macédoniens traversèrent l'Hellespont vis-à-vis d'Abydos, et vinrent camper dans la plaine voisine sous les murs d'Arisbê; l'armée persane s'était rassemblée à Zélêia sur la Propontide, non loin de la péninsule de Cyzique. Si près de Troie, Alexandre ne voulut pas quitter son camp d'Arisbê sans aller visiter cette ville, immortalisée par les chants d'Homère. Arrivé à Ilion, il monte à la citadelle pour y offrir des sacrifices à Pallas; il enlève du temple de la déesse les armes que les Hellènes y avaient consacrées, disait la tradition [2], après la guerre de Troie, et y suspend les siennes; puis il redescend dans la plaine qui borde le cap Sigée, pour y couronner le tombeau d'Achille. —Heureux Achille, s'écria-t-il, d'avoir eu Homère pour héraut de ta gloire! Il regagne alors son camp d'Arisbê; et le lendemain, laissant derrière lui Perkotè et Lampsaque, il va camper sur les bords du Prosaktion, torrent qui descend du mont Ida, et va se perdre dans la Propontide vers le débouché de l'Hellespont. De là il se rend par Kolônai à Hermôton, pendant qu'un corps détaché allait prendre possession de Priamos, ville inconnue d'ailleurs, qui paraît avoir été située plus avant dans les terres [3]. L'armée persane s'était repliée derrière le Granique, qui coule entre le Prosaktion et Cyzique, et dont le

---

[1] Arrian., *De Expedit. Alex.*, lib. I et II; Quint. Curt., *De rebus gestis Alexandri*, lib. III, c. 1 à 11; Diod. Sicul., lib. XVII, c. 17 à 37. — Nous avons profité de l'excellent exposé que M. Félix de Beaujour a fait de cette partie des marches d'Alexandre, *Voyage Milit. dans l'emp. Ottoman*, t. II, c. 12.

[2] Tradition pour le moins fort douteuse; car cette Ilion n'était certainement pas la Troie homérique brûlée par les Grecs, mais bien celle que les Éoliens, qui vinrent s'établir en Troade dans le cours du douzième siècle, avaient relevée sur un emplacement voisin (voy. ci-dessus, p. 283, note 2). Nous reviendrons sur ce sujet. Alexandre avait conçu le projet de faire rebâtir dans Ilion un temple beaucoup plus riche que celui qu'il y avait visité; la mort prématurée du héros laissa ce projet sans exécution. Diod., lib. XVIII, c. 4. Strab., lib. XIII, p. 593, édit. Casaub.

[3] C'est la première fois que le nom de ces trois villes paraît dans l'histoire.

profond encaissement rend le passage difficile. On sait quelle fut l'issue de la bataille livrée sur les bords de ce fleuve ; cette première victoire laissa l'Asie-Mineure à la merci d'Alexandre.

Il marcha directement vers Sardes, résidence des satrapes persans. La ville lui ouvrit volontairement ses portes. La citadelle, ceinte d'une triple muraille, s'élevait sur un mont escarpé ; Alexandre y fit bâtir un temple à Jupiter Olympien, et laissa dans la ville Asandros, fils de Philotas, qu'il nomma gouverneur de toute la province, mais en permettant aux Lydiens de se gouverner selon leurs anciennes lois nationales. L'armée s'avança de Sardes sur Éphèse, partagée en deux corps. L'un y alla directement sous la conduite de Parménion en longeant la gauche du Caïstre ; l'autre, conduit par Alexandre, s'y rendit par Smyrne, qui n'était alors qu'une réunion de bourgades situées au nord du Mélès. Alexandre campa de l'autre côté de la rivière au pied du mont Pagus ; et sur un songe qu'il eut durant la nuit, il ordonna à Lysimaque, un de ses lieutenants, de bâtir une ville en ce lieu : c'est celle qui existe encore aujourd'hui. D'Éphèse, Alexandre se dirigea sur Milet en côtoyant la mer. Dans sa marche, il reçut la soumission de Magnésie et de Tralles ; et ayant passé le Méandre sans empêchement, il se présenta devant Milet qu'il prit d'assaut. Marchant ensuite sur Halicarnasse, il se rendit maître en passant de toutes les villes intermédiaires, et vint camper à cinq stades de la ville. Halicarnasse, forte par sa position sur un plateau élevé, était défendue par Memnon de Rhodes, général grec au service de Darius, et qui avait été investi, outre le gouvernement de l'*Asie Inférieure* (cette dénomination était alors la plus usuelle, pour désigner, sinon la péninsule entière de l'Asie-Mineure, au moins la partie occidentale depuis le Halys), du commandement général de la flotte persane. La ville fut emportée de vive force, et Alexandre y laissa trois mille Macédoniens sous la conduite de Ptolémée, fils de Séleucus, pour contenir la citadelle où Memnon s'était retiré. Il remit le gouvernement du pays à Ada, reine de Carie, qui l'avait reçu avec honneur, et s'était empressée de lui ouvrir les portes d'Alinda, ville forte où elle résidait. Ada, fille d'Hékatomnos, avait épousé, conformément à la loi des Cariens, son frère Hidriée, et celui-ci en mourant lui avait laissé l'administration du royaume.

Les affaires de la Carie réglées, Alexandre se porte sur la Lycie et la Pamphylie, pour s'emparer de toutes les côtes maritimes et annuler ainsi la flotte ennemie, qui en tirait toutes ses ressources. La première place dont il s'empare est Hyparna. A son approche, Telmissos, Pinara, Xanthos, et trente autres villes de moindre importance, font leur soumission. Il a passé le Xanthe et occupe toute la Lycie jusqu'au canton de Milyas, qui en est au nord la partie la plus montagneuse. Le pays de Milyas était regardé comme faisant partie de la grande Phrygie, mais Darius l'avait compris dans la circonscription de la Lycie.

Alexandre, continuant de longer la côte, atteint la pointe S.-E. de la presqu'île lycienne, et remonte delà au Nord vers la Pamphylie par le détroit de Phasélis. Ce défilé, resserré entre la mer et le mont Klymax (la Chimère des anciens poëtes), est inondé quand les vents du Midi soufflent avec violence. Alexandre le franchit, ses soldats ayant de l'eau jusqu'à la ceinture ; puis il tourne le fond du golfe, une partie de l'armée continuant de suivre le rivage, une autre partie coupant court par des défilés que les habitants avaient indiqués dans la montagne, et il s'avance par Perghê et Aspendos jusqu'à Sidê. Les Sidéens étaient une colonie de Kumê (ou Cume) en Éolide. Ils racontaient une chose étrange sur les premiers temps de leur histoire. Leurs ancêtres, disaient-ils, peu après être abordés sur cette côte après leur départ de Kumê, avaient oublié tout à coup la langue hellénique, et parlé une langue barbare qui n'était point celle des peuples voisins, mais qui leur était propre et les distinguait encore des nations environnantes. Telle était la tradition de Sidê.

L'armée se dirigeait sur Syllion, place fortifiée que défendait une garnison nombreuse, lorsque Alexandre fut informé que les Aspendiens avaient repris les armes après son passage. Il revient sur ses pas pour les réduire. Aspendos est assise sur un roc escarpé que baigne l'Eurymédôn ; malgré cette forte position, les habitants se hâtent de racheter par une prompte soumission leur mouvement de révolte, et de recourir à la clémence du vainqueur. Alexandre retourne de là à Perghê, et de Perghê il se dirige au nord, par Telmessos et Sagalassos, vers le haut pays phrygien, à travers les croupes et les terrasses du mont Taurus. Les Telmessiens et les Sagalessiens sont d'origine barbare [1] et de sang pisidien ; leurs villes sont très-fortement assises dans des lieux difficiles. Les habitants de Telmessos ont de plus la réputation de s'élever autant par leur bravoure au-dessus des autres Pisidiens, que les Pisidiens eux-mêmes se distinguent sous ce rapport des peuples environnants. Leur ville fut cependant emportée ; Sagalessos avait déjà fait sa soumission. Les Macédoniens marchent ensuite contre le reste des Pisidiens, et emportent d'assaut une partie de leurs villes ; les autres capitulent.

Maître de la plus grande partie du littoral de l'Asie-Mineure, Alexandre avait compris qu'il ne pourrait garder ces provinces maritimes s'il ne s'emparait de celles du centre : tel fut l'objet de son excursion sur le plateau phrygien.

Le premier point notable où il arrive est le lac Askaniê, où les habitants recueillent un sel fossile qu'ils emploient au lieu de celui de la mer [2]. Cinq marches plus loin dans l'intérieur, il est devant Kelaïnai, ville que l'itinéraire des Dix Mille nous a déjà fait connaître. De Kélaïnai, Alexandre se rend à Gordion, ancienne ville royale de la Phrygie, située près de la droite du Sangarios, dans la partie supérieure de son cours [3]. La Phrygie avait beaucoup de bourgades, mais peu de villes, Gordion, sa capitale, passait pour être à égale distance du Pont-Euxin et de la mer de Cypre [4].

Durant son séjour à Gordion, Alexandre monta à la citadelle pour y voir le char du roi Midas et le nœud célèbre qui en retenait le joug. Ce nœud, fait d'écorce de cornouiller, était enlacé avec tant d'art, que l'œil n'en pouvait discerner ni le commencement ni la fin. Un oracle avait promis l'empire du monde à

---

[1] Barbare, on le sait, est seulement synonyme, dans la bouche des anciens Grecs, d'étranger, de *non hellénique*.

[2] C'est aujourd'hui, selon M. William Hamilton, non le lac de Bouldour, comme l'avaient pensé Leake et d'autres voyageurs, mais celui de Tchardek, qui est un peu plus avancé dans l'Ouest (*Researches in Asia-Minor*, vol. 1, p. 496 et 503).

[3] Cette ville est aujourd'hui ruinée.

[4] Quint. Curt. III, 1. Cette opinion est loin d'être exacte.

celui qui déferait le nœud : Alexandre le trancha d'un coup de son épée.

Le jour suivant, Alexandre se met en marche pour Ankura (Ancyre), dont les habitants se soumettent sans combat ; les Paphlagoniens font également leur soumission, sous la condition que l'armée macédonienne n'entrera pas sur leur territoire. Alexandre les range sous l'autorité du gouverneur de la Phrygie ; et continuant de s'avancer vers la Cappadoce, il soumet une grande partie du pays qui s'étend des deux côtés du Halys. Les historiens sont vides de détails, quant à cette partie des marches de l'armée, où nous eussions pu trouver de précieux renseignements sur une région de la Péninsule qu'aucun document antérieur ne nous a jusqu'à présent fait connaître.

De là il se replie vers le Sud, et atteint les Pyles de Cilicie au point où Cyrus avait franchi le Taurus pour descendre dans la plaine maritime. Alexandre atteignit Tarse, sans avoir eu de combat à soutenir : le général persan qui était chargé de défendre le passage, avait précipitamment repassé les défilés et s'était replié vers les plaines de l'Euphrate, où se trouvait le gros de l'armée persane.

C'est pendant son passage à Tarse qu'Alexandre, attaqué d'une fièvre dangereuse que lui avaient occasionnée les eaux glacées du Kydnos où il s'était imprudemment baigné étant couvert de sueur, excita l'admiration par sa confiance magnanime dans son médecin Philippe, secrètement accusé de s'être vendu à Darius. Promptement guéri de cette maladie, Alexandre déploie de nouveau son activité accoutumée. Des troupes sont envoyées le long du Taurus pour s'emparer des autres défilés qui conduisent de la Cappadoce aux plaines inférieures ; pendant que le prince lui-même se porte de Tarse sur Ankhialon, où l'on voyait le tombeau de Sardanapale avec une inscription célèbre, et d'Ankhialon à Soloi, où il jette une garnison. Maître alors de toute la côte cilicienne, comme il l'était déjà de celles de la Pamphylie et de la Lycie, et ne laissant derrière lui aucune partie de la Péninsule qui ne lui obéisse, il se rapproche de Tarse et se dirige vers la frontière syrienne. Il traverse la plaine Aléienne, pays bas et en partie noyé qui s'étend du Saros au Pyramos, touche à Magarsos, atteint Mallos où il passe le Pyrame, longe, entre la mer et les montagnes, la côte septentrionale du golfe myriandrinien, passe en vue de Sokhos et d'Issos, et arrive à l'entrée des Pyles Syro-Ciliciennes qu'il trouve inoccupées, et qu'il met deux jours à franchir pour aller poser son camp près de Myriandros. Mais là il apprend que l'armée ennemie, après avoir traversé le nord de la Syrie au-dessous de l'Amanos, avait commis l'imprudence d'abandonner de vastes plaines où pouvait se déployer son immense cavalerie, pour s'engager dans les vallées étroites qui bordent le fond du golfe : il repasse alors en toute hâte le défilé qu'il venait de franchir, et vient camper non loin d'Issos à la vue du camp persan.

C'est à l'histoire qu'il appartient de raconter maintenant la bataille mémorable à laquelle la plaine d'Issos a laissé son nom, et qui ouvrit à Alexandre les chemins de la Haute-Asie, comme la bataille du Granique lui avait ouvert ceux de l'Asie-Inférieure.

Nous n'avons voulu que tracer les marches de l'armée macédonienne à travers l'Asie-Mineure, et recueillir le peu d'indications géographiques que les historiens qui nous sont parvenus ont empruntées à ceux que nous n'avons plus ; la suite de l'expédition n'appartient pas à notre sujet actuel.

La période des successeurs d'Alexandre n'apporte aucun fait nouveau à l'histoire géographique de la Péninsule, bien que pendant un quart de siècle elle ait été le théâtre principal de leurs sanglantes contentions. Des partages faits et défaits au gré de la force des armes ; trois ou quatre royaumes qui s'élèvent, s'étendent, se resserrent ou s'absorbent tour à tour selon la fluctuation des événements, peuvent offrir un certain aliment aux recherches laborieuses de l'historien, mais n'éclairent en rien la marche des connaissances géographiques. Ipsos, où se vida, en l'an 301, ce long conflit d'ambitions rivales, était une bourgade obscure située vers l'extrémité S.-O. du plateau phrygien, non loin de la ville actuelle d'Afioum-Kara-Hissar. La bataille d'Ipsos partagea la Péninsule en deux divisions principales, dont le Halys fut encore une fois la limite commune : à l'Ouest, entre le fleuve et l'Égée, l'ancien empire de Crésus devient un annexe du royaume de Thrace ; à l'Est, entre le Halys et l'Euphrate, la Cappadoce et le reste de la côte pontique sont rattachées à l'empire oriental de Seleucus. La Cilicie forma un petit royaume séparé. Ce dernier partage lui-même reçut encore dans plusieurs de ses parties de fréquentes modifications. Diverses provinces, la Bithynie, la Carie, la Mysie, la Cappadoce, le Pont, se reformèrent successivement en principautés indépendantes, dont l'histoire fort imparfaitement connue ne reçoit çà et là quelques clartés inégales que du peu de monuments numismatiques recueillis et commentés par les antiquaires. Un résultat qu'il importe davantage de signaler, parce qu'il touche de près à l'histoire morale des races de cette région de l'Asie, est l'influence de cet ensemble d'événements sur le caractère et les développements ultérieurs de la civilisation de la Péninsule. A partir de cette époque, l'Asie-Mineure se rattacha rapidement au monde hellénique; elle devint grecque par la langue, par les mœurs, par le sentiment même de la nationalité. Toutefois, il y a là encore une distinction importante qui ne nous paraît pas avoir été suffisamment aperçue, et dont aucun historien n'a tenu compte. Cette fusion des habitants de l'Asie-Mineure dans la nationalité hellénique n'est complète et absolue que pour une portion de la Péninsule, pour la portion occidentale, — sauf encore les populations indomptées des montagnes du sud ; — la partie orientale, la Cilicie d'abord, mais surtout la Cappadoce et le Pont, sont bien loin d'adhérer d'une manière aussi intime à cette communauté morale que la domination macédonienne, quoique scindée en plusieurs dynasties, tendait à introduire dans les pays conquis par Alexandre. Cette différence tient à des causes profondes, faciles à saisir, néanmoins, pour qui n'a pas oublié de quelle façon s'étaient distribués les plus anciens habitants de la Péninsule. Le Halys, nous le savons, fut dès l'origine la limite commune de deux classes de populations absolument distinctes : — à l'Ouest, les populations septentrionales de sang thracique ou pélasgiques, sœurs des premiers ancêtres du peuple hellène ; à l'Est, les populations araméennes, tenant par la langue et l'origine à une des familles les plus nombreuses de l'Asie méridionale. Or, quelque imparfaitement que l'histoire de la Péninsule, avant la période macédonienne, nous soit connue, nous voyons cette différence radicale de ses populations primitives se traduire par un antagonisme constant entre les deux groupes dominants dont elles se composent, et le

Halys, limite des deux races, rester aussi, à toutes les époques, la plus grande et la plus immuable des limites politiques de l'intérieur. En se rapprochant des peuples gréco-macédoniens, en adoptant leur langue, leurs mœurs et leurs usages, en un mot, en ne faisant désormais, vainqueurs et vaincus, qu'un corps et une nation, avec les seules différences de provinces et de dialectes qui distinguaient également entre elles les divisions plus anciennes de la famille hellénique, telles que les tribus Ionienne, Éolienne et Dorienne, les populations thraciques de l'Asie-Mineure occidentale, Mysiens, Bithyniens, Phrygiens, Lyciens, Paphlagoniens, etc., obéissaient donc, probablement à leur insu, à cette force mystérieuse d'affinité qui tend incessamment à rapprocher les membres séparés d'une même famille originaire; de même que les Cappadociens, les Ciliciens et les tribus de la côte pontique opposaient à cette fusion la barrière si difficilement franchissable d'une nationalité radicalement différente. C'est là un nouvel exemple de cette grande loi de l'affinité ou de l'antagonisme des races, qui se produit d'une manière si constante et si énergique à la fois dans l'histoire de toutes les contrées du globe. Lorsque, un siècle plus tard, les Romains, devenus à leur tour maîtres de l'Asie-Mineure, auront à soutenir contre Mithridate quarante ans d'une lutte acharnée, cet antagonisme profond entre les races de l'Orient et les races de l'Occident n'aura fait que revêtir une forme nouvelle et emprunter de nouveaux instruments.

Un événement marque dans les temps qui touchent à l'établissement de la domination macédonienne sur l'Asie-Mineure : c'est l'établissement dans la Péninsule d'une nouvelle colonie de peuples blonds sous le nom de *Galates*.

Cette colonie armée que les pays voisins du haut Danube jettent ainsi, 278 ans avant notre ère, sur les côtes asiatiques du Bosphore et de la Propontide, nous peut donner une juste idée des colonies semblables que le Nord versa dans cette région de l'Asie aux époques anté-historiques.

Une grande obscurité plane sur les questions qui se rapportent à l'origine et à la classification des anciennes populations répandues, au nord des Alpes, des deux côtés du Haut-Danube. Cependant, au milieu de cette obscurité et des doutes qui en résultent, un fait dominant semble se détacher avec une certitude suffisante pour fixer notre esprit à cet égard : c'est que dans la distribution primitive des peuples à cheveux blonds sortis de l'Asie-Moyenne pour se répandre sur l'Europe à des époques inconnues, la bande de pays comprise entre le Haut-Danube et les Alpes orientales, c'est-à-dire les contrées qui furent désignées plus tard sous les noms de Pannonie, de Norique, de Rhétie et de Vindélicie, resta principalement occupée par des tribus de souche celtique, et que les Celtes continuèrent d'être la population dominante de ces contrées danubiennes, quoique de nombreuses infiltrations teutones s'y soient indubitablement mêlées. Un second fait, dont les indices sont plus vagues, bien que nombreux encore, c'est qu'un peuple du nom de *Boïens* fut long-temps prédominant parmi ces tribus de ce qu'on peut nommer la Celtique orientale. Ces Boïens ou Boïes, qui furent répandus au nord et au sud du Danube, ont laissé leur nom à deux grands pays où l'antiquité les a connus, à la Bohême et à la Bavière. Le premier de ces deux noms, en allemand moderne Böhmen (prononcé Beumèn), vient du teuton *Boïo-Heim*, terre ou demeure des Boïens [1] ; le second, écrit dans les chroniques latines du moyen-âge *Boiaria*, et aujourd'hui dans l'orthographe allemande Baiern, a précisément la même signification. La trace du nom des Boïens, indice probable de l'antique extension vers le sud de quelques-unes de leurs tribus, peut se suivre en outre jusqu'aux extrémités méridionales de la Péninsule hellénique, à travers l'Illyrie, et par les confins de la Thrace [2].

Si la grande migration boïenne qui vint se fixer en Italie, 394 ans

---

[1] Dans les écrivains latins *Boiohemum*, ou par contraction *Boiemum*. Ptolémée écrit le nom de la nation Baïmoi, Βαῖμοι.

[2] Polybe (V, 19) connaît un canton des Boïens, Βοιῶν χώρα, dans le Péloponèse, à l'extrémité méridionale de la Laconie ; et la Doride thessalienne, d'où les Doriens du Péloponèse étaient originaires, avait aussi une ville du nom de *Boion* (Thucyd. I, 107. Cp. Strab. IX, p. 427 B ; Plin. IV, 13). On trouve aussi des Boïens, βωῖκιοι, cités comme un des peuples de l'OEtolie ; et il ne nous paraît nullement improbable que le nom même de la Béotie (βοιωτία, Terre des Boïens) ait la même origine. Cette extension primordiale des tribus du Nord dans toute l'Hellade n'aura pas lieu de nous étonner, si nous nous rappelons le grand nombre de faits analogues qui concourent à mettre hors de doute l'antique diffusion vers le Midi des nations blondes de l'Europe centrale (*Voy.* ci-dessus, p. 230).

avant Jésus-Christ [1], à travers le col des Alpes Pennines (le Grand-Saint-Bernard) sortait de la Gaule comme paraissent l'avoir cru Polybe et Tite-Live, il s'ensuivrait qu'une fraction de la nation boïenne se serait aussi avancée anciennement à l'ouest du Rhin ; mais l'origine gauloise de ces Boïens est loin d'être un fait certain, et il est tout aussi possible que la Gaule, ou peut-être même seulement l'Helvétie, ait été non le point de départ, mais le lieu de passage de ces anciens Boïens. Quoi qu'il en soit, nous savons que l'immigration boïenne de la haute Italie fut très-considérable, puisqu'elle ne comprenait pas moins de cent douze tribus [2]. Leur établissement y dura deux siècles. Accablés sous les armes romaines après la seconde guerre punique, dans le cours de laquelle les Gaulois avaient pris parti pour Annibal, les Boïens, écrasés et à demi détruits, se virent contraints de repasser les Alpes. Les débris de leur confédération, naguère si puissante, vinrent chercher un asile au voisinage de leurs frères de la Pannonie, vers le confluent de la Save et du Danube [3].

On peut croire que ces terres étaient alors en partie inoccupées. A l'époque où eut lieu cet événement, 191 ans avant notre ère, il y avait près d'un siècle que les Galates étaient venus s'abattre sur l'Asie-Mineure ; et tout indique que c'était précisément de ces pays gaulois du haut Danube que le gros de l'émigration était parti.

Nous n'avons pas à en raconter les incidents ; cette tâche a d'ailleurs été admirablement remplie par l'éloquent et savant historien qui a su donner la vie aux débris mutilés des annales de nos ancêtres [4]. Il nous suffit de rappeler que les Gaulois, partagés en trois corps principaux sous la conduite de Kérétris,

---

[1] C'est M. Walckenaer, *Géographie ancienne des Gaules*, t. I, p. 81, qui fixe cette date à l'aide d'un synchronisme ; M. Am. Thierry, *Hist. des Gaul.*, t. I, p. 41, recule l'immigration boïenne en Italie de cent cinquante ans au moins, faute d'avoir suffisamment distingué les invasions des Gaulois au midi des Alpes, telles que les mentionne le texte un peu obscur de Tite-Live (lib. V, c. 35).

[2] Caton, dans Pline, lib. III, c. 20.

[3] Strabon, lib. V, p. 203 A. Cet événement eut lieu l'an 191 avant notre ère. Am. Thierry, *Hist. des Gaul.*, t. I, p. 300, éd. 1845.

[4] Am. Thierry, *Hist. des Gaul.*, t. I, ch. 4 et 5.

Brenn et Belg [1], s'étaient d'abord tournés au Midi contre la Macédoine et l'Hellade. Après avoir traversé la Macédoine et la Thessalie, portant partout devant eux la terreur et la dévastation, ils arrivèrent aux environs de Delphes, attirés par l'espoir du riche butin que leur promettait le pillage de ce temple célèbre du dieu des Doriens. L'Hellénie semblait toucher à sa destruction, lorsqu'un tremblement de terre et un affreux ouragan étant venus porter le désordre parmi les Gaulois consternés, les Hellènes, qui ont cru reconnaître un signe de la protection du dieu, se précipitent avec un nouveau courage sur l'armée des barbares, en massacrent un grand nombre et mettent le reste en fuite. Cet événement eut lieu en 279.

Quoique immensément affaiblis par ces défaites, et plus encore par le froid, la faim et les misères de toute sorte qu'ils essuyèrent au milieu des frimas de cette région alpine, les Gaulois formaient encore une troupe nombreuse ; quelques-uns d'entre eux reprirent le chemin du Danube, d'où ils poussèrent dit-on jusqu'au cœur même de la Gaule, à l'ouest du Rhône ; les autres se dirigèrent vers la Thrace. Ils étaient arrivés jusqu'aux portes de Byzance, lorsqu'un prince de Bithynie, Nicomède, qui disputait la couronne à son frère Zipoïtès, les appela comme auxiliaires sur la côte asiatique du Bosphore, en leur promettant des terres dans ces provinces d'Asie qui eurent toujours pour les tribus du Nord un si puissant attrait. Telle fut l'occasion du passage des Gaulois en Asie-Mineure. Un auteur ancien nous a conservé les termes du traité que Nicomède contracta avec eux [2]. Ils avaient, dit l'historien,

---

[1] Il faut noter ce nom, qui semble indiquer la présence d'un corps de Belges dans cette expédition. Il est en effet plus que probable que des relations intimes auront existé entre les Celtes du haut Danube et les Belges, ceux-ci ayant demeuré à l'est du Rhin jusqu'à une époque assez rapprochée de notre ère. M. Am. Thierry, qui regarde les Boïes et les Belges comme deux divisions de la Branche kymrique, ne croit pas que ces derniers aient franchi le Rhin avant les premières années du troisième siècle de notre ère, c'est-à-dire à l'époque même où d'autres hordes gauloises se portaient vers l'Asie-Mineure (*Hist. des Gaul.*, t. I, ch. 4). Les auteurs compilés par Pline connaissaient des *Belgites* vers la Save et le Danube (Plin., III, 28).

[2] Memnonis *Historiar.*, c. 20 ; dans Photius, Cod. CCXXIV, p. 719. Comp. Tit.-Liv. XXXVIII, 16.

dix-sept chefs, dont les plus renommés étaient Léonor et Loutar [1].

Peu soucieux de stipulations toujours dictées ou acceptées par l'intérêt du moment, les Gaulois ne tardèrent pas à se répandre dans l'intérieur du pays. Les terres qui avoisinent le Halys ou qui s'étendent plus au sud jusqu'au Taurus, furent exposées à leurs incursions. Ces barbares étaient devenus la terreur et le fléau de la Péninsule. Les peuples environnants ne respirèrent que lorsque leurs redoutables hôtes se furent enfin fixés au-dessus de la Bithynie et de la Paphlagonie, dans une portion du territoire phrygien qui fut dès lors désignée sous le nom de *Galatie* [2]. Ils ne renoncèrent cependant entièrement à leurs habitudes déprédatrices, que lorsque les armes romaines leur opposèrent un frein qu'ils furent contraints de respecter [3].

D'après les notions recueillies par les géographes de la période gréco-romaine [4], on voit que les Galates ou Gaulois de l'Asie-Mineure formaient trois divisions principales, les Trokmes, les Tolistoboges ou Tolistoboïes, et les Tectosages. Strabon ajoute que les deux premiers devaient leur nom aux chefs qui les avaient commandés, tandis que les troisièmes avaient gardé celui qu'ils portaient parmi les Celtes; tous, du reste, parlaient la même langue et ne différaient sous aucun rapport [5]. On connaît en effet dans la Gaule un peuple nommé les Volkes Tectosages [6]; et les Boïens se retrouvent dans les Tolisto-Boïes

---

[1] Ces deux noms sont teutons. Dans le dernier il est aisé de reconnaître celui de *Chlot-herr*, si fréquent chez les Franks Sikambres nos ancêtres, sous la forme de Clotaire que lui ont donnée les chroniqueurs. *Chlot-herr*, ou plutôt *Hlod-herr*, signifie *Chef éminent*.

[2] Dans la bouche des Hellènes, c'est le même mot que Keltie, pays des Keltes.

[3] Tit.-Liv. XXXVIII, 37.

[4] Plin. V, 42; Strab. XII, p. 566 D; Conf. Tit.-Liv. XXXVIII, 16. M. Amédée Thierry a consacré un chapitre de son bel ouvrage à l'histoire de la Gallo-Grèce. *Hist. des Gaul.*, t. I, ch. 10.

[5] Strabo, *loc. cit.*

[6] Ce nom paraît être de l'allemand pur: *Volk teuto-sagend*, « Peuple parlant teuton. » On a voulu expliquer ce nom de Tectosage par le latin *Tectosagis, couverts de la saie* (*sagum*); mais plusieurs raisons rendent cette étymologie absolument inadmissible. Il nous suffit d'en noter une seule: c'est qu'à l'époque où l'histoire connaît des Volkes Tectosages en Asie, les Romains

ou Tolistoboges, où le nom du peuple est accouplé à celui du chef, selon la remarque expresse de Strabon.

Les Galates, au rapport de Strabon, parlaient tous la même langue; or, nous avons un témoignage direct, et du plus grand poids, qui prouve que cette langue était le teuton, ou du moins un dialecte très-rapproché. Saint Jérôme, le plus savant des pères de l'Église dans la connaissance des langues, selon l'expression de saint Augustin, et qui avait séjourné chez les Trévires, dans le nord de la Gaule, avant de voyager chez les Galates et en d'autres parties de l'Asie-Mineure, saint Jérôme dit positivement que l'idiome des Galates était presque identique à celui des Trévires [1]; et nous savons que les Trévires, c'est-à-dire le peuple du pays de Trèves, se glorifiaient d'avoir les Germains pour ancêtres [2]. Il est presque surabondant de faire remarquer que plusieurs des localités connues du pays galate portaient dans leur nom le cachet d'une origine teutone. Ainsi, un canton particulier, voisin des Tectosages, était appelé *Teutobodia*, — d'où Teutobodiaques pour le nom des habitants [3]: *Teuto-Boden*, en allemand, est littéralement le territoire des Teutons. Il faut croire que par suite d'un long contact, et sans doute aussi de mélanges avec les peuples Germains, la langue des tribus celtes du haut Danube s'était fortement imprégnée de teuton, et que peut-être même, par des causes qui nous sont inconnues, le teuton était devenu l'idiome de certaines tribus celtes. Plus tard, les Galates, comme presque tous les autres peuples de l'Asie-Mineure, adoptèrent l'usage de la langue hellénique, ce qui leur fit donner le nom de *Gallo-*

---

n'avaient en avec eux aucun rapport, et n'avaient pu conséquemment leur appliquer une qualification qui serait devenue un nom national. Resterait à expliquer comment une dénomination teutone était devenue l'appellation ethnique d'une tribu celte; mais l'exposé de nos idées à cet égard nous entraînerait beaucoup trop loin, et n'importe en rien, d'ailleurs, à notre objet actuel. Qu'il nous suffise de faire remarquer que les Tectosages parlaient en effet, sinon le teuton pur, au moins un dialecte très-rapproché du teuton, comme on va le voir tout à l'heure.

[1] Hieronym. *Prol. lib. II Comment. Epist. ad Galat.* 3, t. I, p. 255, édit. Paris. 1706.
[2] Tacit. *Germania*, c. 28.
[3] Plin. V, 42.

*Grecs*; mais ils n'oublièrent pas pour cela l'idiome tudesque qu'ils avaient apporté des bords du Danube. Saint Jérôme, que nous venons de citer, distingue bien cet idiome national, *lingua propria*, de leur langue d'adoption. Il y avait alors six siècles et demi environ qu'ils étaient fixés dans leur nouvelle patrie.

L'établissement des Galates en Asie-Mineure est la dernière de ces grandes immigrations des tribus blondes du nord de l'Europe, qui ont formé le fonds principal de la population des provinces à l'ouest du Halys; près de quatorze siècles vont s'écouler maintenant avant qu'un nouvel et dernier élément, les hordes turques des princes de Seldjouk, vienne modifier d'une manière notable l'état physique et moral des habitants de la Péninsule.

Un grand événement, qui déjà se prépare pour elle, la conquête romaine, fut une révolution toute politique qui n'affecta en rien l'état des populations.

C'est au milieu du troisième siècle, vers l'an 250 avant notre ère, qu'Apollonius, le poëte Alexandrin, écrivit sur l'ancien modèle du poëme orphique sa belle épopée des Argonautes. Moins scrupuleux que ne l'avait été Homère, Apollonius transporte au siècle de Jason beaucoup de notions géographiques que le sien lui fournit. Il n'y a d'ailleurs, dans les détails que le poëte nous donne sur la géographie littorale du nord de l'Asie-Mineure, aucune notion que nous n'ayons déjà trouvée dans les documents antérieurs.

Rome régnait sur l'Occident. La bataille de Zama et l'abaissement de Carthage, à la fin de la deuxième guerre punique (201), venaient de détruire la seule rivale qui pût contenir ses progrès vers la domination universelle. L'Italie était maintenant une province romaine; la Sicile était soumise, l'Afrique enchaînée : les populations belliqueuses de l'Hispanie et de la Gaule pouvaient occuper ses légions, mais non inquiéter sa puissance. Son regard va se tourner vers un nouvel et plus vaste champ de conquêtes. L'Orient et ses richesses sont une proie qui coûtera moins à Rome que ne lui a coûté la réduction de la seule Italie. L'éclat de ce monde oriental, et les prodiges de son antique civilisation, et les immenses ressources d'une nature inépuisable masquaient mal la faiblesse réelle du colosse. Cette faiblesse, Rome a su la deviner : elle n'a qu'à vouloir, et le Monde est à elle. Énervée par des institutions qui s'attaquent aux ressorts mêmes de l'âme humaine, plus encore que par l'action d'un chaud climat qui n'agit que sur l'être physique, l'Asie méridionale a toujours été sans force contre l'agression des races vigoureuses et libres du Nord et de l'Ouest. Alexandre et ses trente mille Macédoniens ont soumis en dix ans tout le sud de l'Asie, depuis l'Hellespont jusqu'au Gange; deux siècles plus tard, Rome va fonder, de l'Hellespont à l'Euphrate, une domination moins vaste, mais aussi plus solidement assise et d'une plus longue durée.

De tous les États qui s'étaient formés des débris de l'Empire d'Alexandre, le royaume de Syrie, où s'étaient maintenus les descendants de Séleucus Nicator, était le plus étendu et le plus puissant. Antiochus le Grand, le cinquième des Séleucides, régnait encore sur une partie considérable de l'Asie antérieure depuis l'Indus jusqu'au fond de la Méditerranée, lorsque les Romains, en l'année 191, intervinrent, pour la première fois, dans les affaires de l'Orient. A cette époque, l'Asie Mineure [1] était de nouveau partagée en sept ou huit États indépendants, nés au milieu des troubles qui suivirent la mort d'Alexandre, ou qui plus tard s'étaient détachés de la domination des rois de Syrie. Les principaux de ces États étaient les royaumes de *Bithynie*, de *Paphlagonie* et de *Pont*, qui bordaient toute l'étendue de la côte de la Péninsule sur le Pont-Euxin ; le royaume de *Pergame*, auquel l'usage attacha la dénomination spéciale d'*Asie*, et qui se composait de la Mysie avec la Troade ; la *Galatie*, dont le gouvernement, importé de la Germanie, était une sorte de république fédérative ; le royaume de *Cappadoce*, qui présente dans ses institutions le spectacle singulier d'une puissante hiérarchie sacerdotale et d'une royauté féodale. La Phrygie et la Lydie étaient encore sous la domination du roi de Syrie, ainsi que la Carie, la Lycie, la Pamphylie et la Cilicie ; mais plusieurs de ces provinces, notamment la Carie, la Lycie et la Pamphylie, étaient réellement indépendantes sous une multitude de

---

[1] N'oublions pas que nous employons ce nom par anticipation, et qu'il n'est entré que beaucoup plus tard dans la langue géographique.

petits chefs indigènes, retranchés, au fond de leurs montagnes, dans des places fortes qui rappellent les châteaux de nos barons du Moyen-Age. Beaucoup de villes maritimes de l'Ouest et du Nord se gouvernaient en outre par leurs propres lois, et formaient autant de petites républiques où se conservait encore l'esprit de l'ancienne Hellénie. La plupart des îles n'étaient également soumises que de nom aux souverains d'Égypte ou de Syrie ; et celle de Cypre, la plus importante, avait presque autant de rois que de cités.

L'intervention de Rome en faveur du jeune Ptolémée Épiphane, que les Égyptiens avaient placé sous sa tutelle et dont Antiochus convoitait les États, fut la première occasion de la guerre que le sénat romain déclara bientôt après au roi de Syrie. Antiochus espéra vainement opposer une digue à cette ambition rivale qui venait lui disputer le sceptre de l'Asie : s'il avait encore en lui l'âme d'un Macédonien, il ne commandait qu'à des Asiatiques, hors d'état de lutter contre les légions aguerries du peuple romain. La sanglante défaite de Magnésie, au pied du mont Sipyle, le réduisit à solliciter humblement une paix qu'il lui fallut chèrement acheter (190). Outre une forte contribution en argent, il dut renoncer à toute prétention sur les parties de l'Asie-Mineure situées au delà du mont Taurus par rapport à la Syrie. « Antiochus, disait le traité, retirera ses troupes de toutes les villes, bourgades et châteaux qui sont en deçà du mont Taurus (par rapport aux Romains) jusqu'au fleuve Halys, et de la plaine jusqu'aux parties du Taurus qui regardent la Lykaonie [1]. Fidèle à leur politique judicieuse de récompenser et de fortifier leurs alliés en même temps qu'ils affaiblissaient l'ennemi vaincu, les Romains partagèrent entre le royaume de Pergame et les Rhodiens la presque totalité de ce qu'Antiochus abandonnait dans l'Asie-Mineure. Eumène II eut la Lykaonie, les deux Phrygies, la Mysie (que Prusias, roi de Bithynie, lui avait enlevée), la Lydie, le canton de Milyas, et

---

[1] Tit.-Liv., lib. XXXVII, c. 12 à 45, pour l'histoire de la campagne sur mer et par terre ; et pour les conditions du traité, lib. XXXVIII, c. 38 ; add. c. 59. Sur ce dernier point, l'historien latin suit Polybe, dont le texte, en cet endroit, n'est arrivé jusqu'à nous que mutilé (lib. XXII, c. 26, édit. Didot, 1839).

la plupart des anciennes villes libres de l'Ionie ; la Lycie, à l'exception de Telmissos, et la portion de la Carie qui regarde l'île de Rhodes, furent abandonnées aux Rhodiens [1]. Ceux-ci ayant donné, un peu plus tard, des sujets de plainte au Sénat romain, les concessions qui leur avaient été faites leur furent retirées, et un décret affranchit de toute sujétion étrangère les Cariens et les Lyciens [2].

Pendant que les commissaires romains réglaient avec ceux d'Antiochus et des autres parties intéressées les conditions de la paix, le consul Cn. Manlius conduisait son armée victorieuse au cœur même de la Péninsule contre les Galates, qui avaient envoyé un corps de troupes auxiliaires à l'armée d'Antiochus. Les marches de Cn. Manlius, dont Tite-Live nous a conservé le détail d'après la narration circonstanciée de Polybe [3], sont au nombre des plus intéressants documents de l'ancienne géographie de l'Asie-Mineure ; c'est le troisième itinéraire, avec ceux de l'Anabasis et d'Alexandre — car on ne peut mettre sur la même ligne ce qu'Hérodote nous rapporte de la route royale de Sardes à Suse à l'époque de la domination persane, — c'est, disons-nous, le troisième itinéraire ancien dans l'ordre des temps, dont puisse s'aider aujourd'hui l'étude comparée de la géographie de la Péninsule aux différents âges.

Parti d'Éphèse (189 av. J.-C.), le consul vient passer le Méandre au-dessous de Tralles, et camper à *Hiêra-Komê*; il y a là un temple d'Apollon dont les prêtres rendent des oracles. De là en deux jours de marche, en remontant la gauche du Méandre, on gagne les bords du *Harpasos* [4], d'où l'armée arriva à *Antiokheïa du Méandre* [5]. Ce fleuve, nous l'avons vu,

---

[1] Polyb., lib. XXII, fragm. 7 et 27; Tit.-Liv. XXXVII, 55 et 56; XXXVIII, 39.

[2] Tit.-Liv., lib. XLIV, c. 15.

[3] Tit.-Liv. XXXVIII, 12 à 27. Il ne nous reste plus que quelques fragments de cette partie du grand ouvrage de Polybe (lib. XXII, fr. 16 à 22, éd. Did.).

[4] Ce nom subsiste encore dans celui d'Arpa-Sou, que porte un faible affluent de la gauche du Mendéré, l'ancien Méandre.

[5] C'était une des nombreuses villes qu'Antiochus le Grand avait fondées dans la vaste étendue de son empire, et auxquelles il avait donné son nom. Il n'en reste aujourd'hui que des ruines de peu d'intérêt, sur la gauche ou au sud du Mendéré. Will. Hamilton les a visitées en 1835 (*Researches in Asia-Minor*, t. II, p. 529).

prend sa source à Kelaïnai (*Celœnœ*, dans la transcription latine), ancienne ville royale de la Phrygie; mais ses habitants l'avaient quittée à une époque plus récente, pour fonder près de là une nouvelle ville qu'ils nommèrent Apameia, en l'honneur d'une princesse, sœur du roi Seleucus [1]. L'armée s'avança de là jusqu'à *Gordiutichos* [2], d'où, en trois jours de marche, elle arriva à *Tabæ*, ville située sur les frontières de la Pisidie, du côté qui regarde la mer de Pamphylie [3]. Cette contrée, avant d'être affaiblie par la guerre, avait eu, ajoute l'historien, des habitants belliqueux.

Trois jours après on s'avança jusqu'au fleuve *Chaüs*, d'où l'on alla prendre d'assaut la ville d'*Eriza*; de là on arriva au fort *Thabusion*, qui commande le fleuve nommé *Indus*, et l'on continua d'avancer vers Cibyra [4]. Moagète, tyran de ce canton,

---

[1] Apameïa, non loin de l'ancienne Kelaïnai, est aujourd'hui représentée par la petite ville de Dinair (W. Hamilton, *Res.* 1, 499).

[2] En grec Γορδίου τεῖχος, Mur de Gordios.

[3] Tabæ est sans nul doute la ville actuelle de Daouas ou Dabas, située dans la région montagneuse qui couvre au N.-O. l'ancienne Lycie (Corancez, *Itinér. d'une partie peu connue de l'As.-Min.*, 1816, p. 432). L'armée romaine, au sortir d'Apamée, avait donc pris sa direction vers le Sud, pour pénétrer au cœur de ces vallées, dont les habitants ne s'étaient jamais pliés qu'avec peine à une domination étrangère. La direction N.—S., ou, plus exactement, N.-O.—S.-E. de cette partie de l'itinéraire du consul romain, est d'ailleurs pleinement confirmée par l'ensemble du récit. On comprend difficilement comment M. Leake (*Journal of a Tour in Asia-Minor*, édit. in-8, 1824, p. 153) a pu identifier cette Tabæ avec le site actuel de Dombaï, qui est contigu vers l'E. à Dinair, l'ancienne Apamée. Les distances, non moins que la direction, sont absolument contraires à ce rapprochement. — Gordiutichos, situé dans l'intervalle d'Apamée à Tabæ, semble avoir laissé la trace de son nom dans celui de Gheïrâ, lieu que l'on a identifié, sur l'autorité des inscriptions, avec l'Aphrodisias, ou Ville de Vénus, des siècles postérieurs. Il se peut qu'Aphrodisias se soit élevée près de l'ancien Gordiutichos et se soit agrandie de ses débris, en même temps que la tradition locale aura conservé le nom primitif, contracté maintenant en celui de Gheïra. M. Charles Fellows, dans son second voyage en Lycie, a examiné les belles ruines d'Aphrodisias et y a recueilli de nombreuses inscriptions, toutes de l'époque romaine (*Discoveries in Lycia*, 1841, chap. 2)

[4] Villes et cantons des parties montagneuses du Nord de la Lycie, dans l'E. de Tabæ. Nos connaissances positives sur la topographie de ces parties intérieures sont encore tellement imparfaites, qu'on ne saurait hasarder aucune identification précise de ces anciens noms au local actuel.

était décrié par ses perfidies et ses cruautés ; le consul lui imposa une contribution en argent et en blé. Outre Cibyra, il possédait *Syllios* et *Téménée* (1).

De Cibyra, l'armée entra sur le territoire des *Sindésiens*, y passa le *Caularès*, et campa sur l'autre rive. Le lendemain, elle côtoya le marais de *Caralis*, séjourna à *Mandropolis*, et s'approcha de *Lagon*, ville la plus voisine, dont les habitants avaient pris la fuite. Les Romains la trouvant déserte, y pillèrent les provisions de toute espèce dont elle était remplie, et de là se portèrent des sources du *Lysis* au *Cobulatus*, sur les bords duquel ils arrivèrent le lendemain. Les habitants de Termesse assiégeaient alors la citadelle d'*Isionda*, dont ils venaient de prendre la ville. Les assiégés, auxquels il ne restait plus d'autre ressource, députèrent au consul pour implorer sa protection. Celui-ci, qui ne cherchait qu'un prétexte pour entrer dans la Pamphylie, saisit avidement l'occasion qui s'en présentait, et son arrivée fit lever le siége d'Isionda. Il accorda la paix à *Termessos* moyennant cinquante talents, et traita de même les *Aspendiens* et les autres peuples de la *Pamphylie*. A son retour, il campa le premier jour sur les bords du fleuve *Taurus*, et le lendemain au bourg de *Xyliné* ; de là continuant sa route, il parvint à la ville de *Cormasa* (2). Celle de *Darsa* en était voisine : les habitants effrayés l'avaient abandonnée, et l'armée y trouva des provisions abondantes. Comme elle longeait les marais, une députation de *Lysinoé* vint lui présenter les clefs de

---

[1] Τεμένει πόλις (Polyb., lib. XXII, fragm. 17, édit. Did.). Il faut corriger, d'après cette indication, le texte de Tite-Live, qui porte fautivement *Alimne* (XXXVIII, 14). Temenium est un nom commun dans la géographie des pays Pélasgi Helléniques. Toute la région Nord de la Lycie est couverte de ruines d'anciennes cités, qui attendent les explorations d'un voyageur antiquaire.

[2] Κόρμασα de Polybe, XXII, fragm. 19. — Les nombreuses localités mentionnées dans ce passage étaient situées entre la mer de Pamphylie (le golfe de Satalieh actuel) et les crêtes du Taurus. Tout ce pays est resté jusqu'à présent à peu près complétement en dehors des explorations modernes. Il y a là pour les voyageurs futurs d'immenses lacunes à combler, aussi bien dans la nomenclature de la géographie comparée que pour l'amélioration de nos cartes actuelles, presque entièrement vides sur toute cette partie de la lisière méridionale qui portait autrefois les noms de Pamphylie et de Pisidie.

cette ville ; ensuite on arriva sur le territoire de *Sagalassos* (1). Cette contrée, riche et fertile, est habitée par les **Pisides**, peuple le plus belliqueux du pays. Tout contribue à nourrir cette fierté naturelle, la fertilité des campagnes, la multitude des habitants, et l'assiette de la ville, une des mieux fortifiées... On poussa de là jusqu'aux sources d'*Obrima*, et l'on campa près d'une bourgade nommée *Aporidos Comê* (2). Seleucus s'y rendit le lendemain d'Apamée. Le même jour, le consul s'avança jusqu'à la plaine de *Metropolis* (3), le lendemain jusqu'à *Diniœ* en Phrygie, et ensuite jusqu'à *Synnada* (4). La crainte avait fait déserter toutes les villes d'alentour ; les soldats, chargés du butin qu'ils y trouvèrent, firent à peine cinq milles en un jour, et arrivèrent à un lieu nommé *Beudos le Vieux* (5). Ensuite on alla camper à *Anabura*, le second jour aux sources d'*Alandrus*, et le troisième à *Abbassus*. On se trouvait alors sur le territoire des Tolistoboïes.....

¹ Sagalassos nous ramène sur un terrain mieux connu. Les ruines de cette ville ont été retrouvées près d'un lieu qui conserve la trace de l'ancien nom dans son nom actuel d'*Allasoun* ou *Aglasoun*. C'est un village peu éloigné au S de la ville d'Isbartah, dans l'intervalle des lacs d'Égerdir et de Bouldour. Les ruines très-considérables de Sagalassos ont été amplement-décrites par M. Arundell dans son premier voyage (*A Visit to the Seven Churches of Asia*, 1828, p. 132 et suiv. Cf. le second voyage de l'auteur, *Discoveries in Asia-Minor*, t. II, 1834, p. 288. Add. Will. Hamilton, *Res. in Asia-Min.*, t. I, pag. 465, 487, 504).

² L'Obrima était un des affluents supérieurs du Méandre. M. William Hamilton suppose que ce peut être le Sandukli-tchaï actuel, et il croit retrouver la situation du bourg d'Aporidos dans un lieu nommé *Saoran*, à la source même de la branche la plus éloignée du Mendéré (*Res. in Asia-Minor*, t. I, p. 466 ; II, 172). Cette identification est fort incertaine.

³ Grande plaine qui porte aujourd'hui le nom de Sitchanli-ova, à l'O. d'Afioum-Kara-Hisar (Will. Hamilton, *Res.*, I, 466).

⁴ Position incertaine, aux environs d'Afioum-Kara-Hisar. *Voy.* Leake, *Journal*. p. 54, éd. in-8 ; Will. Hamilton, *Res.* I, 178. Deux voyageurs français, MM. Callier et Ch. Texier, ont annoncé avoir constaté, longtemps avant le passage de M. W. Hamilton, la position de Synnada ; mais leurs relations n'étant pas encore publiées, nous ne pouvons constater leur découverte, ni comparer leurs observations avec celles du voyageur anglais.

⁵ Malgré l'analogie des noms, M. Hamilton ne croit pas qu'un village du nom de Baïad, que l'on trouve dans ces environs, représente le *Vetus Beudos*. Il identifie cette localité avec un lieu voisin nommé Eski-Hisar, ou le Vieux Château (*Researches*, t. I, p. 457 et 467. Cf. Leake, *Journal*, p. 56).

L'armée s'étant remise en route, on arriva le premier jour sur les bords du fleuve *Alander*, et le lendemain au bourg appelé *Tyscon*. De là le consul marcha sur *Plitendus*, d'où on alla camper sur les terres des *Alyattes* [1]... L'armée prit ensuite sa route à travers le pays que l'on nomme *Axylon* [2] : cette contrée doit son nom au manque absolu de bois, même d'épines et de toute autre matière combustible ; la fiente de bœuf en tient lieu aux habitants. Pendant que les Romains étaient campés près d'un fort de la Gallo-Grèce nommé *Cuballum*, il y eut une alerte qui avertit le consul de se tenir désormais sur ses gardes, et de ne plus avancer sans avoir fait éclairer la marche. On était en pays ennemi.

Arrivé sans s'arrêter sur les bords du *Sangarios*, et ne le trouvant point guéable, Cn. Manlius résolut d'y jeter un pont. Ce fleuve prend sa source dans le mont *Adorcus*, traverse la Phrygie, et reçoit le *Thymbrios* à son entrée dans la Bithynie [3]; grossi par cette jonction, qui double le volume de ses eaux, il parcourt la Bithynie et va se jeter dans la Propontide [4] : moins remarquable par sa largeur que par la quantité de poisson qu'il fournit aux riverains.

Le pont achevé, on passa le fleuve ; et pendant qu'on en suivait la rive, les Galli, prêtres de la Grande Déesse, vinrent de *Pessinunte* au devant des Romains, revêtus de leurs habits sacerdotaux et déclamant d'un ton d'oracle des vers prophétiques, où la déesse leur promettait une route facile, une victoire assurée, et l'empire du pays. Le consul répondit qu'il en acceptait l'augure, et campa dans le même endroit. On arriva le lendemain à *Gordium*, ville peu considérable, mais très-commerçante, quoique enfoncée dans les terres [5]. Située à distance à peu près égale de trois mers, c'est-à-dire des côtes de l'Hellespont, de Sinope et de la Cilicie, elle avoisine en outre plusieurs nations considérables dont elle est devenue le comptoir et l'entrepôt.....

---

[1] Ces localités obscures étaient au sud du Sangarios, dans l'E. de la ville actuelle de Kutaïèh.

[2] Ἄξυλον, déboisé.

[3] C'est la rivière de Pursek, qui passe à Kutaïèh.

[4] Non dans la Propontide, mais dans le Pont-Euxin.

[5] *Voyez* ci-dessus, p. 342.

Le consul apprit là qu'une grande partie des Galates avaient abandonné leurs habitations de la plaine avec leurs femmes, leurs enfants, leurs troupeaux et tout ce qu'ils pouvaient transporter avec eux, et qu'ils gagnaient le mont *Olympe* [1] pour y trouver une défense dans la force des armes et dans la situation des lieux. Un siècle d'établissement dans les plaines de la Phrygie n'avait pas fait encore oublier à ces peuples leurs anciennes habitudes errantes. Les Tolisboïes en corps s'étaient réfugiés dans le mont Olympe, où les Trocmes devaient venir les rejoindre; les Tectosages avaient gagné d'autres montagnes nommées *Magaba* [2]. Le consul marcha d'abord contre les Tolistoboïes, les attaqua dans la montagne, les délogea de tous les points, les culbuta dans les ravins et dans les précipices, en fit un grand carnage et s'empara d'un plus grand nombre encore de prisonniers. Le nombre de ceux-ci allait, dit-on, à quarante mille, y compris les femmes, les enfants et les vieillards.

Restait une seconde guerre avec les Tectosages. Le consul se retourna contre eux et arriva le troisième jour à *Ancyre*, ville la plus importante du pays [3]; l'ennemi n'en était éloigné que de dix milles. Complétement défaits dans une bataille rangée, les Galates se retirèrent en toute hâte derrière le fleuve Halys, d'où ils envoyèrent demander la paix au général romain. Manlius ordonna à leurs députés de se rendre à Éphèse. Pour lui, comme on était arrivé au milieu de l'automne, il se hâta de quitter des contrées où l'hiver faisait déjà vivement sentir ses atteintes, et ramena son armée victorieuse hiverner le long des côtes.

Tel est le détail que l'histoire nous a conservé des marches de Cn. Manlius dans sa campagne contre les Galates; nous n'en avons retranché qu'un très-petit nombre de faits accessoires absolument étrangers à l'application géographique de ce morceau précieux. Un voyageur instruit qui suivrait aujourd'hui le même itinéraire enrichirait sûrement la science d'un grand nombre de découvertes; car il est à remarquer que dans une

---

1 Non l'Olympe mysien, mais une montagne du même nom sur la frontière du pays galate et de la Bithynie.

2 Voisines à l'est de l'Olympe bithynien.

3 Angoura a conservé à la fois le nom et l'importance de l'ancienne Ancyre, ou plus exactement Ankura, Ἄγκυρα.

portion considérable de son étendue, cet itinéraire traverse les parties les moins explorées de la Péninsule, et jusqu'à présent les plus imparfaitement reconnues.

Les richesses immenses que rapporta dans Rome l'armée qui venait de vaincre Antiochus et de dompter les Galates, portèrent les premières atteintes à l'antique frugalité des mœurs républicaines. « Ce fut l'armée de Manlius, dit l'historien, qui la première introduisit à Rome le luxe de l'Orient; ce fut lui et ses officiers qui apportèrent dans la capitale les lits décorés de bronze, les tapis précieux, les fins tissus [1], et ce qu'on regardait alors comme l'annonce de la magnificence, des guéridons et des buffets. Ce fut alors que les chanteuses, les joueuses de harpe, les jeux des baladins, vinrent ajouter au luxe des tables, et que les festins coûtèrent plus de recherches et plus de frais. Alors le cuisinier, autrefois l'esclave le plus vil, devint le plus nécessaire et le plus estimé; ce qui n'était d'abord qu'un métier fut considéré comme un art. Mais toutes ces innovations n'étaient encore que le germe du luxe, dont les rapides développements devaient être un jour si funestes [2] ». Pareil à ces voluptueuses esclaves dont il peuple ses propres harems, l'Orient a toujours asservi par la mollesse et le plaisir ceux que la force lui avait donnés pour maitres.

Jusque-là Rome ne s'était montrée que l'arbitre de l'Asie ; elle en devait être bientôt la dominatrice souveraine. Ces vastes contrées de l'Orient où régnaient les plus puissants des héritiers d'Alexandre, les Ptolémées et les Séleucides; ces riches pays de l'Asie-Mineure, qui avaient formé et formaient encore autant de royaumes détachés de ce magnifique héritage, étaient destinés à prendre rang tour à tour parmi les provinces du nouvel Empire. Ce fut l'Asie-Mineure qui passa la première sous le joug. Le royaume de Pergame, ou, comme disaient les Romain, le royaume d'*Asie*, dont l'importance et l'étendue furent tant augmentées par l'habile politique du Sénat après la défaite d'Antiochus à Magnésie, avait eu deux rois depuis la mort d'Eumène; le second, Attale III, se voyant mourir sans héritiers

---

[1] Sur ce sujet, *voyez* un passage de Sénèque le philosophe, epist. 90 ad Lucilium, et *de Benef.*, VII, 9.

[2] Tit.-Liv., lib. XXXIX, c. 6.

directs, légua ses États à la République (l'an 133 av. J.-C.). Toute l'Asie en deçà du Halys, à l'exception de la Galatie et de la Bithynie, fut dès lors au nombre des provinces romaines.

Mais Rome allait rencontrer dans Mithridate l'ennemi le plus redoutable qu'elle ait eu à combattre depuis Annibal. Souverain obscur d'un pays barbare, Mithridate, le roi du Pont, osa aspirer à la domination de l'Ouest de l'Asie ; et par son habileté militaire, par son incroyable activité, par les ressources inattendues qu'il puisait incessamment dans son génie audacieux et plus encore dans sa haine contre le nom romain, il tint en échec pendant trente ans la fortune de Rome, et fit un moment trembler pour elle-même sa superbe ennemie. Tout le nord et l'est de l'Asie-Mineure furent le théâtre de cette guerre mémorable[1]. Pendant vingt ans et plus les armées romaines sillonnèrent la Mysie, la Phrygie, la Bithynie, la Paphlagonie, la Cappadoce, le Pont et l'Arménie.

Ces diverses contrées de la Péninsule, que n'avaient pas touchées les marches d'Alexandre et dont la géographie était restée jusque-là fort imparfaite, furent dès lors pour le moins aussi bien connues que les provinces de l'Ouest et du Sud. A la fin du premier siècle avant notre ère, l'Asie-Mineure tout entière est donc entrée dans le domaine de la géographie positive.

Toutes les contrées dont elle se compose sont alors réduites à la condition de provinces de l'empire, et gouvernées par des magistrats consulaires.

La plus ancienne, nous l'avons vu, fut le territoire sur lequel avaient régné les rois de Pergame ; l'incorporation définitive eut lieu en l'an 129.

En l'an 75, Nicomède III, dernier roi de Bithynie, légua, à l'exemple d'Attale, ses États au peuple Romain.

En l'an 65, après la déroute définitive du vieux Mithridate, qui a du moins échappé par une mort volontaire à la honte d'accompagner captif le char triomphal du grand Pompée, le Pont, réuni à la Bithynie, est réduit en province avec la Paphlagonie et une partie de la Cilicie. Relevé par Marc-Antoine au rang de royaume (en l'an 39), il eut encore trois princes dans l'espace

---

[1] Memnon, dans Photius, Cod. CCXXIV, c. 32 et suiv.; Appian. *De Bellis Mithridat.*

de plus d'un siècle, et fut enfin définitivement incorporé à l'empire sous le règne de Néron, 65 ans après J.-C.

En l'an 60 avant notre ère, Publius Servilius achève de réduire les Isauriens, race montagnarde du Taurus pamphilien, et les oblige de reconnaître l'autorité romain [1].

Trois ans plus tard, en l'an 57, l'île de Cypre, jusque-là partagée entre un grand nombre de petits dynastes, est annexée à l'Empire.

Vers l'an 25 avant notre ère, la Galatie eut le même sort.

En l'an 17 de J.-C., Tibère y réunit aussi la Cappadoce. Archelaüs termine obscurément une longue suite de princes qui remontaient à l'époque du démembrement de l'empire d'Assyrie, et dont la dynastie n'avait pas été sans éclat. Les historiens latins, ceux du moins qui sont arrivés jusqu'à nous, s'occupent peu de ces dernières limites de l'Univers romain ; leur attention, principalement concentrée sur Rome où se réglait le sort du monde, ne se porte qu'incidemment sur ces points extrêmes de l'empire. L'histoire des temps antérieurs distingue parmi les ancêtres d'Archelaüs, Ariarathès, sixième de nom, qui régna dans la seconde moitié du deuxième siècle, de 166 à 131. Ce prince introduisit dans ses États les sciences de la Grèce, et protégea ceux qui les cultivaient. « Il arriva de là, dit Diodore, que la Cappadoce, jusque-là peu connue des Grecs, devint sous le règne d'Ariarathès une retraite favorable aux savants [2]. » Le petit royaume de Commagène suivit le sort de la Cappadoce [3].

En l'an 43 de J.-C., la Lycie fut également rangée parmi les provinces, et annexée au gouvernement de Pamphylie. La Lycie se gouvernait par ses propres lois depuis la liberté que lui avait rendue le Sénat après les événements de la guerre d'Antiochus.

Si le long séjour et les marches fréquentes des armées romaines dans les diverses contrées de la Péninsule contribuaient à perfectionner chez les Romains la connaissance de sa topographie, les rapports intimes que les nécessités d'administra-

---

[1] Eutrop. lib. VI, c. 3.
[2] Diod. Sic., lib. XXXI, p. 26, t. X, édit. Bipont.
[3] La Commagène, rendue un instant à ses princes particuliers, ne fut cependant incorporée définitivement à l'empire qu'en l'an 72, sous Vespasien. Il en fut de même d'une portion de la Cilicie.

tion établissent entre toutes les parties d'un même empire avaient pour résultat nécessaire de familiariser Rome avec les mœurs et les coutumes de ces peuples étrangers, en même temps que ceux-ci, au moins dans les classes supérieures, tendaient à se modeler jusqu'à un certain point sur les usages de la métropole. Nous possédons encore aujourd'hui les notes écrites, de l'an 52 à l'an 50 avant notre ère, par un des gouverneurs envoyés de Rome pour administrer les provinces : ce gouverneur n'est rien moins que Cicéron. Dans ses lettres à Atticus, Cicéron raconte quelques-uns des incidents de son voyage à travers l'Asie-Mineure et de son gouvernement de Cilicie [1]; et il aime à plaisanter de ses exploits guerriers contre les montagnards encore insoumis du mont Amanus [2]. Nous-mêmes avons quelque peine à prendre au sérieux Cicéron général d'armée ; néanmoins, les notes familières du grand orateur, quoique beaucoup plus concises sur certains objets qu'on ne les voudrait aujourd'hui, ne laissent pas de renfermer quelques traits utiles. C'est ainsi que le récit de cette campagne du mont Amanus, dont nul historien n'a fait mention, nous révèle l'existence d'un peuple barbare dont le nom de *Tiburani*, qu'on ne trouve non plus cité chez aucun géographe, rappelle évidemment celui des *Tibareni* de la côte Pontique, et nous prouve que ces tribus montagnardes s'étaient répandues, du Nord au Sud, à l'Ouest de l'Euphrate, à travers toute la largeur du plateau Cappadocien, de même que leurs ancêtres s'étaient avancés de l'Est à l'Ouest, depuis les vallées centrales de l'Isthme caucasien, et probablement depuis des contrées plus orientales encore [3], jusqu'aux bords méridionaux du pont Euxin.

Cicéron fait ailleurs le plus magnifique éloge de la richesse et de la fertilité des parties occidentales de la Péninsule, formant ce qu'on nommait communément la province d'Asie. « Les

---

[1] *Epistolæ ad Atticum*, lib. V et VI.

[2] *Id.*, lib. V, epist. 20 Cf. *Epistolæ familiares*, lib. II, epist. 10 ad Cælium, et lib. III, epist. 7 et 8 ad Appium Pulchr.

[3] Comp. le *Taberistân* ou pays des Tabéris des géographes orientaux ; c'est la contrée montagneuse qui borde au sud la mer Caspienne. Ce nom se retrouve jusque dans les anciens monuments de la cosmogonie zende. Nous reviendrons sur ces homonymies, et nous tâcherons d'en démêler la portée historique, lorsque nous nous occuperons des pays Caucasiens.

tributs que nous retirons des autres provinces nous suffisent à peine pour les défendre, disait-il dans une de ses harangues [1]: L'Asie seule est si riche et si fertile, que soit par la fécondité des terres, soit par la variété des productions, soit par l'étendue des pâturages et par la multitude des produits qu'elle exporte, elle surpasse infiniment toutes les autres provinces. » Un peu plus loin, il ajoute que les salines y étaient d'un grand produit; mais probablement il entend parler ici de l'exploitation des dépôts salifères des provinces centrales [2]. La richesse naturelle de ces contrées de l'Asie-Mineure devint un texte fécond pour les poëtes du siècle d'Auguste : Virgile aime à citer les abondantes moissons des plaines Mysiennes [3], et les fougueuses cavales du mont Gargare [4], et les vins généreux du Tmolus parfumé [5], et les champs fertiles qu'arrose le Pactole au sable d'or [6]. Le pays à l'Est du Halys était loin d'égaler, sous ces divers rapports, les provinces occidentales. Virgile ne cite les provinces qui bordent l'Euxin, que pour le fer des rudes Chalybes [7], et les buis ondoyants du mont Cytore [8], et le castoréum à l'odeur pénétrante, et les herbes aux sucs vénéneux des montagnes du Pont, riches en pins [9]. Cicéron, dans un endroit de ses ouvrages, appelle la Cappadoce un désert [10]; de même qu'un poëte contemporain d'Horace et de Virgile la qualifie de contrée sauvage,

---

[1] *Pro Lege Manilia*, 6.
[2] Strabon nous les fera plus particulièrement connaître. *Voy.* ci-après.
[3] *Géorg.* I, v. 102-103. Strabon nous apprend que les anciens rois de Perse tiraient d'Assos, ville de l'OEolide au pied du Gargara, le froment destiné à leur table. *Géograph.* lib. XV, p. 735.
[4] *Id.* III, v. 269. C'est au pied du Gargare qu'étaient les domaines de Laomédon, « riche en cavales ». Horace (*Carmin.*, lib. II, od. 9, v. 7) donne au Gargare l'épithète de *querceta*, ombragé de chênes; c'est en effet un des traits caractéristiques de la haute région de l'Ida.
[5] *Georg.* I, v. 56; II, 98, et passim.
[6] *Æneid.* X, v. 141; VII, v. 721. Cf. *Georg.* I, v. 383; et Plin. XIV, 9.
[7] *Georg.* I, v. 58.
[8] *Georg.* II, v. 437. Comp. Plin. *Hist. natur.*, lib. XVI, c. 28, édit. Panck, et Strab., lib. XII, p. 545 A, édit. Casaub. 1620.
[9] *Bucol.* IX, v. 96; Horat. *Carmin.*, lib. I, Od. 14, v. 11. Comp. Plin., lib. VIII, c. 47, et Strab. III, p. 163.
[10] *De Lege Agraria*, 21.

*regnum ferox Cappadocum* [1]. Nous voyons que les Phrygiens d'alors, comme ceux du siècle d'Homère, étaient principalement adonnés à l'élève des bestiaux, et que selon les saisons ils passaient de la plaine aux montagnes ou revenaient des montagnes à la plaine; il en était de même des Ciliciens [2]. Rien n'est changé aujourd'hui encore à cet égard. Les Mysiens et les Cariens menaient sûrement une vie à peu près semblable; car l'orateur romain les assimile aux Phrygiens pour la rudesse des mœurs, et l'absence de politesse [3]. En général, les Romains avaient peu d'estime, il faut le dire, pour le caractère des peuples de cette partie de leur empire, ne voyant guère dans les uns que des pâtres grossiers, et dans les autres que des hommes avilis par la corruption des mœurs [4].

Deux historiens latins, contemporains de Cicéron, et conséquemment antérieurs d'un petit nombre d'années à l'époque brillante du siècle d'Auguste où florissaient Horace et le poëte de Mantoue, s'étaient occupés de quelques parties au moins de la géographie de l'Asie-Mineure, comme on le voit par les fragments qui ont survécu à la perte de leurs principaux ouvrages : ces deux auteurs sont Cornelius Nepos, dont il ne nous reste qu'un recueil de biographies, et Salluste, l'historien de Catilina et de la guerre de Numidie. Tous les deux avaient donné une attention particulière à l'étude géographique des parties de la terre alors connues. Cornelius Nepos est cité par Pline, parmi les autorités sur lesquelles il s'appuie pour déterminer les dimensions du Pont-Euxin [5]; et nous savons que Salluste avait écrit une description spéciale de cette mer et des contrées qu'elle baigne, description qui peut-être faisait partie de sa grande histoire universelle que le temps nous a ravie. Salluste comparait avec beaucoup de justesse la courbure que décrit la côte de l'Asie-Mineure sur le Pont-Euxin à la forme d'un arc scythe [6] : comparaison qu'on re-

---

[1] Manilius, *Astronomicôn*, IV, v. 757.
[2] Cicéron, *De Divinatione*, I, 42.
[3] Id. *Orator*, 8.
[4] *Voyez* particulièrement Cicéron, *Pro Flacco*, 27.
[5] *Histor. natur.*, lib. IV, c. 24, édit. Panck.
[6] Servius *ad Æneid.* III, v. 533.

trouve dans Manilius, et que d'autres encore ont employée [1].

C'est aussi dans le même temps, s'il est permis d'ajouter foi à l'autorité de l'ancien géographe Æticus, qu'il faut placer une reconnaissance générale des provinces de l'empire Romain, ordonnée par Jules César en l'an 46 ou 45 avant notre ère, reconnaissance exécutée sous la direction de quatre ingénieurs habiles, dont Æticus nous a conservé les noms. Zénodoxe, l'un d'eux, aurait eu l'Orient pour sa part, et il n'aurait pas employé à ce grand travail moins de vingt et un ans cinq mois dix jours — le compte est précis. L'Asie-Mineure, de même que les autres parties de l'Asie romaine, aurait donc été mesurée et géométriquement décrite dès l'année 24 avant notre ère, époque à laquelle se place précisément la description générale du monde Romain rédigée par Agrippa, le gendre d'Auguste, ouvrage qui n'aurait été, à ce qu'il semble, qu'une rédaction méthodique des matériaux réunis par les ingénieurs de Jules César. Les fréquentes citations de Pline l'Ancien ne laissent aucun doute sur l'existence des Mémoires géographiques d'Agrippa et de sa grande carte du monde connu ; mais le silence absolu du naturaliste latin sur l'opération pourtant si remarquable de Zénodoxe et de ses trois collègues a paru fort extraordinaire à quelques critiques, de la part d'un écrivain habituellement si exact et si minutieux dans le recensement des sources de son grand ouvrage, et a fait concevoir des doutes sur la réalité de cette opération. Ces doutes, nous devons le dire, ne sont pas partagés par deux de nos plus savants investigateurs contemporains des antiquités géographiques de l'Occident. M. Walckenaer, dans la belle Introduction dont il a fait précéder son analyse géographique des anciens itinéraires de la Gaule [2], et M. d'Avezac, dans des études encore inédites sur Æticus, regardent comme bien réelle la reconnaissance géodésique du monde romain ordonnée par Jules César et terminée sous Auguste.

Mentionnons en finissant deux ouvrages que nous ne pouvons passer sous silence, bien qu'ils n'apportent aucun fait nouveau à l'histoire géographique de l'Asie-Mineure : nous voulons par-

---

[1] Manilius *Astronomicôn*, IV, v. 752. Dionys. Perieg., v. 157. Vid. Strabo, lib. II, p. 125 A.

[2] *Géograph. anc. des Gaules*, t. III, Introd. p. xxix.

ler du Périple de Scymnus de Khios, et de celui de Denys l'Africain, plus communément désigné sous le nom de Denys le Périégète. Le premier est antérieur de 80 ans au moins à l'Ère chrétienne; le second est du commencement du premier siècle de cette ère [1]. Tous deux sont écrits en vers grecs, et n'offrent qu'une double contre-épreuve, sauf la forme poétique, des périples plus anciens d'Hécatée, de Scylax et d'Éphore. Scymnus paraît avoir pris pour guide principal l'ouvrage d'Éphore, et ne donne, comme celui-ci, que la description du littoral des terres; Denys, plus orné dans sa poésie, et remontant souvent à des sources plus anciennes, se borne aussi presque exclusivement à suivre le pourtour de la Péninsule, quoique dans l'ensemble de son poëme il décrive les contrées et les peuples de l'intérieur des continents [2]. Ni le *Périple* de Scymnus [3], ni la *Périéghèse* de Denys, ne sont d'ailleurs des traités de géographie savante : leur unique destination était de présenter dans un abrégé destiné à l'étude élémentaire, les résultats sommaires des connaissances géographiques de l'époque; et leurs auteurs ne les avaient écrits en vers que pour les graver plus aisément dans la mémoire.

Mais nous arrivons à l'époque où la description de l'ancienne Asie-Mineure va prendre pour la première fois, sous la plume élégante et la touche rapide d'un Pomponius Méla et d'un Pline, mais surtout sous la main savante du géographe Strabon, la forme et les proportions d'un monument achevé dans son ensemble et complet dans ses détails : arrêtons-nous un moment devant l'édifice richement ordonné dont une longue suite de siècles a préparé les matériaux.

[1] Dans l'opinion de quelques savants, le poëme de Denys serait d'une époque beaucoup moins ancienne ; cette difficulté, dont nous nous occuperons ailleurs, n'importe en rien à notre objet actuel.

[2] Ce que Denys dit de l'Asie Mineure est renfermé dans les vers 110 à 169, et 762 à 876. Il faut ajouter les vers 533, 536 et 635.

[3] La majeure partie de l'ouvrage de Scymnus a péri; ce qui nous en reste ne donne, pour l'Asie-Mineure, que la description de la côte septentrionale, du Phase au Bosphore. La meilleure édition que nous en ayons est celle de M. Letronne (*Fragments des poëmes géographiques de Scymnus de Chio et du faux Dicéarque restitués*, etc. Paris, 1840, in-8).

# NOTE

## SUR LE MESURAGE GÉNÉRAL DE L'EMPIRE ROMAIN,

### EXÉCUTÉ SOUS J. CÉSAR ET SOUS AUGUSTE.

(Communiquée par M. d'Avezac.)

---

M. d'Avezac, qui a fait une étude spéciale et approfondie des questions qui se rattachent à cette opération très-controversée de la reconnaissance géodésique des provinces de l'empire sous l'administration de Jules César et sous le règne d'Auguste, a bien voulu nous communiquer la note suivante sur ce sujet [1].

Aethicus, dans la seconde moitié du quatrième siècle, compila en un seul tout, sous le titre de *Cosmographie*, divers documents officiels d'un grand intérêt géographique, dont l'origine remontait au mesurage général de l'Empire ordonné sous le consulat de J. César avec Antoine, et terminé successivement à diverses dates du règne d'Auguste. On a trop réellement contesté la réalité de cette opération, sur le motif que Pline n'a point nommé les quatre géodètes grecs entre lesquels fut partagée la direction effective du travail : Pline fournit lui-même des preuves nombreuses qu'un mesurage avait été exécuté, et que les résultats en étaient acquis dès le temps d'Auguste et du vivant d'Agrippa; seulement, c'est sous le nom d'Agrippa que ces résultats sont allégués par l'encyclopédiste latin, et il n'y a nullement à s'étonner que la désignation du second personnage de l'empire, qui eut, suivant toute apparence, la direction supérieure de l'opération dans son ensemble, ait paru à un Romain la seule convenable en pareil cas. Cette considération, et quelques autres sur la même question, sont exposées dans le mémoire étendu que nous avons consacré à la personne et à l'œuvre géographique d'Aethicus, et qui doit être imprimé dans le Recueil de l'*Académie des Inscriptions et Belles-Lettres* (savants étrangers).

---

[1] Nous rectifions ici une inexactitude que nous n'avons pu corriger à temps, p. 367, ci-dessus. Au lieu de Zénodoxe (l. 7 et 20), c'est Théodote qu'il faut lire. Dans le partage du grand travail géodésique ordonné, en l'an 44, par J. César, Théodote eut pour sa part la division du Nord, dans laquelle se trouvait comprise l'Asie-Mineure, aussi bien que la Grèce.

# CHAPITRE VII.

### ASIE-MINEURE DE STRABON.

(Vers l'an 45 de notre ère (1).)

L'Asie-Mineure est, avec la Grèce et l'Italie, une des trois grandes régions du monde gréco-romain que Strabon s'est attaché à décrire avec le plus de soin et d'étendue, à raison de leur importance historique, géographique et *politique* (2). Si l'on ajoute à cela que notre géographe, natif de la ville pontique d'Amasée, avait lui-même visité les principales contrées de la Péninsule, et que son témoignage y acquiert ainsi la double autorité du travail d'érudition et de l'observation personnelle, on comprendra de quelle utilité doit être ce riche document pour la connaissance complète de l'Asie-Mineure ancienne.

Strabon compte avec raison l'Asie-Mineure parmi les presqu'îles les plus notables qui se détachent des continents connus de son siècle, depuis les Colonnes d'Hercule, aux extrémités du couchant, jusqu'aux bouches du Gange, aux dernières limites de l'Orient. « L'isthme, fort large, de cette grande péninsule, se mesure, dit-il, par une ligne tirée du bord de la mer près de Tarse jusqu'à la ville d'Amisos et au champ des Amazones, autrement dit la Thémiscyre. En effet, tout l'espace qui, en dedans de cette ligne, comprend la Carie, l'Ionie et les pays

---

[1] On ne saurait fixer avec certitude l'époque précise où Strabon écrivit sa description de l'Asie-Mineure. Différents passages, répandus dans le cours de sa géographie, montrent que la rédaction de ce grand travail ne dut pas l'occuper moins de trente années, depuis l'an 17 environ de notre ère, qui était la quatrième du règne de Tibère, jusque vers l'an 44 ou 45, sous le règne de Claude. Nous avons dû nous arrêter à l'époque la plus rapprochée.

[2] Strabon, lib. I, p. 9 D ; II, 115 D, édit. Casaub., 1620. — Sur les dix-sept livres dont se compose la Géographie de Strabon, deux sont consacrés à l'Italie, trois à la Grèce et trois à l'Asie-Mineure.

situés en deçà du fleuve Halys, se trouve absolument entouré soit par la mer Égée, soit par les autres mers partielles qui lui sont contiguës. Cette presqu'île est ce que nous appelons proprement l'*Asie*, bien que ce nom soit commun à tout le continent dont elle n'est qu'une portion (1). »

Toutefois, comme nous l'avons dit précédemment (2), il ne faut pas perdre de vue que, dans la pensée de Strabon, cette région péninsulaire que quatre mers enveloppent, et à laquelle il applique dans un sens spécial l'appellation d'*Asie*, ne s'étend que du Halys à l'Égée. Pour Strabon, comme pour ses contemporains et pour tous les écrivains antérieurs, ce qui est à l'orient du Halys jusqu'à l'Euphrate, c'est-à-dire la Cappadoce et le Pont, est en dehors de la presqu'île et appartient à la Grande-Asie. Cette distinction, tout à fait contraire à la disposition physique de la Péninsule même, dont il est évident que l'Euphrate forme la limite naturelle, provenait, nous le savons, d'une cause purement ethnologique. Comme le Halys formait la délimitation commune des deux grandes races primordiales de l'Asie-Mineure, et que par suite il était devenu aussi la frontière permanente des grandes dominations politiques, on avait été conduit à en faire de même une limite naturelle.

Quant aux dimensions générales de la Péninsule, prises sur le pourtour de ses côtes, Strabon, qui suit ici principalement les données recueillies par Ératosthène, le chef des géographes de l'école d'Alexandrie, est d'une exactitude à peu près irréprochable, au moins dans la très-grande partie de ses mesures. La longueur totale de la côte septentrionale, baignée par le Pont-Euxin, depuis la bouche du Bosphore jusqu'au Phase, est indiquée de 8,000 stades (3), ce qui répond bien à la dimension réelle donnée par nos cartes modernes, en serrant le contour de la côte comme faisaient les navigateurs dont les journaux avaient fourni ces mesures. La distance de 5,000 stades comptée entre Byzance à l'autre issue du Bosphore, et le port de

---

[1] *Id.*, lib. II, p. 126 ; t. I, p. 349 de la traduction française.

[2] Ci-dessus, p. 159.

[3] Strab., lib. II, p. 91 D. — Ératosthène comptait 700 stades dans un degré d'un grand cercle. (*Id.*, lib. II, p. 113 D.)

Rhodes [1], est pareillement conforme au tracé de nos cartes. L'intervalle de Rhodes au fond du golfe d'Issos est aussi de 5,000 stades dans deux passages de Strabon [2]; mais ce chiffre ne s'accorde ni avec l'étendue réelle de la côte, ni, ce qui est ici plus décisif, avec les distances partielles fournies par notre géographe dans sa description de la lisière méridionale de la Péninsule [3]. Sans abuser, comme on l'a fait outre mesure, d'un principe faussé par son élasticité même, la substitution indéfinie de sept ou huit modules de stades inconnus pour la plupart à l'antiquité, on peut en ce cas particulier, comme en un certain nombre d'autres, supposer avec toute vraisemblance que, dans l'énoncé de ce nombre rond de 5,000, notre auteur aura reproduit, sans y prendre garde, un chiffre donné en stades olympiques de 600 au degré [4]; quoique pour cette portion du littoral de l'Asie-Mineure, moins communément fréquentée, alors comme aujourd'hui, que ne l'étaient les côtes de la mer Égée et même celles du Pont-Euxin [5], Strabon paraisse avoir puisé ses renseignements dans l'ouvrage d'Ératosthène, son guide habituel pour les mesures de ces mers. Que le chiffre de 5,000 stades assigné à l'intervalle compris entre Rhodes et le golfe d'Issos,

[1] Lib. II, p. 106 B.
[2] Lib. II, p. 106 A, et p. 125 C.
[3] Lib. XIV, p. 664 et suiv.; t. IV de la trad. fr., 2ᵉ part., p. 354 sqq.
[4] Il ne serait d'ailleurs pas impossible que certaines spéculations systématiques auxquelles Strabon a plus d'une fois sacrifié des renseignements précis, eussent influé sur l'adoption du chiffre de 5,000 stades pour la distance de Rhodes à Issos, ou du moins l'eussent empêché d'en examiner de près la nature. Expliquons ceci en deux mots. Ératosthène, comme on vient de le voir, donnait 8,000 stades d'étendue à l'Asie-Mineure sur le Pont-Euxin; d'un autre côté, on avait reconnu, comme nous le verrons tout à l'heure, qu'Issos et Amisos étaient sous le même méridien, et les géographes d'Alexandrie plaçaient également sous un même méridien Rhodes et Byzance. Cette dernière supposition est loin d'être exacte; mais il n'en résultait pas moins que, dans les idées d'Ératosthène et de son école, il devait y avoir une distance égale d'une part entre Byzance et Amisos, d'autre part entre Issos et Rhodes. Or, on avait mesuré 5,000 stades d'Amisos à Byzance : la conclusion naturelle était que, de Rhodes à Issos, on devait aussi compter 5,000 stades; cette conclusion était fausse, d'abord parce que Rhodes est notablement écartée à l'ouest du méridien de Byzance, ensuite parce que les estimes des navigateurs étaient prises ici le long d'une côte beaucoup plus sinueuse que celle du Pont.
[5] *Voy.* à ce sujet deux passages de Pline, lib. V, c. 35.

soit exprimé en mesures olympiques d'après les anciens périples ioniens, et non plus en stades ératosthéniques de 700 au degré, c'est ce qui nous paraît ressortir avec évidence de deux faits capitaux. D'abord, ces 5,000 stades olympiques, ou de 600 au degré, mesurent bien en effet, sauf une fraction insignifiante, la distance indiquée [1]; en second lieu, les mesures partielles rapportées par notre auteur, et qui s'appliquent au local avec une remarquable exactitude, à la seule exception de l'une d'elles qui est indubitablement corrompue, sont toutes données en stades de 700 et ne correspondent pas dans leur total avec la somme de 5,000. C'est ce qui ressortira avec évidence du simple rapprochement de ces mesures partielles :

Strabon compte :

| | Stades. | |
|---|---|---|
| De Rhodes à Dœdala, où commence la côte lycienne. . . . | 600 | (très-exact); |
| Pourtour de la Lycie, de Dœdala à Olbia. . . . . . . . . . . . | 1,720 | (très-exact); |
| D'Olbia à Coracesium (Korakèsion), étendue de la côte de Pamphylie. . . . . . . . . . | 640 | (très-exact); |
| De Coracesium au cap Anemurium. . . . . . . . . . . . . | 820 | (très-exact); |
| D'Anemurium à Soloi. . . . . | 500 | (nombre corrompu); |
| De Soloi à l'embouchure du Pyramos. . . . . . . . . . . . | 500 | (très-exact); |
| Du Pyramos à Séleucie, sur la côte Syrienne [2]. . . . . . . . | 500 | (très-exact). |

Les six mesures exactes de ce périple donnent un chiffre total de 4780 stades ; il faut y ajouter l'intervalle du cap Anemurium à Soloi. Or, cet intervalle est de 1,200 stades sur une

---

[1] Nous croyons être sûr d'avoir vu dans Strabon, mais nous ne retrouvons pas le passage en ce moment, le chiffre de 600 milles romains attribué au même intervalle de Rhodes au golfe d'Issos; or, 600 milles romains sont la traduction en nombre rond des 5,000 stades olympiques.

[2] La distance en droite ligne de l'embouchure du Pyramos à Issos, à travers le golfe, est de 600 stades, 100 stades de plus que celle de Pyramos à Séleucie.

côte presque droite, et non de 500 comme le marque le texte actuel de notre auteur [1]. Une si énorme différence, au milieu d'une suite de mesures rigoureusement exactes, ne peut être, on le voit, que le fait d'un chiffre corrompu ; et ce chiffre rétabli nous donne celui de 5,9°0 stades de 700 au degré, soit, en nombre rond, 6,000 stades, pour la distance maritime de Rhodes au golfe d'Issos.

On nous pardonnera l'aridité de cette discussion que nous eussions pu écarter des généralités de notre sujet ; mais il nous a paru utile de montrer par un exemple à quel contrôle sévère la critique doit soumettre les anciens textes, pour ne pas confondre avec les erreurs de l'auteur même ou de son siècle celles qu'y ont ajoutées les ravages du temps et l'incurie des copistes, et trop souvent aussi les préoccupations systématiques des commentateurs [2].

Il résulte donc de tout ce qui précède que les sources où puisait Strabon renfermaient des données d'une exactitude parfaite sur la mesure des côtes de la Péninsule, depuis la bouche du Phase jusqu'au fond du golfe d'Issos. Cette exactitude n'a rien d'ailleurs qui doive nous surprendre, puisque dès avant Hérodote les navigations et les périples des Ioniens avaient fourni à cet égard d'excellents matériaux [3].

Mais si le géographe, appuyé sur les journaux des navigateurs, ne pouvait errer dans l'évaluation des *dimensions* de la Péninsule, il n'en était plus ainsi dès qu'il s'agissait d'en dé-

---

[1] On a quelque lieu de s'étonner que cette énorme différence n'ait pas été signalée par les traducteurs français du géographe d'Amasée. Bien d'autres lacunes de ce genre existent dans cette traduction d'ailleurs si remarquable à tant d'égards, mais qui est loin cependant d'avoir touché à toutes les difficultés géographiques que soulève le texte dans l'état où il nous est parvenu, et surtout de les avoir toutes éclaircies.

[2] Peut-être se rendra-t-on compte de la source de l'erreur que nous signalons, si l'on fait attention que le chiffre de 500 stades marqué faussement par Strabon entre le cap Anemurium et Soloi, mesure précisément la distance de Soloi au cap Sarpedon, autre promontoire très-remarquable de cette côte cilicienne. Il semblerait ainsi que la distance du C. Anemurium à Soloi avait été donnée en deux stations, et que, soit Strabon lui-même, soit les copistes, auraient omis par oubli le chiffre du premier intervalle (700 stades) celui du cap Anemurium au cap Sarpedon.

[3] Voy. ci-dessus, p. 287.

terminer la *forme* par la direction de ses côtes, leur gisement respectif et leurs grands contours. La science nautique, qui seule peut fournir les éléments de cette représentation figurée du pourtour des continents, était encore à l'état d'enfance ; l'art des observations et celui des relèvements n'étaient pas nés. Les hommes de cabinet, dépourvus de ces indispensables documents, en étaient donc réduits à des combinaisons presque toujours hypothétiques ; et ces combinaisons avaient d'autant plus chance de s'écarter des formes réelles, qu'elles embrassaient des espaces plus étendus. Il en était ainsi de l'Asie-Mineure. Une carte construite sur les idées que s'en étaient faites Ératosthène et son école, en déformerait prodigieusement les contours, surtout à l'ouest et au sud sur la Propontide, l'Égée et la mer de Cypre. Strabon décrit avec assez de vérité la forme générale de la côte que baigne le Pont, depuis l'issue du Bosphore jusqu'à Dioscurias (il aurait dû dire jusqu'à Trébizonde), lorsqu'il la représente comme n'ayant, à l'exception de la saillie du Karambis, ni grands enfoncements ni avancés considérables, et se dirigeant ainsi presque en droite ligne de l'Ouest à l'Est [1] ; mais il a des notions beaucoup moins nettes sur la côte méridionale, comprise entre Rhodes et le golfe d'Issos. Il se figure cette côte comme se prolongeant de même presque en ligne directe, depuis Dœdala jusqu'à l'embouchure du Kydnos ou rivière de Tarse, faisant ainsi abstraction des deux saillies considérables de la Lycie et de la Cilicie Trachée, aussi bien que du large golfe de la Pamphylie, ou du moins comptant pour fort peu de chose ces grands traits de la configuration du littoral [2]. Strabon n'a pas une idée plus juste de la forme pourtant si remarquable du golfe d'Issos [3] ; il croit que la direction S. E. que prend le littoral entre l'embouchure du Kydnos et celle du

---

[1] Lib. II, p. 125 B.
[2] Lib. XIV, p. 673 A.
[3] Nous devons ajouter qu'avant les belles reconnaissances hydrographiques exécutées il y a trente-quatre ans sur ces côtes par la marine britannique, et que depuis la marine française a complétées, cette partie méridionale du contour de l'Asie Mineure, tracée sur nos cartes uniquement d'après les vieux portulans italiens, n'y était guère mieux représentée. D'Anville lui-même indique à peine la grande saillie cilicienne.

Pyramos se prolonge jusqu'au point où la côte syrienne tourne brusquement au sud [1]; de sorte qu'à bien dire, l'enfoncement profond où était situé Issos n'existe pas pour lui, et que le golfe se réduit à l'angle même des deux côtes.

C'est surtout le côté occidental et la partie nord-ouest de la Péninsule qui se trouvaient le plus étrangement défigurés sur la carte d'Ératosthène et de Strabon. Par suite d'une erreur d'appréciation que l'on a peine à comprendre, tant elle est monstrueuse, les géographes alexandrins, et notre auteur après eux, s'étaient persuadés que la route par mer, de Rhodes à Byzance, se dirigeait uniformément du Sud au Nord; de sorte qu'ils traçaient sous un même méridien non-seulement toute la côte ionienne jusqu'à l'Hellespont, alors qu'elle affecte une inclinaison générale au N. O., mais aussi l'Hellespont lui-même, qui tourne au N.-E., et toute la Propontide qui gît de l'O. à l'E.[2] Le résultat d'un semblable tracé, auquel les géographes matématiciens ne purent être conduits que par les fausses idées qu'ils s'étaient faites sur la position astronomique de Byzance, fut de changer complètement la direction et la forme des côtes occidentales de la Péninsule sur la mer Égée et sur la Propontide, et d'y élever beaucoup trop les latitudes [3].

[1] Lib. XIV, loco cit.
[2] Strab. lib. II, p 106 B et 114 C. Strabon est encore plus explicite dans un passage du livre XIV, p. 655 D. Comp. p. 677 D. Les mêmes données, sûrement puisées aux mêmes sources, se retrouvent dans Pline, lib. II, c. 112.
[3] Sur le passage où Strabon dit que l'intervalle de Rhodes à Byzance est de 5,000 stades (t. 1, p. 288 de la trad. française), M. Gossellin fait cette observation : « 5,000 stades de 700 au degré répondent à 7° 8′ 34″. La différence entre Rhodes et Byzance n'est que de 4° 32′ 54″. Il est visible que Strabon se trompait sur la valeur de cette mesure, qu'elle était donnée en stades de 1111 1/9, et qu'elle ne valait que 4° 30′. » L'évaluation en arc de cercle terrestre est ici absolument hors de propos. Strabon se trompait, avec Ératosthène et Hipparque, sur la *direction* de la route, mais non sur sa *mesure*. Les 5,000 stades « marqués par les navigateurs, » comme le dit Strabon lui-même (lib. II, p. 114 C, t. I, p. 312 de la trad. fr.) donnent bien réellement et très-exactement la distance de Byzance à Rhodes, non en ligne droite, assurément, mais en suivant, comme faisaient les marins à qui étaient dues ces mesures, les sinuosités de cette route côtière. De mauvaises combinaisons systématiques avaient faussé, sur la carte d'Ératosthène, des données excellentes en elles-mêmes ; d'autres systèmes et d'autres combinaisons imaginées pour rectifier ceux de l'école alexandrine, n'ont fait trop souvent, on doit le dire,

Quant au surplus de la disposition relative des côtes de l'Asie-Mineure, Strabon sait qu'Amisos [1], sur la côte du Pont, et Issos à l'extrémité de la mer de Cypre, sont situées sous le même méridien, et il compte encore 3000 stades à l'orient d'Amisos jusqu'au fond du Pont-Euxin, où passe le méridien de Dioskourias, l'Iskouriah de nos cartes modernes [2]. Ces données sont assez justes. Strabon, d'après Érastothène, évalue à 3000 stades environ l'intervalle compris d'Issos ou de Tarse à Amisos, entre la mer de Cypre et le Pont-Euxin [3]. Cet intervalle était regardé comme une sorte d'isthme, qui rattachait la Péninsule au continent asiatique. En général, l'antiquité a cru cet isthme beaucoup plus étroit qu'il ne l'est en effet. Scylax et Hérodote, nous l'avons vu [4], ne l'évaluaient qu'à cinq journées de marche pour un homme à pied; Scymnus de Khios porte ce nombre de

que substituer, et quelquefois ajouter de nouvelles erreurs aux erreurs anciennes. — Observons que les 7° 8′ et une fraction que valent en ligne droite, mesurée sur un grand cercle de la sphère, les 5,000 stades ératosthéniques de 700 au degré, auraient porté la latitude de Byzance à 43° 35′ environ, si, comme le croyait l'école d'Ératosthène, ces 5,000 stades eussent mesuré l'arc du méridien compris entre Byzance et Rhodes. Or, cette fausse latitude de 43° 35′ est, à quelques minutes près, celle qu'Hipparque attribuait à Byzance. (*Voy.* ci-dessus, p. 337). Ce rapport n'est sûrement pas dû à une coïncidence fortuite. Mais ce fut-il la notion erronée de la latitude de Byzance qui porta les géographes mathématiciens d'Alexandrie à faire sur leur carte une si fausse application des périples maritimes entre Rhodes et Byzance, ou bien est-ce l'erreur même de cette application fautive qui engendra la fausse estime de la latitude du Bosphore?

[1] Aujourd'hui Samsoun.

[2] Lib. I, p. 47 D. — M. Gossellin propose ici dans le texte d'Ératosthène une correction tout à fait inutile, et qui d'ailleurs repose en partie sur une fausse détermination de l'emplacement d'Issos (trad fr. t. I, p. 108, note 2). En général, c'est étrangement s'abuser sur le degré possible d'exactitude des anciens dans des déterminations de ce genre, que de les vouloir assujettir à la précision rigoureuse de nos observations astronomiques, surtout dans le sens des longitudes. L'astronomie pratique des anciens, nous l'avons dit, était loin de ce degré de précision. Les procédés et les combinaisons employés par Ératosthène et par les autres géographes mathématiciens de l'école d'Alexandrie pour la détermination des grands intervalles, ne comportaient qu'une approximation plus ou moins satisfaisante : leur demander plus, c'est s'exposer volontairement à de perpétuelles aberrations.

[3] Strab. lib. II, p. 68 C. Comp. lib. XIV, p. 673 A.

[4] Ci-dessus, pp. 286 et 292.

journées à sept [1]. Strabon reprend Artémidore, écrivain d'ailleurs peu connu, d'avoir réduit à 1500 stades l'étranglement prétendu formé par le resserrement des deux mers [2]; et il tance non moins vivement Apollodore [3], qui, faisant en quelque sorte abstraction de l'isthme même, considérait la Péninsule comme un triangle à côtés inégaux dont cet isthme aurait formé le sommet, l'un de ses côtés s'étendant sur la mer de Cypre depuis la Cilicie jusqu'aux Khélidonies ; l'autre, sur l'Égée et la Propontide, depuis les Khélidonies jusqu'à l'entrée du Pont-Euxin ; le troisième, sur le Pont-Euxin, depuis Byzance jusqu'à Sinope [4]. Le chiffre de 3000 stades, donné par Ératosthène et adopté par Strabon, répond assez bien aux quatre degrés et demi en latitude que l'on mesure entre le golfe de Skanderoun et le golfe de Samsoun ; mais c'est en appliquant ce chiffre à vol d'oiseau sur la carte. Strabon aurait dû être d'ailleurs frappé d'une contradiction flagrante dans l'ensemble des mesures qu'il attribue aux différents côtés de la Péninsule. Puisque, selon lui, la côte du nord et celle du sud suivaient une direction assez régulièrement parallèle entre elles et avec l'équateur, et que d'autre part il attribuait 5000 stades en droite ligne à l'intervalle de ces deux côtes vers leur extrémité occidentale, il aurait dû voir, ou que les 3000 stades assignés au même intervalle sous le méridien d'Amisos étaient insuffisants, ou que celui de 5000 stades sous le méridien de Byzance péchait en excès. Cette contradiction seule, qui aurait dû l'éclairer sur le vice radical de ses déterminations, nous montre avec quelle légèreté les esprits mêmes les plus graves se laissent aller parfois à adopter sans examen des erreurs palpables, par cela seul que de grands noms les ont consacrées et qu'elles ont eu la sanction du temps.

Strabon n'a donc que des idées vagues, fausses, incomplètes et sans ensemble sur le contour général et la figure de l'Asie-

---

[1] Scymni Chii *Fragmenta*, v. 933 sqq., édit. Letronne.
[2] Lib. XIV, p. 677 D.
[3] L'académicien d'Alexandrie, auteur d'une histoire des temps héroïques de la Grèce, dont il nous reste un abrégé sous le titre de *Bibliothèque*, et qui avait en outre écrit un traité de géographie intitulé *Périple du Monde*.
[4] Strab. lib. XIV, p. 677 A. Comp. Quint. Curt. III, 1.

Mineure ; mais il n'en est plus ainsi dès que nous descendons de ces généralités auxquelles la science moderne a seule donné des bases certaines, et que sur les pas du géographe nous parcourons les différentes contrées de cette grande région, étudiant avec lui la topographie de ses provinces, arrêtant nos regards sur la majesté des sites qui s'y déploient et sur le spectacle de ses curiosités naturelles, recueillant enfin les traditions des villes et des lieux célèbres, et remontant à travers la nuit du temps jusqu'aux origines des peuples. Ici notre auteur se montre en général observateur instruit et voyageur exact. Il est cependant encore un point sur lequel il ne faut pas s'attendre à trouver dans Strabon ce que l'on exigerait aujourd'hui de la description détaillée d'une grande région naturelle : nous voulons parler des vues d'ensemble sur la configuration physique du pays. Une appréciation de ce genre ne peut être que le résultat d'une longue série d'observations exactes soigneusement comparées et coordonnées ; or, l'art des observations physiques était moins avancé encore, s'il est possible, que l'art alors si imparfait des observations astronomiques. Plus d'un fait noté par notre auteur, et les remarques qu'il y ajoute, révèlent cependant en lui sous ce rapport une portée d'esprit et une direction d'idées rares chez les anciens. C'est ainsi que dans la nature âpre et froide des plaines cappadociennes, il a très-bien vu l'indice de leur élévation considérable au-dessus des vallées de la lisière maritime. Sur ce point particulier, le petit nombre de voyageurs modernes qui ont parcouru cette contrée, ont peu ajouté à ce que le géographe d'Amasée nous en apprend. Il fait observer avec une grande justesse que même dans les régions méridionales, les montagnes et en général toutes les parties élevées, fussent-elles des plaines, sont froides. « Dans la Cappadoce, ajoute-t-il, la partie voisine du Pont-Euxin est bien plus septentrionale que celle qui se trouve près du Taurus ; toutefois, la *Bagadaonie*, vaste plaine située entre le Taurus et l'Argée, quoique de 3000 stades plus méridionale que la côte du Pont-Euxin [1], porte à

---

[1] Nous ne nous arrêterons pas à signaler la contradiction qui se trouve entre cette indication de distance, exacte en effet si on a égard aux sinuosités des chemins, et celle qui attribue le même chiffre de 3,000 stades à l'intervalle en

peine quelques arbres fruitiers, tandis que le territoire d'Amisos, de Sinope et de la Phanarée abonde en oliviers [1]. » Les hautes plaines lycaoniennes, à l'ouest de la Bagadaonie et au sud du grand lac salé que les anciens nommaient Tatta, sont d'une nature analogue. Ce sont des lieux froids et nus, qui nourrissent seulement des ânes sauvages et des moutons à laine rude. L'eau y est fort rare; et dans les endroits mêmes où l'on peut en trouver, il faut la tirer de puits extrêmement profonds [2].

Strabon mentionne isolément, dans le cours de sa description des provinces, les chaînes de montagnes principales qui se ramifient dans l'étendue de la Péninsule : mais nulle part il n'essaye de lier entre eux ces grands traits du relief de l'Asie-Mineure. Le plus étendu et le plus célèbre, le *Taurus*, est le seul sur lequel il cherche à réunir quelques vues d'ensemble [3]. Cette grande chaîne, et le nom de *Taurus* qui la distingue, partent de la Carie; mais là elle est encore peu élevée et n'a rien de remarquable. C'est en Lycie, à l'endroit où se projette le front sourcilleux du cap Sacré (Ἱερὰ ἄκρα), vis-à-vis des îles Khélidonies, que l'on s'accorde généralement à en marquer le véritable point de départ, parce que c'est là seulement qu'elle commence à se montrer avec un aspect imposant. Sous le nom particulier de mont *Solyma*, elle longe ainsi la côte de Phaselis; de là, prenant sa direction à l'orient, elle domine d'abord la Pamphylie, où ses parties les plus hautes sont coupées de vallées fertiles, abondantes en oliviers, en excellents vignobles, en riches pâturages, et que couronnent des forêts de toute espèce d'arbres [4]. Le Taurus couvre ensuite la Cilicie, « où il renferme de petites vallées [5]. »

---

tier d'une mer à l'autre, précisément sous ce méridien, qui est celui de l'entrée du golfe d'Issos.

[1] Strab., lib. II, p. 73 C, — t. I, p. 192 de la trad. fr.

[2] *Id.*, lib. XII, p. 568 B; t. IV. 2ᵉ part., p. 95 de la tr. fr.

[3] *Id.*, lib. XI, p. 520 D; Cf. XIV, 651 A et 666 B. — XII, 570 C.

[4] A partir du siècle de Strabon, il faut descendre jusqu'au voyageur Olivier, à la fin du dernier siècle, pour retrouver des notions correspondantes sur l'aspect et les productions de cette partie du Taurus. *Voy.*, dans le volume suivant, l'histoire des voyages modernes en Asie-Mineure.

[5] Lib. XI, p. 520 D.; t. IV, 1ʳᵉ part., p. 299 de la trad. fr. — Cette phrase remarquable de Strabon paraît expliquée et confirmée tout à la fois par la

Continuant d'avancer vers l'est, on voit se détacher de la chaine du Taurus, d'un côté l'*Amanus*, de l'autre l'*Anti-Taurus*. Cette dernière branche, au sein de laquelle est située Comana, lieu appartenant à ce que l'on appelle la haute Cappadoce, va se terminer plus loin au nord dans l'intérieur des terres en inclinant vers l'orient, après avoir en partie enveloppé la Cataonie, tandis que l'Amanus se prolonge dans une direction orientale jusqu'à l'Euphrate et dans la Mélitène. Ces deux branches du Taurus environnent ainsi la Cataonie, plaine basse et vaste qui porte toutes sortes d'arbres, à l'exception de ceux qui restent toujours verts ; l'Amanus du côté du Midi, et du côté opposé, l'Anti-Taurus. L'Amanus pousse en outre un rameau au S.-O. vers le golfe d'Issos qu'il enveloppe [1].

Il est clair, d'après ce texte, que, contrairement à l'opinion commune qui attribue le nom de Taurus au prolongement de la chaîne cilicienne compris entre cette chaîne (depuis le point où elle couvre au nord le golfe d'Issos) et l'Euphrate, Strabon donne à l'ensemble de ce prolongement, en même temps qu'à son rameau sud-ouest, le nom d'Amanus [2] ; il n'est pas moins clair que d'après les notions de notre géographe, l'Anti-Taurus [3] ne forme pas une crête continue depuis le point de la bifurcation du Taurus cilicien jusqu'aux montagnes de la côte pontique. En ceci, comme en plus d'un autre trait de la géographie naturelle de l'Asie-Mineure, les indications de Strabon pourraient servir utilement à rectifier l'aspect général que le tracé orographique de nos cartes actuelles donne à cette région. Il paraît que la face orientale du grand plateau de la Péninsule s'y abaisse en pentes

belle carte prussienne de M. Kiepert (*Klein Asien*, 6 feuilles, 1844), où l'aspect général du Taurus, dans l'ancienne Cilicie Trachée, offre plutôt une suite de rudes vallées qu'un massif montagneux proprement dit.

[1] Lib. XI, p. 521 A, et XII, 535 B; t. IV, 1re part, p. 299, et 2e part. p. 5 de la trad. fr. — La vue de notre carte de l'Asie Mineure fera mieux comprendre cette disposition de la grande bifurcation du Taurus cilicien, avec la sous-ramification de l'Amanus au S. O., que les plus longs commentaires.

[2] Ptolémée (lib. V, c. 6, donne au nom d'*Amanus* la même extension que Strabon.

[3] Qu'il faudrait distinguer par le surnom d'occidental, ou de cappadocien, attendu que Strabon indique un second *Anti-Taurus* à l'E. de l'Euphrate, sur la lisière occidentale de l'Arménie.

assez douces, relevées seulement çà et là en rangées non continues d'une importance médiocre, vers la rive droite de l'Euphrate [1]. Au surplus, cette portion extrême de l'Asie-Mineure est encore une de celles où les explorations modernes ont laissé le plus de lacunes, et dont la conformation exacte nous est encore le plus imparfaitement connue [2]. Nous ajouterons que la branche du Taurus à laquelle Strabon donne le nom d'Amanus n'est pas une chaîne proprement dite, mais bien un grand promontoire, un large contre-fort adossé à l'angle sud-est du plateau central de la Péninsule et s'enfonçant dans le vaste circuit que décrit l'Euphrate entre Malâtieh et Samosate, contre-fort dont la surface très-inégale se couronne de pics disposés en groupes isolés, ou se creuse dans tous les sens en profondes vallées où de nombreux affluents du haut Pyramos et de l'Euphrate roulent leurs eaux tumultueuses. Cette disposition, dont il importe de se former une idée correcte, est très-clairement exprimée sur la grande carte prussienne de M. Kiepert.

Cet enfoncement même, formé par un grand coude de l'Euphrate et où vient s'appuyer le front de l'Amanus, n'est regardé ni par Strabon, ni par aucun géographe de l'antiquité, comme dépendant de la Cappadoce ; tous en font, sous le nom de *Commagène* ou *Comagène*, un canton de la Syrie [3]. La Commagène, avant d'être réduite en province romaine, avait eu ses rois particuliers qui résidaient à Samosata, ville fortement assise sur la droite de l'Euphrate, où elle existe encore sous le nom de Samsat. Aujourd'hui ce canton est généralement attribué à l'Asie-Mineure, tout le système montagneux qui couvre la Syrie au nord étant regardé comme appartenant à la Péninsule.

Nous voyons par Strabon que dans la géographie politique de son temps, le nom de *Cappadoce* s'appliquait, entre le bas Halys et l'Euphrate, à la totalité du pays qui s'étend d'une mer à l'autre, comprenant ainsi, au nord, les vallées de la côte pontique, au sud, la partie occidentale de la Cilicie ou Cilicie

---

[1] *Voy.* Will. Ainsworth, dans le *Journal of Geogr. Soc. of London*, t. X, p. 322 sqq.

[2] *Voy.* la *Karte von Klein Asien* de M. Kiepert, et la nôtre qui accompagne ce volume.

[3] Strab., lib. XVI, p. 749.

Trachée [1]. Mais le géographe, fidèle à sa judicieuse méthode, s'attachant avant tout aux grands traits de la géographie naturelle, distingue avec soin dans sa description, ce que, depuis la domination du peuple romain, les convenances administratives avaient réuni. Il décrit donc séparément d'abord le haut pays compris entre le Taurus, l'Euphrate, les montagnes du Pont et le Halys inférieur, c'est-à-dire la Cappadoce proprement dite ; puis la zone maritime resserrée entre les montagnes qui la séparent de la Cappadoce et le Pont-Euxin, c'est-à-dire le Pont : réservant la Cilicie pour le tableau d'ensemble qu'il trace plus tard de la lisière méridionale de la Péninsule, comprise, sous différents noms de provinces et de peuples, entre la longue chaîne du Taurus et la mer de Cypre.

Cependant Strabon fait la remarque expresse que le domaine de la langue cappadocienne s'étendait bien réellement depuis les crêtes du mont Taurus jusqu'aux bords du Pont-Euxin ; mais le géographe aurait dû ajouter que cette identité de race et de langue, qui remontait à une époque très-ancienne [2], ne s'étendait pas aux tribus montagnardes indigènes de ces abruptes vallées du Pont, tribus dont la langue, d'origine caucasienne, était et est encore absolument différente de l'araméen. C'est cette distinction radicale des langues, non moins que la configuration et la nature physique du pays, qui fait de la zone pontique comprise entre la Colchide et les bouches du Halys, une région naturelle complétement distincte de la Cappadoce proprement dite, dont elle est d'ailleurs en partie séparée par de hautes montagnes, connues dans l'antiquité sous les noms génériques de monts Moschiques et de Paryadrès. Les anciens accordaient en général peu d'attention à ces populations barbares confinées dans la profondeur des montagnes ; à leurs yeux, les seuls peuples qui méritassent d'arrêter les regards du philosophe, de l'historien et du géographe étaient ceux qui avaient joué un rôle sur le grand théâtre de l'histoire, et qui se distinguaient par les développements de leur civilisation.

La Cappadoce, dans son ensemble, était un pays sec et dé-

---

[1] Strab. lib. XII, p. 533.
[2] Ci-dessus, p. 184 ; Comp. p. 281.

boisé, de même que les parties plus occidentales du plateau (¹). Cependant elle produisait beaucoup de graminées, surtout en froment, et abondait en bétail de toute espèce ; l'onagre, ou âne sauvage, y était commun, ainsi que dans toute la Lykaonie. On ne commençait à trouver des arbres fruitiers et des vignobles qu'en descendant vers les rives de l'Euphrate, dans la Mélitène (²). Cet aspect de nudité des plaines cappadociennes leur méritait mieux l'épithète de *désertes* que leur donnent les poëtes du siècle d'Auguste, que celle de *riches* que l'on trouve dans Hérodote (³). Mais Hérodote, on le sait, n'avait que des notions très-imparfaites sur ces parties trans-halysiennes de la Péninsule.

Un autre trait bien remarquable de la Cappadoce, c'est l'absence presque absolue de villes ; dans une contrée qui formait près du tiers de l'Asie-Mineure, Strabon n'en peut compter que deux, *Tyana* et *Komana*, outre *Mazaka*, la capitale (⁴). Le reste du pays, là où les regards de quelques rares voyageurs rencontraient autre chose que des plaines absolument nues et inhabitées, ne renfermait que des villages ou des bourgades ouvertes dominés par des châteaux fortifiés où résidaient les chefs du pays et qui couronnaient partout les hauteurs. Cet état de choses, qui rappelle d'une manière si frappante la physionomie d'une grande partie de l'Europe féodale au moyen âge, provenait-il seulement de la situation frontière de la Cappadoce exposée alors aux courses des tribus déprédatrices de la Gordiène, comme aujourd'hui encore les mêmes cantons sont incessamment livrés aux incursions des hordes nomades du Kourdistan ? C'est ce que Strabon a négligé de nous apprendre.

*Mazaka* elle-même, la ville royale de la Cappadoce au temps de son indépendance, comme elle fut plus tard la métropole d'une des provinces romaines sous le nom de *Césarée* (⁵), qui

¹ *Voy.* ci-dessus, p. 360.
² Strab. XII. p. 529 D, 535 A-B.
³ Ci-dessus, p. 304.
⁴ Strab., lib. XII. p. 537 A B, 539 B.
⁵ Elle avait reçu d'abord, dans les premiers temps de l'incorporation à l'Empire, le nom d'*Eusebia*, qui fut remplacé par celui de *Cæsarea* sous le règne de Tibère.

s'est conservé dans la dénomination actuelle de Kaïsariêh, Mazaka n'avait été originairement qu'une sorte de camp retranché formé par les rois du pays au centre d'un canton boisé et fertile en pâturages, le seul de cette nature que la Cappadoce possédât dans un rayon considérable, pour y mettre en sûreté les nombreux troupeaux qui formaient une partie importante de leurs richesses : « Ils avaient d'ailleurs, ajoute Strabon, des forteresses en grand nombre appartenant soit au roi, soit à ses amis, et dont ils se servaient pour leur propre sûreté comme pour celle de leurs esclaves, et pour la conservation de leurs autres biens [1]. » Il semble que l'état de servage fût la condition commune d'une grande partie de la population de la Cappadoce. Nous voyons par Strabon que chaque temple avait dans sa dépendance des milliers de serfs; et il en devait être de même de chacune des juridictions féodales qui avait pour centre un de ces châteaux fortifiés dont le pays était couvert, à défaut de villes. Horace nous dit que le roi de Cappadoce, « pauvre d'argent, était riche en esclaves [2]; » et nous lisons dans la vie de l'empereur Hadrien, au commencement du second siècle de notre ère, que ce prince, s'étant rendu dans la Cappadoce, en ramena beaucoup d'esclaves pour le service des troupes [3].

Mazaca était située au pied du mont Argée, Ἀργαῖος, dont le nom subsiste encore parmi les habitants sous la forme turque d'Ardjèh-Tâgh; c'est un pic volcanique d'une élévation considérable, dont le front, perdu dans les nues, resplendit de neiges éternelles. Le pays circonvoisin atteste, par sa nature sombre et désolée, les anciennes éruptions du cratère, éteint avant le commencement des temps historiques [4], mais dont les tradi-

---

[1] Strab., lib. XII, p. 539, t. IV, 2ᵉ part., p. 15 de la trad. fr.

[2] Epistola VI, v. 39.

[3] Spartian. *Vita Adriani*, in Histor. Aug.

[4] *Id.* p. 538 B.-C. Les voyageurs qui, depuis Strabon, ont revu et décrit le mont Argée, sont Paul Lucas, *Second voy.*, t. I, p. 176; Callier, dans le *Bulletin de la Société de la Géographie*, 2ᵉ série, t. III, 1835, p. 257 ; Aucher Eloy, *Voyages en Orient*, t. I, p. 75; Ch. Texier (non encore publié); Will. Hamilton, *Researches in Asia Minor*, t. II, p. 248, 256, 270 et suiv. ; Fr. Ainsworth, dans le *Journal of Geographical Society of London*, t. X, p. 307 et suiv. — *Voy.*, dans le volume suivant, l'exposé historique de ces différents voyages, et la description du mont Ardjèh, d'après les observations combinées des voyageurs.

tions mythologiques avaient conservé le vague souvenir. Une rivière dont le nom local fut traduit dans le *Melas Potamos* (rivière noire) des Hellènes, coulait à 40 stades, c'est-à-dire à une lieue et demie environ de Mazaka; le nom ancien de ce cours d'eau, affluent du Halys qui passe à 6 lieues de là dans le Nord, s'est conservé dans celui de Kara-sou que les habitants donnent encore à une de ses branches, et qui signifie aussi en turk la Rivière-Noire. Le texte de Strabon, altéré en cet endroit, soit par sa propre inadvertance, soit par une méprise de copiste, avait fait croire que le Mélas allait se jeter non dans le Halys, mais dans l'Euphrate; les récentes explorations du pays compris entre Kaïsarièh et l'Euphrate ont levé à cet égard tous les doutes, et rectifié sur nos cartes les faux tracés qu'un texte altéré y avait introduits [1].

*Tyana* et *Komana*, les deux seuls lieux qui, dans toute la Cappadoce, méritassent, avec Mazaka, le titre de ville, étaient situées l'une et l'autre non loin du revers septentrional du Taurus, à l'entrée même des gorges rapides qui déchirent profondément la chaîne, pour livrer passage aux rivières qui descendent du plateau cappadocien et se précipitent vers la mer de Cypre. *Tyana*, place aujourd'hui ruinée [2], avoisinait l'entrée des défilés dont la partie la plus resserrée recevait le nom de Pyles Ciliciennes, le passage de tout temps le plus fréquenté pour se rendre en Cilicie et en Syrie; une voie très-ancienne, qui traversait la ville, gardait dans la tradition le nom de Chaussée de Sémiramis [3]. *Komana*, située sur le *Saros*, rivière qui porte aujourd'hui le nom turk de Sihoun [4], était une ville considérable, célèbre par son temple de Mâ ou de la Lune, dont le pontife, ordinairement choisi dans la famille royale, était puissant et respecté presque à l'égal du roi [5]. Le cours du Saros au

---

[1] Cette confusion a été bien expliquée par M. Callier dans une lettre insérée au t. X, 2ᵉ série, p. 158 (1838), du *Bulletin de la Soc. de Géog.*, et parfaitement éclaircie par les investigations subséquentes de M. Francis Ainsworth (*Journ. of Geog. Soc. of Lond.*, t. X, p. 322).

[2] *Voy.* ci-dessus, p. 318.

[3] Strab. XII, p. 537 C.

[4] Le Sihoun ou Saros est la rivière qui passe à Adana en Cilicie.

[5] Strab. lib. XII, p. 535, avec la correction de Coray fournie par plusieurs

dessus du Taurus n'a été jusqu'à présent qu'imparfaitement exploré, et l'emplacement précis de Komana appelle encore les investigations des futurs voyageurs. La Cappadoce possédait d'autres temples, centre de corporations sacerdotales riches et puissantes ; mais aucun n'égalait en richesses et en puissance le collége des prêtres de Komana. Le culte dont ces temples étaient les sanctuaires se rattachait aux cultes médo-persans, et en avait emprunté ses rites aussi bien que sa hiérarchie [1].

Des montagnes d'un accès difficile couvrent au nord les plaines cappadociennes ; entre ces montagnes et le Pont-Euxin, s'étend un pays âpre, inégal, coupé de vallées profondes et arrosé de nombreuses rivières : ce pays, distingué des provinces de l'intérieur par le surnom de Cappadoce Pontique ou Maritime, *Cappadocia Pontica*, vint peu à peu à n'être désigné que par la seule indication abrégée de *Pontus*, le Pont [2]. La description qu'en donne Strabon, assez vague pour les parties intérieures et orientales qu'occupaient des tribus indépendantes et de mœurs barbares, est beaucoup plus exacte et plus circonstanciée pour les parties occidentales voisines du Bas-Halys. Né dans ce pays même, à Amasée, notre géographe avait eu toute facilité pour le bien connaître.

Depuis l'embouchure du Phase jusqu'à Sinope, on comptait trois jours, quelquefois deux seulement, d'une navigation douce et facile en rangeant la côte [3] ; mais ce qui appartient au Pont proprement dit dans cette étendue de côtes, depuis *Trapezùs* jusqu'aux bouches du Halys, n'en forme guère que la moitié. C'est en effet un peu à l'orient de Trébizonde que Strabon place la frontière de la Colchide [4] ; de même que les montagnes qui se prolongent au sud de Trébizonde jusqu'à la branche septentrionale de l'Euphrate formaient, sous le nom de monts *Skoudisès*, la limite commune du Pont et de l'Arménie [5].

manuscrits, ὃ ἐκεῖνοι Μᾶ ὀνομάζουσι, au lieu de ὃ ἐκεῖνοι Κόμανα ὀνομάζουσι ; t. IV, 2ᵉ partie, p. 5 de la trad. fr.

[1] *Id.* lib. XV, p. 733 A-B.

[2] D'Anville, *Géog. anc. abrégée*, t. II, p. 31 ; Mannert, *Geographie der Griechen u. Rœmer*, VI, 2ᵉ part., p. 339, édit. 1801.

[3] Lib. XI, p. 498 B.

[4] Lib. XII, p. 548 D.

[5] Lib. XI, p. 527 A.

Partant de Trébizonde pour gagner Sinope, le navigateur laissait d'abord à sa droite les petites villes de *Hermonassa* (Platana) et de *Kerasûs* [1]. Une autre ville de *Kerasûs*, qui avait reçu plus récemment le nouveau nom de *Pharnakia*, se présentait plus loin sur la côte après que l'on avait franchi le promontoire *Zephyrion* (cap Zéfrèh); celle-ci existe encore sous son nom primitif, à peine altéré en celui de Kérasoun [2]. *Kotyoron*, mentionné par l'historien de la retraite des Dix-Mille [3], avait vu ses habitants transférés à Pharnakia, et avait ainsi perdu son ancienne importance à l'époque où Strabon écrivait [4]. Une large saillie de la côte qui se projette peu après, se termine par deux promontoires, dont l'un a gardé son nom de *Iasonion* sous la forme actuelle de Iasoûn ; le cap Boûna, qui en est voisin à l'E., doit représenter le promontoire *Ghénétès*.

« Au-dessus de Trapezûs et de Pharnakia, l'intérieur du pays est occupé par les *Tibarènes*, les *Khaldéens*, les *Sanni*, nommés anciennement *Makrônes*, et la *Petite Arménie*.....; ce pays est traversé par le *Skoudisès*, montagne très-rude dont les sommets sont occupés par les *Heptakômétès* (ou peuple aux sept bourgades), et qui va se joindre aux montagnes des Moskhès situées au-dessus de la Kolchide, ainsi que par le *Paryadrès*, autre montagne qui s'étend depuis les environs de la Thémiscyre jusqu'à la Petite-Arménie, et qui forme (en se relevant au nord) le côté oriental du Pont-Euxin. Tous les habitants de ces montagnes sont absolument sauvages ; mais les Heptakômétès le sont plus qu'aucun d'eux. Il y en a qui n'ont pour habitation que des arbres ou des tourelles construites en bois ; et comme on donne à ces tourelles le nom de mosunes (μόσυνοι), de là vient que les anciens appelaient ces peuples *Mosunèkes* [5]. Ils vivent de fruits et de la chair des animaux sauvages. Sautant à bas de leurs tourelles, ils attaquent les passants. Les Heptakômétès massacrèrent trois cohortes de Pompée qui traversaient ces mon-

---

[1] Aujourd'hui ruinée. *Voy.* ci-dessus, p. 325, note 3, l'Itinéraire des Dix-Mille dans Xénophon.
[2] Will. Hamilton, *Researches in Asia Minor*, t. I, p. 262.
[3] Ci-dessus, p. 329.
[4] Strab. lib. XIII, p. 548. C.
[5] Sur ce point, *voy.* notre remarque, ci-dessus, p. 327.

tagnes, en plaçant sur le chemin des pots du miel enivrant qu'on recueille aux extrémités des branches d'arbres ; ils saisirent le moment où les soldats, ayant goûté de ce miel, avaient perdu la raison [1], pour tomber sur eux et les égorger. Quelques-uns de ces barbares se nommaient *Buzères* [2]. Ceux que l'on connaît aujourd'hui sous le nom de *Khaldéens* (Χαλδαῖοι), s'appelaient anciennement *Khalubes* [3]. »

Les observations que dans plusieurs des chapitres précédents nous avons présentées sur les populations barbares que Strabon vient d'énumérer, nous dispensent de nous arrêter sur cette partie de son texte. Nous y reviendrons d'ailleurs d'une manière plus spéciale, lorsque nous tracerons l'histoire géographique et ethnologique du Caucase, auquel ces tribus appartiennent par l'origine et la langue. Nous ferons seulement remarquer que les *Tibarènes* ont dans Strabon une bien plus grande importance géographique que ne semblent leur en donner les relations antérieures que nous avons analysées. En maint endroit de son ouvrage, notre géographe emploie dans un sens général les expressions tribus tibarêniques, côte tibarênique, Tibarênie, pour désigner l'ensemble de la contrée maritime qui avoisine Trébizonde et confine à la Kolchide [4] ; de même que dans l'antique géographie moïsiaque, qui date du seizième siècle avant notre ère, la région caucasienne est personnifiée dans les deux noms de Mesekh et de Tubal, où l'on ne saurait méconnaître les Moskhes et les Tibarènes de la géographie grecque [5]. Ces rapprochements pourraient conduire à d'intéressantes inductions ethnologiques, qui seront plus convenablement placées quand nous aurons à traiter de la géographie du Caucase; alors aussi nous retrouverons les Sanni ou Makrônes, et les Khaldéens ou Khaldi, peuples qui appartiennent, comme les précédents, à la souche

---

[1] Comp. les effets décrits par Xénophon, ci-dessus, p. 324.

[2] Ce peuple fut connu dès les temps les plus reculés. On le trouve nommé dans les anciennes Argonautiques d'Orphée, ainsi que dans le périple de Scylax (ci-dessus, p. 218 et 280).

[3] Strab. lib. XII, p. 548 D sqq. *Voy.* t. V, 2ᵉ partie, p. 40, de la tr. fr.

[4] Strab. lib. II, p. 129 D ; VII, 309 C ; XI, 527 A, etc.

[5] Vid. Boch. *Phaleg*, lib. III, c. 12 ; Dubois de Montpereux, *Voyage autour du Caucase*, t. IV, p. 321, 338, etc. Add. ci-dessus, p. 366, note 1.

géorgienne. Le nom de Petite-Arménie donné aux cantons riverains de la droite de l'Euphrate indique suffisamment l'extension de la race arménienne de ce côté du fleuve.

« *Pharnakia*, dans le territoire des Khalubes, possède des mines qui ne fournissent aujourd'hui que du fer, poursuit Strabon, mais qui autrefois produisaient aussi de l'argent. La côte est ici généralement très-étroite, parce qu'elle est immédiatement sous des montagnes pleines de mines et couvertes de forêts; et comme il y a peu de terres labourables, il ne reste aux habitants d'autres ressources pour subsister que les mines et la pêche : les premières entretiennent un grand nombre de mineurs, et la seconde beaucoup de mariniers..... Le pays fournit d'ailleurs des bois de construction en abondance, qui se transportent aisément (jusqu'à la mer) au moyen de rivières; on y recueille aussi beaucoup de lin, de chanvre, de cire et de poix. Les productions alimentaires suffisent aux habitants; le miel seul y est d'une qualité délétère..... La longue chaîne des monts Paryadrès, qui domine toutes les vallées côtières, a beaucoup d'eaux et de forêts; de tous côtés elle est coupée par quantité de ravins et de précipices. Aussi Mithridate l'avait-il choisie pour y faire élever la plupart des forts destinés à garder ses trésors [1]. »

Le navigateur, en longeant la côte dans sa course vers l'ouest, rencontrait, avant d'atteindre les bouches du Halys, celles du *Thermodôn* (Thermèh-tchaï) et de l'*Iris* (Iékil Irmak). Strabon connaît fort en détail ces diverses rivières et leurs affluents, dont aucun voyageur moderne n'a jusqu'à présent exploré complétement les vallées. Ici les montagnes pontiques plus écartées de la côte s'abaissent en collines doucement ondulées, dont les pentes se tapissent de riches vignobles et de bon pâturages; de spacieuses vallées et de larges plaines ont remplacé les gorges abruptes du Pont oriental et ses chaînes escarpées. Le nom de *Themiskura* (ou *Thémiscyre*), célèbre dans les vieilles traditions des siècles héroïques, est resté à une plaine étendue que traversent le Thermodôn et l'Iris avant de se perdre dans l'Euxin. Cette plaine, parée d'une éternelle verdure, nourrit une im-

---

[1] Strab. lib. XII, p. 549 B; XI, 498 C; XII, 555 C.

mense quantité de bœufs et de chevaux estimés, et se couvre, dans ses parties les plus hautes, d'arbres fruitiers de toute espèce. La plaine de Phanarée touche au sud à celle de Thémiscyre ; l'*Iris* et le *Lykos* s'y réunissent près d'une ville qui avait pris de son fondateur, Mithridate Eupator, le nom d'*Eupatoria*, nom que le grand Pompée avait changé en celui de *Magnopolis* (1). Le voyageur, tout en admirant aujourd'hui l'exactitude des indications topographiques de notre géographe sur cette partie du Pont, y cherche en vain les restes de la ville de Mithridate : nul vestige n'en marque l'emplacement au confluent des deux rivières (2). *Kabira*, à environ 150 stades (6 lieues) plus haut sur le *Lykos* (Ghermaïli-tchaï), avait servi de résidence à Mithridate, qui y avait un palais. Le nom de *Neocæsarea* que prit cette ville postérieurement au siècle de Strabon, s'est seul conservé dans celui de Niksar (3).

*Amisos*, ancienne colonie hellénique que le grand Mithridate avait fort embellie, était située au fond d'un golfe spacieux entre l'embouchure de l'Iris et celles du Halys. La ville actuelle de Samsoun l'a remplacée, sans occuper précisément le sol où s'élevait la vieille cité (4). Tout ce territoire qui avoisine à l'est le cours inférieur du Halys est un excellent pays. C'est là que commençait à se montrer la race, inconnue dans la Cappadoce et dans le reste du Pont, de ces moutons à laine fine qui étaient une des richesses de la contrée (5).

*Amasée*, dans une vallée longue et profondément encaissée où coulent les eaux de l'Iris, était la ville natale de Strabon, qui en donne, comme on peut le penser, une description circonstanciée (6) ; le nom s'en est conservé pur dans la dénomination actuelle d'Amasia. Zélèh ou Silèh, à quelques lieues dans le sud d'Amasia, sur un affluent de la gauche de l'ancien Iris, garde

---

[1] Strab. Lib. XII, p. 556 C; Cf. Appian. *de Bell. Mithridat.*, c. 78 et 115.
[2] Eug. Boré, *Correspondance et Mémoires d'un voyageur en Orient*, ci-après, dans le vol. suiv.; Will. Hamilton, *Researches in Asia Minor*, t I, p. 342.
[3] Eugène Boré, *ibid.*; W. Hamilton, I, 346.
[4] W. Hamilton, I, 290.
[5] Strab. lib. XII, p. 546 D ; add. 561 D.
[6] Lib. XII, p. 561 A.

pareillement le nom de *Zéla*, où il y avait un temple d'Anaïtis, la Vénus assyrienne, célèbre dans tout le Pont. Ce temple était desservi par un collége de prêtres qui le cédait à peine en richesses et en autorité au collége de Komana [1]. D'autres temples indigènes s'élevaient encore dans cette partie occidentale de la Cappadoce Pontique, objets de la vénération profonde des peuples et du respect même des rois, lorsque la Cappadoce était indépendante. La vallée de l'Iris avait sa *Komana*, surnommée *Pontique* pour la distinguer de la Komana cataonienne dont elle était une colonie ; cette Komana du Nord, où tout rappelait celle de la Grande-Cappadoce, l'organisation intérieure, le culte et les rites, se distinguait seulement par l'extrême corruption des mœurs et par la succession ininterrompue de ses fêtes, où les plaisirs de toute nature auxquels présidait une armée entière de beautés vénales attachées au temple, étaient prescrits plutôt que contenus par les préceptes de cette religion sensuelle, née dans les chaudes contrées de l'Asie. Tous les biens-fonds des habitants, dit Strabon, consistent en vignobles. La ville était ainsi devenue tout à la fois le point de réunion d'un immense concours de pèlerins accourus de toutes les parties du Pont et de la Grande-Cappadoce, et le centre d'un commerce très-important avec les pays d'au delà de l'Euphrate [2].

Strabon, nous l'avons déjà dit, trace avec exactitude le cours du Halys, le plus grand fleuve de la Péninsule. « Le *Halys*, dit-il, tire son nom des salines (ἅλες) près desquelles il passe ; il prend sa source dans la Grande-Cappadoce, près de la Pontique, et aux environs de la Kamisène. Il parcourt un long espace dans la direction de l'orient à l'occident ; puis, retournant vers le septentrion, il traverse le pays des Galates et celui des

---

[1] *Ibid.* p. 559 D.

[2] *Ibid.* p. 557-559. Heeren, dans son immortel ouvrage sur *le Commerce et la Politique des Anciens Peuples*, a étudié au point de vue de l'économie publique ces créations de grands centres commerciaux que nous voyons placés, dans l'antiquité comme à l'époque de notre moyen âge européen, sous l'invocation des dieux populaires et sous la protection de la foi religieuse ; et le professeur Creuzer, dans sa magnifique exposition des *Religions de l'Antiquité*, si remarquablement traduite par M. Guigniault, a particulièrement approfondi les parties dogmatique et symbolique de la religion cappadocienne.

Paphlagons, séparant ceux-ci des *Leukosyri* [1]. » Au surplus, Hérodote lui-même, cinq cents ans avant Strabon, avait connu très-exactement aussi le cours de ce grand fleuve [2]. C'est Pline, le premier, trente ans après Strabon, qui a donné lieu, par une phrase où il y a autant d'erreurs que de mots [3], à l'introduction sur nos cartes d'une branche méridionale qui n'exista jamais [4], tant la vérité est fragile et l'erreur contagieuse !

Pour Strabon, comme pour Hérodote, le *Halys* est la grande ligne de démarcation de la Péninsule : c'est au Halys que se terminent, avec la Cappadoce, les contrées qui par leur langue et leurs origines se rattachent aux nations plus orientales de la région de l'Euphrate ; c'est là que commence l'*Asie propre* dans son acception restreinte et spéciale, ou, comme on dira plus tard, l'*Asie-Mineure*. Arrivé à cette grande frontière, le géographe embrasse du regard l'ensemble des provinces qui lui restent à décrire dans la Péninsule : « Les pays en deçà du Halys sont, du côté du Pont-Euxin et de la Propontide, la Paphlagonie, la Bithynie et la Mysie, avec la Phrygie hellespontique, qui comprend la Troade ; du côté de la mer Égée et des autres mers qui s'y joignent, l'Æolide, l'Ionie, la Carie et la Lycie ; dans l'intérieur des terres, la Phrygie, à laquelle appartient le pays des Gallo-Grecs, appelé Galatie, cette autre Phrygie que

---

[1] Lib. XII, p. 546 ; t. IV, 2ᵉ part., p. 35 de la trad. fr. L'existence des grands dépôts salifères dans le sol que traverse le Halys inférieur a été constatée par les voyageurs modernes. W. Hamilton, *Res. in Asia Minor*, t. I, p. 378 ; Fr. Ainsworth, dans le *Journal of Geog. Soc. of Lond.*, t. IX, p. 264-67.

[2] Ci-dessus, p. 293. Il convient cependant de remarquer qu'une expression inexacte, dans sa trop grande généralité, de l'un des deux passages où Hérodote mentionne le Halys (lib. I, c. 6), a pu contribuer à accréditer plus tard la fausse notion de la direction Sud-Nord de son cours.

[3] *Amnis Halys, à radicibus Tauri per Cataoniam Cappadociamque decurrens*, lib. VI, c. 2.

[4] *Voyez* d'Anville, *Géographie Ancienne abrégée*, t. II, p. 7, et les cartes de l'illustre géographe. Comp. Mannert, *Geographie der Griech. und Rœmer*, t. VI, 2ᵉ part., p. 455. L'affluent du Halys que d'Anville regarda comme une branche méridionale du fleuve, pensant ainsi concilier Pline avec Strabon et Hérodote, n'est qu'un cours d'eau de très-peu d'importance nommé Tatlar-sou ou rivière de Tatlar, coulant du Sud au Nord, entre le mont Ardjèh et le grand lac salé, ou Touz-Gheul.

l'on nomme Épictète (c'est-à-dire ajoutée, annexée), la Lykaonie et la Lydie [1]. » Pour compléter cette énumération, il faut ajouter les provinces du Taurus, comprises entre cette chaîne et la mer, c'est-à-dire, la Pamphylie avec la Pisidie, l'Isaurie et les deux Cilicies, provinces qui ne sont pas comprises dans l'*Asie propre*, comme étant au sud ou *au delà* du Taurus. C'est dans cet ordre même que Strabon va décrire ces diverses provinces, et que nous allons les parcourir avec lui.

La *Paphlagonie*, qui touche au Pont cappadocien dont le Halys inférieur la sépare, s'étend à l'ouest depuis ce fleuve jusqu'au *Parthenios* qui lui sert de limite du côté des Bithyniens. Son front, où se projette le promontoire *Karambis* (aujourd'hui cap Kérempèh), s'étend au nord sur le Pont-Euxin, et elle a au sud les Galates établis dans la Grande-Phrygie. Une chaîne de montagnes qui longe la côte à peu de distance depuis Sinope jusqu'au Parthenios, et qui abonde en bois excellent pour la construction des navires, partage la Paphlagonie en deux régions naturelles bien tranchées, la région maritime et l'intérieur. Au sud de cette première chaîne, une autre rangée, l'*Olgassys*, a des sommets élevés et d'un accès difficile [2].

La première ville de la côte, à partir du Halys, est *Sinope* (Σινώπη, *Sinopê*); c'est la plus considérable du pays. Elle fut autrefois fondée par les Milésiens, et elle ne tarda pas à devenir, au moyen de la marine qu'elle avait formée, maîtresse d'une grande partie de la côte de l'Euxin, depuis le Bosphore jusqu'au Phase. La nature, non moins que la main des hommes, avait contribué à l'embellir. Elle est située sur l'isthme d'une presqu'île, et possède deux ports placés aux deux côtés de cet isthme [3]. Diogène le Cynique était né à Sinope. L'olivier couvre les parties du territoire de la ville les plus rapprochées de la mer. Le port d'Armênê, un peu plus loin à l'ouest, appartient aussi aux Sinopéens.

[1] Strab., lib. II, p. 129 D; comp. XII, 534 C.
[2] Strab. XII, p. 544 B; 546 D; 562 A. Le nom d'Olgassys se conserve encore dans celui de mont Alkas, ou Alkas-Dâgh.
[3] Elle n'a changé aujourd'hui ni de situation ni de nom. Les Turks prononcent Sinoub. *Armênê* a pris le nom d'Ak-Liman, le Port-Blanc. *Kinolis* est aujourd'hui Kinolou, et *Amastris* Amassérah.

Deux villes moins considérables se succèdent sur la côte : *Kinôlis* et *Amastris*, celle-ci à l'occident, celle-là à l'orient du Karambis. Amastris s'est formée de la réunion de quatre bourgades antiques, *Téion*, *Sêsamos*, *Kutôros* et *Krômnè*, mentionnées par Homère dans son dénombrement des Paphlagons. Dans l'intérieur des terres, il n'y avait au temps de Strabon qu'une seule ville à citer, *Pompeïopolis*, alors de fondation nouvelle. On en a retrouvé l'emplacement dans un lieu maintenant obscur qui porte chez les habitants le nom turk de Tasch-Keupri [1].

Le *Parthenios*, limite commune des Paphlagons et des Bithyniens, devait son nom, dit Strabon, aux campagnes fleuries qu'il arrosait dans son cours [2]. Notre géographe passe rapidement sur le pays bithynien, contrée sans illustration historique, et dont toutes les villes notables, à l'exception de *Hêrakleïa* ou Héraclée, port renommé sur la côte du Pont, qui conserve encore de nos jours, sous le nom d'Eregli, une partie de son ancienne importance, étaient de fondation récente. *Nicée* (Νίκαια, Nikaïa), capitale de la Bithynie, avait été fondée par Antigone, fils de Philippe, qui l'avait d'abord nommée *Antigonie*. Elle était située sur le lac *Askania*, au milieu d'une plaine vaste et fertile, mais que les exhalaisons d'un terrain noyé rendaient malsaine durant les chaleurs de l'été. Isnik, comme prononcent aujourd'hui les Turks, occupe l'emplacement de Nikaïa, de même qu'Iskimid, forme contractée d'Isnikmid, rappelle le nom de l'ancienne *Nicomédie* (Νηχομήδεια). Celle-ci avait été fondée par un des rois bithyniens, dont le nom de race était Nicomède ; elle était au fond d'un golfe profond de la Propontide, auquel une petite ville d'origine plus ancienne, Astakos, donnait son nom [3]. Au sud de ce golfe, la Propontide en creuse un second dans les terres sur lequel était *Prusias*, anciennement nommée *Kios*, la *Cius* des écrivains latins. Philippe, père de Persée, roi de Macédoine, ayant détruit Kios et une ville voisine, nommée *Myrleïa*, les fit rebâtir l'une et l'autre, la pre-

---

[1] Strab., lib. XII, p. 544 et suiv., et p. 562 C.

[2] Lib. XII, p. 543 C. *Voyez* la note de M. Coray, t. IV, 2ᵉ part., p. 27 de la trad. franç. Le Parthenios conserve parmi les Grecs du pays le nom de *Partheni*, que les Turks prononcent Bartan ou Bartin.

[3] Aujourd'hui le golfe d'Iskimid.

mière sous le nom nouveau de *Prusias*, la seconde sous celui d'*Apameïa* [1]. Une seconde *Prusa*, que l'on a quelquefois confondue avec la première, avait été fondée par Prusias, roi de Bithynie, au pied du mont Olympe ; peu considérable du temps de Strabon, cette Prusa de l'Olympe acquit par la suite une célébrité et une importance qu'elle conserve en partie sous son nom actuel de Brousse. L'embouchure du *Rhyndak*, un peu à l'ouest d'Apamée, paraît avoir marqué de ce côté la borne extrême de la Bithynie, quoiqu'il fût difficile d'assigner des limites précises aux territoires respectifs des Bithyniens, des Mysiens et des Phrygiens. A l'extrémité de la longue presqu'île que forme la Propontide et le Pont-Euxin, et que l'étroit canal connu sous le nom de Bosphore de Thrace, plus anciennement Bosphore Mysien, sépare de l'Europe, les Bithyniens possédaient encore *Khalkèdôn*, Καλχηδών, non loin du bourg de *Khrysopolis*, Κρυσόπολις, assis sur la pointe même qui faisait face à Byzance. Skutari, ou, comme disent les Turks, Ouskoudar, occupe aujourd'hui l'emplacement de Khrysopolis ; Khalkèdôn (vulgairement Chalcedoine), est représentée par un village que les Turks nomment Kadi-Keuï, le village du Kadi. Le cours inférieur du *Sangarios*, la plus grande rivière de la Bithynie, avait marqué, au temps du Grand Mithridate, la limite occidentale du royaume du Pont [2].

La *Galatie*, ainsi nommée des Galates ou Gaulois qui étaient venus s'y établir près de trois siècles et demi avant le temps de Strabon [3], s'étendait au sud des Paphlagons et dans le sud-est des Bithyniens, sur une portion de l'ancienne Phrygie. Strabon fait connaître avec détail l'organisation civile et politique de cette horde étrangère, qui était venue échanger ici contre un établissement fixe et une vie sédentaire, ses anciennes habitudes de peuple nomade. *Pessinus*, leur place la plus considérable, à 150 stades ou 6 de nos lieues environ, des sources du Sangarios, était renommée par son ancien temple phrygien d'Agditis, ou

---

[1] Prusias est aujourd'hui le bourg de Ghemlik, auquel les Grecs conservent son nom primitif de *Kios* sous la forme de Ghio. Myrleïa, ou Apamée, est Moudania, qui donne maintenant son nom au golfe.

[2] Strab. lib. XII, p. 542-43, 563-666.

[3] Ci-dessus, p. 351.

la Grande-Déesse, dont l'origine était indubitablement cappadocienne : cette ville a été anéantie durant les bouleversements qui accompagnèrent les invasions et l'établissement des hordes turques [1]. Au temps de sa prospérité, Pessinûs, comme la Komana du Pont, avait été à la fois un sanctuaire religieux et un grand centre de commerce. *Ankura*, ou *Ancyre*, qui n'était alors qu'une forteresse obscure, a hérité, sous son nom actuel d'Angoura, d'une partie au moins de l'ancienne importance de Pessinûs. Les bords du haut Sangarios, dans la région où Pessinûs était située, offraient à la curiosité du voyageur de nombreux vestiges d'anciennes habitations des rois phrygiens. Ces restes de la grandeur passée de la dynastie nationale n'avaient pas même, dit Strabon, conservé traces de villes : ce n'étaient plus que des bourgades un peu plus considérables que les autres. De ce nombre était *Gordion*, illustrée par la visite d'Alexandre le Grand, qui sut y faire parler en faveur de sa fortune le présage de domination universelle attaché au nœud célèbre de Midas [2].

« Après la Galatie, poursuit Strabon, on trouve au midi le lac *Tatta*, situé le long de cette partie de la Grande-Cappadoce voisine des *Morimènes*; ce lac appartient à la Grande-Phrygie, de même que le pays qui lui est contigu jusqu'au mont Taurus. Les eaux de ce lac se changent naturellement en sel ; et cette concrétion se forme si aisément autour de ce qui touche ses eaux, qu'en y plongeant des cercles de corde on les retire convertis en couronnes de sel. Si des oiseaux viennent à effleurer les eaux du lac, leurs ailes s'embarrassent tellement par le sel qui s'y attache, qu'ils tombent aussitôt et sont pris [3]. »

Strabon continue de décrire le grand plateau phrygien. Im-

---

[1] M. William Hamilton a cru en retrouver les ruines au village turk de Baba-Hissar, à mi-chemin environ d'Afioum-Kara-Hissar à Angoura. *Res. in Asia-Min.* I, 441.

[2] Strab. lib. XII, p. 566 et suiv.

[3] Lib. XII, p. 568, t. IV, 2ᵉ part., p. 94 de la trad. fr. MM. Hamilton et Ainsworth sont les premiers voyageurs modernes qui aient bien étudié la nature du lac Tatta, nommé aujourd'hui par les habitants Touz-Gheul ou lac de Sel, et qui en aient correctement dessiné les contours. *Voyez* dans le volume suivant, le précis de leurs relations.

médiatement après le lac Tatta, du côté du sud, s'étendent les plaines montueuses, froides et nues, des *Lykaoniens*. Malgré la disette d'eau qu'on y éprouve, les moutons y pullulent merveilleusement, mais ils y donnent une laine rude. *Ikonion*, lieu de peu d'importance, était la ville principale des Lykaoniens dont elle rappelait le nom, qui subsiste encore aujourd'hui dans celui de Konièh. Deux lacs assez étendus situés dans la même contrée, *Kôralis* et *Trôghitis*, se retrouvent encore sous les noms de Kéréli et de Soghla [1].

Les parties de la Lykaonie qui touchaient immédiatement au Taurus portaient le nom particulier d'*Isaurie*. Ces cantons n'avaient point de villes ; les habitants, réunis dans de misérables bourgades et retranchés dans la profondeur de leurs montagnes, désolaient par leurs déprédations toutes les terres environnantes. Pirates en même temps que brigands, ils possédaient nombre de forteresses le long de la côte que borde cette partie du Taurus. La réduction sur mer et sur terre de ces populations pillardes, avait coûté aux Romains de longs efforts [2] ; et on les retrouvera plus tard infestant de nouveau les mêmes parages, quand l'empire affaibli et démembré cessera de les contenir par la force ou par la crainte.

Les *Pisidiens*, contigus aux Lykaoniens vers l'ouest, habitaient comme ceux-ci les hautes vallées du Taurus. Beaucoup de ces vallées, malgré la difficulté des lieux qui les environnent, ne laissent pas d'être fertiles et bien cultivées [3]. Les villes principales des Pisidiens étaient *Selghê*, *Sagalassos*, *Isionda*, et *Termessos*, que les marches d'Alexandre, et l'expédition de Cn. Manlius contre les Galates, nous ont déjà fait connaître.

Le nom de *Phrygie* s'étendait sur une très-grande partie de l'intérieur de la Péninsule, entre les Lyciens, les Pisidiens, les Lykaoniens, la Cappadoce, les Galates, la Bithynie, la Mysie voisine de l'Hellespont, la Lydie et la Carie [4] ; c'est aux dépens de la Phrygie, nous le savons, que les Galates avaient formé leur vaste établissement dans l'Asie-Mineure. On appelait

---

[1] Strab., lib. XII, p. 568.
[2] *Id., ibid.*
[3] *Ibid.*, p. 569 et suiv.
[4] *Ibid.*, p. 571 et suiv.

spécialement *Grande-Phrygie* les parties centrales de cette division considérable de la Péninsule, distinguant par la dénomination de *Petite-Phrygie* les cantons beaucoup moins étendus qui confinaient à la Bithynie et aux terres mysiennes, et qui bordaient le pied de l'Olympe. Cette petite Phrygie reçut le nom de *Phrygie-Épictète* (*ajoutée*, *annexée*), lorsque Prusias, roi de Bithynie, la céda au roi de Pergame, qui l'incorpora à ses États. Ajoutons que l'on distinguait encore par le nom de *Phrygie-Parorée* (qui longe les montagnes), les parties contiguës au Taurus pisidien.

La Phrygie est un pays partagé entre des plaines d'une vaste étendue et une longue suite de montagnes, se prolongeant depuis le Taurus auquel elles se rattachent jusqu'au groupe septentrional que domine, non loin de Prusa, le haut sommet de l'Olympe. Les notions chorographiques que possède Strabon sur cette grande province, n'ont pas à beaucoup près le détail de celles que son ouvrage nous offre pour d'autres portions de la Péninsule, telles, notamment, que certaines parties du Pont et les côtes de la mer Égée. On voudrait trouver ici de ces vues d'ensemble qui mettent en relief les traits saillants de toute une région naturelle, et en forment en quelques lignes un tableau dont l'esprit saisit sans peine les grands linéaments, cadre général où les détails se classent et se coordonnent ensuite avec clarté. Il ne faut pas, nous l'avons déjà dit, chercher dans Strabon, non plus que dans aucun autre géographe ancien, de ces larges aperçus où la géographie physique encadre et circonscrit comme en un riche panorama les arides détails de la géographie politique. Strabon, il faut le dire à sa louange, eut le sentiment de cette méthode descriptive qui procède à la fois de la rigueur scientifique et de la touche animée du peintre; mais trop souvent les éléments lui manquèrent pour rester fidèle à cette méthode, où doivent s'allier et se fondre en quelque sorte la froide précision de l'astronome, la rigueur mathématique de l'ingénieur, la scrupuleuse exactitude du statisticien, l'investigation laborieuse de l'historien et de l'antiquaire, échauffées et colorées au contact vivifiant de l'imagination. Outre le talent de l'écrivain, une telle manière de procéder dans la description de la terre suppose une masse de renseignements précis sur toutes les parties de la géographie naturelle dont les anciens restèrent toujours à une énorme distance, et que nous-mêmes sommes loin encore de posséder à un degré aussi complet qu'on le pourrait désirer. L'art d'observer les faits physiques, et particulièrement ceux-là mêmes d'où le géographe peut déduire le relief orographique d'une grande région, était né à peine quant Strabon écrivait : ainsi donc, n'attendons pas de lui à cet égard plus qu'il n'a pu nous donner. Chez lui, nous trouvons des détails, rarement des masses; ou s'il essaye de grouper en une vue sommaire les données qu'il a réunies sur tout un pays, il règne presque toujours dans ses généralités un vague, un défaut de liaison et d'ensemble, qui tiennent à cette absence de notions précises sur le relief du sol, notions en dehors desquelles il n'y a pas de bonne description possible.

Les deux villes principales de la Grande-Phrygie étaient *Laodikeïa* (Laodicée), et *Apameïa* surnommée *Kibôtos*, le Coffre, ou l'Arche [1]. La première montre ses ruines près d'un lieu que les Turks nomment Eski-Hissar ou le Vieux-Château, à quelques lieues au sud du haut Méandre; on a retrouvé l'emplacement de la seconde à Dinaïr [2], près de la source même de ce fleuve célèbre par les sinuosités de son cours. Apamée avait succédé à une ville plus ancienne que nous avons mentionnée à plusieurs reprises avec Hérodote et Xénophon, sous le nom de *Kélaïnai*. Le pays où elle est assise, de même que toutes les parties de la Phrygie voisines de la Lydie et de la Mysie, était sujet à de violents tremblements de terre, qui plus d'une fois, avant le temps de Strabon, y avaient causé d'affreux bouleversements. Un lac situé entre Laodicée et Apamée, et dont Strabon dit que bien qu'il ressemble à une mer par sa profondeur, il exhale une odeur de bourbe, ne peut être que le lac Tchardak des relations modernes. Le commerce avait fait d'Apamée la seconde ville de l'Asie : Éphèse, sur la côte ionienne, tenait alors le premier rang.

---

[1] L'explication de ce surnom est fort incertaine; quelques-uns, se fondant surtout sur un vers de l'ancienne Sibylle, ont voulu la rattacher à la tradition diluvienne. Cf. Strabon lui-même, lib. I, p. 40 C; Lycophron, *Cass.*, v. 73, et les remarques de Canterus *ad h. loc.*

[2] Et non à Afioum-Kara-Hissar, qui est beaucoup plus loin au Nord, comme l'avait cru d'Anville.

Les autres villes que Strabon nomme en Phrygie ne méritent pas de nous arrêter, si ce n'est *Synnada*, célèbre par ses beaux marbres pareils à de l'albâtre, dont s'alimentait le luxe architectural de la ville des Césars [1]. *Kotiaeïon*, devenue par la suite la capitale de l'Anadoli turk sous le nom de Kutaïèh, n'était alors qu'une bourgade obscure.

La *Mysie*, qui confine à la Phrygie du côté du nord et du nord-ouest, et qui a la Bithynie pour limite orientale, s'étend depuis la Propontide, dont elle borde les côtes, jusqu'aux rivages de l'Égée, où elle vient se terminer vers le Caïque. La partie de cette contrée voisine de la Propontide et du mont *Olympe*, avait reçu de cette proximité le surnom d'*Olympène*. Le géographe a d'ailleurs soin d'avertir que les limites entre les habitations des Mysiens, des Bithyniens et des Phrygiens sont ici difficiles à déterminer d'une manière précise [2].

« Les terres qui environnent l'*Olympe*, dit Strabon, sont assez bien habitées; ses hauteurs sont garnies de forêts prodigieuses, et l'on y trouve des endroits fortifiés qui peuvent servir de retraite aux brigands [3]. »

Au pied de l'Olympe, du côté de l'ouest, s'étend un lac considérable où vient se perdre le *Rhindak*, qui en ressort plus loin pour aller se jeter dans la Propontide après avoir reçu le *Makestos* : ce lac empruntait son nom d'*Aponolliatis* d'une ville d'*Aponollia*, aujourd'hui Aboullionte, située sur ses bords. Deux autres lacs moins étendus se voyaient dans le même canton; l'un s'appelait le lac des *Daskylion*, l'autre de *Milétopolis*, deux noms empruntés à des villes voisines. La nature, plus stable que les établissements des hommes, conserve encore aujourd'hui ces traits de conformation physique que le géographe ancien a décrits; mais les villes qui les animaient ont disparu, et leurs ruines mêmes, dispersées sur le sol ou cachées sous les grossières habitations du paysan turk, échappent souvent à la recherche curieuse du voyageur. Un pauvre village nommé Balkiz occupe maintenant l'emplacement où la ville de *Cyzique* (Κύζικος,

---

[1] Afioum-Kara-Hissar s'est élevée non loin de l'emplacement de Synnada.
[2] Strab. lib. XII. p. 571 et suiv.
[3] *Id.*, p. 574, t. IV de la trad. fr., 2ᵉ part., p. 114.

Kyzik) déployait alors la splendeur de ses édifices qu'admirait l'Asie. Située au col même de l'isthme artificiel qui rattachait l'île du même nom au continent, Cyzique voyait se presser de nombreux vaisseaux dans chacun des deux ports que séparait cet isthme. Une petite ville très-ancienne déjà mentionnée par Hérodote sous le nom d'*Artaké*, et qui paraît n'avoir été du temps de Strabon qu'une bourgade insignifiante, a transmis son nom au village actuel d'Artaki, voisin de Balkiz, plus heureuse en cela que la superbe Cyzique dont tout a péri, jusqu'au nom.

De cette frontière occidentale de la Mysie, marquée par le cours de l'*Esèpe*, Strabon nous conduit dans la *Troade* [1]. Ici mille souvenirs des anciens temps, évoqués par la plume magique d'Homère, viennent planer sur des lieux qui déjà, quand Strabon les décrivait, n'étaient plus qu'un désert couvert de ruines. Chaque nom qui s'offre au géographe dans cette topographie dont il fallait emprunter en partie les détails à la tradition, devient pour lui l'occasion d'une dissertation archéologique; il n'y a pas un village dans cette terre consacrée, pas un monticule, pas une rivière ou un ruisseau, dont le nom ne semble l'écho des vers immortels du poëte. Pour nous, qui déjà avons tracé fort en détail la géographie homérique du royaume de Priam, nous passerons rapidement sur ce long chapitre du géographe grec : plus tard, d'ailleurs, quand les explorations des voyageurs modernes nous ramèneront sur le théâtre des combats de l'Iliade, nous réunirons dans un tableau d'ensemble l'histoire géographique de la Troade à toutes les époques de l'histoire, et alors seulement nous pourrons aborder certaines discussions qui maintenant seraient anticipées. Bornons-nous donc à recueillir le petit nombre d'indications géographiques qui appartiennent spécialement au siècle de Strabon. La Troade, nous le savons, est dominée par un groupe de montagnes auquel les temps héroïques avaient attaché le nom d'Ida, et dont le Gargara est à la fois le point culminant et l'extrémité méridionale ; sur la disposition de cette chaîne, non plus que sur les nombreux cours d'eau qui en sortent pour aller se perdre, soit dans la Propon-

---

[1] Strab. lib. XIII, p. 581 et suiv.

tide, soit dans l'Hellespont, le Géographe n'ajoute rien absolument aux notions qu'en avait données le Poëte.

*Priapos* est la première ville que l'on rencontre sur la côte de la Propontide, après avoir passé la bouche du *Granique* qui succède à celle de l'Esèpe ; après Priapos, viennent *Parion*, *Pitya* et *Prokonnèsos*, puis l'entrée de l'*Hellespont*. Lampsaque, Λάμψακος, avec un bon port, était une place plus considérable que les précédentes ; elle a gardé jusqu'à nos jours sa position et son nom, inaltéré dans celui de Lamsaki. Ni Lampsaque, ni Parion, n'existaient au temps d'Homère. Un peu plus bas, *Abydos* faisait face, comme au temps du poëte, à la ville européenne de Sestos, située dans la Khersonèse thracique. C'est là qu'est la partie la plus étroite du canal, point que les Grecs désignaient sous le nom d'*Heptastadion*, ou les Sept Stades ; ce fut là aussi que Xerxès jeta un pont pour le passage de son armée.

Au delà d'Abydos est *Ilion*, ville dont la fondation est postérieure à la destruction de l'Ilion homérique, et qui n'occupait pas non plus le même emplacement, quoi qu'en dissent les habitants. C'est cette nouvelle Ilion que visita Alexandre lors de son passage en Asie ; et bien que Lysimaque, un des successeurs du conquérant macédonien, fidèle à la pensée que celui-ci avait eue de rendre à la ville quelque chose de l'éclat qu'avait gardé son nom, l'eût agrandie et entourée de murs, ce n'était encore qu'une place bien chétive à l'époque où elle passa sous la domination romaine. Plus loin au sud, une place fondée sur la côte, ou du moins agrandie par le même Lysimaque, et qui reçut de lui le nom d'*Alexandrie-Troyenne* (*Alexandria Troas*), occupait, vis-à-vis de l'île de Lesbos, l'emplacement de plusieurs de ces bourgades honorées du titre de villes dans les temps héroïques. Les ruines de cette Alexandrie prouvent qu'à une époque plus rapprochée de nous que le temps de Strabon, son heureuse situation et la commodité de son port en avaient fait une ville importante.

La pointe avancée que projette la Troade sur la mer Égée portait, comme dans les poëmes d'Homère, le nom de promontoire *Lekton* (le *Lectum promontorium* des Latins) ; à partir de ce cap, la côte tourne brusquement à l'est pour aller former un enfoncement considérable nommé golfe d'Adramyttion. *Assos* et *Antandros*, que le navigateur apercevait sur cette côte à laquelle fait face l'île de *Lesbos*, étaient des villes moins notables que celle d'*Adramyttion*, qui donnait son nom au golfe. Mais aucune ne pouvait rivaliser, ni par la richesse, ni par la grandeur, avec la ville de *Pergame*, Πέργαμος, quoique celle-ci fût déjà déchue de la splendeur où elle était arrivée, lorsque sous les rois successeurs d'Attale elle avait eu le rang de capitale du royaume d'Asie. Le *Kaïque*, Κάϊκος, coulait non loin de Pergame pour aller un peu plus bas verser ses eaux dans le golfe Élaïtique. *Elœa*, ou plutôt *Élaïa*, Ἐλαία, à douze stades, ou deux kilomètres, au sud de la bouche du Kaïque, était sur la côte la dernière ville des Éoliens, et marquait ici la frontière de la Mysie.

La *Lydie* qui lui succède s'étend au sud jusqu'au Méandre [1]. Le *Hermos*, qui vient de la Grande Phrygie, traverse de l'est à l'ouest toute la longueur du pays lydien, et le cours entier du *Kaïstre* y est renfermé dans l'intervalle du Hermos au Méandre. Les plaines qu'arrosent ces fleuves illustrés par les poëtes sont les plus fertiles du monde; mais à côté de ces riches campagnes, sur la limite commune de la Lydie et de la Phrygie, un vaste canton affligeait les regards par son aspect désolé. Il semblait qu'un immense incendie eût sévi sur toute cette contrée et n'y eût laissé que des cendres et des ruines. Ce canton avait reçu des Grecs le nom significatif de *Katakékauméné*, le Pays Brûlé. « Tout ce pays, dit Strabon, qui parle ici en témoin oculaire [2], est dépourvu d'arbres, excepté de vignes, lesquelles produisent le vin nommé katakékauménitô, qui ne le cède à aucun des vins les plus renommés. Les plaines de ce canton sont couvertes de cendres, et les endroits pierreux ou montagneux sont noircis comme par l'action du feu. Quelques-uns se sont imaginé que cet état du terrain a été produit par des foudres et des tourbillons enflammés, et ils ne balancent point à appliquer à ce pays la fable de Typhôn. Mais il n'est point raisonnable de supposer que des feux célestes avaient brûlé une si grande étendue de pays à la fois. Il est plus probable que c'est l'effet de volcans dont les

---

[1] Strab. lib. XIII, p. 625 et suiv.

[2] C'est ce dont on a la certitude par un passage de sa description de la Lydie, p. 630 A.

sources sont épuisées, d'autant plus qu'on y montre encore trois gouffres, à environ quarante stades les uns des autres, que l'on nomme *les Soufflets* (Φύσαι), et au-dessus desquelles on voit des collines raboteuses qui paraissent formées de l'amas des matières que ces gouffres ont vomies [1]. » Un savant anglais, qui a visité cette région, il y a peu d'années, en géologue et en antiquaire, a confirmé l'exactitude ponctuelle du géographe; cette description de la Lydie brûlée semble avoir été tracée d'hier sur les lieux mêmes, tant cette sombre région a profondément gardé l'empreinte de l'action corrodante de ses volcans. M. Hamilton y a retrouvé, non loin de la rive gauche du Hermos, ces trois cratères éteints que les habitants nommaient les trois Soufflets [2].

*Sardes*, Σάρδεις, l'antique capitale de l'empire de Crésus, n'avait de remarquable que ses souvenirs historiques et sa citadelle; non loin de là s'élève le *Tmolos* aux coteaux fertiles. Le *Pactole*, qui sort du Tmolos et traverse Sardes, ne roulait plus, comme au temps des poëtes, l'or qui jadis se mêlait à ses eaux. Moins élevé que le Tmolos, le mont *Mesôghis* se prolonge sur une plus vaste étendue, couvrant au nord toute la vallée du Méandre depuis Apamée jusqu'à la mer [3].

On sait combien le *Méandre* fut célèbre de bonne heure par les innombrables sinuosités de son cours; pareil à tous les fleuves aux eaux peu rapides, le Méandre déplaçait fréquemment son lit mal encaissé. On raconte, nous dit Strabon, qu'on intente des procès au fleuve toutes les fois qu'il change les limites des champs en rongeant les angles de ses rives, et que, s'il en est convaincu, on le condamne à des amendes qui sont prises sur les péages [4].

Au midi du haut Méandre, vers les confins communs de la

---

[1] *Ibid.*, p. 628, t. IV, 2ᵉ part., p. 253 de la traduct. fr. Comp. Diod., lib. III, c. 69. Nous avons dit ailleurs que, selon toute apparence, la vallée du Kaïstre avait dû son nom, devenu celui de la rivière, au même aspect brûlé du terrain; et nous savons d'ailleurs que les anciens Hellènes rapportaient à la même origine le nom même de la Phrygie (de φρύγειν, brûler). Cette étymologie, quoique fausse, était spécieuse.

[2] *Researches in Asia-Minor*, t. II, p. 136.

[3] Lib. XIII, p. 629 A, avec la correction de Casaubon, *notæ*, p. 232.

[4] *Id.* lib. XII, p. 580 A.

Lydie, de la Phrygie et de la Carie, le géographe avait peine à discerner les limites précises de chacune des trois contrées. Ce qui avait surtout, dès le temps de Strabon, contribué à cette confusion dont il se plaint, c'est que les Romains, dans la distribution administrative de ces pays, n'avaient point eu égard à la différence des nations, et qu'ils les avaient divisés indistinctement en juridictions, dont chacune avait une ville principale, où les juges s'assemblaient pour tenir les assises [1]. C'est ainsi que sous le niveau de plomb d'un peuple conquérant, les différences originelles des tribus et des races tendent incessamment à s'affaiblir et à s'effacer.

La Lydie avait ici plusieurs villes au sud du fleuve, notamment *Hiérapolis* [2], non loin de Laodicée, *Antioche du Méandre* [3], *Kibyra*, surnommée la grande, Κίϐυρα Μεγάλη [4], *Sinda* et *Kabalis*. Les traditions du pays, et certains noms locaux, rappelaient dans ces cantons la présence des anciens *Solymes*, mentionnés par Homère. Le district montagneux de *Milyas*, que nous a déjà fait connaître la géographie d'Hérodote, se trouvait aussi sur ces confins. Strabon nous en décrit d'une manière précise la situation et l'étendue : « On donne le nom de *Milyas*, nous dit-il, à toute cette chaîne de montagnes qui commence aux défilés du Taurus voisins de Termêssos, et qui s'étend jusqu'à Sagalassos et au territoire d'Apamée [5]. »

Strabon parcourt ensuite spécialement l'*Ionie*, c'est-à-dire la lisière maritime de la Lydie depuis l'embouchure du Hermos jusqu'au promontoire *Posidaïon*, au delà du Méandre [6]. Nous avons déjà énuméré avec Hérodote les villes de cette heureuse contrée, que notre géographe décrit dans un grand détail ainsi que les îles nombreuses qui bordent la côte. *Ephèse*, remarquable par ses monuments et riche d'un immense commerce, tenait alors le premier rang parmi les villes ioniennes ; aujour-

---

[1] Lib. XIII, p. 628 D.
[2] Pembuk-Kalèh.
[3] Aujourd'hui ruinée. *Voyez* ci-dessus, p. 357, note 2.
[4] Site incertain, ainsi que pour les deux places suivantes.
[5] Lib. XIII, p. 631 C.
[6] Lib. XIV, p. 632 et suiv.

d'hui Éphèse n'existe plus [1], et *Smyrne*, favorisée par son heureuse situation au fond d'un vaste golfe, lui a succédé sans peut-être l'égaler.

Strabon visite de même le littoral de la Carie [2], couvert, comme celui de la Lydie, de villes d'origine hellénique, s'arrêtant à chaque pas, selon sa coutume, ici pour raconter l'histoire des endroits célèbres, là pour exposer les traditions ou rechercher les origines, ailleurs pour disserter sur la parenté ou les migrations des anciens peuples, d'autres fois pour raconter une anecdote caractéristique ou parler des hommes éminents que chaque ville avait vus naître. Plus d'un fait curieux nous a ainsi été transmis ; mais il ne faudrait pas s'attendre, néanmoins, à trouver dans les fréquentes excursions archéologiques de notre géographe les secours ni les lumières que les méthodes plus sévères de la critique moderne eussent probablement su tirer des sources abondantes qui lui étaient encore ouvertes. Habitué aux discussions un peu verbeuses des écoles grecques, Strabon s'abandonne à d'immenses dissertations sur de très-petits sujets ; et dans ces longues discussions sur un vers d'Homère ou de quelque autre poëte ancien, il lui arrive souvent d'oublier les choses pour les mots. La vraie critique historique, celle qui veut apprécier avant tout la valeur relative ou absolue des anciens monuments, qui en discute la portée et qui sait grouper dans un ordre lumineux tous les éléments d'un problème ; celle qui dans une question de races interroge à la fois et soumet à un contrôle réciproque l'histoire écrite et les traditions, les langues et le type physique : cette critique, instrument si puissant dans les mains de quelques-uns de nos savants modernes, n'existait pas au temps de Strabon. Jamais les anciens ne soupçonnèrent l'utilité des études principales qu'elle suppose, l'étude comparée des langues, notamment, et celle de la conformation extérieure des peuples au point de vue historique. En histoire comme en physique, les sciences d'observation étaient nées à peine, et ne marchaient qu'en tâtonnant dans l'horizon borné où elles étaient confinées.

[1] Ses ruines font encore l'admiration des voyageurs, près d'un lieu nommé Aïasalouk.
[2] Lib. XIV, p. 651 et suiv.

Après les villes helléniques de la Carie maritime, *Iassos*, *Mynde*, *Halicarnasse*, *Keramos*, *Knide*, *Kaunos*, le géographe ne trouve à citer dans l'intérieur du pays que trois villes notables, *Mylasa*, *Stratonicée* et *Alabanda*; il n'y avait plus ensuite que des bourgs, les uns de la banlieue de ces dernières, les autres de la banlieue des villes maritimes [1]. *Stratonicée*, moins ancienne que les deux autres villes intérieures, était d'origine macédonienne, et ses fondateurs l'avaient ornée d'édifices magnifiques.

La grande et belle île de *Rhodes* arrête longtemps aussi les pas de notre auteur ; puis il revient au continent, et parcourt la *Lycie*, Λυχία. « La côte, nous dit Strabon, en est rude et d'un accès difficile ; néanmoins on y trouve de très-bons ports, et elle est occupée par une nation sage. Son territoire est de la même nature que celui de la Pamphylie et de la Cilicie Trachée (qui viennent ensuite); mais les habitants de ces deux provinces ont fait de leur pays un repaire de brigands, soit en exerçant eux-mêmes le métier de forbans, soit en offrant un abri aux vaisseaux des pirates, et en leur ouvrant des marchés où ceux-ci viennent exposer en vente le fruit de leurs rapines : c'est à Sidé, ville de Pamphylie, que ces brigands avaient établi leurs chantiers, et c'est là qu'ils vendaient à l'encan leurs prisonniers, sans même chercher à dissimuler qu'ils vendaient des hommes libres [2]. Les Lyciens, au contraire, se sont toujours conduits en hommes civilisés et sages; et quoique leurs voisins, par leurs pirateries, aient réussi (dans un temps) à s'emparer de toutes les mers jusqu'en Italie, les Lyciens n'ont point été tentés de les imiter. Ils sont toujours restés fidèles aux principes sur lesquels était réglé leur gouvernement, connu sous le nom de *corps lyciaque*.

» Ce corps est composé de vingt-trois villes qui ont voix dans l'assemblée publique à laquelle chaque ville envoie des députés, et qui se tient dans celles qu'ils choisissent. Les plus considé-

---

[1] *Ibid.* p. 658 D. Mylasa a gardé le rang de ville sous le nom de *Melasso*; les deux autres n'existent plus. Les voyageurs ont retrouvé les ruines d'Alabanda près d'un lieu nommé *Arab-Hissar*, et celles de Stratonicée à Eski-Hissar, ou le Vieux Château.

[2] On sait que les Romains avaient à grand'peine réprimé ces brigandages.

rables de ces villes ont chacune trois voix, les moyennes deux, et les autres une seule voix. Elles contribuent dans la même proportion aux dépenses et aux autres charges publiques. Les plus grandes, selon Artémidore, sont au nombre de six : savoir, *Xanthos*, *Patara*, *Pinara*, *Olympos*, *Myra* et *Tlos*. Celle-ci est située sur le chemin qui mène à Kibyra [1]. » La première en rang d'importance était *Xanthos*, dont il n'existe plus aujourd'hui que les ruines. Parmi les autres cités lyciennes, Strabon nomme encore *Kragos*, que dominent les huit cimes de la montagne du même nom; puis *Telmissos*, *Limyra*, *Phellos*, *Antiphellos* et *Phaselis*. La plupart de ces villes nous sont déjà connues par les descriptions d'auteurs plus anciens. Les deux plus grandes rivières du pays sont le *Xanthos* et le *Limyros*. Le Xanthos avait primitivement porté le nom de *Sirbês*. On sait que c'est en Lycie que l'on plaçait communément l'origine du Taurus [2].

Depuis l'extrémité de la Cilicie où elle touche à la Pamphylie, jusqu'à Soloi et à Tarsos où finit la Cilicie Trachée, le pays ne consiste qu'en une lisière étroite entre la côte et la montagne. C'est à Tarsos seulement que la côte commence à s'élargir et à s'étendre en plaine au pourtour du golfe issique [3].

*Olbia*, place très-forte, marquait le commencement de la *Pamphylie* [4]; peu après venait un fleuve considérable nommé *Katarhaktès*, qui se précipitait comme un torrent d'une roche élevée, avec une telle impétuosité que le bruit frappait au loin l'oreille du navigateur [5]. *Attalia*, fondée par le roi Attale Philadelphe, était à l'orient de la bouche du fleuve. Les ruines de cette dernière ville sont aujourd'hui connues sur cette côte peu fréquentée sous le nom grec de Palaïa Attalia, Attalia la Vieille; et le même nom, prononcé par les Turks Sattalièh, a été transporté un peu plus loin à l'ouest à une autre ville, qui est l'an-

---

[1] Lib. XIV, p. 664, t. IV; 2ᵉ partie, p. 355 de la trad. fr.

[2] Les récentes explorations de M. Charles Fellow ont beaucoup éclairci l'ancienne géographie lycienne; *voy.* le volume suivant.

[3] *Ibid.*, 664 B.

[4] *Ibid.*, p. 667.

[5] Comp. Mela, 1, 14. C'est le Douden-sou. Corancez, *itinér. d'une partie peu connue de l'Asie-Min.*, p. 384; Leake, *Tour in Asia-Minor*, p. 191, édit. in-8.

cienne Olbia⁽¹⁾. Deux rivières notables se rencontraient ensuite, le *Kestros* et l'*Eurymédôn*: sur la première, non loin de la côte, était la ville de *Perghê*; sur la seconde, dans une situation à peu près semblable, celle d'*Aspendos*. Plus loin encore on trouvait *Sidê*, colonie des Kuméens de l'Ionie, puis le fort *Korakêsion*, où commençait la *Cilicie*.

Cette province, la dernière de l'Asie-Mineure du côté de la Syrie, occupait le reste du littoral jusqu'au fond du golfe d'Issos⁽²⁾. La nature l'a partagée en deux parties bien distinctes. Celle de l'ouest, âpre et montagneuse, avait reçu des Grecs le surnom de *Trachée*, ou plutôt *Trakhée*, Τραχεία, qui exprime cette nature du pays; la seconde, presque toute en plaines, était distinguée par l'épithète de Πεδιάς, Cilicie des Plaines⁽³⁾. Le promontoire *Anemourion* (Cap Anamour) est sur cette côte le point qui se rapproche le plus de l'île de Cypre; *Kélendéris* et *Séleucie*, Σελεύκεια, se succèdent ensuite sur ou près de la côte, parmi beaucoup d'autres lieux moins importants. A *Soloi* (*Soli*, dans la transcription latine), commence la Cilicie des Plaines; non loin de là est l'embouchure du *Kydnos*, rivière qui sort du Taurus et passe à *Tarsos* ou *Tarse*. Nous apprenons de Strabon que les habitants de Tarse s'étaient tellement distingués par leur application à la philosophie et aux belles-lettres, qu'ils avaient à cet égard surpassé Athènes et même Alexandrie, les deux centres les plus renommés du savoir hellénique. Après le Kydnos on rencontrait le *Pyramos*⁽⁴⁾, qui baignait les murs de *Mallos*, un peu au-dessus de son embouchure. Sur le golfe issique, qui commence vers la bouche du Pyramos, Strabon nomme le bourg d'*Aigaïai*, qui existe encore sous le nom d'*Aïas;* puis les *Pyles Amanides*, défilé formé par un des épaulements extrêmes de l'Amanus et par le rivage même; puis la petite ville d'*Issos*, avec son port, en deçà de la rivière *Pinaros*; puis enfin, après

---

¹ Corancez et Leake, loc. cit. Beaufort, *Karamania*, p. 127.

² Lib. XIV, p. 668 et suiv.

³ Et non Cilicie Champêtre, comme traduisent trop littéralement ceux qui s'attachent au latin, *Cilicia Campestris*.

⁴ Strabon oublie ici de mentionner le Saros qui se jette dans la mer entre le Kydnos et le Pyramos, et dont il a parlé précédemment dans sa description de la Kataonie. Mallos n'existe plus.

Issos, les villes de *Rôsos* (Arsous), de *Myriandros*, d'*Alexandria* (Skanderoun), de *Nikopolis*, de *Mopsuhestia*, et ce qu'on nomme les *Pyles*, qui marquent la frontière des Ciliciens et des Syriens.

Nous rapportons ces différents noms dans l'ordre même où le géographe les mentionne; mais l'étude du local montre qu'il y a eu dans cet ordre plusieurs transpositions, et prouve ce que nous avons eu déjà occasion de remarquer précédemment[1], que Strabon n'avait qu'une notion assez peu précise de cet angle extrême de la Méditerranée.

Ici notre auteur franchit l'étroit bras de mer qui sépare la pointe orientale de Cypre de la côte syrienne, et parcourt rapidement les lieux les plus remarquables de cette île anciennement célèbre. C'est par cette excursion que Strabon termine sa longue description de l'Asie-Mineure, description remarquable à plus d'un titre, et qui, malgré les taches et les lacunes que nous y avons reconnues et que nous avons dû signaler, n'en reste pas moins un des plus beaux morceaux de géographie que l'antiquité nous ait transmis sur aucune partie du monde alors connu.

---

[1] Ci-dessus, p. 376.

# CHAPITRE VIII.

### HISTOIRE GÉOGRAPHIQUE DE L'ASIE-MINEURE DEPUIS LE SIÈCLE DE STRABON JUSQU'AUX PREMIÈRES INCURSIONS DES PEUPLES MUSULMANS.

L'Asie-Mineure dans les deux géographes latins du 1ᵉʳ siècle, Pomponius Mela et Pline. — Campagnes de Corbulon en Cappadoce et en Arménie. — Voyages d'Apollonius de Thyane en diverses parties de l'Asie-Mineure. — Séjour de Pline le jeune en Bithynie et dans le Pont. — Ouvrages perdus sur l'ancienne Asie-Mineure.

Nouveaux périples des côtes du Nord et du Sud.—Périple d'Arrien et autres portulans du Pont-Euxin.—Stadiasme anonyme de la Méditerranée.

Asie-Mineure de Ptolémée.

Itinéraires romains.—Itinéraire d'Antonin.—Carte itinéraire dite de Peutinger. — Itinéraire de Bordeaux à Jérusalem.—L'origine de ces divers documents remonte au mesurage général de l'empire romain sous J. César et sous Auguste.—Leur grande importance comme base de la géographie positive des provinces du monde romain.

Calamités qui affligent l'Asie-Mineure à partir de la seconde moitié du 3ᵉ siècle. — Courses des Goths, des Huns et des Isaures.—Zénobie. — L'Asie-Mineure cesse d'appartenir à l'empire d'Occident dans le partage qui sépare l'Orient de l'Occident après Constantin. — Constantinople, la nouvelle capitale de l'empire d'Orient.

Coup d'œil sur les divisions administratives de l'Asie-Mineure à diverses époques de la période ancienne, avant et depuis Constantin.—Tableaux chronologiques.—Introduction du nom d'Asie-Mineure dans la langue géographique. — Conclusion.

(De l'an 45 de notre ère à la fin du 7ᵉ siècle).

Entrée depuis long-temps dans la sphère de la civilisation grecque, qui a réuni par un lien commun et des rapports suivis nombre de peuples auparavant étrangers entre eux par la langue et les mœurs, aussi bien que par l'origine; couverte de cités florissantes et renfermant plusieurs centres commerciaux d'une grande importance; incessamment parcourue dans tous les sens par une foule de voyageurs de toutes les classes et de tous les états, ceux-ci conduits par des motifs de religion vers les sanctuaires célèbres de la Diane d'Éphèse ou de la grande déesse syrienne, ceux-là mus par les intérêts de leur négoce, par les nobles aspirations de la science, ou par la simple impulsion de la curiosité; sillonnée d'ailleurs presque sans interruption par les légions du peuple-roi, et devenue une des grandes voies de communication journalière entre Rome et les extrémités orientales de l'empire; soumise aux conditions normales de l'administration romaine, distribuée en provinces, percée de grandes routes militaires, mesurée par des ingénieurs et assujettie à des recensements réguliers; enfin, étudiée et décrite avec une attention toute spéciale par un voyageur intelligent en même temps que géographe instruit, l'Asie-Mineure, à cette époque brillante des premiers Césars où nous sommes arrivés, a pris rang parmi les parties les mieux connues de l'ancien monde. Les siècles qui s'ouvrent maintenant devant nous, loin d'ajouter aux notions de cette période florissante, ne nous offriront, après une longue stagnation, qu'une période de dégénération, de ruines et d'oubli. Ici, comme sur tous les autres points de l'empire de Rome, l'invasion des hordes nomades a fait succéder la barbarie aux prodiges de la civilisation, et les ténèbres de l'ignorance aux vives clartés du savoir ancien. Seulement, depuis trois siècles l'Europe a reconquis et dépassé de beaucoup le rang d'où elle était déchue; tandis que l'Orient n'a pu se dégager encore du pesant linceul que la domination musulmane a étendu sur lui.

Ce qui nous reste à retracer de la période ancienne pour l'histoire géographique de l'Asie-Mineure ne comprend plus, quoique nous ayons encore à parcourir un intervalle de près de sept cents ans, qu'un petit nombre de faits secondaires. Nous n'avons plus, durant ce long espace, de perfectionnements notables à enregistrer dans la connaissance acquise des parties intérieures ou maritimes de la Péninsule; ce que nous y trouverons encore de faits à mentionner, en rapport avec l'objet que nous poursuivons, tient moins à l'histoire des découvertes proprement dite qu'à la littérature géographique. Ce sont des monuments propres à constater ou à éclairer l'état des connaissances antérieures et contemporaines, non des progrès nouveaux de nature à perfectionner ces connaissances ou à les agrandir.

Nous franchirons donc aussi rapidement que possible cette dernière partie de notre période ancienne. Nous avons hâte, après avoir traversé la période intermédiaire qu'on peut nommer le Moyen Age de l'Asie-Mineure, d'aborder enfin l'époque de la renaissance et l'histoire des explorations modernes.

Les abondants matériaux que Strabon avait fondus, mêlés à ses observations personnelles, dans cette description de l'Asie-Mineure dont le chapitre précédent a reproduit la substance, c'était en partie à des sources romaines qu'il les avait puisés : on pourrait donc s'attendre à ce que les écrivains latins eux-mêmes, plus rapprochés des documents originaux qu'une domination qui datait déjà de plus d'un siècle avait dû concentrer dans Rome, nous fournissent sur le même sujet des renseignements propres à ajouter aux notions recueillies par le géographe d'Amasée. Il n'en est pourtant pas ainsi. Aucun auteur latin n'a jamais rédigé une description de l'Asie-Mineure que l'on puisse mettre en parallèle, ni pour l'étendue, ni pour le détail, avec celle de Strabon. Les deux seuls écrivains latins de l'époque qui aient embrassé l'ensemble de la géographie de leur siècle, Pomponius Mela et Pline, n'ont consacré à notre Péninsule qu'un petit nombre de pages dans leur description du monde connu.

*Pomponius Mela* écrivait son livre, *De situ Orbis*, l'an 42 ou 43 de notre ère, dans le temps même où Strabon mettait la dernière main au sien. Rapide et concis dans son style, sans que cette rapidité exclue l'élégance, sans que jamais cette concision dégénère en aridité, Méla effleure plus qu'il n'approfondit. Il crayonne en quelques traits les généralités ou les points saillants de chaque contrée ; rarement il s'arrête à noter les détails. Ce n'est pas d'un tel écrivain, on le comprend, qu'il faut attendre ces notions précises et circonstanciées qui ajoutent de nouveaux faits à la géographie positive d'un pays. Si Méla suspend un instant sa course, ce n'est ni pour décrire avec plus d'étendue l'aspect physique d'une région, ni pour faire connaître d'une manière plus intime les peuples qui l'habitent, ni pour signaler un fait encore neuf de géographie ou pour en discuter quelque point douteux; mais seulement pour saisir au passage une de ces traditions merveilleuses, un de ces phénomènes naturels qui éveillent la curiosité et frappent l'imagination. C'est ainsi qu'en Cilicie il s'arrête avec complaisance à décrire une caverne célèbre dans le pays, non loin de la côte, à 20 stades de la ville de Corycum. Une large ouverture située au point le plus élevé d'une montagne rapide donnait accès à cet antre mystérieux, qui s'enfonçait à une profondeur considérable dans les entrailles de la montagne, s'élargissant à mesure qu'il s'abaissait, et environné de toutes parts de l'impénétrable ombrage d'arbres toujours verts [1]. La descente, étroite et difficile, avait quinze cents pas d'étendue; plusieurs ruisseaux, qui se précipitaient çà et là en cascades agrestes, ajoutaient, par leur frais murmure, à l'effet indescriptible de la scène. Arrivé au terme de cette descente, on trouvait une seconde caverne où d'autres merveilles attendaient le voyageur. Dès qu'on y pénétrait, des sons retentissants venaient frapper l'oreille épouvantée. La demi-clarté qui répandait sa faible lueur sur l'entrée de cette nouvelle grotte, se changeait bientôt en une profonde obscurité. A l'extrémité d'une gorge étroite et profonde, une large masse d'eau surgissait tout à coup du sol, et se précipitant avec impétuosité, allait se perdre un peu plus loin pour ne plus reparaître. On ignorait l'étendue de cette gorge souterraine : nul n'avait jamais osé pénétrer plus avant. La tradition du pays faisait de l'autre corycien la demeure d'une divinité; l'âme, en effet, ne pouvait s'y défendre d'une impression de terreur religieuse. Non loin de là une autre grotte naturelle, étroite et très-basse, avait reçu des habitants le nom du géant Typhon, dont elle avait été autrefois la retraite, disait la tradition; les animaux que l'on y plongeait périssaient à l'instant, suffoqués par les vapeurs qui s'en exhalaient [2].

Strabon et Pline ont aussi mentionné l'antre corycien [3]; Strabon en donne une description moins étendue que celle de Mela,

---

[1] Il semble que ce que Méla appelle un antre ne fût qu'une étroite et profonde fissure de la montagne, surmontée d'une voûte de végétation naturelle.

[2] Pomp. Mela, lib. I, c. 13.

[3] Strab., lib. XIV, p. 670 D; Plin. *Hist. natur.* V, 12.

mais qui est évidemment empruntée aux mêmes sources. Ces sources d'information commune, il serait intéressant de les connaître, pour l'histoire géographique de l'Asie-Mineure; malheureusement le peu de soin qu'avaient les anciens de citer leurs autorités nous laisse dans l'ignorance, sur ce point comme sur bien d'autres. Pline, qui ne fait que nommer cette localité remarquable dans sa description de la Cilicie, nous apprend en un autre endroit [1] une particularité que ni Strabon ni Mela ne mentionnent : c'est que les eaux souterraines de l'antre corycien y formaient des stalactites. Nul voyageur moderne, que nous sachions, n'a visité ces grottes autrefois si fameuses; le capitaine Beaufort, de la marine britannique, qui releva en 1812 cette partie du littoral cilicien, ne put recueillir, du peu d'habitants qu'il fut à même d'interroger, aucune information sur cette curiosité du pays [2].

*Pline* est plus étendu que Mela sur l'Asie-Mineure, sans nous offrir beaucoup plus de renseignements nouveaux. Ici, comme dans les autres parties de sa vaste compilation encyclopédique qu'il a consacrées à la géographie, ses notices se réduisent presque exclusivement à de sèches nomenclatures, dont un détail historique ou topographique ne coupe que bien rarement l'aridité. Une des particularités principales qui en relèvent l'utilité, est l'attention que Pline a eue de recueillir assez ordinairement la liste des noms divers qu'une même localité avait portés à des époques successives. Pline nous dit que l'on comptait deux cent quatre-vingt-deux peuples en deçà du Halys, depuis le Pont-Euxin jusqu'à la mer de Lycie [3], attribuant probablement le nom de peuple aux habitants de chaque cité.

Il paraît que les campagnes de Corbulon dans l'Arménie, de l'an 55 à l'an 60, avaient procuré à Rome de nouveaux mémoires sur la Cappadoce et sur les pays voisins de l'Euphrate [4]; mais un Strabon n'était plus là pour mettre en œuvre ces matériaux, dont on ne voit pas que l'auteur latin ait profité. L'énumération des peuples ou tribus de la côte pontique, sur lesquels

---

[1] Lib. XXXI, c. 20; add. XXXVII, 60.
[2] *Karamania*, p. 238.
[3] Lib. V, c. 43.
[4] Plin. VI, 8; Conf. Tacit. *Annal.* XIII, 6 et suiv.

les historiens des campagnes de Pompée avaient recueilli quelques nouvelles notions que Strabon a connues, ne diffère pas de celle qu'en fait le géographe grec; seulement on voit reparaître dans Pline le nom d'une de ces peuplades, les *Béchires*, que Strabon n'avait pas nommée, et qui figure dans le vieux Périple de Scylax, 500 ans avant J.-C. [1]. Pline, ou plutôt les auteurs qu'il compile, n'avait pas une idée aussi correcte que Strabon de la forme générale qu'affecte la côte nord de la Péninsule, sur le Pont-Euxin; les expressions dont se sert l'auteur latin pour caractériser la saillie du Carambis, *vasto excursu*, en l'opposant à l'enfoncement du golfe d'Amisus, « golfe si profond, dit-il, qu'il fait de l'Asie une presqu'île, *sinus tanti recessus, ut Asiam penè insulam faciat* [2], » ces expressions, disons-nous, semblent donner aux contours très-adoucis de cette côte un caractère bien plus fortement prononcé qu'ils ne l'ont en effet; aussi Pline n'attribue-t-il à l'intervalle compris entre le golfe d'Amisus et celui d'Issus qu'une largeur de 200 milles [3], erreur dans laquelle Strabon n'était pas tombé.

Vers l'époque où Pline écrivait, au milieu du tumulte de Rome ou dans les loisirs de sa résidence de Misène, cette volumineuse histoire de la nature dont pendant trente ans il avait réuni les matériaux, un homme d'une trempe peu commune, qui tenta de faire revivre au sein de la Grèce énervée les rigides préceptes de l'école de Pythagore, et que plus tard ses disciples voulurent opposer au divin fondateur de la foi chrétienne, *Apollonius de Tyane*, parcourait le midi et l'ouest de l'Asie-Mineure après avoir visité les lointaines contrées de l'Orient. Le récit de ses longs voyages nous a été conservé par un écrivain grec du deuxième siècle; mais la Cilicie et l'Ionie étaient des pays trop familièrement connus pour que l'historien du philosophe de Tyane s'attachât à y retracer ces détails géographiques dont l'éloignement double l'intérêt, et qu'il se plaît à réunir quand il est question de l'Inde, de l'Éthiopie ou des extrémités de l'Occident.

On a de *Pline le jeune*, neveu de l'encyclopédiste, quelques

---

[1] Dénis le Périégète, qui a souvent puisé aux sources anciennes, nomme aussi les Békheires.

[2] Lib. VI, c. 2.

[3] Ce sont les 1500 stades d'Artémidore. *Voy.* ci-dessus, p. 378.

lettres qu'il écrivit à l'empereur Trajan pendant son voyage en Bithynie l'an 103 de notre ère, et durant son séjour dans cette province et dans le Pont dont l'empereur lui avait confié le gouvernement ; mais bien que ces lettres renferment plus d'une particularité intéressante pour la connaissance de l'état intérieur de ces provinces et la condition de leurs habitants, on n'y trouve rien qui appartienne à la géographie proprement dite. Les voyages de Trajan lui-même en Asie-Mineure, lorsque trois ans plus tard (en l'an 106) il se rendit sur l'Euphrate pour y faire la guerre aux Parthes, et ceux de son successeur Hadrien dans un espace de dix années à partir de l'an 120, nous auraient sûrement fourni des faits intéressants, si les historiens nous en eussent conservé le détail, et surtout si l'histoire qu'Hadrien lui-même avait écrite de sa propre vie était arrivée jusqu'à nous. Cette perte n'est pas la seule que nous ayons à déplorer. Plusieurs auteurs grecs avaient écrit l'histoire spéciale de quelques-unes des provinces de la Péninsule ; et l'on sait combien ces monographies historiques renferment ordinairement de notions instructives que doivent écarter les récits plus rapides de l'histoire générale. C'est ainsi qu'outre l'histoire de la Bithynie composée par Arrien de Nicomédie, dont il sera question tout à l'heure, il est fait mention d'un certain Kapitôn de Lycie, qui avait écrit sur sa patrie, sur la Pamphylie, et en outre l'histoire de l'Isaurie en huit livres [1].

Le second siècle fournit cependant encore à l'ancienne géographie de l'Asie-Mineure deux documents plus importants que les pages de Pline et de Méla : le portulan de la côte septentrionale connu sous le nom de Périple d'Arrien, et la géographie de Ptolémée.

Arrien, l'auteur du Périple du Pont-Euxin, était gouverneur de la province de Cappadoce et du Pont sous le règne de l'empereur Hadrien, à qui le Périple est adressé en forme de lettre ; on rapporte à l'an 137 de notre ère, ou à une époque très-voisine, la date de ce document [2]. L'auteur y donne d'abord, sous

---

[1] Suidas, *voce* Καπιτων.
[2] Tillemont, *Hist. des Empereurs*, t. II, p. 249 ; Dodwell, *Dissertatio in Arrianum*, dans les *Geogr. Græci Min.* d'Hudson, t. III, et dans l'édition de Will. Hoffmann, *Lipsiæ*, 1842, in-8, p. 5 ; *Dissertation en Arrian's*

la forme d'un rapport officiel, le récit d'une tournée qu'il vient de faire par mer le long des côtes orientales du Pont-Euxin, depuis Trébizonde où il résidait, jusqu'à Dioskourias, inspectant les postes que les Romains avaient le long de cette côte, passant les troupes en revue, distribuant la paye aux soldats, etc. Puis immédiatement après ce rapport, et sans aucune transition (du moins dans l'état où le Périple nous est parvenu), Arrien passe à la description de la partie des côtes de la Péninsule qui est comprise entre Byzance et Trébizonde. C'est cette portion du Périple qui appartient directement à notre objet actuel : mais on ne voit pas aussi clairement que pour la première partie qu'elle soit le fruit des observations personnelles de l'auteur du rapport; ou plutôt on ne saurait douter qu'Arrien n'ait fait ici que répéter les renseignements qu'il trouvait consignés dans les nombreux portulans qui existaient de cette côte depuis celui de Scylax, leur premier modèle. Quoi qu'il en puisse être à cet égard, cette partie du Périple est très-circonstanciée; c'est le plus détaillé de tous les documents nautiques que l'antiquité nous ait laissés sur la partie de l'Asie-Mineure baignée par le Pont-Euxin.

Le Périple d'Arrien est écrit en grec, et les distances y sont marquées en stades. Il peut y avoir des doutes sur le module de stades employé; tantôt (et c'est le cas le plus ordinaire) les intervalles marqués dans le Périple accusent des stades olympiques de 600 au degré, tantôt des stades d'un module plus court. Ce qui est certain, c'est que quel que soit le module de stades que l'on adopte, que ce soit le stade olympique, ou celui de 700, ou tout autre, il ne correspondra pas également et constamment aux distances effectives de la côte, telles que nous les indiquent les meilleures cartes modernes basées sur les relevés hydrographiques de nos officiers de marine. Quant à nous, l'application très-attentive que nous avons faite, le compas à la main, des chiffres du Périple à la carte du capitaine Gauttier et à la grande carte prussienne de M. Kiepert, ne nous a

*Periplus of the Euxine Sea*, à la suite de la version anglaise du Périple publiée à Oxford, 1805, in-4, p. 24. Nous avons comparé au texte d'Hoffmann, pour les distances, celui qui a été inséré dans le récent *Recueil des Itinéraires anciens* publié par M. Miller. Paris, 1845, in-4, p. 389.

pas laissé le moindre doute sur les deux points suivants : — premièrement, Arrien a noté ses distances en stades olympiques, dont huit correspondaient à un mille romain ; — secondement, les mesures du Périple ont été prises non par terre, mais par mer : ce sont des relevés faits par les navigateurs côtiers, rien de moins, rien de plus. Or, ces relevés ayant nécessairement été faits en temps, et réduits en stades par estime, l'on doit s'attendre à trouver dans ces chiffres l'irrégularité qu'un tel procédé comporte inévitablement, alors surtout qu'il s'agit de parages dont la navigation est aussi inégale et aussi difficile que celle du Pont-Euxin.

Arrien, outre la description de cette mer, avait écrit beaucoup d'autres ouvrages estimés des anciens pour les qualités du style et l'exactitude des recherches [1]. Le temps a respecté son histoire d'Alexandre, que l'on a trop exaltée aux dépens de celle de Quinte-Curce ; mais il nous a privés de l'histoire des successeurs du conquérant macédonien qu'Arrien avait également écrite, ainsi que de son histoire des Parthes, de l'histoire des Alains, et de celle de la province où il était né, la Bithynie. A en juger par la propension naturelle de son esprit et la direction de ses études, Arrien avait dû introduire dans ces différents ouvrages beaucoup de particularités géographiques qui nous seraient précieuses aujourd'hui.

Les bibliothèques de l'Europe possèdent plusieurs anciens portulans du Pont-Euxin analogues à celui d'Arrien. Ces différents périples ont été imprimés, et les savants les ont longuement commentés ; mais ils n'offrent que bien peu d'intérêt pour l'histoire géographique de l'Asie-Mineure. On peut voir d'ailleurs les détails où nous sommes entrés dans notre Introduction générale, sur ces monuments secondaires de l'ancienne géographie [2].

Il en est un autre qui fournit pour la côte méridionale de la Péninsule des détails analogues à ceux qu'Arrien et les autres périples donnent pour la côte septentrionale : c'est le portulan grec anonyme trouvé au commencement de ce siècle dans la Bibliothèque royale de Madrid, et qui est intitulé : *Stadiasme de*

---

[1] On en peut voir la liste dans Tillemont, *Hist. des Emper.*, t. II, p. 271.
[2] Ci-dessus, t. I<sup>er</sup>, *Hist. générale de la Géographie*.

*la Grande Mer*, titre que l'on pourrait traduire par *Guide des Navigateurs dans la Méditerranée*. Plusieurs critiques ont savamment analysé ce périple pour y découvrir des indices de l'époque de sa rédaction, et leurs recherches n'ont abouti à aucun résultat certain. L'on conçoit en effet qu'il est difficile d'assigner une date positive à des documents de cette nature, basés généralement sur des portulans anciens auxquels chaque siècle ajoutait ses corrections et ses modifications. M. Letronne s'accorde avec M. Gail fils, qui le premier a donné une édition critique du Stadiasme, à en regarder la rédaction actuelle comme appartenant au quatrième siècle, peut-être à une époque encore plus rapprochée, mais en y reconnaissant une foule d'indices de matériaux beaucoup plus anciens [1]. Le Stadiasme renferme des indications nautiques et géographiques plus circonstanciées que celles des périples antérieurs qui nous sont connus; mais l'utilité dont pourraient être ces indications est beaucoup diminuée par l'état de corruption dans lequel s'est trouvé le texte de Madrid, le seul que l'on ait jusqu'à présent de cet intéressant document. Cette altération du texte porte à la fois sur les noms et sur les distances; et malgré les observations et les estimables travaux des Gail fils, des Letronne et des Miller, le Stadiasme attend encore un éditeur qui le soumette à une épuration plus rigoureuse, non-seulement par l'étude intérieure du texte lui-même et son rapprochement des autres textes anciens, mais aussi, *et surtout*, par sa confrontation perpétuelle avec le local même. Il est vrai que jusqu'à ces derniers temps, les secours nécessaires pour cette confrontation étaient loin d'être suffisants, et aujourd'hui encore, malgré les publications des explorateurs récents, il est un grand nombre de points réservés à l'examen des futurs voyageurs.

Le Stadiasme continuait la description de la côte occidentale de la Péninsule, et celle de la côte septentrionale sur la Propontide et le Pont-Euxin; mais ces deux dernières parties manquent dans le manuscrit de Madrid.

La Géographie de Ptolémée appartient au milieu du second siècle; elle est conséquemment postérieure de quelques années

---

[1] Letronne, dans le *Journal des Savants*, févr. 1820, p. 114.

à l'époque où Arrien rédigeait son Périple du Pont. L'Asie-Mineure y est traitée dans un assez grand détail. Mais ce détail consiste seulement en listes de noms de lieux rangés sous le titre de chaque province, et non en une description suivie comme celle de Strabon. Il est vrai que les indications de latitude et de longitude étant jointes à chaque nom, il semble au premier aspect qu'une nomenclature si rigoureusement déterminée doit fournir un moyen sûr autant que facile de reconstruire la carte ancienne de la Péninsule, et d'y raccorder les nombreux détails fournis avec moins de précision par Strabon et par les autres documents antérieurs ou contemporains. Mais cette apparence de précision rigoureuse s'évanouit bien vite devant un examen plus attentif. *Pas une seule* des prétendues déterminations astronomiques de la géographie de Ptolémée n'est fondée sur l'observation directe; et loin de pouvoir servir à coordonner les indications topographiques fournies par d'autres auteurs, ce n'est au contraire qu'avec le secours de ces auteurs et celui des monuments que l'on est arrivé à appliquer sur la carte une partie au moins des noms fournis par les nomenclatures du géographe alexandrin. Une carte uniquement construite sur les listes de Ptolémée et au moyen de ses chiffres de latitude et de longitude présenterait à l'œil le plus étrange chaos qu'il soit possible d'imaginer. Non-seulement ces indications, prises en masse et dans leur ensemble, sont fort inexactes, toutes les latitudes au-dessus de 36° degré étant rejetées trop au nord, et toutes les longitudes beaucoup trop à l'est; mais il est très-peu de positions de détail qui, prises deux à deux, conservent leur véritable place et leur situation relative. Les lieux que les chiffres de Ptolémée indiquent comme très-voisins, sont souvent fort éloignés; très-fréquemment ce qui est au nord est transporté au sud, ce qui est à l'ouest est reporté à l'est, et réciproquement. Nous avons exposé ailleurs la cause générale de cet inextricable bouleversement [1]. Ce qui devait, dans la pensée de Ptolémée, assurer à la géographie un caractère tout particulier d'exactitude, est précisément ce qui a perverti et dénaturé pour nous l'exactitude des matériaux qu'il avait réunis et qu'il a mis en

---

[1] Dans l'Introduction générale qui forme notre tome 1ᵉʳ.

œuvre. Comme ces matériaux, au moins pour l'intérieur des terres, ne se composaient à peu près exclusivement que d'itinéraires, où l'intervalle des lieux était donné soit en temps, soit en stades, soit en mesures locales, on se rend aisément compte du procédé de réduction employé par le géographe-astronome pour ramener toutes ces indications de distances à leur valeur correspondante en degrés de la sphère terrestre ou en parties de degrés; mais pour procéder avec quelque exactitude dans cette transformation perpétuelle d'éléments itinéraires en valeurs astronomiques, il eût fallu un degré d'attention, de critique et de sagacité géographique dont il ne paraît pas, en ceci du moins, que l'on puisse faire honneur à Ptolémée. Pour nous en tenir à l'Asie-Mineure, il est évident qu'il a eu à sa disposition un nombre considérable d'itinéraires ou de routiers qui sillonnaient la Péninsule dans tous les sens; mais il est bien évident aussi que dans l'emploi de ces itinéraires il n'a pas même songé à en fixer les points principaux par leur combinaison préliminaire, ou que s'il le tenta, ce fut avec un manque d'habileté que l'on a peine à comprendre. S'il eût préalablement assujetti ses lignes de routes en les faisant converger vers les points communs où elles s'entrecoupaient, il les aurait maintenues du moins dans leurs positions relatives, et ne les eût pas aussi étrangement déplacées qu'il l'a fait. Il est sans doute étonnant que Ptolémée soit resté étranger à une notion si simple, si élémentaire, ou que du moins il l'ait négligée : mais il n'y a rien à objecter à l'évidence du fait. Il est hors de doute que dans la rédaction de ses tables, l'astronome d'Alexandrie a opéré isolément et successivement sur chaque itinéraire, sans s'inquiéter de leur dépendance ni de leurs corrélations. Ces itinéraires, ramenés à leur forme première, nous seraient mille fois plus utiles que les tables informes où ils ont été fondus et décomposés; et celui qui essayerait aujourd'hui cette restitution presque divinatoire, mais que nous ne croyons pourtant pas impossible, rendrait à l'ancienne géographie un des plus grands services qu'elle ait reçus de la critique moderne. Peut-être quelque savant entreprendra-t-il un jour cette tâche herculéenne, dont les difficultés ajouteraient à l'honneur du succès.

Ce travail de restitution serait aidé jusqu'à un certain point par les monuments de l'époque romaine qui nous sont parvenus sous le titre d'Itinéraires, *Itineraria Romana*. Ces itinéraires donnent le relevé des grandes routes ou voies militaires qui traversaient les provinces de l'empire, avec l'indication sur chaque route des lieux de station ou d'étapes, et celle de la distance en milles d'une étape à l'autre [1]. Quoiqu'un usage maintenant universel ait attaché le nom d'Antonin au recueil où ces itinéraires sont réunis, et que par conséquent on semble s'accorder à en placer la rédaction au second siècle de notre ère, vers l'époque même de Ptolémée, il ne faudrait pas regarder cette indication comme déterminant une date précise. Une telle précision ne convient pas plus à ces livres de routes qu'aux portulans de la même période dont nous venons de nous occuper. Les uns et les autres appartiennent à une époque, non à une année déterminée. Il est plus que probable que la première rédaction des *Itinéraires* remonte aux temps de Jules César et d'Auguste, sous lesquels fut commencée et terminée la grande opération du mesurage de l'Empire ; et sans doute de nouvelles copies de cette première rédaction étaient faites sous chaque empereur avec les additions, corrections et modifications qui avaient pu survenir depuis l'édition précédente. Si l'on comparait, de dix ans en dix ans, nos livres de poste officiels, on y trouverait d'édition en édition des différences analogues.

La disposition et le choix des routes consignées dans les itinéraires d'Antonin suffiraient seuls à en montrer la destination essentiellement militaire. A la seule exception d'une ligne tracée depuis Abydos, sur l'Hellespont, jusqu'à Laodicée en Phrygie, par Ilium, Troas, Adramyttium, Pergame, Thyatire, Sardes et Philadelphie, ligne qui avait sûrement une destination administrative, toutes les routes indiquées par l'Itinéraire en Asie-Mineure appartiennent à la partie orientale de la Péninsule, là précisément où la sécurité d'une province frontière obligeait d'entretenir des garnisons à poste fixe, et de veiller à la facile communication d'une place à l'autre. Les principaux postes intérieurs, à en juger par le nombre des voies militaires qui rayonnent de chacun d'eux, étaient *Ancyra*, chez les Galates,

---

[1] Bergier, *Histoire des grands chemins de l'empire romain*, liv. III, ch. 9.

*Tavium* sur le Halys, *Sébastê*, *Cæsarea* (l'ancienne *Mazaka*) et *Arabissus*, en Cappadoce. Trois postes avaient été établis dans la région du Taurus oriental : l'un à *Germanicia*, la Marâsch moderne, l'autre à *Anazarbus*, notre Aïn Zarba, le troisième à *Cocussus* ou Coksoun. Enfin la ligne de l'Euphrate, qu'une grande voie longeait à l'ouest dans toute son étendue, était protégée par les postes de *Satala*, de *Mêlitênê*, de *Samosata* et de *Zeugma*, lieux auxquels répondent les villes actuelles d'Erzinghian, de Malatièh, de Samsat et de Bïr. Toutes ces places étaient liées entre elles par un vaste réseau de routes militaires. Une grande voie transversale qui coupait obliquement toute l'étendue de la Péninsule, depuis Chalcédoine, vis-à-vis de Byzance, jusqu'à la frontière Syrienne, formait en quelque sorte la ligne de démarcation entre la partie orientale de l'Asie-Mineure dont les routes sont détaillées dans l'Itinéraire, et la partie occidentale où l'Itinéraire n'en mentionne aucune, sauf celle d'Abydos à Laodicée, et une pointe d'Ancyre à *Dorylæum*.

Il resterait donc une lacune considérable dans le tracé des routes anciennes de l'Asie-Mineure, si les Itinéraires d'Antonin n'étaient ici suppléés et complétés par un second document de même nature : nous voulons parler de la carte ancienne connue vulgairement sous le nom de *Peutinger*, dans la bibliothèque duquel elle fut trouvée, et que l'on désigne aussi, mais à tort, sous le nom de *Table Théodosienne*, parce qu'on l'avait crue de l'âge de Théodose, c'est-à-dire de la fin du IV<sup>e</sup> siècle [1]. Nous avons donné sur cette carte, dans notre Introduction générale, des détails que nous ne répéterons pas ici. Il nous suffira de faire remarquer qu'outre les principales lignes de communication de l'*Itinéraire* qu'elle répète et pour lesquelles elle procure ainsi un utile contrôle, elle fournit l'indication des voies qui liaient entre elles les villes notables du centre et de l'ouest de la Péninsule, et qu'elle donne aussi le détail d'une route ininterrompue qui en contournait les côtes et l'enveloppait tout entière. Un voyageur parti de Trébizonde pouvait suivre ainsi, dans toute leur étendue, les bords du Pont-Euxin, où le commerce faisait florir les

---

[1] Conrad Mannert la croit du temps de l'empereur Sévère, ou de la première moitié du troisième siècle.

antiques cités grecques d'Amisus, de Sinope et d'Héraclée, voir Chalcédoine à l'issue du Bosphore, admirer Nicomédie et Cyzique au pourtour de la Propontide, promener ses regards enchantés sur les rives pittoresques de l'Hellespont et les délicieux paysages de la côte ionienne, puis, longeant les rivages moins hospitaliers de la mer de Rhodes et de Cypre, contempler les scènes, belles encore, mais d'une beauté plus rude et plus sauvage, que déployaient à ses yeux les hautes cimes du Taurus et les agrestes vallées de la Lycie, de la Pamphylie et de la Cilicie montagneuse. Un tel voyage était alors infiniment plus facile qu'il ne le serait aujourd'hui.

Après ces itinéraires officiels dressés par ordre du gouvernement de Rome et destinés à l'usage des fonctionnaires civils ou militaires de l'Empire, n'oublions pas un itinéraire particulier rédigé par un chrétien gaulois de *Burdigala* (Bordeaux), qui fit, l'an 333 de J.-C., un voyage de piété à Jérusalem [1]. La portion de cet itinéraire qui traverse l'Asie-Mineure suit exactement la grande voie décrite dans les Itinéraires d'Antonin, de Chalcédoine aux Pyles Syriennes, par Nicomédie, Nicée, Ancyre, Tyane et Tarse, et n'ajoute rien, sauf l'indication d'un certain nombre de stations, à ce que les routiers officiels et la Table de Peutinger nous apprennent de cette route.

Les documents que nous venons d'énumérer, — l'Itinéraire d'Antonin et la Carte de Peutinger, auxquels nous ajoutons l'Itinéraire de Bordeaux à Jérusalem, — quoiqu'ils ne présentent qu'un bien petit nombre de notions dont puisse s'enrichir la géographie historique, n'en sont pas moins ce que l'antiquité nous a laissé de plus précieux pour la reconstitution de la géographie positive de l'Asie-Mineure. C'est au moyen de ces routiers détaillés, où se sont conservés les résultats exacts des grandes opérations géodésiques exécutées sous Jules César et sous Auguste dans toute l'étendue de l'Empire, que les géographes modernes, notre illustre d'Anville le premier de tous [2],

---

[1] *Itinerarium à Burdigalâ Hierusalem usque*, ed Wesselingio, à la suite de ses *Vetera Romanorum Itineraria*. Amstelod., 1735, in-4, p. 535.

[2] *Asiæ, quæ vulgò Minor dicitur, et Syriæ, Tabula geographica. Parisiis*, 1764; une feuille. Comparez les cartes subséquentes de Reichard, de Leake, de Cramer et du lieutenant-colonel Lapie.

s'appuyant sur les observations astronomiques de nos propres voyageurs et rapportant au vaste réseau des routes romaines de la Péninsule les descriptions topographiques de Strabon, les tables de Ptolémée et les autres indications éparses dans les écrivains de l'antiquité ou fournies par les monuments, ont pu reconstruire la carte de l'ancienne Asie-Mineure avec une abondance de détails que peu de contrées du monde romain présentent au même degré. Ici la géographie moderne elle-même est encore appuyée en partie sur les documents géodésiques de la période impériale ; et quelle que soit la richesse des résultats fournis par les explorations contemporaines, on peut dire, au point de vue spécialement topographique, que jusqu'ici les itinéraires romains ont prêté à nos voyageurs plus encore qu'ils n'ont reçu d'eux.

Si nous avions à retracer non pas seulement l'histoire géographique, mais l'histoire politique et civile de la Péninsule, les temps où nous sommes entrés à partir de la seconde moitié du troisième siècle, nous fourniraient matière à de tristes tableaux. Avec le gouvernement militaire qui s'était graduellement établi depuis l'extinction de la famille des Antonins, un principe de dissolution avait gagné jusqu'au cœur de l'empire, et la corruption du gouvernement avait réagi sur les provinces. Le colosse n'avait rien perdu encore de sa grandeur au dehors; mais l'unité et l'autorité qui en faisaient la force n'existaient plus La dégénération du pouvoir central avait amené un relâchement universel, précurseur de désordres de toute espèce. Pendant que les frontières mal défendues et toujours menacées livraient souvent passage à des flots de barbares, au dedans, des troubles continuels et de fréquentes insurrections tarissaient les sources de la richesse publique et produisaient une misère générale. L'Asie-Mineure eut sa large part des maux dont l'Empire était affligé. Sous le règne du faible Gallien, et plus tard à diverses époques, des bandes de Goths et de Huns passèrent le Bosphore après avoir saccagé la Thrace, ou contournèrent l'autre extrémité de l'Euxin, se répandirent comme un torrent dans toutes les provinces de la Péninsule jusqu'au Taurus, renouvelant ainsi les anciennes incursions des Scythes, des Kimmériens et des Trères, et ne se retirèrent que chargées de butin, après avoir semé partout la dévastation et les ruines [1]. Dans le même temps, les tribus féroces de l'Isaurie, contenues dans leurs montagnes aussi longtemps que des mains fermes avaient conservé les rênes de l'Empire, descendirent de nouveau de leurs repaires et recommencèrent presque périodiquement leurs anciennes déprédations, plus redoutables encore pour les malheureux habitants des plaines que les hordes scythes, qui n'apparaissaient du moins qu'à de longs intervalles [2].

Peu s'en fallut même, au milieu de tous ces ravages, que la Péninsule entière n'échappât au sceptre avili des empereurs de Rome. La célèbre Zénobie, femme d'un héros et digne par son mâle courage de continuer l'œuvre d'un tel époux, avait conçu le grand dessein de constituer un nouvel empire entre la Perse et l'Occident. Toute l'Asie-Mineure orientale, depuis l'Euphrate jusqu'à Ancyre, et même une partie de la Bithynie, reconnurent un moment l'autorité de la reine de Palmyre; c'était en 272. Mais Aurélien, signalé depuis longtemps par ses vertus guerrières, venait d'être appelé à l'empire, au milieu de cette crise universelle qui en menaçait l'existence; son énergie rétablit, pour quelque temps du moins, la fortune des aigles romaines. Zénobie fut vaincue, et l'Asie-Mineure ne cessa pas d'être comptée parmi les provinces de l'Empire [3].

Le moment approchait, cependant, où elle allait cesser de reconnaître la suprématie de Rome, pour redevenir une province grecque du nouvel empire d'Orient. Constantin avait préparé cette révolution intérieure en faisant de Byzance agrandie, sous le nom de *Constantinople* [4], une seconde capitale du monde romain (330); les fils de Constantin la consommèrent sept ans plus tard (337), en se partageant les vastes provinces de l'Empire, et le second partage fait par Théodose, en 394, la rendit définitive. Dès lors Rome redevient étrangère à l'Asie-Mineure, et l'histoire de cette grande contrée se con-

---

[1] *Voy.* Tillemont, *Hist. des Empereurs*, t. III, sous les années 261, 266 et 67, 269; t. IV, sous l'année 291; t. VI, sous l'année 513.

[2] *Id.*, t. III, sous les années 265 à 70, et 279; t. IV, sous l'année 353; t. V, sous les années 367, 373, 376, 404, etc.

[3] *Id.*, t. III, p. 385 et suiv.

[4] Κωνσταντίνου Πόλις, ville de Constantin.

fond avec l'histoire si tristement agitée de l'empire bizantin.

C'est vers ce temps, nous l'avons vu, c'est-à-dire à la fin du quatrième siècle ou au commencement du cinquième, que le nom d'*Asie-Mineure* commence à entrer comme dénomination spéciale dans la langue géographique [1].

Nous n'avons pas parlé jusqu'à présent des changements ou modifications apportés, à diverses époques successives, dans l'ancienne division des provinces de la Péninsule. Tant que ces divisions dérivent de traditions historiques ou de la circonscription naturelle des peuples différents d'une même contrée, elles restent dans le domaine de l'histoire géographique, à laquelle elles fournissent fréquemment de précieuses indications pour remonter aux temps antérieurs à l'histoire écrite; mais elles perdent à la fois et ce caractère et cette utilité, dès que cessant d'être en rapport avec l'ethnographie et l'ancienne histoire, elles ne reposent plus que sur des convenances administratives. Or, tel est, depuis le temps de Strabon, le caractère exclusif des nouvelles divisions de provinces introduites dans l'Asie-Mineure. Ces nouvelles divisions ne procédèrent d'abord que par la subdivision des anciens pays, plus rarement par agglomération, sans introduire de dénominations nouvelles autres qu'une distinction numérique; plus tard, sous les successeurs de Constantin, vinrent d'autres circonscriptions avec une nomenclature entièrement différente des dénominations antérieures. Comme il peut être de quelque utilité de connaître ces divisions et ces dénominations successives, nous en avons formé, à la suite du présent chapitre, plusieurs tableaux rangés dans leur ordre chronologique.

Les derniers siècles de la période que ce chapitre embrasse, jusque vers l'an 700, ne nous offrent aucun fait de quelque intérêt pour l'histoire géographique. Déjà dès cette époque les incursions des Huns et des Goths, celles des Tzanes dans le Pont, et les courses des Isaures dans les provinces du sud, avaient ruiné beaucoup de villes anciennes; le zèle plus ardent qu'éclairé de quelques empereurs, et particulièrement d'Arcadius, fils de Théodose, pour la démolition des temples des an-

---

[1] Ci-dessus, p. 159.

ciens dieux [1], avait aidé à cette œuvre de destruction, avancée encore par les fréquents tremblements de terre auxquels une grande partie de la Péninsule était sujette, et que complétera la torche des hordes turkomanes que les temps qui vont suivre amèneront en Asie-Mineure. Les Arabes musulmans les y avaient devancées, mais sans y former d'établissements à demeure jusque dans le cours du huitième siècle, époque où la Cilicie orientale et quelques parties de la Cappadoce voisines de l'Euphrate passèrent sous la domination des Khâlifes de Bagdad.

C'est là que commence une nouvelle période dans l'histoire géographique de la Péninsule : — période de transition analogue à notre Moyen Age d'Europe, où l'état de choses ancien vient expirer et se transformer en une situation intermédiaire, d'où sortira par degrés, en géographie comme en politique, ce qui constitue l'état moderne tel que l'a créé le lent travail des siècles.

---

[1] Arcadius ordonne, par une loi du 13 juillet 399, de démolir les temples de la campagne, afin d'enlever aux païens tout ce qui pouvait encore alimenter leur superstition; les temples des villes avaient sans doute été déjà abattus. Par un autre rescrit du 1ᵉʳ novembre 397, le même prince avait ordonné d'employer aux réparations des chemins, des aqueducs, des ponts et des murailles des villes, les matériaux provenant de la démolition des temples. Tillemont, *Hist. des Emper.*, t. V, p. 444 et 449.

# APPENDICE AU CHAPITRE VIII.

## I.

## TABLEAU

DES ANCIENNES DIVISIONS GÉOGRAPHIQUES ET ETHNOGRAPHIQUES DE L'ASIE-MINEURE,

D'après les historiens grecs antérieurs à la période romaine, et les ouvrages géographiques de Pline, de Strabon et de Ptolémée.

| RÉGIONS. | GRANDES DIVISIONS. | SOUS-DIVISIONS GÉOGRAPHIQ. ET ETHNOGR. | VILLES PRINCIPALES. |
|---|---|---|---|
| Région de l'Ouest. | MYSIE.... | Petite Mysie. Mygdones. Dolones. Abrettène. | Cyzique. Lampsaque. |
| | | Troade. Dardanie. N.B. *La Troade et la Petite Mysie formaient la Petite Phrygie de quelques auteurs.* | Ilium recens (à quelque distance de l'anc. Troie). Alexandria Troas. Skepsis. |
| | | Grande Mysie. Cilicie thébaïque. Cilicie lyrnessienne. Teuthranie. | Antandros. Adramyttium. Pergame. |
| | | Éolide (partie maritime de la Grande Mysie). | Elœa. Cume. |
| | Lydie.... | .............. | Thyatire. Sardes. Philadelphie. Tralles. |
| | Ionie..... | (Partie maritime de la Lydie). | Phocée. Magnésie du Sipyle. Smyrne. Erythrées. Kolophon. Éphèse. Priène. Magnésie du Méandre. Milet. |
| Région du Centre. | Carie..... | .............. | Alabanda. Stratonicée. Mylasa. Aphrodisias. |
| | Doride.... | (Partie marit. de la Carie). | Halikarnasse. Knide. |
| | Phrygie.... | Phrygie Parorée. | Kibyra. Themisonium. Sagalassos. |
| | | Phrygie propre. Katakékauméné, ou Phrygie brûlée. | Laodicée. Hiérapolis. Colossæ. Apaméa Cibotus. Antiochia ad Pisidum. Synnada. |

| RÉGIONS. | GRANDES DIVISIONS. | SOUS-DIVISIONS GÉOGRAPHIQ. ET ETHNOGR. | VILLES PRINCIPALES. |
|---|---|---|---|
| *Région du Centre.* | PHRYGIE. | Phrygie Épictète. Azanitis. Abasitis. | Dorylæum. Azani. Ancyre de Phrygie. |
| | LYKAONIE. | (Quelquefois comprise dans la Phrygie). | IKONIUM. Laodicea-Combusta. |
| | GALATIE. | Tolistoboïens. Tektosages. Trokmes. N.B. *La Galatie était un démembrement de la Phrygie.* | Pessinûs. ANCYRE. Tavium. |
| *Région du Nord.* | BITHYNIE. | Olympène. Thyni. Mariandyni. Kaukones. | Apollonia ad Rhyndacum. Prusa ad Olympum. NICÉE. NICOMÉDIE. Chalcédoine. Prusa ad Hypium. HERACLÉE DU PONT. Tium. Bithynium (*Claudiopolis*). |
| | PAPHLAGONIE. | Timonitide. Domanitide. Blaēne. | Amastris. SINOPE. Pompeiopolis. |
| | PONT. | Pont Galatique. Gadilonitide. Pimolisène. Saramène. Phazémonitide. Ximène. Thémiscyre. Phanarée. Khiliokomē. Daximonitide. Zélitide. | AMISUS. AMASÉE. Zéla. Komana Pontica. |
| | | Pont Polémoniaque. Sidēne. Khalubes. Kolopène. | Polemonium. NEOCÆSAREA. SÉBASTĒ (l'ancienne *Kabira*). |
| | | Pont Cappadocien. Tibarènes. Mosunèkes. Philyres. Driles ou Kolkhes occidentaux. Makrônes. Tzanes ou Héniokhes. Kissiens. | Kerasūs (*Pharnakeïa*). TRAPEZUS. Rhizæum. Apsarus. |
| *Région de l'Est.* | CAPPADOCE. | Cappadoce propre. Morimène. Cammanène. Sargaransène. | MAZAKA, ou CÆSAREA AD ARGEUM. Archelaïs. Tyane. |

| RÉGIONS. | GRANDES DIVISIONS. | SOUS-DIVISIONS GÉOGRAPHIQ. ET ETHNOGR. | VILLES PRINCIPALES. |
|---|---|---|---|
| Région de l'Est. | CAPPADOCE. | Garsauritide. Cilicie. Tyanitide. Cataonie. Mélitène. Petite Arménie. Lanisène. Kamisène. Orbalissène. | KOMANA de Cappadoce. MÉLITÈNE. Zimara. SATALA. |
| Région du Sud. | CILICIE. | Cilicie des Plaines. Lykanitis. Kharakène. Lamotide. Cilicie Trachée. Kétide. Lalaside. Selentide. | Germanicie. Anazarbus. Issus. Mallos. Mopsuestia. Adana. TARSE. Soli. SÉLEUCIE. Kélenderis. Anemurium. Selinûs. |
| | PAMPHYLIE. | . . . . . . . . . . . . . . . | Sydra. SIDÈ. Kibyra. Aspendus. Perghè. ATTALEA. Olbia. |
| | PISIDIE. | Pisidie propre. Homonadéens. Oroandéens. Éténenséens. Kabalie. Solymes. Isaurie. | Homonada. Selga. SAGALASSUS. Krêmna. Termessus. Isionda. Derbê. ISAURA. Karalis. |
| | LYCIE. | Lycie propre. Milyas | Phaselis. Limyra. Myra. PATARA. Xanthus. Pinara. Telmissus. |
| Région des Iles. | ILES DE L'ÉGÉE. | Tenedos. Lemnos. Lesbos. Khios. Samos. Ikaria. Pathmos. Leros. Kalymna. Kôs. Nisyros. Télos. RHODES. Karpathos. | Mitylène. Khios. Samos. RHODES. Lindus. Kamirus. Ialysus. |

28

| RÉGIONS. | GRANDES DIVISIONS. | SOUS-DIVISIONS. GÉOGRAPHIQ. ET ETHNOGR. | | VILLES PRINCIPALES. |
|---|---|---|---|---|
| *Région des Iles.* | CYPRE.... | Roy. de Salamine, de Khytres, | Salaminie. | Salamine. |
| | | de Kitium, de Kurium, | Amathusie. | Amathûs. |
| | | de Paphos, d'Arsinoê, | Paphie. | Paphos. |
| | | de Soles, de Lapethûs, de Kéronie, | Lapéthie. | Lapethûs. |

## II.

### DIVISION ADMINISTRATIVE DE L'ASIE-MINEURE,

D'après la *Notitia Dignitatum Imperii Orientalis*, et le Συνέκδημος
de Hiéroklès le grammairien,
pour les temps postérieurs à Constantin et à Théodose.

(4e, 5e et 6e siècles).

| DIOCÈSES. | PROVINCES. | VILLES PRINCIPALES. |
|---|---|---|
| I. DIOCÈSE D'ASIE. | ASIE (sous un proconsul particulier). | ÉPHÈSE. Priênê. Magnésie du Méandre. Tralles. Kolophôn. Metropolis. Lebedos. Smyrne. Klazoménê. Erythrées. Magnesiopolis Sipyli. Phocée. Kumê. Pergame. Élée. Théodosiopolis. Adramyttium. Antandros. Gargara. Assos. |
| | HELLESPONT. | CYZIQUE. Lampsaque. Abydos. Ilium. Troas. Skepsis. |
| | LYDIE. | SARDES. Philadelphie. Thyatire. Tralles. |
| | CARIE. | Milet. Myndus. Halicarnasse. Knide. Milasa. STRATONICÉE. Alinda. Alabanda. Antiochia. Métropolis. Aphrodisias. Iasos. Kibyra. |
| | LYCIE. | Phaselis. Limyra. MYRA METROPOLIS. Phellos. Antiphellos. Patara. Xanthus. Pinara. Telmissus. |
| | PAMPHYLIE. | Perghê. ATTALIA. Termessos. Isionda. Olbasa. Krémna. Selghê. Sidê. Korakèsion. Karalis. |
| | PISIDIE. | Antiochia. Laodicea Combusta. Hadrianopolis. Apamea. SAGALASSUS. Justinianopolis. |
| | LYKAONIE. | ICONIUM METROPOLIS. Lystra. Homonada. Laranda. Derbæ. Isauropolis. |
| | PHRYGIE SALUTAIRE. | Eukarpia. Hierapolis. SYNNADA. Prymnesia. Ipsos. Metropolis. Dorylæum. |
| | PHRYGIE PAKATIANE. | LAODICÉE. Hierapolis. Azani. Tiberiopolis. Theodosia. Ancyre de Phrygie. Synnaos. Pulcherianopolis. |
| | ILES. | RHODES. Kôs. Samos. Khios. Mitylênê. Tenedos. Andros. Ténos. Naxos. Paros. Siphnos. Mélos. Ios. Thera. Amorgos. Astypalæa. |

| DIOCÈSES. | PROVINCES. | VILLES PRINCIPALES. |
|---|---|---|
| II.<br>DIOCÈSE<br>PONTIQUE. | GALATIE 1<sup>re</sup>. | ANCYRA METROPOLIS. Tavia. Juliopolis. |
| | GALATIE SALUTAIRE. | PESSINUS. Amorium. Germia. |
| | BITHYNIE. | Chalcédoine. NICOMÉDIE. Helenopolis. Nicée. Kios. Apamée. Pruse. Césarée. Apollonias. Dascylium. Neo-Césarée. Hadriani. |
| | HONORIADE. | CLAUDIOPOLIS. Prusias. Héraclée. Tios. Hadrianopolis. |
| | PAPHLAGONIE. | Gangra. Pompeïopolis. Sora. Amastrium. Ionopolis. Dadybra. |
| | HÉLÉNOPONT. | AMASIE. Zéla. Amisos. Sinope. |
| | PONT POLÉMONIAQUE. | Néocésarée. Komana. Polemonium. Kerasûs. TRAPEZUS (Trébizonde). |
| | CAPPADOCE 1<sup>re</sup>. | CÉSARÉE. Nyssa Therma. Regio Podandus. |
| | CAPPADOCE 2<sup>e</sup>. | TYANA. Faustinopolis. Cybistra. Nazianze. |
| | ARMÉNIE 1<sup>re</sup>. | SÉBASTE. Nikopolis. Satala. Sébastopolis. |
| | ARMÉNIE 2<sup>e</sup>. | MÉLITÈNE. Arabissus. Koukousos. Komana. Ararathia. |
| III.<br>Partie<br>du<br>DIOCÈSE<br>D'ORIENT. | CILICIE 2<sup>e</sup>. | ANAZARBUS METROPOLIS. Mopsuestia. Égées. Alexandrie. Rhôsos. Irénopolis. Flavios. Kastabala. |
| | CILICIE 1<sup>re</sup>. | TARSUS METROPOLIS. Pompeïopolis. Sébasté. Korykos. Adana. Mallos. Zephyrion. |
| | ISAURIE. | SELEUCIA METROPOLIS. Kélendéré. Anemurium. Lamos. Antioche. Selinûs. Diocæsarea. Olbê. Claudiopolis. Hierapolis. Germanicopolis. Irênopolis. Philadelphie. |
| | CYPRE. | CONSTANTIA METROPOLIS. Tamassos. Kition. Amathûs. Kourion. Paphos. Arsinoë. Soloi. Lapathos. Kithroi. Karpasion. Kérynie. Tremithûs. Leukosie. |

## III.

### DIVISION DE L'ASIE-MINEURE EN DIX-SEPT THÈMES,

D'après le livre Περὶ τῶν Θεμάτων de Constantin Porphyrogennète (1).

(A partir du milieu du 7ᵉ siècle (2)).

| THÈMES. | VILLES. | ANNOTATIONS. |
|---|---|---|
| I. Th. Anatolique. *Thema Anatolicum.* | | Ce mot signifie *oriental.* Voy. ci-dessus, p. 158. |
| Formé de la Phrygie Salutaire, de la Phrygie Pakatiane, de la Lykaonie, de la Pamphylie, de la Pisidie, et d'une partie de la Lycie. | | Constantin Porphyr. ne cite pas les villes de ce thème. |
| II. Th. Arméniaque. *Th. Armeniacum.* | | |
| Le thème Arméniaque répond à l'Hélénopont du Synekdème et à une portion du Pont Polémoniaque. Constantin y nomme sept villes principales : AMASÉE, Ibora, Zalikhos, Andrapa, Aminsos, Néocésarée, Sinope. | | « Ce qu'on nomme le thème Arméniaque (Θέμα Ἀρμενιακόν) n'a pas d'appellation propre. Cette dénomination même d'Arméniaque n'est pas ancienne; elle dérive des Arméniens limitrophes. Je pense qu'elle date du temps de l'empereur Héraclius » (c.-à-d. de la première moitié du 7ᵉ siècle). Const. Porphyr., p. 17. |
| III. Th. des Thracésiens. *Th. Thracesiorum.* | | |

Ce thème, dit Constantin, était ainsi nommé des colonies d'origine thracique qui avaient autrefois occupé le pays, « au temps d'Alyattes, roi de Lydie » (p. 23); il ajoute que les Thracésiens formaient anciennement la

---

1 Κωνσταντίνου τοῦ Πορφυρογεννήτου περὶ τῶν Θεμάτων τῶν ἀνηκόντων τῇ βασιλείᾳ τῶν Ῥωμαίων..... ou Traité des Thèmes (provinces) de l'Empire romain, par Constantin Porphyrogennète.—Les citations de notre tableau se rapportent à l'édition de Bekker, dans la nouvelle édition du *Corpus Scriptorum Historiæ Byzantinæ*, t. III des OEuvres de Constantin Porphyrogen. Bonn, 1840, in-8.

2 Constant. Porphyrog. *De Themat.*, p. 16 : « Lorsque les Sarrasins commencèrent à faire la guerre aux Romains, et à dévaster leurs bourgs et leurs villes, les empereurs se virent contraints de partager l'Empire en divisions militaires peu étendues. » Cette indication nous porte au milieu du septième siècle. Les divisions dont il s'agit sont les *Thèmes*, dont l'empereur Constantin Porphyrogennète donne la liste et la description sommaire dans son ouvrage. Chaque *Thème* formait ce que nous appellerions une division militaire, au lieu qu'auparavant l'Asie-Mineure tout entière, depuis l'Égée jusqu'à l'Euphrate, ressortait d'un seul *préfet* militaire (*id.*, p. 15). Nous avons cru devoir donner quelque détail à ce tableau de la division des thèmes, laquelle n'avait encore été exposée nulle part, que nous sachions.

| THÈMES. | VILLES. | ANNOTATIONS. |
|---|---|---|
| nation des Lydiens, et celles des Méoniens, des Cariens et des Ioniens. Ils possédaient vingt et une villes principales : Éphèse, Smyrne, Sardes, Milet, Priène, Kolophôn, Thyatire, Pergame, Magnésie, Tralles, Hiérapolis, Kolossaï, nommée ensuite Khônai, Laodicée, Nyssa, Stratonicée, Alabanda, Alinda, Myrina, Teôs, Lebedos et Philadelphie ; mais de ces vingt et une villes des Thracésiens, une partie avait été attribuée au thème limitrophe de Samos. *Voy.* ci-après thème XVI. Le thème thracésien ne comprenait donc proprement que la Lydie, avec quelques cantons de la Phrygie Pakatiane, et la partie septentrionale de la Carie, entre le Taurus et le Méandre. | | |
| IV. Th. Opsikion. *Th. Obsequium.* Partie de la Bithynie. Phrygie Épictète. Mysie. Troade. | Nicée. Kotyæum. Dorylæum. Midæum. Apamée. Myrleïa. Lampsaque. Parium. Cyzique. Abydos. | Ὀψίκιον, dans la langue du Bas-Empire, signifie *celui qui précède* ; on serait donc porté à croire que la dénomination de ce thème lui serait venue de sa position à l'égard de Constantinople, par rapport aux autres provinces de l'Orient. Il bordait, en effet, la Propontide et l'Hellespont, et c'était la province asiatique la plus rapprochée de la Thrace. Mais Constantin Porphyrogennète (p. 24) donne à ce nom une autre origine, tirée d'un des titres d'office de la cour byzantine ; et, sous ce rapport, cette étymologie serait conforme à l'origine du nom des deux thèmes suivants. |
| V. Th. Optimate. *Th. Optimatum.* Partie de la Bithynie. | Nicomédie. Helenopolis. Prænetum. Astacum. Parthenopolis. | Ce thème tirait son nom (qui signifie *le premier, l'excellent*) d'un titre d'office de la cour impériale, quoique ce titre fût arrivé à avoir une signification tout autre que celle qui ressort de l'étymologie (*id.*, p. 26). |
| VI. Th. Buccellarien. *Th. Buccellariorum.* Galatie, et canton des Mariandyniens en Bithynie. | Ancyre. Claudiopolis (ch. l. des Mariandyniens). Héraclée. Prusias. Teïon. | Ce thème, comme les deux précédents, tirait son nom d'un titre d'office de la cour des empereurs grecs. Le mot βουκελλάριος, imité du latin *buccellarius*, signifiait proprement *panetier*, celui qui avait l'inspection militaire des vivres. |
| VII. Th. Paphlagonien. *Th. Paphlagonum.* Partie principale de l'ancienne Paphlagonie. | Gangra. Amastra. Sora. Dadibra. Ionopolis. Pompeïopolis. | |
| VIII. Th. Khaldéen. *Th. Chaldia.* Partie orientale du Pont. | Trébizonde. | Le nom de ce thème, *Khaldia* (conservé dans la dénomination de *Keldir* qui subsiste encore dans le pays), venait des anciens *Khalubes*, identifiés avec les *Khaldi* de Xénophon (*id.*, p. 30). |

| THÈMES. | VILLES. | ANNOTATIONS. |
|---|---|---|
| IX. Th. Mésopotamien. *Th. Mesopotamia.* Constantin Porphyr. n'indique ni la situation de ce thème, ni les places qu'il renfermait. Il dit seulement qu'il n'était ni renommé, ni de grande étendue. Constantin en rapporte l'origine au temps de l'empereur Léon son prédécesseur, qui régna de 886 à 911. Ce qu'il en dit dans un autre de ses ouvrages (*De administrat. Imp.*, c. 50, p. 226) montre que le thème mésopotamien était situé sur la rive orientale de l'Euphrate. Sans doute il se composait originairement du pays compris entre l'Euphrate et le Mouradtchaï; plus tard, il s'étendit au midi de ce dernier fleuve, dans l'ancienne Sophène, où il embrassa le canton de Khanzit, l'*Anzitène* ou *Azètène* de Ptolémée. Quoique en dehors de l'Asie-Mineure proprement dite, nous n'avons pas voulu omettre ce thème, pour ne pas laisser incomplète la nomenclature de Constantin Porphyrogennète. | | |
| X. Th. Kolônéen. *Th. Colonea.* Partie de la Petite-Arménie. Tirait son nom d'une place très-forte appelée *Koloneïa*. Les Grecs désignaient par l'épithète de κολωνοί, les lieux abruptes et très-élevés (*id.*, p. 31). | | |
| XI. Th. de Sébaste. *Th. Sebasteæ.* Partie de l'Arménie-Mineure et de la Cappadoce. Sébaste, capitale (aujourd'hui Sivas), d'où le thème tirait son nom. | | |
| XII. Th. de Lykandos. *Th. Lycandi.* Vallées du Taurus oriental, au-dessus de la Kataonie et de la Mélitène. C'est la Lykauitide de la *Cilicia campestris*. | | « Lykandos ne commença à prendre rang de ville et de thème que du temps de l'empereur Léon (VI, dit le Philosophe); auparavant, c'était un pays inhabité, de même que Tzamonidos et tout ce qui confine (de ce côté) à l'Arménie (Mineure). » Const. Porphyr., p. 32. Comp. *De Administr. Imp.*, c. 50, p. 228. |
| XIII. Th. Séleucien. *Th. Seleuciæ.* Cilicie. Tirait son nom de Seleucia sa capitale (aujourd. Selefkèh). Autres villes : Korykos (et l'antre Korycien), Soloï, Égées, Pompeïopolis, Aphrodisias, Issos. Les parties intérieures du thème Séleucien étaient désignées sous le nom de Dé- | | « La Séleucie est une partie de l'Isaurie, qui est terminée au couchant par le mont Taurus qu'habitent les Isaures, et qui au levant est enveloppée par les montagnes de Cilicie » (*id.*, p. 35). |

| THÈMES. | VILLES. | ANNOTATIONS. |
|---|---|---|
| *capole*, de dix villes principales que l'on y comptait : Germanicopolis, Titiopolis, Dometiopolis, Zènopolis, Neapolis, Claudiopolis, Irenopolis, Césarée, Lausados et Dalisandos. | | |
| XIV. Th. Kibyrréotéen. *Th. Cibyrrœotarum.* Partie de la Cilicie Trachée. Pamphylie. Lycie. Partie méridionale de la Carie. | Mylasa. Myuda. Halicarnasse. Phaselis. Attalea. Pergamena. Sylæum. Perghê. Sidê. Selghê. Anemurjum. Antiochia minor. Kibyra. | Tirait son nom de *Kibyra*, petite ville de Pamphylie (*id.*, p. 36). Il ne faut pas confondre cette Kibyra avec une autre ville du même nom dans la Miliade lycienne. |
| XV. Th. de Cypre. *Th. Cypri.* | | |
| Formé de l'île de ce nom. — Villes : Kition, Amathûs, Kyrèneia, Paphos, Arsinoê, Soloi, Lapithos, Kermia ou Leukosie, Kythereia, Tamasos, Kourion, Nemeos, Trimithos, Karpasion. | | |
| XVI. Th. Samien. *Th. Sami.* Formé de l'île de ce nom. | | Lorsque l'empire d'Orient fut divisé en thèmes, Samos, comme la plus illustre des îles de la mer Égée, fut constituée la métropole du thème maritime. Les parties du continent qui lui sont opposées (l'ancienne Ionie), et où sont Ephèse, Magnésie du Méandre, Tralles, Myrina, Teôs et Lebedos, jusqu'à Adramyttium, y furent réunies (*id*, p. 41). |
| XVII. Th. Égéen. *Th. Ægæum.* | | |
| Formé de toutes les îles de la mer Égée, à l'exception de Samos et de Rhodes. | | |

# PÉRIODE INTERMÉDIAIRE.

## CHAPITRE IX.

#### DEPUIS L'APPARITION DES ARABES MUSULMANS EN ASIE-MINEURE, JUSQU'A L'ÉPOQUE DES CROISADES.

Les Arabes musulmans enlèvent aux empereurs grecs la Syrie et les provinces d'Afrique dès le premier siècle de l'hégire. — Ils franchissent les frontières orientales de l'Asie-Mineure, poussent leurs courses et leurs ravages dans toute l'étendue de la Péninsule, et s'établissent à demeure dans la Cilicie orientale, la Comagène et la Mélitène, ainsi que dans l'île de Cypre. — Deux siècles plus tard, lors du déclin du Khâlifat, les empereurs grecs se remettent en possession de ces provinces (vers le milieu du dixième siècle). Première apparition des hordes turques à l'ouest de l'Euphrate, au milieu du onzième siècle. — Sur l'origine des Turks et leurs premiers établissements en Perse. — Ramification en cinq branches des princes issus de Seldjouk, chefs d'autant de dynasties turques en Perse, en Syrie et dans l'Asie-Mineure. — Leurs conquêtes rapides à l'ouest de l'Euphrate. — Fondation du royaume Seldjoukide de Roum, ou de l'Asie-Mineure, dont Nicée, et ensuite Iconium, sont successivement les capitales. — Mœurs et habitudes des Turks à cette époque. — Transformation graduelle qu'ils ont éprouvée depuis leur établissement en Asie-Mineure, tant au physique qu'au moral. — Permanence du type grec malgré le contact des Turks. — Cause de ce double fait. — La conquête turque marque une nouvelle ère dans l'histoire géographique de la Péninsule. — La nomenclature de l'ancienne géographie grecque s'altère ou s'efface, et elle est remplacée par une nomenclature toute nouvelle. — Quelques remarques à ce sujet. — Nouvelles colonies arméniennes en Asie-Mineure à la fin du onzième siècle. — Royaume arménien de Cilicie. — Notice historique.

(De l'an 700 à l'an 1100).

Une religion nouvelle était née au fond de l'Arabie. Renfermé d'abord dans le sein de quelques tribus que la voix inspirée de Mohammed [1] avait arrachées aux pratiques de l'idolâtrie

---

[1] Telle est la véritable prononciation du nom du prophète arabe, que par un usage vicieux nous appelons Mahomet.

sabéenne, le nouveau culte s'était rapidement propagé dans l'Arabie entière, et bientôt il en avait débordé les limites. Admirablement conçu pour trouver un puissant écho dans l'âme enthousiaste de ces rudes enfants du désert, le Koran avait éveillé subitement en eux une ardeur de prosélytisme sans exemple dans les annales religieuses de l'humanité. Pour les premiers khalifes [1], la conquête du monde n'était qu'un moyen de propagation religieuse, et le glaive un instrument de conversion. Vingt ans ne s'étaient pas écoulés depuis la mort de Mohammed, que déjà les armées musulmanes s'étaient répandues, rapides et irrésistibles comme un fougueux torrent, sur de vastes contrées de l'Asie et de l'Afrique. La Syrie fut conquise de 632 à 638, la Perse entière, entre l'Euphrate, le Syndh et l'Oxus, de 632 à 640, l'Égypte en 638, la Cyrénaïque en 647, Cypre et Rhodes en 649. Avant la fin du septième siècle, l'Arménie jusqu'au Caucase, et tout le nord de l'Afrique jusqu'au détroit, étaient aussi comptés au nombre des provinces du khalifat [2]. Ainsi pressé de toutes parts sur ses frontières orientales par les Musulmans, qui déjà lui avaient enlevé la moitié de ses provinces d'Asie et la totalité de ses possessions d'Afrique, l'empire grec se voyait menacé de perdre encore l'Asie-Mineure, seule partie des anciennes conquêtes romaines qu'il possédât maintenant au delà du Bosphore. Cette grande province, cependant, fut une barrière contre l'invasion arabe ; le flot qui avait si rapidement couvert les vallées du Liban, du Nil et de l'Euphrate, vint se briser au pied du Taurus. La Cilicie orientale jusqu'à Tarse, et deux provinces contiguës bordées par l'Euphrate, la Comagène et la Mélitène, furent les seules parties de l'Asie-Mineure où les Arabes s'établirent à demeure. De Tarse, d'Anazarbus et de Germanicia, leurs postes avancés vers le Taurus, ils poussèrent très-fréquemment des expéditions dans l'intérieur de la Péninsule, et s'avancèrent même plus

---

[1] Le terme de *khalife* eut une acception toute religieuse, avant de recevoir un sens politique. Sa signification propre est celle de *vicaire*, c'est-à-dire de *lieutenant* du Prophète.

[2] La conquête de la Transoxiane en 710, et celle de l'Espagne de 711 à 714, achevèrent de donner à l'empire arabe la plus grande extension qu'il ait eue, depuis l'Inde jusqu'à l'Océan Atlantique.

d'une fois jusqu'en Bithynie et aux approches du Bosphore, pendant que leurs bâtiments infestaient les côtes, depuis la Cilicie jusqu'à Rhodes. Tyane, la capitale de la deuxième Cappadoce, ville grande, riche, et depuis longtemps célèbre, fut ruinée et dépeuplée dans une de ces incursions, ainsi que beaucoup d'autres villes de la Cappadoce, de la Phrygie et des cantons voisins [1]. Mais les diverses tentatives des Musulmans sur l'Asie-Mineure n'aboutirent qu'à ces ravages; et lorsqu'au milieu du dixième siècle le khalifat démembré eut cessé d'étendre sur l'Asie un sceptre qu'avaient si glorieusement porté les al-Mansor et les Haroûn-al-Reschid, les empereurs de Constantinople se remirent en possession de l'île de Cypre, de la Cilicie, et des cantons riverains de l'Euphrate (de 958 à 965), outre qu'à leur tour ils rendirent tributaires les émirs du nord de la Syrie jusqu'aux environs de Hems, de Baalbek et de Tripoli [2].

Mais ce retour de puissance au delà du Taurus ne devait pas être de longue durée. Un nouvel ennemi va se montrer bientôt, plus terrible encore et plus redoutable que les Arabes, et contre lequel les empereurs grecs essayeront vainement de défendre leurs provinces d'Asie : ce sont les Turks. Leur apparition sur l'Euphrate date de la seconde moitié du onzième siècle.

Rien du plus obscur que l'origine des Turks. Faut-il voir en eux une race isolée et complétement distincte par ses traits physiques et par sa langue, des autres races-mères de l'Asie Centrale, ou se raproche-t-elle d'une de ces races par ce double lien d'affinité originaire, soit des Mongols aux cheveux noirs et aux traits aplatis, soit des Finnois à la chevelure rouge et au profil mieux accusé? C'est ce que l'histoire ne nous dit pas, et les recherches encore bien incomplètes de quelques savants modernes n'ont fourni à cet égard que de douteuses et faibles

---

[1] Lebeau, *Hist. du Bas-Empire*, liv. LXII et LXIII, t. XII, p. 68 et 174 de l'édition de M. de Saint-Martin; liv. LXXII, t. XIII, p. 335 et 361, etc. Lebeau a reproduit tous les renseignements fournis sur ces époques par les historiens grecs du Bas-Empire. M. Price, *Mahommedan History*, vol. I, p. 468, etc., a réuni ceux des historiens orientaux, beaucoup moins abondants et moins circonstanciés que les premiers en ce qui regarde l'Asie-Mineure.

[2] Lebeau, liv. LXXV, p. 72, édit. S.-Martin.

lumières⁽¹⁾. Ce qui est certain, c'est que les Turks forment une très-nombreuse famille de peuples; et l'on sait, par le témoignage des annales chinoises, que leur berceau primordial, ou du moins leur plus ancienne habitation connue, fut la haute région altaïque qui borde au nord le plateau central de l'Asie⁽²⁾. C'est de là qu'après de longs siècles d'une existence ignorée de l'histoire, une de leurs hordes, les Ouïghours, conduite par un chef resté célèbre dans les traditions nationales sous le nom d'Oghouz-khân, descendit dans la région moins âpre que nous nommons le Turkestan chinois, y habita des villes, et y développa, longtemps avant notre ère, une civilisation remarquable dans cette région de peuples pasteurs. C'est aux fils d'Oghouz-khân que l'histoire traditionnelle des Turks rattache la généalogie des principales tribus de la nation, et en particulier celle des Turks occidentaux, chez lesquels se conservèrent, plus

¹ Deux auteurs récents, MM. de Hammer et Prichard, de qui l'on devait attendre, dans deux lignes différentes mais également spéciales, des recherches plus approfondies sur la question des origines turques, sont peut-être ceux qui fournissent à cet égard les notions les moins satisfaisantes. M. de Hammer, dans la vaste composition historique qu'il a consacrée à l'empire ottoman, s'est identifié avec l'esprit et la manière des écrivains orientaux au point qu'il semble s'interdire à dessein toute excursion de critique et d'érudition, et il n'a pas même abordé cette question d'ethnologie qui aurait bien valu quelques mots, lors même qu'elle ne se serait pas liée aussi étroitement à son sujet; ce qu'en dit M. Prichard, dans ses *Recherches sur l'Histoire physique du genre humain*, est non-seulement très-incomplet, mais ne présente pas à beaucoup près autant de méthode et d'investigation qu'on pourrait le désirer.

² Deguignes, *Histoire des Huns*, t. I, prem. part., p. 214, etc., 1756. J. Klaproth, *Asia Polyglotta*, p. 210, 1823, et *Tableaux historiques de l'Asie*, p. 101, 1826. Hammer, *Geschichte des Osmanischen Reiches*, t. I, init., 1827. St-Martin, dans l'*Histoire du Bas-Empire* de Lebeau, nouv. édit., t. IX, p. 381, 1828. James Cowles Prichard, *Researches into the Physical History of Mankind*, vol. IV, p. 304, 1844.—Les témoignages des auteurs chinois recueillis par Deguignes sont encore le fonds principal sur lequel ont travaillé les savants d'une époque plus récente; mais M. Klaproth, le premier, a bien démontré l'erreur où Deguignes était tombé, faute de distinguer suffisamment les diverses nations de l'Asie-Centrale, en confondant les Hioung-nou des écrivains chinois, un des noms sous lesquels ils désignent les Turks, avec les Huns de nos annales d'Occident. Au surplus, ce n'est pas ici le lieu de nous étendre sur un sujet que nous aurons à reprendre par la suite d'une manière spéciale.

longtemps que chez les Ouïghours, les habitudes nomades de leurs premiers ancêtres.

La nombreuse tribu de Seldjouk, sœur des Turks Oghouzes, avait demeuré d'abord dans le Turkestan oriental, d'où elle vint s'établir plus à l'ouest sur les bords septentrionaux du Sihoun, le Jaxartes des anciens, et de là, successivement, au sud du Sihoun dans les plaines de Bokhara, puis au midi de l'Oxus dans les vastes pâturages du Khoraçân. Là, en peu de temps, ils s'emparèrent de plusieurs villes et se rendirent maîtres de tout le pays, qui reconnaissait alors l'autorité d'une autre branche de la famille turque, les Ghaznevides. Ceci avait lieu dans la première moitié du onzième siècle, de 1034 à 1037. Il y avait longtemps, à cette époque, que les Turks de Seldjouk avaient embrassé l'islamisme. De jour en jour plus redoutables, ils poussèrent leurs incursions dans tout l'Irân, dans l'Arménie, dans la Géorgie et jusques sur l'Euphrate. Le khalife de Bagdad gardait encore, même depuis la perte de son autorité temporelle, tout le prestige de son caractère religieux comme successeur du Prophète : Toghroul-begh, le chef des Seldjoukides, fit alliance avec le chef toujours vénéré de l'islamisme, dont il épousa la fille, se fit investir dans Bagdad du titre de sultan, fit ajouter son nom, dans les prières publiques, au nom du khalife (1037), ce qui est en Orient la marque du pouvoir suprême, et bientôt, en effet, régna sur la Perse entière, depuis les confins de l'Inde jusqu'à ceux de l'empire grec[1]. Dans le cours du onzième siècle, on compta cinq rameaux de cette puissante famille de Seldjouk, qui prirent leur nom des provinces qu'ils possédèrent : au premier rang, les Seldjoukides de l'Irân, ceux-là mêmes dont nous venons d'esquisser l'histoire; puis les Seldjoukides du Kermân, ceux de Haleb et de Damas, enfin les Seldjoukides de Roum ou d'Ikonium, les seuls dont nous ayons maintenant à nous occuper.

Les Turks, dans leurs excursions de guerre et de pillage, avaient atteint de bonne heure les bords de l'Euphrate; ils ne tardèrent pas non plus à franchir ou à tourner cette barrière des provinces grecques. Dès l'année 1060, on les voit saccager la Petite Arménie, la Khaldie, la Mélitène et les cantons limi-

---

[1] Deguignes, t. I, 1re partie, p. 241; t. II, 1re part., p. 185 et suiv. De Hammer, *loc. cit.* Klaproth, *Tabl. histor. de l'Asie*, p. 130.

trophes riverains du fleuve ; en 1067, on les trouve dans la Cilicie, dans toute la Cappadoce dont ils prennent la capitale Césarée, et bientôt après dans la Lykaonie, dans la Phrygie et jusques dans la Pisidie [1]. C'est à l'occasion de ces incursions des hordes turques que nous rencontrons dans les historiens du temps la première mention de la ville d'Erzeroum, sous le nom d'*Arzên :* ce n'était encore qu'un lieu dépourvu de murailles, quoique déjà grand, riche et peuplé, mais néanmoins très-inférieur à la ville voisine de *Theodosiopolis,* dont les restes portent aujourd'hui le nom turk de *Hassan-kalèh,* le *Château de Hassan* [2]. L'empereur Romain Diogène, qui était accouru au devant de ces barbares, tomba lui-même entre leurs mains (1072), et ne fut renvoyé qu'au prix d'une forte rançon. Les historiens vantent néanmoins la noblesse de sentiments et la générosité inattendue dont fit preuve Alparslan, le second sultan seldjoukide de l'Irân, qui commandait en personne cette expédition. — « Qu'auriez-vous fait si j'eusse été votre prisonnier ? » demandait-il un jour à Diogène. L'empereur répondit brusquement qu'il l'aurait fait déchirer à coups de verges. — « Moi, répartit le sultan, je vous traiterai d'une manière plus conforme aux maximes de votre loi ; car j'entends dire que votre législateur recommande l'humanité et l'oubli des injures ». Et la conduite d'Alparslan fut en effet conforme à ses paroles [3]. Mais si le sultan affectait de montrer en cette occasion des sentiments dignes d'un roi, le peuple qu'il conduisait à la conquête de l'Asie-Mineure n'en conservait pas moins toute la rudesse et toute la grossièreté de mœurs de ses steppes natives. Un historien du siècle suivant, le célèbre Guillaume, archevêque de Tyr, qui était né dans la Syrie même et qui connaissait bien les Turks avec lesquels les Croisades avaient alors mis les Francs en contact, en a fait un portrait d'une grande vérité. « *Gens Turcorum seu Turcomannorum (nam ab eodem habuerunt originem) ab initio septentrionalis fuit,* dit l'historien des premières croisades, *inculta penitus, et certam non habens sedem. Vagabantur*

---

[1] Deguignes, t. II, 1ʳᵉ part., p. 200 et suiv. Lebeau, liv. LXXIX, t. XIV, p. 436 et suiv., édit. S.-Martin.

[2] Lebeau, t. XIV, p. 355.

[3] *Id.*, p. 499 ; Deguignes, t. II, 1ʳᵉ part., p. 210.

*etenim, et passim circumferebantur, pascuorum sectantes commoditatem, non habentes urbes vel oppida, vel alicubi manentem civitatem. Volentes autem proficisci, incedebant simul qui ex eadem tribu erant, aliquem de majoribus contribulium suorum habentes quasi principem, ad quem universæ quæ in eadem tribu simul emergebant referebantur quæstiones, cujusque dicto ab utraque dissonantium parte parebatur, cujusque non impune licebat examen declinare. Migrantes autem universam secum suam substantiam transferebant, equitia, greges, et armenta, servos et ancillas : nam in his eorum omne consistebat peculium, nusquam agriculturæ dantes operam, emptionum et venditionum ignorantes contractus, sed solis permutationibus vitæ sibi comparantes necessaria. Volentes autem alicubi, locorum herbidorum amœnitate tracti, tabernacula figere, et ad tempus aliquod moram sine molestia facere, per quosdam ex suis, qui videbantur prudentiores, regionum principes solebant convenire, et pactis initis sub placitis conditionibus, et certa tributorum præstatione, sub principe qui regioni præerat, moram juxta condictum habebant in pascuis et nemoribus* ». Guillaume raconte ici, avec des circonstances caractéristiques que ne rapportent pas les historiens orientaux compulsés par Deguignes, comment ces tribus pastorales étaient entrées dans le nord de la Perse, et de quelle manière le roi ayant voulu les en chasser, elles se réunirent, envahirent le pays à force ouverte, s'en rendirent maîtresses et y furent gouvernées par un chef de la famille de Seldjouk qu'elles avaient investi du pouvoir royal; puis il ajoute : « *Utque aliqua esset differentia saltem nominis inter eos qui sibi regem creaverant, et per hoc ingentem erant gloriam consecuti, et eos qui in sua ruditate adhuc permanent, priorem vivendi modum non deserentes, dicuntur isti hodie Turci; illi vero, prisca appellatione, Turcomanni* [1]. » Une vieille translation française de l'histoire transmarine de l'archevêque de Tyr, presque contemporaine de l'auteur original (elle est du treizième siècle), rend ainsi le passage que nous venons d'en rapporter; peut-être ne sera-t-on pas fâché de voir quelle langue parlaient nos pères il y a six

---

[1] Willermi Tyrensis Archiepiscopi *Historia rerum in partibus transmarinis gestarum*, lib. I, c. 7.

cents ans : »Li *Turc* et li *Turcamen* vindrent d'une racine et issirent d'une terre qui est vers bise quand l'on est en Surie. Si furent gent moult rude et sanz atirement, ne n'avoient nul païs ne nul certein siege et queroient partout pastures à leurs bestes; n'onques n'avoient abité n'en cité n'en chastel. Quant ils voloient aler d'un leu à autre, si aloit touz un lignages par soi ; et avoient fet en chacun paranté un prince qui estoit leur justisiers : par celui estoient amendé tuit li meffet, et faisoient ce que il commandoit. Il menoient avec culs toutes leur choses, leur sers, leur boiasses et bues et vaches et berbiz : en teles choses estoient toutes leur richeces. Nule terre il ne gaengnoient, ne il ne savoient riens acheter ne vendre, quar il n'avoient point de monoie, mès leur bestes, leur fromages et leur let chanjoient à ce dom il avoient mestier. Quant il avoient esté en un leu et mestiers etoit qu'il alassent ailleurs par les pastures, il envoient des plus sages de leur pueple as princes des terres, et cil faisoient convenance a eux de demorer une piece en leur bois et en leur pastures par le treu que il lor rendoient selonc ce que il estoit entr'aux accordé... Et avint que cil pueples qui avant estoit si vix et si rudes, et vivoit aussint desatireement comme bestes, orent conquis en moins de 40 anz si grant seignorie com vos oez, et monterent eu si grant orgueill que il ne vodrent plus avoir non si comme li autre estoient apelé dom il vindrent, einz fur apelez *Tur*. Li autre qui ne lessierent mie leur maniere de vivre furent tozjorz nomez et sont encore *Turqueman* [1]. » Guillaume retrace ensuite l'effrayant tableau des ravages faits par les Turks du sultan de Perse Belfeth [2] « dont l'innombrable multitude couvrait toute la terre, » dans l'étendue entière de l'Asie-Mineure

---

[1] L'*Estoire de Eracles empereur, et la conqueste de la terre d'Outremer*; c'est la translation de l'estoire de Guillaume arcevesque de Sur. Édition donnée par l'Académie des Inscriptions. Paris, I. R. 1844, in-fol., p. 22.

[2] Il s'agit indubitablement d'Aboulfétah, fils d'Alparslan et son successeur au trône de l'Irân en 1072, sous le nom de *Malek Châh* (Deguignes, *Hist. des Huns*, t. I, 1re part., p. 242); cependant tous les historiens de l'Orient s'accordent à attribuer à Alparslan lui-même cette expédition dans laquelle l'empereur Romain Diogène fut fait prisonnier (*id.*, t. II, 1re part., p. 210 et suiv.). Au reste, Aboulfétah y accompagnait son père; et ce fut dans cette expédition même (où ce dernier fut tué), qu'il fut proclamé sultan à la tête de l'armée (*id.*, p. 214). De là sans doute la confusion.

depuis Laodicée de Syrie jusqu'à l'Hellespont, dans une longueur de trente journées de chemin sur dix à quinze de largeur, s'emparant des villes, même les mieux fortifiées, détruisant les églises, réduisant le peuple en esclavage, et poursuivant partout l'abolition du culte chrétien [1].

La nécessité de se consolider sur le trône de l'Irân, que lui disputait un compétiteur, avait contraint Aboulfétah-Malek-châh de renoncer momentanément à la conquête déjà fort avancée de l'Asie-Mineure; mais en ajournant cette grande entreprise, il était loin de l'abandonner. En 1074, il conféra à Soliman, son proche parent, le commandement des armées destinées à soumettre les pays de *Roum*, ainsi qu'on nommait alors dans l'Orient les provinces des empereurs grecs qui se regardaient comme les successeurs des anciens Romains, et il l'investit de la souveraineté de toute la contrée comprise entre l'Euphrate et le Bosphore, à la seule condition que le nouvel empire des Seldjoukides de Roum relèverait de ceux de l'Irân [2]. « Cette partie de l'empire grec, déjà ruinée par les fréquentes incursions des troupes des khalifes, et ensuite par celles que plusieurs bandes de Turks venaient d'y faire, ne résista pas longtemps aux efforts de cette nouvelle armée. Soliman parvint, sans beaucoup de peine, jusqu'à Nicée, dont il s'empara. Cette ville, autrefois si célèbre par les conciles que les chrétiens y ont tenus, et qui était la capitale de la Bithynie, devint celle de l'empire turk [3] et vit ses églises changées en mosquées. Elle servit alors de retraite aux partis turks, qui se répandirent de là dans toutes les provinces voisines et qui osèrent s'avancer jusque sur le bord de la mer, vis-à-vis de Constantinople [4]. Alexis Comnène, qui y

---

[1] Willelmis Tyrensis Archiep. *Historia rerum transmarin.*, lib. I, c. 9.

[2] Gaubil, t. I, 1ʳᵉ part., p. 245 ; t. II, 2ᵉ part., p. 2.

[3] Les historiens grecs et ceux des croisades donnent le nom de *Persans* à tous ces Turks, parce que ces hordes envahissantes sortaient de la Perse. On les nomma plus tard sulthans d'*Iconium*, quand cette ville fut devenue leur capitale. Joinville les appelle sultans de *Conue*, pour *Cônie* ou *Iconium*. Le vieux traducteur français de Guillaume de Tyr écrit *Coine*, *Licoines*, *Ycoine*, *Qoine*, avec toute l'irrégularité d'une orthographe non formée cherchant à exprimer une prononciation vicieuse.

[4] *Quod si copiam habuisset navium*, dit l'Archevêque de Tyr parlant de Soliman, *ipsam urbem regiam sibi procul omni dubio subjecisset; tantam*

régnait, envoya contre eux une armée (en 1081); les Grecs victorieux obligèrent les Turks de quitter la Bithynie, et Soliman fut contraint de demander la paix, que l'empereur grec, alors menacé d'une nouvelle guerre du côté de l'Occident, désirait également Elle fut signée sans aucun délai de part ni d'autre ; mais les Turks, qui ne cherchaient qu'à faire de nouveaux établissements, et à qui par conséquent la paix n'était point avantageuse, ne gardèrent les traités qu'autant qu'il leur fallait de temps pour réparer leurs forces, et recommencèrent aussitôt la guerre. » Nous n'avons plus maintenant à en suivre les incidents uniformes. Tantôt repoussés, plus souvent vainqueurs, et dans ce flux et reflux de succès divers gagnant chaque jour du terrain, les Turks sont désormais les maitres de l'Asie-Mineure. Non pourtant qu'ils la possèdent tout entière : les empereurs de Constantinople y conservèrent longtemps encore un grand nombre de places et de territoires depuis la mer Égée jusqu'à l'Euphrate; mais les terres restées à l'Empire étaient traversées en mille endroits par les conquêtes des musulmans. Les Turks de Nicée et les successeurs de Constantin traitent maintenant de puissance à puissance ; les empereurs ne songent plus à disputer, pas même à contester aux sulthans Seldjoukides les provinces dont ceux-ci se sont emparés. A l'exception de quelques parties du Pont, d'une portion de la Bithynie et de l'Ionie et des hautes vallées du Taurus depuis la Carie jusqu'à la Cilicie, toute la Péninsule est turque, et elle commence à être désignée dans l'histoire sous le nom de *Turquie* [1].

Cette révolution capitale dans l'état de l'Asie-Mineure était

*enim Græcis incusserat formidinem, ut vix regiæ civitatis se crederent mœnibus, et maris interpositi non satis tutum arbitrarentur præsidium.* Lib. I, c. 9.

[1] Deguignes, t. II, 2ᵉ part., p. 2 ; Lebeau, liv. LXXXI et LXXXII, t. XV, p. 123, 185, etc., édit. S.-Martin; Hammer, t. I, *initio;* Price, *Mahommedan History*, vol. II, p. 385.—Outre les possessions des sultans de Roum, il y eut, à partir des dernières années du onzième siècle, une principauté turque indépendante qui comprenait une partie de la Cappadoce, et avait Mélitène pour capitale. Cette principauté, mentionnée non-seulement par les auteurs orientaux, mais aussi par les historiens latins des Croisades, subsista près d'un siècle ; elle fut enfin reprise par les sultans d'Iconium. Deguignes, . I, 1ʳᵉ part., p. 252, et t. II, 2ᵉ part., p. 24.

consommée avant l'expiration du onzième siècle, sinon pour la totalité, au moins pour une très-grande partie de la Péninsule. Un sujet d'étude bien plus important et d'un bien plus grand intérêt que la sèche nomenclature d'une série de noms barbares et le récit monotone d'une longue suite de combats et de ravages, serait le tableau détaillé de la double transformation que subit alors une vaste contrée, dans sa géographie et dans l'état de ses habitants, sous l'influence de la conquête. L'ancienne nomenclature géographique du pays s'altère ou s'efface, soit par suite de l'introduction d'une langue nouvelle, soit par l'effet nécessaire des nouvelles habitudes du peuple vainqueur, de la distribution de ses tribus sur le territoire, et, plus tard, de la création d'un autre ensemble de circonscriptions administratives; les mœurs, les habitudes, la langue même du peuple vaincu éprouvent des modifications analogues par l'effet des mêmes causes, en même temps que, par une inévitable réaction, les habitudes, les mœurs et les usages du peuple vainqueur se modifient à leur tour et s'améliorent au contact des populations plus civilisées qu'il a soumises. Malheureusement les historiens de cette époque de rénovation, ceux de l'Occident aussi bien que ceux de l'Orient, ne sont nullement philosophes et fort peu observateurs; ce qui nous offrirait aujourd'hui le plus d'instruction et d'intérêt est précisément ce qui arrête le moins leur attention. C'est donc dans un certain ensemble de faits de détail plutôt que dans les récits mêmes des écrivains du temps que l'on retrouve les traces et que l'on peut suivre la marche progressive de cette grande révolution, qui s'est opérée, à partir du onzième siècle, dans la condition générale de l'Asie-Mineure, dans sa nomenclature géographique, dans l'état moral de ses populations, et même jusqu'à un certain point dans leur état physique. — Au surplus, cette absence de renseignements directs fournis par les auteurs de l'époque se comprend, même en faisant abstraction de leur peu d'aptitude à une étude de cette nature. Une refonte sociale telle que celle qui a dû sortir du rapprochement violent de deux éléments aussi dissemblables à tous égards que l'étaient alors, que le sont même encore aujourd'hui l'élément turk et l'élément grec, celui-ci déjà énervé et dégénéré par l'excès même de sa très-ancienne civilisation, celui-là encore tout plein de cette énergie sauvage qui appartient aux natures vierges et brutes, cette refonte, qui s'attaquait à la fois à deux nationalités opposées, et qui avait à surmonter leur double résistance, n'a pu s'opérer que par une action lente, journalière, presque insensible, dont la postérité reconnait plus aisément les résultats que les contemporains n'en aperçoivent le travail.

En ce qui touche à la transformation, ou tout au moins aux altérations de l'ancienne topographie grecque, nous nous bornerons ici à quelques observations générales : les faits de détail se présenteront successivement, surtout quand nous suivrons les pas des voyageurs modernes dans toute l'étendue de la Péninsule [1]. Et d'abord, un fait universel qui tient à l'ignorance où sont tombés depuis des siècles les descendants de ces Grecs d'Asie chez lesquels s'alluma jadis le flambeau de la civilisation hellénique, c'est que dans l'identification des noms classiques avec les localités actuelles, là où les anciens noms se sont perdus par suite de la conquête turque, il n'y a rien à attendre des traditions locales. Quelque merveilleuse que soit la conservation de la nationalité grecque et de la langue ancienne, même avec ses altérations, à travers une si longue période de dégradation, il n'en faut pas moins regarder comme une règle générale que la chaîne historique entre les Grecs d'aujourd'hui et leurs ancêtres est aussi complétement brisée que si c'étaient deux races distinctes. Lors même que les noms classiques ont survécu, plus ou moins altérés par la suite des temps et la corruption de la langue, les souvenirs des beaux temps de la Grèce, qui pour l'Européen lettré se rattachent à ces noms, sont absolument morts pour les habitants. La décadence générale de ce que l'on a si justement nommé le *Bas-Empire*, même avant l'irruption des hordes turques, avait préparé et en partie consommé cet oubli d'un passé glorieux ; la domination musulmane en a effacé jusqu'aux derniers vestiges. C'est surtout dans la nomenclature des rivières et des montagnes que l'anéantissement des dénominations classiques est le plus complet : fait d'autant plus remarquable,

---

[1] Un savant anglais, M. Stanley, a présenté des observations analogues sur la géographie comparée de la Grèce européenne ancienne et moderne. *Classical Museum*, vol. I, 1844, p. 73.

que l'on sait combien en général ces appellations des localités naturelles de la patrie sont persistantes chez tous les peuples, même à travers les invasions étrangères et les changements de domination. La conservation d'une foule de noms de rivières et de montagnes portés jusqu'aux dernières extrémités de l'Europe, il y a peut-être quatre mille ans, par les plus anciennes émigrations orientales qui peuplèrent ces parties de notre continent, montrent assez combien ces dénominations traditionnelles sont vivaces. Ici, au contraire, elles ont presque entièrement péri. Pas un seul habitant des bords du *Halys* ne connaît aujourd'hui ce nom jadis si fameux du plus grand fleuve de la péninsule : pour les Grecs comme pour les Turks, ce n'est plus que le fleuve Rouge, *Kizil-Ermak*, ainsi nommé du fond rougeâtre de son lit dans une partie de son cours. C'est à de telles circonstances locales, et plus fréquemment encore aux noms mêmes des villes que les rivières arrosent, que se rapporte la presque totalité des dénominations que leur ont imposées les Turks. Quelquefois une consonnance fortuite entre le nom ancien et un mot turk ayant une signification qui semblait présenter un rapport quelconque avec la localité, en a déterminé l'application moderne. C'est ainsi que partout où la finale *sos se* rencontrait dans les anciens noms grecs des rivières, les Turks l'ont transformée en *sou*, qui chez eux signifie *eau*, et que de *Harpasos*, par exemple, ils ont fait *Arpa-sou*, ou Rivière d'Arpa. Nous ne voyons que deux exemples où le peuple conquérant ait paru vouloir consacrer le souvenir de sa patrie originaire : c'est c'est dans l'application des noms du *Sihoun* et du *Djihoun*, ces deux fleuves fameux du Turkestan, aux deux plus grandes rivières de la Cilicie orientale, le *Saros* et le *Pyramos* de la géographie classique. De même pour les noms des montagnes. Les appellations antiques de Paryadrès et de Skydissès, de Taurus et d'Amanus, de Dindymène, de Tmolus, de Mesogis et de Sipyle, ne subsistent ni dans la tradition, ni dans l'usage. L'Olympe lui-même, la montagne des Dieux, ne conserve son nom, autrefois vénéré, que dans la bouche des voyageurs ; et vainement chercheriez-vous quelque souvenir du mont Ida parmi les pâtres grossiers qui font paître aujourd'hui leurs troupeaux aux lieux où jadis le beau Pâris conduisait les siens. Dans le petit nombre des noms anciens dont les noms actuels conservent la trace, le plus frappant est celui de l'*Argaïos* ou *Argœus*, à peine altéré sous sa forme actuelle d'*Ardjèh*.

Il serait prématuré de parler maintenant de l'introduction des dénominations que la géographie turque applique aux diverses parties de la Péninsule, en remplacement des circonscriptions de l'ancienne géographie grecque et de celles du Bas-Empire, également oubliées : nous aurons à y revenir dans un des chapitres suivants.

Il est un autre point auquel nous serons également ramené par la suite et que nous ne voulons qu'indiquer ici : c'est le changement considérable, nous pourrions dire la très-grande amélioration qui s'est opérée dans le type physique des Turks depuis leur établissement à l'ouest de l'Euphrate. Un fait bien connu, c'est que dans ce contact des deux races juxtaposées sur le sol de l'Empire grec, la race conquérante et la race conquise, la première seule a éprouvé ces modifications de type physionomique et de conformation qui sont la conséquence ordinaire des croisements de races différentes; tandis que les habitants grecs ne paraissent avoir subi, à cet égard, aucun changement appréciable. Il peut y avoir çà et là des exceptions de détail; mais dans sa généralité le fait est tel. C'est qu'à bien dire, il n'y a eu croisement que du côté des Turks. Obéissant en ceci au sentiment d'amélioration des races inférieures, ils ont toujours, autant qu'ils l'ont pu, choisi leurs femmes au sein des nations plus belles que la victoire leur avait soumises, et ont ainsi purifié le sang grossier de leur propre race par le mélange du sang si remarquablement beau des Grecs et des Circassiens. Ce sont ces deux nations, qui, dès les premiers temps du contact de la race de Seldjouk avec les populations occidentales, ont à peu près exclusivement peuplé de leurs femmes les harems des chefs, et donné des mères à leurs fils. Les Turks de rang inférieur ont suivi l'exemple des grands toutes les fois que leur fortune leur a permis d'acheter ces belles esclaves si chères à leur sensualité; de sorte que de proche en proche et de génération en génération, le type original des Turks a tendu de plus en plus à s'identifier avec le type grec et circassien. Ce n'est guère que dans les derniers rangs, et surtout chez ces Turkomans nomades qui ont gardé les mœurs de leurs ancêtres, que l'on peut retrouver aujourd'hui les traits de la race.

Il est un troisième peuple qui a formé de tout temps une portion notable de la population des extrémités orientales de l'Asie-Mineure : ce sont les Arméniens. Il convient d'autant mieux d'en dire ici quelques mots, qu'à l'époque où nous sommes arrivé, c'est-à dire à la fin du onzième siècle, ils acquirent une nouvelle extension de ce côté-ci de l'Euphrate, et s'y formèrent de nouveaux établissements. Nous savons que depuis longtemps les pays riverains de la droite du fleuve, depuis la Comagène jusqu'aux montagnes pontiques, avaient été distingués par l'appellation de Petite-Arménie, qui indiquait l'origine des habitants ; et le tableau des divisions administratives de la Péninsule nous a montré que cette Arménie-Mineure avait été partagée en deux provinces sous les empereurs grecs [1]. Vers le règne de l'empereur Héraclius, c'est-à-dire dans la première moitié du septième siècle, les déchirements occasionnés par les guerres continuelles des Grecs et des Perses, qui s'étaient partagé la grande Arménie lors de l'extinction de la dynastie arsacide en 428, et qui depuis lors s'en disputaient la possession exclusive, amenèrent un grand nombre d'Arméniens dans le Pont et la Cappadoce, ce qui donna lieu à la formation d'une troisième Arménie, distinguée, dans la nomenclature des *thèmes* du Bas-Empire, par le nom de *thème arméniaque*, dont le chef-lieu était Amasée. Quatre cents ans plus tard, lors des irruptions des Turks en Arménie, d'autres émigrations arméniennes vinrent chercher en Asie-Mineure, où les Turks n'avaient pas pénétré encore, un refuge contre les cruautés des hordes de Seldjouk. Mais comme les cantons de l'Euphrate et les confins du Pont étaient occupés déjà par les compatriotes des nouveaux immigrants, ceux-ci s'avancèrent plus au sud, et vinrent se cantonner dans les hautes vallée du Taurus, qui couvrent la Cilicie orientale. Postés dans ces lieux presque inaccessibles, entre les rochers et les précipices, ils y bâtirent des châteaux où chaque chef résidait, et d'où il dominait le pays d'alentour. Indépendants les uns des autres, tantôt ils se faisaient la guerre entre eux pour

---

[1] Ci-dessus, p. 436.

agrandir leur territoire, tantôt ils se réunissaient pour repousser les attaques des Turks ou pour leur enlever quelque ville. Quoiqu'ils fissent, comme les Grecs, profession de la religion chrétienne, et qu'ils y fussent même fort attachés, ils n'épargnaient pas les terres de l'Empire. Après l'établissement des Francs dans le nord de la Syrie, à la suite de la première croisade, ils disputèrent longtemps aux princes d'Autriche ce que ceux-ci possédaient au delà du mont Amanus, et s'emparèrent par succession de temps de la Cilicie entière, depuis le golfe d'Issos jusqu'à Antioche de Cilicie à l'ouest du cap d'Anemour, dans une longueur de plus de quatre-vingts lieues, entre la mer et le Taurus. Ils relevèrent le château de *Sis*, ruiné par les Sarrasins lors de leurs premières irruptions en Cilicie; et lorsque vers la fin du onzième siècle (1080), un de ces princes nommé Rhoupèn, ayant fait reconnaître sa suprématie par les autres chefs, eut fondé un nouveau royaume arménien de Cilicie, qui comprenait, outre la Cilicie même, quelques portions de la Syrie, de la Petite-Arménie, de la Cappadoce et de l'Isaurie, Sis devint la résidence ordinaire des princes Rhoupéniens, et elle s'agrandit considérablement. Elle n'était pas fortifiée; mais elle avait sur la montagne un château très-fort, au pied duquel la ville se déployait en amphithéâtre [1]. La dynastie de Rhoupèn subsista, avec diverses phases de fortune, jusqu'en 1342, où elle fut remplacée dans le royaume d'Arménie par les princes de Lusignan, expulsés à leur tour, trente ans plus tard, par les mamelouks Baharites d'Égypte.

Dès l'an 1060, ajoute l'historien du Bas-Empire à qui nous empruntons une partie de ces détails [2], les courses des Turks avaient obligé le Catholique d'Arménie — c'est ainsi que se nommait le patriarche — à transporter son siége à Sébaste (la *Sivas* des Turks); il fut de là transféré à Sis, où il subsista près de trois cents ans, jusqu'à l'irruption des Mamelouks. Les

---

[1] Cette place de Sis, dont l'existence ne paraît dater que de l'époque du Bas-Empire, est située sur un affluent de l'ancien Pyramos, le Djihoun des Turks, à quelque distance au nord d'Anazarbus. Nos voyageurs récents nous l'y décriront sous le même nom.

[2] Lebeau, liv. LXXXVI, t. XVI, p. 25, édit. 1824. Cf. la note de M. Brosset, p. 381, et Saint-Martin, *Mémoires historiques sur l'Arménie*,

Arméniens s'accordaient avec les Grecs presque sur tous les dogmes de la religion, mais non pas sur les pratiques. Ennemis des Grecs, auxquels ils avaient été longtemps assujettis, ils affectaient de s'éloigner de leurs usages. Leur langue et ses caractères diffèrent, comme on sait, de ceux de leurs voisins. Tous étaient soldats, presque aussi sauvages que les montagnes qu'ils habitaient, et toujours les armes à la main. Les historiens les montrent aussi prompts à changer d'alliance qu'à en contracter, selon leurs intérêts.

Nous avons déjà plusieurs fois été amené à prononcer le nom des Croisades : il nous faut maintenant nous arrêter sur ces gigantesques expéditions du douzième siècle, en tant qu'elles touchent à l'Asie-Mineure, et rechercher quels renseignements les historiens contemporains fournissent sur l'état de la Péninsule à cette malheureuse époque.

# CHAPITRE X.

### L'ASIE-MINEURE AU TEMPS DES CROISADES.

L'Asie-Mineure avait toujours été, avant les Croisades, la principale route suivie par les pèlerins d'Europe à la Terre-Sainte. — Occasion des Croisades. — Renseignements que fournissent les chroniques contemporaines sur l'état de l'Asie-Mineure et sur sa géographie. — Aperçu général des routes suivies en Asie-Mineure par les armées chrétiennes, dans les expéditions de 1096 à 1101, de 1144 et de 1188. — Quelques éclaircissements sur la géographie des chroniques. — Sources originales. — Travaux modernes dont cette géographie a été l'objet. — *Romanie*, nom général communément employé à cette époque pour désigner l'Asie-Mineure. — Le *Roum* des Orientaux. — Voie royale de l'Asie-Mineure. — État de désolation de la Péninsule. — La plus grande partie des ruines qui en jonchent aujourd'hui le sol datent de cette époque.

(XIIe siècle.)

Depuis que la religion du Christ, sortie de la terre consacrée qui en fut le berceau, s'était répandue parmi les nations européennes, l'Asie-Mineure avait toujours été le principal chemin suivi par les pèlerins de l'Occident, que le pieux désir de visiter le tombeau du Rédempteur conduisait en Palestine. Un des documents géographiques qui nous sont parvenus de l'époque romaine, l'*Itinéraire de Bordeaux à Jérusalem*, fut rédigé, nous l'avons vu [1], ou plutôt extrait des *Itineraria Romana*, par un pèlerin gaulois qui fit ce voyage en l'an 333 ; et la charité des fidèles avait élevé en Asie-Mineure, aussi bien que dans beaucoup d'autres pays, de saints asiles où les pèlerins trouvaient secours et abri au milieu des contrées lointaines qu'il leur fallait traverser [2].

Cette ferveur des pèlerinages en Terre-Sainte s'était à peine ralentie depuis que Jérusalem et la Palestine étaient tombées sous la domination des Arabes musulmans [3]; mais l'irruption

---

[1] Ci-dessus, p. 426.

[2] Michaud, *Histoire des Croisades*, t. I, p. 49, 1813.

[3] *Voy.* ci-dessus, p. 43.

des hordes turques, qui s'étaient emparées de la Syrie avant d'envahir l'Asie-Mineure, en rendit l'accomplissement infiniment plus périlleux et plus difficile. Les profanations dont ce peuple grossier souillait les saints lieux, et les avanies dont il se plaisait à abreuver les Chrétiens, furent, on le sait, la cause première des Croisades. L'histoire de ces mémorables expéditions n'appartient pas à notre sujet actuel; mais comme une partie des armée croisées traversèrent l'Asie-Mineure, et qu'elles eurent à y soutenir de nombreux combats contre les Turks, nous devons chercher dans les chroniqueurs du temps quels renseignements ces grands voyages armés peuvent fournir sur l'état de la Péninsule à cette époque.

Ces renseignements, hâtons-nous de le dire, sont bien chétifs. La décadence intellectuelle était alors trop complète et trop universelle en Europe, pour que les soldats de la Croix songeassent à faire ou à recueillir des observations sur la géographie des pays qu'ils parcouraient, non plus que sur les usages ou la condition des habitants : de telles observations supposent une direction d'idées absolument étrangère aux esprits incultes de ce siècle. Les gens d'Église et les moines qui écrivirent la plupart des chroniques contemporaines ne sont guère supérieurs à cet égard aux hommes de guerre dont ils racontaient les hauts faits contre les infidèles. Des détails de géographie ou de mœurs n'étaient pas ce qu'on cherchait alors dans ces récits des guerres transmarines. Même chez les plus instruits de ces chroniqueurs contemporains, tels que Foucher de Chartres, Albert d'Aix, Guillaume de Tyr, Jacques de Vitry, les notions de géographie se bornent à quelques réminiscences classiques : encore n'ont-elles pas été puisées aux grandes sources de l'antiquité, alors complétement oubliées dans notre Occident, mais seulement tirées de quelques abréviateurs et de quelques compilateurs des choses merveilleuses, principalement de Solin et d'Isidore [1]. Pour la description de la Terre-Sainte, nous trouverons ces chroniques des Croisades un peu moins arides; mais les renseignements sur l'état politique et sur la géographie de l'Asie-Mineure à cette époque y sont, nous le répétons, rares et peu importants.

[1] Jacques de Vitry cite cependant Pline.

Et cependant les multitudes armées qui suivirent les bannières des princes croisés, sillonnèrent à diverses reprises, dans le courant du douzième siècle, la presque totalité de la Péninsule. Des sept expéditions que l'histoire a consacrées sous le nom de Croisades [1], les trois premières, celles de 1096 à 1101, de 1144 et de 1188, traversèrent l'Asie-Mineure pour gagner la Syrie. Dans la première Croisade, la grande armée des pèlerins, après avoir vaincu les Turks à Dorylée, s'avança par la Pisidie et la Lykaonie. Quelques détachements marchèrent vers la Cappadoce et s'emparèrent de plusieurs villes soumises au Turk; d'autres corps, conduits par Tancrède et Baudouin, descendirent par la vallée de Botentron [2] dans les plaines inférieures de la Cilicie, et y reçurent la soumission des places principales de la contrée, Tarse, Adana, Mamistra [3], Alexandrette. Pendant ce temps, le gros de l'armée poursuivait sa marche par Iconium [4] et Réclei [5]; puis, traversant le territoire montueux de l'an-

[1] Elles embrassent un intervalle de cent cinquante ans, depuis 1096, date de la première Croisade conduite par Godefroy de Bouillon, Robert de Normandie, Gauthier Sans-Avoir, etc., jusqu'à la triste expédition de Saint-Louis, en 1245.

[2] Ce sont les anciennes Portes Ciliciennes, *Pylæ Ciliciæ*, à l'entrée desquelles les Itinéraires romains mentionnent un lieu du nom de *Podandus*.

[3] L'ancienne *Mopsuestia*, aujourd'hui Missis, sur le Djihoun ou Pyramos.

[4] On trouve dans quelques chroniques le nom de cette ville écrit *Stancone*, forme évidemment dérivée de la même filière de corruption qui a fait de Nikomédie, dans la bouche des Turks, Isniknid; de Nikaïa ou Nicée, Isnik; de Smyrne, Ismir; et peut-être de Constantinopolis, Stamboul. Les Croisés auront entendu des paysans grecs dire, en parlant d'Iconium où ils se rendaient, et probablement comme réponse à une interrogation, σ' τὴν Κόνιαν, *à la Konie*, et ils en auront fait Stancone. Ces formes affreusement corrompues des noms anciens, même dans la bouche des Grecs d'alors, n'ont rien qui doivent étonner en présence de tant d'autres altérations non moins barbares que cette période a introduites dans l'ancienne nomenclature. La forme du mot *Stancone* ne permet pas de lui attribuer une autre origine, et nous ne pouvons partager à cet égard l'incertitude de M. Poujoulat, qui n'y a pas reconnu Iconium (voy. *Correspondance d'Orient*, t. III, p. 218).

[5] Érégli, selon la prononciation turque. Ce nom n'est pas, comme on serait porté à le croire, la corruption d'une ancienne Héraclée; l'antiquité n'a mentionné aucune Héraclée dans cette région. Ce n'est pas non plus, comme le pensait d'Anville (*Géographie anc. abrégée*, t. II, p. 66), l'*Archelais Colonia* fondée par l'empereur Claude : les distances fournies par les itinéraires se refusent à ce rapprochement; et d'ailleurs Pline (VI, 2) dit positivement

cienne Thyane, franchissait le Taurus oriental au-dessus du Cokson [1] et de Mérâsch [2] : de là elle n'avait plus qu'une journée de marche pour arriver sur les rives de l'Oronte et dans la vallée d'Antioche. Les armées de 1101, dont la marche se rattache aussi à la première Croisade, suivirent des routes plus détournées. Afin d'éviter le pays saccagé que les troupes de Godefroy et de Tancrède avaient parcouru en 1097, elles gagnèrent directement de Nikomédie à Angora, d'où quelques bandes, tournant au nord, s'enfoncèrent dans les montagnes de la Paphlagonie, nom que les chroniques transforment en *Flagania*, pour aller, disaient les Croisés, conquérir le pays de *Korazan* [3]; pendant que les autres prenaient au sud à travers le plateau phrygien et le long du lac salé de Tatta, pour venir rejoindre la grande route de Syrie à Stancone ou Iconium. Peu d'entre les croisés l'atteignirent : les fatigues, la misère et les flèches des Turks avaient fait parmi eux d'affreux ravages. Cette expédition de 1101 fut particulièrement féconde en désastres pour les troupes indisciplinées des chefs chrétiens : l'Asie-Mineure, selon l'expression d'un voyageur moderne, nous ap-

qu'*Archelais* était arrosée par le Halys, énonciation fautive, il est vrai, mais qui nous reporte du moins à cet affluent du Halys que le géographe romain confondait avec le fleuve principal (*voy.* ci-dessus, p. 393). Nous penserions volontiers, avec M. Leake, que cet Erégli cappadocien peut nous représenter *Arkhalla*, ville mentionnée par Ptolémée, qui la place dans la préfecture cappadocienne de Cilicie, et qui la distingue, conséquemment, de la colonie d'*Archelais*, celle-ci étant attribuée à la préfecture garsauritique (Ptolém., lib. V, c. 6. Leake, *Journal of a Tour in Asia-Minor*, c. 2, p. 65, édit. in-8. Comp. Mannert, *Geographie der Griech. und Rœm.*, t. VI, p. 265, édit. 1801).

[1] Ou Coxon. Le *Cucussus* des itinéraires romains, aujourd'hui Goksoun ou Gheuksoun.

[2] C'est l'ancienne *Germanicia*, dont les Turks avaient changé le nom eu celui de Mérâsch ou Marâsch. Les chroniques contemporaines des Croisades écrivent tantôt *Marasis* ou *Maresia*, tantôt *Mariscus*. La forme vulgaire, *Maresch*, se trouve dans Albert d'Aix (Albertus Aquensis, *Historia Hierosolymitanæ Expeditionis*, c. 27; *ap.* Bongars, t. I, p. 224).

[3] Serait ce cette partie montueuse de la Paphlagonie que l'on trouve désignée dans la géographie turque sous le nom de *Karadja-Dâghi*, à une quinzaine de lieues au nord de la ville d'Angora? Non loin des sources de l'Oulousou, qui arrose ce canton, les voyageurs signalent un village du nom de *Karadja-viran*.

paraît comme un vaste sépulcre qui ne s'ouvre aux armées d'Europe que pour se refermer sur elles [1]. « Quel deuil pour la Chrétienté ! que de larmes devaient couler, quand des Croisés, revenus de la *Romanie* comme du pays des morts, racontaient tant de tristes aventures, de déplorables catastrophes ! Le chroniqueur Ekkeard nous dit que ces nouvelles armées auraient voulu, comme l'armée de Godefroi, se faire un nom parmi les peuples du monde, mais que Dieu refusa de les seconder. Dans cette année 1101, plus de cinq cent mille pèlerins laissèrent leurs os dans les montagnes et les déserts de l'Asie-Mineure. »

Les armées de la seconde croisade prirent d'autres chemins. L'armée des croisés allemands que conduisait Conrad II, partie des rives du Bosphore, s'avança vers la Lydie. De là, suivant des guides infidèles, elle marcha de Laodicée vers les frontières de la Galatie, où, vaincue par la faim, elle tomba presque tout entière sous le fer des barbares. On ne peut savoir avec précision les lieux qu'elle parcourut, les combats qu'elle eut à soutenir ; seulement les chroniques contemporaines nous disent qu'il ne resta que la dixième partie d'une multitude infinie de fantassins, et de soixante et dix mille cavaliers armés de cuirasses. Dans cette même croisade de 1144, l'armée française de Louis VII, après avoir franchi le canal de Constantinople, ou, comme on nommait alors vulgairement l'ancien Bosphore, le *Bras de Saint-George*, contourna la Propontide et ses deux golfes jusqu'aux environs du lac d'Apollonias, coupa obliquement à travers la Mysie jusqu'à Pergame, longea la mer Égée jusqu'à la plaine d'Éphèse en passant par Smyrne, gagna les bords du Méandre et Laodicée, puis, après avoir été surprise et battue par les Turks dans les montagnes voisines, continua de là sa route, au milieu d'obstacles et de périls sans nombre, jusqu'à *Satalie*, l'ancienne *Olbia*, où elle s'embarqua pour la côte syrienne.

Dans la troisième expédition, celle de 1188, les croisés français de Philippe-Auguste, et les Anglais du chevaleresque Richard, le monarque au cœur de lion, s'étaient rendus par mer en Palestine. La seule armée des Allemands, sous la conduite de Frédérik, prit la route de terre comme dans les expéditions

---

[1] Poujoulat, *Correspondance d'Orient*, t. III, p. 222.

précédentes. Elle passa l'Hellespont à Gallipoli. Cette armée laissant à sa droite le mont Ida et la Troade, à sa gauche la Propontide et l'Olympe, se dirigea vers la Lydie en traversant *Spigast* [1], *Ypomenon* [2] et d'autres bourgs ou châteaux situés dans l'intérieur des terres au-dessus de Pergame; puis, après avoir franchi successivement le *Caïque* et l'*Hermus*, gagna Laodicée par Philadelphie. De Laodicée, tirant droit à l'Est, les Allemands pénétrèrent dans la Pisidie, atteignirent *Philomelium*, que plusieurs chroniqueurs nomment *Vinimil*, entrèrent dans *Coigne* ou *Iconium*, après avoir remporté une grande victoire sur les Turks, et là, tournant au sud et s'engageant dans les gorges du Taurus, descendirent la pittoresque vallée du *Sélef* [3], qui coupe l'ancienne Cilicie montagneuse : c'est là que Frédérik devait trouver la mort, au fond des eaux glacées du torrent. Un chroniqueur allemand, qui suivait l'expédition, nous dit que Virgile et Homère ne pourraient suffire à décrire les combats qu'elle eut à livrer, les souffrances qu'elle endura dans sa marche. Moins de cinq mille hommes, misérables restes d'une armée florissante, arrivèrent devant les murailles de Saint-Jean-d'Acre, qu'assiégeaient alors Richard Cœur-de-Lion et Philippe-Auguste [4].

Ce rapide aperçu des marches diverses des Croisés en Asie-Mineure, montrera de quel intérêt géographique en seraient les itinéraires, si l'histoire contemporaine nous les avait transmis avec les détails que nous y cherchons vainement. Les sources, cependant, sont assez nombreuses. A ne citer que ceux des chroniqueurs qui firent partie des expéditions qu'ils racontent, ou qui écrivirent, dans le siècle même des Croisades, sur les renseignements directement fournis par des témoins oculaires, nous avons à nommer, pour la première Croisade, Pierre Tude-

---

[1] Biga, sur l'ancien Ésèpe.

[2] Évidemment le *Pœmanenus*, ou plutôt l'un des deux *Pœmanenoi* de l'ancienne géographie. *Voyez*, sur cette distinction de deux localités anciennes du nom de Pœmanenos, les *Nouvelles Annales des Voyages*, t. II de 1845, mai, p. 139.

[3] C'est la rivière de Sélefkèh, l'ancien *Kalykadnos*. Les Turks la nomment aujourd'hui *Gheuk-sou*. On a souvent confondu cette rivière où se noya l'empereur Frédérik avec le Kydnos ou rivière de Tarse.

[4] Michaud, dans les *Nouvelles Annales des Voyages*, t. I de 1832, p. 93.

bode de Sivray [1], Robert le Moine [2], l'archevêque Baudry [3], Raimond d'Agiles [4], Albert d'Aix [5], Foucher de Chartres et son abréviateur anonyme [6], Guibert de Nogent [7], Raoul de Caen [8]; enfin, plus célèbre que les précédents, et les surpassant de beaucoup en effet par l'instruction, le style et l'intérêt, Guillaume, archevêque de Tyr [9]. Guillaume nous raconte aussi les événements de la seconde Croisade, qui a eu en outre ses historiens originaux, pour l'expédition française conduite par Louis VII, dans deux moines de l'abbaye de Saint-Denis [10],

[1] Petri Tudebodi sacerdotis Sivracensis *Historia de Hierosolymitano itinere*, dans la Collection des Duchesne, *Historiæ Francorum Scriptores coætanei* (Lutet. Paris. 1636-49, in-fol., 5 vol.), t. IV, p. 777.

[2] Roberti Monachi *Historia Hierosolymitana*; dans le Recueil de Bongars, *Gesta Dei per Francos*, Hanoviæ, 1611, in-fol., 2 vol., t. I, p. 31.

[3] Baldrici Archiepiscopi *Historia Hierosolymitana*; ibid., p. 85.

[4] Raimondi de Agiles, *Historia Francorum qui ceperunt Hierusalem*; ibid., p. 139.

[5] Albertus Aquensis, *Historia Hierosolymitanæ Expeditionis*; ibid., p. 184. Albert d'Aix est le seul qui donne un récit quelque peu circonstancié de la marche des armées de 1101 en Paphlagonie et en Galatie.

[6] Fulcherii Carnotensis *Gesta Peregrinantium Francorum cum armis Hierusalem pergentium*; et Anonymi *Gesta Francorum expugnantium Hierusalem*; ibid., p. 381 et 561.

[7] Guiberti *Historia Hierosolymitana, seu Gesta Dei per Francos*; ibid., p. 467.

[8] Radulphi Cadomensis *Gesta Tancredi in Expeditione Jerosolymitana*, dans le *Thesaurus Novus Anecdotorum* des Bénédictins Martenne et Durand (Lutet. Paris. 1717, in-fol., 5 vol.), t. III, p. 108, et dans la Collection des *Antiquités italiennes* de Muratori, t. V, p. 285.

[9] Willermi Tyrensis Archiepiscopi *Historia rerum in partibus transmarinis gestarum*; ibid., p. 625. Guillaume de Tyr vient d'être réimprimé par les soins d'une commission spéciale de l'Académie des Inscriptions et Belles-Lettres (Paris, 1845, f. R., gr. in-fol., 2 parties); on y a joint en regard une vieille traduction française de la première moitié du treizième siècle, curieuse au moins comme monument de la langue. Cette réimpression de Guillaume de Tyr est le point de départ d'une nouvelle collection des historiens originaux des Croisades, qui laissera loin derrière elle, par le choix et le nombre des pièces, aussi bien que par la sévère révision des textes, le Recueil pourtant si précieux et aujourd'hui si rare de Bongars.

[10] L'un est anonyme; et sa chronique, intitulée *Gesta Ludovici VII*, a été insérée dans le t. IV, p. 399, de la Collection des Duchesne. L'autre, nommé Odon de Deuil, a écrit une histoire spéciale de l'expédition de Louis VII en Orient (Odonis de Dioglio, *De Ludovici VII Profectione in Orientem, libri VII*), laquelle se trouve en tête d'un ouvrage publié en 1660

l'un et l'autre témoins oculaires, et pour l'expédition de l'empereur Conrad, dans l'évêque Othon [1]. La malheureuse expédition de Frédérik Barberousse, lors de la troisième croisade, a trouvé de même son historien parmi ceux qui accompagnaient l'empereur : c'est un ecclésiastique allemand, nommé Tagenon, qui nous en a laissé le récit [2].

Nous ne citons pas ici un écrivain du treizième siècle, Jacques d·Vitry, parce que son *Histoire de Jérusalem*, très-curieuse d'ailleurs et beaucoup plus riche qu'aucune des chroniques précédentes en détails géographiques, se rapporte à peu près exclusivement à la Terre-Sainte et à la Basse-Égypte, et ne fournit aucun renseignement dont puisse profiter l'histoire géographique de l'Asie Mineure [3].

Ceux que l'on peut tirer des itinéraires des armées chrétiennes dans la Péninsule, ne demandent pas de longs commentaires; le peu d'éclaircissements que nous avons cru devoir y joindre suffisent, ce nous semble, pour en rendre l'application facile à la fois et sur la carte ancienne et sur la carte moderne, cette géographie informe des Croisades participant presque également des deux époques [4]. Nous ajouterons seulement un petit

par le jésuite Chifflet, sous le titre de *Sancti Bernardi Clarevallensis abbatis genus illustre assertum*; in-4.

[1] Othonis Frisingensis Episcopi libri II, dans la collection déjà citée de Muratori, t. VI, p. 640.

[2] Tagenonis, decani Pataviensis, *Descriptio expeditionis Asiaticæ contrà Turcas Frederici Imperatoris*. Dans le Recueil donné par Buc. Goth. Struvius sous le titre de *Rerum Germanicarum Scriptores*, t. I, p. 407.

[3] Nous nous sommes beaucoup aidé, dans cette énumération des sources originales de l'histoire et de la géographie des guerres saintes, de la *Bibliographie des Croisades* en deux volumes, qui forme l'appendice de l'Histoire de M. Michaud. Les analyses substantielles que l'on y trouve de toutes les chroniques qui se rattachent à cette longue suite d'expéditions, nous ont permis de ne recourir aux originaux que pour celles-là seulement où nous pouvions trouver des renseignements directement utiles à l'objet que nous avions en vue; cet excellent travail nous a ainsi épargné de fastidieuses recherches et une longue perte de temps.

[4] Il n'existe pas, que nous sachions, d'ouvrage spécialement relatif à la géographie des Croisades : il faut dire aussi que jusqu'à ces derniers temps un tel ouvrage eût été impossible, faute de notions suffisamment précises sur les contrées où ces expéditions s'étendirent. M. Michaud, après avoir consacré de longues années à retracer l'histoire de cette lutte mémorable entre la Chré-

nombre de remarques. La première se rapporte à la dénomination universellement employée aux douzième et treizième siècles pour désigner l'Asie-Mineure. Quoique ce dernier nom ne soit

tienté et l'Islamisme, conçut, en 1829, le projet d'un voyage scientifique destiné à explorer les contrées foulées par les armées chrétiennes, et à chercher sur les lieux mêmes la solution des doutes et des obscurités géographiques pour l'éclaircissement desquels les secours lui avaient souvent manqué dans le cours de son travail. L'expédition s'organisa, approuvée et soutenue par le gouvernement d'alors; nous avons dit ailleurs quelles causes la firent avorter (*voy.* ci-dessus, p. 130). La science n'a pas été, cependant, sans en retirer quelque fruit; et d'ailleurs les explorations dont l'Asie-Mineure et la Syrie ont été le théâtre depuis cette époque, ont amplement compensé l'inachèvement et la non-publication des recherches savantes des compagnons de M. Michaud. Quoique les lettres de MM. Michaud et Poujoulat, réunies en 7 volumes sous le titre de *Correspondance d'Orient*, soient moins un voyage scientifique proprement dit qu'une suite de tableaux de genre et d'impressions personnelles, on y trouve cependant, surtout dans celles de M. Poujoulat, des recherches et des discussions utiles pour l'étude de la géographie des Croisades. C'est ainsi que dans plusieurs de ses lettres M. Poujoulat a commenté les itinéraires des diverses armées croisées pendant leurs marches en Asie-Mineure, lors des trois expéditions de 1096 à 1101, de 1144 et de 1188. Ce commentaire, il est vrai, est plutôt une esquisse qu'un travail approfondi; mais il montre du moins ce que ce travail pourrait être et quel en serait le cadre. Aujourd'hui, d'ailleurs, nous l'avons déjà dit, un pareil travail d'élucidation ne présenterait plus, à beaucoup près, les mêmes difficultés qu'à l'époque où écrivait M. Poujoulat; les longues et belles explorations des Texier, des Hamilton, des Ainsworth, des Schœnborn, des Kiepert, des Fellows, des Le Bas et de plusieurs autres savants voyageurs qui depuis quinze ans ont parcouru l'Asie-Mineure, ont éclairci bien des points obscurs, et fixé nombre de positions alors incertaines. Il ne sera pourtant pas inutile d'indiquer ici dans un ordre suivi celles des Lettres de M. Poujoulat, disséminées dans la *Correspondance d'Orient*, qui se rapportent à la géographie des Croisades.

Pour la première Croisade de 1096 : Lettre LXI, t. III, p. 165. – Add. Leake, *Tour in Asia Minor*, additional notes, p. 313 à 319, édit. in-8; et la *Notice sur la carte générale du théâtre des Croisades*, par M. J.-S. Jacobs, en tête de la nouvelle édition, donnée par l'Académie des Inscriptions, de la chronique de Guillaume de Tyr, p. xliv.

Pour l'expédition de 1101, Poujoulat, Lettre LXIII, t. III, p. 207. — L'itinéraire de cette expédition a été oublié dans la *Notice* de M. Jacobs, ainsi que sur la carte.

Pour l'expédition française de la deuxième Croisade, *id.* Lettre LXXVII, t. III, p. 403; Lettre LXXVIII, p. 417 — *Notice* de M. Jacobs, p. xlvii.

Pour l'expédition allemande de la troisième Croisade, *id.* Lettre LXVII, t. III, p. 257; Lettre LXXVIII, p. 425. — *Notice*, p. xlix.

pas inconnu des chroniqueurs, l'appellation dont ils se servent de préférence est celle de *Romanie*, c'est-à-dire pays des Romains, les empereurs grecs de Constantinople étant regardés comme les héritiers et les successeurs des Césars de Rome [1]. Ce nom de Romanie est aussi celui qu'emploient communément les Turks et les Persans ; seulement la prononciation orientale en a fait le mot *Roum*.

Nous voyons citée dans les chroniqueurs une *voie royale*, conduisant, à travers l'Asie-Mineure qu'elle coupe obliquement dans toute son étendue, de Constantinople aux frontières de la Syrie par les défilés du Taurus. L'importance d'une semblable voie de communication entre la capitale de l'empire grec et ses provinces orientales, avant que les invasions musulmanes ne l'en eussent dépouillé, était dans la nature même des choses ; et nous avons eu déjà lieu de faire une remarque analogue, lorsque nous avons étudié le système des voies romaines dans l'Asie-Mineure aux temps des Césars [2]. Toutefois, nous trouvons d'une époque à l'autre une modification notable dans le tracé de ce qu'on pourrait nommer la grande artère de la Péninsule : sous les premiers empereurs, cette voie, à partir de Nicée, passait par Ancyre, par Archelaïs et par Thyane avant d'atteindre les Pyles Ciliciennes ; sous les empereurs grecs et au temps des Croisades, elle a été reportée plus à l'ouest, ses stations principales entre Nicée et le Taurus étant alors Dorylée et Iconium. Plus tard, et maintenant encore, ce dernier tracé est resté la ligne de communication en quelque sorte officielle entre Constantinople et la Syrie ; et pendant plusieurs siècles la plupart des voyageurs européens s'en éloigneront à peine dans leurs traversées de l'Asie-Mineure. C'est de nos jours seulement que les explorations ont pu s'écarter de l'ornière depuis si longtemps battue, et se frayer, avec moins d'obstacles et de périls, des routes nouvelles dans les parties jusqu'alors inaccessibles de la Péninsule.

L'état de désolation auquel tant d'invasions et de ravages avaient réduit ces belles provinces, autrefois si riches et si flo-

---

[1] « Inter Græciam Syriamque, Romania. » Albertus Aquensis, c. 8, dans Bongars, t. I, p. 217.
[2] Ci-dessus, p. 425.

rissantes, se lit à chaque page des chroniques chrétiennes. Albert d'Aix, racontant les marches des Croisés de 1101 dans la Galatie, la Paphlagonie et la Lykaonie, rapporte qu'ils eurent à traverser un pays tellement ruiné et dépeuplé, que pendant quinze jours entiers, ils ne rencontrèrent ni hommes ni animaux [1]. Des détails de même nature remplissent les chroniques byzantines; sur la côte maritime, depuis la Propontide jusqu'à Satalie, tout était couvert de ruines. Ces villes ioniennes, naguère si populeuses et remplies de splendides monuments, pillées, brûlées, presque entièrement détruites par les Turks, ne servaient plus que de repaires aux bêtes sauvages, ou de retraite à des brigands encore plus féroces. Les habitants fugitifs s'étaient dispersés dans les lieux inaccessibles. Ces tristes faits sont rapportés par Anne Comnène sous la date de 1109, dans l'histoire qu'elle nous a laissée de son père Alexis. Un autre historien grec, à un siècle et demi de distance, nous trace un tableau tout pareil des mêmes contrées. Là où jadis s'étendaient de fertiles campagnes, il n'y avait plus que des déserts. Ce vaste bassin où se déroule le Méandre, auparavant si bien cultivé et si abondant en hommes et en troupeaux, était devenu un théâtre de ruines et de désolation [2]. Et il n'y a certes rien d'exagéré dans ces lugubres peintures des historiens du douzième et du treizième siècles : les ruines qui jonchent encore aujourd'hui le sol de la Péninsule, depuis la mer Égée jusqu'au Halys, et du Halys à l'Euphrate, attestent assez les fureurs de ces guerres sauvages.

[1] Albertus Aq., lib. VIII, c. 11, dans Bongars, t. I, p. 318. Cf. Anonymus, *Gesta Francorum*, c. 9, *ibid.*, p. 564.
[2] Anna Comn., lib. XIV, et Pachymer., lib. IV, c. 27, cités par Lebeau, *Hist. du Bas-Emp.*, liv. LXXXV, t. XV, p. 424 et 452; liv. CI, t. XVIII, p. 174 et 283; édit. Saint-Martin.

# CHAPITRE XI.

### L'ASIE-MINEURE DES GÉOGRAPHES ARABES. EL-EDRISI.

Intérêt que présente la géographie arabe de l'Asie-Mineure pour en compléter la connaissance au moyen âge. — Edrisi. — Il avait lui même visité, au commencement du douzième siècle, plusieurs contrées de l'Asie-Mineure. — Ses autres sources d'informations pour cette partie de sa Géographie. — Ses connaissances sur l'Asie-Mineure principalement fondées sur des itinéraires. — Indication de ces itinéraires pour la Péninsule. — Villes notables qu'Edrisi cite dans sa description. — Caverne des Sept-Dormants. — Edrisi compte onze provinces en Asie-Mineure. — Énumération de ces provinces. — Ce sont les thèmes de l'administration byzantine. — Les notions d'Edrisi sur la Cilicie plus circonstanciées que sur les autres provinces. — Le Djeïhan et le Seïhan. — Notions abondantes que les historiens byzantins et les chroniqueurs latins des Croisades fournissent, au douzième siècle, pour la géographie de la Cilicie. — Consolidation du royaume arménien de Cilicie à cette époque.

(XIIe siècle.)

Notre étude de l'Asie-Mineure au moyen âge serait incomplète, si nous négligions d'y faire entrer l'examen des notions que fournit sur cette contrée la géographie arabe contemporaine de l'époque des Croisades. Pour cette époque, ces notions se résument dans l'ouvrage célèbre d'*Edrisi* [1].

C'est dans la nomenclature de la géographie arabe que se produit de la manière la plus tranchée la transition de l'ancienne géographie gréco-latine à la géographie moderne de la Péninsule.

---

[1] *Géographie d'Edrisi, traduite de l'arabe en français d'après deux manuscrits de la Bibliothèque du Roi, et accompagnée de notes;* par P. Amédée Jaubert, professeur de turk à l'École spéciale des langues orientales vivantes, etc. Paris, I. R., 1836-1840, in-4, 2 vol. — Ces deux volumes forment les tomes V et VI du *Recueil de Voyages et de Mémoires* publié par la Société de Géographie de Paris.

Les chapitres qu'Edrisi a consacrés à l'Asie-Mineure dans son traité de Géographie universelle ont d'autant plus de prix, que lui-même, selon son témoignage formel [1], en avait visité quelques parties. Ce voyage eut lieu l'an 510 de l'hégire, 1117 de J.-C., trente-sept ans, conséquemment, avant le temps où Edrisi acheva la rédaction de son ouvrage, terminé en 1154, ainsi qu'il nous l'apprend dans sa Préface. Pour notre Péninsule, comme pour les autres contrées de la terre, Edrisi avait non-seulement consulté tous les géographes de sa nation qui l'avaient précédé, ainsi que Claude Ptolémée dont les ouvrages avaient été de bonne heure traduits en arabe; mais il avait surtout réuni et confronté les rapports d'un grand nombre de marchands et de voyageurs, et rassemblé ainsi pendant plus de quinze années une multitude d'itinéraires et de renseignements, qui devinrent la base principale de son propre travail.

Lors même qu'Edrisi ne nous aurait pas appris de quels éléments s'était composée sa Description du monde, la forme seule de cette description nous l'eût assez fait connaître. Nulle part le géographe arabe ne procède, comme Strabon, par exemple, par la méthode descriptive proprement dite, mais bien, comme Ptolémée, par simple énumération. Seulement, au lieu d'avoir dénaturé ses matériaux, à l'exemple du géographe alexandrin, pour les assujettir aux apparences trompeuses de la précision astronomique, Edrisi leur a conservé partout leur forme primitive d'itinéraires, se contentant d'ajouter à chaque nom notable, soit de ville, soit de fleuve, de montagne ou de pays, les détails que ses longues informations lui avaient procurés. Pour l'Asie-Mineure, ou, selon l'expression orientale, le pays de *Roum*, Edrisi avait réuni une vingtaine de ces itinéraires, la plupart d'une longueur considérable, plusieurs coupant la Péninsule dans toute son étendue et dans diverses directions. Un de ces itinéraires longe la côte méridionale depuis la frontière syrienne jusque vis-à-vis l'île de Rhodes [2]; deux autres contournent la côte occidentale, de ce dernier point à Constantinople [3]; un quatrième suit les bords du Pont-Euxin, que le géographe arabe

---

[1] T. II, p. 300.
[2] IVᵉ Climat, 5ᵉ Section, t II, p. 129 et 132.
[3] *Id.*, p. 135; et Vᵉ Climat, 4ᵉ Sect., p. 302.

appelle toujours *mer du Pont*, depuis Constantinople jusqu'à *Atrabezonda* ou Trébizonde, centre commercial important [1].

Les autres itinéraires rayonnent d'un certain nombre de centres principaux, de même que les anciens *itineraria romana*, quoique les lignes diffèrent le plus souvent, ainsi que la nomenclature. Cinq de ces lignes partent d'*Amouria*, l'ancien *Amorium* sur le Sangarios; l'une pour aboutir à *Nikia* ou Nicée, l'autre au *Khalidj* ou Canal de Constantinople, la troisième à *Tarsous* en Cilicie, par *Koniah* et *Bedendoun*, l'ancien *Podandus* des Portes Ciliciennes; la quatrième à *Kamkh* ou Kemkh [2] sur le haut Euphrate, la dernière à *Antalia* ou Satalièh, sur la mer de Syrie, par *Ladikiah* et *Koniah* [3]. Ce grand nombre de lignes considérables convergeant vers Amouria, montre quelle était encore l'importance de cette place au douzième siècle, quoiqu'elle eût été horriblement saccagée lors des premières incursions musulmanes sous le Khâlife Mostasem, en 838 [4]. Aujourd'hui elle est entièrement détruite, et le voyageur hésite à en reconnaître les ruines sur ce sol bouleversé que tant de ruines recouvrent [5]. « Amouria, dit Edrisi, est une ville considérable qui jouit d'une grande célébrité, soit dans le pays des Chrétiens, soit dans le pays des Musulmans. Cette ville, très-ancienne, fut successivement prise et reprise par les armées musulmanes et chrétiennes. Ceinte de fortes murailles, elle est située sur les bords d'une grande rivière qui coule vers le m i et finit par se perdre dans l'Euphrate. Le nom de cette rivière est *Cobaked* [6]. Cette ville est un centre de communication et

---

[1] VI⁰ Climat, 5ᵉ Sect., t. II, p. 391. Add. Prolegom., t. I, p. 7.

[2] L'ancien *Kamakhes*, aujourd'hui Kémakh, sur la rive gauche ou orientale du fleuve, au dessous d'Erzinghian.

[3] V⁰ Climat, 5ᵉ Section, t. II, p. 305, 306, 307, 309 et 310.

[4] Price, *Mohammedan History*, vol. II, p. 145.

[5] M. William Hamilton a cru retrouver les ruines d'*Amorium* au village de Hergan-Kalèh. *Researches in Asia Minor*, vol. 1, p. 451 sqq. Cf. Leake, *Tour in Asia Minor*, p. 86, in-8.

[6] Edrisi nomme ailleurs (t. II, p. 314) cette rivière *Cabaked*, et dit qu'elle sort des monts *el Hamam*. Il répète qu'elle va se joindre à l'Euphrate. Quelques indices sembleraient indiquer que la rivière d'Amoria a été confondue avec le Tokma-sou ou rivière de Malatièh. Ce ne peut être le Hammamlu-tchaï de la Paphlagonie.

un lieu de passage, tant vers les pays circonvoisins que vers les pays éloignés [1]. »

Ce passage du géographe arabe peut donner une juste idée de la nature des renseignements qu'il avait rassemblés sur l'Asie-Mineure. Ces renseignements, un peu recueillis de toutes mains et qu'Edrisi n'avait pas été toujours à même de soumettre à un contrôle nécessaire, étaient évidemment entachés d'erreurs grossières, notamment quant au cours et au débouché des rivières que les caravanes rencontraient ou traversaient sur leurs routes. En bien des endroits aussi du texte de notre auteur, il y a des altérations évidentes, soit dans les noms, soit surtout dans les distances. L'épuration et la restitution du texte d'Edrisi, aussi bien que l'application au local des nombreux itinéraires que fournit son ouvrage pour les diverses contrées qu'il décrit, serait une œuvre d'une grande utilité, mais d'une difficulté non moins grande, digne d'exercer la patiente sagacité d'un savant qui joindrait à l'intelligence de la langue originale les connaissances spéciales du géographe. Réunirions-nous, et bien s'en faut, les qualités nécessaires pour cette élaboration de détail, on comprend qu'elle ne pourrait se concilier avec la marche rapide que notre plan nous impose : historien de la science, nous sommes tenus d'en signaler, non d'en combler les lacunes.

*Koniah* ou *Iconium*, devenue la capitale des princes turks seldjoukides de Roum depuis que les empereurs grecs s'étaient remis en possession de Nicée, était aussi un grand centre de communications. Les Itinéraires romains nous montrent, au reste, qu'il en était déjà ainsi au temps des premiers Césars. Edrisi conduit une de ses lignes itinéraires de cette ville à *Meldéni*, « ville de grandeur moyenne, bâtie sur les bords d'une rivière qui coule vers le nord et se jette dans la mer du Pont. — C'est un centre de communication, ajoute notre auteur, un lieu où se rassemblent les caravanes et où les chemins se divisent [2]. » Méledni ne peut être que l'ancienne *Mélitène*, non loin du confluent du Tokma-sou et de l'Euphrate, quoique Edrisi cite en d'autres endroits cette ville frontière et la province dont elle était la capitale, sous le nom de *Malatia*, encore en

---

[1] Edrisi trad. fr., t. II, p. 307.
[2] *Id.*, . 311.

usage aujourd'hui sous la forme turque de Malatièh. Une autre ligne va de Koniah à Antakié, l'ancienne *Antiokhia*, à l'entrée de la Syrie; une troisième, du même point à *Amasia*, l'Amasée du Pont, par *Ankori* ou Ancyre, et *Gharghara*, l'ancienne *Gangra*, la Tchangri de nos cartes actuelles [1]. Nous avons mentionné déjà celles qui se dirigeaient par Amoria sur Nicée et sur Constantinople. Méledni, outre la ligne de communication avec Koniah, était liée par deux routes avec la Cilicie orientale : l'une venait aboutir à *Tarsous*, en passant probablement au nord des montagnes; l'autre à *el-Massissa* par *Marach*. El-Massissa, la *Mopsuestia* de la géographie classique, a vu son nom se raccourcir encore dans l'usage vulgaire; aujourd'hui les voyageurs ne la citent plus que sous le nom de *Missis*. Deux autres routes aboutissant également à Méledni pénétraient dans l'intérieur de la Péninsule en se dirigeant vers le N.-O., pour aller se terminer à *Dhounia*, qui paraît être la Bartoun des Turks, sur l'ancienne rivière Parthenios, non loin de son débouché dans l'Euxin : mais ces derniers itinéraires sont très-vagues, et un très-petit nombre de stations intermédiaires sont désignées dans ce long parcours. Les routes qui, de Méledni, remontaient et descendaient l'Euphrate, sont plus faciles à retrouver sur la carte [2].

Trois itinéraires importants complètent ce réseau plus ou moins suivi qu'Edrisi fournit pour l'Asie-Mineure. L'un conduit de Tarsous à Abydos, sur les Dardanelles, sans passer par Koniah ni par aucune des grandes villes précédemment citées dans l'intérieur de la Péninsule; un autre va de *Nikia* ou Nicée à *Antalia la Neuve* [3], sur la mer de Syrie; la troisième, enfin, part de *Libadhia*, l'ancien *Lopadium* voisin du lac *Apollonias* en Bithynie, et vient aboutir à *Dhounia* ou Bartoun, sur le Pont [4].

Parmi les villes notables que les marchands arabes fréquen-

[1] Edrisi, trad. fr., t. II, p. 311.
[2] *Id.*, p. 313 et suiv.
[3] Qu'Edrisi distingue d'*Antalia l'Incendiée*, située plus à l'Orient sur la côte, et entre lesquelles il compte deux journées d'intervalle. On la connaît encore sous le nom d'*Eski Adalia*, ou Adalia la Vieille; Antalia la Neuve est notre Satalièh actuelle.
[4] Edrisi, trad. fr., t. II, p. 308, 312 et 316.

taient sur les bords du Pont, Edrisi mentionne particulièrement, outre *Atrabézonda* ou Trébizonde, *Khazenti*, qui paraît être l'ancienne *Kerasùs-Pharnakia*; *Bona*, la *Boona* des anciens périples, dont le nom s'est conservé dans le Boûna Bouroun ou C. Boûna des marins turks; *Lanio*, nom qui de même se retrouve à la fois et dans l'*OEnoë* des anciens, et dans l'Ouniëh actuel, à l'embouchure d'une faible rivière du même nom. Ces trois villes sont à l'occident de Trébizonde, dans la zone maritime comprise entre cette cité célèbre et le fleuve des antiques Amazones, le Thermodôn, ou, comme disent aujourd'hui les Turks, le Termèh. Dans Edrisi, le pays des *Lazes*, « peuplade grecque nestorienne, » borde la côte à l'ouest au moins jusqu'au Thermodôn; car le territoire de Lanio est un de leurs cantons [1]. Edrisi ne connaît encore le Halys, dont le nom a disparu depuis, remplacé par l'appellation turque de Kizil-ermak, le fleuve Rouge, que sous l'ancienne dénomination, à peine altérée dans la transcription arabe, *Ali* [2]. *Sinoboli*, l'antique Sinope [3], est notée comme « une petite ville bien peuplée, située sur la côte à quatre journées par terre au nord de Tamouni. » *Tamouni* est notre Castamouni; mais Sinope est au N.-E., non au nord de cette ville. *Khamastro*, non loin de l'embouchure de la rivière de *Barthano*, la Bartin actuelle, le *Parthenios* des anciens Grecs, conserve la forme antique d'*Amastris*, beaucoup plus altérée dans le nom aujourd'hui usuel d'Amasséra. Edrisi nomme encore *Eraklèh* ou *Héraclée*, qu'il place à tort à l'embouchure du Barthano; il mentionne aussi le *Zaghra*, qui débouche sur cette côte, et dans lequel on reconnaît sans peine le *Sagarios*.

Edrisi n'oublie pas de noter, parmi les places les plus considérables et les plus renommées du pays de Roum, *Nikia* et *Kamoudia*, Nicée et Nicomédie, quoique celle-ci fût très-déchue de sa splendeur passée. *Loupad*, l'ancien *Lopadium* du lac Apollonias, était devenue une ville considérable. La géographie de cette portion de l'Asie-Mineure au douzième siècle, et celle

---

[1] Edrisi, trad. fr., t II. p. 393.

[2] Dans deux autres endroits (p. 305 et 310) Edrisi écrit *el-Leïn*.

[3] Il paraît que parmi les Grecs du pays on la nommait vulgairement *Sinopolis*.

des cantons plus intérieurs qui se prolongent de là jusque vers Iconium, est d'ailleurs illustrée par la relation qu'Anne Comnène a donnée de l'expédition de son père Alexis contre les Turks en 1116 [1], dans l'année même qui précéda le voyage d'Edrisi au pays de Roum.

Éphèse, sur la côte occidentale, se déguise sous le nom d'*Afachïn* : ce n'était plus guère, à cette époque, qu'un amas de ruines. On a quelque lieu d'être surpris que le géographe arabe ne mentionne pas Smyrne. Il cite, en parlant d'Éphèse, la tradition qui plaçait aux environs de cette ville la caverne des Sept-Dormants, tradition non moins célèbre parmi les Musulmans que chez les Chrétiens grecs du Moyen-âge [2]; mais c'est pour contester au pays d'Éphèse la possession de cette caverne fameuse, située, dit-il, fort loin de là dans l'intérieur des terres, entre Amouria et Nicée, où notre auteur assure l'avoir visitée et y avoir vu les corps des Sept-Dormants et le cadavre de leur chien couchés dans une grotte profonde, toute jonchée de bois d'aloës et de substances odoriférantes [3].

Edrisi compte onze provinces en Asie Mineure, ou, selon son expression, « entre le détroit de Constantinople et l'Arménie. » Malgré l'altération des noms et le vague des désignations, il est aisé de reconnaître dans ces onze provinces la division en *Thèmes* établie dans la Péninsule à l'époque même des premières irruptions des Arabes [4]. Edrisi connaissait aussi la

---

[1] Anna Commena, *Alexias*, lib. XIV; Lebeau, *Hist. du Bas-Emp.*, liv. LXXXV, t. XV, p. 452 et suiv., édit. Saint-Martin. Conf. les remarques de Leake sur les données géographiques de cette partie de l'Alexiade, *Journal of a Tour in Asia Minor*, p. 313, édit. in-8; et le Mémoire de M. Hase sur la géographie byzantine de la Bithynie, dans la nouvelle édition de Lebeau, t. XIX, 1835, p. 508 sqq.

[2] *Voy.* Corn. le Brun, *Voyage au Levant*, p. 32, édit. de Paris, 1714, in-fol.; et surtout Dallaway, *Constantinople anc. et mod.*, ch. 13, t. I, p. 353 de la trad. fr.

[3] Edrisi, trad. fr., t. II, p. 299.

[4] Ci-dessus, p. 437, note 2 du Tableau.—Le nombre total des thèmes de l'Asie-Mineure était de dix-sept, comme on l'a vu dans le Tableau auquel nous renvoyons; mais de ces dix-sept thèmes, trois (le XVe, le XVIe et le XVIIe) étaient formés par l'île de Cypre et les îles de la mer Égée, et un autre (le IXe) n'appartenait pas, à bien dire, à la Péninsule, puisqu'il était à l'orient de l'Euphrate. Le XIVe thème, qui comprenait principalement la Cilicie

division plus générale de la Péninsule en *Natos* ou Natolie, et en *el-Kabadik* ou Cappadoce, des deux côtés du Halys, connaissance qu'il avait sûrement puisée dans Ptolémée; mais ces noms ne sont pour lui que des dénominations purement géographiques, et non des provinces proprement dites [1].

Voici l'ordre dans lequel le géographe arabe énumère les onze provinces du pays de Roum [2] :

I. L'*Ablakhonia* (Paphlagonie), qui renferme cinq forteresses du côté de la mer de Syrie.

II. La province de *Malatia* (la Mélitène), la plus éloignée de toutes vers l'Orient; elle renferme trois forteresses.

III. Le *Lamchik* (Opsikion) dont dépendent *Nikia* (Nicée) et dix autres places fortes, parmi lesquelles *el-Iehoudi*, *Gharoboli*, *Agradh* (*Aorata*), et la ville de *Libadhia* [3].

IV. La province d'*el-Afachim* (thème thracésien), qui contient quatre places fortes. La ville d'*el-Afachim* (Éphèse) est située dans le district d'*Alawasi*.

V. Le *Batalous* (thème Anatolique), où l'on remarque *el-A'lamin*, *Merdj-el-Chahm*, *Machkensin* ou *Mechkenis*, le fort de *Barghouth*, et particulièrement la cité d'*Amouria*, belle ville dont les tours sont au nombre de quarante.

VI. Le *Djarsioun* ou *Djersoun* (thème de Sébaste ou de Cappadoce, où était la préfecture Kharsianon). Cette province est située sur la route de Malatia et comprend quarante villes, dont la principale est *Housba* (Sébaste). Les montagnes de *Derb* (le Taurus isaurien, où était *Derba*) la séparent du pays d'Antalia.

VII. Le *Buklan* ou *Boughlan* (thème Buccellarien), où l'on remarque *Ankira* (Ancyre), *Tamalo*, *Talbour*, *Tokhat*, *Kaïssaria* (Césarée de Cappadoce), et seize autres villes.

---

Trachée, paraît ne pas avoir été distingué par notre auteur du reste de la Cilicie, non plus que le X⁰ thème, formé de la Petite-Arménie, du reste de l'Arménie cappadocienne. C'est du moins ainsi qu'on peut se rendre compte de la réduction du nombre des thèmes à onze dans la géographie arabe.

[1] Edrisi, t. II, p. 305.

[2] Trad. fr., t. II, p. 299; add., p. 305 et 308.

[3] Edrisi nomme ici seule, en dehors du Lamchik, la ville de Nikomédie, de manière à faire penser qu'il y a une lacune dans son énumération des provinces. Nikomédie, en effet, appartenait à un thème, l'Optimate, qui n'est pas mentionné.

VIII. L'*Arminiac* (thème Arméniaque), qui compte au nombre de ses dépendances *Koniah* (*Iconium*), *Khizlassa* ou *Khazlassa* [1], *Ladikié* (*Laodicea combusta*), *Dirakio*, *Kaloumi*, *Belouti*, et beaucoup d'autres villes.

IX. La *Djaldia* (Khaldie), dont l'extrême limite est *Arsia* (Erz-Roum), et qui comprend six places fortes.

X. La *Seleukia* (thème Séleucien), province située sur la mer de Syrie, et qui compte au nombre de ses dépendances *Selefkia* ou *Seleukia* (l'ancienne *Seleucia Trachœa*), et dix autres villes.

XI. Le *Bénadek* (thème de Lykaudos), qui a pour limites les montagnes de Tarsous [2], *Adana* et *el-Massissa*, et qui comprend au nombre de ses places fortes *Korra*, *Tibra*, *el-Adjouf*, *Dzoul'kila'*, et quatorze autres moins considérables.

Edrisi donne sur la Cilicie des détails plus circonstanciés et généralement plus exacts que sur aucune autre partie de l'Asie-Mineure. La Cilicie avait été longtemps au pouvoir des Arabes, et leurs géographes avaient eu ainsi plus de facilités pour la mieux connaître. Sa première place, du côté de la frontière syrienne, était *Naïas* [3], à une journée faible de Skanderoun. Deux rivières coupent le pays, le *Djeïhan* (*Pyramos*) et le *Seïhan* (*Saros*); toutes deux sont considérables, celle-ci moins que la première. *Aïn-Zarba* (*Anazarbus*), *el-Massissa* [4] et le fort *el-Mulawwen* (l'ancien *Mallos*), sont sur le Djeïhan; *Adana*, sur la rive occidentale du Seïhan. Adana possède un pont d'une construction remarquable et d'une grande longueur. *Tarsous*, à une journée d'Adana, est une place très-importante et d'un grand commerce, à douze milles de la mer. Entre Tarsous et la frontière de Roum [5], il existe des montagnes entrecoupées de

---

[1] Dans un autre endroit, Edrisi range Khazlassa parmi les villes du Boughlan.

[2] Edrisi ne mentionne pas d'une manière spéciale la chaîne du Taurus. Il nomme bien dans un endroit (t. II, p. 139), la chaîne de *Lékiam*, qui aboutit à l'Euphrate au nord de Haleb; mais cette montagne n'est probablement que l'*Amanus* des anciens.

[3] Baïas, à quelque distance au sud de l'ancien Issos.

[4] L'ancienne *Mopsuestia*. Edrisi dit que les Grecs (de son temps) la nommaient *Mamistra*, ce qui est confirmé par les historiens latins des Croisades.

[5] Les Arabes attribuaient communément le pays cilicien à la Syrie, de même qu'autrefois les provinces au delà (ou au Sud) du Taurus étaient regardées comme en dehors de la Péninsule, et que sous les princes latins elle fit

gorges profondes, qui semblent destinées à servir de lignes de défense aux deux provinces [1].

Les historiens byzantins de cette époque, Scylitza, Cedrenus, Cinnamus, Nicetas, et les chroniqueurs latins des premières Croisades, abondent aussi en renseignements géographiques sur cette province de Cilicie, théâtre de fréquents combats entre les princes arméniens des hautes vallées, les princes chrétiens d'Antioche, les Turks d'Iconium et même les Grecs de Constantinople. Ceux-ci, en effet, s'efforçaient de temps à autre de faire revivre leurs anciens droits sur une province de l'empire qui avait su se maintenir contre les armes musulmanes, ou qui s'en était promptement affranchie; mais leurs tentatives plusieurs fois renouvelées n'aboutirent qu'à y faire reconnaître temporairement une suzeraineté illusoire. Les princes arméniens de la race de Rhoupèn restèrent les véritables maîtres des vallées du Taurus et des plaines qu'elles dominent, depuis les sources du Djihoun et les confins de l'ancienne Mélitène jusqu'à Tarse et même jusqu'à Selefkèh [2]; aussi les chroniqueurs latins désignent-ils souvent la Cilicie orientale sous le nom de *Terra Armeniorum* [3].

Cette richesse comparative de matériaux pour la géographie cilicienne va se reproduire dans les périodes subséquentes du treizième et du quatorzième siècles. Chrétienne elle-même, et conséquemment plus accessible qu'aucune autre partie de l'Asie-Mineure aux chrétiens de Syrie dont elle était frontière; offrant en même temps, par sa situation maritime, de nombreuses facilités au commerce dont les Italiens étaient alors les facteurs dans toute la Méditerranée, elle fut en effet plus fréquentée et mieux connue que ne pouvaient l'être alors les pays situés de l'autre côté du Taurus.

partie de la principauté d'Antioche. Nous savons d'ailleurs que les Ciliciens appartenaient originairement à la même souche que les populations araméennes de la Syrie.

[1] Edrisi, t. II, p. 133.

[2] Les événements de l'histoire cilicienne au douzième siècle sont bien résumés dans la nouvelle édition de *l'Histoire du Bas-Empire* de Lebeau, t. XVI, p. 24 et suiv, 83, 143, 167.

[3] Albertus Aq., ap. Bongars, t. I, p. 44; Baldricus Episc., *ibid.*, p. 100, etc.

## CHAPITRE XII.

**EXTENSION GRADUELLE DES CONQUÊTES TURQUES EN ASIE-MINEURE, JUSQU'A L'ENTIÈRE EXPULSION DES BYZANTINS.**

Situation respective des Turks et des Grecs en Asie-Mineure au commencement du douzième siècle. — Conquête de Constantinople par les Latins (1204). — Suites de cet événement. — Établissement du royaume grec de Trébizonde. — L'Asie-Mineure occidentale, depuis Héraclée de Bithynie jusqu'au Méandre, continue de reconnaître l'autorité des empereurs grecs. — Nicée devient leur capitale. — Extension des Turks en Paphlagonie. — Puissance des Vénitiens sur le Pont-Euxin au treizième siècle. — Description d'une carte vénitienne de cette époque, où est tracée la côte septentrionale de l'Asie-Mineure; cette carte comparée à celles de Petro Vessconte et de Freduce d'Ancône. — L'Asie-Mineure dans la Mappemonde de Haldingham. — Causes du progrès inégal à cette époque de la géographie nautique de l'Asie-Mineure et de sa géographie intérieure. — Voyage de Willebrand d'Oldenbourg en Cilicie (1211). Nouveaux Turkomans en Asie-Mineure. — Ertoghrul. - Irruption des Mongols (1242). — Les sulthans d'Iconium vassaux du grand khân. — Passage de Rubruquis par l'Asie Mineure à son retour de son voyage en Tartarie (1254). — Extinction de la famille des Seldjoukides d'Iconium. — L'Asie-Mineure morcelée en principautés turques indépendantes. — Introduction de nouvelles appellations géographiques. — Principauté d'Othman. — Notice historique sur son origine et ses accroissements. — Les empereurs grecs complétement expulsés de l'Asie-Mineure.

(Du XII<sup>e</sup> au XIV<sup>e</sup> siècle).

Rappelons-nous quel était, au commencement du douzième siècle, c'est-à-dire à l'époque de la première Croisade et vers le temps d'Edrisi, la situation respective des Turks et des Grecs en Asie-Mineure. On peut dire en général que les premiers étaient maîtres de tout l'intérieur de la Péninsule, les derniers du pourtour maritime. Les Turks, en effet, possédaient alors, outre la moitié orientale de la Phrygie et la Lykaonie toute entière, la Cappadoce, la Galatie, une portion de la Paphlagonie et de la Bithynie; mais les Grecs, supérieurs par leur marine, avaient conservé jusque-là toutes les places de la côte du Pont, les provinces qui bordent la Propontide et l'Égée jusque assez avant dans la Phrygie, et enfin celles qui sont sur la mer de Cypre au midi du Taurus, c'est-à-dire la Lycie, la Pamphylie et la Cilicie Trachée. Nous savons que le reste de la Cilicie, soumis au sceptre arménien des princes de Rhoupên, ne reconnaissait que de nom la suprématie des empereurs grecs. *Sis* continuait d'être la ville royale de cette Arménie cilicienne. Un château du haut pays, nommé *Lampron*, devint, à la fin du douzième siècle, une place importante; et les annalistes arméniens le citent, à partir de cette époque, comme la seconde ville du royaume [1].

Nous n'avons pas à raconter l'histoire intérieure du sulthânat turk d'Iconium, fertile, comme toutes les histoires des dynasties de l'Orient, en crimes de famille et en sanglantes catastrophes [2]; le seul point qui dans cette histoire appelle notre attention, le seul par lequel elle touche à notre sujet, est sa liaison avec l'histoire même du territoire, soit par des morcellements ou par l'établissement de principautés permanentes auxquelles se rattachent des dénominations territoriales dont l'usage a contribué de plus en plus à effacer de la langue géographique les anciennes dénominations; soit par de nouveaux empiétements sur les parties encore grecques de la Péninsule. Sous ce double rapport, les annales du sulthânat d'Iconium au douzième siècle ne nous présentent aucun fait notable. Il y eut bien des partages de provinces entre les enfants de deux sulthans, l'un en 1155, l'autre en 1187; mais ces partages ne furent que temporaires, et bientôt l'empire des Seldjoukides de Roum se reconstitua sous le sceptre du chef de la race. Quant aux frontières respectives du territoire turk et de l'Asie grecque, elles n'éprouvèrent pas de changements notables dans le cours de ce siècle, malgré les hostilités fréquentes qui continuaient de désoler les provinces limitrophes. Une guerre imprudemment soulevée en 1198 par Alexis l'Ange, eut cependant des résultats

---

[1] Brosset, dans l'*Histoire du Bas-Empire* de Lebeau, nouvelle édit., t. XVII, 1834, p. 44, note.

[2] On peut la voir, avec tous ses détails, dans Deguignes, t. II, 1ʳᵉ part., et surtout dans Hammer, t. I.

plus préjudiciables à l'empire. Khaï-Kosrou, qui régnait alors à Iconium s'empara de plusieurs places importantes de la Phrygie, et les frontières du sulthânat de Roum s'étendirent notablement de ce côté [1].

La conquête de Constantinople par les Croisés de 1204, l'établissement d'une dynastie latine sur le trône de Constantin et la distribution qui se fit alors d'une partie des terres de l'empire, des deux côtés du Bosphore, entre les barons français qui avaient placé la couronne impériale sur le front du comte Baudoin et les Vénitiens qui l'avaient aidé de leurs trésors et de leurs vaisseaux; ces événements, qui tiennent une si grande place dans l'histoire de la cinquième Croisade, en réclameraient une aussi dans l'histoire géographique de l'Asie-Mineure si les partages réglés par les conventions y eussent jamais reçu une consécration effective [2]. Mais il fallait y conquérir, soit sur les Grecs, soit sur les Turks, les terres ainsi réparties entre les auxiliaires du nouvel empereur; et les événements ayant pris bientôt un autre cours, nulle expédition ne fut tentée de ce côté. Cependant un fait important se rattache à la révolution byzantine de 1204 : c'est la fondation d'un état grec indépendant dans l'ancienne province du Pont, plus communément désignée par les annalistes byzantins sur le nom de *Lazique*, état dont *Trébizonde* fut la capitale, et qui en prit le nom avec le titre de royaume [3]. Le reste des provinces grecques de l'Asie-Mineure, depuis le bas Halys jusqu'au Méandre, continua de reconnaître l'autorité de Théodore Lascaris qui conservait le titre d'empereur, et qui avait choisi Nicée pour sa résidence depuis que le sort des armes avait mis Constantinople au pouvoir des Latins. Même au milieu de ce grand désastre, les héritiers dispersés de l'empire byzantin s'en disputent avec acharnement les tristes débris. Alexis, le premier roi de Trébizonde, porte ses armes à l'ouest du Halys, et parvient à arracher à Las-

---

[1] Lebeau, t. XVII, nouv. édit., p. 27.

[2] *Id.*, p. 166 et 175. Comp. ci-dessus, p. 52.

[3] M. Fallmerayer, *Geschichte des Kaiserthums von Trapezunt* (München, 1827, in 4), a réuni en un corps d'annales tout ce qui se rattache à l'histoire jusque-là fort obscure du royaume grec de Trébizonde, qui subsista dans la famille des Comnènes depuis 1204 jusqu'en 1462.

caris la Paphlagonie et la Bithynie orientale jusqu'au Sangarios. Mais Trébizonde ne conserva pas longtemps ces deux provinces. Lascaris reprit bientôt après Héraclée et la Bithynie ; et le sulthan d'Iconium, Azzeddin Kaïkaous, profitant de cette lutte où s'affaiblissaient les deux princes grecs, leur enleva en 1214 la place importante de Sinope et toute la Paphlagonie maritime.

La période d'un demi-siècle environ, de 1204 à 1261, qui vit régner à Constantinople la race des princes latins, fut pour les Vénitiens l'époque de leur plus haute puissance dans le Pont-Euxin. Jamais, depuis les beaux temps de l'Empire romain, cette grande mer intérieure n'avait cessé d'être fréquentée par les navigateurs de l'Italie ; et depuis que Venise, sortie de ses lagunes, s'était élevée au premier rang parmi les cités commerçantes de l'Occident, c'était principalement dans ses mains qu'était passé le commerce de ces plages lointaines, aussi bien que des autres mers de l'Empire grec. Cette souveraineté commerciale avait eu des phases, néanmoins ; à diverses reprises, mais particulièrement dans la première moitié du onzième siècle, le Pont-Euxin avait vu flotter deux pavillons rivaux, ceux de Gênes et de Pise, près de l'orgueilleux pavillon de la ville des Doges [1]. Cette rivalité fut interrompue lorsque les Vénitiens, tout-puissants à Constantinople après l'avénement du comte Baudouin, se furent attribué le monopole presque absolu du commerce de l'Archipel et des ports situés au delà du Bosphore. Gênes, leur rivale la plus redoutable, si elle ne fut pas absolument exclue des comptoirs de l'Euxin, dut s'y résoudre à un rôle secondaire. Mais elle eut bientôt après une éclatante revanche : la restauration des empereurs grecs à Constantinople, en 1261, effectuée avec le secours de la marine génoise comme la conquête latine l'avait été avec l'aide des flottes vénitiennes, valut aux Génois des priviléges plus étendus encore et plus absolus que ne l'avaient été ceux des Vénitiens ; et ceux-ci, repoussés à leur tour d'une mer où depuis tant de siècles régnait leur pavillon, se virent contraints de tourner vers d'autres parages leur

---

[1] Pardessus, *Tableau du commerce maritime antérieurement à la découverte de l'Amérique*, en tête de la Collection des lois maritimes antérieures au xviiie siècle, in-4. 1831 et a. suiv., t. I, p.iv ; t. II, p. ix ; t. III, p.vii.

immense activité commerciale, qui s'était faite l'intermédiaire du commerce universel.

Une si longue pratique du Pont-Euxin, et par des marins aussi habiles que l'étaient devenus les Génois, les Vénitiens et les autres peuples navigateurs de la Méditerranée occidentale, suppose une connaissance très-perfectionnée des parages ainsi habituellement fréquentés. On ne saurait donc douter, lors même qu'il ne nous en resterait aucun témoignage direct, que les pilotes italiens du onzième, du douzième et du treizième siècle, n'aient eu des cartes côtières de toutes les mers de l'Empire grec, dressées sur leurs propres observations, et sûrement très-supérieures aux anciennes cartes grecques et latines. Quelques-uns de ces monuments de la science nautique du moyen âge se sont d'ailleurs conservés dans les grands dépôts littéraires de l'Europe, particulièrement dans ceux de l'Italie et du midi de l'Allemagne. La bibliothèque Saint-Marc à Venise possède entre autres une carte marine de la mer Noire que l'on croit avoir été levée par les Vénitiens dans le treizième siècle, c'est-à-dire à l'époque même où ils étaient devenus les maîtres à peu près exclusifs de la navigation de cette mer et du riche commerce dont quelques-uns de ses ports, notamment Trébizonde, étaient l'entrepôt [1]; et cette même carte se retrouve à une moindre échelle dans le précieux Atlas nautique de la Méditerranée dessiné par *Petro Vessconte*, en 1318 [2].

---

[1] Notre dépôt des Cartes à la Bibliothèque royale de Paris possède une belle copie sur vélin de cette curieuse carte de la Bibliothèque Saint-Marc, beaucoup plus correcte que celle qu'en a fait graver Formaleoni à la fin du dernier siècle, pour son *Histoire du Commerce, de la Navigation et des Colonies des Anciens dans la mer Noire* (traduite de l'italien par le chevalier d'Hénin; Venise, 1789, in-8, 2 vol.) Le Pont-Euxin y est nommé la Grande Mer : *Questo xe Mar Maor*, y est-il dit dans une légende inscrite au centre même de la mer. Ce nom de *Grande Mer* était alors l'appellation vulgaire du Pont-Euxin; c'est ce que dit positivement Rubruquis (*Itinerarium fratris* Wilhelmi de Rubruk, *anno* MCCLIII, *ad partes orientales*, édition de la Société de Géographie de Paris, t. IV de ses Mémoires, p. 214).

[2] Cet Atlas miniature, singulièrement remarquable pour la finesse de l'exécution, est en original à la Bibliothèque de Vienne; il sera donné par M. Jomard (sous les nos 37-38) dans la magnifique collection des *Monuments de la Géographie du Moyen-Age*, que ce savant prépare depuis de longues années.

Ces cartes sont véritablement d'un très-grand intérêt, particulièrement celle de la Bibliothèque Saint-Marc à raison de son échelle. Quoique les marins dont celle-ci est l'ouvrage n'eussent pas à leur disposition le secours si important des observations astronomiques pour en fixer les points principaux dans le sens des longitudes, elle n'en présente pas moins un merveilleux degré d'exactitude. La conformité frappante qu'elle offre dans sa configuration et dans ses dimensions générales avec nos meilleures cartes actuelles, prouve avec quelle attention avaient été relevées les diverses parties des côtes, et combien les gisements en avaient été soigneusement tracés. Cette conformité est d'autant plus remarquable, que les cartes du dernier siècle, celles même dont se servait la marine avant l'exploration hydrographique de notre compatriote le capitaine Gauttier en 1816, étaient tombées fort au-dessous de ce degré d'exactitude des cartes du treizième siècle, surtout dans le tracé de la côte orientale et de la côte méridionale, c'est-à-dire de la côte des pays Caucasiens et de celle de l'Asie-Mineure [1]. Cette altération des anciens tracés hydrographiques du Pont-Euxin tient à des causes sur lesquelles nous serons ramenés plus tard. Les cartes italiennes, dont celle de Venise nous a peut-être conservé le plus ancien spécimen connu [2], furent, au reste, très-longtemps en

---

[1] Comparez, notamment, la troisième partie de la carte d'Europe de d'Anville, 1760, la carte marine dressée par Arrowsmith sur les documents russes et anglais, 1801, etc.

[2] Nous disons *peut-être*, parce que M. Jomard, qui a fait une étude approfondie des monuments géographiques du Moyen-Age, et dont l'opinion sur ces matières est conséquemment d'un si grand poids, ne croit pas l'*exemplaire* qu'en possède Venise antérieur au quatorzième siècle. Mais ce point particulier n'importe en rien au fait même que nous voulons établir, à savoir, que les navigateurs italiens du douzième siècle avaient des cartes très-exactes de la Méditerranée en général et en particulier du Pont-Euxin. Nous disons que le doute plus ou moins fondé sur la date de la carte vénitienne rapportée au treizième siècle n'importe en rien à ce fait essentiel, parce que si cette carte vénitienne n'est pas le prototype des cartes semblables dont il existe encore dans les bibliothèques de l'Europe des exemplaires de diverses dates, ce sera la copie d'une carte antérieure, et qu'ainsi la conséquence est la même. La carte du Pont-Euxin que donne l'Atlas de *Petro Vessconte*, daté, nous l'avons dit, de 1318, est identique, sauf l'échelle, avec celle de la Bibliothèque de Saint-Marc: et comme cet Atlas de Vessconte n'est lui-même qu'une copie réduite de cartes à

usage; car la carte marine de Freduce d'Ancône, qui porte la date de 1497, est à très-peu de chose près identique avec celle de la Bibliothèque Saint-Marc, tant pour le tracé que pour les noms [1].

La nomenclature de la côte de l'Asie-Mineure entre Trébizonde et Constantinople, seule partie de la carte vénitienne dont nous ayons à nous occuper ici, ne laisse pas d'avoir aussi son intérêt, en faisant voir par quelle pente les anciens noms grecs sont arrivés aux formes altérées que les gens de mer ont répandues, et qui se sont naturalisées dans l'usage vulgaire. On n'y trouve qu'une seule dénomination turque; les sulthans d'Iconium, nous l'avons vu, n'avaient étendu leur domination sur quelques-unes des places de la côte paphlagonienne que dans le commencement du treizième siècle, et la nomenclature grecque n'avait pas eu le temps encore de se ressentir de ce contact étranger. Nous avons relevé dans un tableau particulier la suite des noms inscrits sur la carte depuis Trébizonde jusqu'au Bosphore, et nous y avons mis en regard d'une part les noms anciens donnés par les Périples et par les géographes, de l'autre les noms actuels tels que l'usage les a consacrés [2].

Si les documents de la géographie nautique du treizième siècle étaient arrivés, pour les côtes de l'Asie-Mineure, au degré d'exactitude attesté par les anciennes cartes marines dont nous avons la copie dans celle de *Freduce* d'Ancône et la réduction dans l'Atlas de *Petro Vessconte*, les autres monuments figurés de la

l'usage des marins, il est évident que ces cartes existaient dès les premières années du quatorzième siècle. Rien n'empêche donc, après tout, de regarder comme exacte la date du treizième siècle attribuée à la carte vénitienne; et il y aurait plus d'une raison de penser que les premiers modèles de ces cartes marines italiennes, peut-être génoises, peut-être pisanes, sont de beaucoup antérieures même au douzième siècle.

[1] Cette carte de Freduce d'Ancône qui comprend la Méditerranée et la mer Noire, et que tout porterait à regarder comme une *copie* des originaux dont l'Atlas de Vessconte n'est qu'une *réduction*, se conserve en original dans la Bibliothèque ducale de Wolfenbuttel. Le comte Potocki en a fait graver le *facsimile*, pour la partie qui comprend la mer Noire, dans son *Mémoire sur un nouveau Périple du Pont-Euxin* (Vienne, 1796, in-4), Mémoire que M. Klaproth a réimprimé à la suite de l'édition qu'il a donnée de plusieurs des ouvrages du savant Polonais. Paris, 1829, in-8, 2 vol., t. II, p. 352.

[2] *Voyez* l'Appendice de ce Chapitre.

géographie de cette période sont loin de présenter le même caractère. Une grande Mappemonde dessinée vers l'époque des dernières Croisades, et dont l'original se conserve aujourd'hui, en Angleterre, dans les archives de la cathédrale d'Hereford, nous peut donner une idée des cartes terrestres de ce temps-là [1]. Rien de plus grossier, nous dirions presque de plus monstrueux que ces informes ébauches de la cartographie du moyen âge. L'Asie-Mineure, sur la Mappemonde d'Hereford, forme à peu près un carré long, qui peut avoir six pouces dans un sens et sept à huit dans l'autre. La ville de *Nicée* est placée à l'angle supérieur vis-à-vis de Constantinople; puis successivement au-dessous de Nicée, le long d'une côte marquée verticalement par une ligne sans contours, on lit de haut en bas les noms de *Calcidonia*, *Nicomedia*, *Prusias*, *Cisicum* (sic) et *Abidos* (ces deux derniers noms semblant s'appliquer à une seule et même ville), *Lamsacus*, *Lilium* (sic), et enfin *Troja, civitas bellicosa*. Un peu après Troie, qui est l'*Alexandria Troas*, la côte se replie à angle droit; mais l'auteur de la Mappemonde, confondant le détour que fait ici en effet la côte de la Troade pour former le golfe d'Adramytti, avec celui de la côte carienne qui est à environ quatre-vingts lieues plus au sud, trace horizontalement, depuis Troie jusqu'au golfe d'Issos, une nouvelle ligne droite qui figure la côte méridionale de la Péninsule, et sur cette côte il inscrit successivement de gauche à droite les noms de *Prienna*, *Miletus*, *Pacera* (pour *Patara*), *Mirrea*, *Listra*, *Telmessus* et *Atalia*. Après Atalia, il n'y a plus de noms. Sur la côte septentrionale, il n'y en a qu'un, celui d'*Heraclea*, inscrit non loin de Nicée avec le fleuve *Licus*. Si tel est le tracé extérieur de la Péninsule, que les navires européens fréquentaient habituellement, on peut imaginer ce qu'en doit être l'intérieur. *Ephesus* y est placé presque au centre du pays [2]; un peu plus loin sont les villes

---

1 L'auteur de cette Mappemonde se nommait *Haldingham*. Nous en devons la communication à M. Jomard, qui en possède une copie figurée d'une exactitude minutieuse destinée à sa Collection des Monuments de la Géographie du Moyen-Age, dont elle ne remplira pas moins de douze planches (du n° 1 au n° 12).

2 La même particularité, comme par une sorte de tradition dont on se rend difficilement compte, se remarque sur des cartes moins anciennes de plusieurs siècles que la Mappemonde de Haldingham.

d'*Antiochea*, d'*Iconium*, de *Cesarea* et de *Tarsus*; puis, à l'extrémité vers l'Orient, *Antioche* de Syrie et le mont *Cassius*. Une ligne sinueuse figure le fleuve Halys, qui est écrit *Helles*. Les noms des anciennes provinces, la Phrygie, la Carie, la Paphlagonie, la Cappadoce, etc., sont jetés pêle-mêle et comme au hasard. Du reste, le tout est exécuté avec un très-grand soin calligraphique, et les villes y sont figurées, suivant leur importance traditionnelle, par une ou plusieurs tours parfaitement dorées et coloriées. Le Pont-Euxin et la mer de Cypre sont représentés par d'étroits canaux peints en vert; et par une sorte de compensation de ce que de vastes mers perdent ainsi en étendue, les détroits qui se prolongent entre l'Euxin et l'Égée, y compris la Propontide, ont reçu d'énormes dimensions.

Cette marche si prodigieusement inégale dans leurs progrès respectifs de la géographie nautique de l'Asie-Mineure et des représentations graphiques de sa géographie intérieure, est un fait très-remarquable, quoiqu'on le comprenne aisément. D'une part, les habiles marins de Pise, de Gênes, de Venise et de la côte catalane pratiquaient journellement les parages de l'Asie-Mineure, aussi bien que du reste de la Méditerranée, et le soin même de leur vie les devait pousser à perfectionner autant que possible les cartes sur lesquelles se dirigeaient leurs pilotes ; tandis que l'amélioration des cartes terrestres n'était favorisée ni par le même intérêt, ni par les mêmes facilités. Ce n'était pas le temps encore où des voyageurs curieux pénétreraient avec des pensées d'étude dans des contrées d'un difficile accès et que désolaient depuis si longtemps des guerres incessantes ; et le petit nombre de marchands européens qui osaient affronter les périls de plus d'une sorte qui les attendaient sur les terres du Turk et même au sein des provinces encore grecques, songeaient à tout autre chose qu'à des remarques géographiques. L'incurie des chroniqueurs des Croisades, dont plusieurs, cependant, avaient parcouru le pays et auraient dû être amenés par leur sujet même à entrer dans les détails de géographie qui s'y rattachaient, nous donne la mesure de la portée commune des esprits à cette triste époque. On écrivait peu, d'ailleurs; et lors même qu'un heureux concours de circonstances aurait eu pour résultat quelques observations utiles, ces observations n'auraient que bien difficilement profité à l'avancement des connaissances générales.

D'utiles notions, cependant, auraient pu se répandre plus rapidement, si beaucoup de voyageurs tels que Willebrand d'Oldenbourg avaient été conduits, par le désir de voir des pays ignorés, dans les différentes parties de la Péninsule. Willebrand, qui a reçu le surnom d'Oldenbourg sa ville natale, était un ministre allemand de Hildesheim, qui fit en 1211 le voyage de la Terre-Sainte en compagnie d'un envoyé du duc d'Autriche, et qui de là visita le royaume chrétien de la petite Arménie [1]. Willebrand n'est pas sans quelque instruction; il observe avec intérêt les hommes et les lieux, et il consigne jour par jour dans son journal ce qui a frappé son esprit. Peut-être ne lui a-t-il manqué qu'un théâtre plus vaste pour prendre un des premiers rangs parmi les voyageurs du moyen âge. Dans le cercle limité où se renferment ses courses, il ne laisse pas de nous fournir d'intéressantes notions sur ce royaume arménien de Cilicie, qui était alors, nous l'avons déjà dit, la partie de l'Asie-Mineure la plus communément fréquentée par les Européens, et une des routes principales du commerce de l'Occident avec les contrées orientales [2].

Nous voyons par la relation de Willebrand que les terres du royaume d'Arménie, ou de *Horménie*, comme on disait alors, commençaient à un château nommé *Gastis*, éloigné d'Antioche de quatre milles d'Allemagne [3]. A la droite du voyageur s'éten-

---

[1] La relation de Willebrand n'avait jamais été imprimée, lorsque le savant Léon Allatius la publia en 1653, avec d'autres pièces grecques et latines dont plusieurs sont intéressantes pour la géographie de la Terre-Sainte au temps des Croisades, d'après un manuscrit de la Bibliothèque de Pithou. En voici le titre : *Itinerarium Terræ Sanctæ, autore* Willebrando ab Oldenborgo, canonico hildesamensi; dans les Σύμμικτα Leonis Allatii, *sive Opusculorum..... libri duo.* Coloniæ Agrippinæ, 1653, petit in-8, première partie, p. 122 à 152.

[2] *Voyez* Pardessus, *op. citat.*, t. II, p. xxii ; t. III, p. iii et xv.

[3] Ce château est mentionné, mais sans indications précises, par quelques écrivains des Croisades. Guillaume de Tyr, lib. XV, c. 19, le nomme *Gastun*, et en parle comme d'une petite ville. La distance marquée par Willebrand, jointe aux autres circonstances de son récit, ne permet pas de douter que cette place ne soit le *Pagræ* des itinéraires et des géographes anciens, le Bagras de nos cartes actuelles, lieu précisément situé à l'entrée du défilé (*Pylæ Syriæ*)

daient les terres du soudan, avec sa ville de Halaph (Haleb) et son château de Haringe [1]. « *Gastis*, dit notre voyageur, est un château très-fort, entouré de trois bonnes murailles garnies de tours, et situé au pied des dernières montagnes d'Horménie; c'est l'entrée de ce pays, au roi duquel il appartient..... Partant de là, nous entrâmes en Horménie, dont le roi est habituellement nommé *Léon des Montagnes* [2]... C'est un pays très-fort : car d'un côté il est entouré par la mer, et de l'autre il est muni de montagnes hautes et très-âpres, lesquelles ont peu de passages et qui sont faciles à garder; si bien que l'ennemi, s'il pénétrait dans le pays sans la permission du roi, n'en pourrait plus sortir. Au milieu de cette contrée il y a de grandes plaines très-fertiles, qui nourrissent beaucoup d'animaux et sont très-propres à la chasse. Elle s'étend en longueur dans un espace de seize journées; elle n'en a que deux en largeur, depuis la mer jusqu'au commencement des montagnes. Elle est habitée par des Francs, des Grecs, des Syriens, des Turks, des Horméniens et d'autres encore; néanmoins les Horméniens y sont dominants. Ces Horméniens sont des hommes très-religieux, et d'excellents chrétiens..... [3] » Willebrand reprend ensuite la méprise de ceux qui confondent cette Horménie avec celle où sont situées les montagnes au sommet desquelles s'arrêta l'arche de Noé; « ceux-là, dit-il, sont trompés par une équivoque, comme je m'en suis assuré par des informations exactes. Il y a une autre Arménie, mieux située vers l'Orient, laquelle a de très-hautes montagnes, et d'où sont sortis originairement ces Horméniens qui vinrent occuper ce pays, d'où ils expul-

---

qui conduit des plaines d'Antioche au pays maritime à travers la chaîne amanienne. Mais nous n'avons rien trouvé qui nous indiquât l'origine de ce nom de Gastis ou Gastun, né sans doute sous la domination chrétienne et qui a disparu avec elle.

[1] Souvent mentionné par Guillaume de Tyr et par d'autres chroniqueurs, sous le nom *Harenc*. C'est le lieu que nos cartes marquent sous le nom de *Hirem* (le Harem de d'Anville), sur la route d'Antioche à Haleb.

[2] Le roi régnant était le célèbre Lévon ou Léon II, le premier prince de la Petite Arménie qui ait été reconnu roi par le pape et par l'Empereur d'Allemagne, ainsi que le dit Willebrand. *Voy.* Brosset, dans l'*Hist. du Bas-Empire* de Lebeau, nouv. édit., t. XVII, p. 42.

[3] Willebrandus, p. 134.

sèrent les Grecs. C'est de là qu'il a été nommé *Petite Horménie.* »

Après cette digression, où Willebrand n'énonce rien que de parfaitement exact, notre voyageur reprend la suite de son journal. Au sortir des montagnes, qu'ils mirent une journée à traverser avec de grandes difficultés, ils arrivèrent à *Alexandrette*, « ville entourée de murs, située sur la côte, et à demi détruite ». Il y a près de là des prairies, très-propres à l'élève des chevaux. Une journée plus loin ils atteignirent *Portella*, bonne station, près de laquelle il y a une porte, d'où elle tire son nom. « Cette porte s'élève seule sur la voie publique, au bord de la mer; elle est très-ornée, et construite en marbre blanc bien poli. On dit que les cendres d'Alexandre-le-Grand reposent à son sommet, et on ajoute qu'il l'avait demandé ainsi, afin que les rois et les princes qui franchiraient cette porte eussent encore au-dessus d'eux, mort, celui qui, vivant, avait été au-dessus de tous. Cette station est à quatre milles d'Alexandrette [1]. » La distance indiquée nous conduit précisément au site de l'ancien Issos, ville dont les vestiges ont disparu, ainsi que le nom, mais où il est remarquable de retrouver encore vivant dans la tradition populaire le souvenir du vainqueur de Darius.

De Portella, deux jours de marche conduisirent Willebrand et ses compagnons à *Manistere* [2]. Ils laissèrent à droite une place nommée *Château Noir du Roi*, puis traversèrent un autre château du nom de *Canamella*, à une forte journée en avant de Manistere [3]. Celle-ci est représentée comme une ville encore importante, quoique médiocrement peuplée, assise sur un fleuve dans une situation agréable, et dont les murailles, flanquées de tours, avaient souffert du temps.

De là, Willebrand se rendit à *Tursolt*, nom que l'ancienne Tarse recevait, nous l'avons déjà vu, dans l'usage vulgaire. De

---

[1] Willebrandus, p. 135.

[2] Il faut lire probablement *Mamistere*. C'est la *Mamistra* des Byzantins et des chroniqueurs francs, la *Mopsuestia* de l'ancienne géographie, et la Missis actuelle, sur la droite du Djihoun.

[3] Cette indication nous conduit aux abords du défilé nommé dans les auteurs anciens *Pylæ Amanides*, et quelquefois *Pylæ Ciliciæ*, et aujourd'hui par les Turks Demir-Kapou, la Porte de Fer.

Manistere à Tursolt, il y a deux jours de marche. Il ne paraît pas avoir passé par Adana : du moins ne mentionne-t-il sur la route qu'un endroit nommé *Cumbelefort*, où il y avait une maison hospitalière pour les Allemands. Notre voyageur ne manque pas de rappeler que Tarse est la patrie de saint Paul, et que quelques-uns l'ont prise pour la *Tarsis* d'où était parti l'un des Mages qui vinrent adorer le divin enfant de Bethléem.

De Tursolt Willebrand revint à *Adene* (Adana), qui était une ville royale, c'est-à-dire une des résidences du roi. Elle est à une journée de Tarse, dans un site agréable, sur un fleuve auquel elle donne son nom ; ses habitants n'étaient pas riches, quoique son étendue fût considérable dans l'enceinte de ses murailles.

Partis d'Adene, les voyageurs arrivèrent à *Sis* le jour de l'Épiphanie ; le roi les y avait invités pour y célébrer sa fête. C'est la capitale de l'Horménie ; la population y est riche et nombreuse. « Sis n'a pas de fortifications, dit Willebrand ; de sorte qu'on la prendrait plutôt pour un bourg que pour une ville, si elle n'était le siége de l'archevêque (du catholicon) d'Horménie, ainsi que du patriarche grec. Mais elle est dominée par un château très-fort assis sur la montagne, au pied de laquelle la ville elle-même se développe en amphithéâtre. On dit qu'elle fut autrefois possédée par le roi Darius, que vainquit Alexandre. » Le pieux voyageur décrit ici fort au long les rites singuliers de la célébration de l'Épiphanie chez les Arméniens. Après les fêtes, ayant obtenu leur congé du roi, qui les avait traités fort honorablement, Willebrand et l'envoyé du duc d'Autriche quittèrent Sis pour redescendre vers la mer. Le premier lieu où ils passèrent fut *Naversa* (nom corrompu pour *Anazarbus* [1]), bon château situé sur une montagne élevée, au pied de laquelle de fort belles ruines, particulièrement celles d'un magnifique aqueduc, attestaient l'existence d'une ancienne ville. A deux milles de là ils arrivèrent à *Adamodana*, château avec une maison hospitalière pour les Allemands. Au pied du château passe un fleuve, qui se fait jour plus haut à travers les montagnes d'Horménie [2]. Tournant alors vers Canamella, mentionnée précédemment, ils gagnèrent *Thila*, très-bon château possédé par

---

[1] Guillaume de Tyr et d'autres chroniqueurs écrivent *Anavarsa*.

[2] C'est le *Pyramos*, auquel les Turks ont donné le nom de *Djihoun*.

un seigneur du pays; non loin de là était une hauteur très-agréable, que les habitants nommaient la *Montagne des Aventures*, et dont la tradition locale racontait nombre d'histoires merveilleuses.

On touchait à la fin de l'hiver; nos voyageurs songèrent à quitter le pays. Reprenant donc le chemin de Tarse, ils continuèrent leur route à l'Occident. « Nous trouvâmes ces parties de l'Horménie tout à fait semblables à notre Allemagne, ajoute Willebrand, par les forêts qui la couvrent, par la fraîcheur des eaux et la bonté de l'air. Après trois jours de marche, nous arrivâmes à *Cure* [1] : c'est une ville assise sur la côte, ayant un bon port, où l'on voit aujourd'hui des édifices en ruines d'une beauté admirable, qui nous parurent être des ruines de constructions romaines. A deux milles de là est le château de *Seleph*, non loin duquel l'empereur Frédéric se noya, hélas! dans le fleuve que le château domine, lorsqu'il travaillait à recouvrer la Terre-Sainte. Nous nous embarquâmes dans ce port, d'où nous descendimes vers l'île de Cypre... [2] »

Telle est la relation du ministre de Hildesheim, relation également curieuse, soit que l'on en considère l'auteur, l'époque ou le sujet, et que sans doute on nous saura gré d'avoir tirée de l'obscurité où elle gisait ignorée, pour la rappeler au rang qui nous paraît lui appartenir parmi les documents géographiques du treizième siècle.

Cependant un nouvel orage venait de se former au fond de l'Asie, qui bientôt, grossissant dans sa marche, allait se précipiter en torrents furieux, et inondant à la fois une immense étendue de contrées lointaines, semer partout la dévastation et la mort. Tchinghiz-khân, à la tête de ses hideux Tâtars et de toutes les hordes subjuguées de la Haute-Asie, avait envahi les plaines

---

[1] Forme corrompue de l'ancien *Corycus*, dont le nom se lit plus ordinairement *Curco* (nos cartes actuelles écrivent Korghos) dans les portulans du moyen âge. Curco est en effet cité par tous les écrivains du temps des Croisades comme un port renommé sur cette côte, et le lieu d'embarquement ordinaire pour ceux qui se rendaient en Cypre. Il paraît que l'on distinguait le port, nommé par les marins, *Cur* (ou plutôt *Cour*), du château même auquel le nom de *Curco* était plus particulièrement appliqué. C'est du moins la distinction qu'y fait Barbaro, comme nous le verrons bientôt.

[2] Willebr., p. 141.

transoxanes et se portait sur la Perse à la tête de huit cent mille combattants (1218). Ce débordement des nomades du Grand Plateau eut son contre-coup en Asie-Mineure, avant même que le flot n'en eût atteint les bords de l'Euphrate. Le Khoraçân était en partie occupé par des tribus (ilât) de Turkomans nomades : un de leurs principaux chefs, Suleïmân-châh, fuyant devant le fléau sous lequel il allait être écrasé, passa l'Oxus, traversa le nord de la Perse, et vint s'établir en Arménie; c'était en 1224. Sept ans plus tard, en 1231, Suleïmân s'étant noyé dans l'Euphrate, une partie de ses Turkomans reprit le chemin du Khoraçân, dont ils regrettaient les vastes plaines et le chaud climat; le reste, abandonnant également les froides vallées de l'Arménie, tourna à l'Ouest et pénétra en Asie-Mineure. Ceux-ci s'arrêtèrent dans les plaines de la Cappadoce, entre l'Euphrate et le Halys. Mais Ertoghrul, chef de ces Turkomans, ayant rendu en diverses circonstances d'importants services au sulthan régnant d'Iconium, celui-ci lui assigna des terres dans un district plus fertile, à la gauche du Sangarios, sur les confins de l'empire de Nicée [1]. Cet établissement est une circonstance importante dans l'histoire de l'Asie-Mineure : c'est de là que nous verrons bientôt surgir la nouvelle dynastie turque d'Othman, qui s'élèvera sur les ruines de celle de Seldjouk. L'invasion du pays de Roum par une division des armées mongoles, en 1242, prépara cette révolution, en affaiblissant les sulthans d'Iconium devenus tributaires et vassaux du grand Khân de Tartarie, et en introduisant dans la famille de Seldjouk des germes de dissension qui ne purent qu'en hâter la ruine [2].

Nous avons dit ailleurs [3] quel enchaînement de circonstances amena un rapprochement imprévu entre l'Europe chrétienne et les fils du terrible Tchinghiz-khân. Ce rapprochement, on le sait, devint l'occasion de plusieurs ambassades en Tartarie, dont les naïfs récits tiennent une place notable dans l'histoire géographique du moyen âge. Le voyage d'un de ces ambassadeurs, le franciscain flamand *Ruysbroek* ou *Rubruquis*, se rattache

---

[1] Hammer, *Hist de l'empire Ottoman*, t. I, p. 60, traduct. franç.

[2] Hammer, ouvrage cité. De Guignes, *Hist. générale des Huns*, t. II, 2ᵉ part, p. 63 et suiv.

[3] Ci-dessus, p. 47 et suiv.

indirectement à celle de l'Asie-Mineure, dont l'envoyé parcourut plusieurs provinces à son retour de la Haute-Asie, en 1254. Cette partie de la relation du moine franciscain est pourtant bien loin de pouvoir être comparée, comme document géographique, à celle de Willebrand d'Oldenbourg : Rubruquis se contente de dire qu'arrivé à la source de l'Araxe, et après avoir franchi une montagne, il atteignit l'Euphrate, dont il descendit le cours pendant huit jours entiers en marchant toujours vers le couchant, jusqu'à un certain château nommé *Camath* [1], où le fleuve tourne au sud vers *Halapia* (Haleb). Il mentionne *Aarserum*, où il ne fut pas, comme une ville du sulthan de *Turquie*, non loin de laquelle, vers le nord, l'Euphrate à sa source au pied des monts de *Gorgie* (c'est-à-dire de Géorgie). Les neiges qui rendaient les chemins impraticables l'empêchèrent d'aller voir cette source. Ici on était sur les terres du sulthan de Turquie, dont un des premiers châteaux de ce côté était *Marseugen* ou *Arsengen* (Erzinghian). A Camath, Rubruquis franchit l'Euphrate, et continua d'avancer à l'Ouest par de très-hautes montagnes et de grandes neiges. Il passa à *Sébaste*, à *Césarée de Cappadoce*, et arriva à *Iconium*, où il fut présenté au sulthan. Le sultan lui dit qu'il le ferait conduire sûrement jusqu'à la mer d'*Herménie* ou de *Silicie* [2]; il vint en effet d'Iconium à *Curta* [3], qui est un port du roi d'Herménie, où Rubruquis s'embarqua pour Antioche [4].

Malgré cette absence de particularités géographiques, la partie de la relation de Rubruquis qui se rapporte à l'Asie-Mineure ne laisse pas de renfermer quelques circonstances qui ont leur intérêt. On y voit qu'à cette époque le nom de *Turquie* était devenu tout à fait usuel; l'envoyé de saint Louis n'en emploie

---

[1] Kamakh, sur la gauche du fleuve, à quelque distance au-dessous d'Erzinghian.

[2] Un manuscrit porte « jusqu'à la mer d'*Ecilie*; » ce pourrait bien être la vraie leçon, comme reproduisant le nom d'Itch-ili que les Turks donnent à la Cilicie.

[3] *Curco* ou *Korghos*. *Voy.* ci-dessus, p 492, note 1.

[4] *Itinerarium* Wilielmi de Rubruk *ad partes orientales*, édition de la Société de Géographie de Paris. Dans le Recueil de ses Mémoires, t. IV, p. 389, sqq.—Chap. LI et suiv. de la trad. franç. de Bergeron, dans le Recueil de Van der Aa.

jamais d'autre pour désigner les terres du sulthan d'Iconium à partir de l'Euphrate où elles commençaient. L'année même où Rubruquis visita ces parties, il y eut un si violent tremblement de terre, qu'à Arsengen seulement, sur le haut Euphrate (Erzinghian), dix mille personnes de marque y périrent, « sans compter les pauvres, dont on ne tient pas compte. » Rubruquis ajoute : « Dans les trois premières journées de notre marche (à partir de l'Euphrate), nous vîmes une ouverture dans la terre, qui s'était déchirée dans la secousse, et des pièces de terre entières qui avaient glissé des hauteurs et qui remplissaient les vallées ; de sorte que si la secousse eût duré un peu plus, ce que dit Isaïe eût été accompli à la lettre : *Toute vallée sera comblée; toute montagne et toute colline sera abaissée* [1]. » Plus loin, il vit en passant la vallée où le sulthan de Turquie avait été battu par les Tartars (en 1242). Un grand lac s'y était formé lors du tremblement de terre ; « et je me disais dans mon cœur, ajoute en bon chrétien le pieux voyageur, que toute cette terre avait ouvert la bouche pour recevoir le sang des Sarrasins. »

Rubruquis rencontra à Iconium plusieurs marchands français et italiens qui s'y étaient établis. Deux d'entre eux, un Génois et un Vénitien, avaient fait avec le sulthan un traité par lequel celui-ci s'obligeait à ne vendre qu'à eux tout l'alun de la Turquie, ce qui en avait tellement fait hausser le prix, que ce qui valait d'habitude 15 besans se payait maintenant 50 [2]. » On sait d'ailleurs que cette affluence des marchands francs dans les villes de l'Asie-Mineure fut toujours en s'accroissant; car on a une lettre que Tamerlan, après sa victoire sur Baïézid, écrivit au roi Charles VI, en 1403, cent cinquante ans après le passage de Rubruquis à Iconium, pour l'assurer que les sujets francs, établis dans ces contrées, continueraient d'y jouir de la même protection qu'auparavant [3].

Rubruquis, en terminant le récit de son voyage, adressé au roi Louis IX en forme de rapport, donne à ce prince quelques aperçus sur l'état intérieur de l'Asie-Mineure et sur les facilités qu'une armée chrétienne aurait trouvées pour passer d'Europe

---

[1] *Itinerarium*, p. 390.
[2] *Id.*, p. 392.
[3] Silv. de Sacy, *Nouv. Mém. de l'Acad. des Inscr.*, t. VI, p. 470.

en la Terre-Sainte à travers la Turquie. La pensée d'une nouvelle croisade occupait encore les esprits. « Quant à la *Turquie*, dit-il, vous saurez que sur dix hommes il y a à peine un Sarrasin ; presque tous sont Herméniens et Grecs, et ce sont des enfants qui leur commandent... Le sulthan actuel n'est en effet qu'un enfant, qui n'a pas d'argent dans son trésor, peu de gens de guerre, et une foule d'ennemis [1]... Une armée chrétienne qui se porterait vers la Terre-Sainte, aurait la plus grande facilité pour subjuguer ces contrées ou pour les traverser. . De Cologne à Constantinople il n'y a pas plus de quarante jours de marche en chariot ; de Constantinople aux terres du roi d'Herménie, la distance est encore moindre. Des hommes courageux traversèrent autrefois heureusement ces contrées, et pourtant ils avaient à combattre de très-vaillants hommes, dont Dieu a délivré la terre. Nous n'avons pas besoin non plus de nous exposer aux hasards de la navigation, ni de nous mettre à la merci des gens de mer ; l'argent qu'il faudrait donner pour le passage suffirait aux dépenses de la traversée par terre. Je dis avec confiance que si vos paysans, je ne dis pas les seigneurs et les chevaliers, voulaient aller comme vont les rois tartars, et se contenter de la même nourriture, ils pourraient conquérir le monde entier [2]. »

La race de Seldjouk, divisée et affaiblie sous la tutelle des khans mongols, déclinait rapidement, en effet, du haut point de splendeur et de puissance où, dans l'espace de deux siècles, quelques-uns de ses princes l'avaient portée ; mais les Turks eux-mêmes étaient loin de participer à ce déclin. L'affaiblissement était dans une famille, non dans la nation. La moindre partie seulement s'était fixée dans les villes, dont la masse des habitants, comme le dit Rubruquis, était toujours grecque ou arménienne ; tout le reste, particulièrement désigné, alors comme aujourd'hui, sous le nom de *Turkomans*, conservait sans beaucoup d'altération, sous des *beghs* plus ou moins indépendants selon le plus ou le moins d'autorité des sulthans d'Iconium, la vie dure et nomade des anciens Turks, passant alternativement,

---

[1] Comparez, sur l'état intérieur de la famille de Seldjouk à cette époque, Deguignes, *Hist. des Huns*, t. II, 2ᵉ part., p. 68.

[2] *Itinerarium*, p. 394.

avec leurs tentes et leurs troupeaux, en été de la plaine à la montagne, en hiver de la montagne à la plaine. Il y avait toujours là un puissant élément de force, qui ne demandait qu'une main ferme pour le contenir et le diriger.

Cette vigueur régénératrice qu'avaient perdue les Seldjoukides de Roum, les Turks allaient la retrouver dans la famille d'Othman. Nous avons dit comment Ertoghrul, fils de Suleïmân-châh, avait reçu du sulthan un établissement vers les bords du Sakaria ; Ertoghrul n'avait pas cessé d'agrandir son fief aux dépens des terres de l'empire grec, et en 1281, au moment de sa mort, il venait de couronner ses nombreux succès par l'importante conquête de *Cotyœum*, une des villes de l'ancienne Phrygie septentrionale, dont le nom a pris, sous la domination turque, la forme de Koutaïèh : dans le même temps, les Turkomans de Cappadoce pénétraient dans la *Khalybie*, enlevaient aux empereurs de Trébizonde une étendue considérable de territoire, et menaçaient jusqu'aux villes de la côte [1].

Othman (ou Osman), l'aîné des fils d'Ertoghrul, hérita de la valeur ainsi que de la puissance de son père. Non-seulement le sulthan lui confirma les dignités et le fief d'Ertoghrul : il ajouta aux unes de nouveaux titres et de nouveaux insignes avec des priviléges importants, et il agrandit l'autre en y joignant le district de Karadja-hissar au nord d'Angoura. Arrivé à ce haut point de fortune, il ne manquait à Othman que le titre de sulthan ; il en avait en effet toute la puissance. Mais plus fidèle encore qu'ambitieux, il ne trahit pas la confiance dont les princes d'Iconium lui avaient donné tant de témoignages ainsi qu'à son père ; et ce fut seulement lorsque la famille de Seldjouk, complétement éteinte ou dispersée, laissa vacant le trône de Roum, qu'il se fit proclamer sulthan et annonça hautement la volonté de reconstituer l'empire. Cet événement eut lieu en 1300, l'an 699 de l'ère musulmane. Il choisit alors pour résidence habituelle la ville de *Iéni-chêhr* [2], à peu de distance au midi du lac de Nicée. Avant ce temps, il avait demeuré à diverses époques tantôt à *Kara-hissar*, tantôt à *Osmandjik* ou à *Seughud*.

---

[1] Fallmerayer, *Gesch. des Kaiserth. von Trapez.* p. 76.
[2] Ou la Nouvelle Ville ; dans les annalistes grecs, *Neapolis.*

La dissolution définitive de l'empire d'Iconium fut suivie d'une sorte de réorganisation politique des Turks de l'Asie-Mineure sur une base toute nouvelle. En même temps qu'Othman consolidait sa puissance dans la Phrygie occidentale et dans la Bithynie, tous les autres *émirs* de la nation, tous les gouverneurs des provinces, s'emparaient à la fois d'une portion de l'autorité souveraine, et se constituaient en princes indépendants dans le cercle plus ou moins étendu de leur influence respective. Les annalistes orientaux et byzantins comptent dix-huit au moins de ces petits états, sortis ainsi, au commencement du quatorzième siècle, des débris de l'Empire Seldjoukide de Roum, quoiqu'une dizaine seulement aient fait quelque figure dans l'histoire. En voici l'énumération [1]:

Le royaume de *Karaman* ou *Kerman*, dont *Laranda*, qui prit alors le nom de *Karaman*, et *Koniéh* (Iconium) furent successivement les capitales. Il comprenait une portion de l'ancienne Phrygie, la Lykaonie, et la Cilicie occidentale, et pouvait armer 40,000 guerriers. Ce royaume, le plus étendu de tous, semblait aussi l'héritier le plus direct du sulthânat d'Iconium, dont il possédait la capitale.

Le royaume d'*Arménak*, possédé par un fils de Kerman, et qui pouvait aussi armer 40,000 hommes ; ce royaume, détaché du précédent, touchait à la mer. C'est la Cilicie Trachée, dont une ville romaine, *Germanicopolis*, reçut par corruption le nom d'*Arménak*, ou *Ermenak*.

Le royaume de *Kermian*, possédé par Hadher, fils de Dandar ou d'Younis. C'était la Phrygie occidentale. On y citait la ville d'*Afsaka*, l'ancienne Éphèse, et celle de Koutaïèh, autrefois *Cotyæum*. Il s'étendait originairement jusqu'au bord de la mer, et pouvait armer 40,000 hommes.

Le royaume d'*Othman*, dont Iéni-chèhr (et ensuite Broussa) était la capitale. Il comprenait une partie de la Phrygie, de la Bithynie et de la Paphlagonie, et pouvait mettre sur pied 25,000 soldats. Quoique cet état n'occupât dans l'origine que le troisième ou quatrième rang, il ne tarda pas, grâce à l'habileté

---

[1] Deguignes, *Hist. des Huns*, t. II, 2ᵉ part., p. 76; Lebeau, *Hist. du Bas-Emp.*, t. XVIII, p. 392, nouv. édit.; Hammer, *Hist. de l'Empire Ottoman*, t. I, p. 53, trad. fr.

non moins qu'à la valeur d'Othman et de son fils Orkhan, à primer tous les autres, et successivement à les soumettre tous.

Le royaume d'Aïdïn, ou l'*Aïdïn-ili*, qui pouvait armer 10,000 hommes. Il se composait de la Lydie et de la Carie. On trouve cité en outre le nom d'*Aïdin-djiuk*, ou Petit Aïdin, vers l'ancienne Troade.

Le royaume de Sarukhan, dont la capitale était *Magneschia*, ou *Manissa*, l'ancienne *Magnesia ad Sipylum*. Il s'étendait le long de la mer vers le bas Hermus.

Le royaume de *Mentesché*, dans une portion maritime de la Carie.

Le royaume de *Ramtas* (Milas?) ou de *Phoukèh* (l'ancienne *Physcus?*) possédé par Orkhan, fils de Mentesché. C'était une portion de la Carie [1].

Le royaume de *Karaschi*, dans l'ancienne Éolie, une partie de la Mysie et de l'Hellespont. On y cite la ville de *Kardama*, nom corrompu pour Pergama. Ce royaume confinait à celui d'Orkhan, fils d'Othman. Amer-khan y succéda à son père Karaschi, et il semble qu'il ait étendu sa domination sur la côte ionienne [2].

Le royaume de *Marmara*, possédé par Yahsi, fils de Karaschi. Il avait plusieurs villes et châteaux dans les montagnes et le long de la Propontide.

Le royaume de *Kastamoun*, au cœur de la Paphlagonie, possédé par Soliman-pacha et son fils Ibrahim.

Le royaume de *Caouïa* (?) possédé par Mourad-eddïn-hamzah, et voisin de celui de Soliman-pacha.

Le royaume d'*Aly*, un des fils d'Amer-khan, dans les parties maritimes de la Paphlagonie.

Le royaume de *Tekhèh*, dans la Lycie et la Pamphylie.

Le royaume de *Hamid*, dans la Pisidie et l'Isaurie.

Le royaume de *Kardéla*, dans le pays de *Chahïn* (?).

Le royaume de *Koubek-hissar* (?), dont rien n'indique la situation, non plus que du précédent.

Enfin, le royaume de *Kara-hissar*, démembré de celui de Kermian par un esclave d'Younis, nommé Zakharias.

Rien de plus vague que cette nomenclature. On essayerait vai-

---

[1] *Voyez* le commencement du chapitre suivant.
[2] *Voy.* Lebeau, t. XIX, p. 451.

nement de déterminer même d'une manière approximative les limites de ces petits états turks; la situation même de quelques-uns est fort incertaine, outre que plusieurs noms sont manifestement corrompus. Différents indices montrent que cette division de l'Asie-Mineure, — à laquelle il faut ajouter le royaume grec de Trébizonde, maintenant resserré dans de plus étroites limites depuis Cérasunte jusqu'à Gônia [1], et, à l'autre extrémité de la Péninsule, le petit royaume arménien de Cilicie, — se rapporte particulièrement au milieu du quatorzième siècle. Tous les états que nous avons nommés ne se formèrent pas au même instant; tous n'eurent pas non plus une existence également prolongée. Les moins considérables disparurent les premiers, absorbés par les princes voisins, jusqu'à ce qu'enfin la main puissante de la dynastie d'Othman se fût étendue sur tous.

Au surplus, l'intérêt de la nomenclature que nous venons de rapporter n'est pas tant dans la rigoureuse exactitude, assez indifférente aujourd'hui, de quelques noms et de quelques positions obscures qui n'ont d'importance ni pour la géographie ni pour l'histoire, que dans certaines considérations accessoires qui en ressortent ou qui s'y rattachent. La première, c'est qu'évidemment à l'époque où nous place cette nomenclature des principautés turques, c'est-à-dire vers le milieu du quatorzième siècle, l'Asie-Mineure tout entière était au pouvoir des Turks. Il paraît qu'aussitôt après l'extinction des Seldjoukides, les émirs indépendants, poussés par le désir d'agrandir leurs domaines ou de s'en créer de nouveaux, se jetèrent sur les dernières provinces que conservassent encore les Grecs sur les bords de l'Égée, de la Propontide et du Pont-Euxin, et achevèrent d'y ruiner l'autorité des empereurs de Constantinople. L'état de faiblesse où était descendu l'empire ne favorisait que trop ces entreprises des musulmans [2]. Les annalistes du temps n'ont pas enregistré ces incursions obscures, qui semblaient moins une

---

[1] Fallmerayer, p. 180. Gônia est marquée sur nos cartes sous le nom de *Gouniéh*, près de l'embouchure du Tchorok, qui sépare encore le Pachalik de Trébizonde de la province mingrelienne du Gouriel.

[2] *Voy.* Lebeau, liv. cviii, sous l'année 1326, t. XIX, p. 329, nouv. édit. Parmi les historiens byzantins de l'époque, Pachymère est presque le seul qui fournisse quelques faits sur les événements de cette période (*Historia Byzantina*. Romæ, 1666-69, 2 vol. in-fol., t. II, p. 269 et suiv.).

conquête qu'une prise de possession à peine contestée ; la chute de quelques villes particulièrement célèbres a seule été remarquée. Nous savons que l'émir Saïsan s'empara, en 1308, de la ville d'*Éphèse* à demi sortie de ses ruines ; que *Pruse*, au pied de l'Olympe, tomba en 1326 au pouvoir d'Orkhan, le fils d'Othman ; que *Nicée* eut le même sort en 1329. Un petit nombre de places restaient encore aux Grecs, entre autres Nicomédie : la force des armes ou les capitulations leur donnèrent en peu d'années de nouveaux maîtres. Solidement assis désormais sur l'Euxin et la Propontide, Orkhan voit se dérouler dans sa pensée les glorieuses destinées de sa race. Déjà son regard plonge au delà du Bosphore sur les provinces européennes de la domination grecque, et sur Constantinople, la ville impériale ; en même temps que sa politique médite la reconstitution de l'empire démembré des Seldjoukides.

Othman, au moment où son fils se rendait maître de Pruse, était retenu à Iéni-Chèhr par l'âge et la maladie ; la nouvelle de cette conquête fut la dernière qu'il reçut avant de mourir. Conformément aux intentions de son père, Orkhan transporta à Pruse le siége de son empire ; il décora cette ville de superbes édifices, y fit construire des mosquées, des hôpitaux, des marchés, des places publiques, et la rendit une des plus belles villes de l'Orient [1]. Le voyageur y admire encore aujourd'hui les restes de cette splendeur, monument le plus ancien de la grandeur ottomane.

Un autre fait capital qui appartient à la même époque, et sur lequel la nomenclature des principautés turques du quatorzième siècle jette un jour important, c'est l'introduction définitive et l'extension des dénominations turques dans la géographie de l'Asie-Mineure. Ce ne sont plus seulement les villes dont les noms d'origine grecque, quelquefois remplacés par des noms purement turks [2], plus ordinairement altérés sous l'influence d'une prononciation barbare, prennent partout une physionomie

---

[1] Lebeau, t. XIX, p. 402.
[2] Par exemple, le nom de Karaman donné à *Laranda*, celui d'Ermenek à *Germanicopolis* de Cilicie, celui de Konîs-hissar à *Tyana*, et une multitude d'autres que nous aurons occasion de signaler en parcourant les diverses parties de la Péninsule sur les pas des voyageurs modernes.

nouvelle : ce sont de nouvelles appellations qui sont appliquées à cette multitude de petits États, et qui achèvent d'effacer de l'usage et du souvenir les noms des anciennes provinces de la Péninsule et ceux des divisions administratives de l'Empire Byzantin. La plupart des dénominations provinciales de la géographie turque en Asie-Mineure datent de cette période de transition entre l'Empire des Seldjoukides d'Iconium et celui des Ottomans de Constantinople. Un savant anglais en a déjà fait la remarque [1]. Ces noms de provinces et de districts ont été tirés soit du nom même de la principale ville, toutefois habillé à la turque, soit, et c'est le cas le plus fréquent, du nom des premiers émirs qui s'y constituèrent des principautés indépendantes lors de l'extinction des Seldjoukides. Ainsi les noms de *Karaman*, de *Kermian*, de *Tékhéh*, de *Hamid*, de *Aïdin*, de *Sarukhan*, de *Karaschi*, qui s'appliquent encore, dans la géographie turque, à l'ancienne Lykaonie, à la Phrygie, à la Lycie et à la Pamphylie, à la Pisidie, à la Lydie des deux côtés de l'Hermus, et à la Mysie, sont ceux des chefs que nous avons vus mentionnés dans la nomenclature des principautés. Il en est de même de celui de *Mentesché*, qui répond à l'ancienne Carie, et que l'on a cru à tort dérivé de *Myndesia*, dénomination supposée du territoire de *Myndus*. Deux noms de districts compris entre le bas Sakaria et la Propontide, le *Khodavenkiar* et le *Khodja-ili* ou pays de Khodja, se rattachent à la conquête de cette partie de la Bithynie au temps d'Othman et d'Orkhan. Khodavenkiar, mot arabe qui signifie *maître*, *dominateur*, était le surnom de Mourad, fils d'Orkhan, que son père avait fait gouverneur de la province de Bursa (forme turque de *Prusa*) ; et le nom de *Khodja* fut donné au pays qui s'étend de l'embouchure du Sakaria au Bosphore, en l'honneur d'Aktché-Khodja, un des officiers d'Orkhan, qui en effectua la conquête. Il convient cependant de remarquer que certains noms de l'ancienne géographie se sont longtemps conservés dans la nomenclature de la géographie turque, et que quelques-uns même y subsistent encore. Ainsi le mot *Anadoli*, qui désigne une des grandes divisions administratives de la Péninsule, rappelle le thème ana-

---

[1] Leake, *Tour in Asia Minor*, Préf., p. xxiv, édit. in-8.

tolique, ou *oriental*, de la division byzantine ; et l'on croit découvrir la trace du nom de la Cilicie dans celui d'Itch-ili, que les Turks appliquent au pays maritime qui regarde l'île de Cypre.

Trois monuments géographiques de la première moitié du quatorzième siècle, le portulan de la côte méridionale de l'Asie-Mineure par le Vénitien Marino Sanudo, la description de la Péninsule par le célèbre géographe arabe Aboul-Féda, et le voyage qu'y fit dans le même temps un autre arabe de Tanger, Ben-Batouta, complètent le tableau à la fois historique et géographique que nous venons d'en tracer : nous les avons réunis dans le chapitre suivant.

# APPENDICE AU CHAPITRE XII.

NOMS INSCRITS SUR LA CÔTE SEPTENTRIONALE DE L'ASIE-MINEURE,
DANS LA CARTE VÉNITIENNE DU XIII<sup>e</sup> SIÈCLE,
DEPUIS TRÉBIZONDE JUSQU'A CONSTANTINOPLE,
COMPARÉS AUX NOMS ANCIENS ET AUX NOMS ACTUELS.

| NOMS ANCIENS. | NOMENCLATURE DE LA CARTE VÉNITIENNE. | NOMS ACTUELS. |
|---|---|---|
| Constantinopolis. | Costantinopoli. | Constantinople. |
|  | Pera. | Péra. |
| Chrysopolis. | Scutari. | Scutari. |
| Hieron, s. Fanum Jovis Urii. | Ziro. | Ieron ou Anadoli Kavak (château d'Asie). |
| Rebas Potamos. | Riva. | Irva ou Réva. |
| Artanes Potamos? | Dipotamo. | Reden? |
| Psilis Potamos. | Silly. | Chelah. |
| Kalpé Limen. | Charpi. | Kerbèh. |
| Thynias Nesos, s. Apollonias, s. Daphnusa Ius. | Farnaxia. | Kefkèn. |
| Sangarios Potamos. | Zagoryf. | Sakaria. |
| Lillion Emporion. | Liros. | Liro. |
| Hippios Potamos (1). | Nipo. | Ouskoubi-sou. |
| Herakleïa. | Ponta Rachia. | Érégli. |
| Oxeina Potamos. | Chosina. | Oksina, ou Keusèh-sou. |
| Psylla Emporion. | Chao Pixill. | Killimli, ruines. |
| Tion. | Thio. | Filias (2). |
| Parthenios Pot. | Parteni. | Bartan ou Bartin. |
| Amastris. | Samastro. | Amasséra. |
| Erythini. | Tripixili. | Delikli-Tchili, près des ruines d'Érythini. |
| Cromna. | Chromena. | Ruines. |
| Kytoros. | Do Castelle. | Kidros. |
| Thymena. | Girapetrino. | Timtèh. |
| Karambis. | Charamis. | Kérempèh. |
| Ionopolis. | Zinopoli. | Inéboli. |
| Kinolis. | Quinoli. | Kinolu. |
| Stephanê. | Stefanio. | Istifan. |
| Lepté Akra. | Leffeti. | Indché Bouroun. |
| Harménê. | Ermin. | Ak-Liman. |
| Sinopê. | Sinopi. | Sinoub. |
| Karousa. | Charusa. | Ghersèh. |
| Gazoron ou Zagora. | Azurnis. | Ruines. |
|  | Callipo ou Chalamo. | Karindcha? |

1 Il est difficile de ne pas reconnaître l'identité de ce nom et du précédent avec ceux de la carte italienne; mais alors il y a eu ici transposition dans l'écriture de cette carte, Hippios précédant Lillion. Au surplus, cette transposition n'est pas la seule.

2 L'ancienne ville de *Tion* (*Tium*, dans la transcription latine) a pris chez les Turks le nom de la rivière qui y a son embouchure, le *Billaion* ou *Billœus*.

APPENDICE AU CHAPITRE XII.    505

| NOMS ANCIENS. | NOMENCLATURE DE LA CARTE VÉNITIENNE. | NOMS ACTUELS. |
|---|---|---|
| Zalecus. | Panigiria. | Alatcham. |
| Halys Potamos. | Lallis. | Kizil-Irmak. |
| Naustathmos ? | Langixi ou Lagousi. | Hammamli Gheul ? |
| Eusene ? | S. Amia. | Kourou Balour ? |
| Amisos. | Himiso. | Samsoun. |
| Iris. | Chalanori ou Lirio. | Iékhit-Irmak. |
|  | Liminia. | Terres basses entre les bouches de l'Iris. |
| Themiskura. | Larmine. | Thermèh. |
| Thoaris fluv. | Hirios. | Tourèh-tchaï. |
| OEnoë. | Honio. | Ouniéh. |
| Phatisané. | Vattiza. | Fatsa. |
| Polemonion. | Pormon. | Pouleman, ruines. |
| Boona. | Lavona. | Vona Liman. |
| Cotyora. | Schifi-Bazar. | Ruines. |
|  | Omida. | Aptar ? |
|  | San Vasily. | Agios Vasilios. |
| Kerasûs–Pharnakia, ou Cerasonte. | Chirixonda. | Kérasoun. |
| Area Ins., ou Aretias. | Giramprivo, ou Giraprimo | Kerasoun Ada (île). |
| Zephyrion. | Zefalo. | Zéfrèh. |
| Tripolis. | Tripoli. | Tiroboli. |
| Argyria. | Giro. | Ruines. |
|  | Lartos. | Goulak Kilissèh ? |
| Philokaleia. | Viopoli. |  |
| Koralla. | Coralla. | Kéréli Bouroun. |
| Kerasûs. | Giro. | Kerasoun-Dérèh. |
| Hermonassa. | Platena. | Platana. |
| Trapezûs, ou Trébizonde. | Trabexonda. | Tarabousoun. |

# CHAPITRE XIII.

QUELQUES MONUMENTS GÉOGRAPHIQUES DE LA PREMIÈRE MOITIÉ DU QUATORZIÈME SIÈCLE, DANS LEUR RAPPORT AVEC L'ASIE-MINEURE.

*Portulan italien de Sanudo.—Géographie arabe d'Aboul-Féda.—Voyage de Ben-Batouta, Arabe de Tanger.*

*Marino Sanudo* [1] était un Vénitien de famille patricienne, qui avait fait dans sa jeunesse cinq fois le voyage de la Terre-Sainte, et qui avait aussi visité dans ses courses fréquentes Cypre, l'Égypte et le petit royaume Arménien de Cilicie. Depuis 1291 les royaumes francs d'Antioche et de Jérusalem avaient cessé d'exister, et cette terre, arrosée depuis deux siècles de tant de sang chrétien, était retombée sous la domination musulmane. Quelques esprits rêvaient encore de nouvelles expéditions; Sanudo fut un des plus ardents à solliciter à une huitième croisade, et les souverains de l'Occident, et le Pape, et l'empereur grec lui-même. Ses projets demeurèrent sans exécution, ainsi que les plans qu'il avait élaborés; mais le livre où ces plans sont exposés, et qu'il présenta au souverain Pontife, Jean XXII, en 1321 [2], est resté comme un des plus curieux monuments littéraires et géographiques de l'époque des Croisades. Sanudo s'y propose non-seulement de rappeler la sainteté de l'entreprise, et d'en montrer les grands avantages au point

---

[1] C'est ainsi que lui-même orthographie son nom (Marinus *Sanudo*, dictus Torxellus, de civitate Rivoalti). Bongars écrit *Sanutus*.

[2] Sanudo nous apprend lui-même qu'il avait commencé dès 1306 la rédaction de cet ouvrage, auquel il donna le titre de *Liber Secretorum fidelium Crucis super Terræ Sanctæ recuperatione et conservatione.* Bongars l'a fait imprimer sur les manuscrits, dans son Recueil des historiens originaux des Croisades (*Gesta Dei per Francos*, Hanoviæ, 1611, in-fol., 2 vol.), dont il forme seul le deuxième tome. On en peut voir l'analyse dans Mensel, *Bibliotheca historica*, vol. II, pars 2, p. 283, et avec plus de détail dans la *Bibliographie des Croisades* de M. Michaud, t. I, p. 128.

de vue temporel aussi bien qu'au point de vue religieux; mais aussi d'en exposer les meilleurs moyens d'exécution. Bien éloigné en ceci des idées que Rubruquis soumettait à Louis IX, il combat avec force tout projet d'expédition par terre, et développe jusque dans ses derniers détails le plan d'un transport maritime. A cet effet il entre dans des particularités géographiques qui tiennent une place notable dans son Mémoire. Il y avait joint quatre cartes géographiques, dont une surtout, destinée à représenter l'ensemble du monde alors connu, n'en forme pas pour nous la partie la moins curieuse [1]. Bongars n'a pas retrouvé celle de ces cartes qui donnait le tracé général de la Méditerranée; mais cette perte est pour nous de peu de conséquence, parce que la carte de Vessconte, et celle de Freduce [2], nous ont indubitablement conservé des copies, probablement à plus grande échelle, faites d'après les mêmes originaux. La carte de la portion des côtes de la Méditerranée qui s'étend depuis les bouches du Nil jusqu'aux environs de l'île de Rhodes, et qui comprend conséquemment, outre les parties littorales de l'Égypte, celles de la Syrie et du sud de l'Asie-Mineure, serait aussi d'un faible intérêt, au moins dans la gravure excessivement incorrecte que Bongars en a publiée, si nous n'avions pas dans l'ouvrage même de Sanudo la description écrite, et très-circonstanciée pour quelques parties, de cette même étendue de côtes [3]. Cette description, copiée de documents italiens, est un morceau doublement curieux, tant par les détails même qu'elle nous donne sur une côte qui fut de tout temps la partie la moins fréquentée et la moins connue du pourtour de l'Asie-Mineure, que parce que nous y retrouvons sans nul doute un modèle de ces vieux portulans qui furent pour les peuples navigateurs du moyen âge ce que sont aujourd'hui pour nos marins les *instructions nautiques* qui servent de commentaire et de complément aux cartes. C'est en effet le même détail et souvent la

---

[1] Nous nous sommes occupé ailleurs de la Mappemonde de Sanudo, ci-dessus, t. I$^{er}$, dans l'Histoire de la Géographie qui forme notre Introduction générale.

[2] Ci-dessus, pp. 484 et 485. La carte de Vessconte, datée de 1318, est précisément du même temps, sinon de la même année, que la Méditerranée de Sanudo.

[3] Sanudo, *Secret. Fidel. Cruc.*, lib. II, c. 26.

même précision. Non-seulement la distance et la direction d'un point à l'autre sont marquées; mais toutes les autres particularités qu'il importe au marin de connaître, la nature des mouillages, l'aspect de la côte, les écueils, et jusqu'à la disposition des habitants pour les étrangers, sont indiquées avec soin. Aujourd'hui même, il est peut-être plus d'un point de cette instruction qui pourrait être encore utile. Il nous a donc paru qu'il ne serait pas sans intérêt de la reproduire dans son entier [1]. Toutefois, la valeur n'en est pas égale dans ses différentes parties; car l'étude attentive du document rend évident, ainsi qu'on le verra dans les notes que nous y avons jointes, que Sanudo a tiré de plusieurs sources très-différentes sa description de la côte de l'Asie-Mineure sur la mer de Cypre. L'espace compris entre le fond du golfe d'Issus et l'extrémité occidentale de la Cilicie arménienne en est à la fois la partie la plus circonstanciée et la plus exacte : cette portion de la côte cilicienne était en effet, nous l'avons vu, la plus communément fréquentée par les navires européens, qui y trouvaient à la fois profit et sécurité. Toute la côte de la Cilicie Trachée et de la Pamphylie, jusqu'au fond du golfe qui porte aujourd'hui le nom de *Satalièh*, est décrite sur des données beaucoup moins certaines; cette étendue de côtes, où dominaient les Turks et dont les habitants se sont d'ailleurs montrés de tout temps hostiles aux étrangers, n'était visitée que beaucoup plus rarement par les navires francs. Enfin, de Satalia à l'autre extrémité de la côte lycienne, la description, sans avoir la précision et l'exactitude de la première partie, l'emporte de beaucoup sur la seconde. Il est clair que cette extrémité occidentale de la côte asiatique était habituellement pratiquée par les navigateurs italiens, quoiqu'elle leur fût alors peut-être moins familière que les parages de la Cilicie orientale.

Dans le temps même où Sanudo déposait aux pieds du chef de la Chrétienté le fruit de ses méditations pour le recouvrement de la Terre-Sainte, Aboul-Féda, cet Arabe illustre que les soins de la guerre et les devoirs de ses hautes charges ne détournèrent pas des plus graves études, rédigeait ses savants ouvrages d'his-

---

[1] *Voy.* l'Appendice de ce Chapitre.

toire et de géographie. Sa description du monde connu des Arabes dut être composée à Hems en Syrie, dans l'intervalle de l'an 1312 à l'an 1331, année de sa mort; lui-même nous apprend qu'en l'an 1321 (721 de l'hégire), il réunissait les matériaux sur lesquels il a écrit son chapitre des pays de *Roum* [1], —car les Arabes continuaient d'appeler ainsi l'Asie-Mineure, à laquelle, nous l'avons vu, les Occidentaux donnaient déjà, depuis longtemps, le nom de *Turquie*.

La méthode suivie par Aboul-Féda dans sa description de la terre diffère complétement de celle de l'Edrisi [2]. Il ne procède pas comme celui-ci par climats et par itinéraires; mais empruntant à Ptolémée quelque chose de sa méthode astronomique, dont il rejette cependant la sécheresse rebutante, il donne d'abord une idée générale de la région qu'il aborde, il en fixe les points principaux et les dimensions extrêmes au moyen des déterminations astronomiques [3]; puis il en indique successivement et en décrit les villes les plus remarquables. C'est ainsi qu'il procède pour l'Asie-Mineure. Le chapitre assez court qu'il y consacre ne laisse pas de nous fournir quelques notions intéressantes, quoique nous n'ayons pas à y puiser de renseignements nouveaux sur l'état de la Péninsule à la fin du treizième siècle et au commencement du quatorzième. « Les terres qui s'étendent à l'orient du détroit de Constantinople et au nord de la Syrie renferment, dit le géographe arabe, les contrées que l'on nomme vulgairement *Roum*, dont la *mer de Roum* embrasse toute l'étendue au couchant. Le *détroit de Constantinople* et la *mer de Krim* sont la prolongation de la mer de Roum. Les terres Syriennes et l'al-Djezireh enveloppent le pays de Roum au midi, l'Arménie à l'orient, les terres des Corgi (les Géorgiens) et la mer de Krim au nord. On cite dans ces terres de Roum les mon-

---

[1] Abilfedæ *Tabula XVII*, traduction latine de Reiske, dans le *Magazin für die Neue Historie und Geographie von* D. Ant. Frid. Büsching, t. V, 1771, p. 301.

[2] Nous renvoyons à cet égard au Chapitre que dans notre Introduction générale, t. I$^{er}$, nous avons consacré aux géographes arabes.

[3] Les déterminations astronomiques d'Aboul-Féda diffèrent notablement de celles de nos éditions de Ptolémée; mais les erreurs qu'elles présentent ne sont pas moins monstrueuses, au moins dans les textes sur lesquels Reiske a fait sa version latine.

tagnes de *Kerman* [1], habitées par certaines populations Turkomanes qui reconnaissent aujourd'hui l'autorité des fils d'Othman, d'où elles ont reçu vulgairement le nom d'*Othmanides* [2]. Les montagnes de ces Turkomans se prolongent depuis le canton de Tarse jusqu'à l'extrémité des terres de Lascaris, empereur de Constantinople [3]. On y trouve *Larandah*, ville qui approche de Konièh par la grandeur. Elle en est distante de près d'un jour de marche entre l'orient et le septentrion (lisez le midi), par 57° de longitude, et 40° 30' de latitude [4], comme je l'ai appris avec certitude d'un grand nombre de voyageurs en l'année 721 (1321 de J.-C.). D'après leurs rapports, *Anthalia* est une petite ville sur le bord de la mer, qui a cependant de bonnes murailles en pierres, avec deux portes, l'une du côté de la mer, l'autre vers la terre. Elle avait pour prince un chef de ce pays. Étant un jour sorti de la ville, il fut attaqué et fait prisonnier par les Turkomans qui occupèrent Anthalia. C'est ainsi que de notre temps cette ville a été soumise à l'un des Beni Homaid, qui sont des petits rois turkomans de ces cantons [5]. Anthalia est une petite ville, que ces voyageurs disent abonder en eaux vives et en jardins. Elle a une petite rivière, qui, conduite dans la ville au moyen d'un aqueduc, donne de l'eau à ses maisons et à ses chemins. Ses jardins sont fertiles en fruits acides, tels que des oranges et autres semblables. Ils disent qu'Anthalia est à l'occident de Konièh [6], à la distance de près de dix jours de

---

[1] Le Taurus cilicien, qui traversait ou bordait le Kerman. Ci-dessus, p. 498.

[2] Il faut seulement entendre par là que les plus renommés d'entre les Turkomans étaient les Othmanides; car ceux du Kerman ne reconnaissaient pas encore l'autorité de la dynastie d'Othman.

[3] Il semblerait résulter de cette singulière indication que d'après les deux Lascaris, qui, depuis la conquête de Constantinople par les Latins, avaient successivement résidé à Nicée dans la première moitié du treizième siècle, les Orientaux avaient pris et conservé la coutume d'appeler *Empire de Lascaris* les provinces grecques de l'ouest de l'Asie-Mineure. A l'époque où écrivait Aboul-Féda, il y avait déjà un quart de siècle que les empereurs grecs n'avaient plus aucune possession dans la Péninsule.

[4] D'après la grande carte prussienne de M. Kiepert (1844), Laranda est par 51° 2' long. E. (de l'île de Fer), et 37° 11' de latitude.

[5] Probablement un des princes de la famille de Hamid, qui régna sur la Pisidie. *Voy.* ci-dessus, p. 499.

[6] Elle en est au S.-O.

marche. Dans l'intervalle sont situées les montagnes des Turkomans Beni Homaïd, au centre desquelles, presque à mi-chemin de Konièh à Alaïa, est une ville fondée par un certain chef Ben Homaïd, nommé Fulkoddïn, peu de temps avant notre âge, et que de son nom il appela *Fulkobar*. Cette ville, disent-ils, est dans une plaine, au milieu des montagnes, à l'ouest et à cinq jours de marche de Konièh, à l'est et presque à la même distance de cinq journées d'Anthalia. Cette Fulkobar est aujourd'hui une très-grande ville de ces cantons, au milieu de ces montagnes qui sont la demeure des Turkomans de la race de Ben Homaïd [1]. »

Dans les prolégomènes de sa Géographie, Aboul-Féda avait déjà donné quelques aperçus généraux sur la situation de l'Asie-Mineure, sur les mers qui la baignent et les fleuves qui l'arrosent. Il nous apprend que la mer de Krim (le Pont-Euxin) commençait de son temps à être nommée *mer Noire* [2]. On appelait aussi *mer de Marmora* la petite mer fermée qui se trouve entre l'Euxin et l'Égée, du nom d'une île de Marmora ainsi appelée des marbres que l'on en tirait. L'ancienne Égée était alors communément nommée *mer Grecque*. Aboul-Féda déplace encore plus que Ptolémée la vraie situation astronomique de Constantinople [3]; comme le géographe grec, il croit que la mer de Marmora (l'ancienne Propontide) et les deux canaux par lesquels elle communique avec les deux grandes mers voisines, s'étendent dans une direction presque Nord-Sud, avec une inclinaison très-faible à l'Orient [4].

¹ Aboul-Féda, d'après la version latine de Reiske, *loco suprà cit.* — Dans sa notice des villes du pays de Roum, Aboul-Féda revient encore sur Anthalia d'après la relation d'un certain Ben Saïdi. C'est, dit-il, une ville célèbre, quoique son port soit peu sûr. Les Grecs y entretenaient une flotte, avant qu'elle ne vînt sous la domination des Musulmans. Elle s'avançait dans la mer, de manière à avoir presque l'apparence d'une île. Elle avait une citadelle fortifiée (*ibid.*, p. 304. Comp. Beaufort's *Karamania*, p. 119 et suiv.).

² En turk *Kara Deniz*. Par opposition, les Turks donnent à la Méditerranée le nom de mer Blanche, *Ak Deniz*.

³ Ptolémée (*Europæ Tabula IX*, c. 11) mettait Byzance par 43° 5' lat., 56° long. (des îles Fortunées); Aboul-Féda, suivant en cela l'universalité des géographes arabes, donne pour latitude à Constantinople le chiffre énorme de 45°, et pour longitude 50° 10'. Sa vraie situation est par 41° 0' 16", lat. N. —47° 8' 50' long. E. de l'île de Fer.

⁴ Abilfedæ *Proleg.*, trad. lat. de Reiske, dans le Büsching's *Magazin*, t. IV, p. 151.

Les rivières les plus considérables des terres de Roum, après l'Euphrate qui en forme la limite orientale, sont le *Djihan* et le *Sihan*, qui arrosent les terres des Arméniens ou *Pays de Sis*, le fleuve d'*Angouri* et le fleuve d'*Érékli*. Le Djihan passe à Masisa avant d'aller se jeter dans la mer; le Sihan, moins considérable, baigne les murs d'Adéna, au-dessous de laquelle, dit l'écrivain arabe, il se réunit au Djihan, pour aller se perdre avec lui par une seule bouche dans la Méditerranée, entre Eïas et Tharse. Ce qu'Aboul-Féda dit du fleuve d'Angouri et du fleuve d'Érékli est très-vague et fort inexact; on peut supposer que par le premier de ces deux noms il entend le Halys, et par le second le Sangarius [1].

Les villes qu'Aboul-Féda nomme et décrit ensuite comme les plus notables du pays de Roum, sont au nombre de quatorze. *Alaïa* était une ville nouvelle, fondée par Ala-eddïn, un des princes Seldjoukides d'Iconium [2]; c'est de ce prince qu'elle avait pris son nom. « J'ai appris de plusieurs voyageurs qui y avaient été, ajoute l'historien, que c'est une très-petite place, assise sur la mer Méditerranée au Sud (à l'E.-S.-E.) et à deux journées d'Anthalia. C'est une des villes marchandes de ces cantons. Elle est ceinte d'un mur, et est riche en eaux et en jardins. »

*Ak-chêhr*, à trois journées de Konïêh dans le Nord-Ouest, occupait une situation des plus agréables. *Amasïah*, à six journées de Sinub, était renommée par sa grandeur, par l'étendue de ses jardins, par la beauté et l'abondance de ses eaux. Non moins remarquables étaient *Kunïah* (Konïêh ou Iconium), l'ancienne capitale des rois turks de Roum; *Aksara* (Ak-Seraï), sur la route de Kunïah à Kaïsarïah, à l'entrée de vastes plaines qui se prolongent vers le couchant à plusieurs journées d'étendue; *Héraklah*, près d'un fleuve, non loin de la mer (du Pont): à l'orient d'Héraklah est le mont *ol Kahfi*, où l'on voit la Caverne des Sept Dormants; *Kaïsarïah*, ville considérable, défendue par une forte citadelle; *Sivas*, à l'orient de Kaïsarïah, grande cité ceinte de murailles, avec une petite citadelle; *Arzan er*

---

[1] Abilfedæ *Proleg.*, trad. lat. de Reiske, dans le Büsching's *Magazin*, p. 164 à 172.

[2] Ala-eddïn, d'après les tables de Deguignes, régna de 1219 à 1236.

*Roumi*, à l'extrémité la plus orientale du pays de Roum, non loin des sources de l'Euphrate : quelques uns la plaçaient en Arménie ; *Malathïa*, près de l'Euphrate ; *Ankurïah* (Ancyre), avec une citadelle élevée ; *Ammurïah* (l'ancien *Amorium*), dont le nom figurait dans les annales des Khalifes ; *Tukat* ou Tokat, petite ville à deux journées de Sivas vers le Nord [1]. Aboul-Féda nomme encore, mais sans s'y arrêter expressément, *Kastamounïah, Sinub, Samsoun* et *Tarabezoun* ou Trébizonde. On voit que, quant à la nomenclature, nous sommes entrés tout à fait dans le domaine de la Géographie moderne.

La même remarque nous est suggérée par la relation du célèbre voyageur arabe dont il nous reste à suivre les courses nombreuses en Asie-Mineure, *Abou-Abdallah Ben Batouta*. Ben Batouta avait quitté Tanger, sa ville natale, en l'année 725 de l'Hégire (1325 de notre ère) pour accomplir le pélerinage de la Mekke, devoir sacré que la loi musulmane impose à tout fidèle croyant : de là, le désir de voir le monde le conduisit dans toutes les contrées de l'Asie, jusqu'aux dernières extrémités de l'Orient. Il visita la *Turquie* (c'est ainsi qu'il nomme l'Asie-Mineure), en 1327 et 1328, quatre ans avant la mort d'Aboul-Féda. Parti de *Ladékhia* de Syrie par mer, il vint aborder à *Alaïa*, sur la côte pamphilienne, ville turque de fondation peu ancienne, et cependant très-fréquentée par les marchands d'Égypte et de Syrie [2] ; l'idée que nous en donne Batouta s'accorde parfaitement avec

---

[1] Abilfedæ *Tabula XVII, latinè facta à* J. Reiske, dans le *Magazin* de Busching, t. V, p. 302 à 305.

[2] *Viagens extensas e dilatadas do celebre Arabe* Abu-Abdallah, *mais conhecido pelo nome de* Ben-Batuta. *Traducidas por* José de Santo Antonio Moura. *Lisboa, na typografia da Academia*, 1840, petit in-4 (t. I), p. 361. Cette version portugaise de Ben Batouta est la première qui ait fait passer dans une langue européenne la relation complète du voyageur arabe ; la traduction anglaise du professeur Samuel Lee (*The Travels of* Ibn Batuta, *translated from the abridged arabic manuscript copies preserved in the public library of Cambridge; with notes, illustrative of the history, geography, botany, antiquities*, etc., *by the Rev.* S. Lee. *London*, 1829, in-4) avait été faite non sur l'original même de Batouta, dont il n'existait pas alors d'exemplaire en Europe, mais sur un abrégé très-répandu dans le Levant et en Afrique. Dans la traduction portugaise, les courses du voyageur arabe en Asie-Mineure occupent de la p. 361 à la p. 420 ; dans la version anglaise, de la p. 68 à la p. 74.

les notions qu'Aboul-Féda en avait recueillies quelques années auparavant de la bouche de plusieurs voyageurs. Elle était possédée par un fils de Karaman.

D'Alaïa, notre voyageur se rend à Sataliêh, qu'il nomme *Anadolia* [1]; il la représente comme une cité vaste, opulente et très-peuplée. Ici Batouta fait mention d'une sorte de confrérie ou d'association établie dans chaque ville où se trouvaient des Turkomans, et qui avait pour objet l'exercice de l'hospitalité envers les étrangers; cette association, qui sans doute ne fut pas de longue durée, car on n'en trouve aucune autre mention, s'intitulait la confrérie des *jeunes*, et celui qui en était le chef portait le titre de *frère* [2]. Le sultan d'Anadolia était Hadro-Bek, fils de Yunas-Bek [3].

La première ville que cite Batouta dans l'intérieur des terres est *Bordur* ou *Bourdur* [4], d'où il vient à *Akridur* [5] en passant par *Sabarta* [6]. Akridur était une ville magnifique, bien peuplée, égayée par une multitude d'arbres et de jardins. Le lac d'eau douce sur les bords duquel elle est située a deux journées d'étendue, et on se rend par la voie de ce lac à Aqkahar (Akchèhr), à Baq-kahar (Yalo-Batch, ou Batch-chèhr?) et à d'autres places des cantons environnants.

Toutes ces villes, de fondation turque pour la plupart, ou qui du moins avaient abandonné leurs dénominations anciennes pour prendre celles que leur imposaient leurs nouveaux maîtres, subsistent encore aujourd'hui sous les mêmes noms qu'au siècle de Batouta. Le sulthan d'Akridur était alors Abou-Ichâk-Begh, fils d'Addardar-Begh, un des principaux chefs de la contrée.

Batouta quitte Akridur pour se rendre à *Kara-Hissar* [7], petite

---

[1] Une des formes diversement altérées que l'ancien nom d'*Attalea* a pris dans la bouche des Arabes, des Turks, des Francs et des Grecs modernes.

[2] *Voy.* les remarques de M. Silvestre de Sacy sur ce passage, *Journal des Savants*, 1829, p. 482.

[3] Hadher, fils de Younis. *Voyez* ci-dessus, p. 498.

[4] Bouldour, dans le S.-O. du lac d'Egherdir.

[5] Egherdir, à la pointe méridionale du lac du même nom (*voy.* notre carte de l'Asie-Mineure).

[6] Isbarta, non loin des ruines de l'ancienne Sagalassos.

[7] Le manuscrit sur lequel a été faite la version portugaise donne fautivement *Kol-Hessar*.

ville bien pourvue d'eau, dont le sulthan, Mohammed Tchélébi, était frère d'Abou-Ichâk, roi d'Akridur. De Kara-Hissar, changeant brusquement de direction, notre voyageur se rabat au sud-ouest vers le haut Méandre ; et prenant le chemin de *Kara-Agatch*, qui est dans la plaine de *Godra* que parcourent les Turkomans, il arrive à *Ladek* [1], dont le sulthan était un des plus puissants princes de Roum. De là, Batouta s'enfonce dans les parties intérieures de l'ancienne Carie. Il voit *Taouaso* [2], puis *Mogla*, et arrive à *Milasso* [3], qui est un des meilleurs cantons et des plus grands du pays de Roum, et aussi un des plus riches en eaux vives et en fruits de toute espèce. Le sulthan de Milasso était Ourkhan-Begh al-Mentesché. A 2 milles de Milasso s'élevait une ville de fondation nouvelle, nommée *Bargin*.

Ici Batouta retourne vers le centre de l'Asie-Mineure, sans avertir autrement ses lecteurs de ce nouveau voyage, que par ces mots : « Nous nous mîmes en route pour la ville de *Kounia*, cité magnifique, dans un pays bien cultivé, bien arrosé, et orné de nombreux jardins... » Ce pays de Kounia appartenait à Badreddïn fils de Karaman ; mais il reconnaissait la souveraineté du sulthan de Babylone, c'est-à-dire des khans mongols de l'Irâk [4].

Bientôt Ben-Batouta reprend le cours de ses pérégrinations. Il visite et décrit *Laranda*, résidence du sultan Badr-eddïn, fils de Karaman, qui y avait bâti un palais et y avait établi sa cour ; *Aksar* (Ak-Seraï), une des plus belles villes du pays de Roum, et où il se fabrique une grande quantité de tapis, que l'on exporte dans toutes les contrées de l'Asie ; *Nakda* (Nigdèh), *Kaïsaria*, *Sivas* (l'ancienne Sébastê), *Amassia* (l'ancienne

---

[1] L'ancienne *Laodicea*, dont les ruines portent aujourd'hui, dans le pays, le nom d'*Eski-Hissar*, ou le Vieux Château.

[2] Davas, ou Tavas, l'ancienne *Tabœ*.

[3] Mélassa, l'ancienne *Mylasa*.

[4] Nous savons en effet que dans les derniers temps des Seldjoukides les Mongols de la Perse avaient établi leur suzeraineté sur les Turks de l'Asie-Mineure ; mais après la dissolution complète du sulthanat d'Iconium, les Turkomans de la Cappadoce et ceux du pays de Karaman restèrent seuls assujettis pour un temps encore à cette vassalité étrangère.

Amasée), *Sumosa* [1] *Kemekh* [2], *Arzanjan*, ville presque toute peuplée d'Arméniens; enfin, *Arz-er-Roum*, place très-grande, que trois rivières traversent. Toutes ces villes, et la vaste étendue de pays où elles sont situées, reconnaissaient l'autorité des khans de Babylone.

Il semble y avoir ici une lacune dans la relation du voyageur; car sans transition aucune il nous ramène des bords de l'Euphrate à l'autre extrémité de la Péninsule, vers les rives de la mer de Roum, l'Égée des temps classiques. Nous nous trouvons ainsi transportés tout à coup dans la cité de *Berki* [3], dont Mohammed, fils d'Aïdïn, était sulthan. *Taïrata* (ou *Tira* [4]) était une autre de ses villes. Ben Batouta se rend de cette dernière place à *Aïasolouk*, où se montraient encore, sous ce nom nouveau qui avait remplacé le nom si longtemps célèbre d'Éphèse, les vestiges de l'ancienne magnificence de la ville de Diane. Le sulthan d'Aïasolouk était Cadr-Begh, fils de Mohammed, fils d'Aïdïn. De Tira, Ben Batouta vient à *Iazmir* (Ismir, ou Smyrne), dépendance de la principauté des fils d'Aïdïn. *Magnisia* [5], *Bargama* et *Balikasri*, que le voyageur visite ensuite, appartenaient la première à Sarou-khan, la seconde à Iaghikchi-khan, la troisième à Damour-khan. C'étaient surtout ces riches et douces contrées des anciens Hellènes d'Asie qui avaient vu s'élever en plus grand nombre les principautés indépendantes sorties des ruines de l'empire de Seldjouk.

Enfin notre voyageur arrive à *Bursa*, la résidence déjà splendide du successeur d'Othman. Alors comme aujourd'hui, ses bains chauds y attiraient un nombreux concours de visiteurs de toutes les parties du pays. Orkhan Begh, dit Batouta, est le plus grand des rois Turkomans; c'est celui de tous qui possède le plus de richesses, qui a la plus nombreuse armée, qui commande à la plus grande étendue du pays. Occupé sans cesse à

---

[1] Le texte porte par corruption Sumosa ou Sunousa. Ce ne peut être que Samsoun, l'ancienne *Amisos*.

[2] Kémakh, sur l'Euphrate.

[3] Birkèh, à quelque distance au Sud des ruines de Sardes.

[4] Selon la leçon plus correcte des manuscrits de M. Lee. C'est Tirêh, sur la route de Smyrne à Guzel-Hissar.

[5] Magnésie du Sipyle.

visiter toutes les places de ses États, on disait que jamais il ne demeurait un mois entier même dans Brousse sa capitale.

De Boursa, le voyageur se dirige sur *Iaznik* (Isnik, ou Nicée). Le père d'Orkhan avait assiégé cette place vingt ans auparavant[1]; mais c'était Orkhan lui même qui s'en était rendu maître après deux ans de siége. Il y a à Iaznik un lac de 8 milles d'étendue. Prenant de là sa route à l'Est, Ben Batouta passe le *Sakar*, voit *Motorni*[2], *Bouli*[3], *Kardai Bouli*[4], *Barlou*[5], et enfin *Kastamounia*, une des plus grandes et des plus belles villes de ces contrées et résidence du puissant sulthan Suleïman. Le sulthan de Kastamounia possédait aussi la ville maritime de *Sanoub* (Sinub, ou Sinope), où Ben Batouta, disant adieu aux rivages de Roum, s'embarqua pour traverser la mer Noire et aborder au pays de Krim.

Nous n'avons presque donné que l'itinéraire des courses de Ben Batouta en Asie-Mineure; ce rapide extrait permettra cependant d'apprécier de quel intérêt est la relation du voyageur arabe, pour compléter la connaissance que les autres documents de la même époque nous peuvent donner de l'état de la Péninsule au commencement du quatorzième siècle. Nulle part nous ne voyons se dessiner d'une manière aussi complète la physionomie tout à fait nouvelle que la domination turque a fait prendre à la nomenclature géographique. Batouta confirme d'ailleurs, et complète quelquefois les trop vagues renseignements que les chroniqueurs contemporains nous fournissent sur les diverses principautés turques qui surgirent simultanément des débris du sulthanat d'Iconium; jusqu'à un certain point aussi, il peut suppléer au silence de l'histoire quant à la situation intérieure des villes et des populations, à cette époque encore si

---

[1] Cette indication, qui ne peut se rapporter qu'à l'expédition de 1308, fixerait le passage de Ben Batouta à l'année 1328, ce qui d'ailleurs concorde bien avec les autres dates du voyage.

[2] Mouderli, l'ancienne *Modrena*.

[3] Boli, que l'on croit être la *Claudiopolis* des géographes de l'époque romaine.

[4] Kérédiboli ou Kérédèh, l'ancienne *Cratia Flaviopolis*.

[5] Nous ne voyons pas à quelle localité peut s'appliquer ce nom. Baindir et Hammamlu sont les deux seules places notables qui se rencontrent sur la route de Kérédèh à Kastamouni; Omerlu est trop loin hors de cette route.

voisine des terribles agitations qui venaient de remuer et de désoler la contrée tout entière. Enfin, à ne considérer que l'étendue même et la direction des routes suivies par Ben Batouta, depuis les côtes de la mer Égée jusqu'aux bords de l'Euphrate, on peut dire que bien peu de voyageurs ont depuis lors autant prolongé leurs explorations et porté leurs pas dans des cantons d'un aussi grand intérêt. Une seule condition, une seule, manque au voyageur arabe, de même qu'à tous les voyageurs orientaux, pour rendre ses relations aussi fructueuses pour la géographie positive qu'elles sont intéressantes pour l'histoire géographique : c'est la méthode scientifique, avec la rigoureuse exactitude de ses observations. Mais cette condition à laquelle sont attachés les progrès réels de la science, plusieurs siècles encore vont s'écouler avant que nous ne la rencontrions chez les voyageurs européens eux-mêmes; c'est aux explorateurs de notre époque qu'en appartient exclusivement l'honneur.

# APPENDICE AU CHAPITRE XIII.

*Description nautique de la côte méridionale de l'Asie-Mineure, tirée du* **Liber Secretorum Fidelium Crucis** *de* Marino Sanudo.

(Commencement du xiv<sup>e</sup> siècle).

..... De *Cramela* [1] au mont *Caybo* [2], N. O. (*per magistrum*), 20 milles [3].

Du mont Caybo à *Laïass*, O. S. O. (*per occidentem versùs Garbinum*), 15 milles.

De Laïass au port *Pallos* (*Portus Pallorum* [4]), O. S. O.

---

[1] Sanudo (c. 25, p. 85) compte 15 milles de Cramela à Alexandrette, ce qui est la distance d'Alexandrette au site de l'ancien Issos; il est à remarquer d'ailleurs que, sur la carte qui accompagne le portulan, le golfe d'Issos est désigné sous le nom de *Golfe de Cramela*. Les 35 milles marqués entre Cramela et Laïass (Aïas) mesurent d'ailleurs assez exactement cet intervalle. Cramela doit donc se placer vers l'embouchure du *Pinarus*. Ajoutons que Sanudo désigne ce lieu, d'ailleurs inconnu, comme étant alors sur la limite commune des terres du roi d'Arménie et des sulthans d'Égypte. Nous savons par Willebrand (ci-dessus, p. 488) que précédemment cette limite avait été un peu plus au Sud. Nous avons comparé ce portulan de Sanudo avec la belle carte catalane de 1375, qui existe à notre dépôt des cartes de la Bibliothèque Royale, ainsi qu'avec l'atlas de Petro Vessconte, de 1318; sur la carte catalane, on lit *Caramela*.

[2] C'est un des sommets des contreforts que l'Amanus septentrional envoie jusqu'aux bords du golfe d'Issos, non loin des anciennes Pyles Amanides, le défilé actuel de Démir-Kapou.

[3] Les distances du Portulan, rapportées sur la carte, montrent que le mille employé ici est le *mille nautique* d'environ 60 au degré, le plus répandu dans la Méditerranée, et qui était en outre autrefois le mille spécial de Venise.

[4] Cette distance, à partir d'Aïas, nous porte un peu au delà du point où la grande carte de Kiepert, d'après celle de Beaufort, place l'embouchure actuelle du Djihoun, laquelle n'existait pas encore, à ce qu'il paraît, au quatorzième siècle, ce qui vient en confirmation d'un passage d'Anne Comnène cité par le capitaine Beaufort (*Karamania*, p. 283). De grands changements se sont opérés dans l'aspect de cette côte depuis les temps anciens; et il semble, comme nous le ferons voir dans la note suivante, que le Pyramos ait eu un écoulement intermédiaire entre l'ancien lit et le lit actuel, avant de prendre définitivement la direction que sa partie inférieure suit aujourd'hui.

(*inter Garbinum et Occidentem*), 10 milles. — *Laïass* a un port, et devant soi un bas-fonds (*sicca*), et un mouillage du côté de la terre-ferme.

Du port Pallos à l'embouchure de la rivière de *Malmistra* [1], 10 milles, en naviguant au S. O. (*per Garbinum*).— Il est à noter que l'on doit faire le salut d'honneur à un demi-mille de ce point nommé port *Pallos*, et si l'on y entre, on y trouvera un pavillon qui y reste arboré à demeure. Il faut en approcher avec précaution.

De l'embouchure de la rivière de Malmistra à *Malo* [2], 10 milles, O. N. O. (*versùs Magistrum per occidentem*). Malo a un port, au devant duquel sont deux îlots distants de la terre ferme d'un quart de mille, et on y est remorqué au moyen de cordes. On jette l'ancre du côté de la terre ferme, où on trouve de deux à trois brasses d'eau.

De Malo, qui est une place fortifiée, jusqu'à l'embouchure de la *rivière d'Adena*, O. N. O., 20 milles.

De l'embouchure de la rivière d'Adena à l'embouchure de la *rivière de Tarse*, 20 milles [3], O. N. O.

De l'embouchure de la rivière de Tarse à *Curco*, O. S O. (*Garbinum versùs per Occidentem*), on compte 40 milles. Devant led t Curco, on trouve quelques îles [4].

De Curco à l'embouchure de la *rivière de Salef*, 10 milles, O. S. O.

---

[1] Il est clair, d'après cette indication, que le Pyrames se jetait alors dans la mer à travers les vastes lagunes qui existent maintenant dans l'intervalle de l'embouchure actuelle à l'ancien lit sur lequel était située la ville de Mallos.

[2] C'est l'ancienne *Mallos*, qui n'existe plus aujourd'hui. Tous les anciens s'accordent à placer Mallos sur le Pyramos, non loin de la mer — La distance donnée par le portulan entre la station précédente, *fauces fluminis Malmistræ*, et celle-ci, nous porte un peu à l'Ouest du point où la carte du capit. Beaufort indique l'ancienne bouche du Pyramus. — La carte catalane écrit *Mallo*.

[3] Chiffre évidemment corrompu. C'est 2 milles qu'il faut lire.

[4] Entre Tarse et Curco, la carte catalane inscrit trois noms : Lamo (le Lamas de nos cartes actuelles), Bonbalizo et Ianuzo. Ce dernier lieu paraît être Ifasch, entre Lamos et Korghos; et le mot Bonbalizo semblerait garder la trace de l'ancien nom de *Pompeiopolis*, n'était-ce que Pompeiopolis était entre Tarse et Lamos.

De la rivière de Salef à *Lena de Labagaxa*[1], 10 milles, S. O. (*à Græco et à Garbino*). — Ce point de Labagaxa est bas et uni. Le fond y est sablonneux, et la mer est peu profonde jusqu'à la distance de près d'un mille.

De Labagaxa au port *Pino*[2], 15 milles, N. O. (*à Syroco et à Magistro*). Ce port est assez spacieux et a un bon fond.

Du port Pino à *Porto Cavaliere*, 10 milles, O. $\frac{1}{4}$ S. O. (*per quartam Ponentis versùs Garbinum*). Ce port a un bon abri et un bon fond.

De Porto Cavaliere au *Scoglio Prodensal*[3], 15 milles, O. Derrière cette île il y a un abri et beaucoup d'eau ; et sur ladite île il y a quelques murailles, non loin desquelles est un abri.

De Scoglio Prodensal à *Sequin*, on compte 60 milles, faisant route à l'O. $\frac{1}{4}$ S. O. On y peut jeter l'ancre, et on y est à couvert du côté du couchant. Sequin a pareillement une rivière, qui se jette dans la mer [4].

---

[1] Ce droit être la pointe avancée marquée sur la carte du capit. Beaufort, sous le nom de *Lissan-el-Kahpêh*, l'ancien *Sarpedonium Promontorium*, très-exactement désigné dans le Stadiasme par les mots ἐπὶ ἄκραν ἀμμώδη στενὴν, Σαρπεδονίαν καλουμένην, «vers la pointe étroite et sablonneuse appelée *Sarpedonia*».

[2] Ce nom, qui doit être cherché au fond du golfe que la pointe de Lissan couvre à l'E t, nous paraît répondre au *Μύλη* du Stadiasme.

[3] Ce nom, que quelques vieilles cartes italiennes changent en *Provençal*, ne garderait-il pas les traces de l'*Aphrodisias* du Stadiasme? Postérieurement au quinto.zième siècle, l'usage a prévalu d'appliquer le nom d'*Île Provençale* à l'île qui est au nord de Porto Cavaliere; mais cette île ne saurait être le *Scoglio Prodensal* de notre portulan. Nous devons dire, toutefois, que dans la carte catalane, *la Proensul* précède Porto Cavaliere.

[4] Cette rivière est évidemment le Sighy-tchaï de la grande carte de M. Kiepert. D'Anville (Asie Mineure de sa troisième partie de la carte d'Europe) nomme cette rivière *Drayanto;* mais il y marque, non loin de l'embouchure, un lieu du nom de *Siki*, assis sur une montagne. Il est beaucoup question de ce château de Siki ou Sighi dans les documents de quinzième siècle. L'embouchure de la rivière de Sighy est à 10 milles nautiques vers l'Est du cap Anamour, et à environ 35 milles Ouest de Porto Cavaliere. Le chiffre de Sanudo serait donc fautif sur ce point; aussi ne le donne-t-il qu'avec l'expression du doute, «*Sexaginta milliaria esse dicuntur.*» Il ne nous paraît pas douteux, du reste, qu'à partir de Porto Cavaliere, le module du mille employé pour marquer les distances ne soit plus guère que la moitié de celui que nous avons reconnu jusqu'ici pour le mille nautique de 60 au degré. Sanudo, qui aura compilé son portulan d'après des matériaux de source différente, ne s'est pas

De Sequin à *Stallimuro* [1], 20 milles, S. O. On peut jeter l'ancre à Stallimuro, et on est pareillement à couvert du côté du Couchant.

De Stallimuro à *Calandro* [2], 30 milles, N. O. Il y a un bon port.

De Calandro à *Salmade* [3], 25 milles, N. O. $\frac{1}{4}$ O.

De Salmade à *Antiocheta*, on compte 20 milles, naviguant à l'O. N. O.

D'Antiocheta (lisez de Salmade) à *Castel Lombardo* [4], 25 milles, O. $\frac{1}{4}$ N. O.

De Castel Lombardo à *Candeloro*, 10 milles, O. Candeloro est une ville avec un port ouvert au Sud-Ouest [5].

De Candeloro à *Scoglio Sancto Focha*, 30 milles, O.N.O. [6].

De Scoglio Sancto Focha à Satalia la Vieille, 40 milles, N. O. $\frac{1}{4}$ O. [7].

De Satalia la Vieille à la *Nouvelle Satalia*, il y a, dit-on,

aperçu de ce changement. Le nouveau mille qu'il emploie, de Porto Cavaliere à Satalia Nova, est sans doute quelque mille grec local. — Entre Porto Cavaliere et Sequin, la carte catalane marque cinq noms : Papadolla (Papadoulatchaï, au N. O. de Capo Cavaliere), Pallopolli, Crionari ou Cap Noir, Spurie et Insula de Olline.

[1] Évidemment Anemour.
[2] Karadran, l'ancienne *Kharadros*.
[3] Selinti, l'ancienne *Selinûs-Trajanopolis*.
[4] Ce Castel Lombardo ne diffère probablement pas du *Castel Ubaldo* des vieilles cartes italiennes dont d'Anville, faute de matériaux meilleurs, s'est servi pour le tracé, très défectueux sur ses cartes, de cette partie de la côte. Il identifie Castel Ubaldo avec Alanich (Alaïa). Aucun de ces vieux noms italiens, comme le fait observer le capitaine Beaufort (*Karamania*, p. 168) n'est aujourd'hui connu dans ces parages.
[5] Cette indication, aussi bien que la distance, répondent à l'emplacement d'Alaïa (*voy.* Beaufort, *Karamania*, p. 166).
[6] La carte du capitaine Beaufort marque plusieurs îles le long du rivage à la distance indiquée par le portulan. Ces îles sont peu éloignées vers l'Est du Kara-Bouroun ou Cap Noir. — Entre Candeloro et Satalia la Vieille, la carte catalane marque San Nicolao et San Grigor.
[7] C'est une localité aujourd'hui inhabitée, que le capitaine Beaufort (*Karamania*, 139) désigne comme représentant l'ancienne *Sidé*, mais à laquelle la tradition du pays attache, on ne sait sur quel fondement, le nom d'*Eski Adalia*, ou Adalia la Vieille. Cette tradition remonte loin, puisqu'elle existait déjà au quatorzième siècle. Il est certain que l'ancienne Atalia était bien plus rapprochée de la ville qui a reçu le nom d'Atalia Nova, aujourd'hui

40 milles, O. La Nouvelle Satalia est une grande ville, en avant de laquelle il y a un écueil qui s'étend bien à 8 milles en mer, écueil qui porte le nom particulier d'*Agiopendi*. On y trouve un bon abri.

De la Nouvelle Satalie à *Renathia* [1], 15 milles [2]. Satalia a un bon port, sûr du côté de la terre, et dans lequel se jette un fleuve.

De Renathia aux *Cyprianes*, 10 milles. — Renathia a un bon port dans une île, sûr du côté de la terre et de la mer. Elle a aussi de l'eau de rivière en abondance.

Des Cyprianes à *Porto Genovese*, 10 milles. — Le port est sûr, pourvu que ceux qui y abordent se gardent des Turks, tant du côté de la terre que du côté de la mer. La plage ne manque pas d'eau de rivière.

De Porto Genovese à *Chipasco*, 8 milles. C'est un bon port, avec une rivière. Néanmoins il faut se tenir en garde contre les gens du pays.

De Chipasco à *Cambruxa*, 6 milles. Il y a un bon mouillage et l'eau y abonde. Il y a en avant de ce port une île [3] qui en est éloignée d'environ 3 milles.

De Cambruxa aux écueils *Chelidoni*, 10 milles faibles. Il y a un mouillage, et on y jette l'ancre. Néanmoins du côté de la mer l'abri est peu sûr, quoiqu'il puisse être sans danger du côté de terre de la part des habitants.

Des Chelidoni à *San Stefano*, 3 milles. Il y a un bon port et abondance d'eau. Il faut pourtant se défier des gens du pays.

Du port Santo Stefano à *Scoglio Finigha* [4], 15 milles. Bon port entouré d'écueils, avec de l'eau de citerne. Il faut cependant se garder du côté de la terre. A 6 milles de distance dans les terres

---

changé en Satalièh, et qui répond à l'*Olbia* des auteurs classiques (*voy.* ci-dessus, p. 409). Il y a dans tout ceci une singulière complication de méprises.

[1] *Ernatia* de d'Anville, l'île *Rachat* du capit. Beaufort.

[2] Ici commence un nouveau portulan. Les directions cessent d'être marquées, et à partir de Renathia ou Rachat, les distances sont de nouveau indiquées en milles de 60 au degré.

[3] Grambousa.

[4] Phineka. — Ici nouveau changement dans la valeur du mille. La mesure employée jusqu'à la fin du portulan répond assez exactement au mille grec ordinaire, dont trois ne valent que deux milles nautiques.

il y a un château; de plus, les montagnes voisines sont infestées tant de Grecs que de Turks.

De Finigha à *Santo Nicholao de Stamiri* [1], 15 milles. Il y a aussi un bon port, sûr du côté de la mer; mais du côté de la terre il faut faire bonne garde. L'entrée du port est étroite, et il y a là nombre de sources d'eau douce qui vont se perdre dans la mer.

De Santo-Nicholao de Stamiri à *Caccabo* [2], 5 milles. Il y a un bon port, et de l'eau de citerne dans les îlots. A l'opposé du port, il y a un estuaire. Il faut se tenir en garde contre les gens du pays.

De Caccabo à l'*île des Courants*, 20 milles. Il y a un bon mouillage, abondance d'eau de citernes, et il n'y a rien à craindre de la part des habitants du côté de la terre.

De l'île des Courants à *Ghia*, 4 milles. Il y a un bon port, sûr du côté de la mer, quoiqu'il le soit moins du côté de la terre. Sur la plage, il y a de l'eau de rivière.

De Ghia à l'île *Castel Rosso*, 20 milles. Il y a un bon port et de l'eau en abondance; il n'y a non plus rien à craindre du côté de la terre. Le port est auprès d'un estuaire, et tout autour il y a beaucoup de bas-fonds.

De Castel-Rosso à l'île *Polcello*, 15 milles. Il y a là un bon port, sûr du côté de la terre; seulement il n'y a pas de bonne eau. Au-dessus de cette île et de la terre ferme, il y a un bas-fonds étendu recouvert de trois pieds d'eau.

De l'île Polcello à *Mégradic*, sous *Patra*, 15 milles [3]. Il y a un bon port du côté du Levant, sauf que l'eau y manque. Du côté de la terre il faut être sur ses gardes.

De Mégradic à *Perdichia*, 30 milles. Il y a un bon port et abondance d'eau; du côté de la terre on est en sûreté.

De Perdichia à *San-Nicholao de Livixo*, 4 milles. Bon port et eau en abondance. Du côté de la terre, rien à craindre.

De San-Nicholao de Livixo au *cap Trachili*, 5 milles. Il y

---

[1] L'ancienne *Myra*.

[2] Île Kakava.

[3] Soit dans ce chiffre, soit dans le précédent, il y a erreur de la dixaine. La distance de Castel Rosso à Patara ne mesure que 20 milles, 15 pour une des deux stations, 5 pour l'autre.

a un bon port, et, dans l'île, de l'eau de citerne en abondance. Rien à craindre du côté de la terre.

De Trachili au port de la terre de *Macré*, 15 milles. Bon port, à l'entrée duquel, sous environ deux ou trois pieds d'eau, il y a un bas-fonds. Eau potable en abondance, et rien à craindre du côté de la terre.

De Macré à *Copi*, 10 milles. Port bon et sûr, tant du côté de la mer que du côté de la terre. Il y a dans une île de l'eau de citerne en abondance.

De Copi à *Guia*, 20 milles. Il y a un bon port, sûr du côté de la terre, et de l'eau en abondance, tant dans l'île que dans l'estuaire.

De Guia à *Prepia*, 10 milles. Bon port dans la saison d'été, et toute sécurité du côté de la terre. De là on entre dans une rivière qui a sept pieds d'eau. C'est là que les navires qui portent des bois en Égypte prennent leur charge.

# CHAPITRE XIV.

### ADJONCTION SUCCESSIVE DE TOUTES LES PRINCIPAUTÉS TURQUES INDÉPENDANTES DE L'ASIE-MINEURE A LA DOMINATION OTTOMANE. VOYAGEURS DU QUINZIÈME SIÈCLE EN ASIE-MINEURE.

Orkhan et ses successeurs soumettent successivement et incorporent à leurs États toutes les principautés turques indépendantes qui s'étaient élevées en Asie-Mineure après la ruine de l'empire Seldjoukide.—Formation du nouvel empire turk des Othmanides ou Ottomans.— Les sulthans othmanides à Constantinople; fin de l'empire Grec.—Incorporation du royaume grec de Trébizonde à l'empire Ottoman.
Voyageurs européens en Asie-Mineure dans le cours du quinzième siècle.— Bertrandon de la Brocquière.— Description de l'Asie-Mineure d'Æneas Sylvius.—Josaphat Barbaro.—Conclusion de cette seconde période de l'histoire géographique de l'Asie-Mineure.

(De la moitié du xiv<sup>e</sup> siècle à la fin du xv<sup>e</sup>.)

L'histoire territoriale de l'Asie-Mineure, depuis la première moitié du quatorzième siècle jusqu'à la seconde moitié du quinzième, se confond avec l'histoire même des sulthans Othmanides. Cette période de plus de cent cinquante ans nous montre les sept premiers successeurs d'Othman, fidèles à la pensée politique de l'illustre chef de leur dynastie, continuer la grande œuvre qu'il leur avait léguée de reconstituer un nouvel empire turk sur les ruines de l'empire des Seldjoukides. Soumettre à leur autorité les tribus et les chefs de leur nation, qui, en deçà de l'Euphrate, avaient obéi aux sulthans d'Iconium, en même temps qu'au delà de l'Hellespont ils s'agrandiraient aux dépens des empereurs grecs; poursuivre ainsi à la fois ce double plan de consolidation intérieure et de conquête au dehors : telle fut l'occupation incessante des premiers sulthans de Broussa, tantôt par la force des armes, tantôt par l'adresse et les négociations, depuis le moment où Othman mourant montrait à son fils le chemin du Bosphore, jusqu'au jour où Mahomet II planta le croissant sur les tours de Constantinople, après avoir arraché une à une les provinces grecques d'Europe aux successeurs dégénérés de Constantin.

Nous n'avons pas à tracer l'histoire de l'empire Ottoman et de ses agrandissements en Europe; notre sujet nous retient en Asie, où il nous suffira de noter l'incorporation successive sous le sceptre des Othmanides des diverses principautés turques que nous avons précédemment énumérées, afin de compléter ainsi l'histoire des révolutions territoriales de la Péninsule jusqu'au moment où elle n'a plus formé qu'une unité politique et une grande province des sulthans de Stamboul.

Le premier territoire turk réuni aux États des Othmanides fut la principauté de Karassi, en 1335, neuf ans après la prise de Brousse par Orkhan, sept ans après le passage de Ben Batouta; le dernier fut celui des princes de Karaman en 1464. Le royaume grec de Trébizonde avait été conquis deux ans avant cette dernière époque, en 1462. Depuis lors l'Asie-Mineure n'a plus éprouvé d'autres démembrements.

Voici la série chronologique de ces incorporations :

En 1335, conquête de la principauté de *Karassi* (l'ancienne Mysie).

En 1376, le mariage du fils de Mourad, successeur d'Orkhan, avec la fille du prince de *Kermian*, fait entrer dans la maison des Othmanides la principauté de Kermian, comprenant toute la partie occidentale de la Phrygie.

En 1377, Mourad oblige le prince de *Hamid* (Pisidie) de lui céder, à prix d'argent, la plus grande partie de sa principauté, et devient ainsi maître des six villes de Beï-chèhr, Sidi-chèhr, Ak-chèhr, Isbarta, Ialobatch et Kara-Agatch. Dans le même temps les lieutenants du sulthan s'emparaient d'une partie de la Macédoine.

En 1378, l'émir de *Tekkèh* (Pamphylie) qui avait prêté assistance aux habitants de Beï-chèhr dans une prise d'armes contre Mourad, est dépouillé d'une partie de son petit État, moins les deux villes d'Antalia et d'Estenaz qui lui sont laissées.

En 1391, Baïézid (vulgairement Bajazet), fils de Mourad et

troisième successeur d'Othman, s'empare de *Philadelphie* de Lydie, seule ville que les empereurs grecs eussent conservée jusque-là en Asie. Philadelphie a reçu des Turks le nom d'*Ala-chèhr*, la Ville Bigarrée.

1391. La même année, les trois émirs d'*Aïdïn*, de *Sarukhan* et de *Mentesché* (Lydie, Carie et partie de la Lycie), menacés par les armes de Baïézid, abandonnent volontairement leurs principautés, qui sont réunies aux États othmanides.

1391. La même année réunion de ce qui était resté aux deux petits princes de *Hamid* et de *Tekkèh*.

1391. Conquête d'une partie du *Kerman* (Phrygie orientale), à la suite d'une guerre contre le prince de cet État, le plus puissant, après celui des Othmanides, de tous les petits royaumes qui s'étaient élevés en Asie-Mineure. Le traité qui abandonne au sulthan Baïézid une portion du Kerman, assigne pour limite aux deux États, du côté du territoire nouvellement acquis de Tekkèh, la rivière de Tchehar-tchembèh [1].

1392. Incorporation du reste du *Kerman*, après une nouvelle guerre dans laquelle le prince de cet État a été vaincu.

1392. Dans la même année, Baïézid s'empare des territoires de *Kaïsariéh*, *Sivas*, *Tokat*, etc., c'est-à-dire de tout le Nord de la Cappadoce où quelques tribus mongoles étaient venues se fixer, et où un chef de cette nation s'était formé un établissement indépendant.

1392. Dans la même année, conquête des États du prince de *Kastamouni* (Paphlagonie), moins Sinope et son territoire.

Dès cette époque, c'est-à-dire à la fin du quatorzième siècle, les Othmanides sont donc maîtres de la presque totalité de l'Asie-Mineure; les seules parties de la Péninsule qui ne puissent pas encore être comptées dans le territoire ottoman sont le royaume grec de Trébizonde, défendu jusque-là par sa situation entre les rudes montagnes qui le couvrent au Sud, et la mer qui le baigne au Nord; Sinope, où règne un descendant des princes de Kastamouni; enfin, la Cilicie orientale, partagée maintenant entre deux petits chefs turkomans que les armes ottomanes n'ont pas encore atteints.

[1] Cette rivière prend naissance dans le Taurus cilicien, et coule du Sud au Nord à l'Est du lac de Soghla, l'ancien Trogitis.

L'existence de ces deux petites dynasties date de 1378, époque où la famille des Lusignans, qui avait succédé, en 1342, à celle de Rhoupèn, fut expulsée de la Cilicie par les Mamelouks Baharites d'Égypte : l'une régnait à *Mérâsch*, l'autre à *Adana*. Celle-ci est connue sous le nom de *Beni-Ramazan;* la première, sous celui de *Soulkadir*, qu'elle a laissé, dans la nomenclature de la géographie turque, au district même de Mérâsch qu'elle possédait [1]. L'une et l'autre se maintinrent jusqu'en 1515, où elles furent soumises par Sélim, et leurs territoires incorporés à l'Empire [2].

Les expéditions du sulthan Baïézid en Europe n'avaient été ni moins rapides ni moins heureuses que celles qui avaient porté la domination ottomane jusqu'à l'Euphrate : de ce côté-ci du Bosphore elle atteignait le Danube, touchait à l'Adriatique, et ne laissait plus aux empereurs grecs que la seule ville de Constantinople. C'est à cette apogée de gloire et de puissance où la maison d'Othmann était arrivée, qu'une nouvelle irruption mongole, conduite cette fois par le fameux Tamerlan, vint l'ébranler par un choc aussi rude qu'imprévu, et faillit renverser en un jour l'œuvre d'un demi-siècle [3]. Vaincu et prisonnier à la sanglante bataille d'Angora (1402), Baïézid eut la douleur de voir, avant de mourir dans sa captivité, l'empire qu'il avait tant agrandi démembré de nouveau par la politique du vainqueur, et rendu à tous ses éléments d'anarchie. Tamerlan avait rétabli dans leurs États, à titre de vassaux de l'empire mongol, les princes que Baïézid en avait dépossédés. L'orage dissipé, il fallut encore une fois une longue période de combats et de politique pour reconstituer en Asie-Mineure l'unité de la puissance ottomane. A la mort de Sulthan Mohammed (1421), le premier successeur de Baïézid après la longue anarchie qui suivit la retraite de Tamerlan, les Othmanides n'avaient recouvré en Asie que les provinces occidentales, ou l'Anadoli proprement

---

[1] La plupart des historiens et des géographes écrivent *Dulgadir;* c'est une faute que d'Anville avait déjà relevée (*L'Empire turc considéré dans son établissement et dans ses accroissements successifs*. Paris, I. R., 1772, in-12, p. 63).

[2] *Voyez* Hammer, t. III, p. 253, trad. fr.

[3] *Voyez* ci-dessus, p. 59.

dit; encore les pays d'*Aïdin* et de *Menteschè* étaient-ils entre les mains de vassaux douteux [1]. Les princes indépendants de *Karaman*, de *Kastamouni*, de *Hamid*, d'*Adana* et de *Soulkadir* se partageaient le reste de la Péninsule, sauf une portion de la Cappadoce où dominaient les tribus turkomanes de *Kara-Koïnlou*, ou du Mouton-Noir, réunies aussi depuis 1403 sous un chef particulier, dont la domination avait pour siége principal la grande Arménie et la Mésopotamie [2].

Ce fut Sulthan-Mohammed-Khan, vulgairement connu sous le nom de Mahomet II, qui reporta de nouveau jusqu'à l'Euphrate les limites de la domination ottomane, en même temps que par la prise de Constantinople (29 mai 1453) il achevait d'effacer jusqu'au nom de l'empire grec. En 1461, dès que la tranquillité fut assurée dans les provinces d'Europe, Mohammed tourna toutes ses pensées vers l'Asie. Déjà maître de Kastamouni, de Ganghra et des autres places intérieures de la Paphlagonie, il vint mettre le siége devant *Sinope*, et s'empara de cette ville importante, dernier refuge des princes de Kastamouni. Cette conquête n'était dans la pensée de Mohammed qu'un acheminement à une conquête plus importante encore, celle du royaume de *Trébizonde*. Elle ne lui coûta que la peine de se présenter devant la capitale (1462). Trébizonde ouvrit immédiatement ses portes; et le dernier descendant des rois Comnènes, David Ier, livré, dit-on, par un de ses officiers, fut transporté à Constantinople avec sa famille et tous les hauts fonctionnaires de l'État [3]. L'année 1464 vit la conquête et l'incorporation définitive des provinces de la Karamanie situées au nord du Taurus; les districts montagneux de l'ancienne Cilicie Trachée, défendus quelque temps encore par la veuve et les fils du dernier prince de Karamann, eurent le même sort de 1472 à 1474. Les deux petites principautés turkomanes d'*Adana* et de *Soulkadir* restèrent seules debout quelque temps encore; ce ne fut qu'en 1515, nous l'avons déjà dit, qu'elles furent réduites à leur tour par les armes de Sélim II, en même temps que le district de *Baibourt*,

---

[1] *Voyez* un document turk rapporté par M. de Hammer, *Hist. de l'emp. ottom.*, t. II, p. 470, tr. fr.

[2] Deguignes, *Hist. des Huns*, t. I, 1re part., p. 263.

[3] Fallmerayer, *Geschichte des Kaiserth. von Trapezunt*, p. 278.

entre Erzeroum et Trébizonde, était annexé au territoire impérial. Ces incorporations de 1515 sont les dern ères qui aient constitué l'Asie-Mineure ottomane dans ses limites modernes.

Nous avons dû présenter sans interruption ce tableau de la reconstitution politique et territoriale de l'Asie-Mineure sous les premiers sulthans othmanides; mais il nous faut maintenant revenir un peu en arrière pour suivre dans la Péninsule quelques voyageurs du quinzième siècle. Le premier que nous ayons à mentionner est un gentilhomme français, *Bertrandon de la Brocquière*, premier écuyer-tranchant du duc de Bourgogne Philippe-le-Bon, prédécesseur de Charles-le-Téméraire. Le désir de visiter les saints lieux l'avait conduit en 1432 dans la Palestine et la Syrie, en compagnie de plusieurs autres officiers de la cour du duc. Bertrandon était un homme hardi, entreprenant, curieux de choses nouvelles : le pélerinage accompli, il voulut revenir en Bourgogne par terre à travers les provinces du Turk, et il persista dans son dessein malgré les remontrances de ses compagnons, qui lui représentèrent inutilement les périls qui l'attendaient dans une pareille entreprise, parmi les nations païennes qu'il lui faudrait traverser. S'étant joint à une caravane de pélerins musulmans qui revenait de la Mekke, et dont il prit le costume, il partit de Damas pour son hasardeux voyage[1].

Bertrandon, dès le premier pas qu'il fait au nord de l'Oronte, nous montre par un nouvel exemple combien il est utile, dans l'étude de ces époques mal connues, de suivre de front la lecture des historiens et celle des voyageurs, ceux-ci fournissant fréquemment des notions que les autres ont négligées. C'est ainsi que notre voyageur nous apprend, ce que nous ignorions d'ailleurs, que le territoire des princes turkomans d'Adana, les

---

[1] *Voyage d'outremer et retour de Jérusalem en France par la voie de terre, pendant le cours des années* 1432 *et* 1433, par Bertrandon de la Brocquière..., publié par Legrand d'Aussy, dans les anciens Mémoires de l'Institut, Sc. Mor. et Polit., t. V, an XII, p. 422-637 (*Voy* la Notice Bibliographique à la fin du volume suivant). — M. Legrand d'Aussy a rendu un service réel aux sciences géographiques en publiant pour la première fois cette très-curieuse relation, jusque là perdue dans un recueil manuscrit de notre Bibliothèque royale; mais on peut regretter que le savant éditeur ait cru devoir rajeunir le vieux français de Bertrandon.

Beni-Ramazan, s'étendait originairement au pourtour du golfe de Skanderoun jusqu'au cours inférieur de l'Oronte, et même plus loin au sud, puisque Antioche était alors regardée comme leur capitale. Voici les propres paroles de Bertrandon : « Au sortir de la Syrie on entre dans la *Turcomanie*, que nous appelons *Arménie*. La capitale est une très-grande ville qu'ils nomment *Antéquayé* (Antakićh), et nous Antioche..... Presque tous les habitants sont turkomans et arabes, et leur état est d'élever des troupeaux, tels que chameaux, chèvres, vaches et brebis.... Le seigneur de ce pays était Ramedang (Ramazan), prince riche, brave et puissant.....[1]. » Ce n'est pas la seule indication de ce genre, utile pour tracer la carte politique de l'époque, que nous trouverons à recueillir dans cette relation.

Au sortir d'Antioche, Bertrandon franchit une montagne que les gens du pays nommaient la *Montagne Noire*[2]; la descente, du côté de la mer, en est beaucoup plus rapide que la montée qui regarde Antioche. « Cette descente aboutit au golfe qu'on nomme d'*Asacs*[3], et que nous autres nous appelons *Layaste*, parce qu'en effet c'est la ville d'*Ayas* qui lui donne son nom. Il s'étend entre deux montagnes et s'avance dans les terres l'espace d'environ quinze milles. Sa largeur à l'occident m'a paru être de douze; mais sur cet article je m'en rapporte à la carte marine[4]. »

Sur le bord de la mer, à l'endroit où Bertrandon descendit de la montagne[5], il fit rencontre d'un campement de Turko-

---

[1] Bertrandon, p. 520 sq. et p. 524. — Le voyageur ajoute que le soudan (le sulthan d'Égypte, alors maître de la Syrie) s'était entendu avec le prince de Karaman pour attaquer et dépouiller Ramadang, dont ils s'étaient partagé les États. La part du soudan s'était étendue jusqu'à Tharse, et même une journée par delà. Mais le prince d'Adana ou ses enfants parvinrent à se rétablir dans une partie au moins de leur principauté, puisque leur dynastie, comme nous l'avons dit, ne fut définitivement extirpée qu'en 1515.

[2] Ce nom de *Montagnes Noires* (dans le sens de lieux âpres, difficiles) se trouve dans quelques chroniqueurs des croisades appliqué aux montagnes qui couvrent la Syrie au nord, c'est-à-dire à l'ancien *Amanus*. Comp. Des Mouceaux, à la suite de la traduction franç. du Voyage de Le Bruyn au Levant, édit. in-4, 1725, t. V, p. 429.

[3] Il semble que ce soit un vestige lointain du nom d'*Issus*.

[4] Bertrandon, p. 522.

[5] Le col franchi par Bertrandon doit être, non la passe de Beilan autrefois traversée par Willebrand, mais la gorge de Bagras-Béli, qui débouche au nord

mans. Voici la description qu'il en fait : il sera intéressant de comparer, à quatre cents ans d'intervalle, ces mœurs primitives des anciens Turkomans avec celles des Turkomans actuels. « Ils occupaient cent-vingt pavillons, les uns de feutre, les autres de coton bleu et blanc, tous très-beaux, tous assez grands pour loger à l'aise quinze ou seize personnes. Ce sont leurs maisons, et, comme nous dans les nôtres, ils y font tout leur ménage à l'exception du feu.

« Nous nous arrêtâmes chez eux. Ils vinrent placer devant nous une de ces nappes à coulisses dont j'ai parlé, et dans laquelle il y avait encore des miettes de pain, des fragments de fromage et des grains de raisin. Après quoi ils nous apportèrent une douzaine de pains plats avec un grand quartier de lait caillé qu'ils appellent *yogort*. Ces pains, larges d'un pied, sont ronds et plus minces que des oublies. On les plie en cornet comme une oublie à pointes, et on les mange avec le caillé [1]. »

Bertrandon employa deux jours à traverser le pays qui entoure le golfe ; ce pays est fort beau, et coupé d'une infinité de petites rivières qui descendent des montagnes et débouchent dans la mer. Beaucoup de châteaux qui appartenaient aux chrétiens à l'époque de leur domination sur la Syrie y avaient été détruits, et on en voyait encore les ruines. Bertrandon, qui rencontrait fréquemment des troupes de Turkomans, revient encore sur leurs usages et leur mœurs. « Ce sont de beaux hommes, dit-il, excellents archers et vivant de peu. Leurs habitations sont rondes comme des pavillons et couvertes de feutre. Ils demeurent toujours en plein champ et ont un chef auquel ils obéissent ; mais ils changent souvent de place, et alors ils emportent avec eux leurs maisons. Leur coutume dans ce cas est de se soumettre au seigneur sur les terres duquel ils s'établissent [2], et même de le servir de leurs armes s'il y a guerre. Mais s'ils quittent ses domaines, et qu'ils passent sur ceux de son ennemi, ils serviront celui-ci à son tour contre l'autre, et on ne leur en sait pas mauvais gré, parce que telle est leur habitude

---

de Scanderoun ; car il ne fait pas mention de cette ville, où il aurait nécessairement dû passer s'il avait traversé le premier de ces deux défilés.

[1] Bertrandon, p. 522.
[2] Comparez la notice de Guillaume de Tyr, ci-dessus, p. 446.

et qu'ils sont errants [1]. » Un des chefs que rencontra le voyageur sur les bords du golfe, et qui se donnait alors le plaisir de la chasse au faucon, pouvait bien avoir sous ses ordres dix mille Turkomans.

*Misse* (Missis), ville autrefois importante, située sur le *Jéhon*, était alors à demi détruite; il n'y restait guère debout que trois cents maisons, habitées par des Turkomans. Le pont en pierre qui traversait le fleuve était détruit aussi et remplacé par un pont en bois.

Ce que Bertrandon dit des Turks est remarquable, si on le compare aux préventions universelles de la chrétienté, préventions bien justifiées, du reste, à plus d'un égard. « Les Turcs sont gens de fatigue, d'une vie dure, et à qui il ne coûte rien, ainsi que je l'ai vu tout le long de la route, de dormir sur la terre comme les animaux. Mais ils sont d'humeur gaie et joyeuse, et chantent volontiers *chansons de gestes*. Aussi quelqu'un qui veut vivre avec eux ne doit être ni triste, ni rêveur, mais avoir toujours le visage riant. Du reste, ils sont gens de bonne foi, et charitables les uns envers les autres. *J'ai vu bien souvent, quant nous mangions, que s'il passait ung povre homme auprès d'eulx, ils le faisoient venir mangier avec nous : ce que nous ne fesiesmes point* [2]. »

*Adéna*, à deux journées de Misse, sur une grosse rivière appelée rivière d'*Adéna* (le Seïhoun), était encore possédée par un frère de ce Ramedang que le soudan et le prince de Karaman avaient dépouillé. De là, Bertrandon se rendit à *Therso* (Tarsous), d'où il gagna, après trois lieues de marche dans un beau pays de plaines pareil à celui qu'il avait traversé depuis le Djeïhoun, les plus hautes montagnes qu'il eût encore vues. La caravane mit quatre jours à en franchir les défilés. « Ces montagnes sont couvertes de neige en tout temps, et il n'y a qu'un passage pour les chevaux, quoiqu'on y trouve de temps en temps de jolies petites plaines. Elles sont dangereuses par les Turkomans qui y sont répandus; mais pendant les quatre jours de marche que j'y ai faite, je n'y ai pas vu une seule ba-

---

[1] Bertrandon, p. 525.
[2] *Id.*, p. 527.

bitation[1]. » A l'issue des gorges, il y avait un château nommé *Cublech*, dans une situation très-élevée ; ce château était le dernier que possédât Ramedang de ce côté avant la ligue qui l'en avait dépouillé pour le donner au Karaman. Plus loin, on rencontre un autre château du nom d'*Asers*, après lequel est la ville d'*Araclie* (Eregli), située dans une plaine que bordent du côté du nord quelques hauteurs semées çà et là « comme des îles au milieu des flots. » Araclie était dans un grand délabrement. Les environs étaient couverts de villages habités en très-grande partie par des Turkomans. Un village voisin, de l'autre côté d'Araclie, avait ses habitations toutes creusées dans le roc.

D'Araclie à *Larande* il y a deux journées de marche par un pays plat, découvert, et absolument dénué d'arbres [2]. Larande, quoique non close, est grande, marchande et bien située ; son château avait été démantelé. Deux autres jours de marche à travers un beau pays bien garni de villages, mais qui manque d'eau, d'arbres et de rivières, conduisirent la caravane à *Quhongue*, « appelée par les Grecs *Quhonguopoly* » (Konièh). C'était la meilleure ville du prince de Karaman, qui y faisait sa résidence. Bertrandon assista à la réception des ambassadeurs du roi de Chypre, avec lesquels il avait fait une partie du chemin, et qui venaient renouveler alliance entre leur maître et le prince türk. « Les États du *Karman* sont considérables, dit Bertrandon ; ils commencent à une journée en deçà de Tarse, et vont jusqu'au pays d'Amurat-Bey, cet autre karman que nous appelons le *Grand-Turc*. Dans ce sens, leur largeur est, dit-on, de vingt lieues au plus ; mais ils ont seize journées de long, et je le sais, moi qui les ai traversés. Au nord-est, ils s'étendent, m'a-t-on dit, jusqu'aux frontières de Perse. Le karman possède aussi une côte maritime qu'on nomme les *Farsats*. Elle se prolonge depuis Tharse jusqu'à *Courco* (Korghos), qui est au roi de Chypre, et à un port nommé *Zahari* (Lamas). Ce canton produit les meilleurs marins que l'on connaisse, mais ils se sont révoltés contre lui [3] ». N'oublions pas qu'à l'époque où notre gentilhomme bourguignon traverse l'Asie-Mineure, il y avait vingt ans

---

[1] Bertrandon, p. 531.

[2] Ce sont les plaines nues de la Lykaonie, si bien décrites par Strabon.

[3] Bertrandon, p. 539.

à peine que le pays était sorti de l'état de trouble et de confusion où l'avait laissé l'irruption de Tamerlan.

Bertrandon ajoute que, dans les États du Karaman, il cotoya une autre contrée qu'on nommait *Gaserie* (Kaïsarièh). Celle-ci confinait d'une part au Karaman et de l'autre à la Turkomanie (Cilicie orientale), par les hautes montagnes qui sont vers Tharse et vers la Perse. « Son seigneur est un vaillant guerrier appelé Gadiroly, lequel a sous ses ordres trente mille hommes d'armes turcomans et environ cent mille femmes, aussi braves et ausi bonnes pour le combat que les hommes [1]. » Il s'agit ici des Turkomans Kara-Oïnlou, ou du Mouton Noir, qui possédaient la Cappadoce et sa capitale Kaïsarièh.

Le pays que la caravane eut à parcourir au sortir de Quhongue était fort beau et avait d'assez bons villages; mais les habitants étaient méchants et dangereux. Trois jours plus loin, on arriva à une petite ville nommée *Achsaray* (Ak-Chèhr), située au pied d'une haute montagne qui la garantit du midi. Le lendemain, dans un canton où il y avait beaucoup d'herbages et de marais, on traversa une petite rivière qui séparait le pays de Karaman de celui d'Amurat. La route cotoyait une ville à château nommée *Achanay* (Isaklu?). Deux jours plus loin on vint à *Carassar* (Afioum Kara-Hissar); c'était la capitale du pays (le Kermian), dont Amurat s'était emparé de force. « Quoique Carassar ne soit point fermée, elle est marchande et a un des plus beaux châteaux que j'aie vus, quoiqu'il n'ait que de l'eau de citerne. Il occupe la cime d'une haute roche, si bien arrondie qu'on la croirait taillée au ciseau. Au bas, est la ville, qui l'entoure de trois côtés; mais elle est à son tour enveloppée, ainsi que lui, par une montagne en croissant, depuis grec jusqu'à mestre (du N.-E. au N.-O.). Dans le reste de la circonférence s'ouvre une plaine que traverse une rivière. Il y avait peu de temps que les Grecs s'étaient emparés de ce lieu; mais ils l'avaient perdu par leur lâcheté [2]. »

Il y a deux jours de marche de Carassar à *Cotthay* (Koutaièh). Le pays est beau, bien arrosé et garni de montagnes peu élevées; une petite rivière qui y coule (la Poursek) est renommée pour son

---

[1] Bertrandon, p. 542.
[2] *Id.*, p. 545.

cau. Cotthay, quoique assez considérable, était une ville ouverte, mais elle avait un grand et beau château, composé de trois forteresses échelonnées par étages sur le penchant d'une montagne. Le fils aîné du Grand-Turc résidait dans cette place.

Sortie de Cotthay, la caravane prit le chemin de *Burse* (Broussa), « laissant à sa gauche, dit Bertrandon, entre l'occident et le midi, celui de Troie-la-Grant. Il y a d'assez hautes montagnes, continue le voyageur, et j'en eus plusieurs à passer. J'eus aussi deux journées de forêts, après quoi je traversai une belle plaine dans laquelle il y a quelques villages, assez bons pour le pays. »

Bertrandon fait le tableau suivant de la ville de Broussa. « De toutes celles que possède le Turc, c'est la plus considérable; elle est grande, marchande et située au pied et au nord du mont *Olimpoa*, d'où descend une rivière qui la traverse, et qui, se divisant en plusieurs bras, forme comme un amas de petites villes et contribue à la faire paraître plus grande encore. C'est à *Burse* que sont inhumés les seigneurs de Turquie (les sulthans). On y voit de beaux édifices, et surtout un grand nombre d'hôpitaux, parmi lesquels il y en a quatre où l'on distribue souvent du pain, du vin et de la viande aux pauvres qui veulent les prendre pour Dieu. A l'une des extrémités de la ville, vers le ponent, est un beau et vaste château bâti sur une hauteur et qui peut bien renfermer mille maisons. Là est aussi le palais du seigneur, palais qu'on m'a dit être intérieurement un lieu très-agréable, et qui a un jardin avec un joli étang. Le prince avait alors cinquante femmes, et souvent, dit-on, il va sur l'étang s'amuser en bateau avec quelqu'une d'elles.

« Il y a dans Burse deux bazars : l'un où l'on vend des étoffes de soie de toute espèce, de riches et belles pierreries, grande quantité de perles, et à bon marché, des toiles de coton, ainsi qu'une infinité d'autres marchandises dont l'énumération serait trop longue; l'autre où l'on achète du coton et du savon blanc, qui fait là un gros objet de commerce.

« Je vis aussi dans une halle un spectacle lamentable : c'étaient des chrétiens, hommes et femmes, que l'on vendait. L'usage est de les faire asseoir sur des bancs. Celui qui veut les acheter ne voit d'eux que le visage et les mains, et un peu le bras des femmes. A Damas, j'avais vu vendre une fille noire, de quinze à seize ans; on la menait au long des rues toute nue, fors que le ventre et le derrière, et ung peu au-desoubs [1]. »

De Broussa, Bertrandon gagna Constantinople en passant par *Nicomédie*, et longeant le golfe de *Gallipoly* (mer de Marmara) jusqu'à *Scutari*, où il traversa le *Bras de St-George* (Détroit de Constantinople, ou Bosphore). Au delà de Nicomédie, en tirant vers Constantinople, le pays devient très-beau et assez bon. « Là on trouve plus de Grecs que de Turcs; mais ces Grecs ont pour les chrétiens (les Latins) plus d'aversion encore que les Turcs eux-mêmes [2]. »

Notre voyageur débarqua à *Péra*, ville génoise, habitée en outre par des Grecs et des Juifs, et qu'un superbe golfe sépare de Constantinople [3]. C'était en décembre 1432. Il décrit longuement Constantinople et ses édifices. La domination de l'empereur, d'ailleurs tributaire des Turks, était alors circonscrite dans l'enceinte même de cette ville, en dehors de laquelle il ne possédait plus rien qu'un château situé à trois lieues vers le nord, et en Grèce une petite cité nommée *Salubrie* (Sélivri).

Le nom de *Grèce* était encore appliqué aux anciennes provinces européennes de l'empire grec, quoique depuis longtemps déjà elles fussent tombées au pouvoir des Ottomans; la dénomination de *Turquie* était exclusivement réservée aux provinces asiatiques des sulthans othmanides.

Ces extraits que l'on vient de lire du voyage de Bertrandon de la Brocquière aux pays d'outre-mer, sont propres, ce nous semble, à confirmer dans l'esprit de nos lecteurs le jugement que nous en avons précédemment porté [4]. Par l'esprit d'observation et l'exactitude des descriptions, qualités si rares à cette époque, par la rectitude d'idées et l'indépendance du jugement, si remarquables aussi dans ce temps d'ignorance et de préjugés, Bertrandon sort tout à fait de la ligne des voyageurs et des chroniqueurs du moyen âge. Formé à l'école des ducs de Bourgogne,

---

[1] Bertrandon, p. 551.
[2] *Id.*, p. 554. Comp. Michaud, *Histoire des Croisades*, t. IV, p. 588.
[3] Les Vénitiens étaient alors puissants à Constantinople, comme les Génois dans Péra.
[4] Ci-dessus, p. 62.

l'écuyer-tranchant de Philippe-le-Bon montre à la fois le coup d'œil de l'homme de guerre qui embrasse d'un regard la nature du pays et sa conformation, et celui de l'homme des conseils qui juge froidement les mœurs, les habitudes et le régime politique des peuples, et qui sait y chercher les principes de force ou de faiblesse qu'il importe à leurs amis aussi bien qu'à leurs ennemis de connaître. Les récits de Bertrandon ont entièrement le cachet d'une relation moderne, et bien des voyageurs des siècles qui vont suivre sont loin de s'élever à son niveau. Ces qualités d'esprit que Bertrandon montre dans son journal, nous les retrouvons dans les vues et considérations qui le terminent. L'Europe observait d'un œil inquiet cette rapide extension des turks ottomans vers le cœur de la chrétienté, et les princes de l'Occident nourrissaient toujours la secrète pensée de refouler en Asie ces barbares que l'Asie avait vomis sur l'Europe. Le désir de les étudier au centre même de leur puissance n'avait certainement pas été d'une médiocre considération dans la résolution si heureusement accomplie par notre gentilhomme, de revenir de la Terre Sainte à travers les provinces asiatiques et européennes du Turk. Bertrandon expose au duc Philippe le résultat de ses observations à ce sujet. « Comme j'ai vécu avec les Turcs, lui dit-il, que je connais leur manière de vivre et de combattre, que j'ai hanté des gens notables qui les ont vus de près dans leurs grandes entreprises, je me suis enhardi à écrire, selon mes lumières, quelque chose sur eux et à montrer, sauf correction de la part de ceux qui sont plus instruits que moi, comment il est possible de reprendre les États dont ils se sont emparés, et de les battre sur un champ de bataille.

» Et d'abord, pour commencer par leur personnel, je dirai que ce sont d'assez beaux hommes, portant tous de longues barbes, mais de moyenne taille et de force médiocre. Je sais bien que dans le langage ordinaire, on dit *fort comme un Turc*; cependant, j'ai vu une infinité de chrétiens, qui, dans les choses où il faut de la force, l'emportaient sur eux; et moi-même, qui ne suis pas des plus robustes, j'en ai trouvé, lorsque les cir-

---

[1] Bertrandon, p. 602 et suiv.

constances exigeaient quelque travail, de plus faibles que moi encore.

» Ils sont gens diligents, se lèvent matin volontiers, et vivent de peu en campagne; se contentant de pain mal cuit, de chair crue séchée au soleil, de lait soit caillé, soit non caillé, de miel, fromage, raisins, fruits, herbages, et même d'une poignée de farine, avec laquelle ils feront un brouet qui leur suffira pour un jour à six ou huit. Ont-ils un cheval ou un chameau malade, sans espoir de guérison, ils lui coupent la gorge et le mangent. J'en ai été témoin maintes fois. Pour dormir, ils ne sont point embarrassés et couchent par terre.

» Leur habillement consiste en deux ou trois robes de coton, l'une sur l'autre, et qui leur descendent jusqu'aux pieds. Par-dessus celles-là ils en portent, en guise de manteau, une autre de feutre qu'on nomme *capinat*. Le capinat, quoique léger, résiste à la pluie, et il y en a de très-beaux et de très-fins. Ils ont des bottes qui montent jusqu'aux genoux, et de grandes braies, qui, pour les uns, sont de velours cramoisi, pour d'autres de soie, de futaine, d'étoffes communes. En guerre ou en route, pour n'être point embarrassés de leurs robes, ils les relèvent et les enferment dans leurs caleçons, ce qui leur permet d'agir librement.

» Leurs chevaux sont bons, coûtent peu à nourrir, courent bien et longtemps; mais ils les tiennent très-maigres et ne les laissent manger que la nuit... Quant à leurs habillements de guerre, j'ai été deux fois dans le cas de les voir, à l'occasion des Grecs rénégats qui renonçaient à leur religion pour embrasser le mahométisme : alors les Turcs font une grande fête; ils prennent leurs plus belles armes et parcourent la ville en cavalcade aussi nombreuse qu'il leur est possible. Or, dans ces circonstances, je les ai vus porter d'assez belles brigandines (cottes d'armes) pareilles aux nôtres, à l'exception que les écailles en étaient plus petites. Leurs garde-bras (brassarts) étaient de même. En un mot, ils ressemblent à ces peintures où l'on nous représente les temps de Jules César. La brigandine descend presque à mi-cuisse; mais à son extrémité est attachée circulairement une étoffe de soie qui vient jusqu'à mi-jambe.

» Sur la tête ils portent un harnois blanc qui est rond comme elle, et qui, haut de plus d'un demi-pied, se termine en pointe. On la garnit de quatre clinques (lames), l'une devant, l'autre derrière, les deux autres sur les côtés, afin de garantir du coup d'épée la face, le cou et les joues. Elles sont pareilles à celles qu'ont en France nos salades.

» Outre cette garniture de tête, ils en ont communément une autre qu'ils mettent par dessus leurs chapeaux ou leurs toques; c'est une coiffe de fil d'archal. Il y a de ces coiffes qui sont si riches et si belles qu'elles coûtent jusqu'à quarante et cinquante ducats, tandis que d'autres n'en coûtent qu'un ou deux. Quoique celles-ci soient moins fortes que les autres, elles peuvent résister au coup de taille de l'épée.

» Ils sont assis sur leurs selles comme dans un fauteuil, bien enfoncés, les genoux fort hauts et les étriers courts; position dans laquelle ils ne pourraient pas supporter le moindre coup de lance sans être jetés bas.

» L'arme de ceux qui ont quelque fortune est un arc, un *tarquais*, une épée et une forte masse à manche court, dont le gros bout est taillé à plusieurs carnes. Ce bâton a du danger quand on l'assène sur des épaules ou des bras dégarnis. Je suis même convaincu qu'un coup bien appuyé sur une tête armée de salade, étourdirait l'homme.

» Plusieurs portent de petits pavois (boucliers) en bois, et ils savent très-bien s'en couvrir à cheval quand ils tirent de l'arc. C'est ce que m'ont assuré des gens qui les ont longtemps pratiqués, et ce que j'ai vu par moi-même.

» Leur obéissance aux ordres de leur seigneur est sans bornes. Pas un seul n'oserait les transgresser, quand il s'agirait de la vie, et c'est principalement à cette soumission constante qu'il doit les grandes choses qu'il a exécutées, et ces vastes conquêtes qui l'ont rendu maître d'une étendue de pays beaucoup plus considérable que n'est la France... »

Bertrandon décrit ici la manière de combattre des Turks; puis il ajoute : « Assurément je ne veux point en dire de mal, ni les déprécier; j'avouerai, au contraire, que, dans le commerce de la vie, je les ai trouvés francs et loyaux, et que dans les occasions où il fallait du courage ils se sont bien montrés : mais cependant je n'en suis pas moins convaincu que, pour des troupes bien montées et bien commandées, ce serait chose peu difficile de les battre ; et quant à moi, je déclare qu'avec moitié moins de monde qu'eux je n'hésiterais pas à les attaquer... »

Notre voyageur, on le voit, était homme d'action aussi bien qu'homme de conseil. Il entre ici dans de longs détails sur les meilleures mesures qu'auraient à prendre les puissances de l'Europe qui voudraient marcher contre les Musulmans ; mais nous n'avons pas à le suivre dans ce plan à la fois stratégique et politique. Il raconte ensuite brièvement la fin de son voyage par l'Allemagne jusqu'en Bourgogne, et termine ainsi sa relation : « Je me suis peu étendu sur la description du pays depuis Vienne jusqu'ici, parce qu'il est connu ; quant aux autres que j'ai parcourus dans mon voyage, si j'en publie la relation, j'avertis ceux qui la liront que je l'ai entreprise non par ostentation et vanité, mais pour instruire et guider les personnes qu'un même désir conduirait dans ces contrées, et pour obéir à mon très-redouté seigneur monseigneur le duc, qui me l'a ordonné. J'avois rapporté un petit livret où en route j'écrivois toutes mes aventures, quand j'en avois le temps, et c'est d'après ce mémorial que je l'ai rédigée. Si elle n'est pas composée aussi bien que d'autres pourroient le faire, je prie qu'on m'excuse. »

Les chroniqueurs et les mémoires du quinzième siècle nous ont conservé le souvenir des démonstrations chevaleresques du duc Philippe le Bon pour relever l'étendard de la croix entre les mains de la noblesse française, et provoquer de nouvelles croisades contre les infidèles [1]. On peut croire que les avis et les instructions de son conseiller Bertrandon ne furent pas sans influence sur cette chaleureuse initiative de Philippe ; mais l'entousiasme religieux qui avait si longtemps enflammé l'Europe s'était grandement refroidi au cœur des chevaliers. Si les progrès du Turk en ranimaient encore de temps à autre quelques étincelles, par la pressante incitation d'un danger prochain, il y avait loin de cette excitation passagère à l'ardeur qui pendant près de deux cents ans avait précipité l'Europe en armes

---

[1] On peut voir de curieux détails, extraits des Mémoires du temps, sur le grand tournoi tenu à cet effet par le duc de Bourgogne à Lille en Flandres en 1453, à l'époque où la nouvelle de la chute de Constantinople parvint en Europe, dans Michaud, *Hist. des Croisades*, liv. XVII, *initio* (t. V, p. 2 et suiv.).

vers les plages asiatiques. Un des hommes les plus remarquables de ce siècle, et qui prit une part active à toutes les affaires de son temps, l'éloquent et savant Æneas Sylvius, consuma vainement sa vie à communiquer aux princes et aux peuples de la chrétienté le zèle brûlant dont il était rempli. Évêque, il n'avait pas cessé de mettre sous les yeux des chrétiens de l'Europe le touchant tableau des souffrances de leurs frères d'Asie ; promu au souverain pontificat, où il succéda à Calixte III sous le nom de Pie II (1458-1464), il voulut conduire lui-même en Syrie l'armée que ses exhortations avaient enfin réunie. Mais la mort l'atteignit, à l'âge de soixante-quatre ans, avant qu'il n'eût quitté le port où il allait s'embarquer : cette tentative avortée fut la dernière.

Sylvius n'avait pas seulement travaillé par sa parole à ce qu'il regardait comme une œuvre sainte; le discours écrit où il exposa, avant son avénement au trône pontifical, la situation des chrétiens sous la domination musulmane, en Syrie, en Égypte, en Turquie et en Grèce, a toute la valeur d'un document historique des plus importants. Æneas Sylvius écrivit aussi l'histoire des événements contemporains ; et ce morceau tire un intérêt tout particulier des détails qu'il renferme sur la géographie des diverses contrées de l'Europe au XVe siècle. Un intérêt plus direct encore s'attache pour nous à l'introduction spécialement géographique dont cette histoire est précédée : cette introduction, en effet, sauf quelques chapitres préliminaires consacrés à l'ensemble des terres alors connues et aux contrées lointaines de l'Asie, d'où les oppresseurs de la chrétienté étaient originaires, est exclusivement consacrée à l'Asie-Mineure [1]. Tou-

---

[1] Pii secundi papæ *Cosmographia, in Asiæ et Europæ eleganti descriptione*, Parisiis, H. Stephanus, 1509, petit in-4°. — Réimprimée en 1531 (absq. loc.) in-8° ; en 1534 (Paris. Cl. Chevallonius, in-8°), et en 1551, dans la collection des œuvres d'Æneas Sylvius (Basil. in-f°). — Voici le titre exact de l'édition de 1534 : *Pii II pont. max. Asiæ Europæque elegantissima descriptio, mirâ festivitate tum veterum, tum recentium, res memoratu dignas complectens, maximè quæ sub Frederico III apud Europæos Christiani cum Turcis, Rutenis, Soldano et cæteris hostibus fidei, tum etiam inter sese vario bellorum eventu commiserunt. Accessit* Henrici Glareani, Helvetii, poetæ laureati, *Compendiaria Asiæ, Africæ, Europæque descriptio.* Parisiis, ap.

tefois, il ne faudrait pas chercher dans cette description un tableau réel de la Péninsule, de sa géographie et de ses habitants, à l'époque où il fut tracé : c'est par ce que l'on n'y trouve pas, plus encore que par ce que l'on y trouve, que l'ouvrage de Pie II, l'homme le plus lettré de son époque, est propre à nous donner une idée de l'étendue des notions que l'Europe avait alors recueillies sur les changements survenus depuis plusieurs siècles dans la géographie des contrées orientales. Les communications étaient encore si rares et les renseignements si incomplets, que les savants de la renaissance ne daignaient pas faire acception du peu d'indications que leur pouvaient fournir les marchands et les gens de mer : pour eux, ces pays devenus turks, arabes ou mongols, étaient toujours les pays classiques autrefois décrits par les historiens et les géographes grecs et latins. Quoique, dans sa notice sur les parties les plus reculées de l'Asie, Æneas Sylvius cite une fois le vénitien Polo [1], et que dans quelques endroits de son Asie-Mineure il y mentionne les nouveaux établissements des Turks [2], la description qu'il en trace n'est à bien dire qu'une élégante traduction de Strabon [3], sans le moindre indice des changements introduits dans la nomenclature. Il semble, d'ailleurs, que le pieux historien eût cru s'associer à l'usurpation sacrilège des ennemis du nom chrétien, s'il eût consacré, en les adoptant, les nouveautés qu'ils avaient apportées dans les provinces dont ils s'étaient emparés.

Les Vénitiens avaient secondé de tout leur pouvoir le grand projet de Pie II. Non-seulement leurs intérêts commerciaux avaient beaucoup souffert des changements survenus à Con-

---

Claud. Chevallonium, 1534, petit in-8° de 522 pages, non compris l'*Index alphabeticus*.

[1] Cap. 10, p. 18, édit. 1534. Il est remarquable que Sylvius cite non Marco Polo, mais Nicolao, père de Marco : *Nicolaus quidam Venetus, cognomento Comes* ; ce qui semble indiquer qu'avant les éditions imprimées (la plus ancienne connue est de 1477) le nom du père de Marco Polo, qui en effet accompagna celui-ci dans ses courses aventureuses, était inscrit en tête des copies manuscrites.

[2] Deux passages (cap. 53, p. 136, et c. 100, p. 282) montrent que la description de l'Asie-Mineure d'Æneas Sylvius fut écrite en 1462, un peu avant la prise de Trébizonde.

[3] Æneas Sylvius cite, outre Strabon, Ptolémée, Pline et Solin.

stantinople; mais ils se voyaient menacés maintenant jusque dans leur existence par l'extension des conquêtes de Mahomet II sur la mer Adriatique. Aussi cherchaient-ils à susciter de toutes parts des ennemis aux Ottomans. Le célèbre Ousoun-Hassan-Begh [1], chef de cette branche des Turkomans distinguée, d'après son drapeau particulier, par la dénomination d'*Ak-Koïnlou*, ou du *Mouton-Blanc*, rendait alors son nom redoutable en Arménie et en Perse. Il venait de subjuguer les Turkomans du Mouton-Noir, qui s'étendaient, nous l'avons vu, jusque dans l'intérieur de la Cappadoce, et il se trouvait ainsi limitrophe, conséquemment ennemi naturel, des princes othmanides. Des relations d'alliance offensive et défensive contre Mahomet II se lièrent entre les Vénitiens et Ousoun-Hassan; il y eut des ambassades échangées. Celle que la République envoya en 1473 au prince turkoman fut confiée à *Josafa-Barbaro*, patricien exercé dans les négociations, et qui déjà avait résidé avec un caractère public dans les pays voisins des Tartares du Nord [2]. Barbaro écrivit de son voyage une relation qui nous a été conservée [3].

Après quelque temps de relâche à Famagosta, dans l'île de Chypre, Barbaro, qui avait reçu l'ordre de son gouvernement de fournir autant de secours que possible aux princes de Karaman qui tenaient encore sur la côte cilicienne, se rendit à un port de cette côte voisin du château de *Sighi*, où il s'aboucha avec le chef turkoman qui s'y maintenait contre Mahomet II. De là il vint débarquer au port de *Cour*, qui était autrefois nommé *Corycus*, d'où un beau château gardait le nom de *Courcha* [4]. Tout le pays était alors en grand trouble et occupé par les troupes ottomanes [5]. En avant de Courcho il y a

[1] Qui régna de 1467 à 1478.

[2] Il avait été envoyé à la Tana, à l'embouchure du Don, en 1436. Il résida dans cet important comptoir italien jusqu'en 1452, et recueillit beaucoup d'informations sur les pays environnants. Nous avons aussi ce premier voyage.

[3] *Viaggio di* M. Josafa Barbaro, *gentilhuomo Venetiano*, *nella Persia;* dans la collection de Ramusio, t. II, p. 68 à 112, édit. de 1574. La relation de Barbaro avait déjà été imprimée en 1441 dans un recueil in-8° publié à Venise chez Alde Manuce. *Voy.* la notice bibliographique à la fin du volume suivant.

[4] Barbaro dans Ramusio, p. 99 B.

[5] *Voy.* ci-dessus, p. 530.

une petite île sur laquelle s'élève un château à demi-ruiné ; au-dessus de la porte principale on voyait une inscription en anciennes lettres arméniennes, que ne purent lire les Arméniens dont Barbaro était accompagné [1].

A 10 milles de Courcho on trouve *Seleuca* ou *Selefka*, autrefois *Seleucia*, qui est éloignée de 5 milles de la mer et assise sur une montagne au pied de laquelle passe un fleuve que les anciens nommaient *Calycadnus* [2]. Les restes d'un amphithéâtre qu'y vit Barbaro lui rappelèrent l'amphithéâtre de Vérone.

L'ambassadeur vénitien résida quelque temps à Seleuca ; d'où se remettant en route, et longeant à petites journées le bord de la mer, il atteignit d'abord *Tarso*, qui appartenait au prince de Doulgadar [3], quoique le pays fût au soudan (d'Égypte) ; puis, une journée plus loin, *Adena*, qui appartenait aussi au soudan. D'Adéna à l'Euphrate, Barbaro ne nomme plus aucun des lieux qu'il eut à traverser.

Cette relation, on le voit, a bien peu d'importance en ce qui touche l'Asie-Mineure ; outre qu'écrite sûrement de mémoire, elle est remplie d'erreurs palpables, au moins dans les directions et les distances.

Barbaro résida cinq années entières à la cour du begh ; il ne quitta l'Arménie qu'à la mort d'Ousoun-Hassan, en 1473. Il revint par les bords de l'Euphrate, depuis *Arsengan* (Erzinghian) jusqu'à Aleppo (Haleb), et d'Aleppo à Baruetto (Beïrout), où il s'embarqua pour Venise. Arsengan, ville autrefois florissante, était alors en partie ruinée, peut-être depuis le tremblement de terre mentionné par Rubruquis. Barbaro cite sur sa route, à partir d'Arsengan, les trois petits châteaux-forts de *Cimis* (Kémakh), *Casseg* (probablement Eghïn) et *Arapchir* (Arabkir) ; puis la place importante et très-marchande de *Malathia*. De Malathia à Haleb, l'ambassadeur trouva une contrée

---

[1] Les restes du château sur la petite île, et même les inscriptions arméniennes, subsistent toujours. *Voy.* Beaufort, *Karamania*, p. 232 et suiv.

[2] Barbaro place Seleuca au N.-O. de Courcho (*andando verso maestro*), ce qui est une erreur manifeste ; il fallait dire *verso garbino*, au S.-O.

[3] Les princes Turkomans de Soulkadir dont il est question ci-dessus. Lors du passage de Bertrandon en Cilicie, Tarse, enlevée aux princes de Ramazan, était entre les mains des sulthans Baharites d'Égypte. Ces petits cantons limitrophes des grands États de l'Orient changeaient fréquemment de maîtres.

plus riante, des villes et des villages plus nombreux, un pays plus florissant et mieux peuplé [1].

Le voyage de Josafa Barbaro est le dernier que nous ayons à mentionner dans cette période intermédiaire avec laquelle se termine, pour l'histoire géographique de l'Asie-Mineure, la série des temps antérieurs à ce que l'on peut nommer proprement les temps modernes. Depuis les âges les plus anciens où commencent à poindre les premières lueurs de la tradition historique, un espace de deux mille huit cents ans s'est déroulé devant nous. L'histoire de bien peu de contrées de notre Occident atteindrait à cette longue suite de siècles. Nous avons entrevu, dans le lointain obscur des âges héroïques, l'arrivée et la distribution sur le sol de la Péninsule des plus anciennes populations qu'y versèrent la Thrace et les régions de la haute Asie ; nous y avons suivi, en quelque sorte de siècle en siècle, les développements de la culture intellectuelle, favorisés par un heureux climat ; nous avons vu ces populations, différentes de langue et d'origine, sortir successivement de la barbarie primitive pour atteindre à la brillante apogée de la civilisation ionienne. Nous avons noté avec soin les révolutions politiques, les conquêtes, les immigrations nouvelles, qui ont influé sur l'état moral ou la constitution physique des habitants, et qui ont modifié l'aspect géographique du pays. Nous avons soigneusement étudié aussi, dans les monuments historiques de chaque siècle, le progrès et les phases diverses de la connaissance que les Grecs d'abord, les Romains ensuite, puis les autres nations européennes depuis la chute et le démembrement de l'empire romain, ont eue de l'Asie-Mineure, de ses populations et de sa géographie. Arrivée à son plus haut point à l'époque florissante de la grandeur romaine, cette connaissance a décliné de plus en plus chez les écrivains des siècles suivants, à mesure que les temps toujours plus grossiers du moyen âge ont vu pâlir et s'éteindre le flambeau de la civilisation ancienne. Un nouveau jour, bien faible encore, s'est cependant levé sur ces belles contrées depuis que les croisades et le développement de la puissance

---

[1] Barbaro, *Viaggio nella Persia*, c. 28. Comparez, c. 23, un itinéraire rapporté par Barbaro de Trébizonde à Karpouth ; en passant par Baïbourt, Erzinghian, et les villages de Moschont, Haïla et Thene.

ottomane ont noué de nouveaux rapports entre l'Europe et l'Orient : le progrès rapide du renouvellement des sciences dans l'Occident va d'ailleurs réagir sur cette terre déchue comme sur le monde entier. L'ère des *voyageurs*, ce trait caractéristique des temps modernes, s'ouvre avec le seizième siècle, quoique le voyage de l'exact et judicieux Bertrandon, s'il eût été moins isolé, eût pu le reporter jusqu'au commencement du quinzième. Nous allons avoir désormais à suivre leurs courses multipliées dans les diverses parties de la Péninsule, jusqu'au jour, encore éloigné, où les *explorateurs* y viendront à leur tour recueillir une plus riche moisson d'observations exactes et approfondies, et préparer la connaissance véritablement complète du pays, de ses antiquités et de ses habitants, vers laquelle nous marchons depuis trois siècles sans y être encore arrivés.

FIN DU DEUXIÈME VOLUME.

PARIS. — IMPRIMERIE DE FAIN ET THUNOT,
Rue Racine, 28, près de l'Odéon.

www.ingramcontent.com/pod-product-compliance
Lightning Source LLC
Chambersburg PA
CBHW070310240426
43663CB00038BA/1316